대통령 문재인의 2년

대통령 문재인의 2년

공정한 사회와 일자리를 만드는
대통령 문재인

편집부 엮음

더휴먼

차례

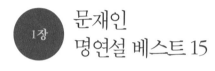

문재인
명연설 베스트 15

2장 대통령 2년의 기록

2018.5.1~2019.4.30

· 들어가며 ·

    촛불혁명으로 태어난 문재인 정부의 2년차는 적폐 청산의 진행과 함께 남북평화와 화합, 그리고 교류의 기반을 쌓는 점이 돋보인 시기였다. 광화문에 모여 촛불을 들었던 국민들의 염원인 '공정하고 평등한 국민의 나라'를 실현하고자 노력함과 동시에 지난 9년간의 보수정권에서 적대감과 갈등, 전쟁의 위협으로 얼룩져왔던 남북관계를 획기적으로 개선하고 한반도 비핵화를 통해 자유롭고 경제적인 교류, 그리고 대화로 나아가도록 우리가 주도한 시기였다.

    이러한 문재인 정부의 노력은 결실을 맺기 시작했고, 2018년 4월 27일 동족 상잔의 비극의 상징과도 같았던 판문점 남쪽 '평화의 집'에서 대한민국 문재인 대통령과 북한 김정은 국무위원장간의 3차 남북정상회담이 개최됐다. 통역이 필요없는 우리 민족 정상간의 회담이었고, 이날 판문점 도보다리에서 새소리만 들리던 두 정상간의 회담은 세계인의 이목을 집중시키며 한반도의 평화가 곧 도래할 것임을 천명하는 계기가 되었다. 이 회담의 의제는 한반도 비핵화, 한반도 평화 정착, 남북관계 발전 등이었으며, 그 결과 '한반도의 평화와 번영, 통일을 위한 판문점 선언'이 발표되었다. 이 정상회담이 성공적으로 진행되면서 미국과 북한과의 정상회담이 본격적으로 추진되기 시작했으며 같은 해 6월 12일, 싱가포르 센토사에서 도널드 트럼프 미국 대통령과 김정은 북한 국무위원장간의 역사적인 북미정상회담이 개최되었고 이는 수십년간의 불화와 적대적인 앙금, 대립으로 가득했던 이념의 구조가 녹아내리기 시작하는 순간이었다는 평가를 받는다.

같은 해 9월 문재인 대통령은 평양을 공식 방문했다. 항공 편으로 평양을 방문해서 국빈급의 영접을 받고 18일과 19일 이틀에 걸쳐 남북정상회담이 진행되었다. 이 회담에서는 북미정상회담에 이은 후속 진행을 추진하기 위한 한반도 비핵화와 종전선언 등이 주된 의제였으며, 이 밖에 남북간의 군사적 긴장 해제와 민간 협력 등 다양한 분야의 논의가 이루어졌다. 한민족의 명산인 백두산 천지에서는 두 정상 내외가 손을 맞잡고 사진을 찍었으며, 9월 19일 평양 5월1일 경기장에서는 약 15만명의 평양 시민들이 운집한 가운데 문재인 대통령의 연설이 있었다. 이 자리에서 한반도 비핵화에 대한 확신과 평화, 교류를 언급하며 끊어진 민족의 혈맥을 잇고 공동 번영과 자주 통일을 하자고 천명했다. 또한 김정은 국무위원장의 서울 답방과 개성공단, 금강산 관광 재개, 이산가족 상설면회소를 개소하며 2032년 하계올림픽의 공동 개최도 추진하기로 하는 등 다방면에 걸친 협력과 교류를 통해 평화라는 큰 흐름을 맞이하려는 준비가 돈보인 시기였다.

　70년 적대를 청산하고 다시 하나가 되기 위한 평화의 큰 그림을 내 딛자고 하는 문재인 대통령의 국정 운영 방향은 많은 것을 시사한다. 지난 10여 년 동안 국익보다 사익을 중시하며 국가의 역사적인 정통성마저 잊히게 만들었던 국정 운영 전반은 많은 사람들에게 아픔을 주었고 그 여파는 국민 생활 전반으로 퍼져나가 모두에게 크나큰 마음의 상처를 주었다. 또한 남북간의 갈등과 대립은 경제·외교적으로도 악영향을 끼쳐 외국인 투자가 감소하는 등의 문제점을 드러낼 뿐이었다. 이런 어렵고 병든 사회를 변화시키고 대한민국의 새로운 도약과 민족의 정체성을 확립시키기 위한 문재인 정부의 노력은 현재도 계속되고 있다. 또한 영구적이고 평화적인 비핵화의 노력은 세계 각국의 찬사를 받으며 문재인 정부가 구상하는 신남방정책의 가능성을 높이는 계기가 되었다.

　남북 관계의 개선은 곧 양질의 일자리 창출과 함께 하나의 섬과 같았던 우리나라가 멀리 대륙으로 힘차게 진출할 수 있음을 전세계에 보여주었다. 지난 2019년 2월 27일 베트남 하노이에서 개최된 2차 북미 정상회담 당시 북한 김정은 국무위원장은 평양에서 출발한 기차를 타고 약 60시간을 달려 중국 대륙을 가로질러 베트남 하노이에 도착함으로서 서울역에서도 유럽과 동남아시아로 갈 수 있음을 보여주며 화제가 되었다. 진행중인 남북 철도연결사업은 시사하는 바가 크다. 비록 북미간의 종전 선언이나 한반도 비핵화와 대북제재 완화 같은 빅딜이 성립되지 못하고 회담은 결렬되었지만, 이제 전쟁의 두려움보다는 평화로의 도약이 거스를 수 없는 시대의 흐름이라는 사실임은 분명하게 각인되었다.

한반도 평화의 운전자이자 기획자로서 문재인 정부의 통일에 대한 노력이 실현되기를 기대한다. 또 지구상에서 유일하게 분단된 이곳이 어떻게 평화의 상징으로 거듭날 수 있는지 그의 연설문을 통해 되짚고, 진정한 국가의 주권은 평화를 염원하는 국민에게 있다는 사실을 다시 떠올리는 기회가 되기를 바란다.

동포 여러분.

우리 민족은 우수합니다. 우리 민족은 강인합니다.

우리 민족은 평화를 사랑합니다.

그리고 우리 민족은 함께 살아야 합니다.

우리는 5천년을 함께 살고 70년을 헤어져 살았습니다.

나는 오늘 이 자리에서 지난 70년 적대를 완전히 청산하고,

다시 하나가 되기 위한 평화의 큰 그림을 내딛자고 제안합니다.

김정은 위원장과 나는 남북한 8천만 겨레의 손을 굳게 잡고

새로운 조국을 만들어 나갈 것입니다.

우리 함께 새로운 미래로 나아갑시다.

평양 5월 1일 경기장 문재인 대통령 연설 중(2018.9.19)

대통령 문재인의 2년 —

1장

문재인
명연설
베스트
15

처음처럼, 국민과 함께 가겠습니다

취임 2주년 소감 | 2018-05-10 |

국무회의장에 들어서는 문재인 대통령

다시 5월입니다.

대한민국 1년과 대통령으로서의 1년을 돌아봅니다. 쉼 없이 달려온 1년이었습니다.

적폐를 청산하고 나라다운 나라를 만들고자 한 1년이었습니다. 역사의 정의를 바로 세우면서 아픈 상처를 치유하고 화해하고자 한 1년이었습니다. 핵과 전쟁의 공포에서 벗어나 지속가능한 평화를 만들고자 한 1년이었습니다. 올림픽과 패럴림픽을 성공시켜 세계 속에 우리의 저력을 보여주고자 한 1년이었습니다. 무엇보다 국민들께 대한민국의 국민이라는 자부심을 드리고자 한 1년이었습니다.

그러나 아직도 가야 할 길이 멉니다. 국민의 삶으로 보면, 여전히 그 세상이 그 세상 아닐까 싶습니다. 그래도 분명히 달라지고 있고, 옳은 방향으로 가고 있다는 희망을 품게 된 1년이었길 진정으로 바랍니다.

변화를 두려워하고, 거부하고, 앞으로 나가지 못하게 뒤에서 끌어당기는 힘이 여전히 강고합니다. 하지만 국민들께서 지금까지 해주신 것처럼 손을 꼭 잡아주신다면 우리는 나아갈 수 있습니다. 지금 세상을 바꾸고 있는 것은 국민입니다. 정의로운 대한민국을 만들어가고 있는 것도 국민입니다. 단지 저는 국민과 함께하고 있을 뿐입니다.

지난 1년. 과분한 사랑을 받았습니다. 국민이 문재인 정부를 세웠다는 사실을 결코 잊지 않겠습니다.

광장의 소리를 기억하겠습니다. 임기를 마칠 때쯤이면 "음, 많이 달

문재인 대통령 내외가 로마 성 베드로 대성당에서 열린
한반도 평화를 위한 특별미사에 참석해서 기도하고 있다.

라졌어. 사는 것이 나아졌어." 라는 말을 꼭 듣고 싶습니다. 평화가 일상이었으면 좋겠습니다.

일본에서 돌아오는 비행기 안에서, 1년 전 그날의 초심을 다시 가다듬습니다.

친구 만나는 것 같은 평범한 일상처럼
남북은 이렇게 만나야 합니다

제2차 남북정상회담 결과 발표문 | 2018-05-27 |

존경하는 국민 여러분!

저는 어제 오후, 판문점 북측지역 통일각에서 김정은 국무위원장과 두 번째 남북정상회담을 가졌습니다. 지난 4월 27일 판문점 평화의 집에서 첫 회담을 한 후, 꼭 한 달만입니다. 지난 회담에서 우리 두 정상은 필요하다면 언제 어디서든 격식 없이 만나 서로 머리를 맞대고 민족의 중대사를 논의하자고 약속한 바 있습니다. 김 위원장은 그제 오후, 일체의 형식 없이 만나고 싶다는 뜻을 전해왔고, 저는 흔쾌히 수락하였습니

문재인 대통령이 평양 옥류관 만찬에 앞서 김정은 국무위원장에게
북미정상회담 기념주화와 판문점선언 기념메달을 선물하고 있다.

문재인 대통령이 판문점 북측 통일각에서 열린 남북정상회담에서
방명록에 글을 남기고 있다. 옆에서 김정은 국무위원장이 박수를 치고 있다.

다. 오랫동안 저는 남북의 대립과 갈등을 극복하기 위한 방법으로 정상 간의 정례적인 만남과 직접 소통을 강조해왔고, 그 뜻은 4·27 판문점 선언에 고스란히 담겨 있습니다. 그런 의미에서 저는 지난 4월의 역사적인 판문점회담 못지않게, 친구 간의 평범한 일상처럼 이루어진 이번 회담에 매우 큰 의미를 부여하고 싶습니다. 남북은 이렇게 만나야 한다는 것이 제 생각입니다.

국민 여러분!

우리 두 정상은 북미정상회담을 앞두고, 허심탄회한 대화를 나눴습니다. 저는 지난주에 있었던 트럼프 미국 대통령과의 정상회담 결과를 설명하면서, 트럼프 대통령은 김 위원장이 완전한 비핵화를 결단하고 실천할 경우, 북한과의 적대관계 종식과 경제협력에 대한 확고한 의지가 있다는 점을 전달하였습니다.

특히 김 위원장과 트럼프 대통령 모두 북미정상회담의 성공을 진심으로 바라고 있는 만큼 양측이 직접적인 소통을 통해 오해를 불식시키고, 정상회담에서 합의해야 할 의제에 대해 실무협상을 통해 충분한 사전 대화가 필요하다는 점을 강조했습니다. 김 위원장도 이에 동의하였습니다. 김정은 위원장은 판문점 선언에 이어 다시 한 번 한반도의 완전한 비핵화 의지를 분명히 했으며, 북미정상회담의 성공을 통해 전쟁과 대립의 역사를 청산하고 평화와 번영을 위해 협력하겠다는 의사를 피력하였습니다.

우리 두 정상은 6·12 북미정상회담이 성공적으로 이뤄져야 하며, 한반도의 비핵화와 항구적인 평화체제를 위한 우리의 여정은 결코 중단될 수 없다는 점을 확인하고, 이를 위해 긴밀히 상호협력하기로 하였습니다. 또한 우리는 4·27 판문점 선언의 조속한 이행을 재확인했습니다.

이를 위해 남북 고위급 회담을 오는 6월 1일 개최하고, 군사적 긴장완화를 위한 군사당국자 회담과 이산가족 상봉을 위한 적십자 회담을 연이어 갖기로 합의하였습니다. 양 정상은 이번 회담이 필요에 따라 신속하고 격식 없이 개최된 것에 큰 의미가 있다고 평가하고, 앞으로도 필요한 경우 언제든지 서로 통신하거나 만나, 격의없이 소통하기로 하였습니다.

존경하는 국민 여러분!

돌아보면 지난해까지 오랜 세월 우리는 늘 불안했습니다. 안보 불안과 공포가 경제와 외교에는 물론 국민의 일상적인 삶에까지 파고들었습니다. 우리의 정치를 낙후시켜온 가장 큰 이유이기도 했습니다. 그러나, 지금 우리는 역사의 물줄기를 바꾸고 있습니다. 평창 올림픽을 평화 올림픽으로 만들었고, 긴장과 대립의 상징이었던 판문점에 평화와 번영의 새로운 길을 내고 있습니다. 북한은 스스로 핵실험과 미사일 발사를 중단하고, 풍계리 핵실험장을 폐기하는 결단을 보여주었습니다.

이제 시작이지만, 그 시작은 과거에 있었던 또 하나의 시작이 아니라, 완전히 새로운 시작이 될 것입니다. 산의 정상이 보일 때부터 한 걸

문재인 대통령 내외와 북한 김정은 국무위원장 내외가 백두산 천지에서 기념촬영을 하고 있다.

음 한 걸음이 더욱 힘들어지듯이 한반도의 완전한 비핵화와 완전한 평화에 이르는 길이 결코 순탄하지 않을 것입니다. 그러나 저는 대통령으로서 국민이 제게 부여한 모든 권한과 의무를 다해 그 길을 갈 것이고, 반드시 성공할 것입니다.

국민 여러분께서도 함께 해주시기 바랍니다.

감사합니다.

한류의 꿈을 세계로 넓혀나가는 방탄소년단과 그들의 영원한 날개 아미에게 축하의 인사를 전합니다

'LOVE YOURSELF 轉 TEAR' 앨범 미국 '빌보드 200' 1위 등극 축전 | 2018-05-28 |

"노래를 사랑하는 일곱 소년과 소녀들의 날개 '아미'에게 축하의 인사를 전합니다."

세계의 젊은이들이 방탄소년단의 노래와 춤, 꿈과 열정에 위안을 받고 용기를 얻었습니다. 'LOVE YOURSELF 轉 TEAR' 앨범이 미국 '빌보드 200' 1위에 오른 것을 축하합니다. 영어가 아닌 언어로 12년만이고, 한국 가수 최초입니다.

방탄소년단의 뛰어난 춤과 노래에는 진심이 담겨 있습니다. 슬픔을

한·불 우정의 콘서트에 출연한 BTS와 사진 촬영을 하는 문재인 대통령 내외의 모습

희망으로, 다름을 같음으로 변화시키는 마법 같은 힘이 있습니다. 일곱 멤버 각자가 자신이 누구인지, 어떻게 살고 싶은지를 노래에 담아 지역과 언어, 문화와 제도를 뛰어넘었습니다.

방탄소년단에 의해 한국 대중음악은 세계무대를 향해 한 단계 더 도약했습니다. 우리 젊은이들은 K-POP이라는 음악의 언어로 세계의 젊은이들과 함께 삶과 사랑, 꿈과 아픔을 공감할 수 있게 되었습니다.

빌보드 핫 100 차트 1위도 하고, 그래미상도 타고, 스타디움 투어도 하고, 세계에서 가장 영향력 있는 가수가 되고 싶다는 방탄소년단의 꿈을 응원합니다. BTS와 함께 세상을 향해 자신의 목소리를 내고 있는 팬클럽 '아미'도 응원합니다.

'10대들에게 가해지는 편견과 억압을 막아내겠다'는 뜻의 방탄. 지금부터 진, 슈가, 제이홉, RM, 지민, 뷔, 정국, 일곱 소년의 이름 하나하나를 기억해야겠습니다. 여전히 새로운 시작입니다. 멋진 모습으로 우리 국민들, 세계인들에게 감동을 나눠주어 고맙습니다.

국가폭력에 희생당한 많은 분들의
절규와 눈물을 치유할 것입니다

6·10민주항쟁 31주년 기념사 | 2018-06-10 |

존경하는 국민 여러분,

오늘, 6·10 민주항쟁 서른한 돌을 맞아 전국을 뜨겁게 달구었던 민주주의의 함성을 우리 사회 곳곳에서 다시 듣습니다.

모두 한 마음으로 외쳤던 그날의 함성은 자기의 삶을 변화시키는 목소리가 되었습니다. 6월의 민주주의는 국민들 각자의 생활에 뿌리 내려 살아있는 민주주의가 되고 있습니다. 한 세대를 마무리하는 30주년을 보내고 새로운 세대, 새로운 시대를 맞이하는 오늘 우리는 더 좋은 민주주의를 생각하게 되었습니다. 이 날이 오기까지, 민주주의를 지킨 열사들과 각자의 자리에서 민주주의의 발전을 위해 노력해온 국민들께 존경과 감사의 마음을 전합니다.

국민 여러분,

민주주의는 다양한 얼굴을 가지고 있습니다. 그동안 우리는 국민주권을 제대로 찾는 정치민주주의를 위해 노력해왔습니다. 6월 민주항쟁의 승리로 우리가 직접 대통령을 뽑게 되었고 제도로서의 민주주의를 구축하게 되었습니다.

그러나 우리 사회 곳곳에서는 여전히 새로운 민주주의를 위한 노력이 계속되고 있습니다. 평등한 인간관계를 위한 가정과 학교에서의 민주주의는 모든 민주주의의 바탕이 됩니다. 모든 국민은 인간다운 생활을 할 권리가 있습니다. 최저생활이 보장되어야 하며 성장의 과실은 공정하게 분배되어야 합니다. 경제민주주의는 누구도 부정할 수 없는 시대적 요구입니다. 성별이나 장애로 인해 받는 차별은 사라져야 합니다. 성평등이 실현될 때 민주주의는 더 커질 것입니다.

생태민주주의는 '인간 중심주의'를 넘어 모든 생명체와 공존해야 한다고 말하고 있습니다. 생명의 가치를 우선하고 이웃의 아픔에 공감해야 더 좋은 민주주의를 실현할 수 있습니다.

우리가 오래도록 정치민주주의를 위해 힘을 모은 것은 정치적 자유를 통해 더 좋은 민주주의를 실현하기 위해서였습니다. 이제 민주주의는 다양한 분야에서 자신의 얼굴로 당당하게 자신의 목소리를 내야합니다. 자신의 자리에서 민주주의의 가치를 실현할 때 6월 민주항쟁도 완성될 것입니다.

국민 여러분,

6월 민주항쟁의 과정에서도 우리 국민들은 다양한 방법으로 항쟁에 참여했습니다.

학생들이 앞장서 '호헌철폐 독재타도'를 외쳤습니다. 택시기사들은 경적을 울렸습니다. 어머니들은 총과 방패에 꽃을 달았습니다. 여고생들은 자신의 도시락을 철제문 사이로 건네주었습니다. 상인들은 음료와 생필품을 보내왔습니다. 회사원들은 군중을 향해 꽃과 휴지를 던져 응원했습니다. 언론출판인들은 진실을 왜곡하는 보도지침을 폭로했습니다. 노동자들은 잔업을 끝내고 나와 철야시위와 밤샘 농성에 함께 했습니다.

학생, 시민, 노동자들은 각자의 자리에서 가진 것을 나누며 자신의 민주주의를 이뤄냈습니다. 4·19로부터 이어온 각 분야의 운동이 하나로 모였고, 각자가 간직하고 키워온 민주주의를 가지고 촛불혁명의 광장으로 다시 모였습니다.

존경하는 국민 여러분,

민주주의는 잘 가꾸어야 합니다. 조금만 소홀하면 금세 시들어 버립니다. 끊임없이 되돌아보고 일상에서 민주주의를 실천해야 합니다.

그런 의미에서 우리에게 민주주의의 역사적 시간과 공간을 되살리

문재인 대통령이 6월 항쟁을 소재로 한 영화 '1987'을 관람하기 전에
고 이한열 열사의 모친과 인사를 나누고 있다.

는 일은 매우 중요합니다. 2001년 여야 합의에 의해 '민주화운동기념사업회법'을 제정하고 '민주화운동기념관' 건립을 추진해온 것도 민주주의와 인권의 가치를 국민들과 나누기 위해서였습니다.

이제 '민주화운동기념사업회'와 시민사회의 오랜 노력으로 사회적 여론이 조성되었고 정부가 지원을 결정했습니다. 우리의 민주주의 역사에는 고문과 불법감금, 장기구금과 의문사 등 국가폭력에 희생당한 많은 분들의 절규와 눈물이 담겨 있습니다. 그 대표적인 장소가 남영동 대공분실입니다.

민주주의자 김근태 의장이 고문당하고, 박종철 열사가 희생된 이곳에 '민주인권기념관'을 조성할 것입니다. 새로 만들어지는 '민주인권기념관'은 아픈 역사를 기억하며 동시에 민주주의의 미래를 열어가는 공간이 될 것입니다. '민주화운동기념사업회'를 비롯하여 공공기관, 인권단체들, 고문피해자와 민주화운동 관련자들이 이 공간을 함께 만들고 키워갈 수 있도록 정부가 적극 돕겠습니다.

존경하는 국민 여러분,

민주주의와 함께 우리 국민 모두의 소망이었던 한반도 평화가 다가오고 있습니다. 우리에게 평화는 민주주의와 한 몸입니다. 민주주의의 진전은 평화의 길을 넓히고 평화의 정착은 민주주의의 토대를 더욱 굳건히 만들 것입니다.

이제, 6·10 민주항쟁에서 시작해 촛불혁명으로 이어져온 국민주권

시대는 평화의 한반도에서 다양한 얼굴의 민주주의로 실현될 것입니다. 각자의 자리에서 지켜가고 만들어가는 민주주의를 응원합니다. 정부도 더 좋은 민주주의를 위해 더욱 노력하겠습니다.

감사합니다.

내 집 마련을 위해 여러분이 지어왔던
무거운 짐을 국가가 나누어 지겠습니다

신혼부부 및 청년 주거대책 발표문 　| 2018-07-05 |

신혼부부 및 청년 주거대책 발표행사에 참석한 문재인 대통령의 모습

오류동 행복주택단지 주민 여러분, 반갑습니다. 직장과 학교, 잘 다녀오셨습니까? 아이들 돌보느라 퇴근 자체가 없는 분들도 계시지요? 오늘 하루도, 모두 수고들이 많았습니다.

하루가 저물 때의 이 무렵을 어린 시절과 비교해봅니다. 아이들 뛰노는 소리와 집집마다 밥 짓는 냄새로 마을 골목이 가득 채워지곤 했습니다. 어스름이 내리면 어른들이 아이들을 집으로 불렀습니다. 이 시간은 가족들이 모두 함께 집으로 모이는 시간이었습니다.

집은 단순히 잠만 자는 곳이 아닙니다. 휴식이 있고, 가족과 함께하는 행복이 있고, 다시 일터로 나갈 수 있도록 몸과 마음을 충전시켜 주는 곳입니다.

그러나 요즘은 그렇지 못합니다. 집에는 아이들이 없고, 직장인들은 일찍 집으로 돌아가지 못합니다. 젊은이들은 살 집을 구하기가 너무나 어려워서 결혼할 엄두를 못 냅니다.

여러분은 어떠신지 궁금합니다. 제가 오늘 단지를 둘러봤는데, 집들이 아주 포근하고 살기에 편안하게 보여서 마음이 놓였습니다. 가까운 곳에 지하철역도 있고, 어린이집, 경로당, 아트홀과 같은 그런 사회적 기업 같은 편의시설도 잘 갖춰져 있어서 더 좋았습니다.

주민 여러분들도 마음에 드시죠? (주민들, "네") 고맙습니다.

주민 여러분,

대한민국의 모든 분들이 이곳 같은 주거복지를 누렸으면 좋겠습니다. 그런데, 우리 현실은 그렇지가 못합니다. 국민들의 삶에서 주거가 너무나 큰 부담이 되고 있습니다. 특히, 청년들과 신혼부부는 새로운 삶을 시작할 수 있는 기본적인 주거를 구하기조차 힘이 듭니다.

월급보다 전월세 값이 더 빨리 느는 바람에 신혼가구의 71%가 2년에 한번씩 쫓기듯 이삿짐을 꾸립니다. 월급의 5분의 1을 전월세 값으로 내고 있습니다. 밑 빠진 독에 물 붓기처럼 열심히 일해도 모으지 못하고 나가는 게 더 많습니다. 그러니, 젊은 세대의 불안과 좌절은 커져가고 미래를 꿈꾸기보다 두려움으로 포기하고 있습니다.

이래서는 안 됩니다. 국민들이 기본적인 주거복지를 누릴 수 있어야 합니다. 그래서 정부는 안정적인 주거 마련에 더 팔을 걷어붙이려 합니다. 청년이 안심하고 도전할 수 있도록, 연인이 가정을 꾸릴 수 있도록, 부부가 원하면 아이를 낳아 키울 수 있도록, 정부의 역할을 다하고자 합니다.

방향과 목표는 분명합니다. 신혼부부와 청년들의 주거부담을 해결해 주는 것입니다. 정부는 작년 11월 신혼부부와 청년들의 주거부담을 덜기 위해 역대 최고 수준의 주거복지로드맵을 마련한 바 있습니다.

하지만 최근 더욱 심각해진 저출산과 저혼인 현상을 보며 부족함을 절감했습니다. 이에 정부는 신혼부부와 청년들을 위한 더욱 획기적인 주거지원 방안을 마련했습니다.

첫째, 2022년까지 향후 5년간 신혼부부 주거지원을 88만 가구로

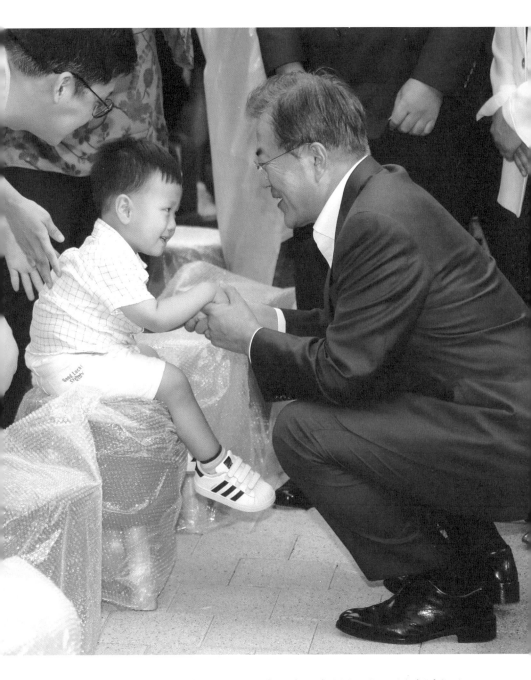

신혼부부 주거대책 발표 행사가 열린 놀이터에서 한 어린이와 마주보며 인사하고 있는 문재인 대통령의 모습

문재인 대통령이 행복주택 입주민들과 함께 맥주로 건배하고 있다.

늘리겠습니다. 작년 11월의 로드맵보다 28만 가구를 늘린 것입니다.

앞으로 5년간 전국에, 이곳 행복주택과 같은 신혼부부를 위한 공공임대주택 25만 호가 공급됩니다. 또한 신혼부부가 시세의 70~80%로 내집을 마련할 수 있는 신혼희망타운 10만 호를 공급하고, 신혼부부에게 분양가 상한제가 적용되는 분양주택의 특별공급도 10만 호로 늘리겠습니다.

신혼부부가 집을 사거나 전월세를 얻을 때 금리를 우대받는 대출지원도 43만 가구로 늘리고, 자녀가 있는 경우 추가 금리혜택을 받을 수 있도록 하겠습니다. 한편으로 이번에 종부세를 강화하게 되는데 그 대신 신혼부부가 생애 최초로 일정가격 이하의 집을 마련할 때, 취득세 50%를 감면하겠습니다.

둘째, 한부모 가족도 신혼부부와 동일한 기준으로 주거를 지원할 것입니다.

그간 한부모 가족에 대한 주거지원이 부족했습니다. 6세 이하의 자녀를 둔 한부모 가족은 신혼부부와 동등하게 공공주택에 입주할 기회를 갖게 됩니다. 내집 마련이나 전세자금을 위한 대출금리 우대도 신혼부부 수준으로 지원하겠습니다.

셋째, 청년 주거지원도 대폭 확대하겠습니다.

공공이 공급하는 청년 임대주택 14만 호를 시세의 30~70%로 창업지원 주택 등 청년 맞춤형으로 공급하고, 민간 청년 임대주택도 역세권이나 대학 또는 산단 인근에 13만 실 특별 공급하겠습니다. 청년 기숙사 공급도 6만 명으로 확대하겠습니다.

청년들은 집을 얻으려면 빚을 낼 수밖에 없습니다. 42만 가구의 청년 주거에 금융을 특별 지원하겠습니다. 그에 더해, 임대주택 단지 내 상가를 청년, 사회적 기업, 소상공인 등에게 최장 10년 간 감정가의 50~80%로 임대하는 혜택도 제공하겠습니다.

국민 여러분,

신혼부부가 줄어들고 있습니다. 작년 한 해 26만 쌍이 결혼을 했는데, 10년 전에 비해 8만 쌍이 줄어들었습니다.

인구문제도 심각합니다. 얼마 전 발표된 4월 출생아수는 2만7,700명으로 통계를 정리하기 시작한 1981년 이래 최저라고 합니다. 이대로 가면 연간 출생아 수가 30만 명 아래로 떨어지게 될 것입니다. 그야말로 특단의 대책을 아끼지 말아야 할 때입니다.

저는 오늘 오류동 행복주택에서 희망을 발견했습니다. 아무것도 없던 철도부지 위에 사람의 온기로 가득한 마을이 들어섰습니다.

청년을 위한 창업 공간, 육아를 위한 어린이집과 장난감 도서관이 생겼습니다. 아이들과 청년, 신혼부부와 어르신이 함께 어울려 내일을 준비하는 창조의 공간이 탄생했습니다. 행복주택이 들어선 오류동 전체에 활력이 생겼습니다.

소설가 박완서 선생님은 "사랑이 결코 무게로 느껴지지 않기를 바란다"는 글을 남겼습니다. 그동안 내 집 마련을 위해 개인과 가족이 너무 큰 짐을 져왔습니다. 이제 국가가 나누어지겠습니다.

이번 신혼부부와 청년 주거지원 대책을 앞으로 5년 간 차질 없이 시행해 나가면, 2022년에는 신혼부부 가운데 주거지원이 필요한 세대 100%를 지원하게 되는 효과가 생기게 될 것입니다.

그러기 위해서 이번 대책에 투입되는 재정 규모는 지난 정부에 비해 3배에 달합니다. 심각한 저출산 문제의 해결을 위해 국민들께서 동의해 주시리라고 믿습니다. 사랑하는 사람과 함께하는 집은 세상에서 가장 편하고 마음 놓이는 곳이어야 합니다.

신혼부부와 한부모 가족, 청년들이 안심하고 내일을 설계하고, 미래를 꿈꿀 수 있도록 정부가 모든 지원을 아끼지 않겠습니다. 지자체와 지역사회도 함께할 것입니다. 이곳, 행복주택에서 키운 희망이 대한민국 곳곳으로 퍼져나가길 기대합니다.

감사합니다.

광복은 우리 스스로 죽음을 무릅쓰고 싸워서
일궈낸 결과입니다

제73주년 광복절 경축사 | 2018-08-15 |

'제73주년 광복절 및 정부수립 70주년 경축식'에
앞서 '데니 태극기'를 관람하고 있는 문재인 대통령

존경하는 국민 여러분, 독립유공자와 유가족 여러분, 해외동포 여러분,

오늘은 광복 73주년이자 대한민국 정부수립 70주년을 맞는 매우 뜻깊고 기쁜 날입니다.

독립 선열들의 희생과 헌신으로 우리는 오늘을 맞이할 수 있었습니다. 마음 깊이 경의를 표합니다. 독립유공자와 유가족께도 존경의 말씀을 드립니다.

구한말 의병운동으로부터 시작한 우리의 독립운동은 3 · 1운동을 거치며 국민주권을 찾는 치열한 항전이 되었습니다. 대한민국 임시정부를 중심으로 우리의 나라를 우리의 힘으로 건설하자는 불굴의 투쟁을 벌였습니다.

친일의 역사는 결코 우리 역사의 주류가 아니었습니다. 우리 국민들의 독립투쟁은 세계 어느 나라보다 치열했습니다. 광복은 결코 밖에서 주어진 것이 아닙니다. 선열들이 죽음을 무릅쓰고 함께 싸워 이겨낸 결과였습니다. 모든 국민이 평등하게 힘을 모아 이룬 광복이었습니다. 그리하여 광복의 그날 우리는, 모두가 어울려 목이 터져라 만세를 불렀습니다. 우리는 그 사실에 높은 자긍심을 가져도 좋을 것입니다.

존경하는 국민 여러분,

오늘 광복절을 기념하기 위해 우리가 함께하고 있는 이곳은 114년 만에 국민의 품으로 돌아와 비로소 온전히 우리의 땅이 된 서울의 심장

부 용산입니다. 일제강점기 용산은 일본의 군사기지였으며 조선을 착취하고 지배했던 핵심이었습니다. 광복과 함께 용산에서 한미동맹의 역사가 시작되었습니다. 한국전쟁 이후 용산은 한반도 평화를 이끌어온 기반이었습니다. 지난 6월 주한미군사령부의 평택 이전으로 한미동맹은 더 굳건하게 새로운 시대를 맞이했습니다.

이제 용산은 미국 뉴욕의 센트럴파크와 같은 생태자연공원으로 조성될 것입니다. 2005년 선포된 국가공원 조성계획을 이제야 본격적으로 추진할 수 있게 되었습니다. 대한민국 수도 서울의 중심부에서 허파역할을 할 거대한 생태자연공원을 상상하면 가슴이 뜁니다. 그처럼 우리에게 아픈 역사와 평화의 의지, 아름다운 미래가 함께 담겨있는 이곳 용산에서 오늘 광복절 기념식을 갖게 되어 더욱 뜻깊게 생각합니다.

존경하는 국민 여러분,

용산이 오래도록 우리 곁으로 돌아오지 못했던 것처럼 발굴하지 못하고 찾아내지 못한 독립운동의 역사가 우리를 기다리고 있습니다. 특히 여성의 독립운동은 더 깊숙이 묻혀왔습니다. 여성들은 가부장제와 사회, 경제적 불평등으로 이중삼중의 차별을 당하면서도 불굴의 의지로 독립운동에 뛰어들었습니다.

평양 평원고무공장의 여성노동자였던 강주룡은 1931년 일제의 일방적인 임금삭감에 반대해 높이 12미터의 을밀대 지붕에 올라 농성하며, "여성해방, 노동해방"을 외쳤습니다. 당시 조선의 남성 노동자 임금은 일본 노동자의 절반에도 못 미쳤고, 조선 여성 노동자는 그의 절반도 되지 못했습니다. 죽음을 각오한 저항으로 지사는 출감 두 달 만에 숨을 거두고 말았지만, 2007년 건국훈장 애국장을 받았습니다.

1932년 제주 구좌읍에서는 일제의 착취에 맞서 고차동, 김계석, 김옥련, 부덕량, 부춘화, 다섯 분의 해녀로 시작된 해녀 항일운동이 제주 각지 800명으로 확산되었고, 3개월 동안 연인원 1만7천명이 238회에 달하는 집회시위에 참여했습니다. 지금 구좌에는 제주해녀 항일운동기념탑이 세워져 있습니다.

정부는 지난 광복절 이후 1년 간 여성 독립운동가 이백두 분을 찾아 광복의 역사에 당당하게 이름을 올렸습니다. 그 중 스물여섯 분에게 이번 광복절에 서훈과 유공자 포상을 하게 되었습니다. 나머지 분들도 계속 포상할 예정입니다.

광복을 위한 모든 노력에 반드시 정당한 평가와 합당한 예우를 받게 하겠습니다. 정부는 여성과 남성, 역할을 떠나 어떤 차별도 없이 독립운동의 역사를 발굴해 낼 것입니다. 묻혀진 독립운동사와 독립운동가의 완전한 발굴이야말로 또 하나의 광복의 완성이라고 믿습니다.

존경하는 국민 여러분,

대한민국은 우리 국민 모두가 각자의 자리에서 힘을 보태 함께 만든 나라입니다. 정부수립 70주년을 맞는 오늘, 대한민국은 세계적으로 자랑스러운 나라가 되었습니다. 2차 세계대전 이후 식민지에서 해방된

국가들 가운데 우리나라처럼 경제성장과 민주주의 발전에 함께 성공한 나라는 없습니다.

세계 10위권의 경제강국에 촛불혁명으로 민주주의를 되살려 전세계를 경탄시킨 나라, 그것이 오늘의 대한민국의 모습입니다. 분단과 참혹한 전쟁, 첨예한 남북대치 상황, 절대빈곤, 군부독재 등의 온갖 역경을 헤치고 이룬 위대한 성과입니다. 아직 부족한 부분이 많지만, 전세계에서 우리만큼 역동적인 발전을 이룬 나라가 많지 않다는 사실만큼은 누구도 부인할 수 없을 것입니다. 선대들뿐만 아니라 이 시대를 살고 있는 모든 세대가 함께 이뤄냈습니다.

우리는 우리의 위상과 역량을 스스로 과소평가하는 경향이 있습니다. 그러나 외국에 나가보면 누구나 느끼듯이, 한국은 많은 나라들이 부러워하는 성공한 나라이고, 배우고자 하는 나라입니다. 그 사실에 우리 스스로 자부심을 가졌으면 합니다. 그리고 그 자부심으로 우리는 새로운 70년의 발전을 만들어가야 할 것입니다.

존경하는 국민 여러분,

지금 우리는 우리의 운명을 스스로 책임지며, 한반도의 평화와 번영을 향해가고 있습니다. 분단을 극복하기 위한 길입니다. 분단은 전쟁 이후에도 국민들의 삶속에서 전쟁의 공포를 일상화했습니다. 많은 젊은 이들의 목숨을 앗아갔고, 막대한 경제적 비용과 역량소모를 가져왔습니다. 경기도와 강원도의 북부지역은 개발이 제한되었고, 서해 5도의 주민들은 풍요의 바다를 눈앞에 두고도 조업할 수 없었습니다.

분단은 대한민국을 대륙으로부터 단절된 섬으로 만들었습니다. 분단은 우리의 사고까지 분단시켰습니다. 많은 금기들이 자유로운 사고를 막았습니다. 분단은 안보를 내세운 군부독재의 명분이 되었고, 국민을 편 가르는 이념갈등과 색깔론 정치, 지역주의 정치의 빌미가 되었으며, 특권과 부정부패의 온상이 되었습니다.

우리의 생존과 번영을 위해 반드시 분단을 극복해야 합니다. 정치적 통일은 멀었더라도, 남북 간에 평화를 정착시키고, 자유롭게 오가며 하나의 경제공동체를 이루는 것, 그것이 우리에게 진정한 광복입니다. 저는 국민들과 함께 그 길을 담대하게 걸어가고 있습니다. 전적으로 국민들의 힘 덕분입니다.

제가 취임 후 방문한 11개 나라, 17개 도시의 세계인들은 촛불혁명으로 민주주의와 정의를 되살리고 '나라다운 나라'를 만들어가는 우리 국민들에게 깊은 경의의 마음을 보냈습니다. 그것이 국제적 지지를 얻을 수 있는 강력한 힘이 되었습니다.

가장 먼저 트럼프 대통령과 만나 한미동맹을 '위대한 동맹'으로 발전시킬 것을 합의했습니다. 평화적 방식으로 북핵문제를 해결하기로 뜻을 모았습니다.

독일 메르켈 총리를 비롯해 G20의 정상들도 우리 정부의 노력에 전폭적 지지를 표명했습니다. 아세안 국가들과도 '더불어 잘사는 평화

공동체'를 함께 만들어가기로 했습니다.

시진핑 주석과는 전략적 동반자 관계를 더욱 발전시키기로 했고, 지금 중국은 한반도 평화에 큰 역할을 해 주고 있습니다. 푸틴 대통령과는 남북러 3각 협력을 함께 준비하기로 했습니다. 아베 총리와도 한일관계를 미래지향적으로 발전시켜 나가고, 한반도와 동북아 평화번영을 위해 긴밀하게 협력하기로 했습니다. 그 협력은 결국 북일관계 정상화로 이끌어 갈 것입니다. '판문점 선언'은 그와 같은 국제적 지지 속에서 남북 공동의 노력으로 이뤄진 것입니다.

남과 북은 우리가 사는 땅, 하늘, 바다 어디에서도 일체의 적대행위를 중단하기로 했습니다. 지금 남북은 군사당국 간 상시 연락채널을 복원해 일일단위로 연락하고 있습니다. '분쟁의 바다' 서해는 군사적 위협이 사라진 '평화의 바다'로 바뀌고 있고, 공동번영의 바다로 나아가고 있습니다. 판문점 공동경비구역의 비무장화, 비무장지대의 시범적 감시초소 철수도 원칙적으로 합의를 이뤘습니다. 남북 공동의 유해발굴도 이뤄질 것입니다.

이산가족 상봉도 재개되었습니다. 앞으로 상호대표부로 발전하게 될 남북공동연락사무소도 사상 최초로 설치하게 되었습니다. 대단히 뜻깊은 일입니다. 며칠 후면 남북이 24시간 365일 소통하는 시대가 열리게 될 것입니다.

북미정상회담 또한 함께 평화와 번영으로 가겠다는 북미 양국의 의지로 성사되었습니다. 한반도 평화와 번영은 양 정상이 세계와 나눈 약속입니다. 북한의 완전한 비핵화 이행과 이에 상응하는 미국의 포괄적 조치가 신속하게 추진되길 바랍니다.

존경하는 국민 여러분,

이틀 전 남북고위급회담을 통해 '판문점 회담'에서 약속한, 가을 정상회담이 합의되었습니다. 다음 달 저는 우리 국민들의 마음을 모아 평양을 방문하게 될 것입니다. '판문점 선언'의 이행을 정상 간에 확인하고 한반도의 완전한 비핵화와 함께 종전선언과 평화협정으로 가기 위한 담대한 발걸음을 내딛을 것입니다.

남북과 북미 간의 뿌리 깊은 불신이 걷힐 때 서로 간의 합의가 진정성 있게 이행될 수 있습니다. 남북 간에 더 깊은 신뢰관계를 구축하겠습니다. 북미 간의 비핵화 대화를 촉진하는 주도적인 노력도 함께해 나가겠습니다.

저는 한반도 문제는 우리가 주인이라는 인식이 매우 중요하다고 생각합니다. 남북관계 발전은 북미관계 진전의 부수적 효과가 아닙니다. 오히려 남북관계의 발전이야말로 한반도 비핵화를 촉진시키는 동력입니다. 과거 남북관계가 좋았던 시기에 북핵 위협이 줄어들고 비핵화 합의에까지 이를 수 있던 역사적 경험이 그 사실을 뒷받침합니다.

완전한 비핵화와 함께 한반도에 평화가 정착되어야 본격적인 경제협력이 이뤄질 수 있습니다. 평화경제, 경제공동체의 꿈을 실현시킬 때

제73주년 광복절을 맞아 건국훈장 애족장을 고 손용우 선생의 유가족에게 전하기에 앞서
허리숙여 인사하는 대통령의 모습

우리 경제는 새롭게 도약할 수 있습니다. 우리 민족 모두가 함께 잘 사는 날도 앞당겨질 것입니다. 국책기관의 연구에 따르면, 향후 30년 간 남북 경협에 따른 경제적 효과는 최소한 170조 원에 이를 것으로 전망합니다. 개성공단과 금강산 관광 재개에 철도연결과 일부 지하자원 개발 사업을 더한 효과입니다. 남북 간에 전면적인 경제협력이 이뤄질 때 그 효과는 비교할 수 없이 커질 것입니다.

이미 금강산 관광으로 8천9백여 명의 일자리를 만들고 강원도 고성의 경제를 비약시켰던 경험이 있습니다. 개성공단은 협력 업체를 포함해 10만 명에 이르는 일자리의 보고였습니다. 지금 경기도 파주 일대의 상전벽해와 같은 눈부신 발전도 남북이 평화로웠을 때 이뤄졌습니다. 평화가 경제입니다.

군사적 긴장이 완화되고 평화가 정착되면 경기도와 강원도의 접경 지역에 통일경제특구를 설치할 것입니다. 많은 일자리와 함께 지역과 중소기업이 획기적으로 발전하는 기회가 될 것입니다.

'판문점 선언'에서 합의한 철도, 도로 연결은 올해 안에 착공식을 갖는 것이 목표입니다. 철도와 도로의 연결은 한반도 공동번영의 시작입니다. 1951년 전쟁방지, 평화구축, 경제재건이라는 목표 아래 유럽 6개 나라가 '유럽석탄철강공동체'를 창설했습니다. 이 공동체가 이후 유럽연합의 모체가 되었습니다. 경의선과 경원선의 출발지였던 용산에서 저는 오늘, 동북아 6개국과 미국이 함께하는 '동아시아철도공동체'를 제안합니다. 이 공동체는 우리의 경제지평을 북방대륙까지 넓히고 동북아 상생번영의 대동맥이 되어 동아시아 에너지공동체와 경제공동체로 이어질 것입니다. 그리고 이는 동북아 다자평화안보체제로 가는 출발점이 될 것입니다.

존경하는 국민 여러분, 독립유공자와 유가족 여러분, 해외동포 여러분,

식민지로부터 광복, 전쟁을 이겨내고 민주화와 경제발전을 이뤄내기까지 우리 국민들은 매 순간 최선을 다해왔습니다. 국민들이 기적을 만들었고, 대한민국은 공정하고 정의로운 나라로 가고 있습니다.

독립의 선열들과 국민들은 반드시 광복이 올 것이라는 희망 속에서 서로를 격려하며 고난을 이겨냈습니다. 한반도 비핵화와 경제 살리기라는 순탄하지 않은 과정이 우리를 기다리고 있지만 지금까지처럼 서로의 손을 꽉 잡으면 두려울 것이 없습니다.

한반도 평화와 번영은 우리가 어떻게 하느냐에 달려 있습니다. 낙관의 힘을 저는 믿습니다. 광복을 만든 용기와 의지가 우리에게 분단을 넘어선, 평화와 번영이라는 진정한 광복을 가져다 줄 것입니다.

감사합니다.

아름다운 강산을 핵무기와 핵위협이 없는 터전으로 만들어 후손들에게 물려줍시다

평양 5월1일 경기장 문재인 대통령 연설 | 2018-09-19 |

문재인 대통령이 평양 능라도 5월1일 경기장에서 열린 공연을 관람한 뒤
15만의 평양 시민 앞에서 연설하고 있다.

평양 시민 여러분, 북녘의 동포 형제 여러분, 평양에서 여러분을 이렇게 만나게 되어 참으로 반갑습니다.

남쪽 대통령으로서 김정은 국무위원장의 소개로 여러분에게 인사말을 하게 되니 그 감격을 말로 표현할 수 없습니다. 여러분, 우리는 이렇게 함께 새로운 시대를 만들고 있습니다.

동포 여러분, 김정은 위원장과 나는 지난 4월 27일 판문점에서 만나 뜨겁게 포옹했습니다. 우리 두 정상은 한반도에서 더 이상 전쟁은 없을 것이며 새로운 평화의 시대가 열렸음을 8천만 우리 겨레와 전세계에 엄숙히 천명했습니다.

또한 우리 민족의 운명은 우리 스스로 결정한다는 민족자주의 원칙을 확인했습니다. 남북관계를 전면적이고 획기적으로 발전시켜 끊어진 민족의 혈맥을 잇고 공동 번영과 자주 통일의 미래를 앞당기자고 굳게 약속했습니다. 그리고 올해 가을 이렇게 평양을 방문하기로 했습니다.

평양 시민 여러분, 사랑하는 동포 여러분, 오늘 김정은 위원장과 나는 한반도에서 전쟁의 공포와 무력 충돌의 위험을 완전히 제거하기 위한 조치들을 구체적으로 합의했습니다.

또한 백두에서 한라까지 아름다운 우리 강산을 영구히 핵무기와 핵위협이 없는 평화의 터전으로 만들어 후손들에게 물려주자고 확약했습니다. 그리고 더 늦기 전에 이산가족의 고통을 근원적으로 해소하기 위한 조치들을 신속히 취하기로 했습니다. 나는 나와 함께 이 담대한 여정

"평화는 한걸음부터"
평양공동선언서 합의문에 서명한 남북정상의 모습

을 결단하고, 민족의 새로운 미래를 향해 뚜벅뚜벅 걷고 있는 여러분의 지도자 김정은 국무위원장께 아낌없는 찬사와 박수를 보냅니다.

평양 시민 여러분, 동포 여러분, 이번 방문에서 나는 평양의 놀라운 발전상을 보았습니다. 김정은 위원장과 북녘 동포들이 어떤 나라를 만들어 나가고자 하는지 가슴 뜨겁게 보았습니다. 얼마나 민족의 화해와 평화를 갈망하고 있는지 절실하게 확인했습니다. 어려운 시절에도 민족의 자존심을 지키며 끝끝내 스스로 일어서고자 하는 불굴의 용기를 보았습니다.

평양 시민 여러분, 동포 여러분, 우리 민족은 우수합니다. 우리 민족은 강인합니다. 우리 민족은 평화를 사랑합니다. 그리고 우리 민족은 함께 살아야 합니다.

우리는 5천년을 함께 살고 70년을 헤어져 살았습니다. 나는 오늘 이 자리에서 지난 70년 적대를 완전히 청산하고, 다시 하나가 되기 위한 평화의 큰 그림을 내딛자고 제안합니다. 김정은 위원장과 나는 북과 남 8천만 겨레의 손을 굳게 잡고 새로운 조국을 만들어 나갈 것입니다. 우리 함께 새로운 미래로 나아갑시다.

오늘 많은 평양 시민, 청년, 학생, 어린이들이 대집단체조로 나와 우리 대표단을 뜨겁게 환영해 주신 것에 대해서도 다시 한 번 감사드립니다. 수고하셨습니다.

감사합니다.

우리는 한 핏줄의 한국인입니다

제12회 세계한인의 날 기념사 | 2018-10-05 |

제12회 세계한인의 날 기념식에서 축사를 하고 있는 문재인 대통령의 모습

사랑하는 동포 여러분, 반갑습니다.

올해로 열두 번째를 맞는 '세계 한인의 날'을 기쁜 마음으로 축하합니다.

'세계 한인회장 대회'와 함께 열려 더 뜻깊은 날이 되었습니다. 전세계에서 한민족의 자긍심을 크게 높여주신 동포 여러분과 한인회장님들께 깊은 감사와 존경의 마음을 전합니다.

올해는 좀 더 각별한 마음으로 고국을 찾으셨을 것 같습니다. 우리는 지금 분단과 대결의 시대를 넘어 평화의 한반도로 가고 있습니다. 동포 여러분의 애정 어린 노력이 보태져 그 길을 갈 수 있었다고 말씀드리고 싶습니다.

1년 전, 여러분을 만나 뵈었을 때가 생각납니다. 당시만 해도 한반도를 둘러싼 긴장감이 극에 달했습니다. 평창 동계올림픽을 앞두고, 과연 평화올림픽으로 만들어낼 수 있을까, 걱정도 많았습니다.

그러나 평창올림픽을 기회로 한반도의 운명을 바꾸고 반드시 평화를 이루자는 국민들과 동포 여러분의 간절한 마음들이 모였습니다. 그후 꿈같은 일이 일어났습니다. 세계 각지에서 평화의 바람이 불어 왔습니다. 중심에 우리 동포들이 있었습니다.

필리핀, 브라질, 홍콩, 뉴질랜드에서는 재외동포 체육인들이 앞장서 평창 홍보 행사를 진행했습니다. 제가 해외순방 가는 곳마다 한인회장님들께서 동포간담회를 평화올림픽 후원행사로 만들어 주셨습니다. 인도네시아와 오스트리아에서는 모국방문단을 구성해, 평창을 직접 빛내 주었습니다. 대회의 성공을 위한 성금도 많이 모였습니다.

설악산과 정선 5일장, 대관령 양떼목장 등 평창을 소개하는 프로그램이 미국 CBS 아침 뉴스쇼에 여섯 번에 걸쳐 소개되기도 했습니다. 재미동포 방송인의 열정이 이뤄낸 일이었습니다. 하나하나 동포들의 자발적 참여로 이뤄졌습니다. 한민족이 얼마나 간절히 평화를 염원하는지 세계인은 여러분을 통해 생생히 목격했습니다. 한반도에 평화의 문을 연 것은 우리 국민과 재외동포 여러분의 하나 된 열망이었습니다. 평화올림픽과 평화의 한반도시대를 열어 주신 여러분께 국민들을 대신하여 감사의 박수를 보냅니다.

자랑스러운 동포 여러분,

대한민국의 역사는 재외동포를 빼고 이야기할 수 없습니다. 일제강점기에는 중국와 연해주, 미주와 유럽에 이르기까지 자주 독립을 위한 동포들의 투쟁이 끊이지 않았습니다. 독립 이후에는 한반도의 평화와 번영을 위한, 그리고 우리 대한민국 민주화를 위한 노력이 계속되었습니다.

740만 재외동포가 179개국에 뿌리내린 사연 역시 격변해온 대한민국의 역사와 같습니다. 망국과 독립, 경제발전과 민주화와 같은 시대의 모습이 망명, 노동이민, 입양, 국제결혼, 유학, 해외진출 등 다양한 형태로 씨줄과 날줄처럼 동포 여러분의 인생에 담겨있습니다.

이번 대회의 슬로건처럼 대한민국과 재외동포는 하나일 수밖에 없

문재인 대통령이 세계 한인의 날 기념식에서 참석자들과 인사를 나누고 있다.

습니다. 대한민국과 재외동포의 시간은 기쁨과 슬픔을 나누며 함께 흘렀습니다. 대한민국의 성장은 우리 동포들의 자부심이 되었습니다. 동포들의 성장은 대한민국의 성장으로 이어졌습니다. 우리가 함께 만들어 가고 있는 대한민국의 역사가 너무나 자랑스럽고 든든합니다.

존경하는 동포 여러분,

740만 재외동포는 대한민국이 가진 큰 힘입니다. 저 개인적으로도 해외순방 때마다 동포 여러분으로부터 좋은 기운을 얻곤 합니다. 그러나 재외동포가 고국의 발전에 기여한 만큼 재외동포 관련 법제도가 아직 충분히 뒷받침하지 못해 안타깝습니다. 입법 과제는 그것대로 국회와의 협조를 통해 풀어가면서 정부 차원에서 할 수 있는 것부터 시작하겠습니다.

재외동포를 대하는 정부의 자세부터 새로워져야 할 것입니다. 재외동포 정책이 철저히 재외동포를 위해 만들어지고 집행되도록 하겠습니다. 여러분의 목소리에 더욱 귀를 기울이겠습니다. 세계에 자연재해와 테러, 범죄가 늘고 있습니다. 여러분의 생명과 안전을 보다 적극적으로 보호하겠습니다. 이를 위해 재외동포를 위한 예산을 크게 늘렸습니다. 조직과 인력도 대폭 확충했습니다.

며칠 전에도 인도네시아에서 발생한 지진과 쓰나미로 많은 인명피해가 있었습니다. 마지막 한 분까지 무사히 귀환할 수 있도록 모든 노력을 기울이겠습니다. 어제 실종자 한 분의 사망 소식이 전해졌습니다. 고인과 유가족에게 심심한 조의를 표합니다.

지난 5월에는 해외안전지킴센터를 열었습니다. 전세계에서 발생하는 사건 사고를 24시간 모니터링 해 사건 발생 시 바로 동포들에게 안전 정보를 제공하고 있습니다. 재외공관의 인프라도 확충하고 있습니다. 온라인으로 바로바로 민원을 해결할 수 있는 시스템을 마련해 생활의 불편을 덜어드리겠습니다.

이제 시작입니다.

동포 여러분이 어려움을 겪을 때 제일 먼저 기댈 수 있고, 가장 힘이 되는 조국, 대한민국이 되겠습니다. 여러분의 후손이 바로 대한민국의 후손입니다. 아이들이 모국을 잊지 않도록 우리 문화, 역사와 한국어 교육을 확대하겠습니다. 한민족이라는 자긍심을 가지고 거주국 사회에서 당당하게 뿌리내릴 수 있도록 뒷받침하겠습니다.

사랑하는 동포 여러분,

저는 평창을 평화와 화합의 장으로 만든 여러분과 함께 더 큰 꿈을 꾸고 싶습니다. 남북이 항구적인 평화 속에서 하나가 되는 꿈, 여러분과 여러분의 자녀들이 자동차와 기차로 고국에 방문하는 꿈, 한반도를 넘어 동북아와 전세계에서 함께 번영하는 꿈, 여러분과 함께 꼭 이뤄내고 싶은 꿈입니다.

내년은 3·1운동과 대한민국 임시정부 수립 100주년이 되는 해입니다. 내년 3·1운동 100주년을 남북이 함께, 크게 기념하기로 했습니

아르헨티나 동포 조옥심씨가 눈물을 흘리자 따뜻하게 위로하는 대통령의 모습

다. 남과 북, 그리고 전세계 740만 재외동포가 함께하는 '민족적 축제'가 되었으면 좋겠습니다. 남과 북의 동질감을 회복하는 좋은 기회가 될 것입니다. 오늘 이 자리에 함께 한 한인회장님들께서 앞장 서 주시기 바랍니다.

이번에 평양과 삼지연, 서울을 오가는 비행기에서 보니, 갈라진 땅을 찾을 수 없었습니다. 하나로 이어진 우리 강산이 있을 뿐이었습니다. 지금 한반도에는 한민족의 하나 된 힘이 필요합니다. 동포 여러분이 낯선 땅에서 우뚝 서 대한민국의 자랑이 되었듯 위기를 기회로, 불가능을 가능으로 만들어 낼 힘이 되어 주시기 바랍니다.

동포 여러분, 우리 함께 더 커진 하나가 되어 한국인의 새 역사를 써 나갑시다.

감사합니다.

제주도가 평화의 섬으로 다시 태어납니다

2018 대한민국 해군 국제관함식 축사 | 2018-10-11 |

국민 여러분, 각국의 해군장병 여러분,

오늘 '대한민국 해군 국제관함식'에 세계 47개국 해군이 함께하고 있습니다.

제주도가 세계 해군의 화합과 우정의 장이 되었습니다. 제주의 바다가 평화의 바다를 위한 협력의 장이 되었습니다. 거친 파도를 넘어 평화의 섬 제주까지 와주신 각국의 대표단과 해군장병 여러분을 뜨겁게 환영합니다. 세계의 해군을 따뜻하게 맞아주신 제주도민들과 강정마을

문재인 대통령이 제주도에서 열린 2018 대한민국 해군 국제관함식에 참석해 거수경례를 하고있다.

주민들께도 깊이 감사드립니다.

해군장병 여러분,

바다의 역사는 도전의 역사이자 희망의 역사입니다. 저 멀리 수평선은 인류를 꿈꾸게 했습니다. 우리는 끊임없이 수평선 너머로 향했습니다. 대서양으로, 남태평양으로 미지의 항해를 떠난 이름 모를 우리의 선조들이 있었습니다. 지도에 없는 땅을 찾아나서 아메리카라는 새로운 대륙을 발견한 콜럼버스가 있었습니다. 남극대륙까지 항해해 극지점에 발자국을 남긴 아문센이 있었습니다.

우리는 바다를 통해 새로운 땅을 만나고, 이웃을 만났으며 우리의 영역을 지구 전체로 확장했습니다. 지금 이 순간에도 세계 200여 개의 항만에 연간 1억9천만 개의 컨테이너가 물자를 싣고 오갑니다. 우리나라도 무역의 99.8%가 바다에서 이뤄집니다.

바다는 우리의 생명입니다. 우리는 바다에서 경쟁하고 바다에서 공존합니다. 바다는 인류 모두의 공동 자산입니다. 우리가 오늘, 국제관함식에 함께하는 이유는 바다가 미래를 향한 우리의 희망이기 때문입니다. 우리가 함께 지키고 보존해야할 터전이기 때문입니다.

해군장병 여러분,

우리 앞의 바다는 태평양입니다. 위대한 평화를 상징하는 이 드넓은 바다는 한때 전쟁의 화염으로 휩싸였습니다. 우리가 바다에서 얻는 것이 많은 만큼 영유권과 관할권의 분쟁도 끊이지 않았습니다. 해적, 테러와 같은 해상범죄와 난민 문제로 인한 갈등도 계속되고 있습니다.

그러나 세계의 해군은 공존과 협력의 지혜를 키워왔습니다. 함께 새로운 도전에 맞섰습니다. 공동의 노력으로 평화를 가져왔습니다.

소말리아 해역에서는 다국적 해군이 해적을 퇴치하고 상선과 어선을 보호하고 있습니다. 재난 구호와 인도적 지원에도 앞장서 병원선과 군수지원함이 지구촌 곳곳을 누비고 있습니다. 또한 해양재난에 적극 대응하기 위해 5대양에서 연합수색 구조훈련을 계속하고 있습니다.

이 자리에 함께한 세계의 해군장병 여러분이 세계의 바다를 안전한 바다로 만들고 있는 주인공입니다. 인류의 번영을 수호하는 용사들입니다. 이 자리를 빌려, 여러분의 노력과 헌신에 경의를 표합니다. 오늘 개최되는 제주 국제관함식은 세계해군의 발전과 위용을 만방에 떨치고 서로의 우정을 나누는 축제의 장입니다. 바다를 지키는 여러분의 위용을 마음껏 자랑하길 바랍니다.

국민 여러분, 해군장병 여러분,

한반도는 정전상태입니다. 남과 북은 이제 군사적 대결을 끝내기로 선언했고 완전한 비핵화와 항구적 평화를 위한 여정을 시작했습니다. 평화로 가는 길은 결코 순탄하지 않겠지만 대한민국은 그 길을 끝끝내 갈 것입니다. 평화와 번영이라는 목적지에 도달하기 위해 반드시 필요한 것이 강한 국방력입니다. 그 중에서도 해군력은 개방·통상 국가의 국력을 상징합니다.

해양강국은 대한민국의 미래입니다. 대한민국 해군은 이순신 장군의 정신을 이어받은 최강의 해군입니다. 지난 4월에는 아프리카 가나에서 납치된 우리 국민을 무사히 구출한 쾌거를 이뤘습니다.

나는 대한민국 해군이 한반도의 평화를 넘어 동북아와 세계 평화에 기여할 수 있도록 더욱 강하게 만들어 나갈 것입니다. 강한 국방력은 국민의 신뢰 속에서 나옵니다.

이곳 제주는 평화의 섬입니다. 이념 갈등으로 오랜 시간 큰 고통을 겪었지만 강인한 정신으로 원한을 화해로 승화시킨 곳입니다. 또한 섬 전체가 유네스코 자연유산으로 지정될 정도로 아름다운 섬입니다. 제주도에 해군기지가 건설되면서 제주도민들이 겪게 된 아픔을 깊이 위로합니다. 강정마을 주민들의 고통과 상처를 치유하는 데에도 최선을 다하겠습니다.

저는 이곳 해군기지를 전쟁의 거점이 아니라 평화의 거점으로 만들 것입니다.

제주도의 평화정신이 군과 하나가 될 때 제주 국제관함식은 세계 해군의 화합과 우정을 나누는 축제를 넘어 인류평화와 번영의 기반이 될 것입니다. 이번 국제관함식을 계기로 국민과 함께하는 해군이 되어주길 당부 드립니다. 지역 주민과 해군이 상생하는 계기가 되어 새로운 관함식의 이정표로 남길 기대합니다.

국민 여러분, 각국의 해군장병 여러분,

대한민국은 평화를 사랑합니다. 오늘 국제관함식은 한반도 평화를 알리는 뱃고동소리가 될 것입니다. 세계의 해군장병들도 한반도를 넘어 세계 평화를 위해 함께하는 대한민국 해군에게 응원의 함성을 보낼 것입니다. 오늘 관함식에 참석한 모든 함선과 장병들이 모국의 항구로 귀항할 때까지 안전하고 행복하길 기원합니다. 또한 대한민국 제주의 아름다운 자연과 문화, 인정을 만끽하길 바랍니다. 세계 해군의 위용이 자랑스럽습니다. 이제 평화의 깃발을 높이 올리고 태평양을 향해 출발합시다.

감사합니다.

'공정'과 '일자리'는 국민의 명령입니다

2019년 신년사 | 2019-01-02 |

존경하는 국민 여러분,

유난히 추운 날씨에 새해를 맞았습니다. '동지섣달에 북풍이 불면 풍년이 든다'는 속담이 있습니다. 추운 날씨가 올해 풍년을 알리는 소식 같습니다. 이 추위를 이겨내고, 2019년 한 해 국민 모두의 가정과 기업에서 대풍이 들길 기원합니다.

오늘 새해 인사를 국민들과 함께 나누고자 이곳, 중소기업중앙회에서 국민들께 인사드립니다.

2019년 신년 기자회견에서 질문하려는 취재진을 보며 미소짓고 있는 대통령의 모습

중소기업과 소상공인, 자영업자들이 특히 잘 되기를 바라는 마음도 담았습니다. 국민을 대표하는 각계각층 대표와 5부 요인을 비롯해 원로 여러분께서 함께해 주셨습니다. 특히 경제인도 많이 모셨습니다.

조금 전, 2018년을 빛낸 특별한 국민들의 영상 인사가 있었습니다. 변화의 원동력도, 또 변화를 이뤄내는 힘도 국민에게 있다는 것을 다시 한 번 느낍니다. 서로를 향한 공감의 마음과 성숙한 문화의 힘이 우리를 여기까지 오게 만들었습니다. 국민 여러분께 진심으로 감사드립니다.

국민 여러분, 내외 귀빈 여러분,

우리는 모두 오늘이 행복한 나라를 꿈꿉니다.

우리의 어머니 아버지들은 내일을 위해 한평생 아끼고 살았습니다. 자식 잘되는 것을 보람으로 여기며 오로지 일에 묻혀 살았습니다. 자식들을 생각하며 자신을 위해서는 잘 쓰지도 못했습니다. 나라 경제가 좋아지고, 기업은 성장하는데 왜 내 삶은 나아지지 않는지 힘들어하기도 했습니다.

두 해 전 겨울, 전국 곳곳 광장의 촛불은 정의롭고 공정한 나라를 열망했습니다. 위법과 특권으로 얻어진 것을 바로 잡기 원했습니다. 공정한 기회와 결과만이 옳다고 선언했습니다. 어머니와 아버지의 삶을 지켜본 아들·딸들이 어머니와 아버지의 오늘과 자신들의 오늘이 함께 행복하길 희망했습니다.

우리는 작년 사상 최초로 수출 6천억 불을 달성하고, 국민소득 3만

불 시대를 열었습니다. 인구 5천만 명 이상 규모를 가진 국가 중에서는 미국, 독일, 일본 등에 이어 세계 일곱 번째입니다. 2차 세계대전 이후 독립한 신생 국가 중에 이렇게 경제 강국으로 성장한 나라는 우리가 유일합니다. 매우 자부심을 가질만한 성공입니다.

그러나 우리는 지금 중대한 도전에 직면해있습니다. 매 정부마다 경제성장률이 낮아져 이제는 저성장이 일상화되었습니다. 선진경제를 추격하던 경제모델이 한계에 다다랐습니다. 잘살게 되었지만, '함께' 잘 사는 길은 아직도 멀기만 합니다. 수출중심 경제에서 수출과 내수의 균형을 이루는 성장도 과제입니다. 가치를 창조하는 '혁신'과 우리 경제의 구조적 한계를 극복하는 새로운 산업정책이 필요합니다.

선진국을 따라가는 경제가 아니라 새로운 가치를 창출하고 선도하는 경제, 불평등과 양극화를 키우는 경제가 아니라 경제성장의 혜택을 온 국민이 함께 누리는 경제라야 발전도 지속가능하고, 오늘이 행복해질 수 있다는 것을 우리는 잘 알고 있습니다.

하지만 경제정책의 기조와 큰 틀을 바꾸는 일입니다. 시간이 걸리고, 논란이 있을 수밖에 없습니다. 가보지 못한 길이어서 불안할 수도 있습니다. 정부도 미처 예상하지 못하고, 살펴보지 못한 부분도 있을 것입니다. 왜 또 내일을 기다려야 하느냐는 뼈아픈 목소리도 들립니다. 우리 경제를 바꾸는 이 길은 그러나, 반드시 가야 하는 길입니다.

2018년은 우리 경제와 사회 구조를 큰 틀에서 바꾸기 위해 정책 방향을 정하고 제도적 틀을 만들었던 시기였습니다. 2019년은 정책의 성과들을 국민들이 삶 속에서 확실히 체감할 수 있도록 최선을 다하겠습니다. 국민의 삶이 고르게 나아지고 불평등을 넘어 함께 잘사는 사회로 가는 첫 해로 만들어 보겠습니다.

그 모든 중심에 '공정'과 '일자리'가 있다는 사실을 다시 한 번 다짐합니다. 촛불은 더 많이 함께할 때까지 인내하고 성숙한 문화로 세상을 바꿨습니다. 같은 방법으로 경제를 바꿔나가야 한다고 생각합니다. 더 많은 국민이 공감할 때까지 인내할 것입니다. 더디더라도 민주적 절차를 존중하고 끝까지 지킬 것입니다. 어려움을 국민들에게 설명하고 이해당사자들에게 양보와 타협을 구할 것입니다. 그렇게 해서 반드시 우리 모두의 오늘이 행복할 수 있도록 만들어낼 것입니다.

국민 여러분, 내외 귀빈 여러분,

함께 혁신해야 합니다. 산업 전 분야의 혁신이 필요합니다. 방식도 혁신해야 합니다. '혁신'이 있어야 경제의 역동성을 살리고, 저성장을 극복할 새로운 돌파구를 열 수 있습니다.

우리는 창의적이고 혁신적인 민족입니다. 놀라운 경제성장의 속도, ICT 분야에서 거둔 성과, 세계로 뻗어가는 한류 열풍이 이를 입증합니다. 반세기만에 10위권의 경제대국을 이루었듯이 4차 산업혁명 시대도 창의와 혁신으로 우리가 선도할 수 있습니다.

기업의 혁신과 함께하겠습니다. 제조업의 혁신을 위해 스마트공장

3만개 보급을 차질 없이 추진하겠습니다. 스마트 산단과 스마트시티의 모델을 조성하겠습니다. 올해 연구개발 예산이 처음으로 20조 원을 넘었습니다. 4차 산업혁명 시대에는 지능정보화, 디지털화, 플랫폼 경제가 그 핵심입니다. 그 기반인 데이터, 인공지능, 수소경제, 스마트공장, 자율주행차 등 혁신성장을 위한 예산을 본격적으로 투입하겠습니다. 과학기술을 창업과 혁신성장으로 연결하여 4차 산업혁명시대를 이끌고 새로운 일자리도 만들어 가겠습니다.

기업이 투자하기 좋은 환경을 만드는데도 힘쓰겠습니다. 경제발전도 일자리도 결국은 기업의 투자에서 나옵니다. 기업도 끊임없는 기술혁신과 투자 없이는 성장이 있을 수 없습니다. 기업이 투자에 적극적으로 나설 수 있도록 정부가 지원하겠습니다. 신산업 규제샌드박스도 본격적으로 시행하겠습니다.

함께 나눠야 합니다. 사회안전망을 확보하여 삶의 질을 높이고, 함께 잘살아야 합니다. 근로장려금의 확대, 기초연금과 아동수당 등 생계, 의료, 주거, 보육과 관련한 기본적인 생활 지원을 넓혔습니다. 자영업자를 위한 종합적인 지원 대책을 마련했습니다. 카드수수료 인하를 본격적으로 추진하고, 상가 임대차 보호, 골목상권 적합업종 지정 등을 통해 자영업자들의 경영안정을 적극적으로 지원할 것입니다.

안정적으로 일할 수 있도록 공공부문부터 정규직화를 촉진하는 한편, 특히 안전·위험 분야의 정규직화를 적극 추진하겠습니다. 소통하고 공감해야 합니다. 우리는 서로의 삶에 연관되어 있습니다. 이웃이 성공해야 내가 성공할 수 있습니다.

정책방향을 세우는 것은 정부의 몫입니다. 정책을 흔들리지 않는 법과 제도로 만들기 위해서는 국회의 도움이 필요합니다. 기업, 노동자, 지자체, 정부가 머리를 맞대고 사회적 대타협을 이루어 나가야 할 것입니다. 대화와 타협, 양보와 고통분담 없이는 한걸음도 나아갈 수 없습니다.

광주형 일자리는 우리 사회가 사회적 대타협을 통해 상생형 일자리 모델을 만들 수 있을지를 가늠하는 척도가 될 것입니다. 결코 광주지역의 문제가 아닙니다. 새로운 일자리의 희망이 될 것이라 믿습니다. 모든 국민이 함께 힘과 마음을 모아 주시기 바랍니다.

존경하는 국민 여러분,

지난 한 해, 국민께서 열어주신 평화의 길을 벅찬 마음으로 걸었습니다. 지난 한 해 우리는 평화가 얼마나 많은 희망을 만들어내는지 맛보았습니다. 그러나 지금 우리가 누리는 평화는 아직까지는 잠정적인 평화입니다. 새해에는 평화의 흐름이 되돌릴 수 없는 큰 물결이 되도록 최선을 다하겠습니다.

한반도에 완전한 비핵화와 항구적인 평화가 정착되면 평화가 번영을 이끄는 한반도 시대를 열어갈 수 있을 것입니다. 한반도 신경제구상을 실현하고, 북방으로 러시아, 유럽까지 철도를 연결하고, 남방으로 아세안, 인도와 '평화와 번영의 공동체'를 만들어 갈 것입니다. 평화가 우리 경제에 큰 힘이 되는 시대를 반드시 만들겠습니다.

이 나라는 평범한 국민들의 힘으로 여기까지 왔습니다. 국가는 평범한 국민들이 희망을 잃지 않도록 해야 할 의무가 있습니다. 국민께 더 희망을 드리는 나라, 국민 여러분께 힘이 되는 정부가 되겠습니다. 우리의 오늘이 행복할 수 있도록 해내겠습니다. 우리는 할 수 있고, 반드시 해낼 것입니다.

감사합니다.

자기고용 노동자인 우리 자영업자들을
보호하는 것이 정부의 의무입니다

자영업·소상공인과의 대화 모두발언 | 2019-02-14 |

여러분, 반갑습니다. 가게를 비우기 힘든 분이 많을 텐데 이렇게 시간을 내어주셔서 고맙습니다. 지난주가 설날이었습니다. 올 한 해 복 많이 받으시고 사업 번창하시길 빕니다.

저는 골목 상인의 아들입니다. 제가 어릴 때 부모님이 연탄 가게를 하신 적도 있었는데, 저도 주말이나 방학 때 어머니와 함께 연탄 리어카를 끌거나 배달을 하기도 했습니다. 그때 어린 마음에 힘든 것보다 온몸에 검댕을 묻히고 다니는 것을 창피하게 생각했습니다. 자식에게 일을

참석한 소상공인들의 질문을 받아적는 대통령의 모습

시키는 부모님 마음이야 오죽했겠습니까? 그러나 그 시절 우리 국민들은 그렇게 가족의 생계를 지켰고, 희망을 찾았습니다.

지금도 골목 상인과 자영업자들의 삶은 크게 다르지 않을 것이라고 생각합니다. 여러분의 오늘이 힘들어도 내일에는 희망을 가질 수 있도록 정부가 최선을 다하겠습니다.

정부는 어려움을 겪고 있는 자영업자와 소상공인을 위해 출범 이후 지금까지 다섯 차례의 자영업 대책을 마련했습니다. 11조 원 규모의 일자리안정자금과 사회보험료 등을 지원하고, 카드수수료의 대폭 인하 등으로 자영업의 비용부담을 줄이기 위해 노력했습니다. 임대료 인상 제한과 계약갱신청구기간 연장, 환산보증금 상향 등으로 상가임대차 보호를 강화했습니다. 경영자금의 지원을 위해 6조 원 규모의 금융을 제공했습니다.

그러나 자영업과 소상공인들의 형편은 여전히 어렵습니다. 이미 과다한 진입으로 경쟁이 심한데다 높은 상가임대료와 가맹점 수수료 등이 경영에 큰 부담이 되고 있습니다. 최저임금의 인상도 설상가상으로 어려움을 가중시킨 측면이 있었으리라고 생각합니다.

우리나라 자영업과 소상공인 규모는 작년 말 기준으로 564만 명입니다. 여기에 월급 없이 일하는 가족 110만여 명을 포함하면 전체 취업자 2,682만 명 중 25%로 1/4이 자영업과 소상공인 종사자입니다. 그러니 자영업은 우리 경제의 매우 중요한 한 축입니다. 자영업과 소상공인

청와대 영빈관에서 열린 자영업, 소상공인과의 대화에서 발언하고 있다.

의 규모가 이 정도라면 독자적인 경제정책의 영역으로 삼는 것이 마땅하다는 생각입니다.

지금까지는 경제주체를 노와 사로 나누는 이분법적인 구분 속에서 자영업자를 경영자로 생각하는 것이 보통이었습니다. 그러나 자영업자는 경영과 노동을 동시에 수행합니다. 호칭은 사장님이지만 실상은 자기고용 노동자에 해당하는 분이 많습니다. 중층과 하층 자영업자의 소득은 고용노동자보다 못한 실정입니다. 그래서 우리 정부는 역대 처음으로 청와대에 자영업비서관실을 신설하고, 자영업 정책을 경제정책의 중요한 한 분야로 끌어올렸습니다.

자영업의 중장기적이고 체계적인 성장 혁신전략을 마련하고 작년 12월에 '자영업 성장·혁신 종합대책'을 발표했습니다. 이 종합대책은 정부가 처음으로 자영업계와 함께 머리를 맞대고 의견을 조율하여 만든 정책입니다. 자영업이 가진 특수성을 반영하여 자영업의 사업영역 보호와 사회안전망을 대폭 강화했습니다. 소상공인과 자영업자 기본법 제정, 자영업 정책 전담 정책연구소 설치, 소상공인 시장진흥기금 4조 원 확대 등 자영업정책 체계 혁신도 포함되어 있습니다. 올해는 자영업의 형편이 나아지는 원년이 되었으면 합니다.

2022년까지 자영업자와 소상공인을 위한 18조 원 규모의 전용 상품권이 발행됩니다. 이른바 할인 깡 같은 불법유통을 철저히 단속하여 지역상권과 서민경제에 실질적인 도움이 되도록 하겠습니다.

이와 함께 '골목상권 르네상스 프로젝트'가 추진됩니다. 전국의 구 도심 상권 30곳의 환경을 개선하여 지역 특성에 맞는 테마공간과 쇼핑, 지역문화와 커뮤니티, 청년창업이 함께 어우러지는 복합공간을 조성합 니다. 자생력을 갖춘 지역상권에서 자영업이 되살아나도록 할 것입니다.

전통시장도 적극 활성화하겠습니다. 올해 전통시장 지원 예산이 5,370억 원으로 크게 증액되었습니다. 전통시장 주변 도로에 주차를 허 용했더니 그것만으로 이용객이 30%, 매출이 24% 늘어났다는 조사 결 과가 있습니다. 전통시장 주차장 보급률을 100% 수준으로 높이겠습니 다. 소상공인 생계형 적합업종 지정을 본격적으로 시행하고, 유통산업발 전법 등 상권보호법도 개정하여 자영업자와 소상공인의 생업을 보전하 겠습니다.

올해 EITC 근로장여금을 3조8,000억 원으로 획기적으로 확대했고, 자영업자도 115만 가구가 혜택을 받게 됩니다. 자영업자의 사회안전망 을 더욱 강화하기 위해 한국형 실업부조 제도도 도입할 것입니다. 또한 최저임금의 인상을 결정하는 과정에서 자영업자와 소상공인들의 의견 도 충분히 대변되도록 하겠습니다. 자영업자와 소상공인들을 청와대에 모셔서 대화 시간을 갖는 것이 사상 최초라고 들었습니다. 경청할 준비 가 되어 있습니다. 허심탄회한 말씀들 부탁드립니다. 답변이 가능한 부 분은 관계 장관이나 청와대 관계자가 답변을 드리겠습니다.

감사합니다.

포기하지 않는 것이 인생의 정답입니다

유한대학교 졸업식 축사 | 2019-02-21 |

    졸업생 여러분, 축하합니다. 유한대학교 졸업식에 함께하게 되어 영광입니다. 가족들과 교수님들께도 축하와 감사 인사를 드립니다.

    청춘의 시간을 한마디로 표현하기 어렵지만, 저의 청년 시절을 되돌아보면 희망이기도 하고, 고통이기도 한 시간이었습니다. 인생에 대한 회의가 가득 찬 때도 있었습니다. 인생에 정답이라는 게 있다면, 누군가 알려주면 좋겠다는 생각도 했습니다.

    졸업장을 쥐고 막 교문을 나서는 여러분의 마음도, 경험해보지 못한 미래에 대한 설렘과 두려움이 함께하리라 생각합니다.

더구나 여러분이 맞이할 미래는 과거 어느 때보다 불확실합니다. 저 역시 여러분께 답을 드릴 수는 없습니다. 다만 청춘을 먼저 보낸 선배로서 여러분이 청년의 시간을 온전히 청년답게 살아가길 바랍니다. 어떤 자세와 태도로 인생을 대하는지, 어떤 인생 경로를 걸어가는지는 각자의 선택입니다. 없는 길을 찾아 개척하고 도전하는 삶을 꿈꿀 수도 있고, 안정적인 삶을 살고자 할 수도 있습니다.

다만, "얼마든지 기성세대에 도전하고 무엇이든 이룰 수 있다"라는 자신감만은 꼭 가슴에 담아달라고 말하고 싶습니다. 저는 여러분이 아직 무엇을 이루기에 어리다고 생각하거나, 기성세대가 만든 높은 장벽에 좌절하여 도전을 포기하지는 않기를 바랍니다. 도전하고 실패하며 다시 일어서는 것에 대해서 두려움을 가져서는 안 됩니다.

4차 산업혁명의 새로운 시대가 시작되고 있습니다. 여러분이 더 큰 희망과 능동적인 변화를 꿈 꿀 수 있는 기회입니다. 세계는 이미 새로운 인재, 창의적인 인재에 열광하고 있습니다. 젊음 그 자체가 4차 산업혁명의 경쟁력이 될 수 있습니다. 앞선 세대가 이룩해 놓은 것들을 해체하고, 새롭게 융합하는 창의적인 사고가 4차 산업혁명 시대가 필요로 하는 인재입니다.

여러분의 신선하고 발랄한 생각, 자유로운 의사소통과 삶의 일부가 된 ICT 기술과 문화는 기성세대가 갖지 못한 능력입니다. 반짝이는 아

문재인 대통령이 경기도 부천시에 위치한 유한대학교 졸업식에 참석해서 한 졸업생을 격려하고 있다.

이디어가 경쟁력이고, 감수성도 경쟁력이며, 공감능력도 경쟁력입니다.

특히, 유한대학교는 일찍부터 4차 산업혁명에 대응하여 ICT 융합 교육을 강화하고 IT 분야와 산업을 연결하는 새로운 인재를 양성해왔습니다. 준비한 사람만이 미래를 이끌 수 있습니다. 저는 유한대학교의 인재들이 우리나라 혁신성장을 이끌어가는 든든한 동량이 될 것이라 믿습니다.

졸업생 여러분,

도전을 선택하든, 안정을 선택하든 살아가는 동안 여러분은 수많은 어려움을 만나게 될 것입니다. 도전하고 싶어도 여건이 안 될 때가 있고, 안정적이고 싶어도 빠르게 변하는 시대의 조류가 가만두지 않을 수 있습니다.

과거라고 크게 다르지 않았습니다. 국가의 산업 전체로 보면 시대에 따라 주력산업이 농업에서 경공업, 중화학공업, 첨단 ICT 산업으로 변해왔습니다. 모두 제가 살아오는 동안 일어났던 변화들입니다. 시대에 따라 선호하는 직업도 달라졌습니다. 정부와 기업, 사회에서 요구하는 인재도 달라졌습니다. 경제와 산업의 발전은 유행하는 아이템도 달라지게 했습니다. 성공하는 사업도, 각광 받는 서비스 업종도 빠르게 변화했습니다.

제가 대학에 입학한 시기에 인기 있었던 학과가 졸업 무렵에는 인기 없는 학과가 되기도 하고, 심지어 없어진 학과도 있었습니다. 동서고

금을 통틀어 변화하지 않는 시대나 나라는 없습니다. 여러분에게 강조하고 싶은 것은 '그 변화에 대한 능동적인 대처'입니다.

앞으로 더 많은 우리 청년들이 글로벌 기업에 직장을 얻고, 세계 곳곳에서 살게 될 것입니다. 일하는 공간은 국내에 있더라도, 세계를 무대로 경쟁하게 될 것입니다. 어쩌면 예상보다 더 빨리 인공지능과 경쟁하게 될지도 모릅니다. 변화에 대한 능동적인 대처만이 변화를 이겨내는 길입니다. 여러분 개개인이 꿈꾸는 행복한 미래 속에 더 나은 우리 사회를 위한 희망도 함께하기를 바랍니다.

이 자리에 오기 전, 유일한 선생 묘역을 다녀왔습니다. 선생은 9살 어린 나이에 유학길에 올라 미국에서 성장했지만, 소년의 꿈은 '독립군 사령관'이었습니다. 조국이 위기에 놓이자 15살 유일한은 한인소년병학교를 지원합니다. 그 용기있는 선택으로 유일한 선생은 재미 한인들로 구성된 맹호군 창설의 주역이 되었고, 이후 기업을 일으켜 독립군의 활동을 뒷받침할 수 있었습니다.

기업은 개인의 것이 아니라, 사회의 것이며, 사원들의 것이라는 경영철학은 애국애족의 정신과 함께 새로운 도전에 대한 두려움이 없었기에 가능했을 것입니다. 더 나은 세상에 대한 선생의 꿈이 교육사업으로 이끌고 유한대학교의 설립으로 이어졌습니다.

졸업생 여러분의 가슴에는 사회와 국가를 위해 헌신해 온 유일한 선생의 '인류 평화와 봉사, 그리고 자유 정신'이 흐르고 있다는 사실을 잊지 말길 바랍니다. 저도 대통령으로서 끊임없이 도전하고 있습니다. 공정한 사회, 평화 경제, 함께 잘사는 나라는 국민과 함께하지 않고는, 저 혼자의 힘만으로 이룰 수 없다는 사실을 잘 알고 있습니다. 모든 물이 모여 큰 강을 이루고 바다를 향해 나아가듯이 여러분들도 끝까지 포기하지 않고 함께해 주실 것이라고 믿습니다.

누구나 평등한 기회 속에서 공정하게 경쟁하고 노력하는 만큼 자신의 꿈을 성취할 수 있는 사회를 원합니다. 여기 계신 졸업생뿐만 아니라, 이 땅 모든 청년들의 소망이기도 할 것입니다. 저도 그 소망을 위해 항상 여러분과 함께하겠습니다.

졸업생 여러분,

제가 좋아하는, 유일한 선생의 말씀은 "마음먹은 것은 포기하지 말고 끝까지 하라"는 것입니다. 청년을 청년답게 사는 여러분이 되어 주십시오. 포기하지 말고 끝까지 가보는 여러분이 되어 주십시오.

인생 선배로서 경험을 말하자면, 제 삶을 결정한 중요한 일들이 단박에 이루어지는 일은 없었습니다. 대학입시도, 졸업도, 사법시험도, 변호사도, 대통령 선거도 실패 후에 더 잘할 수 있었습니다.

모두에게 적용되는 인생의 정답이란 없지만, 여러분이 포기하지 않고 열심히 사는 하루하루가 여러분 인생의 답이 될 것입니다. 삶의 만족은 다른 사람의 시각에 있는 것이 아니라, 자신이 좋아하는 일에 있다는 사실을 잊지 말기 바랍니다. 행복도 다른 사람의 기대에 맞출 때 오는 것이 아니라 자신에게 만족할 수 있을 때 오는 것입니다.

정부도 여러분의 행복한 미래를 바라고 기원합니다. 여러분이 행복한 나라, 무한한 가능성의 날개를 펼쳐 훨훨 날 수 있는 나라, 때로 현실의 벽에 부딪혀 상처받고 쓰러지더라도 다시 훌훌 털고 일어설 수 있게 뒷받침하는 나라를 반드시 만들겠습니다. 학교에서 배운 정의와 공정의 가치를 믿고, 국가의 뒷받침을 믿고, 불안보다 더 큰 희망과 설렘을 담아 힘차게 사회로 나아가기 바랍니다. 모든 학교의 졸업생 여러분을 응원합니다.

감사합니다.

이념적인 친일 잔재를 척결하겠습니다

제100주년 3·1절 기념식 기념사 │ 2019-03-01 │

제100주년 3·1절 기념식에서 연설하는 문재인 대통령의 모습

존경하는 국민 여러분, 해외동포 여러분,

100년 전 오늘, 우리는 하나였습니다.

3월 1일 정오, 학생들은 독립선언서를 배포했습니다. 오후 2시, 민족대표들은 태화관에서 독립선언식을 가졌고, 탑골공원에서는 5천여 명이 함께 독립선언서를 낭독했습니다.

담배를 끊어 저축하고, 금은 비녀와 가락지를 내놓고, 심지어 머리카락을 잘라 팔며 국채보상운동에 참여했던 노동자와 농민, 부녀자, 군인, 인력거꾼, 기생, 백정, 머슴, 영세 상인, 학생, 승려 등 우리의 장삼이사들이 3·1독립운동의 주역이었습니다. 그날 우리는 왕조와 식민지의 백성에서 공화국의 국민으로 태어났습니다. 독립과 해방을 넘어 민주공화국을 위한 위대한 여정을 시작했습니다.

100년 전 오늘, 남과 북도 없었습니다.

서울과 평양, 진남포와 안주, 선천과 의주, 원산까지 같은 날 만세의 함성이 터져 나왔고 전국 곳곳으로 들불처럼 퍼져나갔습니다. 3월 1일부터 두 달 동안 남·북한 지역을 가리지 않고 전국 220개 시·군 중 211개 시·군에서 만세시위가 일어났습니다. 만세의 함성은 5월까지 계속되었습니다.

당시 한반도 전체 인구의 10%나 되는 202만여 명이 만세시위에 참여했습니다. 7,500여 명의 조선인이 살해됐고, 16,000여 명이 부상당했습니다. 체포·구금된 수는 무려 46,000여 명에 달했습니다. 최대의 참극은 평안남도 맹산에서 벌어졌습니다. 3월 10일, 체포, 구금된 교사의 석방을 요구하러 간 주민 54명을 일제는 헌병분견소 안에서 학살했습니다. 경기도 화성의 제암리에서도 교회에 주민들을 가두고 불을 질러 어린아이까지 포함해 29명을 학살하는 등의 만행이 이어졌습니다.

그러나 그와 대조적으로, 조선인의 공격으로 사망한 일본 민간인은 단 한 명도 없었습니다.

북간도 용정과 연해주의 블라디보스토크에서, 하와이와 필라델피아에서도 우리는 하나였습니다. 민족의 일원으로서 누구든 시위를 조직하고 참여했습니다.

우리는 함께 독립을 열망했고 국민주권을 꿈꿨습니다. 3·1독립운동의 함성을 가슴에 간직한 사람들은 자신과 같은 평범한 사람들이 독립운동의 주체이며, 나라의 주인이라는 사실을 인식하기 시작했습니다. 그것이 더 많은 사람의 참여를 불러일으켰고 매일같이 만세를 부를 수 있는 힘이 되었습니다. 그 첫 열매가 민주공화국의 뿌리인 대한민국 임시정부입니다.

대한민국 임시정부는 임시정부 헌장 1조에 3·1독립운동의 뜻을 담아 '민주공화제'를 새겼습니다. 세계 역사상 헌법에 민주공화국을 명시한 첫 사례였습니다.

존경하는 국민 여러분,

친일잔재 청산은 너무나 오래 미뤄둔 숙제입니다. 잘못된 과거를 성찰할 때 우리는 함께 미래를 향해 갈 수 있습니다. 역사를 바로 세우는 일이야말로 후손들이 떳떳할 수 있는 길입니다. 민족정기 확립은 국가의 책임이자 의무입니다.

이제 와서 과거의 상처를 헤집어 분열을 일으키거나 이웃 나라와의 외교에서 갈등 요인을 만들자는 것이 아닙니다. 모두 바람직하지 않은 일입니다. 친일잔재 청산도, 외교도 미래 지향적으로 이뤄져야 합니다.

'친일잔재 청산'은 친일은 반성해야 할 일이고, 독립운동은 예우 받아야 할 일이라는 가장 단순한 가치를 바로 세우는 일입니다. 이 단순한 진실이 정의이고, 정의가 바로 서는 것이 공정한 나라의 시작입니다. 일제는 독립군을 '비적'으로, 독립운동가를 '사상범'으로 몰아 탄압했습니다. 여기서 '빨갱이'라는 말도 생겨났습니다. 사상범과 빨갱이는 진짜 공산주의자에게만 적용되지 않았습니다. 민족주의자에서 아나키스트까지 모든 독립운동가를 낙인찍는 말이었습니다.

좌우의 적대, 이념의 낙인은 일제가 민족 사이를 갈라놓기 위해 사용한 수단이었습니다. 해방 후에도 친일청산을 가로막는 도구가 됐습니다. 양민학살과 간첩조작, 학생들의 민주화운동에도 국민을 적으로 모는 낙인으로 사용됐습니다. 해방된 조국에서 일제경찰 출신이 독립운동가를 빨갱이로 몰아 고문하기도 했습니다.

많은 사람들이 '빨갱이'로 규정되어 희생되었고 가족과 유족들은 사회적 낙인 속에서 불행한 삶을 살아야 했습니다. 지금도 우리 사회에

서 정치적 경쟁 세력을 비방하고 공격하는 도구로 빨갱이란 말이 사용되고 있고, 변형된 '색깔론'이 기승을 부리고 있습니다. 우리가 하루빨리 청산해야 할 대표적인 친일잔재입니다.

우리 마음에 그어진 '38선'은 우리 안을 갈라놓은 이념의 적대를 지울 때 함께 사라질 것입니다. 서로에 대한 혐오와 증오를 버릴 때 우리 내면의 광복은 완성될 것입니다. 새로운 100년은 그때에서야 비로소 진정으로 시작될 것입니다.

존경하는 국민 여러분,

지난 100년 우리는 공정하고 정의로운 나라, 인류 모두의 평화와 자유를 꿈꾸는 나라를 향해 걸어왔습니다. 식민지와 전쟁, 가난과 독재를 극복하고 기적 같은 경제성장을 이뤄냈습니다. 4·19혁명과 부마민주항쟁, 5·18민주화운동, 6·10민주항쟁, 그리고 촛불혁명을 통해 평범한 사람들이 각자의 힘과 방법으로 우리 모두의 민주공화국을 만들어 왔습니다. 3·1독립운동의 정신이 민주주의의 위기마다 되살아났습니다.

새로운 100년은 진정한 국민의 국가를 완성하는 100년입니다. 과거의 이념에 끌려 다니지 않고 새로운 생각과 마음으로 통합하는 100년입니다. 우리는 평화의 한반도라는 용기 있는 도전을 시작했습니다. 변화를 두려워하지 않고 새로운 길에 들어섰습니다. 새로운 100년은 이 도전을 성공으로 이끄는 100년입니다.

2017년 7월, 베를린에서 '한반도 평화구상'을 발표할 때, 평화는 너무 멀리 있어 잡을 수 없을 것 같았습니다. 그러나 우리는 기회가 왔을 때 뛰어나가 평화를 붙잡았습니다. 드디어 평창의 추위 속에서 평화의 봄은 찾아왔습니다. 지난해 김정은 위원장과 판문점에서 처음 만나 8천만 겨레의 마음을 모아 한반도에 평화의 시대가 열렸음을 세계 앞에 천명했습니다. 9월에는 능라도 경기장에서 15만 평양 시민 앞에 섰습니다. 대한민국의 대통령으로서 평양 시민들에게 한반도의 완전한 비핵화와 평화, 번영을 약속했습니다.

한반도의 하늘과 땅, 바다에서 총성이 사라졌습니다. 비무장지대에서 13구의 유해와 함께 화해의 마음도 발굴했습니다. 남북 철도와 도로, 민족의 혈맥이 이어지고 있습니다. 서해5도의 어장이 넓어져 어민들의 만선의 꿈이 커졌습니다. 무지개처럼 여겼던 구상들이 우리 눈앞에서 하나하나 실현되고 있습니다.

이제 곧 비무장지대는 국민의 것이 될 것입니다. 세계에서 가장 잘 보존된 자연이 우리에게 큰 축복이 될 것입니다. 우리는 그곳에서 평화공원을 만들든, 국제평화기구를 유치하든, 생태평화 관광을 하든, 순례길을 걷든, 자연을 보존하면서도 남북한 국민의 행복을 위해 공동 사용할 수 있을 것입니다.

그것은 우리 국민의 자유롭고 안전한 북한 여행으로 이어질 것입니다. 이산가족과 실향민들이 단순한 상봉을 넘어 고향을 방문하고 가족 친지들을 만날 수 있도록 추진하겠습니다. 한반도의 항구적 평화는 많은 고비를 넘어야 확고해질 것입니다. 베트남 하노이에서의 2차 북미정상회담도 장시간 대화를 나누고 상호이해와 신뢰를 높인 것만으로도 의미 있는 진전이었습니다. 특히 두 정상 사이에 연락 사무소의 설치까지 논의가 이루어진 것은 양국 관계 정상화를 위한 중요한 성과였습니다. 트럼프 대통령이 보여준 지속적인 대화 의지와 낙관적인 전망을 높이 평가합니다.

더 높은 합의로 가는 과정이라고 생각합니다. 이제 우리의 역할이 더욱 중요해졌습니다. 우리 정부는 미국, 북한과 긴밀히 소통하고 협력하여 양국 간 대화의 완전한 타결을 반드시 성사시켜낼 것입니다. 우리가 갖게 된 한반도 평화의 봄은 남이 만들어 준 것이 아닙니다. 우리 스스로, 국민의 힘으로 만들어낸 결과입니다. 통일도 먼 곳에 있지 않습니다. 차이를 인정하며 마음을 통합하고, 호혜적 관계를 만들면 그것이 바로 통일입니다. 이제 새로운 100년은 과거와 질적으로 다른 100년이 될 것입니다. '신한반도체제'로 담대하게 전환해 통일을 준비해 나가겠습니다.

'신한반도체제'는 우리가 주도하는 100년의 질서입니다. 국민과 함께, 남북이 함께, 새로운 평화협력의 질서를 만들어낼 것입니다.

'신한반도체제'는 대립과 갈등을 끝낸, 새로운 평화협력공동체입니다. 우리의 한결같은 의지와 긴밀한 한미공조, 북미대화의 타결과 국제사회의 지지를 바탕으로 항구적인 평화체제 구축을 반드시 이루겠습니다.

'신한반도체제'는 이념과 진영의 시대를 끝낸, 새로운 경제협력공동체입니다. 한반도에서 '평화경제'의 시대를 열어나가겠습니다. 금강산관광과 개성공단의 재개 방안도 미국과 협의하겠습니다. 남북은 지난해 군사적 적대행위의 종식을 선언하고 '군사공동위원회' 운영에 합의했습니다. 비핵화가 진전되면 남북 간에 '경제공동위원회'를 구성해 남북 모두가 혜택을 누리는 경제적 성과를 만들어낼 수 있을 것입니다.

남북관계 발전이 북미관계의 정상화와 북일관계 정상화로 연결되고, 동북아 지역의 새로운 평화안보 질서로 확장될 것입니다. 3·1독립운동의 정신과 국민통합을 바탕으로 '신한반도체제'를 일궈 나가겠습니다. 국민 모두의 힘을 모아 주시기 바랍니다. 한반도의 평화는 남과 북을 넘어 동북아와 아세안, 유라시아를 포괄하는 새로운 경제성장의 동력이 될 것입니다.

100년 전, 식민지가 되었거나 식민지로 전락할 위기에 처했던 아시아의 민족과 나라들은 우리의 3·1독립운동을 적극 지지해 주었습니다. 당시 베이징대학 교수로서 신문화운동을 이끈 천두슈는 "조선의 독립운동은 위대하고 비장한 동시에 명료하고, 민의를 사용하되 무력을 사용하지 않음으로써 세계 혁명사에 신기원을 열었다"고 말했습니다. 아시아는 세계에서 가장 일찍 문명이 번성한 곳이고 다양한 문명이 공존하는 곳입니다. 한반도 평화로 아시아 번영에 기여하겠습니다. 상생을 도모하는 아시아의 가치와 손잡고 세계 평화와 번영의 질서를 만드는데 함께하겠습니다.

만세삼창을 하는 문재인 대통령, 김정숙 여사의 모습

한반도의 종단철도가 완성되면 지난해 광복절에 제안한 '동아시아 철도공동체'의 실현을 앞당기게 될 것입니다. 그것은 에너지공동체와 경제공동체로 발전하고, 미국을 포함한 다자평화안보체제를 굳건히 하게 될 것입니다. 아세안 국가들과는 '2019년 한·아세안 특별정상회의'와 '제1차 한·메콩 정상회의' 개최를 통해 '사람 중심의 평화와 번영의 공동체'를 함께 만들어 가겠습니다.

한반도 평화를 위해 일본과의 협력도 강화할 것입니다. '기미독립선언서'는 3·1독립운동이 배타적 감정이 아니라 전 인류의 공존공생을 위한 것이며 동양평화와 세계평화로 가는 길임을 분명하게 선언했습니다. "과감하게 오랜 잘못을 바로 잡고 진정한 이해와 공감을 바탕으로 사이좋은 새 세상을 여는 것이 서로 재앙을 피하고 행복해지는 지름길"임을 밝혔습니다. 오늘날에도 유효한 우리의 정신입니다.

과거는 바꿀 수 없지만 미래는 바꿀 수 있습니다. 역사를 거울삼아 한국과 일본이 굳건히 손잡을 때 평화의 시대가 성큼 우리 곁으로 다가올 것입니다. 힘을 모아 피해자들의 고통을 실질적으로 치유할 때 한국과 일본은 마음이 통하는 진정한 친구가 될 것입니다.

존경하는 국민 여러분, 해외동포 여러분,

지난 100년, 우리가 함께 대한민국을 일궈왔듯 새로운 100년도 우리는 함께 잘살아야 합니다. 모든 국민이 평등하고 공정하게 기회를 가질 수 있어야 하며, 차별받지 않고 일 속에서 행복을 찾을 수 있어야 합니다.

함께 잘살기 위해 우리는 '혁신적 포용국가'라는 또 하나의 도전을 시작했습니다. 오늘 우리가 걷고 있는 '혁신적 포용국가'의 길은 100년 전 오늘, 우리 선조들이 꿈꾸었던 나라이기도 합니다. 세계는 지금 양극화와 경제 불평등, 차별과 배제, 나라 간 격차와 기후변화라는 전 지구적 문제해결을 위해 새로운 길을 모색하고 있습니다. '혁신적 포용국가'라는 우리의 도전을 지켜보고 있습니다.

우리는 변화를 두려워하지 않고 오히려 능동적으로 이용하는 국민입니다. 우리는 가장 평화롭고 문화적인 방법으로 세계 민주주의 역사에 아름다운 꽃을 피웠습니다. 1997년 아시아 외환위기, 2008년 글로벌 금융위기를 극복한 힘도 모두 국민에게 나왔습니다.

우리의 새로운 100년은 평화가 포용의 힘으로 이어지고 포용이, 함께 잘사는 나라를 만들어내는 100년이 될 것입니다. 포용국가로의 변화를 우리가 선도할 수 있고, 우리가 이뤄낸 포용국가가 세계 포용국가의 모델이 될 수 있다고 자신합니다.

3·1독립운동은 여전히 우리를 미래를 향해 밀어주고 있습니다.

우리가 오늘 유관순 열사의 공적심사를 다시 하고 독립유공자 훈격을 높여 새롭게 포상하는 것도 3·1독립운동이 현재진행형이기 때문입니다. 유관순 열사는 아우내 장터의 만세시위를 주도했습니다. 서대문형무소 안에 갇혀서도 죽음을 두려워하지 않고 3·1독립운동 1주년 만세운동을 벌였습니다. 그렇지만 무엇보다 큰 공적은 '유관순'이라는 이름만으로 3·1독립운동을 잊지 않게 한 것입니다.

　지난 100년의 역사는 우리가 마주하는 현실이 아무리 어렵더라도 희망을 포기하지 않는다면 변화와 혁신을 이뤄낼 수 있다는 것을 증명합니다. 앞으로의 100년은 국민의 성장이 곧 국가의 성장이 될 것입니다. 안으로는 이념의 대립을 넘어 통합을 이루고, 밖으로는 평화와 번영을 이룰 때 독립은 진정으로 완성될 것입니다.

　감사합니다.

튼튼한 한국 경제에 투자하십시오

외국인투자 기업인과의 대화 모두발언 │ 2019-03-28 │

제프리 존스 주한미국상공회의소 이사장을 비롯해 외국인투자 기업인 여러분, 주한 외국상의 회장단과 협회·단체 관계자 여러분, 반갑습니다. 외국기업도 우리나라에 투자하면, 우리 경제발전과 함께하는 '우리 기업'입니다. 여러분의 성공이 곧 한국경제의 발전입니다. 우리는 '한배를 탄 공동 운명체'입니다.

여러분은 이미 우리 경제의 중요한 한 축입니다. 국내 수출의 19%, 고용의 7%를 담당하고 있습니다. 부품소재 등 우리의 취약한 산업 분야에서 경쟁력을 보완하는데 크게 기여하고 있습니다. 또한 외국인투자 기업의 수평적 조직문화와 여성·가족친화적 제도는 우리 기업문화에 긍정적인 영향을 주고 있습니다.

우리 경제의 성장과 함께 외국인 투자가 크게 늘었습니다. 지난해 외국인투자는 사상 최대인 269억 불을 넘어섰습니다. 세계경기 둔화로 전세계 외국인투자 규모가 19%나 감소했는데도, 우리는 오히려 17%나 늘었으니 값진 성과가 아닐 수 없습니다. 여기 계신 여러분들 덕분입니다. 외국인 투자기업들은 지역 일자리와 중소기업 상생에도 모범이 되어 주었습니다.

1만 8천개가 넘는 외국인투자 기업이 국내에서 74만 명의 일자리를 만들었습니다. 신규 고용의 80%를 지역주민들로 채용한 '지역 일자리 우수기업'과 국내에서 얻은 이익을 재투자해, 협력 중소기업과 공동 기술개발에 나선 '상생실천 기업'도 있습니다. 특별히 감사드립니다. 여러분의 지속적인 투자와 모범사례가 이어질 수 있도록 정부와 지자체도 적극 지원할 것입니다.

한국은 매력적인 투자처입니다.

첫째, 한국경제는 기초체력이 튼튼합니다.

한국은 지난해 사상 최초로 수출 6천억 불을 돌파해 세계 6위를 굳건히 지키고 있습니다. 무역수지도 10년 연속 흑자이고 외환보유액도 최초로 4천억 불을 넘어서, 우리 경제의 건전성이 한층 강화되었습니다.

둘째, 한국은 우수한 산업·무역 인프라와 함께 높은 개방성을 갖추고 있습니다.

한국은 세계은행이 발표한 지난해 기업환경평가에서 190개국 중 5위를 기록했습니다. G20 국가 중에서는 1위입니다. 또한 미국과 EU, 중국, ASEAN, 인도 등 52개국과 FTA를 체결하여 세계 GDP의 77%에 달하는 FTA 네트워크를 갖추고 있습니다. 세계로 진출하려는 외국인투자 기업에게 이보다 좋은 환경은 없을 것입니다.

셋째, 작년 남북정상회담 이후 지정학적 위험도 현저히 줄었습니다.

세계 3대 신용평가기관인 S&P는 한국의 국가신용등급을 중국, 일본보다도 높은, 역대 최고등급으로 유지하고 있습니다. 국가 부도위험을 반영하는 CDS 프리미엄도, 작년 대다수 국가가 상승한데 비해 우리는 큰 폭으로 하락했고, 2007년 10월 이후 최저를 기록하고 있습니다. 평화를 경제 활력으로 이어가고 있습니다.

한국의 외국인투자 유치의 핵심전략은 여러분이 한국에서 성공하도록 뒷받침하는 것입니다.

한국은 올해부터 혁신제품을 손쉽게 실증하고 출시할 수 있는 '규제샌드박스' 제도를 시행하고 있습니다. 이미 17건이 승인을 받아 투자를 준비 중입니다. 외국인 투자를 지원하는 현금지원 예산도 올해 500억 원으로 대폭 확대했습니다.

불필요한 규제를 과감히 걷어내고 투자 인센티브를 강화하여, 여러

문재인 대통령이 외국기업 초청간담회에서 제프리 존스 주한미상의 이사장과 인사하고 있다.

분이 자국에서 투자하는 것보다 조금도 불편함이 없도록 할 것입니다. 외국인투자 기업들이 규제샌드박스 제도를 적극 활용하고, 4차 산업혁명과 혁신성장에 더 큰 역할을 해 줄 것을 기대합니다.

외국인투자 기업인 여러분,

한국경제는 외국인 투자기업과 함께 발전해왔고, 앞으로도 그럴 것입니다. 여러분의 성공은 한국경제 발전에 큰 힘이 되고, 한국경제의 발전은 여러분에게 더 많은 사업의 기회를 열어줄 것입니다. 한국경제는 외국인투자 기업에게 활짝 열려 있습니다. 특히 한반도 평화경제는 세계에서 가장 매력적인 시장이 될 것입니다. 평화경제의 무한한 가능성에 주목해 주시기 바랍니다.

여러분이 한국에서 더욱 많은 성공과 더욱 많은 투자를 꿈꿀 수 있도록 정부는 항상 노력할 것입니다. 오늘 이 자리는 여러분의 생생한 의견을 듣는 자리입니다. 어떤 말씀이라도 허심탄회하게 말씀해 주시기 바랍니다. 감사합니다.

독립운동가님들을 고향산천으로 모십니다

독립유공자 유해봉환식 추모사 │ 2019-04-21 │

계봉우 지사님과 배우자 김야간 님, 황운정 지사님과 배우자 장해금 님,

이제야 모시러 왔습니다. 네 분을 모시는 것은 대한민국 정부가 당연히 해야 할 임무이며 독립운동을 완성하는 일입니다. 대한민국 국민 모두의 영광입니다.

국민 여러분, 고려인 동포 여러분,

우리는 오늘 시간과 국경을 뛰어넘어 독립운동의 역사와 마주하고

있습니다. 계봉우 지사님, 황운정 지사님의 삶은 조국의 독립과 단 한 순간도 떨어져있지 않았습니다. 돌아가시는 날까지 고국을 그리워하셨고, 고향과 연해주, 카자흐스탄, 그곳이 어디든 항상 한반도의 독립과 번영, 평화를 염원하셨습니다. 대한민국의 오늘이 있기까지 수많은 독립운동가들의 희생과 헌신이 있었다는 사실을 우리는 결코 잊을 수 없습니다.

네 분 어르신은, 유가족과 고려인 동포 여러분에게 자긍심의 뿌리이며 기댈 수 있는 언덕이셨습니다. 동포들에게 고난을 헤쳐 나갈 지혜를 주셨습니다. 보내드리는 일이 얼마나 어려운 결정이었겠습니까? 걱정하시지 않도록 정성을 다해 잘 모시겠습니다. 유가족들께 깊은 위로와 감사의 말씀을 드립니다. 성심성의를 다해 도와준 카자흐스탄 정부에도 감사의 인사를 전합니다.

우리 정부는 계봉우·황운정 지사 내외분의 유해를 모시기 위해 유가족과 카자흐스탄 정부와 협의해왔고, 마침내 3·1독립운동과 대한민국 임시정부 수립 100년을 맞아 애국지사들을 고국에 모실 수 있게 되었습니다. 우리 정부는 머나먼 이국 땅에서 생을 마감하신 독립운동가들의 정신과 뜻을 기리고, 최고의 예우로 보답해 나가겠습니다.

독립운동가 한 분 한 분을 기억하는 것은 우리 스스로의 긍지와 자부심을 일깨우는 일입니다. 미래를 열어갈 힘을 키우는 일입니다. 계봉우·황운정 지사 내외분께 한없는 경의를 표하며, 민족의 가슴에 영원히 기억되도록 하겠습니다.

문재인 대통령이 카자흐스탄에서 황운정 애국지사의 유골함에 건국훈장 애족장을 헌정하고 있다.

이제 계봉우 지사님과 배우자 김야간 님, 황운정 지사님과 배우자 장해금 님, 네 분을 조국, 고향산천으로 모십니다.

여러분, 감사합니다.

대통령 문재인의 2년 —

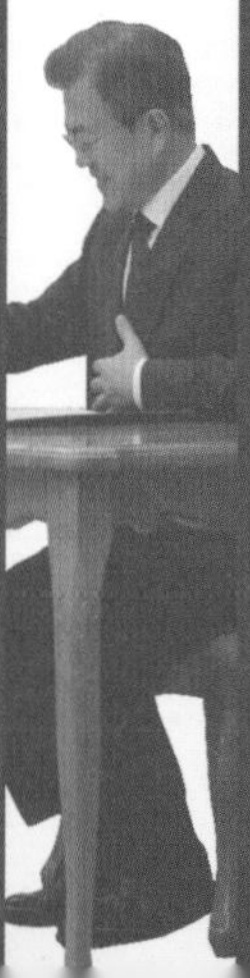

2장

대통령
2년의 기록
2018.5.1 ~ 2019.4.30

5월

근로자의 날 대통령 메시지

| 2018-05-01 |

"노동의 가치와 존엄은 바로 우리 자신의 가치와 존엄입니다"

노동은 숭고합니다. 아버지의 손톱에 낀 기름때는 삶을 지탱합니다. 어머니의 손톱 밑 흙에서는 희망처럼 곡식이 자랍니다. 일하는 사람들에 의해 대한민국은 여기까지 왔습니다.

모든 성장은 노동자를 위한 성장이어야 합니다. 작년 오늘 저는 "노동 존중"을 새 정부의 핵심 국정기조로 삼겠다고 약속했습니다. 노동의 가치와 존엄성보다 더 큰 성장은 없습니다.

노동절은 노동의 진정한 가치를 찾아가는 역사였습니다. 지금은 당연하게 생각하는 초과근무수당, 최저임금, 주40시간 노동제도 많은 노동자들의 자기 존엄을 위한 투쟁을 통해 얻어진 것입니다.

새 정부 출범 후 노동계의 숙원이었던 양대지침 폐지부터 시작했습니다. 최저임금 인상과 공공부문 비정규직 정규직화 등을 통해 노동의 질을 높이고, 격차를 줄이는 조치를 취하고 있습니다. 노동시간 주 52시간 상한제는 노동자에게 휴식이 있는 삶을 가져다 줄 것입니다.

저는 노동존중 사회를 제도화하기 위해 노동기본권 강화를 포함한 개헌안을 발의했습니다. '근로'를 '노동'으로 대체하고 공무원의 노동3권 보장, 동일가치노동 동일임금, 단체행동권 강화 등 어느 것 하나 중요하지 않은 것이 없습니다. 지방선거 동시 개헌 국민투표가 무산된 것이 무척 아쉽습니다.

그러나 개헌의 취지를 구체적인 정책과 제도로 최대한 뒷받침하겠습니다. 노동존중 사회를 위한 정부의 노력은 지속될 것입니다.

우리가 극복해야 할 저출산·고령화, 청년실업, 양극화도 결국 노동문제가 그 핵심입니다. 정부 의지만으로 해결할 수 있는 일이 아닙니다. 사회 구성원들이 서로 양보하고 타협하는 사회적 대화만이 근본적인 변화를 이끌어낼 수 있습니다.

오랜 공백 끝에 노사정 사회적 대화가 시작되었고, 최근 노사정위원회를 경제사회노동위원회로 개편하는데 합의했습니다. 구성원을 청년, 여성, 비정규직, 중소기업, 소상공인 등으로 다양화하여 사회적 대화 기구의 대표성을 높인 것을 환영합니다.

이제, 노사정 책임 있는 당사자들이 국가의 백년대계 주춧돌을 놓는다는 심정으로 중요한 성과들을 만들어 나가야 합니다. 노사가 뜻을 맞추면, 정부는 적극 힘을 보탤 것입니다. 노동이 활기차고 제대로 대우받아야 경제도 지속적으로 성장해갈 수 있습니다.

노동의 가치와 존엄은 이념의 문제가 아닙니다. 우리들 자신이, 우리의 부모들이, 우리의 아들딸들이 바로 노동자들이기 때문입니다. 노동의 가치와 존엄은 바로 우리 자신의 가치와 존엄입니다.

'근로자의 날'을 맞아 노동이 제도에 의해, 또는 힘있는 사람들에 의해 홀대받고 모욕 받지 않는 세상을 생각합니다.

제20회 국무회의 모두발언

| 2018-05-08 |

제20회 국무회의를 시작하겠습니다.

이틀 후면 새 정부가 출범한지 1년입니다. 나라다운 나라 만들자고 추운 겨울을 촛불로 녹였던 국민들의 여망 받들어 쉼 없이 달려온 1년이 었습니다. 인수위도 없이 출범해서 여기까지 오는 동안 모두 노고 많았 습니다.

취임 1년을 맞아 국무위원들께 당부 드리고 싶은 말씀은 초심을 지 켜나가자라는 것입니다. 다들 열심히 해 주셨고, 또 잘해 주셨지만 자신 도 모르게 마음이 해이해지거나 자만에 빠지지 않도록 처음 출범하던 그 날의 각오와 다짐을 다시 한 번 새롭게 해 주시길 당부 드립니다.

추경안을 국회에 제출한지 한 달을 넘겼는데도 국회에서는 심의 한 번 하지 않고 있습니다. 추경은 무엇보다 시기가 중요합니다. 때를 놓치지 않아야 추경의 목적을 달성할 수 있기 때문입니다. 이번 추경은 청년 일자리 창출과 고용 및 산업 위기 지역에 꼭 필요한 최소한의 사업을 편성한 것입니다. 해당 지역 주민들로서는 한시가 급한 상황입니다. 국채 등 빚을 내지 않고 재정 여유자금으로 편성했기 때문에 국민들의 부담도 없습니다.

국회 상황이 매우 혼란스럽지만 민생 추경과 같은 비정치적 사안을 정치 상황과 연계시켜 상정조차 하지 않고 논의를 계속 미루고 있는 것은 국민들이 납득하기 어려울 것입니다. 국회가 하루 빨리 책임 있게 논의해 주시길 다시 한 번 호소 드립니다.

오늘은 어버이날입니다. 우리에게 자랑스러운 역사만 있는 것은 아니지만 2차 세계대전 이후 높은 수준의 민주화와 경제성장을 함께 이뤄낸 성과에 대해서만큼은 우리가 자부심을 가져도 좋을 것입니다. 우리에게 그런 자부심을 갖게 해 주신 우리 어버이 세대에 대해 깊은 존경과 감사를 드립니다. 문재인 정부는 효도하는 정부를 약속했습니다. 어버이날을 맞아 그 약속을 반드시 지키겠다는 다짐을 다시 말씀드립니다.

대표적으로 치매국가책임제 본격 시행을 통해 치매 어르신들과 가족들의 부담을 덜어드리고 있습니다. 중증치매환자의 본인부담률이 최대 60% 수준에서 10%로 낮아졌고, 치매안심센터가 전국에 256곳 신설

운영되고 있습니다. 앞으로 치매안심센터의 시설과 프로그램을 더 내실화해나가겠습니다.

건강보험 보장성 강화 대책에도 어르신들의 의료비 부담 덜어드리는 정책이 많이 포함돼 있습니다. 작년에 틀니 부담률을 50%에서 30%로 낮춘데 이어 올 7월부터는 임플란트 본인부담률도 낮출 예정입니다. 9월부터는 기초연금을 20만 원에서 25만 원으로 인상하여 500만명 어르신들께서 혜택을 보실 수 있게 할 것입니다.

그동안 국가와 사회를 위해 희생하고 헌신해온 어르신들이 건강하고 행복하게 노후를 보내실 수 있도록 정부가 책임과 의무를 다해나갈 것입니다. 어르신들이 효도하는 정부를 생활 속에서 실감할 수 있도록 각 부처에서 정책들을 더욱 세심하게 준비하고 챙겨주길 바랍니다.

한·중·일 정상회의 문재인 대통령 모두발언

| 2018-05-09 |

이번 한·중·일 정상회의를 잘 준비해 주시고 대표단을 따뜻하게 맞이 해주신 우리 아베 총리님께 각별한 감사 인사를 전합니다.

리커창 총리님, 지난 3월에 재선출 되신 것을 축하드립니다.

두 분과 함께 우리 3국 관계를 더욱 발전시킬 수 있길 기원합니다.

이번 정상회의는 여러 가지 면에서 의미가 아주 큽니다.

첫째, 2015년 서울에서 개최된 6차 회의 이후 2년 반 만에 한자리에 모였습니다. 의장국인 일본의 노력에 경의를 표합니다. 한·중·일 3국을 떼려야 뗄 수 없는 협력 동반자임을 느낍니다. 앞으로 정상회의가 흔들림 없이 정례적으로 개최됨으로써 3국 관계의 발전에 든든한 기반이 되기를 바랍니다.

둘째, 이번 회의는 시기적으로도 매우 중요합니다. 남북정상회담은 한반도의 완전한 비핵화와 항구적 평화정착의 기반을 마련했습니다. 그동안 일·중 양국이 평화원칙을 일관되게 견지하면서 남북대화를 전폭적으로 성원해 주신 것이 큰 힘이 되었습니다. 두 나라에 감사드립니다.

한반도와 동북아의 평화의 여정에서 양국의 지지와 협력이 반드시 필요합니다. 오늘 회의를 통해 다시 한번 뜻을 모으고 지혜를 나누어주시길 바랍니다.

셋째, 3국 협력의 중요성은 아무리 강조해도 지나치지 않습니다. 이제 3국이 힘을 모아 국민들의 삶이 실질적으로 나아지는 시대를 열어야 합니다. 그중에서도 국민들의 일상과 가장 밀접한 환경, 지진, 재난 보건 의료 분야의 교류협력에서 3국 국민들의 체감할 수 있는 성과가 있기를 기대합니다.

아베 총리님, 리커창 총리님. 전 세계가 지금 한반도와 동북아를 주목하고 있습니다.

나는 3국 간의 긴밀한 협력이 한반도를 넘어 동북아의 평화와 번영을 만들어 낼 것이라고 확신합니다. 우리가 세계에서 마지막 남은 냉전 구도를 해체하여 세계의 평화를 이끌 수 있기를 바랍니다. 3국 국민들에게 자긍심을 심어주고 희망을 전하는 정상회의가 되길 기대합니다.

감사합니다.

제7차 한·중·일 정상회의
문재인 대통령 공동언론 발표문

| 2018-05-09 |

　이번 정상회의를 정성을 다해 준비해 주시고 한·중 양국 대표단을
따뜻하게 환대해주신 아베 총리님과 일본 국민 여러분께 깊이 감사드립
니다.

　우리 3국은 역사적, 지리적, 문화적으로 가장 가까운 이웃입니다.
동북아 지역의 평화와 번영을 책임지고 있는 가장 중요한 협력 파트너
이기도 합니다.

　오늘 아베 총리, 리커창 총리와 나는 3국 관계의 중요성을 다시 확
인하고, 협력을 강화하는 방안에 대해 집중적으로 논의했습니다.

　무엇보다, 우리는 한반도의 완전한 비핵화와 항구적 평화정착, 남북

관계 개선이 한반도는 물론 동북아의 평화와 번영에 대단히 중요하다는 데 인식을 같이하였습니다.

특별히, 3국 정상의 특별 성명 채택을 통해 '판문점 선언'을 환영하고 지지해주신 것에 대해서 감사드립니다. 항구적 평화정착을 위한 과정에서 3국간 긴밀한 소통과 협력이 지속적으로 이루어지길 기대하고 약속합니다.

3국 협력의 궁극적인 목표는 국민들이 그 성과와 혜택을 체감하고 누리는 데 있습니다. 이를 위해 우리는 실질협력을 확대하고, 미래 성장 동력을 창출하기 위한 공조를 강화하기로 했습니다.

미세먼지, 감염병, 만성질환과 같이 국민의 삶을 위협하는 문제를 함께 해결하는 한편, 에너지, ICT 협력을 위한 구체적이고 실질적인 사업들을 계속 발굴해 나가기로 했습니다. 3국 간 협력을 강화하기 위해 국민들의 교류와 소통이 더욱 확대되고 활발해져야 합니다.

평창 동계올림픽을 시작으로 2020년 동경 올림픽, 2022년 북경 동계올림픽으로 이어지는 동북아 릴레이 올림픽이야말로 두 번 다시 없을 좋은 기회입니다. 오늘 정상회의에서 체육교류를 포함한 인적, 문화적 교류의 중요성을 확인하고, 2020년까지 3국간 인적교류를 3천만 명 이상으로 확대하기로 했습니다. 특히, 캠퍼스 아시아 사업과 같은 청년 교류 사업을 더욱 활성화해나갈 것입니다. 3국의 젊은이들에게 기회와 희망이 되기를 바랍니다.

3국 협력을 제도화하는 것이 무엇보다 중요합니다. 3국 정상회의는 동북아 평화와 번영의 든든한 기반입니다. 오늘 우리는 이러한 인식을 공유하고, 정상회의를 정례화해 나간다는 의지를 재확인했습니다. 또한, 3국 협력을 추진하는 구심점으로서 협력사무국(TCS)의 역할을 확대하고, 지원을 강화해 나가기로 했습니다. 3국은 전 세계 인구의 1/5, 전세계 총생산의 1/4, 전세계 교역액의 1/5을 차지할 만큼, 세계 경제의 성장과 발전에 중요한 역할을 하고 있습니다.

한반도에 평화와 안정을 정착시킬 책임도 공유하고 있습니다.

우리가 힘과 뜻을 모으면 한반도와 동북아에 평화와 번영의 새로운 시대를 열 수 있음을 확신합니다. 이제 3국은 세계사적 대전환을 이끌어 내는 진정한 동반자가 될 것입니다. 오늘 정상회의가 3국 협력을 더욱 심화, 발전시키는 이정표가 되었기를 바랍니다.

흔쾌히 뜻을 모아주신 두 분 정상들께 깊이 감사드립니다.

감사합니다.

한·중·일 비즈니스 서밋 기조연설

| 2018-05-09 |

사카키바라 사다유키 회장님, 장쩡웨이 회장님, 박용만 회장님, 3국의 경제지도자 여러분, 반갑습니다.

저는 오늘 아베 총리, 리커창 총리와 함께 우리 3국과 동아시아의 미래에 대해 진지한 대화를 나누고, 3국간의 공고한 교류와 협력을 약속하는 공동선언문을 채택했습니다.

경제인 여러분이 오늘 함께 채택한 포용적 성장과 혁신을 위한 공동선언문도 진심으로 환영하고 지지합니다. 존경하는 경제인 여러분, 세계 경제의 불확실성이 커져가고 있습니다. 보호무역주의 확산으로 자유무역질서가 흔들리고 있습니다.

다행인 것은 3국간의 교역이 작년부터 호조를 보이며 다시 증가세로 전환된 것입니다. 유교의 고전 '맹자'에 "우환이 있는 곳에서는 살고, 안락한 곳에서는 죽는다"는 말이 있습니다.

세계 경제가 어려움을 겪고 있지만 저는 오히려 이것이 우리 3국에게 기회가 될 수 있다고 생각합니다. 3국이 협력하여 지금까지의 성공 방식에서 벗어나 더 포용적이고 더 혁신적인 성장 방식을 찾아낸다면, 함께 세계 경제 질서를 주도해 나갈 수 있을 것입니다.

이를 위해, 역내포괄적경제동반자협정(RCEP)이 높은 수준에서 조속히 타결되고 한·중·일 FTA에서도 빠른 진전이 있기를 기대합니다. 4차 산업혁명 분야에서도 공동 R&D와 인력 양성 등 국경을 초월한 협력이 이루어지길 바랍니다.

경제인 여러분, 우리 3국은 그동안 경제인 여러분의 노력으로 비약적인 경제성장을 이뤘습니다. 이제 성장을 넘어서서 3국의 국민들이 자신의 삶이 나아졌다는 것을 피부로 느낄 수 있도록 다양한 분야로 협력을 넓혀갈 것을 제안합니다. 에너지, 환경, 보건의료, 재난대응 등의 분야에서 새로운 협력이 요구됩니다. 미세먼지와 대기오염이 3국 국민들의 건강을 위협하고 있습니다. 작년 한·중·일 환경장관회의에서 시작된 '환경오염 예방 및 통제 기술협력 네트워크'가 미세먼지 저감과 온실가스 감축에서 실질적인 성과로 확대되기를 기대합니다.

에너지 분야도 협력할 여지가 많습니다. 세계 LNG 시장의 최대 수요자인 3국이 협력한다면 천연가스를 경제적이고 안정적으로 확보할 수 있을 것입니다. 에너지 공동체를 향한 '동북아 슈퍼그리드' 사업도 민간차원의 연구부터 속도 있게 추진해 나가길 기대합니다. 3국에서 연이어 개최되는 올림픽은 동아시아의 평화와 번영을 전 세계에 알리고 관광, 문화, 체육 등 3국간의 인적 교류를 크게 확대시킬 좋은 기회입니다.

존경하는 경제인 여러분, 남북정상회담은 한반도 비핵화와 평화정착을 위한 중대한 전기를 만들었습니다. 한반도에 평화가 정착된다면 경제인 여러분에게 더 많은 사업과 투자 기회가 생길 것입니다. 여러분의 적극적인 지지와 협조를 부탁드립니다. 3국 협력의 주역은 바로 경제인 여러분입니다. 여러분이 세계시장을 향해 마음껏 뛸 수 있도록 항상 응원하겠습니다.

감사합니다.

수석보좌관회의 모두발언

| 2018-05-14 |

북한이 미국인 억류자 석방에 이어 풍계리 핵실험장 폐기를 국제사회에 투명하게 공개하기로 한 것을 높이 평가하고 환영합니다. 우리에게는 크게 세 가지 의미가 있다고 평가합니다.

첫째, 북한의 완전한 비핵화를 위한 초기 조치로서 비핵화가 시작됐다는 중요한 의미가 있습니다.

둘째, 북한이 북미정상회담의 성공을 위해 상당한 성의를 보여주고 있다는 점에서 긍정적으로 평가할 만합니다.

셋째, 김정은 위원장이 남북 간의 시간 통일에 이어 남북정상회담 때 제게 약속했던 사항들을 하나하나 성실하게 이행하고 있다는 점에서도 높이 평가하고 싶습니다.

국민들께서 보고 계시듯이 한반도의 완전한 비핵화를 위한 북미정상회담을 성공시키기 위한 준비가 양국 간에 잘 진행되고 있습니다. 우리 정부도 함께 노력하고 있습니다. 전세계가 한마음으로 북미정상회담의 성공을 바라고 있습니다. 전세계 어느 나라보다 특히 우리 한반도와 대한민국의 미래를 좌우하는 일입니다. 지방선거의 유불리를 초월하는 일입니다. 우리 정치권도 부디 이 문제만큼은 한마음이 되는 정치를 국민들께 보여주기를 바랍니다.

2001년 설립된 국가인권위는 인권과 관련해 때로는 정부 입장과 배치되는 권고안을 발표하는 등 세계적으로 인정받는 독립적 인권기구 역할을 담당했습니다. 노무현정부 때 인권위는 국제인권기구로부터 시종일관 A등급으로 인정받았고, 국제인권기구 부의장국이 되어 차기 의장국에 내정되기까지 하였습니다. 그러나 이후부터 위상이 급격히 추락하면서 박근혜정부 들어서는 국제인권기구로부터 등급보류 결정을 받는 수모를 겪은 바 있습니다. 당시 국제인권기구는 인권위원장과 인권위원의 비전문성을 지적하면서 위원 임명 과정을 공개하고 시민사회 참여를 강화할 것을 권고했습니다.

인권위는 어떤 권력이나 정치세력으로부터 간섭받지 않고 독립적으로 역할을 할 수 있어야 합니다. 인권위원장과 인권위원의 임명 절차를 투명하고 민주적으로 제도화하는 것은 우리가 할 수 있는 일입니다.

8월에 있을 신임 인권위원장 임명 절차부터 국민에게 투명하게 공개하면서 민주적으로 절차를 진행해 주길 바랍니다.

국민여론을 수렴하고, 인권위와 협의해 밀실에서 이뤄져왔던 위원장 임명 관행에 완전히 탈피한 새로운 인선 절차를 마련해 주기를 바랍니다. 국회에서 국가인권위원회의 민주적 인선을 위한 제도 수립에 관심을 갖고 동참해 주기를 당부 드립니다.

최근 사회지도층이 해외소득과 재산을 은닉한 역외탈세 혐의들이 드러나면서 국민들이 분노를 일으키고 있습니다. 불법으로 재산을 해외에 도피 은닉하여 세금을 면탈하는 것은 우리 사회의 공정과 정의를 해치는 대표적인 반사회행위이므로 반드시 근절해야 합니다. 또한 적폐청산 일환으로 검찰이 하고 있는 부정부패 사건과 관련해서도 범죄수익 재산이 해외에 은닉돼 있다면 반드시 찾아내어 모두 환수해야 할 것입니다.

불법 해외재산 도피는 활동영역이 국내외에 걸쳐 있고 전문가의 조력을 받아 치밀하게 행해지기 때문에 어느 한 부처의 개별적인 대응만으로 한계가 있습니다. 따라서 국세청, 관세청, 검찰 등 관련 기관이 함께 참여하는 해외범죄수익 환수 합동조사단을 설치하여 추적조사와 처벌, 범죄수익 환수까지 공조하는 방안을 관련 기관들과 협의하여 강구해 주길 바랍니다.

뿐만 아니라 우리의 법제도에 미흡한 점이 있다면 법제도의 개선방안까지 함께 검토하여 마련해 주기를 바랍니다.

2018 대한민국 혁신성장 보고대회 모두발언

| 2018-05-17 |

여러분, 반갑습니다. 오늘 회의는 작년 11월 혁신성장전략회의에서 채택한 혁신성장 전략과 선도과제의 진행 상황을 점검하고, 그 성과를 국민들께 보고 드리는 자리입니다.

정부는 그동안 혁신성장의 기반을 다져왔습니다. 혁신모험펀드를 조성하고, 연대보증을 폐지해 누구나 쉽게 창업하고 실패해도 재기할 수 있는 여건을 만들었습니다. 규제혁신을 시작했고, 혁신기술과 사업에 대한 세제 지원도 늘렸습니다. 스마트시티, 드론, 핀테크, 스마트공장 등 분야별 로드맵도 마련했습니다.

그 결과 상당한 성과가 나타나고 있습니다. 올 1월 한 달 동안에만 등록한 실제 법인수가 1만 개가 넘어 사상 최고를 기록했습니다. 신규 벤처투자도 작년 대비 57%가 늘었습니다. 전기차 구매도 2배 이상 늘어났고, 태양광 창업과 드론 사용 사업체 수도 크게 증가했습니다.

하지만 국민들이 피부로 느끼는 가시적인 성과는 아직 부족합니다. 국제 경쟁에서도 경쟁국들은 뛰어가고 있는데, 우리는 걸어가고 있다는 그런 느낌입니다. 그래서 무엇보다 중요한 것은 속도라는 것을 다시 한 번 강조하고 싶습니다. 국민이 성과를 체감해야 혁신성장 붐이 일어날 수 있습니다.

오늘 수소전기차의 미세먼지 정화 효과, 또 5세대 이동통신의 속도, 인공지능의 활용, 드론의 다양한 기능 등 훌륭한 혁신기술들을 체험했습니다. 그러한 혁신기술들을 빠르게 상용화하여 국민들이 혁신제품과 서비스를 실생활 속에서 사용할 수 있게 해야 합니다.

한 중소기업은 스마트공장으로 전환한 후 생산량이 2배로 늘고, 산업재해율이 제로가 되었습니다. 이러한 스마트공장이 빨리 확산되어야 합니다.

연말에는 화성 K-City에서 여러 기업의 자율주행차들이 실제로 시험 운행하는 모습을 보고 싶습니다. 드론이 사람을 구하고, 무인자율주행차가 스마트도로를 달리는 미래 스마트도시의 모델을 세종시와 부산 에코델타시티에서 보여주기 바랍니다.

스마트시티, 스마트공장, 스마트팜은 소프트웨어, 사물인터넷(IoT),

제조업 등 새로운 다양한 분야에서 새로운 시장을 만듭니다. 혁신의 플랫폼이 되고 관련 산업이 함께 발전할 수 있도록 범부처적으로 협력해 주기 바랍니다.

혁신성장은 당연히 민간이 주도해야 하는 것이지만 정부의 적극적인 촉진 역할이 필요합니다. 먼저 초기 시장 조성을 위해 공공부문 수요를 확대해야 합니다. EU는 혁신제품을 정부기관이 우선 구매하여 성능과 시장성을 확인하고 상용화를 지원하고 있습니다. 우리도 공공조달에서 혁신벤처기업 제품을 우대하는 제도가 있지만 더 많은 새로운 공공수요를 발굴할 필요가 있습니다.

정부와 지자체와 공공부문에서 혁신제품의 초기 판로를 열어주는 공공수요를 과감하게 발굴해 주기 바랍니다. 전기차와 수소전기버스의 경우 보조금에 그치지 않고 충전시설을 대대적으로 확충해 나가는 적극적인 지원이 필요할 것입니다.

혁신성장에 걸림돌이 되는 규제혁신도 더 속도를 냈으면 합니다. 기존방식을 뛰어넘는 과감한 혁신이어야 합니다. 지연되고 있는 포괄적 네거티브규제, 규제 샌드박스 관련 법 개정도 당·정·청이 법 통과에 더 힘써 주시기 바랍니다. 법 개정 전이라도 규정과 지침의 해석을 통해 허용이 가능한 규제는 과감히 풀어 주기 바랍니다. 지자체가 드론경기장을 잘 만들어 놨는데 규제 때문에 사용하지 못하고 있다는 보도를 보았습니다. 관제기관과의 사이에 MOU 등을 통해 적극적인 협력만 이뤄져도 해결될 수 있는 문제가 아닌지 검토해 주시기 바랍니다.

혁신성장은 당연히 민간이 주도해야 하는 것이지만 정부의 적극적인 촉진 역할이 필요합니다. 먼저 초기 시장 조성을 위해 공공부문 수요를 확대해야 합니다. EU는 혁신제품을 정부기관이 우선 구매하여 성능과 시장성을 확인하고 상용화를 지원하고 있습니다. 우리도 공공조달에서 혁신벤처기업 제품을 우대하는 제도가 있지만 더 많은 새로운 공공수요를 발굴할 필요가 있습니다.

정부와 지자체와 공공부문에서 혁신제품의 초기 판로를 열어주는 공공수요를 과감하게 발굴해 주기 바랍니다. 전기차와 수소전기버스의 경우 보조금에 그치지 않고 충전시설을 대대적으로 확충해 나가는 적극적인 지원이 필요할 것입니다.

혁신성장에 걸림돌이 되는 규제혁신도 더 속도를 냈으면 합니다. 기존방식을 뛰어넘는 과감한 혁신이어야 합니다. 지연되고 있는 포괄적 네거티브규제, 규제 샌드박스 관련 법 개정도 당·정·청이 법 통과에 더 힘써 주시기 바랍니다. 법 개정 전이라도 규정과 지침의 해석을 통해 허용이 가능한 규제는 과감히 풀어 주기 바랍니다. 지자체가 드론경기장을 잘 만들어 놨는데 규제 때문에 사용하지 못하고 있다는 보도를 보았습니다. 관제기관과의 사이에 MOU 등을 통해 적극적인 협력만 이뤄져도 해결될 수 있는 문제가 아닌지 검토해 주시기 바랍니다.

우리가 세계 최초로 상용화 하려는 5세대 이동통신은 신기술과 신산업을 창출하는 새로운 돌파구가 될 것입니다. 오늘 체험해 보니까 원격 조정 로봇팔, 자율주행자동차, 인공지능 서비스 등 새로운 제품과 서비스가 얼마든지 가능할 것 같습니다. 다양한 상용화의 방안들을 적극적으로 발굴해 주기 바랍니다.

우리는 과거 강력한 산업정책으로 반도체, 자동차 등 주력산업을 키웠고, 외환위기 이후 벤처붐을 일으켜 IT라는 새로운 먹거리를 찾았습니다. 성장과 고용의 한계에 직면한 우리 경제가 새롭게 도약하기 위해서는 혁신성장에 반드시 성공해야 합니다. 정부는 자신감을 갖고 더욱 과감하고 속도감 있게 추진해 주기 바랍니다. 기업들도 정부의 확고한 의지를 믿고 기술개발과 투자에 적극 나서 주기 바랍니다.

감사합니다.

5·18 광주민주화운동 메시지

| 2018-05-18 |

　5·18 광주민주화운동 38주년입니다. 한 세대를 넘는 긴 시간입니다. 피를 흘리며 민주주의를 이뤄낸 고통의 시간이었습니다. 오늘 저는 광주영령들을 숙연한 마음으로 추모하며, 민주주의의 가치를 지키기 위해 스스로를 돌보지 않았던 많은 시민들의 눈물을 돌아봅니다.

　그날 오후, 집으로 돌아오던 여고생이 군용차량에 강제로 태워졌습니다. 새벽기도를 마치고 귀가하던 회사원이 총을 든 군인들에게 끌려갔습니다. 평범한 광주의 딸과 누이들의 삶이 짓밟혔습니다. 가족들의 삶까지 함께 무너졌습니다.

　한 사람의 삶, 한 여성의 모든 것을 너무나 쉽게 유린한 지난날의 국가폭력이 참으로 부끄럽습니다.

오늘 우리가 더욱 부끄러운 것은 광주가 겪은 상처의 깊이를 38년이 지난 지금까지도 다 알지 못하고, 어루만져주지도 못했다는 사실입니다. 역사와 진실의 온전한 복원을 위한 우리의 결의가 더욱 절실합니다.

성폭행의 진상을 철저히 조사해 반드시 밝혀내겠습니다. 국방부와 여성가족부, 국가인권위가 함께 공동조사단을 꾸릴 것입니다. 피해자 한 분 한 분이 인간의 존엄을 회복할 수 있도록 최선을 다하겠습니다.

오월 광주는 가장 절망적인 순간에 가장 인간다운 모습을 보여주었습니다. 광주는 고립된 가운데서도 어떤 약탈도 일어나지 않았습니다. 주먹밥을 나누고 헌혈의 대열에 동참했습니다. 총격을 무릅쓰고 부상자를 돌봤습니다. 서로 돕고 용기를 북돋우며 가진 것을 나누는 일이 불의한 국가폭력에 대항해 이기는 방법이라는 사실을 역사에 남겨주었습니다.

오월 광주로 인해 평범한 우리들은 정의를 잊지 않을 수 있었습니다. 광주와 함께 하고 있다는 믿음으로 용기를 가질 수 있었습니다. 촛불광장은 오월의 부활이었고, 그 힘으로 문재인 정부가 탄생할 수 있었습니다.

짓밟힌 여성들의 삶을 보듬는 것에서 진실의 역사를 다시 시작하겠습니다. 민주주의의 가치만큼 소중한, 한 사람의 삶을 치유하는 데 무심하지 않았는지 돌아보겠습니다. 광주라는 이름으로 통칭되었던 한 사람 한 사람의 삶을 존중하는 것이 국가의 존재 이유임을 잊지 않겠습니다.

함께 돌보고 서로 나누며 광주의 정신을 이뤘습니다. 그 정신이 더 많은 민주주의로 확장되어야 합니다. 한 사람이 온전히 누려야 할 삶의 권리, 인권과 평화, 존엄성이 일상적 가치가 될 수 있도록 국민들께서 함께해 주시기 바랍니다.

오늘 기념식에 이낙연 국무총리가 참석한 것은 매우 큰 의미가 있었습니다. 뜻깊은 기념사였습니다. 저도 마음을 다해 "임을 위한 행진곡"을 함께 불렀습니다.

주미대한제국공사관 방문 모두발언

| 2018-05-23 |

박정양 선생 손녀분, 장봉환 선생과 이상재 선생 종손분들까지 뜻깊은 날 뵙게 되었습니다.

세 분은 재개관식 기념으로 이 자리에 오신건가?

문화재청에서 공관을 구입하여 앞으로 근대문화 계승보존의 모범이 될 듯합니다. 미국과 우리 서울 두 나라 동시에 문화재로 등록된 것도 뜻깊습니다. 우리나라로서는 서양 최초로 개설된 공관이며, 19세기 워싱턴에 개설된 여러 공관 중 원형이 보존된 유일한 곳입니다. 게다가 오늘 136년만의 재개관일에 한미정상회담이 있어 더욱 뜻깊습니다.

아주 소중한 건물이 구입되고 복원되어 기념공간이 되어 다행입니다. 원형을 유지해준 젠킨스 부부에게도 감사합니다. 오늘 문화재청장님 빙부상이라 들었는데, 돌아가시면 발인은 볼 수 있는지. 위로를 전합니다.

너무 뜻깊습니다. 1882년 조미수호통상조약은 우리나라가 자주적으로 체결한 첫 조약입니다. 당시 워낙 열강이 우리를 노리던 시절이라 미국에 대한 기대가 컸습니다. 우리를 후원해 주기를 바라는 기대였습니다. 이처럼 자주외교의 노력으로 중요했던 관계가 136년 동안 유지되어 온 역사가 대단합니다. 아까 트럼프 대통령과 오찬 회담에서 136년 전 한미수교 했다는 얘기를 했는데, 트럼프 대통령이 사전에 보고를 받았는지 아는 듯 했습니다.

그 시기 개설한 러시아, 영국, 중국, 일본 등 공관들도 확인해보고 문화재청에서 관심을 가져야 할 것입니다. 우리 외교권이 박탈된 게 1905년 을사늑약 때 입니다. 우리는 그러한 식민시대와 전쟁을 겪고 여기까지 온 대단한 민족입니다.

오늘 기분 좋은 날입니다. 한미정상회담도 잘되었고, 이런 날 또 주미공사가 재개관하여 오게 되어 더 큰 의미가 있습니다. 처음 박정양 선생이 공사관으로 왔을 때 정말 막막했을 것입니다. 당시만 해도 나라의 위세가 기울 때 외교를 통해 힘을 세우려 없는 살림에 큰일을 한 것입니다. 이런 얘기들이 제대로 기록으로 남아 알려져야 합니다. 우리가 그냥 하늘에서 떨어진 나라가 아닙니다. 외교부에서 이러한 일들을 챙겨야 할 것입니다. 다시한 번 고맙습니다.

앵커리지에서 문재인 대통령이 올린 메시지

| 2018-05-23 |

1882년 5월 22일 조선과 미국 사이에 조미수호통상조약이 체결됐습니다. 우리가 자주적으로 체결한 최초의 근대조약입니다. 기울어가는 국운을 외교를 통해 지켜보려던 노력이었습니다.

136년이 흐른 바로 그 날 한미정상회담이 북미정상회담의 성공을 위해 열린 것은 참으로 뜻깊은 일입니다.

당시 개설한 주미공사관이 마침 오늘 재개관했습니다. 우리가 서양에 개설한 최초의 외교공관이었습니다. 문화재청이 교민들의 도움으로 매입해서 원형을 복원한 것입니다. 1905년 을사늑약으로 내려졌던 태극기도 다시 게양되었습니다. 그곳에서 초대 박정양 공사의 손녀 박혜선

님, 서기관이셨던 월남 이상재 선생의 증손 이상구님, 장봉환 선생의 증손 장한성님을 만나 대화를 나눈 것도 참으로 감회 깊었습니다.

이번에도 곳곳에서 교민들이 뜨겁게 환영해 주셨습니다. 특히 재개관한 주미공사관 앞길에는 많은 교민들이 아이들과 함께 갑자기 쏟아진 폭우를 맞으며 태극기를 들고 긴 시간 기다려주셨습니다. 경호 때문에 그 분들은 길을 건너오지 못하고, 저도 건너가지 못한채, 최대한 다가가서 서로 손을 흔들며 인사를 나누고 작별했는데, 너무 고마워서 코끝이 찡했습니다. 모든 분께 감사드립니다.

풍경, 바람과 빛의 아름다움

| 2018-05-24 |

풍경을 이렇게 잘 묘사한 글을 보지 못했습니다.

한미정상회담차 가는 미국행 비행기 안에서, 주치의 송인성 박사가 한 번 읽어보라며 여러 겹 접은 신문을 건네주었습니다.

'도보다리 풍경'의 묘사는 정말 압권이었습니다. 저는 그 때 그 풍경 속에 있었고, 풍경을 보지 못했습니다. 이 글을 통해 비로소 온전한 풍경을 보았습니다. 대화에 집중하느라 무심히 보고 들었던 나뭇잎이며 새소리까지 생생하게 살아났습니다.

"이런 곳이며, 비무장지대며 우리가 잘 보존하면서 함께 활용할 수 있다면 얼마나 좋을까요?" 나눴던 대화도 함께 떠올랐습니다.

풍경 속에서 풍경이 되었던 또 한 명의 사내, 북한의 김정은 위원장에게도 이 글을 보내고 싶습니다.

2차 남북정상회담 결과 발표문

| 2018-05-27 |

존경하는 국민 여러분!

저는 어제 오후, 판문점 북측지역 통일각에서 김정은 국무위원장과 두 번째 남북정상회담을 가졌습니다. 지난 4월 27일 판문점 평화의 집에서 첫 회담을 한 후, 꼭 한 달만입니다. 지난 회담에서 우리 두 정상은 필요하다면 언제 어디서든 격식 없이 만나 서로 머리를 맞대고 민족의 중대사를 논의하자고 약속한 바 있습니다. 김 위원장은 그제 오후, 일체의 형식 없이 만나고 싶다는 뜻을 전해왔고, 저는 흔쾌히 수락하였습니다. 오랫동안 저는 남북의 대립과 갈등을 극복하기 위한 방법으로 정상 간의 정례적인 만남과 직접 소통을 강조해왔고, 그 뜻은 4·27 판문점 선언에 고스란히 담겨 있습니다. 그런 의미에서 저는 지난 4월의 역사적인 판문점회담 못지않게, 친구 간의 평범한 일상처럼 이루어진 이번 회담에 매우 큰 의미를 부여하고 싶습니다. 남북은 이렇게 만나야 한다는 것이 제 생각입니다.

국민 여러분!

우리 두 정상은 북미정상회담을 앞두고, 허심탄회한 대화를 나눴습니다. 저는 지난주에 있었던 트럼프 미국 대통령과의 정상회담 결과를 설명하면서, 트럼프 대통령은 김 위원장이 완전한 비핵화를 결단하고 실천할 경우, 북한과의 적대관계 종식과 경제협력에 대한 확고한 의지가 있다는 점을 전달하였습니다.

특히 김 위원장과 트럼프 대통령 모두 북미정상회담의 성공을 진심으로 바라고 있는 만큼 양측이 직접적인 소통을 통해 오해를 불식시키고, 정상회담에서 합의해야 할 의제에 대해 실무협상을 통해 충분한 사전 대화가 필요하다는 점을 강조했습니다. 김 위원장도 이에 동의하였습니다. 김정은 위원장은 판문점 선언에 이어 다시 한 번 한반도의 완전한 비핵화 의지를 분명히 했으며, 북미정상회담의 성공을 통해 전쟁과 대립의 역사를 청산하고 평화와 번영을 위해 협력하겠다는 의사를 피력하였습니다.

우리 두 정상은 6·12 북미정상회담이 성공적으로 이뤄져야 하며, 한반도의 비핵화와 항구적인 평화체제를 위한 우리의 여정은 결코 중단

될 수 없다는 점을 확인하고, 이를 위해 긴밀히 상호협력하기로 하였습니다. 또한 우리는 4·27 판문점 선언의 조속한 이행을 재확인했습니다.

이를 위해 남북 고위급 회담을 오는 6월 1일 개최하고, 군사적 긴장완화를 위한 군사당국자 회담과 이산가족 상봉을 위한 적십자 회담을 연이어 갖기로 합의하였습니다. 양 정상은 이번 회담이 필요에 따라 신속하고 격식 없이 개최된 것에 큰 의미가 있다고 평가하고, 앞으로도 필요한 경우 언제든지 서로 통신하거나 만나, 격의없이 소통하기로 하였습니다.

존경하는 국민 여러분!

돌아보면 지난해까지 오랜 세월 우리는 늘 불안했습니다. 안보 불안과 공포가 경제와 외교에는 물론 국민의 일상적인 삶에까지 파고들었습니다. 우리의 정치를 낙후시켜온 가장 큰 이유이기도 했습니다. 그러나, 지금 우리는 역사의 물줄기를 바꾸고 있습니다. 평창 올림픽을 평화 올림픽으로 만들었고, 긴장과 대립의 상징이었던 판문점에 평화와 번영의 새로운 길을 내고 있습니다. 북한은 스스로 핵실험과 미사일 발사를 중단하고, 풍계리 핵실험장을 폐기하는 결단을 보여주었습니다.

이제 시작이지만, 그 시작은 과거에 있었던 또 하나의 시작이 아니라, 완전히 새로운 시작이 될 것입니다. 산의 정상이 보일 때부터 한 걸음 한 걸음이 더욱 힘들어지듯이 한반도의 완전한 비핵화와 완전한 평화에 이르는 길이 결코 순탄하지 않을 것입니다. 그러나 저는 대통령으

로서 국민이 제게 부여한 모든 권한과 의무를 다해 그 길을 갈 것이고,
반드시 성공할 것입니다.

    국민 여러분께서도 함께 해주시기 바랍니다.

    감사합니다.

오현 스님의 입적 소식을 듣고

| 2018-05-27 |

불가에서 '마지막 무애도인'으로 존경받으셨던 신흥사와 백담사 조실 오현 스님의 입적 소식을 들었습니다.

저는 그의 한글 선시가 너무 좋아서 2016년 2월 4일 〈아득한 성자〉와 〈인천만 낙조〉라는 시 두편을 페이스북에 올린 적이 있습니다.

이제사 털어놓자면, 스님께선 서울 나들이때 저를 한번씩 불러 막걸리잔을 건네 주시기도 하고 시자 몰래 슬쩍슬쩍 주머니에 용돈을 찔러주시기도 했습니다. 물론 묵직한 '화두'도 하나씩 주셨습니다.

언제 청와대 구경도 시켜드리고, 이제는 제가 막걸리도 드리고 용돈도 한번 드려야지 했는데 그럴 수가 없게 됐습니다.

얼마전에 스님께서 옛날 일을 잊지 않고 〈아득한 성자〉 시집을 인편에 보내오셨기에 아직 시간이 있을 줄로 알았는데, 스님의 입적 소식에 '아뿔싸!' 탄식이 절로 나왔습니다.

스님은 제가 만나뵐때마다 늘 막걸리잔과 함께였는데, 그것도 그럴 듯한 사발이 아니라 언제나 일회용 종이컵이었습니다. 살아계실때도 생사일여, 생사를 초탈하셨던 분이셨으니 '허허'하시며 훌훌 떠나셨을 스님께 막걸리 한잔 올립니다.

수석보좌관회의 모두발언

| 2018-05-28 |

이번 남북정상회담에서 무엇보다 의미가 컸던 것은 남북의 정상이 긴급한 현안을 논의하기 위해 번잡한 절차와 형식을 생략하고, 일상적인 만남처럼 쉽게 연락하고 쉽게 약속하고 쉽게 만났다는 사실입니다. 남북 간에 지난 판문점 회담이나 올해 가을에 예정돼 있는 평양 회담처럼 격식을 갖춰서 정기적인 회담을 갖는 것은 남북 관계 발전을 위해 매우 중요한 일입니다. 그에 더해 정기적인 회담 사이에라도 긴급한 필요가 있을 경우 이번처럼 판문점 남측 지역과 북측 지역을 번갈아 오가며 실무적인 회담을 수시로 할 수 있다면 남북 관계의 빠른 발전을 더욱 촉진할 수 있을 것입니다.

앞으로도 유사한 회담 방식이 있을 수 있다는 것을 염두에 두고, 유사시 대통령 직무대행이나 군통수권 등의 공백을 막기 위한 사전준비, 또 군 수뇌부와 NSC 상임위원들의 비상 대기 등 필요한 조치들과 취재진의 균형을 갖추는 문제, 또 관련국들에 대한 사전 및 사후 통지 방안 등을 미리 잘 강구해 주시기 바랍니다.

금년도 1/4분기 경제성장률이 전기 대비 1.1% 성장하고, 가계 소득이 전년 동기 대비 3.7% 증가하는 등 전반적인 경제 상황이 개선되고 있습니다. 반면 일자리 증가 속도가 둔화되고, 하위 20%의 가계 소득이 감소하면서 소득 분배가 악화되었다는 통계가 발표되기도 했습니다. 경제에 관한 거시지표와 국민들의 체감 사이에 큰 간극이 있을 수 있다는 뜻입니다.

일자리 창출과 소득주도 성장이라는 정부의 정책 기조가 제대로 가고 있는지 점검이 필요한 상황입니다. 물론 일자리 정책과 소득주도 성장 정책의 성과가 국민 실생활에서 구현되는 데에는 시간이 필요할 것입니다. 또한 경제 정책은 긴 호흡이 필요하므로 단기적인 성과에 매달리는 것은 바람직하지 못합니다. 그러나 일자리와 소득의 양극화 완화에 긍정적인 방향으로 가고 있는지에 대해 국민들의 공감을 얻어나가는 것은 매우 중요한 일입니다.

최저임금 인상에 따른 일자리 안정자금 집행, 청년일자리 추경, 노사정 사회적 대타협 등 금년도 경제 정책의 큰 방향을 흔들림 없이 추진해 주기 바랍니다.

아울러 경제성장의 혜택으로부터 소외된 저소득 국민들에 대한 정책을 강화해 주기 바랍니다. 우선 급속한 고령화에 따른 고령, 무직, 저소득 가구의 생활 안정이 시급합니다. 이 분들의 생활은 기본적으로 국가가 나서서 도와야 합니다. 기초생활보장제도 개선과 노후소득 보장 정책들을 다시 한 번 점검해 주기 바랍니다.

기초연금 수급자와 어르신들을 위한 일자리 확대 지원도 더욱 강화되어야 할 것입니다. 또한 최저임금 사각지대 해소, 근로장려금 지급 등을 통해 근로 빈곤 계층을 줄이는데 정책 역량을 집중해야 할 것입니다. 실패한 자영업자들의 재기를 돕는 사회안전망 강화와 재취업 지원 정책에 대해서도 종합 점검해 주기 바랍니다.

내일 긴급 경제점검회의에서는 대책을 급하게 마련하는 것보다 경제 현실을 정확하게 점검하고, 그 점검을 다함께 공유하는데 주력해 주기 바랍니다.

2018 국가재정전략회의 모두발언

| 2018-05-31 |

모두 반갑습니다. 우리 정부에서 두 번째로 열리는 국가재정전략회의입니다. 정부와 주요 위원회뿐만 아니라 당에서도 홍영표 원내대표님, 김태년 정책위의장님께서, 여러 분이 참석해 주셨습니다. 감사합니다.

작년 재정전략회의에서는 새 정부의 국정철학에 따른 경제정책 기조 전환의 필요성을 함께 공유하고, 이를 뒷받침하기 위해 재정운용 방안을 이틀에 걸쳐 논의했습니다. 오늘 회의에서는 작년과 올해의 재정운용 성과, 세수 현황과 전망 등을 토대로 향후 5년간의 중기재정운용계획과 함께 내년도 예산의 중점을 어디에 둘지 집중적으로 논의해 주시기 바랍니다.

재정은 국가의 정책을 실현하는 수단입니다. 예산을 통해 국가의 정책방향과 우선순위를 알 수 있습니다. 지금 우리 사회는 일자리, 저성장과 양극화, 저출산·고령화 등 구조적인 어려움에 직면해 있습니다. 저는 이러한 구조적 문제를 극복하기 위해 정부가 적극적인 역할을 해야 한다고 강조해 왔습니다.

그러기 위해서는 재정도 적극적으로 운용될 필요가 있습니다. 일자리, 국민안전과 환경, 혁신성장을 위한 창업과 중소기업 지원, 보건복지, 국가균형발전 등 국민의 삶을 바꾸는데 필요한 정책과 사업에 재정이 보다 적극적인 역할을 해야 할 것입니다.

우리 정부는 그동안 사람중심 경제를 위해 소득주도 성장, 혁신성장, 공정경제를 3대 축으로 삼아 경제정책을 추진해 왔습니다. 또한 이를 뒷받침하기 위해 국가채무의 증가를 억제하는 가운데서 재정의 적극적인 역할을 도모해 왔습니다. 그 결과 작년에 3%대의 성장을 회복, 올해 1/4분기에도 1.1%의 성장률을 기록하여 올해에도 3%대의 성장을 이어갈 것으로 전망하고 있습니다.

올해 1/4분기 중의 전체 가계소득은 전년 동기 대비 3.7% 증가했고, 임시일용직 근로자가 감소하고 상용직 근로자가 증가하는 등 고용의 질도 개선됐습니다.

여러 가지 거시지표를 보면 우리 경제는 전체적으로 좋아지고 있고, 재정이 긍정적인 역할을 했습니다. IMF 등 국제기구에서도 우리 정부의 적극적인 재정운용을 높이 평가하고 있습니다.

그러나 아직 국민께서 경제적인 삶이 좋아지고 있다고 체감하기에는 미흡한 부분이 많습니다. 특히, 최근 일자리 증가 속도가 우려할 만큼 둔화된 가운데 올해 1/4분기 가계소득 동향에서 소득하위 20% 가구의 소득이 오히려 감소하여, 소득 상위 20% 가구와의 소득격차가 더 벌어졌다는 통계가 발표됐습니다. 빠르게 진행되는 고령화와 생산가능인구의 감소, 음식 숙박업과 영세 자영업자들의 어려움, 건설경기의 부진, 조선 산업과 자동차 산업의 구조조정 등 여러 요인들이 더해졌습니다.

올해 최저임금 인상이 미친 영향에 대해서도 더 시간을 가지고 심도있게 검토해 볼 필요가 있습니다. 다만 분명한 것은 고용근로자들의 근로소득은 전반적으로 증가했고, 그 가운데 저임금 근로자의 소득이 더 높게 증가하여 개인 근로소득의 불평등이 개선된 반면, 고용에서 밀려난 근로빈곤층의 소득이 하락했다는 사실입니다.

그 결과, 근로자 가구는 모든 분위에서 소득이 증가했으나 근로자 외 가구의 소득감소가 가구소득격차 확대의 주요 원인이 된 것으로 분석됩니다. 고용근로자들의 근로소득 증가와 격차 완화, 그리고 중산층 가구의 소득증가는 올해 최저임금 인상의 긍정적 효과입니다. 이는 올해 최저임금 인상을 결정할 때 우리가 기대했던 효과가 나타나고 있는 것이라고 할 수 있습니다.

그러나 한편으로 그로 인해 저임금 근로자의 고용이 줄거나 근로

시간이 줄어들어 소득을 감소시킬 가능성이 있다면 그것은 최저임금 인상의 부작용일 수 있으므로 정부는 그에 대한 보완 대책을 강구하지 않으면 안 될 것입니다. 이 부분에 대한 철저한 점검과 함께 소득하위계층, 특히 고령층의 소득 감소에 대한 대책을 더 강화해주시길 특별히 당부드립니다.

우리 정부의 경제기조 가운데 소득주도 성장과 공정경제는 보다 포용적이고, 따뜻한 성장, 정의로운 성장을 이루기 위한 경제성장의 방법인데 비해, 경제성장의 기반을 만들어내는 것은 혁신성장에서 나옵니다. 성장의 동력을 만들어내는 데 있어서는 혁신성장이 가장 중요합니다. 따라서 소득주도 성장과 혁신성장은 함께 가야 하는 것이지 결코 선택의 문제가 아닙니다.

그러나 우리 정부 1년이 지나도록 혁신성장에서는 아직 뚜렷한 성과와 비전이 보이지 않는다는 평가가 많습니다. 혁신성장에 대해 우리 경제부총리를 중심으로 경제팀에서 더욱 분발해 주시고, 더욱 규제혁파에도 속도를 내 주시기 바랍니다.

미래의 사회경제적 변화에 대비한 발 빠른 대응도 필요합니다.

저출산·고령화가 예측보다 훨씬 빠르게 진행되고 있습니다. 그로 인해 이미 시작된 생산가능인구 감소와 부양대상자 증가는 경제 활력을 떨어뜨리고, 재정에 적지 않은 부담을 줄 수밖에 없습니다. 엄중하기 짝이 없는 문제임에도 역대 정부마다 모두 실패를 거듭해 왔습니다. 이 문제에 대한 대책에서 획기적인 발상의 대전환과 범부처적인 노력을 거듭 당부 드립니다.

남북과 북미 관계가 개선되고, 한반도에 평화가 정착되면 우리 경제에 큰 변화가 올 것입니다. 남북 경제협력이 본격화될 경우에 대비해 한반도 신경제지도를 뒷받침하기 위한 재정의 역할과 준비에 대해서도 미리 검토할 필요가 있겠습니다.

재정의 적극적인 역할에 대해 국민의 공감을 얻기 위해서는 강도 높은 재정개혁이 함께 이루어지지 않으면 안 됩니다. 국가의 재정능력이 한정되어 있으니 정책의 우선순위를 정해서 선택과 집중을 하지 않을 수 없습니다.

아주 어려운 일이고 미안한 주문입니다만 작년에 이어 올해에도 과감한 지출 구조조정을 위해 각 부처 장관님께서 적극적으로 협력해 주기 바랍니다.

예산의 누수를 막고 집행의 투명성을 높이는 것도 매우 중요합니다. 예산 전달체계를 효율화하여 부정수급을 방지하는 데에도 역점을 두기 바랍니다.

자치분권과 국가균형발전을 실질적으로 뒷받침하기 위한 재정분권도 중요한 재정개혁 과제입니다. 지역별 발전 전략과 서로 다른 재정 수요를 효과적으로 지원하기 위해서는 지방재원의 확충이 반드시 필요합니다. 중앙과 지방의 업무에 대한 기능 조정도 함께 검토해야 하겠습니다.

오늘 국무위원들께서는 자신이 속한 부처의 이해를 넘어서서 국가와 국민을 위한 재정운용 방안과 우선 순위에 대해 함께 공감하고 합의를 이루어가는 자리가 되기를 기대합니다. 당에서도 활발하게 의견을 내주시고, 국회에서 잘 뒷받침해 주시길 부탁드립니다.

6월

플라스틱 없는 하루

| 2018-06-05 |

6월 5일, 세계 환경의 날입니다. UN이 선정한 이번 환경의 날 공식 주제는 '플라스틱 오염으로부터의 탈출'이고 우리나라에서는 '플라스틱 없는 하루!'로 정했습니다.

플라스틱과 일회용품은 참 편리하지만, 편리함 뒤에 폐기물이 되었을 때는 우리 후손들과 환경에 긴 고통을 남깁니다. 책상 위를 둘러보니 플라스틱이 참 많습니다. 다 치우면 업무를 볼 수 없을 것 같습니다. 어떻게 플라스틱 없는 하루를 보낼 수 있을까 걱정됩니다.

그러나 환경보호는 나의 작은 실천에서부터 시작됩니다. 비닐봉지 사용만 줄여도 원유사용이 줄고, 온실가스와 미세먼지도 줄어듭니다.

'지구환경보호'라 하면 '북극곰 살리기' 같이 전 지구적인 일이 떠오르지만, 결국 우리의 생활습관에 달렸습니다.

　오늘 하루, 플라스틱 사용을 줄이고 하루를 보냈는데 참 좋더라! 하는 경험이 우리에게 남았으면 좋겠습니다. 진달래꽃이나 바다 고동으로 점심을 때우던 어린시절의 청정자연이 떠오릅니다. 좋은 경험과 작은 습관이 우리에게 익숙해지고, 아이들에게도 남겨진다면, 그게 지구를 살리는 길이 될 것입니다.

　우리 국민들의 환경의식은 세계 최고입니다. 음식물쓰레기 종량제 같이, 국민 참여 없이는 결코 성공할 수 없는 일도 우리나라에서는 가능했습니다. 일회용품을 덜 쓰고 장바구니도 열심히 들고 다녔습니다.

　그런데 국민들이 노력한 만큼 환경은 썩 좋아지지 않고 있습니다. 상수원 녹조, 미세먼지가 계속되고 있습니다. 대통령으로서 참 미안한 일입니다. 국민 건강과 안전을 위해 환경정책에 더 힘을 싣겠습니다. 국민들께서도 작은 실천으로 함께 해주시길 바랍니다.

　플라스틱을 다 치우면 책상이 텅 빌 것 같습니다. 우리가 예전으로 돌아갈 수는 없겠지만, 그래도 나의 '조금 불편함'이 우리 모두의 편리함이 되지 않을까 생각해봅니다.

제63회 현충일 추념사

| 2018-06-06 |

존경하는 국민 여러분, 국가유공자와 유가족 여러분,

얼마나 많은 그리움을 안고 이곳에 오셨습니까. 보고 싶은 사람을 가슴 깊숙이 품고 계신 분들을 여기 오는 길 곳곳에서 마주쳤습니다.

저는 오늘 예순 세 번째 현충일을 맞아, 우리를 지키고 나라를 위해 희생한 영령들이 모두 우리의 이웃이었고 가족이었다는 사실을 새삼 깨닫습니다. 국민과 국가를 위해 헌신한 국가유공자 여러분께 깊은 존경의 마음을 표하며, 유가족께 애틋한 애도의 말씀을 드립니다.

존경하는 국민 여러분,

대한민국의 역사는 우리의 이웃과 가족들이 평범한 하루를 살며 만들어온 역사입니다.

아침마다 대문 앞에서 밝은 얼굴로 손 흔들며 출근한 우리의 딸, 아들들이 자신의 책임을 다하며 일궈온 역사입니다.

일제 치하 앞장서 독립만세를 외친 것도, 나라를 지키기 위해 전쟁터에 나간 것도, 누구보다 성실히 일하며 경제발전에 이바지한 것도, 민주주의가 위기에 처했을 때 두 주먹 불끈 쥐고 거리에 나선 것도, 모두 평범한 우리의 이웃, 보통의 국민들이었습니다. 그 과정에서 희생한 대부분의 사람들도 우리의 이웃들이었습니다. 이곳, 대전현충원은 바로 그분들을 모신 곳입니다.

독립유공자와 참전용사가 이곳에 계십니다. 독도의용수비대, 연평해전과 연평도 포격 전사자, 천안함의 호국영령을 모셨습니다. 소방공무원과 경찰관, 순직공무원 묘역이 조성되었고, '의사상자묘역'도 따로 만들어 숭고한 뜻을 기리고 있습니다.

2006년, 카센터 사장을 꿈꾸던 채종민 정비사는 9살 아이를 구한 뒤 바다에서 숨을 거뒀습니다. 2009년, 김제시 농업기술센터 황지영 행정인턴과 어린이집 금나래 교사는 교통사고를 당한 사람을 돕다가 뒤따르던 차량에 목숨을 잃었습니다. 2016년, 성우를 꿈꾸던 대학생 안치범 군은 화재가 난 건물에 들어가 이웃들을 모두 대피시켰지만 자신은 돌아오지 못했습니다.

유가족들에게는 영원한 그리움이자 슬픔일 것입니다. 그러나 우리

안에, 다른 사람을 도울 수 있는 용기가 깃들어 있다는 것을 그들이 우리에게 알려주었습니다. 이웃을 위한 따뜻한 마음이 의로운 삶이 되었습니다. 가족을 위해 최선을 다해 살아온 하루가 비범한 용기의 원천이 되었습니다. 그리고 그것이 대한민국을 지탱하는 힘이 되었습니다. 이러한 분들이 있었기에 우리는, 우리 자신처럼 평범한 국민이 나라의 주인이라는 사실을 자각할 수 있었습니다.

존경하는 국민 여러분,

우리에게 가족이 소중한 이유는 어려움이 닥쳤을 때 곁에서 지켜줄 것이라는 믿음 때문입니다. 국가도 마찬가지입니다. 언제든 국가로부터 도움 받을 수 있다는 확고한 믿음이 있을 때 우리도 모든 것을 국가에 바칠 수 있습니다. 그것이 진정한 애국입니다.

저는 오늘 무연고 묘역을 돌아보았습니다. 한국전쟁에서 전사한 김기억 중사의 묘소를 참배하며 국가가 국민에게 드릴 수 있는 믿음에 대해 생각했습니다. 그는 스물 둘의 청춘을 나라에 바쳤지만 세월이 흐르는 동안 연고 없는 무덤이 되고 말았습니다.

대한민국은 결코 그 분들을 외롭게 두지 않을 것입니다. 끝까지 기억하고 끝까지 돌볼 것입니다. 모든 무연고 묘소를 대한민국의 이름으로 기억해야 합니다. 그것이 국가에 헌신했던 믿음에 답하고, 국민이 국가에 믿음을 갖게 하는, 국가의 역할과 책무일 것입니다.

존경하는 국민 여러분, 국가유공자와 유가족 여러분,

보훈은 국가를 위한 헌신에 대한 존경입니다. 보훈은 이웃을 위한 희생이 가치 있는 삶이라는 것을 우리 모두의 가슴에 깊이 새기는 일입니다. 그래서 보훈은 나라를 나라답게 만드는 기본입니다. 우리 정부는 모든 애국을 공경하는 마음으로 보훈을 더 잘하려고 노력하고 있습니다.

우리는 그동안 독립운동가의 후손들을 잘 모시지 못했습니다. 이제 독립유공자의 자녀와 손자녀까지 생활지원금을 드릴 수 있게 되어 무척 다행스럽습니다. 지난 1월, 이동녕 선생의 손녀인 82세 이애희 여사를 보훈처장이 직접 찾아뵙고 생활지원금을 전달했습니다. 이동녕 선생은 대한민국 임시정부에서 주석, 국무령, 국무총리 등을 역임하며 20여 년간 임시정부를 이끌었던 분입니다. "이제 비로소 사람노릇을 할 수 있게 되었다"는 여사님의 말씀이 우리를 부끄럽게 합니다.

우리 정부는 국가보훈처를 장관급으로 격상시켰고, 보훈 예산 규모도 사상 최초로 5조 원을 넘어섰습니다.

올해 1월부터, 국립호국원에 의전단을 신설하여 독립유공자의 안장식을 국가의 예우 속에서 품격 있게 진행할 수 있게 하였습니다. 생존해 계신 애국지사의 특별예우금도 50% 올려드리게 되었고, 참전용사들의 무공수당과 참전수당도 월 8만 원씩 더 지급해 드리고 있습니다.

대통령의 근조기를 증정하는 훈령도 제정했습니다. 6월 1일 첫 시행되는 날, 국가유공자 김기윤 선생의 빈소에 대통령 근조기 1호를 인편으로 정중하게 전달했습니다.

8월에는 인천보훈병원이 개원합니다. 국가유공자들이 가까운 곳에서 의료와 요양을 받을 수 있도록 강원권과 전북권에도 보훈요양병원을 신설하고 부산, 대구, 광주, 대전에 전문재활센터를 건립할 예정입니다.

대한민국임시정부가 중국 충칭시에 설치한 '한국광복군 총사령부'의 복원은 중국 정부의 협력으로 임시정부 수립 100주년이 되는 내년 4월까지 완료할 계획입니다. 한국전쟁에서 전사한 군인과 경찰의 유해 발굴도 마지막 한 분까지 계속해 나갈 것입니다. 남북 관계가 개선되면 비무장지대의 유해 발굴을 우선적으로 추진하겠습니다. 미군 등 해외 참전용사들의 유해도 함께 발굴할 수 있을 것입니다.

국민을 위한 모든 희생과 헌신에 보답하기 위해 법령도 정비했습니다. 지난 3월, 구조 활동을 하던 세 명의 소방관이 사망하는 안타까운 일이 있었는데, 교육생이었던 故 김은영, 문새미 소방관은 정식 임용 전이라는 이유로 국가유공자로 인정받을 수 없었습니다. 똑같이 국민과 국가를 위해 희생했는데도 신분 때문에 차별 받고 억울함이 있어서는 안 됩니다. 정부는 두 분을 포함해 실무수습 중 돌아가신 분들도 순직으로 인정받을 수 있도록 소방공무원임용령을 개정했습니다.

오늘 세 분 소방관의 묘비 제막식이 이곳에서 있을 예정입니다. 눈물로 따님들을 떠나보낸 부모님들과 가족들께 각별한 위로의 말씀을 드립니다.

존경하는 국민 여러분,

국가유공자의 진정한 예우는 국가유공자와 유족들이 자부심을 가질 수 있을 때 비로소 완성됩니다.

그분들의 삶이 젊은 세대의 마음속에 진심으로 전해져야 합니다. 우리 후손들이 선대들의 나라를 위한 헌신을 기억하고 애국자와 의인의 삶에 존경심을 가질 수 있도록 우리 국민 모두가 함께 관심을 가져야 합니다. 애국과 보훈에 보수와 진보가 따로 일 수 없습니다. 나라를 나라답게 만드는 일에 국민들께서 함께 마음을 모아 주시기 바랍니다. 그것이 대한민국의 힘이 되고 미래가 될 것입니다.

지방자치단체별로 국가유공자의 집을 알리는 명패 달아드리기 사업을 하고 있습니다. 그러다보니 지역별로 모양도 각각이고 품격이 떨어지는 곳도 있습니다. 정부가 중심 역할을 해서, 국가유공자를 존경하는 마음을 이웃들과 함께 나누겠습니다.

저는 오늘, 평범한 일상 속에서 서로 아끼는 마음을 일궈낸 대한민국 모든 이웃과 가족에 대해 큰 긍지를 느낍니다. 우리가 서로를 아끼고 지키고자 할 때 우리 모두는 의인이고 애국자입니다.

대한민국의 이름으로 애국영령과 의인, 민주열사의 뜻을 기리고 이어가겠습니다. 가족들의 슬픔과 그리움을 조금이나마 보듬을 수 있도록 국가의 역할과 책임을 다하겠습니다.

감사합니다.

최영도 변호사님의 별세 소식을 듣고

| 2018-06-10 |

최영도 변호사님의 별세 소식을 듣고, 빈소를 찾아뵙지 못하는 안타까움에 글을 올립니다.

선배님은 엄혹했던 독재정권 시대 1세대 인권변호사로서, 후배들에게 변호사가 걸어갈 길을 보여주는 표상이셨습니다. 참여정부에서는 국가인권위원장을 역임하셨는데, 그것이 그 분께 큰 고통을 안겨드렸던 것이 제게는 큰 송구함으로 남아있기도 합니다.

제가 선배님을 더욱 닮고 싶었고 존경했던 것은 클래식 음악과 미술에 대한 깊은 소양과 안목이었습니다. 특히 전통 불교 미술에 대한 조예는 전문가 수준이었습니다. 선배님은 평생 수집하신 원삼국시대, 통일신라, 고려·조선시대의 문화재급 토기 1,500여점을 십수년 전에 국립중앙박물관에 기증하여, 우리 토기 문화의 흐름을 한 눈에 볼 수 있는 귀중한 연구 자료를 사회에 남겨주시기도 하셨습니다.

우리 문화재가 국외로 유출되는 것이 너무 안타까워 변호사를 하며 번 돈을 모두 거기에 쓰셨다니, 우리 전통 문화에 대한 사랑에 절로 고개가 숙여집니다. 좋은 법률가를 뛰어넘는 훌륭한 인격, 저도 본받고 싶었지만 도저히 따라갈 수 없는 경지였습니다.

제가 정치에 뛰어든 후에는 늘 걱정하면서 한결같은 격려를 보내주셨고, 저의 당선을 누구보다 기뻐하셨던 존경하는 선배님, 최영도 변호사님의 영면을 빕니다.

수석보좌관회의 모두발언

| 2018-06-11 |

전세계가 고대하던 북미정상회담이 드디어 내일 개최됩니다. 이제 두 정상의 세기적인 만남만 남겨두고 있습니다. 전쟁에서 평화로 가는 역사적 이정표가 될 것으로 기대합니다.

이번 회담을 통해 적대관계 청산과 한반도 비핵화에 대한 큰 합의가 도출되기를 바랍니다. 트럼프 대통령과 김정은 위원장, 두 지도자의 과감한 결단이 있었기에 여기까지 오는 것이 가능했습니다.

트럼프 대통령은 북핵 문제 해결과 한반도 평화에 대한 강력한 의지를 실질적인 행동으로 보여왔습니다. 김정은 위원장은 풍계리 핵실험장 폐기 등 과감한 선제적 조치로, 회담 성공을 위한 성의와 비핵화의 의지를 보여주었습니다.

이제 새로운 한반도 시대를 염원하는 전세계인들의 바람이 실현될 수 있도록 두 지도자가 서로의 요구를 통 크게 주고받는 담대한 결단을 기대합니다.

저는 내일 회담이 반드시 성공할 것이라는 전망과 기대를 함께 가지고 있습니다. 그런 전망과 기대 속에서 국민들에게 당부드리고 싶습니다.

첫째, 뿌리 깊은 적대관계와 북핵 문제가 정상 간의 회담 한번으로 일거에 해결될 수는 없습니다. 두 정상이 큰 물꼬를 연 후에도 완전한 해결에는 1년이 될지, 2년이 될지, 더 시간이 걸릴지 알 수 없는 긴 과정이 필요합니다. 그 과정이 완결될 때까지 남북미 간의 진정성 있는 노력과 주변국의 지속적인 협력이 필요하다는 점을 말씀드립니다. 우리는 그 과정을 성공적으로 이끌어나가는 긴 호흡이 필요합니다.

둘째, 북핵 문제와 적대관계 청산을 북미 간의 대화에만 기댈 수는 없습니다. 남북 대화도 함께 성공적으로 병행해나가야 합니다. 남북 관계가 좋아지면 북미 관계가 함께 좋아지고, 북미 관계가 좋아지면 남북 관계를 더욱 발전시키는 선순환 관계를 만들어가야 합니다. 이를 위해 이번 주부터 시작되는 남북군사회담, 적십자회담, 체육회담 등의 남북 대화에 대해서도 국민들께서 지속적인 지지와 성원을 보내 주시길 바랍니다.

셋째, 우리 정부는 출범 후 오늘에 이르기까지 온갖 어려움을 겪으면서도 끝내 지금의 상황을 만들어내는 데 성공하였습니다. 앞으로도 한반도의 완전한 비핵화와 평화체제가 구축될 때까지 최선을 다할 것입니다. 어떤 상황 속에서도 적어도 한반도 문제만큼은 우리가 주인공이라는 자세와 의지를 잃지 않도록 국민들께서 끝까지 함께해 주실 것을 부탁드립니다.

제26회 국무회의 모두발언

| 2018-06-12 |

지금 북미정상회담이 시작되었습니다. 우리 국민들의 관심이 온통 싱가포르에 가있지 않을까 싶습니다. 저도 어제 잠 못 이루는 밤이었습니다. 우리에게 완전한 비핵화와 평화, 남북미 간의 새로운 시대를 열어주는 성공적인 회담이 되기를 국민들과 함께 간절히 바랍니다

내일은 또 한편으로 우리에게 매우 중요한 선거일입니다. 우리 정부 들어서 처음 치르는 전국 선거인만큼 투개표 등 공정한 선거 관리를 위해 각별히 노력해주시기 바랍니다. 이제는 선거 관리의 공정성에 있어서는 별 문제가 없는 시대가 되었다라고 인정받을 수 있도록 개표가 끝나는 마지막 순간까지 공정한 선거 관리 지원에 최선을 다해주시기 바

랍니다.

또한 국민들께서도 선거에 적극적으로 참여해주시기 바랍니다. 투표가 우리의 미래를 만듭니다. 투표가 내일의 희망을 만들고, 정치 발전을 만들고, 평화를 만들고, 성숙한 지방자치와 분권을 만듭니다. 투표해야 국민이 대접 받습니다. 투표해야 정치가 국민을 두려워하게 됩니다. 최근 들어 공직선거 투표율이 높아지고 있는 것은 매우 고무적인 일입니다. 이번 지방선거에서는 사전 투표율이 매우 높아서 최종 투표율이 기대가 됩니다. 주권자인 국민의 뜻을 적극적인 투표참여로 보여주시길 당부드리겠습니다.

북미정상회담 결과에 대한 입장

| 2018-06-12 |

역사적인 북·미 회담의 성공을 뜨거운 마음으로 축하하며 환영합니다.

5월 26일 통일각에서 김정은 위원장을 다시 만났을 때, 그리고 바로 어제 트럼프 대통령과 통화를 하면서 조심스레 회담의 성공을 예감할 수 있었습니다.

그러나 70년에 이르는 분단과 적대의 시간은 눈앞에서 벌어지는 사실조차 믿기 어렵게 하는 짙은 그림자였습니다.

낡고 익숙한 현실에 안주하지 않고 과감하게 새로운 변화를 선택해 준 트럼프 대통령과 김정은 위원장, 두 지도자의 용기와 결단에 높은 찬사를 보냅니다.

6월 12일 센토사 합의는 지구상의 마지막 냉전을 해체한 세계사적 사건으로 기록될 것입니다. 미국과 남·북한이 함께 거둔 위대한 승리이고, 평화를 염원하는 세계인들의 진보입니다.

누구도 해내지 못한 위업을 마침내 이뤄낸 트럼프 대통령에게 다시 한 번 경의를 표합니다. 김정은 위원장도 세계를 향해 과감하게 첫발을 내디딘 역사적인 순간의 주역으로 기억될 것입니다. 회담 성공을 위해 노력해 준 리센룽 총리와 국제사회의 모든 지도자들께도 깊은 감사의 마음을 전합니다.

이번 합의를 바탕으로, 우리는 새로운 길을 갈 것입니다. 전쟁과 갈등의 어두운 시간을 뒤로하고, 평화와 협력의 새 역사를 써갈 것입니다. 그 길에 북한과 동행할 것입니다. 이제 시작이고 앞으로도 숱한 어려움이 있겠지만 다시는 뒤돌아가지 않을 것이며 이 담대한 여정을 결코 포기하지 않을 것입니다.

역사는 행동하고 도전하는 사람들의 기록입니다.

우리 정부는 이번 합의가 온전히 이행되도록 미국과 북한, 그리고 국제사회와 아낌없이 협력할 것입니다. 한반도에 항구적인 평화가 정착되고, 공존과 번영의 새 시대가 열릴 수 있도록 대한민국의 대통령으로서 혼신의 노력을 다할 것을 약속드립니다.

제7회 전국동시지방선거 및
국회의원 재 · 보궐선거 결과 관련 입장문

| 2018-06-14 |

국민들께서 정부에 큰 힘을 주셨습니다.

지방선거로는 23년 만에 최고 투표율이라니 보내 주신 지지가 한층 무겁게 와 닿습니다. 감사드립니다.

국정 전반을 다 잘했다고 평가하고 보내 준 성원이 아님을 잘 알고 있습니다. 모자라고 아쉬운 부분이 많을 텐데도 믿음을 보내셨습니다. 그래서 더 고맙고 더 미안합니다. 다시 한 번 마음을 새롭게 가다듬겠습니다. 더 노력하겠습니다. 선거 결과에 결코 자만하거나 안일해지지 않도록 각별히 경계하겠습니다.

지켜야 할 약속들과 풀어가야 할 과제들이 머릿속에 가득합니다.

쉽지만은 않은 일들입니다. 그러나 국정의 중심에 늘 국민을 놓고 생각하겠습니다. 국민만을 바라보며 나가겠습니다.

NSC 전체회의 문재인 대통령 모두발언

| 2018-06-14 |

역사적인 북미정상회담이 성공적으로 열렸습니다.

마침내 한반도에 짙게 드리워진 냉전의 먹구름을 걷어내고 북핵 문제 해결과 항구적 평화를 향한 힘찬 발걸음을 본격적으로 내딛을 수 있게 되었습니다.

돌이켜보면 지난 한 해는 북한의 고강도 핵 실험과 15차례의 미사일 발사, 그에 따른 강도 높은 제재와 압박의 악순환, 북미간의 거친 설전, 군사적 방법의 선택 가능성과 전쟁 위기설까지 한치 앞을 내다보기 어려운 절체절명의 시기였습니다.

그러나, 우리는 어둠 속에서도 길을 열었습니다. 평창 올림픽을 시작으로 휴전선과 태평양을 쉴새없이 넘나들며 두 번의 남북정상회담과 「판문점선언」을 이끌어냈고, 역사상 최초의 북미정상회담에까지 이르게 되었습니다.

북미 두 정상의 만남과 공동성명 합의는 얼마전까지만 해도 상상하기 어려운 일이었을 것입니다. 새로운 변화를 향한 두 정상의 과감하고 전략적인 결단이 아니었다면 결코 성사되기가 쉽지 않았을 것입니다.

어려운 선택을 결정한 트럼프 대통령과 김정은 위원장의 담대한 용기와 결단에 다시 한 번 경의를 표합니다.

이번 정상회담은 여러 측면에서 중대한 의미가 있습니다.

북한 정권 출범 이후 70년간 오로지 적대관계에 있던 북미 양국 정상이 최초로 만나, 새로운 북미관계 수립을 약속하고 한반도의 항구적인 평화체제 구축과 북한의 완전한 비핵화를 합의했습니다.

무엇보다 새로운 북미관계 수립을 통해 양국간 지속되어 왔던 군사적 긴장과 적대관계를 청산하고 새로운 미래관계를 열어나가는 것이 북한의 완전한 비핵화와 한반도의 평화를 가져오는 유일한 길임을 함께 인식하였다는 점이 중요합니다.

이로써 남북이 「판문점선언」에서 약속했던 완전한 비핵화와 한반도 평화번영의 목표에 대해 남북미 모두 확실한 공감대 위에 서게 되었습니다.

또한 남북, 북미정상회담이 연이어 성공적으로 개최되고, 앞으로 계속적인 회담까지 합의함으로써, 남북 관계와 북미 관계가 선순환하며 발전할 수 있는 제도적인 틀이 갖추어지게 되었습니다.

이번 북미정상회담의 성과에 대해 다양한 평가가 있습니다만, 미국 일본 한국을 비롯한 세계인들을 전쟁의 위협과 핵·미사일의 위협으로부터 벗어나게 한 것보다 더 중요한 외교적 성과란 있을 수 없을 것입니다.

그러나, 이제 시작일 뿐입니다. 확실한 방향은 설정되었으나 그 구체적 이행방안은 여전히 숙제로 남아있습니다. 북미 정상의 결단이 신속하게 실행에 옮겨질 수 있도록 끈기있게, 끊임없이 견인하고 독려해 나가야 할 것입니다. 북한은 비핵화 이행방안을 더 구체화하고 미국은 상응하는 포괄적 조치를 신속히 마련해 가면서 합의의 이행을 속도있게 해나가야 할 것입니다.

한반도 문제의 직접 당사자는 바로 우리입니다. 우리의 운명은 우리가 결정한다는 주인의식을 갖고 능동적이고 주도적인 노력을 지속해 나가야 할 것입니다.

핵 문제는 대한민국의 미래와 직결됩니다. 우리가 나서서 중심적 역할을 수행해가면서, 한반도 평화 프로세스가 흔들림없이 꾸준히 전진할 수 있도록 최선을 다해야 하겠습니다.

북미정상회담의 합의 이행을 위한 후속 협상이 신속히 이루어질 것을 기대합니다. 우리 또한 범정부 차원에서 핵심 사안들에 대한 조율과 합의가 원만히 진전되도록 협력해 가야 할 것입니다.

외교·안보 부처들은 철저한 책임 의식을 갖고 완전한 비핵화와 항구적 평화체제 구축이라는 분명한 목표 달성을 위해 긴밀하게 협력해 가기 바랍니다. 이와 동시에, 굳건한 한미동맹을 바탕으로 한 흔들림 없는 한미 공조와 연합방위 태세도 유지해 가야 할 것입니다. 이제 한반도의 평화와 발전은 보다 포괄적인 시각으로 접근해야 합니다.

북한 비핵화와 체제보장이라는 안보 과제를 넘어 한반도 평화와 남북 공동번영이라는 새로운 시대정신을 받아들여야 할 때입니다.

1953년 이래 정전체제의 틀을 벗어나 남북의 균형적 발전을 도모하고, 한반도, 나아가서는 동북아 공동번영을 이룩하기 위한 희망의 발걸음을 내딛어야 할 것입니다.

그리하여 육지 속의 섬에서 벗어나 남북을 연결하고, 대륙과 해양을 가로지르면서 평화와 번영의 대전환의 시대를 주도할 수 있는 과감하고 혁신적인 도전을 생각할 때입니다.

올해 초 남북관계 개선을 시작으로 한반도 역사 전환의 기회가 기적처럼 찾아왔습니다. 이제 그 기적을 공고한 현실로 만들어 가야 할 때입니다. 한반도의 완전한 비핵화와 평화체제를 구축하고, 평화와 협력, 공존과 번영의 새 역사를 써나갈 수 있도록 최선의 노력을 다해 가겠습니다. 국민 여러분들께서도 정부를 믿고 마음을 하나로 모아 주시기 바랍니다. 이상입니다.

수석보좌관회의 모두발언

| 2018-06-18 |

오늘 수보회의는 현장에 참석한 분들뿐 아니라 비서실 직원 모두가 책상에서 업무관리시스템을 통해 모니터로 볼 수 있도록 했습니다. 우리 청와대 직원들이 문서를 통해서 수석보좌관회의 결과를 보는 것이 아니라 수보회의 논의 내용을 직접 보면서 공유할 수 있도록 했습니다. 이런 시스템 되기를 한편으로 바라왔는데 또 다른 한편으로는 민감한 현안도 있고, 또 미리 알려지면 곤란한 내용들도 있어서 그동안 실현을 못해 왔습니다. 오늘 회의 결과를 이렇게 좀 보고 하면서 앞으로 이런 방안들 확대하든지 하는 것을 검토해 주기 바랍니다.

오늘은 어쨌든 우리 청와대 비서실 직원들이 다 함께 이렇게 회의를 볼 수 있게 됐기 때문에 우리 직원들께 특별히 당부 드리는 그런 말씀을 드리고 싶습니다. 지난번 지방선거에서 여당이 아주 압도적인 그런 승리를 거뒀고, 또 국정에 대해서 국민들로부터 높은 지지를 받았습니다. 아주 기쁜 일입니다. 한편으로 아주 어깨가 무거워지는 그런 일이기도 합니다. 그러나 갚아야 할 외상값이 많다하더라도 우선은 기뻐해도 된다고 생각합니다.

저는 이게 개인적으로 압도적 승리다, 높은 지지를 받았다는 것 이상으로 이번 선거 결과에 아주 깊은 감회를 갖고 있습니다. 이번 선거를 통해서 지역으로 국민을 나누는 그런 지역주의 정치, 그리고 색깔론으로 국민을 편 가르는 그런 분열의 정치는 이제 끝나게 됐다고 생각합니다. 그리고 그런 지역주의 정치, 분열의 정치구도 속에서 어떤 정치적 기득권을 지켜나가는 그런 정치도 이제는 더 이상 계속될 수 없게 되었다고 그렇게 생각합니다.

저로서는 제가 정치에 참여한 가장 주요한 이유 중의 하나, 가장 중요한 목표 중의 하나를 이룬 셈입니다. 뿐만 아니라 노무현 대통령 때부터 정말 꿈꿔왔던 그런 일이고, 3당 합당 이후 30년 가까운 세월 동안 정말 많은 사람들이 고통 받고 눈물을 흘리면서 노력한 그런 결과라고 생각합니다.

다른 지역에서 정치하는 분들은 조금 실감이 덜할지는 모르겠지만, 나는 그런 아까 지역주의 정치구조, 그 다음에 색깔론에 의존하는 이런 분열의 정치에서 벗어나야 우리 정치가 진정으로 발전할 수 있다고 그렇게 믿었습니다.

이번에 아주 높은 투표 참여와 정말 성숙한 주권자 의식으로 새로운 정치 마련해 주신 우리 국민들께 다시 한 번 감사 말씀을 드리고 싶습니다.

그리고 또 그런 좋은 결과를 얻게 된 것은 전적으로 우리 청와대 비서실 모두와, 그 다음에 또 내각이 아주 잘해 준 덕분이라고 말씀을 드리고 싶습니다. 일부에서는 대통령의 지지율이 높은 덕분이다, 또는 대통령의 개인기가 그런 결과를 만들어냈다 그렇게 말씀하실 분도 있지만 그것은 정말 온당치 못한 그런 이야기입니다. 대통령이 혼자서 잘할 수가 없는 것입니다. 대통령이 뭔가 좀 잘했다면, 그리고 잘한 것으로 평가받았다면 그것은 함께한 우리 청와대 비서실이 아주 잘했다는 것이고, 또 함께한 우리 문재인 정부의 내각이 잘했다는 뜻입니다. 물론 부분 부분적으로는 청와대 비서실 내에서는 부족한 부분이 많이 있을 수 있습니다. 내각에서도 부처별로는 부족한 부분들이 얼마든지 있을 수 있습니다.

그러나 전체적으로 볼 때 하나의 팀으로서 우리 청와대 비서실, 또 하나의 팀으로서 우리의 문재인 정부의 내각, 정말 잘해 줬다고 생각합니다. 그리고 또 내각과 청와대 비서실 간에도 하나의 팀으로서 아주 잘해 주셨다고 봅니다. 그래서 오늘 우리 임종석 실장, 장하성 실장님, 정의용 실장님을 비롯한 우리 비서실 직원 모두에게 다시 한 번 특별한 감사를 드립니다.

그리고 이낙연 총리님 비롯한 우리 내각에 대해서도 이 자리를 빌려서 감사의 인사를 전하고 싶습니다.

제가 이낙연 총리님에 대해서는 이렇게 표현한 적이 있습니다. 국회에서 총리추천제, 국회에서 총리를 추천하는 그런 제도를 주장할 때 제가 그렇게 된다면 이낙연 총리님 같은 좋은 분을 과연 총리로 모실 수 있을 것인가, 그런 총리추천제도를 통해서 협치를 이렇게 잘하자는 뜻은 충분히 알 수 있습니다. 아마 우리 정치 문화가 성숙한 그런 문화를 갖추고 있다면 아마도 협치를 잘할 수 있는 이상적인 제도가 될 수 있을지 모르겠습니다. 그러나 지금과 같은 우리 국회 상황에서는 이낙연 총리님 같은 그런 좋은 분을 모시기가 힘들 것이다, 그런 뜻이었습니다. 어쨌든 우리 부처도 이낙연 총리님을 비롯해서 정말 잘해 주셨습니다.

개개인들로도 다 잘해 줬을 뿐만 아니라 전체적으로 하나의 협업이라는 면에서도 아주 잘해 주셨다고 생각합니다. 그래서 우리 청와대 비서실에서도 지난번 선거 결과에 대해서는 정말 자부심을 가지고 아주 기뻐해도 된다고 생각합니다.

그러나 그것은 오늘까지, 오늘 이 순간까지입니다. 지난번에 우리가 받았던 높은 지지는 한편으로는 굉장히 두려운 일입니다. 그냥 우리 어깨가 많이 무거워졌다는 정도의 두려움이 아니라 정말 등골이 서늘해지는, 저는 등에서 식은땀이 나는, 그런 정도의 두려움이라 생각합니다. 지지가 높았다는 것은 그만큼 기대가 크다는 뜻입니다. 부족한 점이 많지만 더 잘하라는 주마가편 같은 그런 채찍질이었다고 생각합니다. 그 지지에 대해서 답하지 못하면, 그리고 높은 기대를 충족하지 못하면 기대는 금세 실망으로 바뀔 수 있습니다. 그리고 기대가 높았던 만큼 실망의 골도 깊어질 수 있습니다.

우리 정치사를 보더라도 앞에 선거에서의 승리가 그 다음 선거에서는 아주 냉엄한 심판으로 그렇게 돌아왔던 그런 경험들을 우리는 많이 가지고 있습니다. 그런 사례들 많이 있죠.

그래서 오늘 정말 특별히 당부하고 싶은 것은 지난번 선거 결과에 대해서 한편으로 기뻐하지만 한편으로는 정말 무거운 이 두려운 마음을 함께 공유했으면 좋겠다라는 특별한 부탁 말씀을 좀 드립니다. 그런 두려운 마음속에서 제가 주문하고 싶은 자세는 크게 세 가지입니다.

첫 번째는 역시 유능해야겠다라는 것입니다.

공직에 근무하는 사람의 가장 기본이 저는 유능함이라고 생각합니다. 청와대는 대한민국의 국정을 이끄는 곳입니다. 국정을 이끄는 중추고, 국정을 이끄는 두뇌고, 그렇게 본다면 청와대야말로 정말 유능해야 합니다. 한 분 한 분이 자기 업무에 유능할 뿐만 아니라 국정은 혼자서 할 수 없는 것이기 때문에 전체적인 협업이라는 면에서도, 또 부처하고의 사이에 협력 관계를 제대로 구축한다는 면에서도 다 유능해야 합니다.

실제로 지금 청와대에 계시는 분들은 그동안 각계 각 분야에서 정말 충분히 유능한 그런 모습을 보여주셨기 때문에 청와대로 이렇게 발탁이 된 것입니다. 그러나 청와대에서 정말 이렇게 유능해진다는 것이 그게 쉬운 일이 아닙니다. 왜냐하면 다들 처음 해보는 일이거든요. 대통령도 처음해 보는 것이고, 비서실장도 처음해 보는 것이고, 다들 처음해 보는 일입니다. 그리고 과거에 해왔던 일하고는 전혀 차원이 다른 그런 일입니다. 그런 일을 처음하면서 잘하기란 참으로 어렵습니다. 제가 여러분보다 조금이라도 나은 점이 있다면 제가 과거 청와대서 4년가량 있어 봤고, 또 어깨너머로 대통령이 하는 일을 봐왔다는 그것만큼 저한테 도움이 되는 게 없습니다. 그만큼 경험도 중요한 것인데, 그런 면에서 보면 모두 다 1년의 경험을 다들 가졌기 때문에 이제는 처음해 보는 일이여서 뭐 좀 서툴 수 있다라는 핑계가 더 이상 통하지 않습니다. 지금부터는 정말로 유능한 모습을 보여주셔야 합니다. 개인적으로도, 하나의 팀으로서 어떤 협업 이런 면에서도. 대통령에게 유능함을 보여주는 것이 아니라 국민들에게 그 유능함을 보여줘야 된다는 자세를 꼭 좀 명심해 주시길 바라고요.

두 번째로는 우리가 늘 강조하다시피 역시 이제 도덕성입니다.

우리가 뭐 다 여소야대 아닙니까. 우리가 정치 세력이라는 면에서는 우리는 결코 다수의 세를 갖고 있지 못합니다. 그런 가운데 우리 국정을 제대로 이끌어나갈 수 있는 힘은 국민들의 지지밖에 없는 것이고, 또 국민들의 지지를 받기 위해서 우리에게 꼭 필요한 것은 높은 도덕성입니다.

　우리는 상대적으로 이런 높은 도덕성을 가지고 있다고 저는 생각합니다. 기본적으로 도덕적 가치를 더 이렇게 높게, 이렇게 좀 존중하는 그런 DNA를 우리가 가지고 있다고 생각합니다. 그러나 그런 만큼 또 국민들이 우리에게 거는 기대는 또 더 높습니다. 상대적으로 조금 작은 도덕적인 흠결만 보여도 국민들로부터 훨씬 많은 그런 질타, 또 비판을 받게 됩니다. 특히 또 우리 정부 과제가 적폐청산, 가장 중요한 과제가 적폐청산이고, 그 중심에는 부정부패의 청산 이것이 놓여있는데, 우리 스스로가 도덕적이지 못하다면 그런 국민들이 바라는 그런 중요한 국정 과업을 제대로 해낼 수가 없을 것입니다. 역시 윗물이 맑아야 아랫물도 맑다, 우리가 결코 잊어서는 안 되겠습니다. 이것을 왜 이제 강조하는가 하면 지난 1년간 정말 잘해 주셨습니다. 그런 면에서 보면, 어떤 도덕성 이런 면에서 지금 청와대는 거의 뭐 한 건의 사고도 없었다고 우리가 자부할 수 있습니다. 그러나 이제 역대 정부를 보더라도 2년 차, 3년 차 이렇게 접어들면 그런 도덕성이라는 면에서도 늘 사고들이 생기곤 했습니다. 그만큼 익숙해지면서 마음이 해이해지기도 하고, 또 초심도 잃게 되고 그런 것이죠.

　우리가 2년차 맞이해서도 결코 초심을 잃지 않겠다, 도덕성이라는 면에서도 한번 더 자세를 가다듬어야 되겠다 이런 결의들을 함께 가져 주시기 바랍니다.

그리고 세 번째로 제가 강조해서 말씀드리고 싶은 것은 태도입니다. 제가 세 번째로 말씀드리기 때문에 세 번째로 중요하다 이런 뜻이 아닙니다. 어떻게 보면 저는 우리나라 정치와 우리나라 공직에서 지금 이 시대에 가장 중요한 것은 저는 태도가 아닐까 그렇게 생각합니다. 국민을 대하는 태도, 다른 사람의 말을 듣는 태도, 다른 사람에게 말을 하는 태도, 사용하는 언어, 표현 방법, 이런 태도들이 나는 무엇보다 중요하다고 생각합니다. 결코 형식이 아닙니다. 이 태도는 저는 거의 본질이라고 생각합니다. 왜 이게 본질인가 하면 국민들을 모셔야 하고, 국민들을 모시는 그 존재가 정치인들이고 공직자라면 그런 모시는 어떤 본질이 태도에서 표현되는 것입니다. 그런 면에서 보면 우리 정치와 공직이 국민들의 어떤 기대나 눈높이하고는 가장 동떨어진 그런 부분이 아닌가 싶습니다. 오히려 정치나 공직의 경력이 오래될수록, 또는 높은 지위에 있을수록 이런 태도에서 국민들의 기대하고 어긋나는 그런 부분들이 더욱 많아지는 것이 실정 같습니다. 그래서 국민들이 볼 때는 정치 세계나 공직 세계는 마치 사용하는 언어도 다르고, 하는 행동방식도 다르고, 사고방식도 다르고, 뭔가 국민들하고는 다른 별세계같이 그렇게 느껴질 정도입니다. 제가 바깥에서 정치를 보던 눈도 그랬습니다. 이제는 정말로 국민을 모시는 공직자라면, 정말로 국민을 받드는, 그리고 겸손한 그런 태도를 반드시 갖춰야 된다고 봅니다.

　　특히 청와대는 국민들이 보기에는 가장 높은 곳에 있습니다. 가장 높은 곳에 있는 공직자들이 우리 다 여러분들입니다. 아마 우리 청와대에서 근무하는 직원들은 실감하지 못할 수 있습니다. 오면 뭐 위에 상급자들이 즐비하게 있고, 더 일찍 출근하게 되고, 더 늦게 퇴근하고, 주말에도 일하고, 스트레스 많고, 그래서 어디보다 노동 강도가 더 강한 그런 직장처럼 여겨질 수 있겠지만 국민들이 보기에는 청와대는 까마득히 높은 곳이에요. 뭐 우리 실장님들이나 수석비서관뿐만 아니라 그냥 행정요원들도 국민들이 볼 때는 정말로 높은 곳에 있는 그런 사람들입니다. 한 분 한 분이 다 청와대를 대표하고, 말하자면 저를 대신하는 비서 역할을 하는 것입니다. 누군가 행정요원이 전화를 받더라도 그 전화는 저를 대신해서 받는 것입니다. 친절하게 대응하면 친절한 청와대가 되는 것이고, 조금이라도 이렇게 친절하지 못하게 그렇게 전화를 받으면 아주 고압적인 청와대, 권위적인 청와대가 되는 것입니다. 이런 태도 면에서도 우리가 좀 각별히 관심을 가지고 노력을 해야겠다, 그런 당부 말씀을 드립니다.

아마 오늘 민정수석이 이렇게 또 안건보고도 할 텐데요, 우리 민정수석실에서 악역도 맡아 주셔야 할 것 같습니다. 우리 결론을 말하자면 이번 선거 결과에 자만하지 말고, 안주하지 말고, 새로운 각오로 정말 국민의 기대에 맞게 잘하고, 그다음에 유능함으로 성과를 보여드리자 하는 말씀을 드리겠습니다.

책을 읽는 분들도, 쓰고 만드는 분들도, 모두 소중합니다

| 2018-06-20 |

문화체육관광부가 올해를 '책의 해'로 선정했습니다. 국민 모두가 '함께 읽고' 라는 목표로 출판의 활성화를 바라고 있습니다. 오늘은 24회째를 맞는 '2018 서울국제도서전'이 열리는 날입니다. 우리나라 최대의 책 잔치입니다.

책을 생각하면 아버지가 먼저 떠오릅니다. 한 번 장사를 나가시면 한 달 정도 만에 돌아오시곤 했는데, 그때 마다 꼭 제가 읽을 만한 아동문학, 위인전을 사오셨습니다. 제가 책 읽기를 좋아하게 된 것은 아버지 덕이었습니다. 독서를 통해 세상을 알게 되었고 인생을 생각하게 되었습니다.

지금도 제게 보내주시는 책은 꼭 시간을 내어 읽습니다. 발로 뛰고 자료를 뒤지며 보낸 작가의 노력과 생각을 만나는 시간입니다. 또한 한 권의 책이 나오기까지 정성을 다한 편집출판인들에게 예의를 다하는 시간입니다. 그러나 늘 그렇듯이 제가 책을 통해 얻는 게 훨씬 많습니다.

정신이 강한 나라는 그 누구도 함부로 할 수 없고, 그 정신은 선대의 지혜와 책을 통해 강해집니다. 어떻게든 짬을 내 책을 읽다 보면 어느새 부쩍 커진 자신을 발견할 때가 있습니다. 책 속에서 얻은 지혜를 나누는 일도 즐겁고, 자연스럽게 엄마 아빠의 책읽기를 닮아가는 아이들을 보면 행복합니다.

더 많은 분들이 책을 읽기 위해서는 책에 접근하기 어려운 분들을 위한 노력도 계속되어야 합니다. 특히 시각장애인 중 점자를 할 수 있는 분은 5% 밖에 되지 않고, 점자도서나 녹음도서는 전체 출판도서의 2%도 되지 않습니다. 이분들을 위해 저도 작년 2월 시각장애인용 녹음도서 제작에 힘을 보탰습니다. 올해 '서울국제도서전'의 주제는 '확장'입니다. 다양한 분야와 형태의 책을 모두 담아내지는 취지입니다. 많은 분들이 흥미를 갖고 쉽게 책을 접할 수 있는 기회를 많이 만들어주시면 좋겠습니다. 정부도 장애인들을 위한 출판지원뿐 아니라 취약계층과 소외계층의 독서기회를 '확장'하겠습니다.

"지금 무슨 책을 읽고 계신가요?" 올 한해, 책으로 안부를 묻다보면 우리 모두 지혜의 나무를 한 그루씩 키워낼 수 있을 것입니다.

러시아 하원 연설문

| 2018-06-21 |

존경하는 러시아 국민 여러분,

뱌체슬라프 빅토로비치 블로딘 하원의장님과 의원 여러분,

모스크바로 오는 비행기 안에서 나는 광활한 대지가 인간에게 주는 경외심을 생각했습니다. 그로 인해 자연과 인간을 더 깊이 이해하게 된 러시아의 마음을 떠올렸습니다.

유라시아 대륙의 크기만큼 긴 호흡으로 러시아는 세계사에 굵직한 흔적을 남겼습니다. 조국전쟁과 대조국전쟁으로 세계사의 흐름을 바꾸고 인류의 정신사와 과학기술을 동시에 이끌어왔습니다.

이곳 하원 두마도 러시아 국민의 힘으로 탄생했습니다. 지금은 러시아 민의를 대표하며 러시아 국민의 단합된 힘을 보여주고 있습니다.

대한민국 대통령 최초로 두마에서 연설할 기회를 마련해 주신 블로딘 의장님과 올가 예피파노바 부의장님, 레오니드 슬루츠키 외교위원장님을 비롯한 의원님들께 깊이 감사드립니다.

나에게는 아주 큰 영광입니다. 동시에 양국의 새로운 발전을 기대하는 러시아 정부와 의회, 국민들의 기대를 느낍니다.

러시아 국민 여러분,

"러시아가 구원받을 수 있다면, 유라시아주의를 통해서만 가능할 것이다"라고 러시아의 역사지리학자 레프 구밀료프는 말했습니다. 유라시아의 광활한 대륙은 크고 작은 문명이 교류와 상호작용을 통해 미래로 나아가면서 희망을 키우는 공간입니다.

블라디미르 푸틴 대통령님의 '신동방정책'은 평화와 공동번영의 꿈을 담은 유라시아 시대의 선언입니다. 서구문명이 이룬 장점과 동양문명이 이룬 장점을 유라시아라는 거대한 용광로에 담아 인류에게 새로운 비전을 제시하려는 웅대한 설계입니다.

한국 국민들 또한 한반도의 항구적 평화를 넘어 동북아 전체의 평화와 공동 번영을 바라고 있습니다. 내가 지난해, 동방경제포럼에서 발표한 '신북방정책'은 '신동방정책'에 호응하는 한국 국민들의 꿈입니다.

나는 한국과 러시아의 협력이 한반도 평화와 동북아 번영의 주춧돌이라고 생각하며 그동안 진심으로 노력해왔습니다.

대통령 당선 직후, 푸틴 대통령님과 통화에 이어 한국 대통령으로서는 처음으로 취임 특사를 파견해 북핵 문제의 평화적 해결과 극동개발을 위한 협력 방안을 협의했습니다. 또한 러시아의 극동개발부에 맞춰 러시아와의 경제협력을 전담하는 '북방경제협력위원회'를 대통령 직속 기구로 설치했습니다.

푸틴 대통령님은 작년 9월, 동방경제포럼에 나를 초청해 주셨고 나는 그 기회에 '신북방정책'을 발표하고 한·러 간 실질적 경제 협력 방안을 푸틴 대통령님과 함께 논의했습니다.

올해 1월, 내 고향 거제도에서는 세계인의 시각을 유라시아와 북극으로 돌리게 할 뜻깊은 장면이 있었습니다. 러시아 북극 탐험가의 이름을 붙인 쇄빙 LNG선 '블라디미르 루자노프'호가 시범출항을 했습니다. 나는 그 현장에 직접 참석하여 러시아와 한국이 함께 이룬 성과를 세계에 알리고 축하했습니다.

나는 오늘, 러시아와 함께하려는 한국 국민들의 노력이 여러분에게 진정으로 전달되길 바라며, 유라시아가 가진 무궁무진한 가능성을 우리의 우정으로 활짝 열 수 있다고 믿습니다.

러시아 국민 여러분,

한국인들의 서재에는 도스토예프스키, 톨스토이, 투르게네프의 소설과 푸시킨의 시집이 꽂혀있습니다. 나도 젊은 시절, 낯선 러시아의 지명과 등장인물을 더듬으며 인간과 자연, 역사와 삶의 의미를 스스로 묻곤 했습니다.

20세기 초, 한국에 소개된 러시아 근대문학은 한국의 현대문학 발전에 큰 영향을 주었습니다. 한국에서 러시아 문학은 휴머니즘 교과서였습니다. 인간의 존엄성과 영성에 대한 탁월한 묘사를 통해 물질문명을 살아가는 우리에게 정신적 가치의 중요성을 남겨주었습니다.

지구 바깥으로 나간 인류 최초의 우주인 유리 가가린도 과학기술 이상의 깨달음을 우리에게 주었습니다. 지구가 우리에게 얼마나 소중하고 절대적인 존재인지 알려주었습니다. 러시아의 저력은 이와 같이 인간에 대한 깊은 이해에 있다고 생각합니다. 그것이 어떠한 도전과 어려움에도 굴하지 않는 러시아 국민의 힘이 되었습니다.

한국인들도 전통적으로 인간을 존중하고 서로 간의 협력과 믿음을 가치 있게 여겨왔습니다. 그 힘으로 수많은 외침을 극복하고, 오늘날 당당한 국가로 성장할 수 있었습니다. 2차 대전 후 독립한 국가 중 유일하게 높은 경제성장과 민주주의 발전을 함께 이룩한 나라가 되었습니다.

러시아 국민들과 마찬가지로 한국 국민들도 정신적으로도 아주 강인합니다. 나는 이것이 우리가 똑같이 톨스토이를 사랑하는 이유라고 생각합니다.

러시아 국민 여러분,

202년 전, 외교사절로 북경을 방문한 한국인 조인영이 러시아정교 전도단장 비추린을 만나 우정을 나눈 이후, 러시아와 한국의 관계는 우애와 존중으로 이어져왔습니다.

1905년, 한국 최초의 주러시아 상주공사였던 이범진 공사는 러시아 땅에서 망국의 소식을 들었습니다. 그때 따뜻한 도움의 손길을 내민 것이 러시아 정부였습니다. 안중근, 홍범도, 최재형, 이상설 선생 등 수많은 한국의 독립투사들이 이곳 러시아에 망명하여 러시아 국민들의 도움으로 힘을 기르고 국권회복을 도모했습니다.

1980년대 말, 한국 정부는 한반도 냉전의 벽을 허물기 위해 '북방정책'을 추진했습니다. 당시 소련 정부는 이념의 벽을 넘어 1988년 서울 올림픽에 대규모 선수단을 파견했습니다. 양국 국민들 사이에 우정과 신뢰가 쌓였고 그리하여 드디어 1990년 수교가 이뤄졌습니다.

지금 한국 기업들이 러시아에서 생산한 자동차와 가전제품들이 러시아 국민의 사랑을 받고 있습니다. 러시아는 2013년 선진 우주기술을 한국에 전수했고, 한국은 나로호 로켓을 성공적으로 발사할 수 있었습니다.

지난 5월 푸틴 대통령님은 '2024 러시아연방 국가발전목표'를 발표했습니다. 국민이 피부로 느낄 수 있는 변화와 국민 한 사람 한 사람이 잘 사는 경제를 목표로 합니다. 내가 추진하고 있는 '사람중심 경제'도 목표가 같습니다. 경제성장의 혜택을 국민들에게 고루 돌려주기 위한 것입니다. 양국이 극동지역에서 꾸는 꿈도 다르지 않습니다. 유라시아 평화와 번영을 위해 노력하는 것은 우리 모두가 국민들로부터 부여받은 사명입니다.

존경하는 러시아 국민 여러분, 블로딘 의장님과 의원 여러분,

2020년은 러시아와 한국이 새롭게 이웃이 된 지 30년이 되는 해입니다. 우리 양국은 뜻깊은 수교 30주년에 맞춰 유라시아 발전을 위한 협력을 더욱 강화하고, 교역액 300억 달러, 인적 교류 100만 명을 달성하자는 구체적 계획을 세웠습니다.

나는 이 자리에서 러시아와 한국의 협력 확대 방안을 말씀드리고자 합니다.

첫째, '미래 성장 동력 확충'입니다. 혁신을 통해 미래 성장을 준비하는 것은 양국 국민에게 일자리를 제공하고 지속가능한 성장의 기반을 다진다는 면에서 아주 중요합니다.

한국은 국내에 한·러 혁신센터를 설립하고 모스크바에 있는 한·러 과학기술협력센터를 확대할 것입니다. 세계 최고의 원천기술, 기초과학 기술을 지닌 러시아와 IT 기술에 강점을 가진 한국이 협력하여 4차 산업혁명 시대를 함께 선도해 가길 기대합니다.

둘째, 극동 개발 협력입니다. 작년 '동방경제포럼'에서 나는 '9개의 다리 전략'을 중심으로 양국의 협력을 제안했습니다.

가스, 철도, 전력, 조선, 일자리, 농업, 수산, 항만, 북극항로 개척 등 9개 중점 분야에서 협력을 더욱 강화해야 합니다. 민간의 참여도 확대할 필요가 있습니다. 러시아 극동지역과 한국의 지방정부들 사이에도 협력

포럼이 준비되고 있습니다.

셋째, 국민복지 증진과 교류기반을 강화하는 것입니다.

러시아의 '2024 국가발전목표'에서 최우선 과제 중 하나는 국민의 삶의 질을 높이기 위한 국민 보건 향상입니다.

그 과제에 협력하기 위해 한국의 고급 의료기술이 스콜코보에 함께 하게 될 것입니다. 러시아와 한국 기업의 협력으로 설립되는 최첨단 한국형 종합병원은 암, 신장, 뇌신경에 특화된 의료서비스를 제공하고 재활을 도울 것입니다. 나는 양국의 긴밀한 협력으로 양국의 국민들이 더 행복해지길 바랍니다. 양국 관계의 소중함을 국민들이 일상 속에서 피부로 느끼게 되길 바랍니다.

러시아 국민 여러분,

내일은 77년 전 러시아의 대조국전쟁이 시작된 날입니다. 수많은 영웅들과 무고하게 숨진 희생자들을 기리는 '추모와 애도의 날'입니다. 러시아뿐 아니라 인류 모두에게 평화가 얼마나 소중한지 다시 한 번 깊이 새기는 날이 되길 바랍니다. 평화의 소중함은 전쟁의 참화 속에서 평화를 일궈내기 위해 헌신한 사람들에게 더 깊게 다가옵니다. 러시아와 마찬가지로 한국 또한 참혹한 전쟁을 겪었습니다. 나 자신도 피난민의 아들로 태어나 전쟁의 고통과 평화의 소중함을 일찍부터 절감해왔습니다.

지금 한반도에는 역사적인 대전환이 일어나고 있습니다. 나는 지난 4월, 북한의 김정은 국무위원장을 만났습니다. 우리는 판문점 선언을 통해 완전한 비핵화와 함께 '더 이상 한반도에 전쟁은 없다'고 세계 앞에 약속했습니다.

이어서 열린 북미정상회담에서도 한반도의 완전한 비핵화와 북미간 적대관계 종식을 선언했습니다. 북한은 핵실험장과 미사일실험장 폐기 등 완전한 비핵화를 위한 실질적 조치들을 진행하고 있고, 한국과 미국은 대규모 한미연합훈련 유예 등 대북 군사적 압박을 해소하는 조치로 호응하고 있습니다. 이제 남·북·미는 전쟁과 적대의 어두운 시간을 뒤로 하고 평화와 협력의 시대로 나아가고 있습니다.

이 놀라운 변화에 러시아 정부와 국민들의 적극적인 지지와 협조가 큰 힘이 되었습니다. 나는 한반도와 유라시아의 항구적인 평화와 공동번영을 꿈꾸어왔습니다. 이 자리에 계신 의원 여러분들께서도 그 길에 함께해 주실 것으로 믿습니다. 한반도에 평화체제가 구축되면 남북 경제협력이 본격화 될 것이며, 러시아와의 3각 협력으로 확대될 것입니다.

러시아와 남과 북 3각 경제 협력은 철도와 가스관, 전력망 분야에서 이미 공동연구 등의 기초적 논의가 진행되어 왔습니다. 3국간의 철도, 에너지, 전력 협력이 이뤄지면 동북아 경제공동체의 튼튼한 토대가 될수 있을 것입니다. 또한 남북간의 공고한 평화체제는 동북아 다자 평화안보협력체제로 발전할 수 있을 것입니다.

존경하는 러시아 국민 여러분, 의원 여러분,

이곳 모스크바 야로슬라브스키역에서 연해주 항구도시 블라디보스토크까지 달리는 시베리아 횡단열차는 단순한 하나의 철도가 아닙니다. '러시아 노동자들의 황금손에 의해 건설된 생명의 길'이며 세계 인식의 지평을 넓힌 문명의 길이고 평화의 길입니다.

이 길은 단순히 상품과 자원만 오가는 것이 아니라 유라시아의 한복판에서 동양과 서양이 만나는 길입니다. 그야말로 유라시아 시대를 여는 관문입니다.

어느덧 100년을 달려온 시베리아 횡단열차는 이제 육상 교통의 중심을 넘어 유라시아 공동체 건설의 상징이자 토대가 되고 있습니다.

이제 한국은 한반도의 항구적 평화를 통해 시베리아 횡단철도가 내가 자란 한반도 남쪽 끝 부산까지 다다르기를 기대하고 있습니다. 한국과 북한이 유라시아의 새로운 가능성에 동참하고 유라시아의 공동번영을 이뤄내는데 함께하게 되길 바랍니다.

"한 명의 지혜는 좋지만 두 명의 지혜는 더 좋다(아진 움 하라쇼, 아드바 루체)"라는 러시아 속담이 지금 우리에게 필요합니다. 러시아의 지혜와 한국의 지혜, 여기에 북한의 지혜까지 함께한다면 유라시아 시대의 꿈은 대륙의 크기만큼 크게 펼쳐질 것입니다.

끝으로, 세계인의 축제인 월드컵이 성공적으로 열리고 있는 것을 진심으로 축하합니다.

올해 2월 평창 동계올림픽에서 멋진 경기를 보여준 러시아 선수들에게 나와 우리 국민들은 큰 박수를 보냈습니다. 러시아 월드컵에 참가

한 한국 선수단에게도 러시아 국민들께서 따뜻한 응원으로 격려해 주시
길 바랍니다.

러시아와 한국의 국민들은 양국의 새로운 미래를 확신하고 있습니
다. 서로에 대한 존중과 신뢰를 더 깊게 쌓아 가면 그 어떤 난관과 도전
도 함께 헤쳐 나갈 수 있을 것입니다. 자연과 인간이 공존하는 유라시아
에 인류의 새로운 희망이 있습니다. 전쟁의 시대를 넘어 평화와 번영의
시대를 향해 러시아와 한국이 함께 걸어갈 것입니다.

발쇼예 스빠씨바! 감사합니다.

한·러 비즈니스 포럼 기조연설

| 2018-06-22 |

유리 페트로비치 트루트네프 부총리님, 세르게이 카트린 러시아 연방상의 회장님, 김영주 무역협회 회장님, 양국의 경제인 여러분, 반갑습니다.

한반도의 새로운 시대가 열리고 있는 가운데 여러분을 뵙게 되어 의미가 남다릅니다. 한반도 비핵화와 남북회담을 지지해 주신 러시아 정부와 국민들께 감사드리며 한반도의 평화와 양국의 공동번영을 위해 노력해 오신 양국의 경제인들께도 특별한 감사의 인사를 드립니다.

러시아는 한반도와 국경을 맞대고 있는 이웃나라입니다. 러시아와 한국은 수교 이전부터 오랜 세월 깊은 인연을 맺어왔습니다.

19세기 러시아의 '브나로드' 운동은 일제 강점기 한국의 농촌 계몽 운동에 큰 영향을 미쳤습니다. 한국 국민들은 도스토예프스키, 톨스토이, 투르게네프의 소설과 푸쉬킨의 시를 사랑하며 차이코프스키와 라흐마니노프의 음악을 즐겨 듣습니다. 서울에는 러시아 건축가 사바틴이 설계한 독립문이 우뚝 서있고, 시내 중심가에는 러시아 국민작가 푸쉬킨의 동상이 있습니다.

　　한국 최초의 우주인을 우주로 보내준 것은 바로 러시아의 소유즈 (Soyuz) 우주선이었습니다. 1990년 한·러 수교 이후 양국의 교류와 경제협력은 더욱 확대되었습니다. 러시아 국민들은 한국기업이 생산한 자동차, 휴대폰, TV를 사용하면서 한국과 더욱 친밀해졌습니다. 최근 많은 러시아 젊은이들이 K-POP을 좋아하고 한국음식을 즐겨 먹습니다.

　　스포츠도 양국을 끈끈하게 이어주는 분야입니다. 러시아는 한국이 개최한 88올림픽에 대규모 선수단을 보내 냉전시대 평화올림픽의 성공을 지원했습니다. 이번 평창 동계올림픽에서도 러시아는 어려운 여건 속에도 선수들의 출전을 결정해 대회 성공에 큰 도움을 주었습니다. 푸틴 대통령님과 러시아 국민 여러분께 다시 한 번 감사드립니다.

　　지난주에 러시아 월드컵이 개막됐습니다. 저와 한국정부는 러시아 월드컵이 세계인의 관심 속에 성공적으로 마무리될 수 있도록 적극 협력하고 응원하겠습니다.

　　양국의 경제 지도자 여러분,

저는 그동안 우리가 쌓아 온 우호와 교류의 기반 위에 양국의 경제 협력을 한 단계 더 높여나가기를 희망합니다.

보호무역주의 등 세계경제의 불확실성 속에서도 최근 양국의 교류와 교역이 되살아나고 있습니다. 작년 양국의 교역규모는 190억 달러로 전 해보다 무려 40% 증가했습니다. 인적교류도 작년에 역대 최고인 51만 명을 기록했습니다.

그러나 이제 시작입니다. 우리는 무한한 가능성을 가지고 있습니다.

저는 유라시아 시대의 공동 번영을 위해 우선 양국 수교 30주년이 되는 2020년까지 교역액 300억 달러, 인적교류 100만명 목표를 함께 달성하자고 제안합니다.

한·러 FTA는 그 출발점이 될 것입니다. 오늘 오후에 있을 정상회담에서 양국은 한·러 FTA 서비스·투자분야 협상 개시를 위한 국내절차를 추진하는 데 합의할 예정입니다. 양국의 FTA 추진과 경제협력 확대를 위한 새로운 전기가 될 것입니다. 앞으로 상품 분야까지 확대되어 상호호혜적이고 포괄적인 FTA가 조속한 시일 내에 체결되기를 바랍니다.

한국기업들은 러시아에 대한 투자를 지속적으로 확대해왔습니다. 자동차, 전자 같은 제조업뿐만 아니라 최근에는 소비재, 인공지능 등으로 분야가 넓어졌습니다.

작년에 양국 정상이 합의한 '한·러 한국 투자기업 지원센터'가 블라디보스톡에서 문을 열었습니다. 한국기업의 러시아 진출과 투자가 더 확대되길 기대합니다. 한국 정부는 여러분의 경제협력을 적극 지원할 것입니다.

양국의 경제 지도자 여러분, 러시아와 한국이 협력할 수 있는 분야는 무궁무진합니다. 저는 먼저, 4차 산업혁명에 대응한 첨단 혁신산업을 주목하고 있습니다. 한국은 4차 산업혁명 위원회를 설치하고, 미래 성장 동력 확보를 위한 혁신성장을 추진하고 있습니다. 러시아 또한 '2035 국가기술 혁신전략'을 채택하고, 신기술과 신시장 개척에 국가적 역량을 모으고 있습니다.

러시아는 세계 최초의 인공위성 '스푸트니크 1호'를 우주로 보냈습니다. 인류 최초의 우주인 '유리 가가린'을 탄생시켰습니다. 세계 최고 수준의 기초과학기술에 담대한 상상력을 보유하고 있습니다. 한국 역시 4차 산업혁명의 근간이 되는 정보통신 분야에서 최고수준의 기술력을 가지고 있습니다. 혁신분야의 협력은 양국에게 큰 시너지를 가져다 줄 것이라 확신합니다.

오늘 양국은 '한·러 혁신협력 플랫폼 구축' 양해각서를 체결합니다. 한국에 한·러 혁신센터를 신설하고, 모스크바의 한·러 과학기술 협력센터는 기능을 더 확대할 것입니다. 양국 혁신협력의 산실이 될 것입니다.

다음 달에 개최되는 러시아 최대 산업박람회인 '이노프롬'도 협력을 위한 좋은 계기가 될 것입니다. 한국은 파트너국으로 참가하여 제조업은 물론 신산업의 협력방안도 적극 모색할 것입니다.

조선산업 협력은 이미 성과를 내고 있으며 앞으로 더 큰 협력이 기대되는 분야입니다. 올해 1월, 쇄빙 LNG선 '블라디미르 루자노프'호가 제 고향 거제도에서 출항할 때 저도 직접 참석해서 축하했습니다. 러시아가 발주한 15척의 쇄빙 LNG선 중 다섯 번째 배입니다.

이 배들이 북극항로를 따라 러시아의 천연가스를 안전하고 효율적으로 운송할 것입니다. 한국기업이 참여하고 있는 즈베즈다 조선소 현대화와 한·러 합작회사 설립은 러시아 조선산업 발전에 크게 기여할 것으로 기대합니다.

양국의 협력은 이제 보건의료 분야로 넓어지고 있습니다. 스콜코보 국제의료 특구에 한국형 종합병원이 설립됩니다. 더 많은 러시아 국민들에게 양질의 의료서비스를 제공하기 위해 원격 의료시스템도 구축될 예정입니다. 한국 의료진의 정성어린 진료는 러시아 국민 건강을 향상시키는 동시에 러시아와 한국 사이를 더 긴밀하게 만들어 줄 것입니다.

양국의 경제 지도자 여러분,

지금 한국은 역사적인 전환기를 맞이하고 있습니다. 남북정상회담에 이어, 지난 주 북미정상회담을 통해 한반도의 완전한 비핵화와 항구적인 평화 정착을 위한 초석을 다졌습니다.

한반도에 평화가 정착되면 한·러 경제협력에도 새로운 장이 펼쳐질 것입니다.

저는 작년 9월 동방경제포럼에서 신북방정책을 천명하고, 러시아와 한국 간에 철도, 가스, 전력, 조선, 항만, 북극항로, 일자리, 농업, 수산, 9개 분야의 협력을 제안한 바 있습니다. 저는 특히 남·북·러 간 삼각협력이 필요한 분야에서 북한의 참여를 위해 미리 준비 하자고 말씀드렸습니다. 지금이 적기라고 생각합니다. 경제인들의 나서주시면 한국 정부가 적극 돕겠습니다.

공동연구와 사업타당성 점검에 착수하고, 즉시 추진이 가능한 분야는 구체적인 협력사업을 발굴해 실질적인 성과를 낼 수 있도록 함께 노력해 나갑시다.

존경하는 양국의 경제인 여러분,

냉전시대는 먼 과거의 일이 되었습니다. 양국은 수교 이래 불과 30여년 만에 빠른 속도로 좋은 친구가 되었고, 경제협력도 크게 확대되었습니다. 유라시아의 번영을 함께 꿈꾸게 되었습니다. 경제인 여러분들께서 큰 역할을 해 주셨습니다. 여러분의 열정과 헌신에 경의를 표합니다.

러시아의 대문호 톨스토이는 '당신에게 가장 중요한 때는 지금이고, 가장 중요한 일은 지금 하고 있는 것이며, 가장 중요한 사람은 지금 만나고 있는 사람이다'라고 했습니다.

지금 여러분이 만나고 있는 양국의 경제인이 앞으로 러시아와 한국의 밝은 미래를 함께 열어갈 주역입니다. 이번 행사를 통해 서로 간에 우정과 신뢰를 쌓고, 경제협력 기회도 많이 찾으시기 바랍니다.

감사합니다.

한·러 공동언론발표 문재인 대통령 발표문

| 2018-06-22 |

나와 우리 대표단을 따뜻하게 환대해 주신 푸틴 대통령님과 러시아 국민들께 각별한 감사를 드립니다.

푸틴 대통령님, 먼저 성공적인 월드컵 개최를 축하드립니다. 러시아 전역에서 축제의 열기가 뜨겁습니다. 러시아 대표팀이 좋은 성적을 거두고 있어서 러시아 국민들이 더욱 열광할 것 같습니다. 한국 축구팬들도 잠을 잊은 채 월드컵을 즐기고 있습니다. 세계인이 하나가 되는 역사적인 월드컵이 되길 기원합니다.

지난해 동방경제포럼 참가 이후 9개월 만에 국빈으로 러시아를 방문하게 되었습니다. 푸틴 대통령님과의 첫 만남 때 제안했던 양국 간의 정례적인 정상회담이 실현되어 매우 기쁩니다.

　작년, 블라디보스톡을 방문했을 때는 극동의 무한한 잠재력과 다양한 양국 협력의 가능성을 직접 확인할 수 있었습니다. 자연과 문명, 역사와 미래가 공존하는 모스크바에 오니 한·러 협력의 미래가 더욱 기대됩니다. 푸틴 대통령님도 같은 마음이라고 믿습니다.

　우리는 이미 공통의 정책 방향을 가지고 있습니다. 국민의 삶이 더 나아지도록 하는 것입니다. 우리는 국민들에게 혜택이 돌아가는 양국 협력을 더욱 적극적으로 추진하기로 했습니다.

　첫째, 기술협력과 혁신을 통해 양국이 함께 미래 성장 동력을 마련할 것입니다. 이를 위해 한국에 '한·러 혁신센터'를 설립하고, 모스크바에 있는 '한·러 과기협력센터'를 확대하기로 했습니다. 스타트업 간의 교류와 공동창업, 중소·벤처 기업에 대한 지원이 강화되길 기대합니다.

　신산업 분야의 협력도 긴밀해질 것입니다. 다음 달 러시아 최대 혁신산업박람회인 '이노프롬'에 한국이 파트너국으로 참여하게 된 것을 매우 뜻깊게 생각합니다. 양국 간 산업, 투자와 혁신기술 분야에서의 협력이 보다 활성화되길 기대합니다.

　아울러 양국이 서비스·투자 분야 FTA 협상 개시를 위한 국내 절차에 착수하게 된 것을 기쁘게 생각합니다. 이 모든 노력의 목표는 양국 국민들이 더 큰 경제적 혜택을 누리고, 삶의 질을 높이는 것입니다. 특히, 청년들을 위한 보다 좋은 일자리가 많이 마련되길 기대합니다.

둘째, 양국은 유라시아와 극동 지역의 평화와 공동번영이라는 비전을 실현하기 위해 더욱 긴밀히 협력할 것입니다. 나는 지난 9월 동방경제포럼에 참석해 비전 실현을 위한 전략으로 '9개 다리'를 제안한 바 있습니다. 오늘 우리 두 정상은 철도, 전력, 가스, 조선, 항만 등 9개 분야 협력의 중요성을 재확인했습니다. 포괄적이고 구체적인 내용을 담은 '9개 다리 행동계획'이 조속한 시일 내에 채택되어 협력이 가속화되길 기대합니다.

지방도시 간 교류도 활성화시키기로 했습니다. 한국의 17개 광역지자체와 러시아 극동지역 지방정부가 참여하게 됩니다. 양국 국민들의 일상생활과 가까운 풍성한 실질 협력이 이루어지길 기대합니다.

셋째, 의료·보건 분야의 협력을 확대해 국민들의 건강과 복지를 증진시킬 것입니다. 조만간 모스크바 국제의료특구 스콜코보에 한국형 종합병원이 개원합니다. 암, 심장, 뇌신경에 전문성을 갖춘 양국 의료진의 활약을 기대합니다.

첨단 정보통신기술을 활용한 미래형 의료 협력도 곧 시작됩니다. 시베리아 횡단철도 객차 안에 설치된 모바일 진단기를 통해 원격으로 환자를 진료하게 될 것입니다. 양국의 지혜가 결합된 보건·의료 협력으로 더 많은 생명을 구하게 되길 기대합니다.

또한, 우리는 한반도와 유라시아가 함께 평화와 번영을 누리도록 소통과 협력을 강화해 나가기로 했습니다. 남북러 3각 협력 사업을 대비해 한·러 양국이 우선 할 수 있는 사업을 착실히 추진하기로 했습니다. 철도, 전력망, 가스관 연결에 대한 공동연구가 그 시작이 될 것입니다.

얼마 전 우리나라가 '국제철도협력기구'에 정회원으로 가입함으로써 미래 철도 협력을 위한 기반이 마련되었습니다. 가입 과정에서 가장 큰 힘을 보태 준 러시아에게 진심으로 감사드립니다.

마지막으로 국빈으로 초대해 주시고, 따뜻하게 맞아 주신 푸틴 대통령님과 러시아 국민들께 다시 한 번 진심으로 감사 인사를 드립니다.

스빠시바! 감사합니다.

유엔참전용사 추모사

| 2018-06-26 |

　68년 전, 21개국 수많은 젊은이들이 세계지도를 펼쳤습니다. 전쟁의 먹구름이 덮친 '코리아'를 찾았습니다. 반드시 돌아오겠다는 약속을 가족에게 남기고 군화끈을 조였습니다.

　이 용감한 젊은이들이 가슴 깊이 품었던 것은 자유와 평화를 지키려는 책임감과 인류애였습니다. 그 고귀한 마음으로 낯선 땅, 만난 적도 없는 사람들을 위해 자신의 모든 것을 걸었습니다. 유엔의 깃발 아래 연인원 195만 명이 참전했고, 4만여 명이 소중한 목숨을 잃었습니다.

　참전용사 한분 한분의 희생과 헌신은 제 삶에도 남아있습니다. 1950년 유난히도 추웠던 그해 겨울, 장진호 용사들의 영웅적인 전투로 흥남철수 작전이 성공할 수 있었습니다. 그때 메러디스 빅토리호에 오른 피난민 중에는 저의 부모님도 계셨습니다. 저는 피난지 거제도에서 태어나, 부산에서 성장했습니다.

부산 유엔기념공원은 유엔에서 지정한 세계유일의 유엔군 묘지입니다. 한국전쟁에서 전사하거나 실종된 40,895명의 유엔군 전몰장병을 기리는 성스러운 곳입니다. 전 세계에 유엔참전용사들의 희생과 헌신을 알리고, 후대들에게 참된 용기만이 자유와 평화를 지켜낼 수 있다는 것을 일깨워주는 곳입니다.

저는 오늘, 유엔참전용사들께 당신들이 흘린 피와 땀이 결코 헛되지 않았다는 사실을 말씀드릴 수 있어 매우 기쁩니다.

대한민국은 전쟁의 폐허 위에서 다시 일어나 높은 경제성장과 민주주의 발전을 이루었습니다. 한국은 두 번째의 조국이며, 한국인은 내 가족이라는 참전용사들의 마음을 잊지 않았습니다. 전쟁의 어둠이 남아 있던 나라에서 평화의 빛을 발하는 나라로 거듭 날 수 있었습니다.

또한 평화를 필요로 하는 곳이면 지구촌 어디든 UN 평화유지활동(PKO)과 함께 하고 있습니다. 여러분이 우리에게 보내준 우정을 잊지 않고 인류 평화를 위해 보답하고 있습니다.

소말리아, 앙골라, 동티모르, 아이티의 복구 재건과 서부 사하라의 의료지원 임무를 완수했고, 지금은 레바논의 동명부대와 남수단의 한빛부대가 유엔 평화유지군으로 임무를 수행중입니다.

독일의료지원 단원으로 활동했던 간호사 한 분은 그때가 밤이었다면, 지금은 낮이라고 말씀하셨습니다. 오늘 대한민국이 이룬 성취가 기적이라면, 유엔참전용사 여러분이 바로 그 기적의 주인공입니다.

우리는 유엔참전용사 한 분 한 분을 대한민국의 이름으로 기억할 것입니다. 나아가 참전용사들이 대한민국의 오늘을 자랑스러워하고, 가족과 후손들이 그 자부심을 함께 느낄 수 있도록 노력할 것입니다.

참전용사의 대다수가 80세를 훌쩍 넘은 고령입니다. 시간이 더 지나기 전에 보다 많은 분들을 한국에 방문하실 수 있도록 하겠습니다. 방한이 어려운 참전용사께는 현지 행사를 통해 감사의 마음을 전하겠습니다.

참전용사의 희생과 헌신은 후손들에게 가치 있는 유산이 되어야 합니다. 그 분들의 후손과 한국의 청년들이 우정을 나누고 용사들의 삶을 이야기할 수 있도록 '유엔참전국 청소년 평화캠프'를 열겠습니다. 형편이 어려운 유엔참전용사의 후손들에게는 장학금을 지급하고 국내 유학 지원도 확대해 나갈 것입니다.

한국전쟁은 '잊힌 전쟁'이 아닙니다. 참전에 대한 자부심을 높이겠습니다. 워싱턴 D.C 한국전 참전기념 공원 안에 '추모의 벽' 건립을 추진할 것입니다. 전몰장병 한 분 한 분의 숭고한 희생과 업적을 세계인과 함께 기억하고 기리겠습니다.

대한민국을 위한 희생과 헌신에 보답하는 보훈에는 국경이 없습니다. 전쟁의 고통에 맞선 용기에 온전히 보답하는 길은, 두 번 다시 전쟁 없는 한반도, 평화의 한반도를 만드는 것입니다. 평화야말로 진정한 보훈이고, 진정한 추모입니다.

지난 4월, 저와 북한의 김정은 국무위원장은 분단의 상징인 판문점에서 만났습니다. 우리는 한반도의 완전한 비핵화와 함께 더 이상 한반도에 전쟁은 없다고 약속했습니다.

북미정상회담도 성공적으로 이뤄졌습니다. 미국과 북한은 한반도의 완전한 비핵화와 북미 간 적대관계 종식을 선언했습니다. 또한 전쟁포로, 전쟁실종자의 유해 수습을 약속했습니다.

미군 전사자의 유해 200여 구가 곧 가족과 조국의 품에 안기게 됩니다. 아직 찾지 못한 실종자들의 유해 발굴도 시작될 것입니다. 대한민국 정부도 미군을 비롯한 유엔군 전사자와 실종자들의 유해 발굴과 송환이 신속하고 온전하게 이뤄질 수 있도록 책임을 다할 것입니다.

유엔참전용사들의 희생과 헌신을 바탕으로 대한민국은 자유와 평화를 지켜낼 수 있었고, 오늘의 발전을 이뤄냈습니다. 한반도 평화와 번영의 길에 대한민국은 변함없이 유엔참전용사들과 함께할 것입니다.

몸은 비록 떨어져 있더라도, 참전용사를 생각하는 대한민국의 마음은 변함이 없을 것입니다. 참전용사 모두에게 존경을 바치며, 삼가 돌아가신 분들의 영원한 안식을 빕니다.

주한미군사령부의 평택 시대 개막 축하 메시지

| 2018-06-29 |

주한미군사령부의 평택 시대 개막을 진심으로 축하합니다.

'Fight Tonight' 정신으로 굳건한 연합방위태세를 유지하고 있는 브룩스 연합사령관에게 깊은 신뢰와 찬사를 보냅니다.

주한미군사령부의 새로운 보금자리가 된 '평택 기지'는 한국과 미국이 힘을 모아 세계 최고 수준의 해외 미군기지로 건설한 곳입니다. 주한미군사령부의 평택 기지 이전으로 주한미군의 주둔여건이 더욱 안정적으로 보장될 것이라 믿습니다. 지금까지 주한미군사령부가 '평택 기지'로 이전할 수 있도록 애써준 모든 관계자 여러분, 수고 많으셨습니다.

1957년에 창설된 주한미군사령부는 한미동맹의 초석인 동시에 한미동맹의 미래입니다. 한미동맹은 한반도의 평화와 안정을 유지하는 기반이자, 대한민국의 민주화와 경제성장의 기틀이 되어주었습니다. 남북정상회담과 북미정상회담의 성공, 한반도의 완전한 비핵화와 항구적 평화를 향한 발걸음도 한미동맹이 강력한 억제와 대응태세로 뒷받침했기에 가능했다고 생각합니다.

오늘 주한미군사령부 '평택 시대' 개막을 통해, 한미동맹이 '군사적 동맹'과 '포괄적 동맹'을 뛰어넘어 '위대한 동맹'으로 발전하게 되길 기대합니다. 아울러, 오늘도 굳건한 한미동맹을 위해 구슬땀을 흘리고 있을 주한미군 장병과 사랑하는 가족을 멀리 떠나보낸 가족 여러분의 희생과 헌신에 대한민국 대통령으로서 깊은 감사의 말씀을 드립니다.

주한미군사령부 장병들에게 무한한 신뢰를 보내며, 흔들림 없는 연합방위태세 유지에 기여해 줄 것을 당부합니다. 감사합니다.

7월

수석보좌관회의 모두발언

| 2018-07-02 |

다들 안녕하십니까. 몸살로 며칠 동안 휴식을 취하게 되었습니다. 국민들께 걱정을 끼쳐드려서 송구하다는 말씀을 드립니다. 과로사회에서 벗어나야 한다고 늘 강조해 오다가 대통령이 과로로 탈이 났다는 그런 말까지 듣게 되었으니 민망하기도 합니다. 이번 주말에 다시 중요한 해외순방이 시작되기 때문에 심기일전해서 잘 준비하도록 하겠습니다.

어제부터 노동시간 단축이 시작이 되었습니다. 과로사회에서 벗어나 나를 찾고, 가족과 함께하는 사회로 나아가는 중요한 계기가 될 것입니다. 또한 독일 등 외국의 사례에서 보듯이 고용 없는 성장의 시대에 일자리를 나누는 가장 확실하고 효과적인 대책이기도 합니다.

노동시간 단축은 노동생산성의 향상으로 이어집니다. 그동안 습관적인 장시간 연장 노동이 우리나라 노동생산성을 낮은 수준에 머물게 했습니다. 주당 노동시간이 1% 감소할 경우 노동생산성이 0.79% 상승한다는 국회 예산정책처의 연구 결과도 있듯이 우리 기업들도 높아진 노동생산성 속에서 창의와 혁신을 바탕으로 더 높은 경쟁력을 발휘할 수 있을 것입니다.

무엇보다 중요한 것은 과로로 인한 과로사와 산업재해를 획기적으로 줄이고, 졸음운전을 방지하여 귀중한 국민의 생명과 노동자의 안전권을 보장하는 그런 근본 대책이라는 점입니다. 세계 어느 나라를 둘러봐도 우리 정도 수준을 갖춘 나라 가운데 우리처럼 장시간 노동에 시달리는 나라는 없습니다. OECD 평균보다 연간 300시간 더 일해야만 먹고 살 수 있다는 부끄러운 현실을 이제 바로잡지 않으면 안 됩니다.

이번 노동시간 단축은 300인 이상 기업부터 단계적으로 시행이 됩니다. 또한 정부는 그에 더해서 시행 초기 6개월을 계도기간으로 삼아서 법 위반에 대한 처벌에 융통성을 주기로 함으로써 기업의 부담을 많이 낮추었습니다. 그 취지를 잘 살려서 제도 시행 초기의 혼란과 불안을 조속히 불식시키고, 제도가 현장에서 잘 안착이 되어 긍정적인 효과가 빠르게 체감될 수 있도록 노사정 협력 등 후속대책에 만전을 기해 주기 바랍니다.

아울러 주거비, 통신비, 의료비, 보육과 교육비 등 국민들의 필수 생활비 절감을 통해서 실질소득을 높이는 그런 정부 정책들도 더욱 속도 감 있게 추진해 주시기 바랍니다. 이제 첫발을 내디딘 노동시간 단축이 빠르게 안착되고, 우리 사회가 한 단계 높은 수준으로 도약할 수 있도록 노동계와 경영계는 물론 국민들께서도 마음을 함께 모아주시길 부탁드립니다.

민선 7기 지방자치 시대가 개막되었습니다. 지난주에 새 광역단체장들과 축하를 겸해 의견을 나누는 그런 일정이 잡혀 있었는데, 저의 사정상 연기된 것이 무척 아쉽습니다. 우선 새로운 출발을 축하드리며, 국민의 삶을 바꾸는 좋은 지방자치가 펼쳐지길 기대합니다.

민선 7기의 출범은 지방분권 개헌의 성공 속에서 이뤄지기를 국민들께서 바랐는데, 개헌이 무산되어서 매우 안타깝게 생각합니다. 그러나 그 취지는 살려나가야 하므로 현행 헌법 체제 속에서도 지방자치와 분권을 최대한 확대해 나갈 수 있도록 중앙정부와 지방정부가 함께 노력해 나가기를 바랍니다.

중앙정부와 지방정부는 국정의 동반자일 수밖에 없습니다. 개헌의 무산으로 제2 국무회의도 무산이 되었지만 시도지사 간담회를 정례화하여 광역단체장들과의 소통을 위해서 노력해 나가겠습니다.

앞으로 4년 동안 중앙과 지방이 함께 손을 잡고 국민들께 대한민국이 확실히 달라졌다는 그런 체감을 드릴 수 있기를 희망합니다.

이상입니다.

제29회 국무회의 모두발언

| 2018-07-03 |

지금 제7호 태풍 '쁘라삐룬'이 우리나라 남해안 지역을 통과하고 있습니다. 태풍 진행 경로가 당초 내륙에서 대한해협 쪽으로 이동을 했다고 합니다. 그러나 태풍의 영향권인 제주, 부산 등 남해안 지역은 집중호우와 강풍 피해가 우려됩니다.

범정부적으로 대비 상황을 점검하고 있고, 지방정부도 재난 예방에 최선을 다하고 있지만 집중호우와 태풍으로 인해서 크고 작은 피해가 발생한 데 대해 안타깝게 생각합니다. 정부는 태풍이 대한해협을 통과하여 완전히 소멸할 때까지 계속 긴장감을 가지고 태풍 대비에 만전을 기해야 할 것입니다.

피해지역에 대해서는 정부의 모든 인력과 장비를 동원해서 지자체와 함께 협력해서 신속하게 응급복구를 실시하고, 불의의 재난을 당한 주민들은 일일이 방문해서 현장에 맞는 신속한 구호에 최선을 다해 주길 바랍니다.

지금 태풍과 집중호우 상황에 대해서는 안건 심의 전에 우리 행정안전부 장관께서 먼저 보고를 할 수 있도록 준비해 주시기를 바랍니다.

이번 주는 양성평등 주간입니다. 23회째인데 올해는 그 의미가 더 특별하게 다가옵니다. 광화문 광장의 수많은 촛불에서부터 최근 미투 운동의 외침까지 국민들께서는 나라다운 나라, 공정한 나라, 차별 없는 나라를 만들라는 요구를 계속하고 있습니다. 우리 사회 전반에 깊숙이 자리 잡은 성차별과 성폭력을 근절하고, 성평등한 민주사회를 만들어내지 못한다면 우리는 그러한 국민의 기본적인 요구에 답하지 못하는 것입니다. 그런 뜻을 모아 오늘 회의에서는 관계 부처 합동으로 성희롱, 성폭력 방지 보완 대책이 보고될 예정입니다. 그동안 정부가 이미 발표한 대책들도 많은데 또 다시 보완 대책이 발표된다는 것은 더욱 강력한 대응이 필요하다는 뜻일 것입니다.

그러나 보다 중요한 것은 대책을 추구하는 것이 아니라 발표한 대책을 철저하게 이행하는 것입니다. 오늘 국무회의에서 우리가 모으는 의지가 각 부처의 일선 행정기관과 현장까지 제대로 스며들어 철저히 이행되도록 하는 것이 무엇보다 중요합니다. 각 장관님들이 책임져야 할 일이라고 생각합니다. 특히 성평등의 문제를 여성가족부의 의무로 여기지 말고, 각 부처의 행정 영역에서 일어나는 문제에 대해서는 각 부처가 책임져야 하는 고유의 업무로 인식해 주시길 바랍니다. 예를 들면 공공시설 영역에서는 행안부가, 직장 영역에서는 고용부가, 문화·예술·체육 영역에서는 문체부가, 학교 영역에서는 교육부가, 군대 영역에서는 국방부가 이렇게 다 책임져야 한다는 것입니다.

오늘 발표되는 보완 대책이 국민들이 체감하는, 실효성 있는 대책이 될 수 있도록 각 부처가 모든 행정역량을 투입해 주길 바랍니다.

저는 어제 대법원장님으로부터 여성 대법관 후보를 임명 제청 받았습니다. 그대로 임명이 된다면 여성 대법관이 사상 최초로 4명으로 늘게 됩니다. 오늘 오후에는 3·1운동 및 대한민국임시정부 수립 100주년 기념사업추진위원회가 출범하는데 이런 성격의 정부위원회로서는 사상 최초로 여성 위원의 숫자가 과반수가 넘게 구성됐습니다. 이와 같이 적어도 성평등 문제만큼은 이 정부에서 확실히 달라졌다라는 체감을 국민들게 드릴 수 있도록 전 부처가 여가부와 함께 힘을 모아 주시길 바랍니다. 이상입니다.

3·1운동 및 대한민국 임시정부 수립 100주년 기념사업추진위원회 출범식 격려사

| 2018-07-03 |

존경하는 한완상 위원장께서 3·1운동과 임시정부수립 100주년 기념사업의 추진방향을 발표해 주셨습니다. 감사합니다.

위원 여러분, 7대 종단 대표 여러분, 뜻깊은 자리에서 뵙게 되어 참으로 반갑습니다.

위원 한 분 한 분의 삶에서 대한민국 100년의 역사를 봅니다. 독립운동가의 후손, 민주열사 유가족, 청계피복노조 여성 노동운동가와 파독간호사, 노조와 기업인 대표를 비롯한 예순 여덟 분이 함께 해주셨습니다.

100년을 넘어 다시 희망의 100년을 위해 위원직을 수락해 주신 모든 분들께 깊은 존경과 감사의 말씀을 드립니다.

현재, 여성 민간위원의 비율이 과반을 넘고 있습니다. 정부 위원회 최초입니다. 다른 위원회 구성에도 모범이 될 수 있도록 구성이 완료될 때까지 조금만 더 수고해 주시기 바랍니다.

위원 여러분, 1919년 한반도와 세계 각지의 하늘에 '대한독립만세'의 외침이 울려 퍼졌습니다. 3·1운동은 민족의 자주독립과 평화, 민주와 인권의 가치를 외친 선언이자 실천이었습니다.

3·1운동으로 분출된 민족의 역량은 대한민국 임시정부 수립으로 이어졌습니다. 100년 전 선조들은 일제의 불의와 폭력에 맞섰고, 성별과 빈부의 차별, 소수의 특권과 기득권, 불공정과 불평등을 청산하고자 했습니다.

모두가 자유롭고 평등한 민주공화국을 외쳤습니다. 임시정부가 대한민국이라는 국호와 함께 민주공화국을 국체로 선언한 것은 그 시기를 생각해보면 참으로 놀라운 일입니다.

왕정과 식민지를 뛰어넘어 민주공화국을 탄생시킨 선조들의 고귀한 정신은 100년 동안 잠들지 않았습니다. 지난 촛불혁명은 3·1운동의 정신을 이은, 명예로운 시민혁명이었습니다.

남북정상회담을 성공시킨 주인공도 국민입니다. 한반도의 평화와 공동번영을 염원하는 국민의 힘이 대담한 상상력의 바탕이 되었고, 한반도에 새로운 100년의 역사를 열고 있습니다.

위원 여러분, 우리에게는 민주공화국 100년의 자랑스러운 역사가 있습니다. 동시에 선조들의 위대한 유산을 더욱 풍요롭게 만들어 미래 세대에게 물려줄 책무도 부여받고 있습니다.

누구보다 청년들이 역사에서 길을 발견하고, 공동체의 삶에 자긍심을 가져야 새로운 100년을 열 수 있습니다. 3·1운동과 임시정부 수립 100주년을 기념하는 일이 정의롭고 공정한 나라의 토대가 되어야 할 것입니다.

지난 1월 정부는 대한민국 임시정부기념관 건립위원회를 출범시켰습니다. 기념관에는 독립을 위해 희생하고 헌신한 분들의 삶과 정신을 하나하나 충실히 담아낼 것입니다. 중국 충칭의 광복군 총사령부 복원도 임시정부 수립 100주년이 되는 내년 4월을 목표로 중국 정부와 긴밀하게 협력하고 있습니다.

일제가 훼손한 이상룡 선생의 본가 안동의 임청각도 올해 말까지 종합정비계획을 수립해 본격적인 복원에 착수할 것입니다. 연해주 독립운동의 대부 최재형 선생을 기리는 기념관이 러시아 우수리스크에서 올해 안에 개관할 예정입니다.

여성 독립운동가와 의병도 적극 발굴하고 있습니다. 정부는 옥고(獄苦) 여부와 상관없이 독립운동 사실이 확인되면 포상을 추진할 수 있도록 독립유공자 심사기준을 전면 개선했습니다. 모든 애국지사와 독립유공자의 후손들께 국가의 도리를 다해 나갈 것입니다.

70년을 이어온 남북분단과 적대는 독립운동의 역사도 갈라놓았습니다. 지난 4월 27일 저와 김정은 위원장은 3·1운동 100주년 남북공동 기념 사업추진을 논의했고 판문점 선언에 그 취지를 담았습니다.

남과 북이 독립운동의 역사를 함께 공유하게 된다면 서로의 마음도 더 가까워질 수 있을 것이라 생각합니다. 위원회에서, 남북이 공동으로 할 수 있는 사업까지 구상해 주실 것을 당부 드립니다. 100주년 기념 사업 하나하나가 우리의 역사적 자긍심의 근거가 될 것입니다. 청년들은 대한민국을 더 사랑하게 될 것입니다.

존경하는 위원 여러분,

1919년 3월 5일, 서울역 광장에서는 유관순 열사와 이화학당 친구들이 1만여 명의 청년학생들과 함께 만세 시위를 벌였습니다. 나흘 뒤, 독립군의 어머니 남자현 여사가 이곳에서 기차를 타고 압록강을 건넜습니다.

1907년 4월 22일, 고종의 특명을 받은 이준 선생은 이곳 서울역에서 출발해 부산, 블라디보스톡을 거쳐 시베리아횡단열차로 헤이그에 이르렀습니다. 1936년 6월 4일, 스물넷의 마라톤 선수 손기정이 베를린으로 가기 위해 기차에 오른 것도 서울역이었습니다. 최초의 여성 서양화가 나혜석도 1927년 서른하나의 나이에 같은 열차로 파리를 향했습니다. 서울역은 우리 역사의 주요 무대였고 대륙으로 우리의 삶을 확장하는 출발지였습니다. 오늘 3·1운동, 임시정부 100주년 기념사업추진위원회는 서울역에 남겨진 우리 역사의 발걸음을 되새기면서, 우리가 가야 할 미래를 바라보고 있습니다.

　여러분, 이곳에서 열리는 출범식이 새로운 100년을 알리는 기적 소리와 함께 지난 100년을 기념하는 힘찬 출발의 자리가 되길 기원합니다. 감사합니다.

한·인도 비즈니스 포럼 기조연설

| 2018-07-09 |

라세쉬 샤(Rashesh Shah) 인도상의 회장님과, 박용만 대한상의 회장님, 양국 경제인 여러분,

나마스떼! 반갑습니다.

인도에 오니, 20년 전 트레킹을 다녀왔던 라다크가 생각납니다. 라다크의 주민들은 아름다운 자연과 함께 전통적인 생활을 지키고 있었습니다. 현대 문명과 떨어져 있었지만 행복해 보였습니다.

오늘의 뉴델리는 또 다른 모습을 보여줍니다. 전통의 바탕 위에 고층빌딩이 올라가고 도로는 차와 사람들로 가득 차 있습니다. 매우 젊고 역동적입니다.

과거와 미래, 자연과 문명, 철학과 과학이 공존하고 있습니다. 이 다양함 속의 조화가 인도의 발전을 이끄는 힘인 것 같습니다.

세계 4대 문명 발상지답게 인도가 세계사에 남긴 발자취는 남다릅니다. 불교와 힌두교가 인도에서 탄생했고, 많은 인류가 두 종교로 마음을 수양합니다. 그 정신세계는 명상과 요가로 이어지고 있습니다.

사물의 세계에 인간의 정신을 접속한 것도 인도입니다. 숫자 영(0)은 눈에 보이는 세계를 넘어 세계를 무한대로 끌어올렸습니다. 십진법과 분수 개념도 수학에 도입했습니다. 과학기술이 끊임없이 영역을 확장할 수 있었던 것도 물리적 원리에 심오한 정신세계를 담아냈기 때문입니다.

영적인 세계를 가까이했던 인도의 젊은이들은 지금 실리콘밸리를 장악하고 있습니다. 벵갈루루에서는 오늘도 새로운 테크기업이 생겨나고, 인도 출신의 최고경영자가 구글, 마이크로소프트, 어도비를 이끌고 있습니다.

인도가 문학, 물리학, 경제학, 평화 등 다양한 분야에서 노벨상 수상자를 배출한 것도 결코 우연이 아니라고 생각합니다.

인도의 상상력은 문화의 영역에서도 빛납니다. 볼리우드는 독창적인 영화산업으로 이어졌습니다. 70년대, 코끼리와 인간의 우정을 담은 인도영화 '신상'이 기억납니다. 한국에서 상영된 최초의 인도영화로 많은 한국 국민들을 울렸습니다. 최근에는 '세 얼간이'와 '당갈'이 큰 인기를 얻었습니다.

인류 역사에 크게 기여하고, 놀라운 경제발전을 이끌고 있는 인도 국민과 경제인 여러분께 경의를 표합니다.

양국 경제인 여러분,

저는 인도와의 관계를 한반도 주변 4대 강국 수준으로 끌어올리려고 합니다. 그 의지를 담은 것이 '신남방정책'입니다. 신남방정책은 단순한 경제협력을 넘어, 더불어 잘사는, 사람중심의 평화공동체를 함께 만들고자 하는 것입니다. 저는 이것을 사람(People), 상생번영(Prosperity), 평화(Peace)의 3P로 제시했습니다.

신남방정책은 모디 총리님이 추진하는 '신동방정책(Act East Policy)'과도 맞닿아 있습니다. '신동방정책'과 '신남방정책'은 아시아 전체의 번영으로 완성될 것입니다.

인도와 한국은 오랜 교류의 역사를 갖고 있고, 어려울 때 도와 준 친구입니다. 고대인도 아유타국의 공주 허황옥은 약 2천년 전 한국 가야국의 왕비가 되었습니다. 또한, 인도는 한국전 당시 의료지원단을 파견해 따뜻한 손길로 한국 국민을 치료해 주었습니다.

이제 양국의 교류는 국민들의 일상 속에 뿌리내리고 있습니다. 인도 국민들은 현대차를 타고, 삼성 휴대폰을 사용합니다. 한국 국민들은 요가로 건강을 지키고, 카레를 즐겨 먹습니다. 제 딸도 한국에서 요가 강사를 합니다. 교류와 협력이 양국 국민의 삶을 풍요롭게 해 주고 있습니다. 저는 여기서 성큼 더 나가, 더 깊은 우정으로 협력하자고 제안합니다.

인도와 한국은 세계 7위와 11위의 경제대국입니다. 하지만 작년 양국의 교역액은 200억 달러, 적지 않지만 기대에 못 미칩니다. 상호 보완적인 기술력과 산업구조를 감안하면 양국이 협력할 수 있는 분야는 무궁무진합니다. 이번 정상회담을 계기로 양국의 경제협력에서 획기적인 진전을 이뤄내길 기대합니다.

먼저 저는 기존의 3P 정책에 미래지향적인 협력을 더해 '3P 플러스(+)'를 인도에 제안하고 싶습니다. 역동적으로 발전하는 인도와 미래를 함께하겠다는 저와 대한민국의 의지입니다.

한국은 인도의 'Make in India' 정책에 적극적으로 기여할 것입니다. 현재 500여개의 한국기업이 인도에 진출해 투자를 늘리고, 좋은 일자리를 제공하고 있습니다. 그동안 자동차, 전자, 섬유가 중심이었지만, 앞으로 조선, 의료기기, 식품가공 등 다양한 분야로 확대해나갈 것입니다. 또한 인도 정부가 추진하는 스마트시티 100개 건설, 주요 도시 간 산업 회랑(Industrial Corridor) 건설 같은 대규모 인프라 사업에도 참가하길 희망합니다.

한국은 산업화 과정에서 인프라와 신도시개발 분야에 우수한 기술력과 풍부한 경험을 쌓아왔습니다. 사방팔방으로 뻗어있는 고속도로, 거미줄처럼 얽힌 지하철이 그 상징입니다. 저는 한국이 인도에게 최적의 파트너라고 자신합니다.

지금 양국이 함께 나그뿌르-뭄바이 고속도로, 깔리안-돔비블리와 반드라 스마트시티를 추진하고 있습니다. 한국정부는 100억 달러 규모의 한·인도 금융패키지를 활성화하여 인프라 사업을 적극 지원할 계획입니다. 특히 양국 간 미래기술 협력은 시너지효과가 매우 클 것이고, 새로운 성장동력이 될 것입니다. 인도가 'Digital India' 등 미래를 대비하여 역량을 집중하는 것처럼 한국 또한 4차 산업혁명 위원회를 신설하고, 혁신성장을 중점 추진하고 있습니다.

인도가 강한 세계적인 기초과학과 소프트웨어 기술, 한국이 강한 응용기술과 하드웨어가 서로 만나면 양국이 4차 산업혁명 시대를 함께 주도해 나갈 수 있을 것입니다. 내일 정상회담에서 기존 과학기술 협력을 산업기술까지 확대한 '미래비전 전략그룹 설립' 양해각서를 체결할 예정입니다.

우주항공 분야의 협력에도 기대가 큽니다. 우리별 3호를 인도 발사체가 우주로 실어주었습니다. 양국이 힘을 모아 달 탐사에 성공한다면 국민들에게 큰 꿈과 희망을 안겨줄 것입니다.

자유무역 확대는 양국 경제협력과 교류를 늘리는 지름길입니다.

지금 한·인도 포괄적경제동반자협정(CEPA) 개선 협상과 역내 포괄적 경제동반자 협정(RCEP) 협상이 진행 중입니다. 양국 간 교역 확대가 모두에게 이익이 될 것입니다. 현재 정보통신에 치우쳐 있는 인적교류도 더 다양한 분야로 확대될 것입니다. 조속한 시일 내에 협상이 타결될 수 있길 바랍니다.

존경하는 양국 경제인 여러분,

한국은 지금 역사적인 전환점을 맞고 있습니다. 남북정상회담, 북미 정상회담을 통해 한반도 평화정착을 위한 길을 열었습니다. 평화가 정착되면 한국의 투자여건은 더 좋아지고, 더 많은 사업기회도 생길 수 있을 것입니다.

저는 지금이 한국에 투자할 적기라고, 자신 있게 말씀드립니다. 여러분이 투자하시면, 한국정부도 힘껏 돕겠습니다.

"반대편 네 형제의 배를 도와주어라. 그러면 네 배가 해안에 도착해 있을 것이다" 이와 같은 인도 속담이 의미심장합니다. 먼저 돕고, 서로 도와야 무엇인가를 이룰 수 있다는 의미로 들립니다.

수천 년을 이어온 양국의 교류와 협력이 이제 번영과 희망의 미래를 향하고 있습니다. 해안에 배가 무사히 도착할 수 있도록 한국이 돕겠습니다. 인도가 함께해 주십시오.

감사합니다.

삼성전자 인도 노이다 新공장 축사

| 2018-07-09 |

삼성전자와 협력사 임직원 여러분,

새로운 공장의 준공을 축하합니다. 관계자 여러분 수고 많았습니다.

인도는 세계에서 가장 역동적인 나라입니다. 인도의 고속성장에 우리 기업도 함께 참여하고 있다는 사실이 매우 기쁩니다. 오늘 세계 수준의 공장 준공식에 참석해, 나렌드라 모디 총리님과 함께 양국 경제협력의 결실을 축하하고, 상생과 번영의 미래를 축복할 수 있어 그 기쁨이 더욱 특별합니다.

새롭게 탄생한 공장 곳곳에서 수많은 분들의 땀과 열정, 자부심을 느낄 수 있습니다.

지금 삼성전자는 인도 스마트폰 시장점유율 1위, 2년 연속 브랜드 신뢰도 1위입니다. 그동안 삼성전자와 협력사 임직원들께서 인도 국민의 사랑을 받기 위해 부단히 노력해오셨습니다. 그 마음을 받아주고 인정해 준 인도 국민들께도 감사와 존경의 말씀을 드립니다.

삼성전자와 협력사 임직원 여러분,

이제 노이다 공장은 국내외를 막론하고 삼성전자 최대의 스마트폰 제조공장이 되었습니다. 인도와 한국 국민들이 거는 기대도 그만큼 더 커졌습니다. 노이다 공장이 활기를 띨수록 인도와 한국 경제도 함께 발전할 것입니다.

이곳에서 생산하는 제품에는 인도와 한국, 50여개 부품회사의 노력과 기술이 함께 들어가 있습니다. 노이다 신공장의 준공으로 이들 중소 부품 업체들도 더 많은 일자리 창출과 수출의 기회를 갖게 되었습니다.

인도 국민들의 일자리도 많이 늘어날 수 있게 되었습니다. 새 공장에서만 2천여 명 이상의 일자리가 새로 생기고, 인도 현지 협력사까지 포함하면 일자리 창출효과는 더욱 커질 것입니다.

노이다 공장에서 생산된 스마트폰이 중동, 아프리카 등 제3국 수출로 이어져 양국 간 경제협력의 결실이 더욱 커지길 기대합니다.

오늘 준공한 노이다 공장이 인도와 한국 간 상생협력의 상징이 될 수 있도록 한국 정부도 최선을 다해 뒷받침하겠습니다.

존경하는 모디 총리님, 내외 귀빈 여러분,

저는 오늘 인도와 한국이 서로에게 가장 좋은 동반자라는 사실을 다시 한 번 실감합니다.

인도는 35세 이하 인구가 65%에 이를 만큼 젊고 진취적인 나라입니다. 높은 교육열로 새로운 문물을 수용하고 창출하는 능력이 다른 어떤 나라보다 뛰어납니다. 영적인 전통과 대범한 상상력이 뒷받침되어 IT, 항공우주 등 다양한 분야의 원천기술과 세계적인 소프트웨어 인력을 보유하고 있습니다.

한국 역시 역동적이며 도전을 멈추지 않는 나라입니다. 배움에 대한 열정과 창의력, 강인한 도전정신으로 놀라운 발전을 이뤄냈습니다. 한국은 특히 상용기술과 하드웨어에 강합니다. 인도와 한국의 닮으면서도 상호보완적인 모습이 우리의 협력을 더욱 강하게 만들어 줄 것입니다. 서로에게 꼭 필요한 도움을 줄 수 있을 것입니다.

삼성전자와 협력업체 임직원 여러분,

이곳 우타르프라데시 주에는 2천년 전 가야를 찾아온 김수로 왕의 왕비 허황옥의 고향 아요디아가 있습니다.

한국의 고대국가 가야는 당대 최고의 제철 기술로 500여 년이 넘도록 한반도 남부에 동북아 최고의 철기문화를 발전시켰습니다. 또한 인도에서 전파된 불교문화가 활짝 꽃피운 곳이기도 합니다.

저는 이곳 노이다 공장에서 오래전 인도와 한국이 만나 빚어낸 귀한 인연과 찬란한 문명을 다시 떠올립니다.

이곳 노이다 공장에서 만들어내는 스마트폰이 인도와 한국의 IT문명을 이끌어가게 되길 바랍니다. 또한 임직원 여러분이 인도 국민과 함께 흘리고 있는 땀은 양국의 우정과 번영의 역사에 커다란 성취로 기록될 것입니다.

모두 수고들 하셨습니다. 감사합니다.

한·인도 공동언론발표문

| 2018-07-10 |

모디 총리님, 감사합니다. 나와 우리 대표단을 따뜻하게 환대해 주신 모디 총리님과 인도 국민들께 진심으로 감사드립니다.

작년 7월 함부르크 G20 정상회의 이후, 1년 만에 모디 총리님과 다시 만났습니다. 그간 SNS를 통해 '세계 요가의 날'을 기념하며 소통을 이어와서 그런지 오랜 친구같이 가깝게 느껴집니다.

지난 이틀간 우리는 많은 시간을 함께하며, 다양한 주제에 대해 깊이 있는 대화를 나눴습니다.

간디 기념관에서는 함께 세계 평화를 생각했고, 삼성전자 노이다 신공장 준공식에서는 양국 경제 협력 확대에 대한 확고한 의지를 확인했습니다.

그리고 지하철을 함께 타고 가면서 많은 인도 국민들을 함께 만날 수 있었고, 또 양 정상 간에 우정을 더욱 돈독하게 할 수 있었습니다.

인도와 한국은 수교 후 45년 동안 다양한 분야에서 관계를 발전시켜 왔고 2015년 모디 총리님의 방한을 계기로 양국 관계를 '특별 전략적 동반자 관계'로 격상시켰습니다.

그로부터 3년이 지난 지금 모디 총리께서는 한국과의 협력을 중시하는 '신동방정책'을, 나는 인도를 핵심 협력 파트너로 하는 '신남방정책'을 중점적으로 추진하고 있습니다.

오늘 정상회담에서는 지금이야말로 '한·인도 특별 전략적 동반자 관계'를 실질화하고, 한 단계 더 높은 수준으로 발전시킬 적기라는데 인식을 같이했습니다.

오늘 모디 총리님과 나는 사람, 번영, 평화를 위한 협력을 증진하고, 4차 산업혁명에 대응하여 미래성장 동력을 함께 창출해 나가는 '3P 플러스' 협력을 적극 추진하기로 했으며 구체적인 방안을 협의했습니다.

첫째, 양국 국민들의 교류를 활성화하여 상호 이해와 공감의 폭을 넓혀 나가기로 했습니다.

정상 차원의 상호 방문부터 정례화할 것입니다. 정상 간 협의를 보완하고 지원하기 위해 정부 간 고위급 협의도 확대하기로 했습니다. 다양한 분야의 정부 간 교류는 양국 우호 증진의 든든한 기반이 될 것입니다.

인도 도착비자 발급과 같이 비자 간소화를 통해 국민들이 겪는 불편함을 줄여 나가기로 했습니다. 관광, 청소년, 학술, 교육 등 인적교류를 확대하고, 다양한 문화 협력 사업도 추진할 것입니다.

올해부터 인도 표준교과서에 한국과 관련된 상세한 기술이 최초로 포함되었다는 반가운 소식을 들었습니다. 약 1억 명의 인도 학생들이 팔만대장경, 직지심경과 같은 한국의 인쇄술 역사와 경제성장과 민주화, 민주주의의 모범이 된 촛불혁명을 교과서를 통해 배우게 되었습니다. 사실 팔만대장경과 직지심경은 인도로부터 전파된 불교문화가 꽃피운 결실입니다. 모디 총리님과 인도 정부에 각별한 감사의 인사를 드립니다.

둘째, 양국의 상호보완적 경제구조와 협력 잠재력을 활용해 경제협력을 더욱 확대하기로 했습니다.

인도 각지에 진출한 한국 기업들은 모디 총리님의 Make in India 정책에 부응하며 양국 경제 협력을 이끌고 있습니다. 앞으로 우리 기업의 대(對)인도 투자 진출이 더욱 활발해져서 양국의 상생 번영의 기반이 확충되길 기대합니다.

우리 두 정상은 대기업을 넘어, 양국의 유망한 중소기업과 스타트업을 서로 이어주고, 이들 간의 협력을 촉진하는 실질적인 방안들도 적극 추진하기로 했습니다.

또한, 스마트시티, 전력, 철도, 도로, 항만, 재생에너지 등 인도의 대규모 인프라 사업에 우수한 경쟁력을 갖춘 한국 기업이 참여할 수 있도록 관심을 가지고 협력해 나가기로 했습니다.

우리 두 정상은 이러한 협력 성과를 바탕으로 2030년까지 양국 간 교역을 현재 200억불에서 500억불 수준으로 대폭 확대해 나가기로 합의했습니다.

한편, '한·인도 포괄적경제동반자협정'에 대한 새로운 협상을 긍정적으로 평가하고, 협상의 조속한 타결을 위해 노력하기로 합의했습니다.

셋째, 한반도와 남아시아, 세계 평화와 안정을 위해 보다 긴밀히 협력하기로 했습니다.

나는 한반도의 항구적 평화 정착을 위한 우리 정부의 노력과 구상에 대해 설명하고, 그간 인도가 변함없이 보내 준 지지에 감사의 뜻을 전했습니다. 이에 대해 모디 총리님은 한반도 평화를 위해 앞으로도 적극적으로 협조하겠다는 입장을 재확인해 주셨습니다.

아울러 우리 두 정상은 양국이 공유하는 공동의 가치와 신뢰를 바탕으로 평화를 위해 외교·안보 분야에서의 협력도 확대·강화해 나가기로 하였습니다. 이와 관련, 방산 분야에서도 양국 간 긴밀한 협력을 발전시켜 나가기로 합의했습니다.

더 나아가, 우리는 역내 평화와 안정을 위해 동아시아정상회의(EAS)와 아세안지역포럼(ARF)과 같은 역내 다자협의체에서의 공조를 강화하기로 했습니다.

마지막으로, 당면한 도전 과제인 4차 산업혁명에 공동 대응하기 위한 협력 플랫폼을 구축하기로 했습니다.

인도의 우수한 소프트웨어, ICT 분야의 인력과 우리의 풍부한 경험 및 제조·상용화 기술을 접목시키면, 양국의 국가 경쟁력과 미래 성장동력을 끌어올리게 될 것입니다.

또한, 인공지능, 전기차, ICT, 사물인터넷, 항공우주, 바이오 등 첨단 과학기술 분야에서 연구기관 간 협력을 확대하기로 했습니다.

모디 총리님과 나는 오늘 정상회담에서 합의한 사항과 협의 내용을 반영하여 양국 관계의 미래상을 담은 '한·인도 비전성명'을 채택했습니다. 구체적인 조치들이 조속히 이루어져 양국 국민들에게 혜택이 돌아갈 수 있기를 바랍니다.

나는 이번 인도 국빈 방문으로 양국 간 전략적 협력의 새시대가 열리기를 희망합니다. 양국 정상 간 정례협의는 그 출발점이 될 것입니다. 2020년 모디 총리님의 방한을 고대하며, 그 때까지 다양한 다자 정상회의와 온라인에서 긴밀한 소통을 계속해 나가길 바랍니다.

다시 한 번 모디 총리님과 인도 국민들의 따뜻한 우정과 환대에 깊이 감사드립니다. 감사합니다.

한·싱가포르 공동언론발표문

| 2018-07-12 |

먼저 나와 우리 대표단을 따뜻하게 환대해 주신 리셴룽 총리님과 싱가포르 국민 여러분께 진심으로 감사드립니다.

싱가포르와 한국은 공통점이 많습니다. 양국 모두 사람에 대한 투자와 부단한 혁신으로 놀라운 경제성장을 이루었습니다. 자유롭고 개방된 경제, 역내 평화와 안정이라는 공통의 목표를 향해서도 함께 협력해 왔습니다.

오늘, 리셴룽 총리님과 나는 양국 관계를 미래지향적으로 한 단계 더 발전시키기 위한 구체적인 방안들을 협의하고 합의했습니다.

첫째, 양국 관계 발전의 든든한 토대인 정부와 국민 간의 교류를 확대하기로 했습니다.

정상차원을 포함해 고위급 인사 교류부터 늘려나갈 것입니다. 후속 협의를 통해 오늘 회담에서 합의한 사항들이 속도감 있게 이행될 수 있기를 바랍니다.

인재 양성을 위한 교류도 확대할 것입니다. 양국의 미래를 이끌어 갈 청년들과 우수한 첨단 과학기술 분야 인재들의 교류를 넓히고, 아세안 공무원 역량강화를 위한 '한·싱가포르 공동연수 프로그램'도 더 발전시키기로 했습니다.

둘째, 국민들에게 실질적인 혜택이 돌아가도록, 양국 경제 협력을 더욱 강화하기로 했습니다.

싱가포르는 한국에게 아세안 국가 중 제2위 교역국이자 제1위 투자국입니다. 양국의 상호보완적 경제구조를 활용한다면 발전 잠재력은 더욱 커집니다. 오늘 우리는 현재 약 200억불 수준의 교역 규모를 대폭 늘리고, '이중과세방지협정'의 개정을 조속히 마무리해서 투자를 더욱 활성화하기로 했습니다. 그간 싱가포르의 랜드마크 건설에 세계적 수준의 기술과 경험을 보유한 한국 기업들이 참여해왔습니다. 최근 싱가포르가 역점을 두고 추진하고 있는 교통·인프라 건설에도 계속 기여해 나가길 기대합니다.

특히, 리 총리님과 나는 4차 산업혁명시대를 함께 준비해 나가기로 했습니다. 양국의 우수한 기술력과 자본력을 잘 접목하고 활용한다면 첨단제조, 인공지능, 빅데이터, 핀테크, 바이오·의료 등의 첨단 분야에서 놀라운 성과를 거둘 수 있을 것입니다.

셋째, 해외 '스마트시티' 분야에 공동 진출하기로 했습니다. 양국은 스마트시티 건설 협력을 통해 아세안 역내 도시 간 연계성을 높이고자 합니다.

싱가포르 기업들은 스마트시티 프로젝트의 개발과 관리 등 소프트웨어 분야에 강점을 가지고 있습니다. 우리 기업들은 IT기술력과 같은 하드웨어 분야에 강점을 가지고 있습니다. 두 나라의 강점이 결합되면 아세안 지역을 포함한 세계 스마트시티 분야를 함께 주도해 나갈 수 있을 것입니다.

넷째, 중소기업과 스타트업간 협력을 확대하기로 했습니다.

공정한 경제발전과 미래 국가경쟁력 강화에 아주 중요한 일입니다. 양국 모두 중소기업을 총괄하는 부처도 신설했습니다. 양국 기업이 공동 사업을 발굴하고, 제3국에 공동으로 진출할 수 있도록 정부의 지원을 아끼지 않겠습니다.

다섯째, 역내 평화와 번영을 위해 긴밀히 협력하기로 했습니다.

꼭 한 달 전 오늘, 역사적인 북미정상회담이 싱가포르에서 개최되었습니다. 한반도 평화의 새시대를 여는 데 리 총리님과 싱가포르 국민 여러분이 큰 힘을 보태주셨습니다. 한국 국민들을 대표해서 다시 한 번 깊은 감사의 말씀을 드립니다.

역내 평화와 안정을 위해서도 공조를 강화하기로 했습니다. 우리의 협력 범위는 해양안보, 사이버안보, 환경 등 비전통적 안보 분야까지 확대될 것입니다.

싱가포르는 올해 아세안 의장국입니다. '혁신'과 '회복력'을 기치로 더욱 역동적인 아세안 공동체를 만들기 위해 많은 노력을 기울이고 있는 데 경의를 표합니다. 아세안은 한국에게도 매우 중요합니다. 오늘 리 총리님과 '신남방정책'을 포함해 구체적인 협력 방안을 협의했습니다. 한·아세안 협력이 이전과는 전혀 다른 차원으로 확대되길 기대합니다.

마지막으로, 나는 리 총리께 편리한 시기에 한국을 방문해 주시도록 초청했습니다. 리 총리님의 방한으로 우리 두 정상의 우의와 신뢰는 더욱 돈독해지고, 양국 관계는 더욱 발전할 것입니다.

다시 한 번 리 총리님과 싱가포르 국민들의 환대에 깊이 감사드립니다.

한·싱가포르 비즈니스 포럼 기조연설

| 2018-07-12 |

에스 이스와란(S. Iswaran) 통상산업부 장관님,

펙 리앤 관 싱가포르기업인연합회 부회장님, 김영주 한국무역협회 장님, 양국 경제인 여러분, 반갑습니다.

이번 싱가포르 방문은 특별히 감회가 깊습니다. 대한민국 대통령으로서 15년 만의 국빈방문이기도 하지만, 지난 달 열린 북미정상회담의 여운 때문일 것입니다. 전세계의 이목이 집중된 가운데, 저와 우리 국민들은 북미 간의 화해를 아주 기쁜 마음으로 지켜보았습니다.

싱가포르의 적극적인 지원으로 역사적인 회담이 성공적으로 마무리되었습니다.

특히 싱가포르 국민들께서 미국 치즈와 북한의 김치를 곁들인 '평화버거', 북미 정상의 얼굴을 그려 넣은 '김정은-트럼프 라떼' 같은 다양한 메뉴를 만들어 정상회담을 기념해 주셨습니다.

이번 북미정상회담은 싱가포르가 함께 이룬 위대한 성과입니다. 한반도의 완전한 비핵화와 평화에 적극적인 지지와 성원을 보내 주신 싱가포르 정부와 국민들께 깊이 감사드립니다.

양국 경제인 여러분,

싱가포르는 참으로 풍요롭고 조화롭습니다. 스카이라인을 이룬 고층 빌딩들은 독특합니다. 도심 곳곳의 푸른 공원들에서 리콴유 전 총리님의 혜안이 엿보입니다. 거리에는 세계 각국의 다양한 인종과 문화와 종교가 다양성 속에서 조화를 이루고 있습니다.

짧은 기간에 이룬 싱가포르의 경제발전이 정말 놀랍습니다. 1인당 국민소득 6만 달러, 80%의 높은 고용률, 세계적인 물류 허브, 세계 4대 국제금융 및 원유 시장, 세계에서 가장 깨끗하고 안전한 나라. 서울시 크기의 국토에 인구 560만 명이 사는 작지만 강한 나라 싱가포르가 이룬 눈부신 성과입니다.

개방과 포용, 능력중시와 실용주의, 엄격한 법치와 규율이 그 근간이 되었습니다. 인구의 30%가 외국인이고, 무역규모가 GDP의 2배가 넘으며, 관광객 수가 인구의 3배가 넘습니다. 세계 최고 수준의 국가경쟁력과 청렴도를 유지하고 있습니다.

스스로 절제하며 개방과 포용으로 부강한 나라를 만든 싱가포르의 위대한 지도자들과 국민들께 존경을 표합니다.

경제인 여러분,

'아시아의 네 마리 용'으로 불리던 싱가포르와 한국은 서로 협력하고, 때로는 경쟁하면서 함께 성장해왔습니다.

싱가포르 최고층 건물인 탄종파가 센터, 세계 최고수준의 창이 국제공항에는 한국 건설회사의 땀과 열정이 녹아있습니다. 3개의 고층빌딩을 배 모양으로 연결한 마리나 베이 샌즈 호텔은 싱가포르의 상징이 되었습니다.

싱가포르에 진출한 800여개의 한국기업들은 물류, 제조, 서비스업 분야에서 투자를 늘리고, 일자리를 만들어 싱가포르 경제에 기여하고 있습니다. 싱가포르도 한국에 대한 투자를 꾸준히 늘려 지금은 한국에게 4번째로 큰 투자국이 되었습니다. 국민들 간의 교류도 지속적으로 확대되어 작년 한해 85만 명이 양국을 오갔습니다.

요즘 해외 취업을 희망하는 한국 청년들이 다국적 기업의 아시아 거점인 싱가포르에 큰 관심을 갖고 있습니다. 1,500명이 넘는 한국 청년들이 지난 3년간 싱가포르에서 일자리를 찾았습니다.

존경하는 경제인 여러분,

저는 오전에 리센룽 총리님과 정상회담에서 양국 간 교류와 협력을 미래지향적으로 한 단계 더 높여나가기로 합의했습니다.

저는 작년 아세안 순방에서 '한·아세안 미래공동체 구상'을 발표했습니다. 사람중심의 경제협력을 통해 상호간 번영을 누리고, 평화로운 미래 공동체를 함께 만들어가자고 말씀드렸습니다. 아세안의 선도국가이며, 올해 아세안 의장국인 싱가포르가 큰 역할을 해 줄 것으로 기대하고 있습니다.

오늘은 특별히 양국 발전의 기반이 될 미래지향적인 협력방향 세 가지를 강조하고 싶습니다.

첫째, 4차 산업혁명 시대에 대응한 미래 성장동력 확보입니다.

오늘 양국은 4차 산업혁명 시대의 협력, 양해각서를 체결했습니다. 스마트제조, 인공지능, 사물인터넷, 로보틱스 등 첨단산업 분야에서 공동 연구개발 등 협력을 약속했습니다.

싱가포르의 혁신역량과 자본력에 한국의 세계적인 정보통신기술이 결합하면 큰 시너지효과를 만들어 낼 수 있을 것입니다. 첨단산업 분야의 발전을 위해서는 중소기업의 참여가 확대되어야 하며 혁신적 창업이 활발해져야 합니다.

싱가포르는 바이오, 정보통신, 미디어 등 주요 성장동력을 한데 모아 중점 육성하는 '원-노스 프로젝트'를 추진 중입니다. 생활연구소 (Living Lab) 개념의 체계적인 스타트업 육성 정책도 추진하고 있습니다. 한국도 마찬가지로 혁신창업으로 신산업을 육성하는 혁신생태계 조성에 힘쓰고 있습니다.

오늘 체결한 양국 간 중소기업 및 스타트업 협력 양해각서는 양국의 중소기업과 스타트업 기업들이 다양한 분야에서 혁신의 기회를 함께 찾는 좋은 계기가 될 것입니다.

둘째, 경제협력이 국민생활에 실질적인 도움이 되어야 합니다.

리센룽 총리님은 4년 전 스마트네이션 계획을 발표하면서, "사람들이 성취감을 느끼는 삶을 살고, 모두에게 신나는 기회를 제공하는 나라"를 만들겠다고 했습니다. 아주 멋지고 원대한 포부입니다.

제가 추진하는 "사람중심 경제"도 국민 한 사람 한 사람의 삶이 더 나아지는 것입니다. 지금 두 나라가 지향하는 방향이 일치한다고 생각합니다. 저는 스마트네이션 정책이 추구하는 가치에 공감하며 그 비전을 함께 실현해 나가길 바랍니다.

지금 한국이 추진하는 스마트시티는 ICT, 인공지능, 친환경에너지 등 첨단기술의 집합체이며 국민의 삶을 더욱 편리하게 만들고자 하는 것입니다. 저는 한국의 노력이 싱가포르 스마트네이션 구축에 기여하게 되길 바랍니다. 아울러, 싱가포르가 주도하여 추진 중인 '아세안 스마트시티 네트워크' 사업에 한국은 아세안의 미래 동반자로서 적극적으로 기여할 것입니다.

또한 오늘 체결한 환경협력 양해각서를 기반으로 푸르른 나라를 만드는 일도 함께 이뤄낼 수 있을 것입니다. 에너지 분야의 협력을 통해 친환경 에너지를 안정적이고 저렴하게 도입하고, 스마트그리드 기술로 에너지의 효율성을 높일 수 있을 것입니다.

셋째, 자유롭고 공정한 교역질서가 확대되고 지속되어야 합니다.

양국 경제성장의 토대는 자유무역과 개방정책입니다. 싱가포르와 한국은 개방국가이자 자유무역국가로서 보호무역주의의 확산을 막기 위해 함께 힘을 모아야 합니다.

양국은 오늘, 역내 포괄적 경제동반자 협정(RCEP)을 연내에 타결할 수 있도록 협력하기로 했습니다. RCEP 협상에서 무엇보다 중요한 것은 개방 수준이 아니라 타이밍입니다. 빠른 시간 안에 타결함으로써 보호무역주의가 확산되는 세계 무역기조에 새로운 바람을 불어넣을 수 있을 것입니다.

현재 진행 중인 양국 간 이중과세방지협정 개정이 마무리되면 상호 간 투자 활성화에 큰 도움이 될 것입니다. 이를 통해, 현재 200억 달러 수준인 양국 교역과 상호간 투자가 더욱 확대되기를 기대합니다.

경제인 여러분,

세계가 주목하는 양국의 경제발전은 경제인 여러분의 열정과 땀으로 이루어졌습니다. 2020년이면 양국 수교 45년입니다. 양국의 눈부신 교류와 협력의 역사도 바로 경제인 여러분들이 만들어 왔습니다.

양국은 서로 교류하면서 경제, 안보, 문화 모든 분야에서 서로에게 힘이 되었고, 이곳에서 열린 북미정상회담을 통해 더 좋은 친구가 되었습니다. 한반도의 완전한 비핵화와 평화가 이뤄진다면 우리의 경제협력은 새로운 지평이 열리고 더 많은 기회가 생길 것입니다.

싱가포르의 속담처럼 오른손만으로는 소리를 내지 못합니다. 우리가 함께한다면, 한반도를 넘어 아세안의 평화와 번영이 이뤄질 것입니다. 서로에게 배우며 미래를 향해 함께 갑시다.

마주라 싱가뿌라(Majulah Singapura).

감사합니다.

할리마 야콥 싱가포르 대통령 주최 국빈 만찬사

| 2018-07-12 |

존경하는 할리마 야콥 대통령 내외분, 내외 귀빈 여러분, 반갑습니다. 따뜻하게 환대해 주셔서 감사합니다.

한 달 전, 세계인들의 이목이 싱가포르에 집중되었습니다. '평화와 고요'의 섬 센토사에서 북한과 미국의 정상이 역사적인 첫 만남을 가졌습니다. 우리 국민들도 평화를 염원하는 간절한 마음으로 북미정상회담의 모든 순간을 함께했습니다.

헌신과 책임감으로 평화의 새 시대를 함께 열어준 할리마 대통령님과 리센룽 총리님, 싱가포르 국민 여러분께 존경과 감사의 인사를 드립니다.

센토사 선언이 싱가포르에서 이루어진 것은 결코 우연이 아닙니다. 싱가포르는 이미 오래전부터 아태지역의 평화와 번영을 위해 많은 노력을 기울여 왔습니다.

2002년부터 지역 최대 안보회의인 '샹그릴라 대화'를 개최하며 다자안보 협력을 주도해왔습니다. 올해는 아세안 의장국으로 26개 도시를 첨단기술로 연결하는 스마트시티 네트워크를 추진하고 있습니다.

싱가포르는 세계적인 금융·물류 중심지로 '적도의 기적'을 이루어 냈습니다. 자국의 발전을 넘어 아시아의 역동적 성장까지 견인하고 있는 싱가포르의 힘에 대해 많은 사람들이 궁금해 합니다.

'한강의 기적'을 이룬 대한민국도 비슷한 질문을 받곤 합니다.

저는 '사람'이야말로 싱가포르와 한국이 가진 힘이라고 생각합니다. 우리는 현실에 안주하지 않았습니다. 강대국에 둘러싸인 지정학적 여건과 부존자원이 없다는 한계도 걸림돌이 되지 않았습니다. 사람을 키우고, 끊임없이 새로운 것에 도전하며, 누구도 상상하지 못했던 기적을 만들어냈습니다.

저는 싱가포르, 더 나아가 아세안과 함께 또 다른 기적을 만들고 싶습니다. 사람을 첫 번째 가치로 두고 추진하고 있는 '신남방정책'이 양국이 공유하는 비전이 되기를 바랍니다.

신남방정책의 지향점은 사람의 마음과 마음을 잇는 공동체를 만들고, 이를 토대로 함께 번영을 누리며, 역내 평화를 증진하는 것입니다.

오늘 이 자리에 양국 기업인들이 함께 참석해 주셔서 더욱 뜻깊습니다. 싱가포르와 한국의 미래를 향한 힘찬 발걸음에 함께해 주시기 바랍니다.

오늘 저희 부부는 싱가포르에서 아주 최고의 영광을 얻었습니다. 이렇게 새롭게 귀국에서 만들어진 난초에 우리 부부의 이름이 명명되었습니다. 한국에는 금란지교(金蘭之交)라는 말이 있습니다. '난초처럼 아름다운 우정'이라는 뜻입니다. 저는 오늘 이 난초를 통해서 싱가포르와 한국 간에 금란지교가 맺어졌다고 생각합니다. 싱가포르와 한국의 영원한 우정과 양국의 미래지향적인 협력과 상생번영을 기원하며, 건배를 제의하겠습니다.

건배!

싱가포르 렉쳐 특별연설

| 2018-07-13 |

존경하는 싱가포르 국민 여러분,

내외 귀빈 여러분,

북미정상회담은 평화의 길을 밝혔습니다. 먼저, 세기적인 회담의 성공적 개최를 지원해 주신 싱가포르 국민들과 정부에 깊이 감사드립니다.

싱가포르는 아시아 연구에 있어서 세계 최고이며, 이를 통해 아시아의 가치를 이끌어가고 있습니다. 싱가포르 렉쳐에 초청해 주신 동남아시아연구소에 각별한 우정을 느낍니다.

작년 필리핀 마닐라에서 리센룽 총리를 만났습니다. 우리는 빠른 시일 내에 서로 방문하자고 약속했습니다. 고대하던 만남이 이뤄져 아주 기쁩니다.

싱가포르 국민 여러분,

싱가포르는 곧 평화입니다. 평화를 이야기하지 않고 싱가포르를 말할 수 없습니다. 작은 어촌에서 시작한 싱가포르의 역사는 평화를 일궈가며 번영에 이르렀습니다.

냉전과 콘프론타시로 반목하던 시기 싱가포르는 아세안 창설을 주도하고 대화를 이끌었습니다. '아세안 중심'이라는 가치를 세워냈고, 아세안+3, 동아시아 정상회의(EAS)를 통해 아세안의 외연을 확대하는데 크게 기여했습니다.

동남아시아가 평화를 유지할 수 있었던 배경에는 아세안이 있었습니다. 지역협력이라는 제3의 길을 개척하며 지역의 안정을 유지했고, 그 중에서도 싱가포르는 가장 앞장 서 평화를 추진했습니다. 동남아시아는 세계에서 가장 다양한 곳입니다. 무슬림과 불교, 기독교와 힌두교, 도교와 유교에 사회주의가 함께 살고 있습니다. 아세안은 이처럼 다양한 문명이 평화롭게 공존할 수 있다는 것을 실천적으로 보여주었습니다.

이제, 싱가포르가 아세안과 함께 달성한 평화는 아세안을 넘어 세계가 주목하게 되었습니다. 21세기를 평화와 공존의 세기라 부를 수 있다면 21세기는 아세안의 세기라 할 수 있을 것입니다. 나는 그 중심에 싱가포르가 있다고 생각합니다.

한국도 그 누구보다 평화를 원합니다. 한국만큼 평화가 절실한 나라는 없습니다. 전쟁으로 모든 것을 잃었고, 늘 전쟁의 위협에 시달리며 많은 고통을 감내해왔습니다. 저 또한 삶의 터전을 뒤로한 채 빈손으로 피난선을 탄 전쟁 피난민의 아들로서, 평화가 얼마나 중요한 지 잘 알고 있습니다.

평화를 위한 싱가포르의 일관된 노력이 이곳을 북미정상회담의 장소로 만들었습니다. 평화를 일궈온 싱가포르 국민들의 지지가 있었기에 북미정상회담이 성공했다고 여깁니다. 평화를 향한 아세안과 싱가포르의 노력에 경의를 표하며, 평화를 통해 우리 모두가 더 큰 번영으로 함께 가자고 말씀드립니다.

싱가포르 국민 여러분, 내외 귀빈 여러분,

한국에게 아세안은 평화공동체를 함께 만들어 갈 동반자입니다. 함께 경제발전을 이뤄낼 교역파트너이자 투자대상국입니다. 이제는 이웃을 넘어 가족과 같은 관계로 발전하고 있습니다.

나는 아세안의 중요성을 인식하고 아세안과 함께 미래를 열어가고자 노력해 왔습니다.

작년 5월 취임 직후, 역대 최초로 아세안에 특사를 파견하여 아세안과의 관계를 더욱 긴밀하게 하고자 했습니다. 9월에는 제 고향인 부산에 아세안 대화상대국 중 처음으로 아세안 문화원을 건립했습니다. 11월에는 베트남과 인도네시아, 필리핀을 순방하여 '신남방정책'을 선언했습니다. 올해 3월에는 베트남을 다시 방문해 쩐 다이 꽝 주석과 함께 역내 평화증진과 상생번영을 위한 실질협력을 강화하기로 합의했습니다. 이곳에 오기 직전 인도 모디 총리와도 역내 다자협의체에서 더 깊은 공조와 미래지향적 협력을 약속했습니다.

싱가포르와 한국은 1975년 수교 이래, 자유롭고 개방된 경제, 역내 평화와 안정이라는 공통의 지향점을 가지고 함께 협력해왔습니다.

양국은 모두 식민지에서 독립한 후 수많은 도전을 극복했습니다. 두 나라 모두 부존자원이 없지만 '사람'을 희망으로 여겼고 인재를 양성했습니다. 국민들의 힘으로 '적도의 기적'과 '한강의 기적'이라 불리는 경이로운 경제성장을 이룩했습니다.

어제 리센룽 총리님과 나는 싱가포르와 한국 간의 관계를 한 단계 더 발전시키기 위한 구체적인 방안을 합의했습니다. 인재양성을 위한 교류가 확대될 것입니다. 국민들에게 실질적인 혜택이 돌아가는 경제협력이 이뤄질 것입니다. 한국의 기업들은 이미 싱가포르의 주요 랜드마크 건설에 적극적으로 참여해왔습니다. 앞으로도 4차 산업혁명시대를 함께 준비하고 역내 평화와 번영을 위한 협력이 한층 긴밀해질 것입니다.

아세안과 한국은 서로에게 부족한 것을 채우고 서로에게 이득이 되는 관계입니다. 평화와 공동 번영의 미래를 열어갈 최적의 동반자라 할 수 있습니다. 나는 아세안과의 관계를 미국, 중국, 일본, 러시아 등 한반도 주변의 주요 국가들 수준으로 격상, 발전시켜 간다는 전략적 비전을 갖고 있고, '신남방정책'을 역점 추진하고 있습니다.

'신남방정책'은 싱가포르를 포함한 동남아시아 국가들과 "사람, 상생번영, 평화를 위한 미래 파트너십"을 구축하는 것입니다. 더 많이 더 자주 사람이 만나고, 실질적 협력을 위해 상생 번영의 기회를 넓히며 한반도와 아세안을 넘어 세계평화에 함께 기여하고자 하는 것입니다.

싱가포르는 금년도 아세안의 의장국으로서 아세안의 평화와 번영을 이끌고 있으며, 한국의 '신남방정책' 핵심 파트너입니다. 싱가포르의 적극적인 도움으로 아세안과 한국의 관계가 심화 발전되기를 기대합니다.

존경하는 싱가포르 국민 여러분,

싱가포르는 아시아의 균형추이며 동서양 문명의 용광로입니다. 작지만 아주 거대한 품을 가진 나라입니다. 불교의 절과 힌두교의 사원, 기독교의 교회와 이슬람의 모스크, 도교의 사원이 하나의 거리에 어울려 있고 9천여 개의 다국적 기업 회사원들이 이 거리를 걷고 있습니다. 다인종, 다문화의 화합과 조화에 있어서 세계 최고입니다.

무엇보다 경의를 표하지 않을 수 없는 것은 이념의 편견이 없고, 이념에 끌려 다니지 않고, 오히려 스스로 이념을 만들어가고 있다는 것입니다. 실력 위주의 실용을 우선하는 사회이며 그 어느 나라보다 청렴합니다. 또한 사법체계가 가장 공정하게 운영되고 있습니다.

화합과 조화를 이룬 싱가포르의 힘은 바로 여기에서 비롯되었을 것입니다.

한국은 이념의 대결로 오랫동안 몸살을 앓아 왔습니다. 남북 분단은 이념을 앞세운 부패와 특권과 불공정을 용인했고 이로 인해 많은 역량을 소모했습니다. 그런 우리로서는 참으로 부러운 일입니다. 그러나 한국도 지금 공정하고 정의로운 사회를 만들어가고 있습니다. 이 과정에서 싱가포르에게 배워야 할 점들이 참으로 많습니다.

싱가포르의 대담하게 상상하고 대담하게 실천하는 힘도 바로 실력과 실용, 청렴과 공정에서 나온다고 생각합니다.

그 힘으로 세계 환적량 7분의 1 이상을 처리하며, 컨테이너를 바다로 띄워 보내는 세계 2위의 항구를 이뤘습니다. 싱가포르의 차세대 국가 비전인 '스마트 네이션 프로젝트'는 4차 산업혁명에 대한 국가적 차원의 선제적 대응입니다. 그 혁신 프로젝트의 하나가 자율주행 택시입니다. 좋은 대중교통으로 환경과 삶의 질을 높이겠다는 싱가포르의 목표는 자가용 차량을 선호하는 사람들의 생각까지 바꿀 것입니다.

싱가포르는 혁신적인 경제정책과 사회정책으로 인류에게 새로운 길을 보여주고 있습니다. 나는 싱가포르의 도전을 보면서 아시아의 시대가 열리고 있다는 확신을 가집니다.

나는 한국도 대담한 상상력을 실천할 수 있는 나라로 만들고자 합니다. 한국에는 싱가포르에는 없는, 세계 어느 나라에도 없는, 또 하나의 기회가 있습니다. 바로 남북 경제협력입니다.

남북정상회담은 그 시작입니다. 작년까지만 해도 누구나 꿈이라고 여겼던 일입니다. 한국은 한반도의 완전한 비핵화와 평화를 기반으로 새로운 경제지도를 그리게 될 것입니다. 남북은 경제공동체를 향해 나아갈 것입니다. 누구나 자기의 실력을 공정하게 발휘할 수 있는 나라로 평화 위에 번영이 꽃피는 한반도를 만들어나갈 것입니다.

한반도가 평화를 이루면 싱가포르, 아세안과 함께 아시아는 세계에서 가장 번영하는 지역이 될 것입니다. 인류의 미래를 밝히는 희망이 될 것입니다.

싱가포르 국민 여러분,

남북 간의 '판문점 선언'과 북미정상회담의 공동성명을 통해 남·북·미 정상들은 역사의 방향을 바꿔놓았습니다. 한반도의 완전한 비핵화와 항구적 평화정착을 위한 자신에 찬 걸음을 시작했습니다.

나와 트럼프 대통령은 굳건한 한미동맹을 바탕으로 북핵 문제를 해결해 나간다는 인식을 함께해왔습니다.

이러한 공동의 인식하에 한미 양국은 북한의 평창올림픽 참가, 양국의 특사단 왕래, 남북정상회담과 북미정상회담에 이르는 "역사적 대전환"의 모든 과정을 함께해왔으며, 앞으로도 함께해 나갈 것입니다.

아베 총리와도 한반도의 완전한 비핵화라는 공동의 목표를 위해 긴밀한 소통과 협력 관계를 구축해왔습니다. 남북 관계의 정상화는 북미 관계의 정상화에 이어 북일 관계의 정상화로 이어질 것입니다. 북일 관계의 정상화는 한반도와 동북아의 평화와 안정에 크게 기여할 것입니다. 이를 위해 일본과도 최선을 다해 협력하고자 합니다.

지난 5월 일본에서 개최된 한·중·일 정상회의에서 일본과 중국은 남북정상회담의 성공적인 개최를 축하하고, 판문점 선언의 충실한 이행을 위한 적극적인 지지 의사를 표명했습니다.

작년 12월에는 베이징을 방문하여 시진핑 주석과 한반도 문제에 대해 심도 있는 대화를 나누었습니다. 대화와 협상을 통한 북핵문제의 평화적 해결을 위해 긴밀히 협력하자는 공동의 입장을 확인했습니다.

지난달 러시아에서 만난 푸틴 대통령과는 남북러 3각 협력을 준비하기로 합의했고, 한반도와 유라시아가 함께 평화와 번영을 누릴 수 있도록 협력을 강화해 나가기로 했습니다.

나는 그동안 김정은 위원장을 두 번 만났습니다. 김정은 위원장은 이념대결에서 벗어나 북한을 정상국가로 발전시키고자 하는 의욕이 매우 높았습니다. 김정은 위원장이 비핵화의 약속을 지킨다면 자신의 나라를 번영으로 이끌어갈 수 있을 것입니다.

결코 순탄치 않은 길이지만 정상 간 합의를 진정성 있게 이행해 나간다면 분명히 목표를 달성할 수 있을 것입니다. 북한이 비핵화 이행방안을 더 구체화하고 한국과 미국은 이에 상응하는 포괄적 조치를 신속하게 추진한다면 속도는 더 빨라질 수 있을 것입니다.

우리 정부는 하루빨리 평화체제가 이뤄져 경제협력이 시작되도록 노력할 것입니다. '판문점 선언'과 '센토사 합의'가 지구상 마지막 냉전을 해체한 합의로 기록될 수 있도록 국제사회와 지속적으로 협력해 나갈 것입니다.

싱가포르 국민 여러분, 내외 귀빈 여러분,

지금까지 지지해 주신 것처럼 싱가포르와 아세안의 건설적인 역할을 기대합니다. 아세안과 한국은 그동안 역내 평화와 안정을 위해 북핵 문제를 평화적으로 해결하고 한반도에 평화체제를 정착시켜야 한다는 것에 공감해왔습니다.

특히 아세안은 2000년 이후 아세안 지역안보포럼(ARF)을 통해 북한과 국제사회 간 대화의 장을 마련해 주었습니다. 아세안 지역안보포럼은 북한이 참여하는 유일한 다자회의로서 북한과 국제사회 사이의 중요한 소통창구가 되어 주었습니다.

또한 아세안은 일관된 목소리로 북한이 핵과 미사일 개발을 포기하고 평화와 번영의 길로 돌아오도록 독려해왔습니다. 한반도 평화정착으로 가는 여정에 한국과 아세안이 함께하는 길은 멀리 있지 않습니다.

지난 2월 평창 동계올림픽이 그랬던 것처럼 다음 달 인도네시아에서 개최될 아시안게임이 한반도 평화에 기여하는 화합의 장이 되길 기대합니다.

한국과 아세안 간에 이미 구축되어 있는 다양한 협력과 교류 증진의 틀 내로 북한을 포용하는 것이 중요합니다.

북한이 비핵화 조치를 진정성 있게 실천해 나갈 경우 아세안이 운영 중인 여러 회의체에 북한을 참여시키고 북한과의 양자 교류 협력이 강화되길 바랍니다. 북한이 국제사회의 책임 있는 일원으로서 자신의 역할을 다할 수 있도록 기회를 만들어야 합니다.

북한의 핵개발에 대한 국제사회의 제재가 본격화되기 전에 아세안은 북한과 호혜적인 경제 협력 관계를 맺었습니다. 또한 아세안은 한·아세안 FTA를 통해 개성공단 상품에 한국산과 동일한 관세혜택을 부여할 수 있도록 하여 남북 간 경제협력을 지원했습니다.

북한의 완전한 비핵화 이행을 통해 대북 제재가 해제되면, 한때 활발했던 북한과 아세안 간의 경제협력이 다시 활성화될 것입니다. 북한과 아세안 모두의 경제 발전에 기여할 수 있을 것입니다.

한반도 평화정착은 여기에 그치지 않고 아세안과 한국, 북한과 유라시아 경제를 연결하는 접점이 되어 아세안을 포함한 역내 국가들의 새로운 경제성장 동력을 만들어내게 될 것입니다.

존경하는 싱가포르 국민 여러분, 내외 귀빈 여러분,

싱가포르가 이룩한 화합과 조화는 21세기 인류의 이념입니다. 동과 서, 남반구와 북반구, 세계가 만나는 지금 싱가포르는 그 교차점에서 용광로가 되고 있습니다. 아시아의 불을 밝히고 있습니다.

나는 싱가포르가 지난 50년의 성취를 넘어 또 다른 기적을 만들어내리라 확신합니다. 지금까지처럼 아세안의 평화와 번영을 이끌며, 완전한 비핵화를 통한 평화정착이라는 한반도의 목표에도 항상 함께해 줄 것이라 믿습니다.

아시아의 평화로 아시아의 시대를 열어갑시다. 아시아의 번영으로 인류의 희망을 만들어 냅시다.

감사합니다.

국정원 격려 및 당부 메시지

| 2018-07-20 |

국정원이 자랑스럽고, 여러분이 자랑스럽습니다.

여러분의 국정원이 지금 한반도의 운명과 세계사의 물줄기를 바꾸고 있습니다. 여러분의 국정원이 평창동계올림픽을 평화올림픽으로 성공시킨 주역이 되었고, 누구도 예상하지 못했던 시기에 남북정상회담과 북미정상회담을 성사시킨 주역이 되었습니다.

이제 국정원은 '적폐의 본산'으로 비판받던 기관에서 국민을 위한 정보기관으로 거듭났습니다. 평화를 위한 대통령과 정부의 노력을 가장 앞장서서 뒷받침해주고 있습니다. 국제사회로부터도 실력을 인정받는 기관이 되었습니다. 여러분이 만들어낸 놀라운 변화입니다.

조직과 문화를 혁신하는 개혁이라는 것이 얼마나 힘든 일인지 잘 압니다. 살을 도려내고 뼈를 깎는 아픔을 겪어야 합니다. 그런 아픔을 겪으면서도 국정원을 훌륭하게 개혁하고 있는 서훈 원장과 여러분에게 대통령으로서 진심으로 고맙다는 박수를 보냅니다.

여러분이 충성해야 할 대상은 결코 대통령 개인이나 정권이 아닙니다. 대통령으로 대표되는 국가와 국민입니다.

오늘 국정원을 방문해서 제일 먼저 한 일이 중앙 현관에 설치된 '이름 없는 별' 조형물을 제막한 것이었습니다. 이름 한줄 남기지 못할지언정 국가와 국민을 위한 한없는 충성과 헌신, 이것이 바로 국정원의 본령일 것입니다. 그 본령을 지켜낼 수 있게 하는 것, 그리고 지켜내는 것이 이 시대에 여러분과 내가 함께 해내야할 과제입니다.

나는 여러분에게 분명하게 약속합니다. 결코 국정원을 정치적으로 이용하지 않겠습니다. 정권에 충성할 것을 요구하지 않겠습니다. 국정원의 정치적 중립을 확실하게 보장하겠습니다. 국정원을 정치로 오염시키는 일은 다시는 없을 것입니다.

여러분도 지금까지 정말 잘 해주셨습니다. 하지만 아직도 갈 길이 멉니다.

국내 정치정보 업무와 정치관여 행위에서 일체 손을 떼고, 대북 정보와 해외정보에 역량을 집중하여 명실 상부한 국가정보기관, 최고의 역량을 갖춘 순수한 정보기관으로서 위상을 분명하게 하는 것이 우리가 가야할 목표입니다.

그 목표를 대통령의 선의에만 맡길 수는 없습니다. 정권이 바뀌어도 국정원의 위상이 달라지지 않도록 우리의 목표를 제도화해야 합니다. 그러기 위해 국정원법 개정안이 연내에 국회를 통과할 수 있도록 여러분도 함께 힘을 모아주시기 바랍니다.

결코 여러분의 권한을 줄이는 것이 아닙니다. 지금까지의 개혁 노력이 보여주었듯이 여러분 자신도, 국민도 자랑스럽게 여길 수 있는 세계적인 정보기관으로 발전시키는 길입니다.

새로운 국정원은 더욱 높아진 대북 정보능력으로 위기 시에는 위기에 유능하게 대처하고, 대화시기에는 대화를 실질적으로 뒷받침하는 역할을 하게 될 것입니다. 실력있는 안보기관으로서 평화를 만들고 지키는 중추적인 역할을 하게 될 것입니다. 더욱 발전된 해외정보능력으로 국민의 생명과 안전을 보호하고, 대한민국의 국익을 지키고, 국가경쟁력을 강화하고, 경제적 번영에 기여하게 될 것입니다.

지금까지 잘 해 온 것처럼 여러분 스스로 국정원의 개혁을 완성하는 주체가 되어 주시기 바랍니다. 여러분을 믿습니다. 지금까지 해왔던 것보다 더욱 뜨거운 열정과 조국을 향한 충성심으로 헌신해 줄 것이라 믿습니다.

여러분이 함께 만든 변화와 성취에 대통령으로서 각별한 고마움을 전합니다.

2018 코리아오픈 국제탁구대회
남북 단일팀 격려 메시지

| 2018-07-22 |

2018 코리아오픈 국제탁구대회에서 보여준 남북 단일팀의 활약에 큰 격려의 박수를 보냅니다. 혼합복식의 장우진-차효심 선수는 빛나는 금메달을 따내며 무더위를 식히는 호쾌한 승전보를 안겨주었습니다. 동메달을 따낸 남자복식조를 비롯해 끝까지 최선을 다해준 남북 단일팀 선수들에게도 감사의 말씀을 드립니다.

남북 단일팀은 월요일 처음 호흡을 맞춘 선수들 같지 않았습니다. 서로 배려하면서 서로의 장점을 잘 살려주었습니다. 무너질 듯 무너지지 않았고 서로를 도와가며 고비를 이겨냈습니다. 남과 북이 서로를 믿고 합심할 때 얼마나 큰 힘을 낼 수 있는지 다시 한 번 확인할 수 있었습니다.

남북 선수들의 활약 속에 대전 충무체육관은 '우리는 하나'라는 응원소리로 가득 채워졌습니다. 작은 탁구공이 남과 북을 하나로 만들었습니다. 평창 동계올림픽에 이어 스포츠를 통한 평화의 발걸음이 계속되고 있습니다. 다음 달 인도네시아에서 열리는 아시안게임에서도 더 좋은 모습과 벅찬 감동을 안겨줄 것으로 기대합니다.

대회에 참가한 남과 북의 모든 선수들과 남북 지도자 여러분, 대회 관계자 여러분, 모두 수고하셨습니다. 무엇보다 한마음으로 응원해주신 대전 시민과 국민 여러분께 깊이 감사드립니다.

헬기 사고로 순직한
해병 장병들에게 전하는 애도문

| 2018-07-23 |

오늘 헬기 사고로 순직한 해병 장병들의 영결식이 열립니다.

안타까운 사고로 가족을 잃은 유가족들의 슬픔이 얼마나 클지, 너무 마음이 아픕니다. 장병들의 명복을 빌며, 유가족들께 깊은 위로의 말씀을 드립니다.

장병들은 상륙기동헬기 시험비행 중이었습니다. 해병의 전력강화를 위해 자신의 임무를 다하는 가운데 당한 사고입니다.

오늘 저는 유가족들과 슬픔을 함께하면서 장병들의 이름을 불러봅니다. 고 김정일 대령, 고 노동환 중령, 고 김진화 상사, 고 김세영 중사, 고 박재우 병장. 우리는 국가와 자신의 부대를 위해 헌신한 장병들을 결코 잊을 수 없을 것입니다.

정부는 임무수행 중에 순직하거나 부상당한 장병들을 한 치의 소홀함도 없이 예우하겠습니다. 다시는 이런 일이 발생하지 않도록 사고원인을 철저히 규명하고 후속조치에 만전을 기하겠습니다.

지금은 그 무엇으로도 유가족들의 눈물을 대신할 수 없겠지만, 숭고한 희생정신을 기리며 장병들을 대신해 국가가 유가족들과 함께 할 것을 약속드립니다.

큰 부상을 당한 김용순 상사의 가족에게도 깊은 위로의 말씀을 드립니다. 오늘 수술의 성공을 간절히 바라며, 김용순 상사의 조속한 회복을 위해 가능한 모든 노력을 기울이겠습니다.

수석보좌관회의 모두발언

| 2018-07-23 |

오늘 마린온 헬기 사고 순직자들의 영결식이 있었습니다. 영결식에 우리가 함께하지는 못했지만 참으로 비통한 심정입니다. 다시 한 번 깊은 애도의 말씀을 드리고, 또 유족들에게도 심심한 위로말씀을 드리고 싶습니다.

또 그 사고로 부상을 입은 분도 지금은 건강 상태가 그렇게 썩 좋지 않다고 합니다. 오늘 아주 중대한 수술이 있다고 들었는데, 부디 그 수술이 잘 되어서 하루빨리 건강을 회복하기를 간절히 바라마지않습니다.

그에 이어서 또 하나 아주 안타까운 비보가 전해졌습니다. 노회찬 의원의 사망 소식에 정말 가슴이 아프고 비통한 그런 심정입니다. 노회찬 의원은 당을 함께 하지는 않았지만 같은 시대에 정치를 하면서 우리 한국 사회를 보다 더 진보적인 그런 사회로 만들기 위해서 함께 노력을 해왔습니다. 우리 한국의 진보정치를 이끌면서 우리 정치의 폭을 넓히는 데 큰 기여를 해왔다고 생각합니다. 한편으로 아주 삭막한 우리 정치판에서 또 말의 품격을 높이는 그런 면에서도 많은 역할을 했습니다. 노회찬 의원의 사망에 대해서도 깊이 애도합니다. 뿐만 아니라 유족들과 정의당에도 위로말씀을 드리고 싶습니다.

이제 우리 회의 시작하죠. 더운데 옷 좀 벗겠습니다.

하반기 경제정책 방향이 지난주에 발표됐습니다. 사람 중심 경제의 정착과 경제 활력 제고를 위한 정부 정책이 담겼습니다. 우리 경제에 여전히 어려운 부분들이 많습니다. 오랫동안 계속된 신자유주의 경제정책이 경제적 불평등을 확대해 성장 동력을 떨어뜨리고 그와 함께 고용 없는 성장이 계속돼 왔기 때문입니다.

이에 정부는 경제패러다임을 근본적으로 바꾸기 위해서 노력을 하고 있으나 짧은 기간에 금방 효과가 나올 수는 없는 노릇입니다. 그러나 우리가 걷고 있는 포용적 성장정책은 신자유주의 성장정책에 대한 반성으로 주요 선진국들과 국제기구가 함께 동의하는 새로운 성장정책이라고 할 수 있습니다. 정부는 길게 내다보면서 우리 경제의 기초 체력을 튼튼하게 마련해 가는 데 주력해 나갈 것입니다.

금년 하반기에도 정부는 경제 구조개혁과 경제 활력 제고에 역량을 집중할 것입니다. 그와 함께 경제 구조개혁 과정에서 드러난 문제점이나 정책 사각지대를 보완하는 데 더 많은 노력을 기울이겠습니다.

첫째, OECD국가 최장시간 노동문제나 정책 사각지대에 있는 취약계층 문제에 적극 대처하겠습니다. 근로장려세제 대상은 약 2배, 지원 규모는 약 3배 확대하고, 저소득층에 대한 기초연금 인상시기도 대폭 앞당겼습니다. 이와 함께 업종별, 계층별로 특화된 일자리 창출에 주력하여 궁극적으로 양극화 해소 및 소득분배 개선을 도모할 것입니다. 다행스럽게 작년에 이어 올해에도 세수가 매우 좋기 때문에 정부는 국민이 낸 세금이 저소득 취약계층에 우선적으로 돌아가도록 해서 경제적 불평등을 줄이는 데 최선을 다하겠습니다.

둘째, 과감한 규제혁파와 혁신성장 가속화에 주력하겠습니다. 제가 직접 매달 규제개혁점검회의를 주재해 규제개혁의 속도를 높이겠습니다. 이를 통해 우리 경제의 역동성과 성장 잠재력을 제고하고자 합니다. 소득주도성장과 혁신성장, 공정경제는 함께 병행돼야 하는 것이지 선택의 문제가 아니라는 것을 다시 한 번 강조합니다.

셋째, 다양한 경제 주체들과의 소통에도 적극 나서겠습니다. 필요하다면 저부터 기업, 또 소상공인, 자영업자, 노동계와 직접 만나겠습니다. 만나서 의견을 충분히 듣고 설득할 부분은 설득하고, 요청할 부분은 요청하겠습니다. 경제 활력 제고를 위한 사회적 대화에 정부가 앞장서겠습니다.

우리가 자신감을 갖고 함께 노력한다면, 성장이 한계에 이르고, 비정규직을 늘리고, 경제적 불평등을 키워왔던 우리의 경제체질을 바꾸게 될 것입니다. 사람 중심 경제가 뿌리 내리면, 성장의 혜택이 골고루 나누어지는 포용적 성장이 가능해집니다. 여기에 경제 역동성까지 회복된다면, 한국 경제는 지속가능한 성장이 가능해질 것이라고 확신합니다.

특별히 하반기 경제정책에서 자영업 문제를 강조하고 싶습니다. 지금까지 자영업은 중소기업의 일부분으로 다뤄져왔습니다. 그러나 우리나라에서 자영업은 다른 나라들과 달리 경제 활동 인구 가운데 차지하는 비율이 매우 높고, 우리나라만의 특수성도 있습니다. 자영업자 규모는 600만 명에 가깝습니다. 여기에 무급 가족 종사자 120여만 명을 포함하면 전체 취업자의 25%, 거의 4분의 1 수준입니다. 이 가운데 중층과 하층 자영업자들의 소득은 임금 근로자보다 못한 실정입니다. 따라서 이들을 자기 노동으로 자영업을 하는, 자기고용노동자라는 인식을 할 필요가 있다고 생각합니다. 그렇다면 자영업을 기업과 노동으로만 분류할 수 없는 또 하나의 독자적인 정책 영역으로 볼 필요가 있다라는 것이 제 생각입니다. 독자적인 산업정책 영역이라고 해도 좋겠습니다.

그런 취지에서 청와대에 자영업 담당 비서관실을 신설하고, 직접 현장 목소리를 듣겠습니다. 상가 임대료와 임대기간 등 임대차 보호문제, 각종 수수료 경감, 골목상권 보호 등 복잡하게 얽힌 문제들에 대한 종합적인 대책을 강구해 나가겠습니다. 프랜차이즈 불공정 관행과 갑질

문제에 대해서도 적극 개선해 나가야 합니다. 이런 대책 가운데 많은 부분은 국회의 입법을 통해서만 해결할 수 있으므로 국회에서도 적극 나서주실 것을 당부드립니다.

특히 자영업자들은 경쟁에서 밀려나는 순간 곧바로 실직자가 됩니다. 2014년에 자영업자 고용보험이 도입됐지만 현재 2만 명도 채 가입하지 않은 것이 우리의 현실입니다. 이들에 대한 사회안전망의 근본적인 재설계를 위한 정책적 노력도 함께 당부드립니다. 이상입니다.

제32회 국무회의 모두발언

| 2018-07-24 |

제32회 국무회의를 시작하겠습니다.

지금 아주 무더위 때문에 국민들이 고생이 많습니다. 전국적으로 기록적인 폭염과 열대야가 계속되면서 온열 환자가 급증하고 사망자도 늘고 있습니다. 닭이나 돼지 등 가축과 양식 어류의 폐사도 속출하고 있습니다. 정부가 폭염대책을 수립해 대비하고 있지만, 장기화되는 폭염을 특별재난 수준으로 인식하고 관련 대책을 다시 한 번 꼼꼼히 챙겨주시기 바랍니다.

특히 노약자와 독거노인, 쪽방에서 생활하시는 분들과 같은 폭염 취약계층에 대한 대책이 충분한지 점검하고, 폭염 속에서 땡볕노동으로 노동자와 농업인 등이 피해를 입는 일이 없도록 각별한 주의를 기울여 주기 바랍니다. 앞으로 확대될 가능성이 있는 가축·농축산물 피해, 식중독, 감염병 등에 대한 대책과, 폭염으로 인한 도로 파손이나 열차 선로문제 등에 대한 대책도 시급하다고 봅니다.

폭염으로 인한 전력 수요가 급증하고 있어서 이에 대한 우려와 함께, 원전 가동상황을 터무니없이 왜곡하는 주장도 있기 때문에 산업부가 전체적인 전력 수급계획과 전망, 그리고 대책에 대해서 소상히 국민들께 밝혀드리기 바랍니다.

폭염의 장기화는 앞으로도 되풀이되고 더욱 심해질 수 있으므로 이제는 폭염도 재난으로 취급해서 재난안전법상의 자연재난에 포함시켜서 관리해야 할 필요성이 있다고 봅니다. 폭염 위기관리 매뉴얼, 폭염 피해에 대한 보상근거 마련 등 근본적이고 체계적인 종합대책을 수립해주기 바랍니다.

본격적인 여름휴가가 시작됐습니다. 더 많은 국민들이 휴가를 잘 보낼 수 있도록 마련한 근로자 휴가비 지원제도, 휴가문화 개선 캠페인 등 관련 대책이 소기의 성과를 거두도록 노력해주기 바랍니다. 이와 함께 지역경제와 내수 활성화를 위해 더 많은 국민들이 가급적 국내에서 휴가를 보낼 수 있도록 제반 여건을 만들어 나가야 할 것입니다. 문화부 등 관계부처는 이달 초 국가관광전략회의에서 발표한 지역관광 활성화 방안이 가시적 성과로 이어지도록 이행에 속도를 내주기 바랍니다.

또한 국민들께서 안전하게 휴가를 즐길 수 있도록 안전관리에도 만전을 기해주기 바랍니다. 휴양지의 안전시설과 사고취약지역, 신속한 구조·구급체계 등을 다시 한 번 꼼꼼히 점검하고, 특히 인파가 몰리는 해수욕장과 피서지, 고속도로 휴게소 등에서 일어나는 불법촬영에 대해서 강력한 단속 대책을 세워주기 바랍니다.

최근 어린아이들이 안타깝게 생명을 잃는 사고들이 발생했습니다. 어른들이 조금만 신경을 썼더라면 예방할 수 있는 사고가 반복적으로 발생하니 참으로 답답한 심정입니다. 특히 아이를 잃은 부모의 슬픔과 어린이집에 아이를 맡기고 있는 분들의 불안을 생각하면 정부가 할 말이 없습니다.

그동안 각종 제도와 절차 등을 정비해왔지만 현장에서 지켜지지 않으면 아무런 의미가 없는 것입니다. 각종 대책들이 현장에서 제대로 작동하지 않는 원인과 미흡한 점이 무엇인지 점검하고, 세세한 부분까지 다시 다듬어서 다시는 이런 사고가 반복되지 않도록 해야 하겠습니다.

특히 승하차 확인을 위한 실시간 점검 시스템 도입을 즉각 검토, 시행해주기 바랍니다. 탑승자가 전원 하차했는지를 강제적으로 확인하는 방안, 또 전자태그를 통해 출석 여부를 부모님께 알려주는 방안 등 확실한 안전장치를 조속히 마련해주기 바랍니다.

이번 기회에 아동학대에 대해서도 확실한 근절 대책이 마련돼야 할 것입니다. 현재 운용 중인 법령, 지침, 매뉴얼이 각각의 현장에 맞게 제대로 작성·운용되고 있는지 면밀히 점검하기 바랍니다.

어린이집 평가 인증 체계도 어린이를 중심에 놓고 아동 안전, 아동 인권을 최우선적으로 고려하도록 정비를 해야 할 것입니다. 법이나 지침을 지키지 않았을 때에는 엄중한 처벌은 물론 보육현장에서 퇴출되도록 자격정지 및 유관시설 취업 제한 등 엄격한 인력관리 시스템이 필요합니다. 이와 함께 아이들을 돌보는 보육교사들의 처우개선과 양성과정의 수준을 높이는 대책도 함께 강구하기 바랍니다.

부모님들이 어느 보육시설이라도 안심하고 아이들을 맡길 수 있는 시스템을 마련하는 것이야말로 나라의 기본이라고 생각합니다. 대한민국에서 아이를 낳는 건 모험이다, 이런 말을 듣지 않아야 할 것입니다. 더 이상의 대책은 없다는 각오로 아이들이 안전한 나라를 만드는 데 관련 부처들이 최선을 다해주기 바랍니다. 이상입니다.

2018 전군주요지휘관회의 모두발언

| 2018-07-27 |

여러분, 반갑습니다. 연일 폭염이 이어지고 있습니다. 무더위 속에서도 전방과 후방, 해외 등에서 위국헌신하고 있는 우리 장병들의 노고를 치하합니다.

오늘은 정전협정 65주년이기도 합니다. 65년 전 최후의 평화적 해결 달성을 목표로 정전에 합의했습니다. 한반도의 막대한 고통과 유해를 초래한 전쟁을 멈췄습니다. 오늘에 맞추어서 미군 유해 55구가 북한으로부터 송환되어 오는 좋은 일도 있었습니다. 역사적으로 의미가 깊은 오늘 '국방개혁 2.0' 보고대회를 갖게 되어 아주 뜻깊게 생각합니다.

우리는 대한민국 평화를 지키고 만들기 위한 새로운 출발점에 섰습니다. 한반도 평화와 책임 국방 실현이 여러분에게 달려 있습니다. 무거운 사명감과 책임감을 가져 주시기 바랍니다.

안팎으로 안보 환경이 급변하고 있습니다. 한반도 평화를 위한 노력이 진행되고 있지만 비전통적, 잠재적 위협이 커지고 있는 것이 현실입니다. 다가오는 4차 산업혁명은 전쟁과 국방의 패러다임을 완전히 바꿔놓게 될 것입니다. 현재와 미래의 위협에 효과적으로 대응하는 강한 군대가 되어야 합니다. 지금이 바로 그때입니다.

지금 우리 군이 바뀌지 않으면 뒤처질 수밖에 없습니다. 그래서 나는 국방개혁을 가장 중요한 개혁 중 하나로 강조해왔습니다. 발전이나 개선의 차원을 넘어서 완전히 우리 군을 환골탈태시킨다는 자세로 임해 달라고 기회가 있을 때마다 당부했습니다.

'국방개혁 2.0'은 10년도 더 전에 우리 군이 마련했던 '국방개혁 2020'을 계승하고 있습니다. 2006년 당시 목표로 했던 정예화, 경량화, 3군 균형발전이 목표연도인 2020년을 2년 앞둔 지금에도 요원한 시점입니다. 뼈아픈 반성이 필요한 부분입니다.

그동안 국민들께 실망과 좌절을 주는 군 관련 사건사고도 끊이지 않았습니다. 군 스스로 조직의 명운을 걸고 국방개혁을 추진해야 합니다. 국민이 주는 마지막 기회라는 절박함으로 임해 주시길 바랍니다.

'국방개혁 2.0'의 비전과 목표는 명확합니다. 전방위적 위협에 대응할 수 있는 강한 군대, 국민에게 신뢰받는 국민의 군대로 거듭나는 것입니다. '국방개혁 2.0'의 기본방향은 상황 변화에 따라 언제라도 대비할 수 있는 군대가 되는 것입니다. 남북관계가 개선되고, 한반도 비핵화 노력이 진행 중이지만 그 끝이 어딜지 여전히 불확실합니다. 안보 환경의 변화에 유연하고 신축성 있게 대응할 수 있도록 군을 개혁해야 합니다.

다행히 이번 개혁안에는 과거 실패에 대한 깊은 성찰이 담겨 있습니다. 최근 안보 정세와 사회 여건 등 시대적 변화 요인도 반영됐습니다. 군 안팎의 공감과 지지를 얻기 위한 소통 노력도 병행되었습니다. 무엇보다 군이 스스로 변화의 중심에 서서 기존의 틀을 넘어선 개혁안을 마련해 주었습니다.

이제는 전면적인 실천이 이루어져야 할 때입니다. 여러분과 나에게 주어진 국방개혁이라는 시대적 과제를 힘을 모아 반드시 성공적으로 완수해야 합니다. 이를 위해서 몇 가지 당부 말씀을 드립니다.

첫째, 질적으로 강한 군대를 건설해야 합니다. 최근에 안보 환경은 재래식 전쟁은 물론, 사이버 테러, 국제범죄에도 전방위적으로 대응해야 할 상황입니다. 현존하는 남북 대치 상황과 다양한 불특정 위협에 동시에 대비할 수 있도록 포괄적 방위 역량을 갖춰야 합니다. 이를 위해 군의 체질 자체를 바꿔야 합니다. 양적 재래식 군 구조에서 탈피해 첨단화, 정예화된 군을 만들어야 합니다. 더 멀리 보고, 더 빠르게, 더 강력하게 작전할 수 있도록 첨단 감시·정찰 장비, 전략무기 자동화, 지휘통제체계를 획기적으로 발전시켜 주시길 바랍니다.

둘째, 스스로 책임지는 국방 태세를 구축해야 합니다. 전시작전통제권 전환은 그 출발입니다. 우리 군을 독자적, 획기적으로 강화해 전시작전통제권을 조기에 전환하고, 한미연합방위 주도 능력을 확보해야 합니다. 우리 군이 진정한 작전통제권을 행사할 때 군의 자존감이 높아지고 국민의 신뢰도 얻게 될 것입니다.

셋째, 스마트 국방, 디지털 강군으로 거듭나야 합니다. 4차 산업혁명 시대의 안보 환경 변화는 우리의 상상을 뛰어넘을 것입니다. 4차 산업혁명을 국방의 모든 분야에 접목시켜 우리 군을 도약시킬 기회로 활용해 주기 바랍니다. 첨단 지능정보기술이 집약된 스마트군으로 개편하고, 병영시설과 장비를 첨단화해 스마트 병영을 구축해야 합니다. 방위산업도 국내 첨단무기 체계와 신기술 개발에 성과를 낸다면 혁신 성장의 견인차 역할까지 할 수 있을 것입니다.

넷째, 누구보다 국민을 두려워하는 군대가 되어야 합니다. 기무사의 세월호 유족 사찰과 계엄령 검토는 그 자체만으로도 있을 수 없는 구시대적이고 불법적인 일탈 행위입니다. 본연의 임무에 충실하여 국방력 강화에 기여하는 기무사가 되어야 합니다. 기무사 개혁 방안에 대해서도 별도로 조속히 마련해 주길 바랍니다

방위사업 비리 역시 국민을 배신한 중대한 이적 행위입니다. 군이 충성할 대상은 오직 국가와 국민이라는 점을 명심해 주길 바랍니다.

장병 한 사람, 한 사람의 안전과 인권이 보장되는 선진 민주군대를

만드는 것도 중요한 개혁 과제입니다. 다시는 국민 누군가의 소중한 딸, 아들이 부당하게 희생을 강요받거나 목숨을 잃는 일이 없어야 할 것입니다.

국민들은 군대 내 성비위 문제를 아주 심각하게 생각합니다. 불미스러운 일로 사기를 떨어트리는 일이 다시는 되풀이되지 않도록 특단의 노력을 강구하길 바랍니다. 지휘관부터 솔선수범하여 민주적이고 성평등한 조직문화를 확립해 주기를 바랍니다.

국방개혁은 정권 차원을 넘어 국가의 존립에 관한 것입니다. 나는 군 통수권자로서 국방개혁을 완수하기 위한 모든 지원을 아끼지 않을 것입니다. 예산과 제도의 기반을 강화해 여러분과 함께 반드시 개혁을 성공시킬 것입니다. 국방개혁을 위한 법제화가 조기에 이루어지도록 국회는 물론 국민과의 소통에도 힘써 주기 바랍니다.

오늘 우리 군이 개혁의 주체가 되어 강도 높은 개혁 방안을 준비한 것을 높이 평가합니다. 시대적 요구와 국민의 눈높이에 맞는 개혁안이 마련되었습니다. 군은 개혁의 핵심 주체이고, 장병들의 사기와 충성심은 가장 강력한 개혁 동력입니다. 군심을 하나로 구축해 개혁 과제를 완수해 주길 바랍니다.

급변하는 안보 환경과 불확실성 속에서 많은 토론을 거쳐 오늘 보고대회를 잘 준비해 주신 국방부 장관과 합참의장, 각 군 총장들에게 감사드립니다. 함께 참여해 준 야전 지휘관들에게도 감사드립니다. 오늘 국민들께 보고할 기본 방향과 내용을 바탕으로 안보 상황변화를 주시하면서 최적의 군 구조 개혁안을 완성해 주기 바랍니다.

오늘 여러분을 보니 우리 군의 미래가 아주 기대됩니다. '국방개혁 2.0'으로 우리 군은 완전히 새롭게 태어날 것입니다. 스스로에게 당당하고, 국민에게 신뢰와 존경을 받는 자랑스러운 우리 군의 역사를 이어나가게 될 것입니다. 오늘 이 자리에 모인 군 지휘관들은 개혁을 선도하는 리더들입니다. 리더가 먼저 변해야 합니다. 국방 개혁을 염원하는 국민 명령을 받들어 전장에서 싸우던 개혁이 잘 실현되도록 만전을 기해 주시길 바랍니다. 감사합니다.

박종철 열사의 부친,
박정기님에게 전하는 애도문

| 2018-07-28 |

박정기 아버님이 그리운 아들, 박종철 열사의 곁으로 돌아가셨습니다.

청천벽력같은 아들의 비보를 듣는 순간부터 아버님은 아들을 대신해, 때로는 아들 이상으로 민주주의자로 사셨습니다. 그해 겨울 찬바람을 가슴에 묻고 오늘까지 민주주의의 삶을 온전히 살아내셨습니다.

저는 아버님의 검은 머리가 하얗게 변해가고, 주름이 깊어지는 날들을 줄곧 보아왔습니다. 언제나 변치않고 연대가 필요한 곳에 함께 계셨습니다. 진심을 다한 위로와 조용한 응원으로 주변에 힘을 주셨습니다.

박종철 열사가 숨진 남영동 대공분실 509호는 독재의 무덤입니다. 우리에게는 민주주의의 상징입니다. 지난 6·10 기념일에 저는 이곳을 '민주인권기념관'으로 조성하겠다고 말씀드렸습니다. 국민의 품으로 돌려드리겠다고 약속했습니다.

아버님, 지금쯤 아들의 얼굴을 쓰다듬고 또 쓰다듬고 계실 것 같습니다. 박종철은 민주주의의 영원한 불꽃으로 기억될 것입니다. 아버님 또한 깊은 족적을 남기셨습니다.

아버님, 아픔을 참아내며 오래도록 고생하셨습니다. 편히 쉬시길 바랍니다.

8월

수석보좌관회의 모두발언

| 2018-08-06 |

시작하겠습니다. 지금 우리 정부는 사상 최고의 전력 공급 능력을 보유하고 있고, 기록적인 장기간의 폭염 속에서도 전력 예비율을 안정적으로 유지하여 왔습니다. 앞으로도 폭염과 함께 전력 사용량의 증가가 더 이어질 수 있으므로 폭염 기간이 끝날 때까지 전력 수급 관리에 만전을 기해 주기 바랍니다.

올여름 폭염으로 인해 각 가정마다 전기요금에 대한 걱정이 많습니다. 우선적으로 7월과 8월 두 달 간의 가정용 전기요금에 대해 한시적 누진제 완화와 저소득층과 사회복지시설 등에 대한 전기요금 할인 확대 등 전기요금 부담 경감 방안을 조속히 확정하여 7월분 전기요금 고지부터 시행해 주기 바랍니다.

나아가서 전 지구적인 이상 기후로 인해 이제 폭염도 해마다 있을 수 있는 상시적인 자연 재난으로 생각하고 근본 대책을 마련할 필요가 있습니다. 폭염을 특별재난에 추가하는 것 외에도 냉방기기 사용을 국민의 건강, 생명과 직결된 기본적인 복지로 보아 국민들께서 전기요금 걱정 때문에 냉방기기를 제대로 사용 못하는 일이 없도록 방안을 강구해 주기 바랍니다.

또한 가정용 전기요금 누진제의 폐지나 개선을 요구하는 여론도 적지 않으므로 우리나라의 전기요금과 누진제의 수준을 외국과 비교하여 국민들께 충분히 알리고, 또 국민들의 여론을 충분히 수렴해서 개선 방안을 검토해 주기 바랍니다.

경제는 국민들의 삶입니다. 경제 활력은 국민들의 삶의 활력을 높이는 것입니다. 특히 기업 활동이 활발해지고 중산층과 서민들의 소득과 소비 능력이 높아져야 경제가 활력을 찾을 수 있습니다. 이를 위해 실사구시적인 과감한 실천이 필요합니다. 계속 머뭇거려서는 그 피해가 고스란히 국민들께 돌아가게 될 것입니다.

우선 신산업과 일자리 창출을 위해 이를 가로막는 규제부터 과감히 혁신해 나가야 한다는 것을 다시 한 번 강조합니다. 민간의 창의적인 아이디어와 기술이 규제의 벽을 뛰어넘어 경제에 활력을 불어넣을 수 있도록 혁신 친화적 경제 환경 조성을 속도 있게 추진해 주기 바랍니다.

국회도 혁신 성장 관련 법안이 조속히 통과될 수 있도록 힘을 모아 주실 것을 당부 드립니다.

또한 생활 SOC에 대한 과감한 투자를 주문하고자 합니다. 도서관, 체육시설, 보육시설, 문화시설 등 지역 주민의 삶의 질을 높이는 지역 밀착형 생활 SOC 투자를 과감하게 확대해 주기 바랍니다. 이는 과거 방식의 토목 SOC와 달리, 토목에 대한 투자가 아니라 사람에 대한 투자입니다. 삶의 질 향상과 함께 지역을 균형 있게 발전시키고, 일자리도 늘리는 일석삼조의 효과를 거둘 수 있습니다.

문재인 케어, 치매 국가책임제, 온종일 돌봄, 아동수당, 기초연금 인상 등 우리 정부의 5대 복지 정책도 차질 없이 시행하여 사회서비스 일자리의 대폭적인 확대로 연결시키는 노력에도 더욱 박차를 가해 주기 바랍니다.

경제 개혁 과정에서 발생하는 국민 부담을 완화하기 위한 사회안전망을 지속적으로 확충해 나가는 것에 대해서도 각별히 관심을 기울여줄 것을 당부합니다. 우리는 적어도 국민들께 우리 경제가 살아난다는 희망을 드릴 수 있어야 합니다. 경제 침체의 우려를 불식시키고, 우리 경제에 활력을 불어넣을 수 있도록 우리 정부의 모든 경제팀들이 힘을 모아 더욱 분발해 줄 것을 당부합니다.

제35회 국무회의 모두발언

| 2018-08-14 |

제35회 국무회의를 시작하겠습니다.

한 달 가까이 폭염이 이어지고 있습니다. 기록적인 무더위 때문에 국민 모두 고생하시지만 가장 가슴이 타들어가는 분들은 농민들과 어업인들이 아닌가 싶습니다. 말라가는 작물, 폐사하는 축산물과 수산물을 지키느라 전쟁 같은 하루하루를 보내고 계십니다. 그 노고에 심심한 위로의 말씀을 드립니다.

각 부처와 관련 기관은 급수, 영양제와 약제 공급, 기술지도 등 농어업 분야 폭염피해를 최소화할 방안을 강구해 주시기 바랍니다. 시급성과 중대성을 감안해 농어업 소관부처 외의 기관들도 예산, 장비 및 인력 등 가용자원을 적극 제공해 주기 바랍니다.

농축수산물 피해가 커지고 배추, 무, 과일, 축산류 등 일부 품목에서 심각한 수급 불안이 나타나고 있습니다. 농축수산물 가격은 국민 밥상에 직접적 영향을 끼치고 외식물가도 영향을 받습니다. 농축수산물 가격 상승세가 추석물가로까지 이어지는 것이 아닌가 하는 우려도 있습니다. 정부는 품목별 수급 상황을 면밀히 점검하고, 비축물량 집중 방출, 조기 출하 등에서 실기하지 않도록 꼼꼼히 관리해 주기 바랍니다. 특히 기재부 등 관계 부처는 장바구니 물가동향을 특별 관리하고 선제적으로 대응해 주기 바랍니다.

폭염을 재난수준으로 다뤄야 한다고 말씀드린 바 있지만 아직 법과 제도 등에서 미비한 측면이 있습니다. 여러 제약이 있겠지만 현행제도를 적극 해석해서 최대한 지원토록 해야 할 것입니다. 폭염 위기관리 매뉴얼이나 폭염 피해 보상 근거 등 체계적이고 근본적인 종합대책도 마련해야 하겠습니다.

오늘 국군기무사령부를 해체하는 대통령령과 군사안보지원사령부를 새로 창설하는 대통령령 제정 안건이 상정됩니다. 세계 각국이 경탄하면서 주목했던 우리 국민의 평화적이고 문화적인 촛불시위에 대하여 기무사가 계엄령 실행 계획을 준비했다는 사실은 국민들에게 매우 큰 충격을 주었습니다. 범죄 성립 여부를 떠나 기무사가 결코 해서는 안 될 국민 배신 행위였다고 생각합니다. 그렇지 않아도 기무사는 그동안 민간인 사찰, 정치 개입, 선거 개입, 군 내 갑질 등 초법적인 권한행사로 질타를 받아왔습니다. 이번에 기무사를 해체하고 군사안보지원사령부를 새로 창설하는 근본 취지는 새로운 사령부가 과거 역사와 철저히 단절하고, 정치 개입과 민간인 사찰 등 과오를 다시는 반복하지 않도록 하는 데 있습니다. 새로 제정하는 군사안보지원사령부대통령령에는 헌법상 보장된 국민의 기본인권에 대한 침해금지를 특별히 명문화했습니다.

저는 지금까지 기무사를 정치적으로 이용한 일이 없고, 취임 이후 기무사령관과 단 한 번도 독대하지 않았습니다. 그러나 대통령의 선의에만 맡길 것이 아니라 제도화하는 것이 더 더욱 중요하다고 생각합니다. 앞으로 어떤 이유로든 군사안보지원사령부가 정치적으로 악용되는 일은 결코 없을 것이라는 점을 국민들께 약속드립니다. 군사안보지원사령부는 국가와 국민을 수호하는 부대로 새롭게 태어나야 할 것입니다. 국방부 등 관계 기관도 군사안보지원사령부가 제도의 취지대로 오로지 국가와 국민만을 바라보고 일하는 부대로 거듭날 수 있도록 노력해 주기 바랍니다.

독립유공자 및 유족 초청 오찬사

| 2018-08-14 |

여러분, 반갑습니다. 기록적인 폭염 때문에 무엇보다 어르신들의 건강이 염려되는 시기입니다. 작년에 이어 독립유공자 어르신들의 건강하신 모습을 뵙게 되어 아주 기쁩니다. 오래오래 우리 곁을 지켜주셨으면 합니다.

독립유공자 후손들도 전국 각지에서 와주셨습니다. 카자흐스탄, 브라질, 러시아 등 국외거주 독립유공자 후손들도 많이 오셨습니다. 이번에 새로 우리 국적을 취득한 분들도 모셨습니다. 환영합니다. 정말 잘 오셨습니다.

시간과 공간을 뛰어넘는 여러분의 애국 앞에서 늘 숙연해집니다.

이역만리 떨어져 있어서 더 애틋하고, 시간이 흘러도 대를 이어 뜨겁습니다. 독립유공자와 후손 여러분 한 분 한 분께 국민을 대표해 깊은 존경과 감사의 인사를 드립니다.

존경하는 독립유공자와 후손 여러분, 독립운동은 오늘의 대한민국을 있게 한 힘이자 정신입니다. 선열들의 독립운동은 민족의 자존을 세우는 일이었고 모든 사람이 평등하다는 외침이었습니다. 민족의 독립과 애국이라는 대의 앞에 신분과 지위, 성별의 구분이 없었습니다.

1904년 한일의정서가 체결되자, 전국에 배일통문을 돌린 것은 당시 평리원 서리재판장이었던 왕산 허위 선생이었습니다. 평리원 서리재판장은 요즘으로 치면 대법원장에 해당되는 직책입니다. 그 후 13도 연합 의병부대를 이끈 허위 의병장은 결국 서대문형무소의 첫 번째 순국자가 되셨습니다. 우즈베키스탄에 거주하던 허위 의병장의 현손녀 키가이 소피아 님이 이 자리에 함께하고 계십니다. 어디 계시죠? 큰 박수로, 큰 소리로 환영해 주시기 바랍니다.

이번에 정부는 여성 독립운동가 202명을 새로 발굴하고, 그 가운데 26명에 대해 서훈과 포상을 결정했습니다. 그 중에서도 1919년 평안남도 순천에서 대한국민회 부인향촌회를 조직해 조국 독립에 크게 기여한 최복길, 김경신, 김화자, 옥순영, 이관옥 선생에게는 건국훈장이 추서되었고, 이번 광복절 포상자 중 주요 인물로 선정되었습니다.

3·1 운동 1주년을 기리며 기숙사 뒷산과 교정에서 일제히 독립만

세를 외친 당시 배화여고 학생 여섯 명에게도 대통령 표창을 드리게 되었습니다.

1926년 6·10 만세운동을 주도한 중앙고보 이선호 선생은 그해 11월 경성지방법원 공판에서 '자유를 절규하면 자유가 생긴다는 결심으로 거사에 임하였다'고 거침없이 진술했습니다. 그로부터 3년 뒤, 광주에서 시작된 항일 학생 투쟁은 목포, 나주, 서울을 비롯해 전국으로 확대되었고, 항일 민족 운동의 불씨를 다시 지폈습니다. 이 자리에 안중근 의사의 후손 두 분도 함께하고 계십니다.

108년 전, 사형을 앞둔 안중근 의사는 빌렘 신부와 마지막 면회에서 한국의 독립운동이 억압에서 벗어나 자유를 되찾으려는 전 인류적인 활동임을 밝혔습니다.

여순감옥에서 저술한 '동양평화론'에서는 동양평화를 위한 일본의 역할을 강조했고, 한·중·일이 공동으로 은행과 군대를 창설하자는 시대를 앞선 비전을 제시하기도 했습니다. 자유와 평화를 향한 안중근 의사의 위대한 정신과 발자취는 오늘날까지 이어지고 있습니다.

일본 미야기현에는 여순감옥의 간수, 故 지바 도시치가 모신 안중근 의사 영정이 있습니다. 동양평화론을 연구하는 일본 학자들도 있습니다. 중국 하얼빈에도 안중근 의사의 기념관과 동상이 있습니다.

그러나 우리는 여태까지 안 의사의 유해조차 찾지 못했습니다. 김구 선생이 효창공원에 마련한 가묘는 여전히 비어있습니다. 해방이 되거든 고국으로 반장해 달라는 안 의사의 마지막 유언을 지키지 못하고 있습니다.

내년 3·1 운동과 대한민국 임시정부 수립 100주년을 맞아 정부는 북한과 공동사업으로 안중근 의사의 유해 발굴 사업을 추진할 것입니다.

존경하는 독립유공자와 후손 여러분,

저는 보훈이야말로 강한국가를 만드는 뿌리라는 신념을 가지고 있습니다. 나라를 위한 헌신에 예우를 다하는 것은 국가의 마땅한 도리이자, 미래를 위한 최고의 투자라고 생각합니다. 독립운동가 가문의 현재 삶의 모습이야말로 다음 세대에게 애국의 지표가 되기 때문입니다.

경제적 지원을 확대하는 것은 제대로 된 보훈의 시작입니다. 약속드린 대로 올해부터 애국지사에게 드리는 특별예우금을 50% 인상했습니다. 독립운동가의 3대까지 안정적으로 생활하실 수 있도록 1만7천여 명에게 지원금을 드리고 있습니다.

독립유공자 후손의 곁을 지키고 보살피는 따뜻한 보훈도 시작되었습니다. 올해부터 독립유공자 자녀와 손자녀의 자택을 방문하는 찾아가는 보훈복지서비스를 실시하고 있습니다. 해외에 사시다 국내로 영주 귀국한 모든 독립유공자 후손들에게는 주택을 지원하고 있습니다.

여러분의 몸과 마음의 건강도 중요하게 챙길 것입니다. 이번 달에 인천보훈병원과 보훈의학연구소가 개원할 예정입니다.

제대로 된 보훈은 나라를 위한 모든 희생을 끝까지 찾아내 기억하고 보답하는 것으로 완성됩니다.

앞에서 말씀드렸듯이 이번 광복절부터 독립운동가 포상 기준을 세심히 살핀 결과 여성 독립운동가 202명을 새로 발굴했습니다. 늦었지만 정말 반가운 소식입니다. 앞으로도 여성은 물론 학생, 의병까지 후세들에게 널리 기억되고 합당한 예우를 받을 수 있도록 적극 발굴해 나가겠습니다.

존경하는 독립유공자와 후손 여러분,

오늘은 '일본군 위안부 피해자 기림의 날'이기도 합니다. 저도 오찬을 마친 뒤 추모의 자리에 함께할 것입니다. 다시는 이러한 고통과 아픔이 되풀이 되어서는 안 됩니다. 정의와 진실로 역사를 바로 세우고, 평화로 나라를 튼튼히 지키겠다는 다짐의 말씀을 드립니다.

독립운동으로 나라를 찾고, 임시정부로 대한민국의 법통을 세운, 자랑스러운 조국의 역사는 바로 이 자리에 계신 여러분이 만든 것입니다. 보훈으로 국민의 마음을 하나로 모아 현재와 미래의 대한민국을 더욱 강하게 만들겠습니다. 다음에 볼 때까지 꼭 건강하십시오.

감사합니다.

일본군 '위안부' 피해자 기림의 날 기념식

| 2018-08-14 |

존경하는 국민 여러분, 일본군 '위안부' 피해 할머니와 가족, 그리고 관계자 여러분,

일본군 '위안부' 피해자 기림의 날이 국가기념일로 지정되었습니다. 오늘이 그 첫 번째 기념식입니다.

27년 전 오늘, 일본군 '위안부' 피해자 故 김학순 할머니가 생존자 중 처음으로 피해 사실을 공개 증언했습니다. 그로부터 30년 가까운 세월 동안 할머니들의 당당하고 용기 있는 행동이 이어졌습니다. 그 용기가 이 뜻깊은 자리를 만들었습니다.

먼저, 이곳 국립망향의 동산에 잠들어 계신 할머니들의 영전에 깊이 고개 숙입니다. 할머니들은 이루 말할 수 없는 고통의 시간, 광복 후에도 멈추지 않은 모질고 긴 세월을 딛고 서셨습니다. 우리 앞에 놓인 역사적 책무를 다하겠다는 다짐과 함께 할머니들의 안식과 명복을 빕니다.

존경하는 국민 여러분,

할머니들께서 잃어버린 세월은 우리가 잊지 말아야 할 세월입니다. 대한민국은 할머니들께 많은 것을 빚졌고, 많은 것을 배웠습니다.

일본군 '위안부' 문제는 광복 후에도 오랜 세월 은폐되고 부정되었습니다. 할머니들은 가족들에게도 피해 사실을 말하지 못한 채 고통을 안으로 삼키며 살아야했습니다. 국가조차 그들을 외면하고, 따뜻하게 품어주지 않았기 때문입니다.

그것을 복원해 낸 것은 국가가 아니라 할머니들 자신이었습니다. 침묵의 벽을 뚫고 나온 할머니들은 거리에서, 강연장에서, 법정에서, 한국에서, 일본에서, 또 세계 각국에서 피해 사실을 증언하고 호소했습니다.

일본군 '위안부' 문제에 대한 우리 사회의 관심과 연대의 폭이 크게 확장되었고, 아시아 다른 나라의 피해자들에게도 용기를 주었습니다. 뿐만 아니라, 전쟁 중의 여성인권과 성폭력 범죄에 대한 국제사회의 관심과 논의를 크게 진전시켰습니다.

일본군 '위안부' 문제는 한일 양국 간의 역사 문제에 그치지 않고 전시 여성 성폭력의 문제, 인류 보편적 여성 인권의 문제입니다.

유엔의 모든 인권기구와 세계 여러 나라에서 거의 매년 위안부 문제 해결을 요구하는 결의가 채택되고 권고가 이루어지고 있습니다.

이제 '위안부' 피해자 할머니들은 자신들의 명예회복 요구에 머무르지 않고 나비기금을 통해 전시 성폭력 피해자 지원에 나서고 있습니다. "우리는 아파봤기에 그 사람들이 얼마나 아픈지 압니다."라고 말씀하십니다. 그 울림이 너무도 큽니다. 할머니들은 자신의 고통과 아픔을 승화시켜 이 순간에도 인권과 평화를 실천하고 계십니다.

존경하는 국민 여러분,

우리는 내일 광복 73주년을 맞습니다. 하지만 이미 고령이 되신 피해자 할머니들께는 여전히 광복은 오지 않았습니다. 참으로 마음이 무겁습니다. 일본군 '위안부' 문제는 위안부 피해자 할머니들의 존엄과 명예를 회복하고, 마음의 상처가 아물 때 비로소 해결될 수 있습니다.

정부는 피해자 할머니들과 지속적인 소통에 성의를 다할 것입니다. 피해자 중심 문제 해결이라는 국제사회의 인권규범에 따라, 할머니들을 문제해결의 주체로 존중하겠습니다. 명예와 존엄 회복을 위한 기념사업도 최선을 다해 추진하겠습니다.

피해자들의 증언과 시민사회, 학계의 노력으로 진실의 뼈대는 드러났지만, 아직 길이 멉니다. 기록의 발굴부터 보존과 확산, 연구지원, 교육에 이르기까지 체계적이고 적극적인 노력을 기울이겠습니다.

이제 우리는 아픈 상처를 넘어 세계 여성인권과 평화의 가치를 실천해야 합니다. 진실을 외면한 역사를 바로잡고 정의를 세우는 것이 우리의 할 일입니다. 저는 이 문제가 한일 간의 외교 분쟁으로 이어지지 않길 바랍니다. 양국 간의 외교적 해법으로 해결될 문제라고도 생각하지 않습니다.

우리 자신과 일본을 포함한 전세계가 전체 여성들의 성폭력과 인권 문제에 대해 깊이 반성하고, 다시는 되풀이하지 않겠다는 굳은 각성과 교훈으로 삼을 때 비로소 해결될 문제입니다.

우리가 일본군 '위안부' 피해자 기림의 날을 국가기념일로 지정하고 오늘 첫 국가기념식을 갖는 취지가 여기에 있습니다.

기념식을 통해 국민들께서 피해자의 고통과 목소리를 깊이 공감하게 되셨기를 바랍니다. 생존 할머니들께서 오래오래 건강하게 우리와 함께해 주셨으면 좋겠습니다.

감사합니다.

여야 5당 원내대표 초청 대화 모두발언

| 2018-08-16 |

　반갑습니다. 20대 국회 후반기 원구성이 이뤄지고, 또 오늘 8월 임시국회가 시작되는 날에 여야 5당 원내대표님들과 함께 소통하는 시간, 또 그러면서 협치에 대해서도 의논할 수 있는 그런 기회를 갖게 되어서 아주 기쁘게 생각합니다.

　지난 7월 달에 우리 여야 원내대표님들이 초당적 협력을 위해서 함께 미국을 방문해 우리 한미동맹을 더 굳건하게 하고, 한반도의 완전한 비핵화와 함께 평화를 구축하고, 또 한편으로는 자동차 관세 등 통상 현안 문제 해결에 대해서 정부가 하고 있는 노력에 대해서 아주 뒷받침하는 그런 힘이 되어 주셔서 아주 고마웠습니다.

뿐만 아니라 또 돌아오셔서 이번 8월 임시국회에 자영업자 대책들을 비롯한 민생경제 법안들, 혁신성장을 위한 규제혁신을 위한 법안들 이번 8월 임시국회에 처리하겠다고 그렇게 합의를 해 주셨고, 또 그것을 위해서 각 당 간에 민생경제 TF 구성하기로 그렇게 합의하신 것을 봐서 한편으로 고맙고 기쁜 마음이었습니다.

그 합의대로 이번 8월 임시국회에서 좀 정말로 어려운 자영업자들에 대해서 충분한 대책을 마련하는, 그것을 포함한 민생경제 법안들을 신속하게 처리해 주시고, 또 이번에 폭염 때문에 폭염을 재난에 포함시키는 그런 재난안전법이라든지, 전기요금을 좀 더 합리적으로 누진제를 개선하는 그런 방안들도 필요한 것 같습니다. 그와 함께 혁신성장을 위한 규제혁신에 대해서도 뜻을 좀 모아주시기를 그렇게 당부를 드리겠습니다.

조금 더 욕심을 내자면 사실 국민들은 정말 여야정 간의 협치를 아주 간절하게 바라고 있습니다. 우리 다 정치권이고 사실 잘 알기 때문에 지난번 대선 때 여야정 상설국정협의체를 구성하자고 각 당이 함께 그 때 공약을 했었습니다. 저는 그래서 아마 기억하시겠습니다만 제가 당선된 다음날 취임식 하기 전에 제가 각 당을 방문해서 협조 부탁을 드렸었고, 또 그동안 있었던 여야 각 대표 초청이나 원내대표 초청, 만남 때마다 거듭거듭 당부 말씀을 드렸습니다. 작년 9월 각 당 대표님들 만나는 자리에서는 사실은 구두 상으로는 구체적인 합의까지 이뤄졌었는데 그

것이 그 뒤에 실행이 되지 못한 채 오늘에 이르고 있습니다.

오늘에는 여야정 상설국정협의체 이것 좀 분명하게 합의를 해서 분기에는 적어도 한 번씩은 개최를 한다든지, 또 필요할 때는 추가로 여야 합의에 의해서 국정 협의를 한다든지 이런 구체적인 협치에 대해서 우리가 합의를 해낼 수 있다면 국민들께 좀 희망을 드릴 수 있지 않을까 생각합니다.

하나 더 당부 말씀을 드리자면 4·27 판문점 선언 이후에 그 선언을 국회에서 비준 동의해야 한다는 논의들이 있었는데 그것도 지금까지 주춤하고 있는 상황입니다. 아시다시피 다음 달에 평양에서 남북정상회담이 열리게 되는데, 지난번 4·27 판문점 선언에 대해서 국회에서 비준 동의를 해 주신다면 평양에서 정상회담을 가질 때 훨씬 더 힘이 되지 않을까 그렇게 생각합니다.

또 한편으로는 방문 시기와 함께 방문단의 규모, 방문 일정에 대해서 북측과 협의를 해야 됩니다만 우리 정부의 기본 입장은 그때 국회에서도 함께 방북을 해서 남북 간에 국회회담의 단초도 마련했으면 하는 욕심입니다. 그렇게 되기 위해서도 이번에 4·27 판문점 선언의 비준 동의를 그 이전에, 평양회담 이전에 해 주신다면 남북 국회 회담을 추진하는 데에도 큰 힘이 되지 않을까 그렇게 생각합니다.

마지막으로 조금 말씀을 드릴까 망설여지기도 하고 조심스러운 부분인데, 요즘 선거 개편에 관한 논의가 국회에서 활발하게 재개되는 것을 보았습니다. 저는 아주 좋은 일이라고 생각하고 있는데, 그 가운데 대통령이 좀 분명하게 입장을 표명해 주었으면 하는 그런 요청이 있는 것을 보았습니다. 아시는 바와 같이 선거제도 개편은 여야 간에 합의해서 결정이 되는 것이고 대통령이 주도할 수 있는 그런 사안은 아닙니다. 대통령이 너무 입장을 강하게 내면 혹시라도 국회에서 자유롭게 논의하는 데 오히려 장애가 될까봐 그렇게 망설여졌습니다.

어쨌든 국회에서 여야 간에 합의로 추진될 문제라는 점을 전제하면서 제 개인적인 생각을 말씀 드리자면, 저는 비례성과 대표성을 강화하는 선거제도 개편이 반드시 필요하다는 것을 어느 누구보다 일찍 주장을 해왔었고. 아시다시피 2012년 대선 때 이미 그 방안으로 권역별 정당명부 비례대표제를 공약했었습니다. 그리고 지난 대선 때도 똑같은 공약을 되풀이했었고요. 마침 19대 국회 때는 중앙선관위가 중립적인 입장에서 의석수까지 조금 제시하면서 권역별 정당명부 비례대표제 또는 연동형 비례대표제를 국회에 제시를 한 바 있어서 그것을 실현하기 위해서 그때 정의당과 함께 민주당이 함께 노력을 했었는데 그때도 각 정당 간에 의견이 맞지 않아서 끝내 실현되지는 못했습니다. 저는 그래서 지난 번 개헌안 제시할 때도 개헌안 속에 그 내용을 담은 바가 있었습니다. 그렇게 비례성과 대표성을 제대로 보장할 수 있는 그런 선거제도 개편에 대해서 대통령 개인적으로는 강력하게 지지한다는 그런 말씀을 드리고 싶습니다. 오늘 좋은 논의가 있기를 기대하겠습니다. 감사합니다.

수석보좌관회의 모두발언

| 2018-08-20 |

시작할까요? 역대 가장 길고 강렬했던 폭염이 한풀 꺾이고 있습니다. 국민들께서 더위로 고생하셨던 것을 생각하면 다행스럽다는 생각이 듭니다. 하지만 기록적인 폭염이 남긴 생채기가 우리 경제와 삶 곳곳에 남아 있습니다. 각 부처에서는 이번 폭염으로 생긴 여러 분야의 어려움을 지원하는 한편 올해와 같은 폭염이 빈번하게 되풀이될 수 있다는 전제하에 상시적으로 적용할 수 있는 근본대책을 마련해 주길 바랍니다. 아울러 이번 주 한반도 상륙 가능성이 있는 태풍 솔릭에 대해서도 폭우나 강풍피해를 최소화할 수 있도록 범정부적인 대비태세에 만전을 기해 주길 바랍니다.

오늘 금강산에서 오랜만에 이산가족 상봉행사가 열립니다. 70년 넘게 생사조차 모르고 살던 부모와 딸, 아들, 또 자매, 형제 등 170여 가족이 다시 만날 수 있게 되었습니다. 통일부 등 관계기관에서는 이번 상봉 대상자들의 연세가 70세부터 101세까지 고령인 만큼 응급진료체계 등 상봉행사가 안전하게 치러지도록 각별하게 노력해 주길 바랍니다. 지금도 상봉의 기회를 갖지 못하고 애태우는 이산가족 상봉 신청자가 남측에만 5만 6천명이 넘습니다. 95세 어르신이 이번에 상봉대상자로 선정되지 못하자 이제 끝났다고 울음을 터뜨렸다는 보도도 보았습니다. 저 역시 이산가족의 한사람으로 그 슬픔과 안타까움을 깊이 공감합니다. 정말로 시간이 없습니다. 최근 5년 동안 3600여 명이 매년 돌아가셨고 올해 상반기에만 3천명 넘게 세상을 떠났습니다. 그분들이 헤어진 가족의 생사조차 알지 못한 채 천추의 한을 안고 생을 마감하신 것은 남과 북의 정부 모두에게 부끄러운 일입니다. 이제 그분들의 기다림이 더 이상 길어져서는 안 됩니다. 이산가족 상봉을 더욱 확대하고 속도를 내는 것은 남과 북이 해야 하는 인도적 사업 중에서도 최우선적인 사항입니다. 남과 북은 더 담대하게 이산가족 문제 해결을 위해 노력해야 합니다. 정기적인 상봉행사는 물론 전면적 생사확인, 화상상봉, 상시상봉, 서신교환, 고향방문 등 상봉 확대방안을 실행해야 합니다. 특히 오래전에 남북 합의로 건설된 금강산 이산가족 면회소를 건설취지대로 상시 운영하고 상시상봉의 장으로 활용해야 할 것입니다.

고용상황이 개선되지 않고 오히려 악화되는 모습을 보이고 있어서 마음이 매우 무겁습니다. 정부는 고용위기 해소를 위해 좋은 일자리 늘리기를 국정의 중심에 놓고 재정과 정책을 운영해 왔지만 결과를 놓고 보면 충분하지 못했다는 것을 인정하지 않을 수 없습니다. 매달 발표되는 고용상황을 보면 정부의 정책이 효과를 내는 분야가 있는 반면 정책이 효과를 내지 못하거나 부족한 분야가 있습니다. 또한 고용상황이 좋아지는 분야와 연령대가 있는 반면 고용상황이 계속 악화되는 분야와 연령대가 있습니다. 인구와 산업구조 조정, 자동화와 온라인쇼핑과 같은 금방 해결하기 어려운 구조적 요인도 있습니다. 정부는 이 모든 상황에 대해 종합적인 대책을 세우고 특히 고용상황이 어려운 분야와 연령대에 대해 더욱 다양하고 강력한 대책들을 마련해야 할 것입니다. 특히 올해와 내년도 세수전망이 좋은 만큼 정부는 늘어나는 세수를 충분히 활용하여 적극적인 재정정책을 펼쳐주길 바랍니다. 그와 함께 민간분야의 투자와 고용 확대를 위한 규제혁신과 공정경제 강화에도 더욱 속도를 내고 국회의 협력을 받을 수 있도록 최선을 다해주길 바랍니다. 정책에서 무엇보다 두려워해야 할 것은 난관보다 국민의 신뢰를 잃는 것입니다. 청와대와 정부의 경제팀 모두가 완벽한 팀워크로 어려운 고용상황에 정부가 최선을 다한다는 믿음을 주고 결과에 직을 건다는 결의로 임해 줄 것을 당부합니다.

19호 태풍 '솔릭' 대처상황
긴급점검 회의 모두발언

| 2018-08-23 |

6년 만에 한반도를 관통하는 태풍 '솔릭' 때문에 국민들 걱정이 매우 큽니다. 2010년에 아주 큰 피해를 입혔던 태풍 '곤파스'하고 경로가 비슷하고, 또 그런데도 위력은 더 강하고, 또 내륙에 머무는 시간은 더 길기 때문에 피해가 더 크지 않을까 걱정입니다. 태풍이 처음 지나간 제주도 피해 소식에 벌써 어깨가 무겁습니다. 이번 여름 국민들께서 긴 폭염 때문에 고통을 많이 겪었는데 이번에 다시 또 태풍 때문에 다시 한 번 고통을 겪게 될까 그게 염려가 많이 됩니다.

태풍이 지나갈 오늘부터 내일까지 이틀간 우리 정부 그리고 지자체가 보유하고 있는 위기관리능력을 남김없이 발휘해서 국민들 피해가 최소화되고 또 걱정도 최소화될 수 있도록 그렇게 함께 노력해야겠습니다.

정부는 태풍 상륙 이틀 전 21일부터 비상대비체제를 가동을 했고, 재난 문자와 방송 등을 통해 국민들이 태풍에 대비하도록 안내하는 등 신속하게 초기대응에 나섰다고 생각합니다. 그러나 내륙 상륙이 있을 때까지 조금 더 시간이 있기 때문에 한 번 더 점검해 주시기 바랍니다.

특히 공사 현장이나 산사태지역 같은 이런 취약 지역에 대해서 각 지자체에서 다시 한 번 더 꼼꼼하게 점검해 주셨으면 합니다.

그러나 이번 태풍이 예상하고 있는 대로 이틀에 거쳐서 내륙을 지나간다면 우리가 대비를 아주 잘 하더라도 피해는 불가피할 것이라고 그렇게 예상이 됩니다. 다시 한 번 강조하지만 국민의 생명과 안전이 가장 먼저 입니다. 강풍과 폭우 속에 자녀분들을 등교시키고 또 출근을 걱정해야 되는 국민들의 일상생활에 대한 대책이 무엇보다 중요하다고 생각합니다.

일부 지역에서 이미 시작되었지만 지방교육청과 또 일선 학교를 포함한 전국의 모든 교육기관들이 임시휴교와 등하교 시간 조정 등 학생들의 안전을 위해서 가능한 모든 방법을 적극적으로 강구해 주기 바랍니다. 아울러 민간 기업들도 직원들의 안전을 최우선적으로 고려해서 필요하다면 출퇴근 시간을 조정하는 등 능동적인 대처에 나설 수 있도록 그렇게 함께 노력을 해 주시기 바랍니다.

이번 태풍은 이런 집중호우에 의한 피해도 우려가 되지만 무엇보다 강풍 피해가 더 클 것이라고 그렇게 예상을 하고 있습니다. 산업현장에서 강풍에 의한 대형 크레인이나 타워 크레인 붕괴 같은 그런 대형사고가 발생하지 않도록 안전점검에 각별히 신경을 써주시기 바랍니다.

뿐만 아니라 선박이라든지, 비닐하우스라든지, 또는 간판이라든지 바람 때문에 무너지거나, 날아가거나, 떨어져나갈 수 있는 그런 시설들에 대해서 안전점검에 다시 한 번 더 유의를 해 주시기 바랍니다.

중앙정부와 지자체를 포함한 모든 공직자들은 이번 태풍이 완전히 끝날 때까지 긴장의 끈을 놓지 말고 국가적비상대비 태세를 유지해서 총력 대응해 주시기 바랍니다.

또 아까 통일부 장관 말씀이 계셨습니다만, 지금 2차 남북 이산가족 상봉을 앞두고 있는데 이번 태풍이 그 지역 쪽으로 빠져나갈 것으로 그렇게 예상이 되고 있습니다. 특히 연로하신 분들이 많기 때문에 또 그분들의 안전에 각별히 유의해 주시고, 필요하다면 장소나 일정조정 등 가능한 모든 방안을 신속하게 검토를 해 주기 바랍니다.

정부는 태풍 피해를 최소화하는 것은 물론 부득이하게 피해를 입게 될 그런 이재민들에 대한 구호활동과 또 피해시설에 대한 응급 복구에도 만전을 기할 것입니다. 행정안전부는 피해가 큰 지역에 대해서 특별교부세 지원과 특별재난지역선포 등 가능한 모든 지원책을 미리 검토를 해 주기 바랍니다. 그리고 또 각 지자체에서는 독거 어르신들과 또 재해 위험지역 주민들의 안전에 각별한 관심과 지원 대책을 강구해 주시기 바랍니다.

　필요하다면 관계부처들 간의 협업 그리고 또 중앙정부와 지자체 간의 협업 체제가 원활하게 가동될 수 있도록 각별하게 유의해 주시고 노력해 주시기 바랍니다.

2018 공공기관장 워크숍

| 2018-08-29 |

공공기관장 여러분, 반갑습니다.

취임 후 처음으로 모두 함께 뵙습니다. 원주 혁신도시가 여러분 덕분에 활력이 넘칩니다.

오늘 우리는 공공기관 혁신 방안을 공유하고, 국민 앞에서 실천을 약속하기 위해 한 자리에 모였습니다. 국민이 요구하는 혁신 목표는 분명합니다. 모든 공적인 지위와 권한을 오직 국민을 위해서만 사용하라는 것입니다. 한마디로 공공성을 회복하는 것입니다.

공공기관은 국민의 일상과 가장 가까이에 있습니다. 전기, 교통, 금융, 의료에서 식품, 체육, 영화까지 분야도 다양합니다. 현장에서 국민과 진정으로 소통하고, 어려울 때 힘이 되어 주는 공공기관이 되어야 합니다.

그러나 최근 밝혀진 공공기관의 비리에서 보듯이 몇몇 공공기관은 국민의 편이 아니었습니다. 오히려 특권과 반칙의 온상이 되어, 국민의 공복이라는 자부심을 잃기도 했습니다.

채용과 입찰과정에서의 비리, 어렵고 위험한 일은 위탁업체나 비정규직에 맡기고 민간 부문에 갑질을 하는 등 드러난 현실이 국민들께 큰 실망을 주었습니다. 공공기관이 조직의 명운을 걸고 스스로 깊이 반성해야 할 부분입니다.

최근에 문제가 된 피감기관의 해외출장 지원은 국회가 비판을 많이 받았지만, 피감기관에도 적지 않은 잘못이 있습니다. 청탁금지법 위반 소지가 있는 출장지원, 과도한 의전 제공 등은 피감기관 차원에서도 금지되고 문책되어야 합니다.

더욱 뼈아픈 것은 이러한 일들이 장기간에 걸쳐 광범위하게 일어났다는 것입니다. 비단 공공기관만의 문제가 아니라는 것을 의미합니다. 공공기관의 평가에서, 효율과 수익 극대화를 최우선에 두었던 정부와 사회의 책임을 부인할 수 없습니다. 무리하고 부당한 지시로 공공기관을 옭아매지는 않았는지도 살펴보아야 합니다.

공공기관장 여러분,

다행히 지난 1년여 간 여러 자성의 노력들이 있었습니다.

정부부터 변화를 시작했습니다. 공공기관 경영평가 기준을 사회적 가치 중심으로 정상화했습니다. 정부의 불필요한 지침과 규제에 대해서도 대폭 정비하고 나섰습니다.

공공기관도 스스로 나섰습니다. 공공부문 비정규직의 정규직 전환이 차질 없이 진행 중에 있습니다. 채용비리를 근절하기 위한 종합대책도 마련했습니다. 이번에 자율적으로 기관별 혁신계획도 마련했습니다. 국민 곁으로 돌아가겠다는 공공기관들의 굳은 결의가 느껴집니다. 국민과 전문가의 의견도 폭넓게 수용했다고 하니, 더욱 기대가 됩니다.

그러나 이제 출발점에 선 것입니다. 우리 국민의 눈높이는 매우 높습니다. 공공기관에 대한 기대도 큽니다. 공공기관의 주인이 국민이라는 사실을 늘 새겨 주시기 바랍니다. 국민에게 신뢰받는 공공기관으로 환골탈태하겠다는 비상한 각오로 혁신에 임해 주시길 바랍니다.

공공기관 혁신에 정부도 지원을 아끼지 않겠다는 약속을 드리면서, 몇 가지 당부의 말씀을 드리고자 합니다.

기관 본연의 업무를 중심으로 공공성을 강화하는 것이 혁신의 첫걸음입니다. 얼마 전부터 '코레일'은 지자체와 협력하여 산간벽지 주민들도 쉽게 철도를 이용할 수 있도록 철도역까지 공공택시 서비스를 제공하고 있습니다. 국민의 필요를 세심히 살핀 좋은 예라고 생각합니다.

양질의 일자리, 상생과 협력과 같은 사회적 가치 실현이 공공기관의 경영철학이 되어야 합니다. '동서발전'은 초과근무 수당 등을 절감한 재원으로 작년 신규 인력 72명을 추가 채용했습니다. 노사 합의를 통해 이룬 아주 값진 결실입니다.

이곳, 원주 혁신도시는 국가균형발전이라는 공공의 가치가 성장으로 이어진 아주 모범적인 사례입니다. 참여정부 시절 지정된 원주 혁신도시에 공공기관들이 이전하면서 기업과 대학, 연구기관이 하나둘씩 들어섰습니다. 산·학·민·관이 긴밀히 협력하여 의료기기산업을 발전시켰고, 재작년에는 원주, 한 도시의 의료기기 수출이 4,850억 원에 달했습니다. 우리나라 의료기기 수출액의 15.4%에 이르는 성과입니다. 원주 혁신도시는 지역인재 채용에도 앞장 서, 올 상반기에만 목표치 18%를 훌쩍 뛰어넘는 30.9%를 기록했습니다.

이같이 공공기관의 공공성 회복은 기관의 발전뿐만 아니라 우리 경제의 지속가능한 성장의 기반입니다. 공공부문의 우수 사례들이 민간으로 확대되길 기대합니다.

공공기관장 여러분,

우리는 지금 소득주도성장, 혁신성장, 공정경제를 축으로 경제패러다임의 대전환을 추진하고 있습니다. 현재의 양극화 구조로는 결코 지속가능한 성장을 담보할 수 없습니다. 변화는 선택의 문제가 아니라 생존의 문제입니다. 정부는 모든 정책 수단을 동원해 반드시 우리 경제의 구조와 체질을 바꾸고, 성장 잠재력을 최대한 키울 것입니다.

한편, 경제구조 전환의 과정에서 소상공인과 영세 자영업자, 청년층이 많은 고통을 겪고 있습니다. 빠른 고령화 속에서 노인빈곤도 심각합니다.

공공부문과 민간부문을 잇는 공공기관의 역할이 아주 중요합니다. 최근 금융 공공기관들이 앞장 서 중소·중견기업에 대한 수출보험을 확대하고 취약계층의 재창업과 재기 지원 사업을 늘렸습니다. 정말 반가운 소식입니다. 현장의 목소리에 더욱 귀 기울여, 국민들이 어려움을 겪지 않도록 앞장서 주시기 바랍니다.

나아가, 공공기관이 혁신성장의 마중물이 되어야 합니다. 에너지 신산업과 스마트팜, 스마트시티에 대한 지원과 투자가 더욱 활성화되어야 할 것입니다. 공공기관의 데이터와 시설, 장비의 공유를 통해 혁신 생태계 구축에 기여하는 방안도 적극 검토해 주시기 바랍니다.

정부의 자세도 새롭게 하겠습니다. 각 공공기관이 자유롭게 도전하고 혁신할 수 있도록 자율성을 최대한 보장하겠습니다.

마침 어제 법제처에서 '적극행정 법제 가이드라인'을 마련했습니다. 공공부분이 규제에 관한 법률을 적극적으로 해석하여 혁신에 능동적으로 나서도록 할 것입니다. 감사원도 적극행정에 대해 책임을 묻지 않고 오히려 장려하는 감사를 하고 있습니다. 정부도 확실하게 힘을 실어드리겠습니다.

공공기관은 정부 예산의 1.6배를 사용하는 등 국민경제에서 차지하는 비중이 갈수록 커지고 있습니다. 해당 부처는 공공기관을 국정운영의 파트너로 존중하고, 긴밀히 협력해 주시기 바랍니다.

공공기관의 사회적 책임과 역할은 기관장의 리더십에 달려있습니다. 더 이상의 비리나 부패로 국민에게 좌절과 실망을 주어서는 안 됩니다. 정부도 그 책임을 철저하게 물을 것입니다.

공공기관장 여러분,

국민의 참여는 혁신의 전 과정에 필수적입니다. 국민과의 소통에도 적극적으로 나서 주시기 바랍니다.

오늘 회의가 국민들께 새로운 희망이 되길 바랍니다. 공정하고 정의로운 공동체, 더불어 잘사는 경제를 이끌어 갈, 혁신적인 아이디어가 오늘 많이 논의되길 기대합니다.

감사합니다.

민선7기 시·도지사 간담회 모두발언

| 2018-08-30 |

시·도지사님들 아주 반갑습니다. 민선7기 지방정부 출범 후 처음 간담회를 갖게 되었습니다. 태풍 때문에 간담회를 1차 연기를 했었는데, 오늘도 폭우가 계속되고 있어서 마음이 편하지는 않습니다. 걱정했었던 태풍보다 지금 이어지고 있는 폭우의 피해가 더 큽니다. 전례가 없을 정도로 예측이 힘들고, 또 시간당 강우량이 기록적인 데다가 언제 끝날지 알 수가 없어서 매우 걱정이 됩니다. 시·도지사님들께서 잘 대비해 주시기 바랍니다.

오늘 회의 중에도 만약에 지역에서 긴급한 상황이 발생하면 언제든지 자리에서 이석하셔도 좋습니다.

제가 취임한 후 오늘이 세 번째 시·도지사 간담회입니다. 저는 시·도지사님들과의 소통이 더욱 활발해져야 한다고 생각합니다. 우리는 소속 정당이 다를 수 있고, 또 일하는 무대가 다를 수 있지만 대한민국을 함께 발전시켜나가야 하는 국정의 동반자입니다. 각 지자체 발전의 합이 대한민국의 발전이기 때문에 지자체의 발전과 대한민국의 발전이 따로 갈 수 없습니다.

또한 우리 정치의 가장 중요한 과제 중 하나가 국가균형발전과 지방분권을 강화하는 것입니다. 국가균형발전과 지방분권의 확대도 중앙정부와 지방정부가 함께 머리를 맞대고 지혜를 모아야 더 큰 진전을 이룰 수 있습니다.

비록 지방분권 개헌은 무산되었지만 시·도지사 간담회를 보다 공식화하고, 정례화해서 중앙정부와 지방정부 간 소통과 협력을 강화해나갔으면 합니다. 반드시 이렇게 한자리에 모이는 회의 방식만 생각할 필요는 없을 것 같습니다. 지난주 태풍 '솔릭'에 대비하기 위해서 우리 시·도지사님들과 또 관계 장관들과 함께 화상회의를 했는데 정보를 공유하고, 또 현안을 논의하는 데 큰 도움이 되었습니다. 이렇게 함께 모이는 회의와 화상회의를 번갈아하는 것도 좋겠다는 생각입니다. 시·도지사님들도 어떤 방식의 회의든 대통령과 간담회가 필요하다고 생각되시면 언제든지 요청을 해 주시기 바랍니다.

오늘 민선7기 시·도지사 첫 간담회의 주제는 '일자리'입니다.

최근 고용지표의 하락으로 국민들 걱정이 큽니다. 지역 경제도 구조조정의 여파로 어려운 곳이 많습니다. 일자리, 특히 좋은 일자리 창출이야말로 정부와 지자체가 맞닥뜨린 최대 현안입니다. 내년도 예산안도 일자리에 초점이 모아져 있습니다. 일자리 예산이 실효를 거두려면 정부와 지자체 간의 강력한 협업이 필요합니다. 그러나 그 협업은 지역의 필요와 여건에 맞게 추진되어야 합니다.

이에 대해 정부는 반성을 가지고 있습니다. 지금까지 해온 것처럼 정부가 세부적인 사항까지 기획해서 지침을 내리고, 지자체가 그 틀에 맞추어서 재정을 매칭 부담하는 그런 하향식 획일적 방법으로는 좋은 결실을 맺는 데 한계가 있었습니다.

이제 패러다임 자체를 바꿔야 할 때입니다. 일자리 사업을 지역이 기획하고 주도하고, 정부는 평가·지원하는 상향식, 또 소통적 방법으로 전환해 나가야 한다는 생각입니다. 일자리 사업 재원을 지자체가 더 많은 재량을 갖고, 또 책임 있게 운용할 수 있어야 지역의 특성에 맞는 다양하고 창의적인 사업이 가능할 것입니다.

지역의 일자리 창출을 위해 내년도 예산안에 대폭 반영되어 있는 지역밀착형 생활 SOC 사업도 각 지자체에서 적극적으로 활용해 주시기 바랍니다.

오늘 회의에서 지역이 주도하는 일자리 창출, 또 지역이 주도하는 지역 산업의 경쟁력 강화, 지역 주력 산업의 혁신과 신산업 육성, 지역이 주도하는 혁신성장 등에 관해 우리 시·도지사님들의 지혜를 모아 주시기 바랍니다. 오늘 회의는 우리 시·도지사님들께서 말씀을 많이 하시고, 또 저를 비롯한 우리 정부는 시·도지사님들의 말씀을 많이 듣는 그런 회의를 하고자 합니다. 감사합니다.

헌법재판소 창립 30주년 기념식

| 2018-08-31 |

여러분, 반갑습니다.

헌법재판소 창립 서른 돌을 진심으로 축하합니다.

입법·사법·행정부와 헌법기관에서 중요한 책임을 맡고 계신 분들과 함께 헌법재판소 창립 30주년을 기념하고, 민주주의와 헌법정신을 되새기는 자리를 갖게 되어서 매우 뜻깊게 생각합니다.

헌법재판소를 태동시킨 힘은 1987년 6월 민주항쟁입니다. 그해 국민들은 한 마음으로 독재에 맞서 민주주의를 외쳤습니다. 국민 스스로, 1948년 제헌헌법 이후 40년 동안 법전 속에 잠들어 있던 헌법의 이념과 정신을 삶 속으로 불러냈습니다.

6월 민주항쟁의 승리는 지금의 헌법을 만들어냈습니다. 헌법재판소는 87년 민주헌법의 산물입니다. 민주헌법을 수호하기 위해 국민이 만들어낸 헌법적 장치입니다. 1988년 창립 당시 제대로 된 청사조차 없었던 헌법재판소가 국민 속에 뿌리내릴 수 있었던 힘도 자유, 평등, 민주를 향한 국민의 열망과 기대였습니다. 헌법재판소는 국민에게 위임받은 헌법 해석의 권한으로 국민의 권리를 지키기 위해 쉼 없이 노력해왔습니다. 헌법재판소가 내린 결정 하나하나는 국민의 기본권과 민주주의 성장의 초석이 돼 주었습니다.

불합리한 관행, 부당한 국가권력의 행사로 상처받은 사람들, 사회적 약자와 소수자들이 헌법재판소의 문을 두드렸습니다. 헌법재판소는 치열한 토론과 과감한 결정으로 오랜 인습과 폐단을 없애 주었습니다. 독재와 권위주의 시대의 유물인 악법들을 위헌으로 결정할 때마다 국민의 삶은 좋아졌습니다.

민주주의의 정착과 발전에도 크게 기여해왔습니다. 헌법에 위반되는 정치제도의 개선을 이끌어냈고, 국민의 의사를 제대로 반영하지 못하는 선거제도의 흠결을 보완해 주기도 했습니다.

국민과 함께 한 헌법재판소의 역사에는 오늘 국민훈장을 받으신 조규광 초대 헌법재판소장님을 비롯한 역대 헌법재판관님들의 헌신과 노고가 스며있습니다. 다시 한 번 깊은 존경의 말씀을 드립니다.

헌법재판소의 자랑스러운 오늘을 이끌고 계신 이진성 헌법재판소장님과 여덟 분의 헌법재판관님들, 직원 여러분들께도 감사의 마음을 전합니다.

여러분,

헌법은 국민을 지키는 최후의 보루입니다. 헌법을 수호하라는 국민의 명령, 억울한 사람을 지켜줄 것이라는 국민의 기대, 민주주의 발전의 기반이 되어주고 있다는 국민의 믿음에 헌법재판소는 혼신의 힘을 다해 응답해왔습니다. 헌법은 힘이 셉니다. 국민의 뜻과 의지, 지향하는 가치가 담겼기 때문이며 국민이 지켜주고 있기 때문입니다.

국민은 촛불혁명을 통해 정치적 민주주의에서 삶의 민주주의로 나아가고 있습니다. 세상을 바꾸고 있는 것은 국민입니다. 국민의 손을 놓쳐서는 안 됩니다. 국민과 헌법재판소가 동행할 때 헌법의 힘이 발휘됩니다.

기본권과 국민주권의 강화는 국민이 정부와 헌법기관에 부여한 시대적 사명입니다. 과연 우리 정부와 헌법기관들이 국민이 부여한 사명을 제대로 수행해왔는지, 헌법정신을 잊거나 외면할 때가 있지는 않았는지 끊임없이 자문해야 할 것입니다.

헌법재판소는 국민이 가장 신뢰하는 국가기관입니다. 정치적 중립을 지키며, 독립된 판단기준을 가지고, 오직 국민을 위해 헌법의 가치를 실현할 것이라는 믿음이 그만큼 큽니다.

헌법에는 권력이란 단어가 딱 한 번 나옵니다. "모든 권력은 국민으로부터 나온다." 우리 국민들이 가장 좋아하는 헌법조항입니다. 저를 비롯해 공직자들이 가지고 있는 권한은 모두 국민으로부터 위임받은 권한일 뿐입니다.

국민의 기본권에 대해서는 더 철저해야 하며 국가기관의 불법적 행위에 대해서는 더 단호해야 할 것입니다. 헌법은 완전무결하거나 영원하지 않습니다. 헌법에 대한 해석 역시 고정불변이거나 무오류일 수는 없습니다. 시대정신과 국민들의 헌법의식에 따라 헌법해석도 끊임없이 진화하는 것이라고 믿습니다.

변할 수 없는 원칙도 있습니다. 민주주의의 완성과 인간의 존엄을 향한 국민의 뜻과 염원은 결코 바뀔 수 없는 원칙입니다. 헌법재판소가 이 원칙에 굳건히 뿌리내릴수록 헌법을 포함해 법에 대한 국민의 신뢰가 더욱 강해질 것입니다. 국민들은 자신의 삶에 더 충실할 수 있고 국가의 기반도 더 튼튼해질 것입니다.

내년은 대한민국 임시정부가 국민주권의 민주공화국을 선포한 지 100년이 되는 해입니다. 헌법재판관 한 분 한 분은 주권자인 국민들을 대신하고 있으며, 저마다 의견이 다를 수 있는 국민의 마음을 통합하고 있습니다.

헌법재판소가 국민주권을 강화하고 성숙한 민주공화국으로 가는 길에서 국민의 가장 든든한 동반자가 되어주실 것으로 믿으며, 헌법재판소의 무궁한 발전을 기원합니다. 감사합니다.

데이터경제 활성화 규제혁신 현장방문

| 2018-08-31 |

여러분, 반갑습니다.

규제혁신을 위한 세 번째 현장방문입니다. 앞서 의료기기 인허가와 인터넷은행 활성화를 위한 규제혁신 발표가 있었습니다. 현재, 관련 제도 개선과 법 개정을 추진하고 있습니다. 국회의 논의도 활발하게 이뤄지고 있어서 조속한 입법을 기대하고 있습니다. 현장은 규제혁신을 간절히 기다리고 있습니다. 신속한 후속조치로 규제혁신의 효과를 현장에서 느낄 수 있도록 하겠습니다.

오늘은 데이터 경제 활성화를 위한 규제혁신입니다. 데이터를 활용한 사례들을 들으며 데이터가 다양한 분야에서 활용된다는 사실을 알 수 있었습니다. 데이터 규제혁신은 기업과 소상공인, 소비자 모두에게 도움이 되며 혁신성장과 직결됩니다.

최근 세계적으로 기존 산업계를 뒤흔들고 있는 우버와 에어비앤비의 성공도 축적된 데이터를 기반으로 이룬 것입니다.

데이터를 잘 가공하고 활용하면 생산성이 높아지고 새로운 서비스와 일자리가 생겨납니다. 심야에 운행되는 서울시의 '올빼미 버스'는 통신사 고객의 위치정보를 분석해 노선을 정했습니다. 시민들에게 큰 호응을 얻고 있습니다. 독일의 전기전자업체 지멘스는 데이터 분석을 통해 생산라인을 조정하여 생산량을 8배로 늘렸습니다.

작년에 EU는 데이터경제 육성전략을 세웠습니다. 2016년 미국은 빅데이터 연구개발 전략을 발표했습니다. 중국과 일본도 마찬가지입니다. 세계 주요국들은 '데이터 경제'로 신속하게 나아가고 있습니다.

이렇게 데이터경제가 세계적으로 피할 수 없는 흐름이라면, 우리도 그에 발맞춰 신속하게 전략을 세워나가지 않으면 안 됩니다.

데이터 산업 관계자 여러분,

정보화 시대 김대중 대통령은 '인터넷을 가장 잘 하는 나라'의 기반을 세웠습니다. 초고속망의 정보고속도로를 깔아 IMF 위기를 극복했습니다. 우리는 '산업화는 늦었지만 정보화는 앞서가자'는 의지로 세계 최고의 IT강국이 될 수 있었습니다.

이제 우리는 빅데이터, 인공지능, 자율주행차 등 새로운 도전에 직면했습니다.

산업화 시대는 석유가 성장의 기반이었습니다. 4차 산업혁명 시대, 미래 산업의 원유가 바로 데이터입니다. 데이터와 인공지능의 결합이 다양한 새로운 산업을 만들어낼 것입니다.

이제 대한민국은 인터넷을 가장 잘 다루는 나라에서, 데이터를 가장 잘 다루는 나라가 되어야 합니다. 스위스 국제경영대학원이 발표한 디지털 경쟁력 순위에서 우리의 빅데이터 활용능력은 63개국 중 56위입니다. 신기술에 대한 규제는 44위로 평가했습니다. 데이터의 적극적인 개방과 공유로 새로운 산업을 도약시켜야 합니다.

데이터 규제혁신의 목표는 분명합니다. 데이터의 개방과 공유를 확대해 활용도를 높이는 것입니다. 이를 통해 신기술과 신산업, 새로운 제품과 서비스를 창출하는 것입니다.

개인정보 보호의 원칙을 분명하게 지키면서 안전한 데이터를 활용할 수 있도록 규제를 개선하는 것입니다. 정보화 시대에 개인정보 보호의 중요성은 아무리 강조해도 지나치지 않습니다. 다만 보호와 활용의 조화를 위해 개인정보의 개념을 정확하게 할 필요가 있습니다.

개인과 관련한 정보를 개인정보, 가명정보, 익명정보로 구분하여 개인정보는 철저히 보호하고, 가명정보는 개인정보화할 수 없도록 확실한 안전장치 후 활용할 수 있게 하며, 개인성보화 할 수 없는 익명정보는 규제 대상에서 제외하는 것입니다.

어떤 경우이든 정부는 데이터의 활용도는 높이되, 개인정보는 안전장치를 강화하여 훨씬 더 두텁게 보호할 것입니다. 데이터를 가장 잘 다루면서, 동시에 데이터를 가장 안전하게 다루는 나라가 되고자 합니다.

데이터 혁신은 여러 부처가 함께 힘을 모아야 가능합니다. 관계부처는 긴밀히 협력해 관련 법안을 조속히 제출하고, 국회의 협력을 받을 수 있도록 적극 노력해주기 바랍니다.

부처별로 이뤄지는 개인정보 관리를 정부가 통합해 강화해달라는 사회적 요구가 있습니다. 독립적인 관리감독기관에 대한 논의도 빠르게 시작해 주시기 바랍니다.

데이터 산업 관계자 여러분,

데이터 경제 활성화는 우리 경제에 활력을 줄 것입니다. 국민들의 생활도 더 편리해질 것입니다. 빅데이터와 인공지능의 결합이 새로운 제품과 서비스 개발의 시작입니다.

성장에 어려움을 겪는 소상공인들에게는 데이터를 활용한 매출 증대와 새로운 부가가치 창출의 기회가 될 것입니다. 중소기업에게는 시장개척의 기회가 될 것입니다. 개개인의 수요와 특성을 고려한 맞춤형 상품과 서비스도 대폭 늘어날 것입니다.

정부는 우리 경제의 새로운 활력을 위해 데이터 산업을 전폭적으로 지원하겠습니다. 산업화 시대의 경부고속도로처럼 데이터 경제시대를 맞아 데이터고속도로를 구축하겠습니다.

클라우드는 데이터고속도로의 기반입니다. 공공부문이 민간 클라우드를 함께 사용하고 이용함으로써 공공의 데이터를 민간의 창의적 아이디어와 결합할 수 있도록 할 것입니다.

정부는 규제혁신과 함께 국가전략투자 프로젝트로 데이터경제를 선정했습니다. 핵심기술 개발을 지원하고, 전문인력 5만명, 데이터 강소기업 100개를 육성할 것입니다. 이를 위해, 내년 데이터 산업에 총 1조원을 투자하겠습니다.

우리 혁신성장의 미래가 데이터에 있습니다. 데이터를 기반으로 하는 신산업, 신기술을 위해 데이터 규제혁신이 빠르게 이뤄져야 합니다.

속도와 타이밍이 중요하다는 것을 다시 한번 강조합니다.

감사합니다.

9월

당·정·청 전원회의 모두발언

| 2018-09-01 |

의원님들, 반갑습니다. 워크숍 마치고 먼 길 오시느라고 수고 많으셨습니다. 환영합니다.

먼저 강하고 유능한 민주당을 만들기 위해 첫발을 내딛고 계신 이해찬 당대표님과 새로운 당 지도부의 출범을 축하드립니다. 지난 2년간 당을 승리로 이끌어 주신 추미애 대표님을 비롯한 직전 지도부에도 다시 한 번 감사의 말씀을 드립니다. 어려운 상황 속에서도 민생국회, 경제국회, 평화국회를 이끌고 계신, 그렇게 애쓰시고 계신 홍영표 원내대표님과 원내 지도부에도 깊이 감사드립니다. 무엇보다 의원님들 한 분 한 분이 나라다운 나라, 함께 잘사는 나라를 만들기 위해 최선을 다하고 계십니다. 모두의 노고에 큰 박수를 보냅니다.

워크숍 마친 의원님들을 작년에 이어서 다시 청와대에 모셨습니다. 이번에는 작년과 달리 국무총리를 비롯한 각 부처 장관님들, 또 대통령 직속 위원회 위원장님들, 청와대 실장, 수석, 보좌관들이 모두 한자리 모였습니다. 경제부총리와 국가안보실장이 우리 정부의 향후 경제운용 방향과 한반도 평화체제 구축 방향을 의원님들께 보고 드리는 순서도 가질 계획입니다. 활발한 질의응답과 토론으로 양방향의 소통이 이루지면 좋겠다는 생각입니다. 당·정·청이 일체감을 가지고 국정의 동반자로 함께 나아갈 것을 다시 한 번 다짐하는 자리가 되었으면 합니다.

대한민국은 지금 대전환기를 맞이하고 있습니다. 설령 우리 정부와 생각을 달리하는 분들이라고 하더라도 지금 대한민국이 근본적인 변화의 시기 속에 있다는 사실만큼은 아무도 부인할 수 없을 것입니다. 우리 국민들은 피와 땀으로 짧은 기간에 경제발전과 민주화라는 놀라운 성취를 이뤄냈습니다. 그러나 한편으로 압축 성장의 그늘이 짙어졌고, 어느덧 국민의 삶을 짓누르게 되었습니다. 양적인 성장만을 추구하는 가운데 소득 불평등과 양극화가 극심해졌고, 이제는 성장의 동력마저 잃게 되었습니다.

특권과 반칙이 난무하는 가운데 공정하지도 정의롭지도 않은 사회가 되고 말았습니다. 국가권력은 국민을 위한 것이 아니라 사익을 추구하는 수단으로 전락했습니다. 남북 관계는 파탄 나서 북한의 핵 위협 속에서 전쟁의 먹구름이 가득한 나라가 되었습니다. '이게 나라냐'고 국민들이 절규했던 바로 그 지점이 우리 정부가 출발하는 지점입니다. 우리가 함께 이루어내야 할 시대적 소명은 분명합니다. 강력하고 지속적인 적폐청산으로 불의의 시대를 밀어내고, 공정하고 정의로운 대한민국을 만드는 것입니다. 국민주권을 되살리고, 국가권력의 공공성을 회복하는 것입니다. 성장동력을 되살리는 한편 배제와 독식의 경제가 아니라 공정과 상생의 경제, 소수가 부를 독점하지 않고 다함께 잘사는 경제를 이루는 것입니다. 한반도의 완벽한 비핵화와 항구적인 평화체제를 구축하고, 그 토대 위에서 한반도 경제공동체라는 신경제지도를 그리는 것입니다. 분명한 시대정신이지만 어느 하나 어렵지 않은 과제가 없습니다. 지금까지 걷지 않았던 새로운 길이기 때문입니다. 대통령과 정부의 의지만으로 갈 수 있는 길이 아닙니다. 당·정·청이 함께 소통하고 협력하면서 공동운명체가 되지 않으면 해내기가 어렵습니다.

오늘 이 자리는 말하자면 당·정·청 전원회의입니다. 사상 최초의 당·정·청 전원회의입니다. 그만큼 지금 우리가 맞이하고 있는 상황이 엄중하기 때문에 마련한 자리입니다. 당·정·청이 다함께 새로운 시대를 열어가는 강력한 주도 세력이 되기를 희망합니다. 모쪼록 대한민국의 미래와 국민의 삶을 위해 당·정·청이 함께 지혜를 모으는 값진 시간이 되었으면 합니다.

감사합니다.

2018 아시안게임 개최국 인도네시아 국민과
조코위 대통령에게 보내는 축하메시지

| 2018-09-02 |

아시아인의 축제, 2018 자카르타 팔렘방 아시안게임의 막이 내렸습니다.

성공적인 대회 개최로 아시아의 에너지를 전세계에 보여준 개최국 인도네시아 국민들과 조코위 대통령에게 축하의 인사를 전합니다.

16일동안 애쓴 우리 선수들에게 격려와 감사의 큰 박수를 보냅니다. 여러분 덕분에 참 행복했습니다. 그동안 흘린 땀과 눈물을 승리의 환희로 바꾼 선수들도 있고, 아쉬움 속에 다음을 기약하는 선수들도 있었습니다. 그러나 경기장에서 여러분은 모두 대한민국의 대표선수였고, 우리의 자랑이었습니다.

남북 단일팀의 선전도 잊지 못할 것입니다. 하나 되어 거침없이 물살을 가르고, 골을 성공시켰습니다. 경기장에 가득했던 아리랑의 깊은 울림이 다시 우리를 한팀으로 모이게 해 줄것이라 믿습니다.

축구, 배드민턴, 태권도, 야구, 양궁 등 종목에서 여러 아시아 대표팀을 이끈 한국인 지도자들의 활약도 멋졌습니다. 여러분의 노력으로 아시아의 스포츠 기량이 한껏 높아졌습니다. 대한민국과 아시아는 더욱 가까워졌습니다.

이제 한달여 남은 2018 인도네시아 장애인아시아경기대회를 기다립니다. 장애를 뛰어넘는 감동의 순간들이 아름답게 펼쳐질 것입니다. 국민 여러분의 응원은 우리 선수들에게 가장 큰 힘입니다. 많은 관심과 사랑을 부탁드립니다.

수석보좌관회의 모두발언

| 2018-09-03 |

오늘부터 2018년도 정기국회가 시작됩니다. 이번 정기국회에 거는 국민의 기대가 매우 큽니다. 국민은 국회가 민생과 경제에 활력을 넣어 주길 바라고 있습니다. 민생과 경제에 대해서만큼은 진정한 협치를 기대해봅니다. 입법부로서 국회의 존재 이유를 국민에게 보여주시길 바랍니다.

상가임대차보호법 등 소상공인과 자영업자를 지원하는 법안들과 우리 경제에 활력을 불어넣어 줄 규제혁신 법안들이 처리되지 않고 있어서 국민들은 안타까워하고 있습니다. 좋은 정책과 제도도 적기에 맞춤하게 시행되어야 성공할 수 있습니다. 늦어지면 피해는 결국 국민들과 형편이 어려운 분들에게 돌아가게 된다는 점을 특별히 감안해 주시기 바랍니다. 일자리, 양극화, 저성장, 저출산, 고령화 문제가 우리 사회가 당면한 최대 현안이라는 데 여야 간의 의견이 다르지 않을 것입니다. 재정의 적극적 역할이 어느 때보다 절실합니다.

정부는 내년도 예산안을 짜면서 세수를 현실적으로 예측하여 늘어나는 세수에 맞게 사업계획을 세웠습니다. 국민의 세금을 곳간에 쌓아두는 대신 경제 활력을 높이고, 일자리를 만들고 국민 삶을 개선하는데 쓰기 위해서입니다. 올해 2018년도 예산의 경우에도 세수를 충분히 활용하지 못했다는 아쉬움이 있습니다. 합리적이고 생산적인 예산안 심의를 기대해봅니다. 심의 과정에서 국회가 민생경제를 살릴 좋은 방안을 제시해 준다면 정부도 적극 반영토록 하겠습니다.

지금 한반도 평화정착에 있어 매우 중요한 시기입니다. 북한에 특사를 파견하는 이유도 여기 있습니다. 한반도의 평화는 한반도의 완전한 비핵화와 함께 가는 것이므로 정부는 한반도를 둘러싼 정세를 면밀하게 살피고, 세심하게 관리하고 있습니다. 정부의 이러한 노력과 의지에 대해 국회가 힘을 실어주었으면 합니다. 국회가 초당적으로 판문점 선언을 뒷받침해 주신다면 한반도 평화를 진척시키는 데 큰 힘이 될 것입니다.

이달부터 어르신들을 위한 기초연금과 장애인들을 위한 장애인연금액수가 인상되고, 아동수당이 새로 지급되기 시작합니다. 어린이부터 어르신까지 국민의 삶을 책임지는 포용국가 정책들이 실행되는 것입니다. 500여만 명의 어르신들에게 지급되던 기초연금이 매달 20만 원에서 우선 25만 원으로 인상되고, 내년부터는 30만 원으로 순차적으로 인상됩니다.

장애인연금의 기초급여도 함께 인상됩니다. 또 6세 미만 아동 238만 명에게 매달 10만 원씩 아동수당이 지급됩니다. 국민들의 호응이 높아서 이미 222만 명이 신청했다고 합니다. 정치적인 이유로 시행이 늦어졌지만 어르신과 장애인의 어려운 형편에 조금이나마 도움이 되고, 아이 양육 부담을 덜어드릴 수 있었으면 합니다.

지난해 국회는 아동수당을 소득 상위 10%를 제외하고 지급키로 결정했습니다. 이로 인해 국민들은 소득과 재산을 증빙할 자료를 제출해야 하는 큰 불편을 겪게 됐고, 행정기관에서는 신청자들의 소득과 재산을 일일이 조사해야 하는 막대한 행정적 부담과 행정 비용을 초래하게 됐습니다. 정부는 그와 같은 국민 불편과 행정 비용을 줄일 수 있도록 적극 노력해 나가겠습니다. 국회에서도 전향적으로 논의해 주실 것을 당부 드립니다.

그러나 한편으로 행정 현장에서는 그러한 어려움을 이유로 수당지급이 지연되는 일이 있어서는 안 될 것입니다. 지정된 시기에 대상자 전원에게 아동수당이 지급될 수 있도록 최선을 다해 주시기 바랍니다. 혹시라도 신청을 못하거나 지급 대상에서 누락되는 분들이 없도록 꼼꼼하게 챙겨 주기 바랍니다.

제55회 방송의 날 축사

| 2018-09-03 |

안녕하십니까? 방송인의 축제, 그 현장에서 방송인 여러분과 함께 하게 되어 더욱 반갑고 뜻깊습니다.

제55회 방송의 날을 진심으로 축하합니다.

우리 방송은 언제나 국민과 함께 했습니다. 정치권력이 아무리 짓눌러도 결국 국민의 곁으로 돌아왔습니다. 방송인들의 투철한 사명감과 헌신이 있었기 때문입니다.

지난해 5월에는 세계 최초로 지상파 초고화질(UHD) 본방송 시대를 열었습니다. 국민과 함께 눈부시게 발전한 우리 방송이 참으로 자랑스럽습니다.

존경하는 방송인 여러분,

방송은 국민과 희노애락을 함께해 왔습니다. 국민은 날마다 방송을 보고 들으며 휴식을 찾고 충전의 시간을 갖습니다. 국민은 삶에 필요한 많은 정보를 방송을 통해서 얻습니다.

방송인들의 노력은 국민의 사랑으로 이어졌습니다.

'여로', '전원일기', '서울의 달'과 같은 드라마에는 동시대를 살아가는 우리 어머니, 아버지, 이웃의 이야기가 있었습니다. 저녁상을 물리고 온 식구가 한데모여, 울고 웃으며 고단한 하루를 마무리하곤 했습니다.

요즘 한국 드라마의 인기는 전 세계로 퍼져가고 있습니다. 특히 아시아권과 중동지역에서는 한국드라마와 K-POP에 대한 열풍이 대단합니다. 그 지역의 정상들이 하나같이 전해주는 이야기입니다. 한국 드라마와 K-POP을 더 잘 알기 위해 젊은이들이 한국어를 배운다고 합니다. 인기드라마가 방영되는 시간에는 거리가 한산해진다는 말까지 할 정도입니다. 그렇듯이 방송인들의 치열한 노력 속에서 우리 방송은 세계가 괄목할 만큼 성장했습니다.

특히 콘텐츠의 발전은 눈부십니다. 다채롭고 풍성한 방송 콘텐츠는 한국의 매력을 세계 곳곳에 전하고 있습니다. 우리 드라마 포맷이 미국과 일본에서 리메이크 되고, 우리 예능프로그램 포맷이 미국 지상파에서 인기를 끄는 시대가 되었습니다.

방송산업은 관광, 서비스, 제조업 성장까지 견인하는 든든한 우리 경제의 기반이자 동력입니다.

한편으로 방송은 국민이 가장 신뢰하는 뉴스 공급원입니다. 방송인들은 언론자유에 대한 무거운 사명감과 역사의식으로 우리의 민주화 여정에서 큰 역할을 했습니다. 뉴스를 전하는 앵커들은 국민에게 가장 사랑받는 선망의 대상이 되기도 했습니다.

그러나 지난 10년, 우리 방송은 많은 어려움을 겪었습니다. 국민들은 우리 방송의 공공성이 무너져 내리는 것을 참담하게 바라봐야 했습니다. 다시는 없어야 할 일입니다.

방송 본연의 사회적 역할과 공적 책임에 대한 끊임없는 성찰이 필요합니다. 방송인 스스로가 오직 국민의 편에서 국민의 눈과 귀, 국민의 목소리가 되겠다는 각오를 새롭게 해야 합니다. 올해 5월 '국경없는 기자회'에서 발표한 세계언론자유지수에서 한국의 순위가 크게 올랐습니다. 국민의 기대에 부응하려는 방송인들의 눈물겨운 투쟁과 노력의 결과라고 생각합니다.

이제 시작입니다. 방송의 공정성과 공익성을 흔들림 없이 바로 세워주십시오. 정부도 방송의 독립성과 공영성을 철저히 보장하겠습니다. 국민의 신뢰가 온전히 회복되도록 함께 노력하겠습니다.

방송인 여러분,

디지털 기술이 빠르게 발전하고, 방송과 통신, 콘텐츠와 플랫폼이 융합하는 시대입니다. 방송사는 무한경쟁시대에 직면했습니다.

그러나 우리 방송은 우수한 콘텐츠 제작 역량과 경험이 있습니다. 국민이 사랑하고, 세계가 인정하고 있습니다. 자신감을 가져도 좋을 것입니다. 우리 방송의 경쟁력을 높이기 위해 정부도 돕겠습니다. 불필요한 규제는 제거하고, 간섭하지 않겠습니다.

특별히 올해, 한반도 평화를 위한 방송의 역할이 큽니다.

저는 4·27 판문점 남북정상회담에서 정상회담의 현장을 국민과 함께하는 것이 의제나 성과 못지않게 중요하다고 판단했습니다. 정부가 기획했지만, 군사분계선 위의 파란색 도보다리, 정상 간의 대화를 대신한 바람소리와 새소리를, 잠시 해설을 멈추고 고스란히 전한 것은 우리 방송이었습니다.

그리고 그 장면은 남북정상회담의 의미를 어떤 말보다 더 실감있게 세계인들에게 전한 상징적인 장면이 되었습니다. 국민들은 방송을 통해 정상회담에 함께하며 평화의 소중함과 새로운 시대가 열리고 있음을 공감할 수 있었습니다.

방송은 현장과 국민 사이를 연결하는 소통의 통로입니다.

역사적 순간을 전파에 담아 생생하게 국민에게, 그리고 전세계에 전달해주신 여러분께 감사의 큰 박수를 보냅니다.

마지막으로, 한 가지 당부를 드리고 싶습니다.

방송 콘텐츠의 결과물만큼 제작 과정도 중요합니다. 제작 현장의 목소리를 경청하고, 현장의 모든 분들을 함께 일하는 동료로서 존중해

주시면 좋겠습니다. 노동이 존중되고, 사람이 먼저인 일터가 되어야 창의력이 넘치는 젊고 우수한 청년들이 마음껏 역량을 펼칠 수 있을 것입니다.

다시 한번 방송의 날을 축하드리며, 방송과 함께 하는 국민의 삶이 행복해지길 기원합니다.

감사합니다.

대한민국 국민생활 SOC 현장을 찾았습니다

| 2018-09-04 |

오늘 날씨가 다행입니다. 오늘 우리 국가건축정책위원회와 함께 생활 SOC 현장인 구산동 도서관마을을 찾아왔습니다. 다른 곳에서는 다 마을도서관인데 여기는 왜 도서관마을인가, 무척 궁금했었는데 직접 와서 보니까 그 이유를 알 것 같습니다.

우선 건물이 다른 마을 도서관과 확연히 다릅니다. 기존에 있던 단독주택, 연립주택을 허물지 않고 붙여지어서 공공건물이라기보다는 동네의 여느 집과 같습니다. 건물 안에는 만화방, 키즈카페, 향토자료실 등 50여개의 방이 한 마을 속 여러 채 집처럼 옹기종기 모여 있습니다. 열린 공간은 책으로 둘러싸여 있고 각 방에서는 부모, 아이, 동네 어르신이 어울려서 편한 자세로 책을 보고 있습니다. 사랑방이 되고 쉼터가 되어 하나의 작은 마을이 형성된 것입니다.

동네에 도서관이 있으면 좋겠다는 바람이 서명운동으로 이어졌습니다. 서울시 참여 예산제 응모해서 종자돈 만들고, 중고생들은 힐링 캠프 예산을 따내서 힘을 보탰습니다. 지역 의원은 문체부 도서관 예산을 확보했습니다. 그렇게 모은 예산으로도 건물 새로 짓기가 어려워서 기존 건물을 그대로 활용하자는 아이디어를 냈고, 결국 지금의 멋진 도서관이 탄생했습니다.

주민들은 이제 도서관 운영에도 직접 참여하고 있습니다. 구산동 도서관마을은 우리 정부가 추진하는 SOC의 모범입니다. 지역 주민이 주도하고, 지자체와 정부가 지원하는 주민 참여와 협치의 대표적인 모델입니다. 골목을 살리고 마을 자원을 소중히 활용하는 도시재생 사례입니다. 주민들의 상상력과 공감으로 대단히 창의적인 공공건축물을 만들었습니다. 위탁운영을 맡은 협동조합은 지역 주민들에게 좋은 일자리도 제공하고 있습니다. 정말 멋집니다. 박수 한 번 보내 주시죠.

그동안 우리는 대규모 SOC 위주의 정책을 펼쳤습니다. 도로, 철도, 공항, 항만에 투자했습니다. 이를 기반으로 산업을 일으켰고 경제를 발전시켰습니다. 그러나 상대적으로 우리 일상에 필요한 생활기반 시설에 대해서는 관심을 기울이지 못했습니다. 부모님을 모시고 자녀를 키우기 위해서는 경로당과 어린이집, 보건소, 도서관, 체육관 같은 시설이 반드시 필요합니다. 가족의 규모가 줄고 맞벌이 부모가 많아지고, 삶의 질이 중요한 가치가 되면서 이러한 시설들은 필수적인 시설이 되었습니다. 정부는 이렇게 주민 생활과 밀접한 마을의 기반 시설을 과거 대규모 토목 SOC와 차별하여 생활 SOC라고 부르기로 했습니다.

우리 정부는 국민이 골고루 잘사는 사람중심 경제를 지향합니다. 소득주도성장으로 우리 경제의 체질 바꾸기 위해서 노력하고 있습니다. 공공투자도 지역 밀착형 생활 SOC로 전환해 나갈 것입니다. 생활 SOC는 사람에 대한 투자이며 지역에 대한 투자입니다. 주민들의 삶의 질을 향상시키는 것과 함께 지역을 균형 있게 발전시키고, 일자리도 늘리는 일석삼조의 효과를 거둘 수 있을 것입니다. 누구나 인간다운 삶을 살고 함께 공존하는 포용 사회, 포용 국가로 나아가는 길이기도 합니다.

국민 여러분, 이를 위해 정부는 내년도 생활 SOC 예산을 올해 5조 8천억 원에서 8조7천억 원으로 대폭 확대했습니다. 지자체의 매칭 투자까지 합치면 12조 원에 이릅니다. 10분 이내에 체육 시설에 도착할 수 있어야 운동하겠다는 결심이 좀 더 수월하게 실천될 것입니다. 장애인 체육 시설 30곳을 포함해 160개의 주민체육센터를 설치할 것입니다.

16개뿐인 작은 도서관은 모든 시·군·구에 1개씩 만들겠습니다. 모두 243개의 작은 도서관이 생기고, 낡은 도서관 50곳은 리모델링할 것입니다. 박물관과 과학관도 확충하고 개선할 것입니다. 어린이를 위한 전용 박물관과 가상현실 등 체험공간을 늘려나갈 계획입니다. 어린이 돌봄센터 200개소가 추가로 설치되고, 지역의 공공 의료기관 41곳은 기능을 보강합니다.

전통시장은 서민들의 생활공간입니다. 45곳에 주차장을 추가로 설치하고, 내년 한 해 450개의 전통시장 시설 개보수를 통해 깨끗하고 현대화된 시장으로 거듭날 것입니다.

미세먼지는 국민들께서 가장 염려하는 문제입니다. 보다 맑은 공기를 위해 도시 바람길숲 41개소와 미세먼지 차단숲 60핵타르의 조성을 준비하고 있습니다. 국민들의 삶이 더 나아지고, 마을과 지역에 활기를 불어넣게 될 것입니다. 상권이 살아나 중소상인들의 근심도 덜어지길 기대합니다.

국민 여러분, 정부는 오늘 생활 SOC의 첫걸음을 뗐습니다. 생활 SOC가 충분히 마련되고 이에 대한 투자가 일회성으로 끝나지 않도록 중장기 계획을 세워 지속적으로 추진해 나가겠습니다. 국민들께서 삶의 질이 좋아졌다고 피부로 느끼실 때까지 정성을 들이겠습니다. 범정부 차원의 추진체계를 만들어 중앙정부, 지자체, 지역사회와 함께 힘을 모을 것입니다. 지역 주민들의 결정과 상상력을 정부 정책과 예산에 그대로 담아내겠습니다.

저는 오늘 구산동 도서관마을을 보고 생활 SOC 성공에 대한 확신을 갖습니다. 주민과 지역의 자발적인 참여에 정부 지원이 함께한다면 반드시 성공할 것입니다. 옛날에는 마을과 동네가 삶의 터전이고 놀이터였습니다. 마을이 함께 아이들을 키웠습니다. 골목마다 아이들이 뛰어 노는 소리가 들렸고, 도서관에서는 학생들이 어울려 공부하고, 사춘기의 성장통을 함께 이겨냈습니다. 어르신들은 경로당에 모여 마을의 일을 의논했습니다.

구산동에서 저는 생활 SOC가 이웃 간의 연대감도 높일 수 있다는 것을 다시 한 번 느꼈습니다. 생활 SOC를 통해 함께 아이 키우고, 함께 어르신을 모시는 생활공동체, 지역공동체가 회복되기를 바랍니다. 정부는 그 기반을 열심히 다지겠습니다. 주민들과 지자체의 적극적인 참여와 협력을 부탁드립니다. 감사합니다.

포용국가 전략회의 모두발언

| 2018-09-06 |

모두 반갑습니다. 함께해 주셔서 감사합니다. 오늘 회의는 우리 정부의 사회정책을 관통하는 비전과 전략을 국민들께 알리고 포용국가에 대한 구체적 실천방안을 논의하는 아주 뜻깊은 자리입니다. 정책기획위원회와 정부 부처에서 체계적으로 준비해 주셨습니다.

우리 정부는 지난 1년여 간 국민의 더 나은 삶을 위해 다양한 사회정책을 추진해 왔습니다. 문재인케어, 치매국가책임제, 주거복지 확대, 국공립보육시설 확충 등은 이미 시작하였고, 이달부터는 기초연금과 장애인 연금 액수가 인상되고, 아동수당이 새로 지급됩니다. 국민이면 누구나 인간다운 삶을 보장받고, 함께 공존하는 포용국가로 나아가기 위한 첫걸음을 떼었다고 생각합니다.

그러나, 이제 시작입니다. 소득불평등과 양극화는 아직 개선되지 않았고, 다수 국민에게 희생을 강요하는 불평등 사회구조도 그대로입니다. 저출산, 노인 빈곤율, 자살률 같은 안 좋은 지수가 OECD 국가 중 아주 높은 수준인 대한민국의 현실을 정말 뼈아프게 들여다보고, 반성하고 성찰해야 합니다.

더구나, 앞으로 닥쳐올 초고령사회에서는 보다 적은 생산인구가, 보다 많은 인구를 부양해야 합니다. 지금 사회정책의 패러다임을 바꾸지 않으면, 현재보다 미래가 더 어려워질 것입니다. 고스란히 미래 세대의 부담으로 돌아갈 것입니다.

이제 국가는 지속가능한 사회를 위해 국민들의 삶을 전 생애주기에 걸쳐 책임져야 합니다. 그것이 포용국가의 시작입니다. 포용국가는 국민 모두의 나라입니다.

첫째, 모든 국민이 안심하고 살아갈 수 있어야 합니다. 사회안전망과 복지를 강화해 출산과 양육, 교육, 건강, 주거, 노후에 대해 걱정을 덜어드려야 합니다.

둘째, 공정한 기회와 정의로운 결과가 보장되어야 합니다. 불평등이 신분처럼 대물림되어서는 안 됩니다. 계층 이동이 가능한 사회가 되어야 합니다. 실패해도 다시 일어설 수 있도록 돕고, 내일이 오늘보다 나을 것이라는 희망을 드려야 합니다.

셋째, 국민 단 한명도 차별받지 않고 함께 잘살아야 합니다. 국가균형발전을 이루고, 노동존중 사회를 만들어야 하며 성평등을 실현하고, 장애인의 인권과 복지가 보장되어야 합니다.

포용국가는 대한민국의 미래비전입니다. 첫 걸음을 제대로 떼는 것이 우리 정부에게 주어진 시대적 사명입니다.

오늘 회의에 국민의 관심이 매우 큽니다. 포용국가 비전이 국민 앞에 소개되는 첫 자리이기 때문입니다. 이미 세계은행, IMF, OECD, 세계경제포럼 등 많은 국제기구와 나라들이 '포용'이라는 용어를 사용하고 있습니다. 성장에 의한 혜택이 소수에게 독점되지 않고 모두에게 골고루 돌아가는 '포용적 성장'을 주장하며, 중·하층 소득자들의 소득증가, 복지, 공정경제 등을 아우르고 있습니다.

우리 정부가 추구하는 '포용'도 같은 취지입니다. 사회정책에서 시작해, 경제, 교육, 노동 등 전 분야에서 포용이 보편적 가치로 추구되어야 할 것입니다. 포용적 사회, 포용적 성장, 포용적 번영, 포용적 민주주의까지, '배제하지 않는 포용'이 우리 사회가 지향하는 가치이고 철학이 되어야 합니다.

그러나 우리에게 주어진 정책 환경이 결코 쉽지 않습니다. 우리 앞에 놓인 여건과 상황들은 과거 북구와 서구 선진국들이 복지국가를 만들던 당시의 인구, 산업, 고용구조, 높은 사회 연대의식과 비교할 수 없을 만큼 매우 다릅니다.

따라서 우리의 현실에 맞는 정확한 목표를 설정하고, 재원대책을 포함하여 중장기적 계획을 확실하게 세워야 합니다. 그래야 국민들에게 신뢰를 줄 수 있고, 포용국가로 가는 길도 보여드릴 수 있습니다.

오늘 함께한 국회, 정부, 지자체의 역할이 어느 때보다 중요합니다. '포용'은 우리 정부의 중요한 핵심가치가 될 것입니다. 현장 일선 공무원까지 '포용'에 대한 이해와 공감이 이루어지도록 당부 드립니다. 국민의 지지와 공감을 얻는 노력도 함께해 주십시오.

각 부처는 오늘 발표와 토론 내용을 토대로 실질적이고, 구체적인 실행 방안을 마련해 주기 바랍니다. 재원대책까지 포함한 구체적인 중장기 로드맵을 조속히 마련해 주기 바랍니다. 오늘 회의가 포용국가를 향한 대장정의 힘찬 출발이 되기를 기대합니다.

감사합니다.

한·인도네시아 정상회담 모두발언

| 2018-09-10 |

대통령님의 국빈방문을 다시 한 번 진심으로 환영합니다. 먼저 자카르타 – 팔렘방 아시안게임의 성공적 개최를 축하드립니다. 아시아의 의지를 전세계에 보여주었고, 또 평창 동계올림픽에 이어서 우리 아시아의 평화와 화합을 위한 축제가 되었습니다. 특히 한반도의 평화를 위해서 남북 선수단의 공동입장과 또 단일팀 출전을 위해서 적극 협력해 주신 인도네시아 정부와 국민들께 진심으로 깊이 감사드립니다. 곧 이어서 열릴 자카르타 장애인 아시안게임도 성공적으로 개최되기를 기원하겠습니다. 또한 지난달 롬복섬 지진으로 많은 인명과 재산 피해가 발생한데 대해서 다시 한 번 위로와 격려의 말씀을 드립니다.

인도네시아는 우리에게 매우 소중한 친구이자 우리 정부가 역점을 둬서 추진하고 있는 신남방정책의 핵심적인 협력 파트너입니다. 양국은 수교 45년 동안 다양한 분야에서 괄목할만한 협력 관계를 발전시켜왔습니다. 오늘날 양국 간 교역 규모는 200억불에 달합니다. 현재 인도네시아에 3,000여개의 우리 한국 기업이 진출하여 약 80만개의 일자리를 창출하면서 인도네시아 경제 발전에 기여하고 있습니다.

양국 간 협력은 전투기와 잠수함을 공동으로 생산하고 개발하는 그런 단계로까지 발전하였습니다. 양국 간 인적 규모도 아주 활발하여 작년 한 해에만 약 60만명의 양국 국민들이 상호 방문하였습니다.

이러한 양국 관계의 발전에 걸맞게 나는 작년 11월 조코위 대통령님과 함께 양국 관계를 특별 전략적 동반자 관계로 한 단계 더 격상시켰습니다. 특히 올해는 양국 수교 45주년을 맞는 뜻깊은 해로써 수교 기념일을 앞두고 대통령님께서 이렇게 국빈 방문하신 것을 더욱 뜻깊게 생각합니다.

나와 우리 조코위 대통령님은 사람중심 국정철학과 또 공정하고 정의로우며 모두가 잘사는 나라를 구현한다는 그런 국정 목표를 공유하고 있습니다. 오늘 대통령님과 함께 양국 간의 특별 전략적 동반자 관계를 더욱 내실 있게 발전시켜 나가기 위한 협력 방안들을 폭넓고 심도 있게 논의할 수 있기를 기대합니다.

국무회의 모두발언

| 2018-09-11 |

18일부터 2박 3일동안 평양에서 남북정상회담이 열립니다. 올해 3번째 열리는 정상회담입니다. 남북 관계가 새로운 시대로 들어서고 있습니다. 이제 남북 간에 필요한 것은 새로운 공동선언이 아니라 남북 관계를 내실 있게 발전시켜나가는 것입니다. 특히 이번 정상회담에서는 남북미 간의 군사적 긴장과 적대 관계 해소에 집중적인 노력을 기울이려고 합니다. 그래야만 남북 경제 협력과 한반도 신경제지도의 추진이 본격화될 수 있기 때문입니다.

한반도의 완전한 비핵화는 기본적으로 북미 간의 협상으로 해결되어야 할 문제입니다. 그러나 북미 간의 대화와 소통이 원활해질 때까지는 우리가 가운데서 중재하고 촉진하는 노력을 하지 않을 수 없습니다. 트럼프 대통령과 김정은 위원장도 제게 그러한 역할을 해 줄 것을 요청하고 있습니다.

지난 4월 남북정상회담과 6월 북미정상회담에서 남북미는 한반도의 완전한 비핵화와 적대관계 종식에 합의했습니다. 그에 따라 북한은 여러 가지 실천적인 조치를 취했습니다. 앞으로 핵과 미사일 도발을 하지 않을 것을 약속했고, 실제로 작년 11월 이후 일체 핵과 미사일 실험을 하지 않고 있습니다. 또한 핵실험장과 미사일 엔진 시험장을 폐기하고, 미군 유해를 송환하는 등의 성의와 진정성을 보여주었습니다.

미국과 한국도 미국의 전략자산이 전개되는 대규모 한미 연합군사훈련을 중단하는 것으로 화답했습니다.

이제 북한이 보유 중인 핵을 폐기하는, 한 차원 더 높은 단계로 나아가려면 다시 한 번 북미 양 정상 간의 통 큰 구상과 대담한 결단이 필요합니다. 북한은 핵 폐기를 실행해야 하고, 미국은 상응 조치로 여건을 갖춰줘야 합니다. 그 과정에서 양국은 70년의 적대 관계에서 비롯된 깊은 불신을 거둬내야 합니다. 북미 간의 진정성 있는 대화가 조속히 재개되기를 바라마지 않습니다.

우리는 이번 평양 정상회담을 한반도의 완전한 비핵화와 평화 체제 구축을 위해 다시 한 번 큰 걸음을 내딛는 결정적인 계기로 만들어내야 합니다. 북미 대화의 교착도 풀어야 합니다. 그러기 위해선 강력한 국제적인 지지와 함께 국내에서도 초당적인 뒷받침이 필요합니다.

이처럼 중차대한 민족사적 대의 앞에서 제발 당리당략을 거두어 주시기 바랍니다. 국회 차원에서도 이번 정상회담을 국회 회담의 단초를 여는 좋은 기회로 삼아 주시기 바랍니다.

우리 최대 명절인 추석 연휴가 다가왔습니다. 저는 유엔총회 참석을 위해 추석 연휴 전날 출국하여 연휴 다음 날 돌아올 예정이기 때문에 추석을 국민들과 함께 보낼 수 없게 됐습니다. 그러나 국민들께서는 모처럼 삶의 어려움을 내려놓고, 행복하고 편안한 추석을 보내시길 빕니다.

그러기 위해서 정부가 해야 할 일이 많습니다. 올 여름 유례없는 폭염과 태풍, 폭우로 채소와 과일 등 성수품의 수급 불안과 물가 불안이 염려됩니다. 특히 제수용품의 수급과 추석 물가 관리에 만전을 기해 주시기 바랍니다.

식품 위생, 재난 대비, 응급 의료 등 안전 분야와 교통대책도 꼼꼼히 점검하고, 사고나 비상상황이 발생할 경우 즉각 대처할 수 있도록 대비 태세를 갖춰 주기 바랍니다.

소상공인과 자영업자, 영세 중소기업에 자금 애로가 발생하지 않도록 명절 자금 지원 대책을 차질 없이 시행하고, 임금 체불 단속과 체당금 신속 지원으로 노동자들도 함께 추석을 잘 지낼 수 있도록 특별한 노력을 기울여 주시기 바랍니다.

소외된 이들은 명절 때 더 힘들고 외롭습니다. 우리 사회의 어두운 곳, 어려운 이들에 대한 나눔과 배려가 더 절실한 때입니다. 정부가 지자체, 복지시설, 자원봉사단체 등과 협력하여 독거 어르신, 결식아동, 시설 수용자, 노숙인 등 어려운 분들에게 따뜻한 손길이 빠짐없이 닿도록 함께 노력해 주시길 당부합니다.

명절 연휴를 보내는 국민들의 모습이 과거와 많이 달라졌습니다. 당일 귀경, 귀성객 비중이 늘고, 1인 가구가 많아지면서 명절 연휴를 혼자 보내는 국민도 늘어나고 있습니다. 연휴를 이용해 가족여행을 가거나 다양한 문화 활동을 즐기는 것도 자연스러운 문화로 자리 잡았습니다.

정부는 추석 연휴 동안 '한가위 문화·여행 주간'을 지정하여 운영합니다. 국립박물관·미술관, 고궁과 국립공원 등 전국 문화 체험시설을 무료 개방하고, 지역 축제와 관광 프로그램을 연계하여 다양한 프로그램을 준비하고 있습니다. 관련 부처는 국민들이 즐길 수 있는 문화 시설과 체험 프로그램, 국내 관광지와 명소, 지역의 맛집 등을 잘 홍보하여 국내여행이 더 활성화 될 수 있도록 노력해 주시고, 국민들께서도 해외로 향하던 발길을 국내로 돌려 많이 이용하고 즐겨 주신다면 고향과 지역경제에 큰 활력을 줄 수 있을 것입니다.

메르스 환자 발생으로 국민들이 걱정하고 있습니다. 이번에는 과거와 달리 관계 당국과 병원, 의료 관계자들이 신속하고 체계적으로 대처하여 초기 대응이 비교적 잘 되었습니다. 지난 주말 국민들이 알지 못하는 동안 많은 노력을 기울여 주신 관계자들의 노고를 치하 드립니다. 무엇보다 중요한 것은 메르스의 확산을 막고, 신속하게 상황을 종식시키는 것이므로 끝까지 최선을 다해 주시기 바랍니다. 특히 질병관리본부가 현장 대응과 지휘에 집중하고, 정부는 적극 지원하면서 진행 상황을 국민들께 투명하게 알리는 것이 중요합니다. 국민들께서도 정부를 믿고 필요한 조치에 적극 협조해 주실 것을 당부 드립니다.

대한민국 사법부 70주년 기념식 축사

| 2018-09-13 |

여러분, 반갑습니다.

오늘 우리는 사법주권 회복 70주년을 기념하고, 사법부 독립과 법치주의 원칙을 되새기기 위해 한 자리에 모였습니다.

70년 전 사법주권을 회복한 선조들은 한국인 판검사가 한국어로 재판을 진행한다는 사실만으로도 커다란 감격을 느꼈습니다. 비로소 우리의 법원이 우리의 헌법과 법률에 의하여, 우리 판사들의 양심에 따라 공정하게 심판할 수 있게 되었습니다.

성실하게 살아가는 국민들이 부당하고 억울한 일을 당했을 때 마지막으로 기댈 수 있는 것이 법입니다. 정의를 바라며 호소하는 곳이 법원입니다. 법관의 판결에 의해 한 사람의 운명은 물론 공동체의 삶이 결정됩니다.

3천여 명의 법관 대다수는 공정하고 정의로운 재판을 위해 항상 혼신의 힘을 다하고 있습니다. 무엇 하나 놓칠까 두려워 기록을 읽고 또 읽으며 밤을 새워 판결문을 작성합니다. 그렇게 판결의 무게를 책임지기 위해 애써온 법관들과 법원 구성원들의 노고가 국민의 믿음을 지키는 힘이 되었습니다. 오늘, 그 어느 때보다 무거운 소명의식으로 사법부 70주년을 맞이하고 행사를 준비하셨을 김명수 대법원장님을 비롯한 법관들과 직원 여러분께 격려와 감사의 마음을 전합니다.

여러분,

국민들에게 사법부는 국민주권을 실현하는 핵심적인 수단입니다. 삼권분립에 의한 사법부 독립과 법관의 독립은 독재와 국가권력의 남용을 막고, 국민의 권리와 이익을 지켜주는 최후의 보루입니다.

군사정권 시절, 유신헌법과 긴급조치 상황 아래 사법부의 독립과 법관의 독립이 훼손된 때도 있었습니다. 그러나 민주주의에 대한 국민의 염원과 함께 사법권의 독립을 향한 법관들의 열망 역시 결코 식은 적이 없습니다.

1971년 대법원은 인간의 존엄과 평등권을 지키기 위해 국가배상 청구 제한을 위헌이라고 판결했습니다. 역사는 헌법적 가치를 세운 획기적 판결로 기록하고 있습니다. 1987년 6월 민주항쟁은 새로운 헌법을 탄생시켰고, 사법부 개혁에도 힘을 주었습니다. 1988년 2월, 소장 판사 430여명은 변화와 개혁을 거부하는 힘에 맞서 '법원 독립과 사법 민주화'를 선언했습니다. 1993년, 서울중앙지법 민사단독 판사 40여명은 사법부의 자기반성을 촉구하며, 법원의 독립성 확보를 요구했습니다.

법원은 재심 판결 등을 통해 스스로 과거의 잘못된 판결을 바로 잡아왔습니다. 군부독재와 권위주의 정권 시절 국가기관이 저질렀던 범죄의 청산도 지속적으로 이뤄오고 있습니다. 대한민국의 민주주의도 그와 함께 발전하고 있습니다.

여러분,

지금 국민들은 나라다운 나라를 염원하며, 정의로운 대한민국을 만들어가고 있습니다. 1천7백만 개의 촛불이 헌법정신을 회복시켰고, 그렇게 회복된 헌법을 통해 국민주권을 지켜내고 있습니다. 행정부뿐만 아니라 입법부와 사법부, 그리고 저를 포함한 공직자 모두는 국민이 다시 세운 법치주의의 토대 위에 서있습니다.

저는 촛불정신을 받든다는 것이 얼마나 무거운 일인지 절감하고 있습니다. 그 무게가 사법부와 입법부라고 다를 리 없습니다. 우리는 반드시 국민의 염원과 기대에 부응해야 합니다. 지금 사법부는 국민의 신뢰를 되찾아야 하는 매우 엄중한 과제를 안고 있습니다.

지난 정부 시절의 '사법농단'과 '재판거래' 의혹이 사법부에 대한 국민의 신뢰를 뿌리째 흔들고 있습니다. 지금까지 사법부가 겪어보지 못했던 위기입니다. 사법부의 구성원들 또한 참담하고 아플 것입니다. 그러나 온전한 사법 독립을 이루라는 국민의 명령은 국민이 사법부에게 준 개혁의 기회이기도 합니다. 의혹은 반드시 규명되어야 하며, 만약 잘못이 있었다면 사법부 스스로 바로잡아야 합니다.

저는 사법부가 국민의 희망에 응답할 역량이 있다고 믿습니다.

지난날 법원 내부의 용기가 사법부의 독립을 지켜왔듯이, 이번에도 사법부 스스로 위기를 극복해낼 것입니다. 그리고 나아가 사법부의 민주화라는 대개혁을 이루어낼 것입니다.

대법원이 '사법발전위원회'와 함께 국민의 뜻을 담아 사법제도 개혁을 이뤄낼 것이라고 믿습니다. 국회 '사법개혁특별위원회'도 사법개혁이 흔들림 없이 추진되기를 바라는 국민의 뜻에 따라 입법을 통해 사법개혁의 버팀목을 세워 주실 것을 기대합니다.

여러분,

무엇보다 우리 국민들은 일선 법관들의 진정성 있는 개혁 노력에서 사법부의 희망을 볼 것입니다.

한 분 한 분이 공정한 재판을 위해 쏟는 정성, 국민의 품으로 돌아가야만 한다는 절박함이 법원을 다시 태어나게 하는 계기가 될 것입니다. 국민의 인권을 지키는 최후의 보루로 거듭나게 할 것입니다.

법관 한 명 한 명의 마음에 살아 숨 쉬고 있는 법관 선서가 어느 법정, 어느 사건에서나 자유롭게 펼쳐질 수 있도록 저도 사법부와 법관의 독립을 철저히 보장할 것입니다.

사법주권 회복 70주년을 맞는 오늘, 사법개혁의 새 역사가 시작되길 기대합니다. 국민의 신뢰를 바탕으로 거듭 난 사법부가 국민의 자유와 권리를 지키는 가장 든든한 울타리가 되리라 믿습니다.

사법부의 영원한 발전을 기원합니다.

감사합니다.

'도산안창호함' 진수식 축사

| 2018-09-14 |

사랑하는 해군장병 여러분, 대우조선해양 임직원과 내외 귀빈 여러분,

오늘 국내기술 최초로 건조된 3천 톤급 잠수함, '도산 안창호함'을 진수하게 되었습니다. 대한민국 대통령으로서 마음 든든하고 자랑스럽습니다.

우리나라가 처음 잠수함을 도입한 것은 1992년 독일에서 온 1200톤급 장보고함입니다. 이후 26년, 뼈를 깎는 연구개발로 설계단계에서부터 건조에 이르기까지 우리 기술만으로 3천 톤급 국가잠수함 시대를 열었습니다. 불과 반세기 전만해도 소총 한 자루 만들지 못했지만, 이제 우리는 전투기, 전차, 잠수함과 같은 첨단 복합무기체계를 직접 개발하고 수출까지 하게 되었습니다.

'도산 안창호함'의 진수는 대한민국 책임국방 의지와 역량을 보여주는 쾌거이자 국방산업 도약의 신호탄이 될 것입니다. 이 곳 옥포는, 4백여 년 전 임진왜란 당시 충무공 이순신 장군이 첫 승전보를 알린 옥포해전의 전쟁터입니다. 누구도 외침에 대비하지 않고 있을 때 이순신 장군은 거북선과 전함을 만들어 해군력을 키웠습니다. 유비무환의 정신으로 풍전등화에 놓인 조국을 구했습니다.

'도산 안창호함'은 안창호 선생의 애국정신을 기려 이름을 지었습니다. 안창호 선생은 "우리가 믿고 바랄 바는 오직 우리의 힘"이라고 말씀하셨습니다. 인재양성으로 민족의 미래를 준비하신 분입니다.

오늘, '도산 안창호함'이야말로 이 시대의 거북선이며 우리 국방의 미래입니다. 잠수함사령부는 가족과 떨어져 좁은 공간, 빛 한 점 없는 수백 미터 깊고 어두운 해저에서 오직 국가안보와 해양주권 수호를 위한 사명감으로 묵묵히 임무를 수행하고 있습니다.

그동안 고생하신 해군장병과 관계자 여러분, 대우조선해양 기술진과 노동자, 그리고 협력업체 노동자 여러분께 국군통수권자로서 경의를 표합니다. 국민들께서도 큰 격려를 보내 주시기 바랍니다.

존경하는 국민 여러분, 경남도민 여러분, 조선산업 관계자 여러분,

바다는 안보이고 경제이며 민생입니다. 우리나라는 바다를 통해 발

전해 온 해양국가입니다. 현재 우리나라 수출입 상품 99.7%가 바다를 통하고 있습니다.

우리는 다시 해양강국으로 도약해야 합니다. 세계 1위 조선산업을 다시 일으켜 세워야 합니다. 이곳 거제도는 우리나라 조선산업의 중심지입니다. 거제에서부터 시작하겠습니다.

올해 들어 8월까지 우리나라 조선 수주량이 작년보다 101%, 두 배 이상 증가했습니다. 전세계에서 발주된 초대형유조선 38척 중 33척을 우리가 수주했고, 세계 조선시장 점유율도 42.4%로 늘어나 조선업 세계 1위를 다시 탈환했습니다. 새로운 도약의 계기를 마련했습니다. 실제 선박건조와 고용으로 이어지기까지는 시간이 걸리지만 우리 조선산업의 희망이 되살아나고 있는 것입니다.

2020년부터 국제해사기구(IMO)에서 발표한 선박 배출가스 환경 규제가 발효됩니다. 우리는 LNG를 연료로 사용하는 미래형 친환경 조선 산업에서 세계 최고의 경쟁력을 갖고 있습니다. 2020년이면 선령 20년 이상인 선박 4만6천여 척 중에 8, 9천 척의 교체가 예상됩니다.

LNG 가스의 세계 물동량 역시 갈수록 늘어날 전망입니다. 현재 전 세계 LNG 생산시설을 감안하면 2022년까지 대형 LNG 운반선 60척 이상이 필요합니다. 이 분야에서도 우리의 경쟁력은 세계 최고입니다.

앞으로 LNG 연료 선박과 LNG 운반선이 우리 조선산업의 새로운 활로가 될 것입니다.

정부는 더욱 박차를 가해 조선산업의 4차 산업혁명을 준비하고 있습니다. 자율운항 선박 개발은 물론이며 한국형 스마트야드 개발에 집중 투자할 것입니다. 이와 함께 조선산업의 혁신성장을 위해 금융지원과 내수창출을 늘려나갈 것입니다.

정부는 올 하반기에 군함 등 1조5천억 원 규모의 공공선박을 발주했습니다. 내년에는 952억 원의 예산을 투입하여 중소형 조선소와 부품업체의 경쟁력 강화를 집중 지원할 계획입니다.

바다는 도전이자 미래를 향한 희망입니다. 조선강국, 해양강국으로 재도약은 거제 지역 경제에 새로운 활력을 일으키고 경남과 대한민국 경제를 살려낼 것입니다.

하지만, 당장의 어려움이 문제입니다.

정부는 올해 4월 거제와 통영을 비롯한 7개 지역을 산업위기지역과 고용위기지역으로 지정하고, 1조2천억 원 규모의 추경 예산을 긴급 편성하여 지역경제 살리기와 대체·보완산업 육성을 지원하고 있습니다. 앞으로도 산업구조 조정지역의 어려움을 해소하기 위해 최선을 다하겠습니다. 함께 어려움을 이겨나가자는 위로와 격려의 말씀을 드립니다.

존경하는 국민 여러분, 해군장병 여러분,

강한 해군력은 해양강국으로 가는 핵심입니다. 바다에서부터 어느 누구도 감히 넘보지 못할 철통같은 안보와 강한 힘으로 한반도 평화의 기틀을 세워야 합니다.

저는 3차 남북정상회담을 위해 다음 주 평양에 갑니다. 우리는 한반도의 비핵화와 항구적 평화체제 구축을 위한 위대한 여정을 시작했고, 담대한 상상력으로 새로운 길을 만들어내고 있습니다.

그러나 평화는 결코 저절로 주어지지 않습니다. 평화는 우리 스스로 만들고 지켜내야 합니다. '힘을 통한 평화'는 우리 정부가 추구하는, 흔들림 없는 안보전략입니다. 강한 군, 강한 국방력이 함께해야 평화로 가는, 우리의 길은 멈추지 않을 것입니다.

강한 군대는 국방산업의 발전과 함께 국민의 무한한 신뢰 속에서 나옵니다. 국민들은 국민을 위한 국민의 군대를 요구합니다. 이제 우리 군이 답할 차례입니다. 저는 대한민국 국군통수권자로서 차질 없는 개혁으로 국민의 요청에 적극 부응할 것을 명령합니다. 국방개혁의 주인공은 우리 군입니다. 자부심과 사명감으로 개혁을 완수해 주길 바랍니다.

오늘 '도산 안창호함'이 강한 국방, 평화로운 대한민국의 미래를 향해 출항합니다. 한평생 독립운동에 헌신하고 민족정신을 일깨우는 데 앞장섰던 도산 안창호 선생의 얼을 가슴 깊이 새겨 주길 바랍니다. 바다에서 대한민국 주권과 국가이익을 수호하는데 사명을 다해 주길 바랍니다.

우리 국민들의 평화와 번영의 염원이 '도산 안창호함'에 실려 있습니다. 여러분, 이제 함께 출발합시다.

감사합니다.

'겨레의 하나 됨'
남북정상의 환영 만찬 답사

| 2018-09-19 |

김정은 국무위원장과 리설주 여사님, 그리고 귀빈 여러분, 긴 겨울을 이겨내고 함께 맞았던 봄에 '가을이 오면 다시 만나자'고 우리는 약속했습니다. 그 약속 그대로 나를 평양으로 초대하고 따뜻하게 맞아주신 김정은 위원장에게 진심으로 감사드립니다. 오가는 거리마다 뜨거운 환영을 보내주신 북녘 동포들께도 깊이 감사드립니다. 모든 분들께 남녘 동포들이 전하는 각별한 안부 인사를 전합니다.

오늘 도착해보니 평양의 발전이 참으로 놀랍습니다. 대동강변을 따라 늘어선 고층 건물과, 평양 시민들의 활기찬 모습이 아주 인상적 입니다. 과학과 경제를 발전시켜 주민들의 삶을 나아지게 하려는 김정은 위원장의 지도력과 성취를 알 수 있었습니다. 남북이 서로 자유롭게 오가며 서로 돕고 함께 발전한다면 온 세상이 깜짝 놀라게 될 것입니다. 지난번 판문점에서 우리는 남북관계에서 새로운 시대를 열었습니다. 불과 5개월밖에 지나지 않았지만 꿈같은 일이 시작되었습니다. 인도네시아 아시안게임에서 카누 여자 단일대표팀이 첫 금메달의 쾌거를 거두었습니다. 여자 단일 농구대표팀도 은메달이었지만, 만리장성을 넘을 수 있다는 것을 보여주었습니다.

대동강과 한강에서 흘린 땀과 눈물이 하나가 될 때 우리는 세계 최고가 될 수 있다는 희망과 기쁨을 온 겨레에 안겨주었습니다. 세계 최초의 금속활자는 우리 민족의 자랑이자 세계적으로도 소중한 유산입니다. 금속활자 실물이 그동안 남과 북에 각 한 글자씩 있었는데 3년 전 남북이 공동 발굴 조사한 개성 만월대에서 세 번째 실물이 발굴되었습니다. 북에서는 '사랑스럽다'는 '전', 남에서는 '아름답다'는 '단'으로 읽는 글자였습니다. 우리가 함께 이룬 성과를 축복해 주는 듯 했습니다. 다음 주부터 개성만월대 공동 발굴이 재개됩니다. 아주 뜻깊고 반가운 소식입니다. 남과 북이 하나가 되어 우리 민족의 역사를 되살려 낼 것입니다.

이제 시작입니다. 우리는 누구도 경험해보지 못한 미래를 만들어 갈 수 있습니다. 우리의 협력은 대륙을 가르며 러시아와 유럽에 이르고 바다를 건너 아세안과 인도에 이를 것입니다. 이를 위해 나는 김정은 위원장과 머리를 맞대고 마음을 모을 것입니다. 군사, 경제, 사회, 문화 모든 분야에서 내실 있는 발전을 이루고, 남과 북 사이에 군사적 긴장과 전쟁의 공포를 완전히 해소하는 방안을 진지하게 논의하겠습니다.

한반도의 완전한 비핵화와 평화정착도 중요한 의제입니다. 항구적인 평화와 협력의 시대를 여는 큰 걸음을 시작하겠습니다. 완전히 새로운 길인만큼 여러 가지 도전과 난관을 만날 수도 있습니다. 그러나 김정은 위원장과 나에게는 신뢰와 우정이 있습니다. 역지사지의 자세로 서로를 이해하고 배려한다면 넘어서지 못할 어려움은 없을 것입니다.

귀빈 여러분, 나는 김대중, 노무현 대통령에 이어 여기 목란관을 찾은 세 번째 대한민국 대통령입니다. 김정은 위원장과는 지난 4월과 5월에 이어 벌써 세 번째 만남입니다. 김 위원장과 나는 다정한 연인처럼 함께 손잡고 군사분계선을 넘어가고 넘어왔던 사이입니다. 우리의 도보다리 대화는 그 모습만으로도 전 세계인들에게 큰 감동을 주었습니다. 남북의 정상이 시간과 장소에 구애치 않고 언제든지 편하게 만날 수 있다는 사실 자체가 남북 간의 새로운 시대가 도래했다는 것을 상징적으로 보여줍니다.

마침 우리 민족이 가장 좋아하는 명절인 한가위 추석이 다가오고 있습니다. '더도 말고 덜도 말고 한가위만 같아라'는 속담처럼 온 겨레의 삶을 더 평화롭고 풍요롭게 하는 만남이 되기를 진심으로 바랍니다. 우리의 만남이 북과 남의 국민 모두에게 최고의 한가위 선물이 되길 기원합니다. 그런 마음으로 건배를 제의하겠습니다. 여러분들은 "위하여"라고 화답해 주시면 되겠습니다.

김정은 국무위원장 내외분의 건강과, 백두에서 한라까지 남과 북 8천만 겨레 모두의 하나됨을 위하여!

한미정상회담 모두발언

| 2018-09-24 |

감사합니다. 지난 5월 워싱턴 회담 이후에 네 달 만에 다시 뵙게 되어서 매우 반갑습니다.

대통령님 성원 덕분에 평양에 잘 다녀왔습니다. 남북 간에 좋은 합의를 이루었고, 또 북한의 비핵화에 대해서도 진전된 합의가 있었습니다. 트럼프 대통령께 전해달라는 김정은 위원장의 메시지도 있었습니다. 평양에서 돌아오자마자 곧바로 대통령님 만나서 김정은 위원장과 논의한 내용을 공유할 수 있게 되어서 매우 기쁩니다. 한반도의 완전한 비핵화와 평화 구축 방안, 그리고 미북 간의 대화와 제2차 북미정상회담에 도움이 되기를 기대합니다.

특히 김정은 위원장이 직접 전세계 언론 앞에서 비핵화 의지를 직접 밝히고, 또 내가 15만 명의 평양 시민들 앞에서 김정은 위원장과 한 비핵화 합의를 다시 한 번 강조한 것은 매우 큰 의미가 있습니다. 이제 북한의 핵 포기는 북한 내부에서도 되돌릴 수 없을 만큼 공식화되었습니다.

트럼프 대통령님의 통 큰 결단과 새로운 접근으로 지난 수십 년 간 누구도 해결하지 못했던 문제가 해결되고 있는 것에 대해서 감사를 드립니다.

김정은 위원장도 트럼프 대통령님에 대한 변함없는 신뢰와 기대를 거듭 밝히면서 트럼프 대통령만이 이 문제를 해결할 수 있기 때문에 트럼프 대통령과 조기에 만나서 트럼프 대통령과 함께 비핵화 과정을 조속히 끝내고 싶다는 희망을 밝혔습니다. 북미정상회담의 조기 개최와 성공을 기원합니다.

그리고 FTA 협상은 우리 굳건한 한미동맹 관계가 경제 영역으로까지 확장된 것이라고 그렇게 생각합니다. 이번에 우리가 더 좋은 개정 협상을 함으로써 우리 한미 간의 교역 관계는 보다 자유롭고 공정한, 그리고 또 호혜적인 그런 협정이 되었다고 생각합니다. 양국의 경제 협력 관계를 한단계 더 높인 좋은 계기가 되었다고 이해를 하고 있습니다.

감사합니다.

미국외교협회(CFR)·코리아소사이어티(KS)·
아시아소사이어티(AS) 공동연설

| 2018-09-25 |

존경하는 리차드 하스(Richard Haass) 회장님, 토마스 허바드 (Thomas Hubbard) 이사장님, 조셋 쉬란(Josette Sheeran) 회장님, 내외 귀빈 여러분, 반갑습니다.

국제관계 분야의 대표적인 세 기관이 공동으로 간담회를 열고, 또 저를 초대해 주셔서 감사합니다.

세 기관은 미국과 아시아, 한국 사이의 연결 고리 역할을 해 주고 있습니다. 특히, 한반도 문제에 대한 깊은 관심과 애정에 대해 늘 고맙게 생각하고 있습니다. 최고의 아시아, 한국 전문가들과 함께, 급변하는 한반도 정세를 공유하고, 평화와 번영의 한반도를 말씀드릴 수 있게 되어 매우 뜻깊습니다.

내가 유엔 총회에 처음 참석한 작년 이맘 때, 한반도를 둘러싼 긴장은 최고조에 달한 상황이었습니다. 북한은 6차 핵실험을 감행했고, 유엔 안보리는 역대 최고 수준의 대북 제재안을 결의했습니다. 유엔 총회장에서도 말폭탄이 난무했습니다. 전쟁의 먹구름이 한반도를 뒤덮었습니다.

나는 절박한 심정으로 북한과 국제사회에 대화를 통해 문제를 해결하자고 호소했습니다. 북한에게는 핵을 포기하고 평화의 길로 나오라고 촉구했습니다. 2018년 평창 동계올림픽이 평화의 올림픽이 될 수 있도록 국제사회의 지지와 동참을 요청했습니다. 당시만 해도 많은 이들이 실현 가능성을 믿지 않았습니다. 공허한 이야기로 들렸을지 모릅니다.

그로부터 1년이 지난 지금, 한반도에 기적 같은 일이 벌어지고 있습니다. 평화의 서막은 올 2월 평창 동계올림픽이었습니다. 북한은 대표단과 선수단을 평창에 보냈습니다.

4월 27일 판문점에서 나는 김정은 위원장과 첫 정상회담을 가졌습니다. 한반도의 완전한 비핵화와 항구적 평화체제 구축을 위한 판문점 선언을 채택했습니다. 6월에는 역사적인 북미정상회담이 이뤄졌습니다. 70년의 적대관계 속에서 사상 최초의 일입니다. 미국과 북한 지도자 간 상호 신뢰와 존중이 만들어낸 위대한 결단이었습니다. 북한은 핵 실험장을 폐기했으며, 미군 유해를 송환하고, 9·9절 열병식에서 중·장거리 미사일을 동원하지 않는 성의를 보여주었습니다.

지난주 나는 평양에 있었습니다. 김정은 위원장과 세 번째 남북정상회담을 갖고 '평양공동선언'을 발표했습니다. 김 위원장은 한반도를 핵무기와 핵위협이 없는 평화의 땅으로 만들겠다고 직접 발표했고, 가능한 빠른 시기에 비핵화를 끝내고 경제발전에 집중하고 싶다는 희망을 밝혔습니다.

북한은 작년 11월 이후 핵과 미사일 도발을 중단했습니다. 국제사회가 지켜보는 가운데 풍계리 핵 실험장도 폐기했습니다.

이번에 북한은 비핵화의 빠른 진전을 위해 우선 동창리 미사일 엔진 시험장과 미사일 발사대를 유관국 전문가들의 참관 하에 영구적으로 폐기하기로 확약했습니다.

또한 북미정상회담의 합의정신에 따라 미국이 상응하는 조치를 취한다면 영변 핵시설의 영구 폐기를 포함한 추가적 비핵화 조치를 계속 취할 용의가 있음을 천명했습니다. 검증 가능한 불가역적 비핵화를 하겠다는 뜻입니다. 김 위원장은 조속한 비핵화를 위해 폼페이오 국무장관의 방북과 2차 북미정상회담의 조기 개최를 희망하고 있습니다.

여러분,

남과 북 사이에도 긴장 완화와 교류·협력이 실천되고 있습니다. 2주 전에 남북공동연락사무소가 북한의 개성에 개설되었습니다. 남북 간에 24시간 365일 대화할 수 있는 공식 창구가 생겼습니다. 8월에는 이산가족 상봉이 이뤄졌습니다. 평창올림픽에 이어 인도네시아 아시안게임에서는 일부 종목에서 남북단일팀이 출전해, 역사상 처음으로 금메달을 획득하기도 했습니다.

무엇보다 중요한 성과는 이번 '평양공동선언'에 담긴 군사 분야 합의입니다. 남북은 한반도 전체에서 서로에 대한 적대행위를 전면 중단하기로 했습니다. 전쟁의 위험을 상당 부분 해소한 실질적 종전조치입니다. 비무장지대와 공동경비구역을 비무장화하여 평화의 상징으로 만들어 나갈 것입니다.

'전쟁 없는 한반도' 실현에 성큼 다가선 것입니다.

남북이 추구하는 종전선언은 평화체제로 나아가기 위해 거쳐야할 과정입니다. 북한의 비핵화 조치를 촉진하기 위해서도 필요합니다.

유엔사나 주한미군의 지위에 영향을 미칠지 모른다는 일각의 우려는 사실이 아닙니다. 종전선언은 평화협정으로 가기 위한 정치적 선언이므로, 평화협정이 체결될 때까지는 정전체제가 그대로 유지됩니다. 주한미군의 주둔은 종전선언이나 평화협정과 무관하게 한미동맹이 결정할 문제일 뿐입니다. 이러한 종전선언의 개념에 대해서는 김정은 위원장도 동의하고 있는 바입니다.

불과 1년 전만 해도, 전쟁의 공포에 불안해하던 남과 북, 또 주변국들에게는 꿈만 같은 일입니다. 트럼프 대통령의 과감한 결단과 중국, 일본, 러시아를 비롯한 국제사회의 일관된 지지가 없었다면 이룰 수 없는 일이었습니다.

어제, 트럼프 대통령과 나는 이 모든 문제를 두고 허심탄회한 대화를 나눴습니다. '센토사 합의'와 '판문점 선언', '평양공동선언'의 조속한 이행이 무엇보다 중요하다는데 인식을 같이 했습니다. 트럼프 대통령과 김정은 위원장은 서로 신뢰하고 있습니다. 중단되었던 미북 간 비핵화 논의도 다시 본격화될 것입니다.

한미 양국은 북한의 조치에 화답했습니다. 전략자산이 전개되는 대규모 연합 군사훈련을 중단했습니다. 북미 정상이 다시 마주 앉으면 비핵화의 큰 진전이 있을 것이라고 확신합니다.

여러분,

한반도 평화의 가장 든든한 초석은 한미동맹입니다. 피로 맺어진 한미동맹은 70여 년 동안 더욱 굳건해지고, 확장되었습니다. 한미동맹이 없었다면, 대한민국은 반세기만에 민주주의와 경제발전을 동시에 이루기 어려웠을 것입니다.

최근에 평택으로 이전한 주한미군 사령부 캠프 험프리스는 한미동맹의 상징입니다. 해외 미군기지 중 최대 규모이며 최상의 시설을 자랑합니다. 육해공 통합기지이자 작전 허브로써 최상의 운용능력을 보유하고 있습니다. 작년에 저와 함께 캠프를 방문한 트럼프 대통령도 엄지를 치켜세웠습니다. 군사동맹에서 시작한 한미동맹은 이제 경제동맹을 넘어 글로벌 파트너십으로 확장되고 있습니다.

한미 FTA는 양국 간 교류와 경제협력에 획기적인 발전을 가져왔습니다. 세계 1위와 11위 경제대국 간 FTA는 굳건한 동맹의 결과물이며, 세계 자유무역의 촉매제가 되었습니다. 한국은 세계 최대의 자본과 기술력을 가진 미국시장에 진출 할 수 있었고, 미국은 동아시아의 교두보를 얻었습니다.

어제 양국 간 FTA 개정 협정에 서명을 했습니다. FTA 개정으로 양국 국민들이 상호 호혜적 교역의 혜택을 누리게 될 것으로 기대합니다.

미국과 한국은 테러리즘, 극단적 폭력주의, 환경과 보건, 기아, 난민 등 인류가 직면한 문제에도 함께 힘을 모아나갈 것입니다.

트럼프 대통령은 나에게 "한미동맹은 단순한 동맹이 아니라 위대한 동맹"이라고 말했습니다. 자유와 민주주의는 영원할 것입니다. 전쟁에서 흘린 피로 맺어진 우리의 동맹은 반드시 전쟁을 끝내고 평화와 번영으로 이어질 것입니다.

이미 우리의 동맹은 위대합니다. 그러나 나는 한반도 평화 구축을 통해 우리의 동맹이 더 위대해질 것이라고 믿습니다.

내외 귀빈 여러분,

한반도의 평화는 역내 안보에 기여할 뿐만 아니라 한반도와 동북아의 동반 번영을 이끌어 낼 수 있습니다. 완전한 비핵화와 함께 한반도에 평화가 정착되면 남과 북은 본격적으로 경제협력을 추진할 것입니다. 남북경제공동체는 동북아시아 경제협력으로 이어질 것입니다. 여건이 조성되면 개성공단과 금강산관광을 재개할 것입니다. 서해경제특구와 동해관광특구 개발 계획도 가지고 있습니다. 미국과 한국 기업들에게는 새로운 성장기회가 될 것입니다.

나는 지난 8·15 경축사에서, 동북아 6개국과 미국이 함께 참여하는 '동아시아철도공동체'를 제안했습니다. 작년에는 러시아 동방경제포럼에서 러시아의 에너지 슈퍼링 구상과 몽골 고비사막의 풍력, 태양광을 연계한 거대한 동북아 슈퍼그리드 구상도 제안했습니다.

동아시아철도공동체는, 에너지공동체와 경제공동체를 넘어 다자평화안보체제로 발전하는 기반이 될 것입니다. 평화가 경제를 이끌고, 경제가 평화를 지키게 될 것입니다.

미국의 참여는 동북아 발전을 가속화하고 지역의 안정화에 큰 힘이 될 것입니다. 이 자리를 빌려 미국의 적극적인 참여를 제안합니다.

내외 귀빈 여러분, 존경하는 국제관계 전문가 여러분,

남과 북의 국민은 서로 남이 아닙니다. 우리는 5천년을 함께 살았고 같은 핏줄, 같은 역사, 같은 언어, 같은 문화를 가지고 있습니다. 잠시 헤어진 형제와 같습니다. 우리는 전쟁을 겪고 이념적으로 대립했지만 우리가 하나라는 생각을 잊지 않고 있습니다. 전쟁의 위협에서 벗어나 평화로운 한반도를 함께 소망하고 있습니다. 남북 8천만 겨레의 간절한 마음과 국제사회의 지지가 오늘 한반도 평화의 기적을 만들고 있습니다.

나는 트럼프 대통령, 김정은 위원장과 함께 한반도 평화와 번영이라는 비전을 가지고 새로운 미래를 향해 담대하게 나아갈 것입니다.

나는 트럼프 대통령과 김정은 위원장의 진정한 의지와 변함없는 신뢰를 여러 차례 확인했습니다. 우리가 함께, 반드시 해낼 수 있다고 확신합니다. 한반도의 평화와 번영, 새로운 미래로 나아가는 길에 여러분의 아낌없는 지지와 성원을 부탁드립니다.

　감사합니다.

제73차 유엔총회 기조연설

| 2018-09-26 |

의장, 사무총장, 각국 대표 여러분,

코피 아난 제7대 유엔 사무총장의 서거에 깊은 애도를 표합니다. 세계는 평화의 길에 새겨진 그의 이름을 영원히 기억할 것입니다.

'마리아 에스피노자' 총회 의장의 취임을 축하합니다. 제73차 총회를 통해 유엔의 손길이 지구촌 곳곳에 닿을 수 있기를 희망합니다. 또한 구테레쉬 사무총장의 훌륭한 지도력으로 인류에 공헌하는 유엔으로 더욱 발전하기를 바랍니다.

나는 작년에 이어 다시 한 번 절실하고 설레는 마음으로 이 자리에 섰습니다.

지난 일 년 한반도에는 기적 같은 일이 벌어졌습니다. 역사상 처음으로 북한의 지도자가 군사분계선을 넘어 판문점에 내려왔습니다. 싱가포르 센토사섬에서는 역사적인 북미정상회담이 열렸습니다.

김정은 위원장과 나는 전쟁의 그림자를 걷어내고 평화와 번영의 시대를 다짐했습니다. 북미 회담에서는 한반도의 완전한 비핵화와 적대관계 청산, 항구적인 평화체제 구축에 노력할 것을 합의했습니다. 트럼프 대통령과 김정은 위원장은 평화를 바라는 세계인들에게 감동과 희망을 주었습니다.

북한은 국제사회가 지켜보는 가운데 풍계리 핵 실험장을 폐기했고 미국과 한국은 대규모 군사훈련을 중단하며 신뢰를 구축했습니다. 한반도와 북미관계에서 새로운 시대를 만들고 있는 트럼프 대통령과 김정은 위원장의 용기와 결단에 경의와 감사를 표합니다.

지난 주 나는 평양에서 세 번째로 김정은 위원장을 만나 한반도를 핵무기와 핵위협이 없는 평화의 터전으로 만들 것을 다시 한 번 합의했습니다. 김 위원장은 가능한 빠른 시기에 비핵화를 끝내고 경제발전에 집중하고 싶다는 희망을 밝혔습니다.

또한 비핵화의 조속한 진전을 위해 우선 동창리 엔진 시험장과 미사일 발사대를 국제적 참관 하에 영구적으로 폐기할 것을 확약했습니다.

나아가서 북미정상회담의 합의정신에 따라 미국이 상응하는 조치를 취한다면 영변 핵시설의 영구 폐기를 포함한 추가적 비핵화 조치를 계속 취할 용의가 있다고 분명하게 밝혔습니다.

한반도는 65년 동안 정전 상황입니다. 전쟁 종식은 매우 절실합니다. 평화체제로 가기 위해 반드시 거쳐야할 과정입니다. 앞으로 비핵화를 위한 과감한 조치들이 관련국 사이에서 실행되고 종전선언으로 이어질 것을 기대합니다. 어려운 일이 따를지라도 남·북·미는 정상들의 상호 신뢰를 바탕으로 한걸음씩 평화에 다가갈 것입니다.

이러한 극적인 변화는 평화를 바라는 세계인들의 지지와 응원 덕분입니다. 특히 유엔은 북한에게 평화로 나아갈 용기를 주었습니다. 유엔의 역할에 감사를 표합니다.

그러나 시작입니다. 완전한 비핵화와 항구적 평화를 위한 여정에 유엔 회원국들의 지속적인 지지와 협력을 부탁합니다. 한국은 유엔이 채택한 결의들을 지키면서, 북한이 국제사회의 일원으로 함께할 수 있도록 성심을 다할 것입니다.

의장,

지난 겨울, 강원도 평창에서 한반도 평화의 서막이 열렸습니다. 2017년 11월 유엔총회가 채택한 '올림픽 휴전 결의'가 소중한 결실을 맺는 순간이었습니다.

구테레쉬 사무총장과 세계 각국의 정상들이 북한 선수단의 참가를 축하해 주었습니다. 한반도의 화합과 평화를 기원해 주었습니다. 세계는 평화의 새 역사를 예감할 수 있었습니다.

평창 동계올림픽에 북한이 참가할 수 있도록 길을 열어주신 IOC 바흐 위원장의 지도력과 공헌에 다시 한 번 감사드립니다. 평창 동계패 럴림픽이 끝난 한 달여 후, 김정은 위원장과 나는 판문점에서 처음 만났 습니다. 유엔은 '판문점 선언'을 환영하고 적극 지지해 주었습니다. 두 번째 남북회담과 북미정상회담, 이번 평양 회담까지 지속적으로 이어진 만남에 든든한 힘이 되었습니다.

나는 지난 제72차 유엔총회에서 온전하고 지속가능한 평화를 이루 기 위해 북한이 스스로 평화를 선택하기 바란다고 밝힌 바 있습니다. 유 엔은 물론 지구촌 구성원 모두의 바람이기도 했습니다.

북한은 우리의 바람과 요구에 화답했습니다. 올해 첫날, 김정은 위 원장은 신년사에서 한반도 정세의 방향을 돌렸습니다. 북한의 평창 동계 올림픽 참가와 대표단 파견은 평화의 물꼬를 트는 결정적 계기가 되었 습니다.

북한은 4월 20일, 핵개발 노선을 공식적으로 종료하고, 경제발전을 위해 모든 노력을 기울여왔습니다. 정권 수립 70주년을 맞는 9월 9일에 는 핵능력을 과시하는 대신 평화와 번영의 의지를 밝혔습니다. 북한은 오랜 고립에서 스스로 벗어나 다시 세계 앞에 섰습니다.

이제 국제사회가 북한의 새로운 선택과 노력에 화답할 차례입니다. 김정은 위원장의 비핵화 결단이 올바른 판단임을 확인해 주어야 합니다. 북한이 항구적이고 공고한 평화의 길을 계속 갈 수 있도록 이끌어주어야 합니다.

유엔의 역할이 중요합니다. 유엔사무국은 국제회의에 북한 관료를 초청하는 등 대화와 포용의 노력을 지속해왔습니다. 유엔은 '누구도 뒤에 남겨놓지 않겠다'고 선언하고 있습니다. 나는 지속가능한 발전이라는 유엔의 꿈이 한반도에서 실현되기를 진심으로 바랍니다.

나는 국제사회가 길을 열어준다면, 북한이 평화와 번영을 향한 발걸음을 멈추지 않으리라 확신합니다. 한국은 북한을 그 길로 이끌기 위해 모든 노력을 다할 것입니다. 유엔이 경험과 지혜를 아낌없이 나누어주시기 바랍니다.

의장,

한반도의 비핵화와 평화정착 과정은 동북아 평화와 협력 질서를 만들어 가는 과정이기도 합니다.

동북아는 세계 인구의 5분의 1이 살고, 세계 경제의 4분의 1을 떠받치고 있는 지역입니다. 그러나 갈등으로 인해 더 큰 협력으로 나아가지 못하고 있습니다. 한반도에서부터 동북아의 갈등을 풀어나가겠습니다.

나는 지난 8월 15일, 동북아 6개국과 미국이 함께하는 '동아시아철도공동체'를 제안했습니다. 오늘의 유럽연합을 만든 '유럽석탄철강공동체'가 살아 있는 선례입니다.

'동아시아철도공동체'는 향후 동아시아 에너지공동체와 경제 공동체, 더 나아가 동북아 다자평화안보체제로 이어질 수 있는 출발점이 될 수 있을 것입니다.

남과 북은 끊어진 철도와 도로 연결에 착수했습니다. 앞으로 '동아시아철도공동체'의 본격적 추진을 위해 역내 국가들과 긴밀히 협의해 나갈 것입니다. 동북아에서 유엔의 정신인 다자주의를 실현하고 공영의 미래를 만들어 나가는 길에 국제사회가 지지와 협력을 보내 줄 것을 요청합니다.

의장,

대한민국은 유엔과 함께 격동의 현대사를 헤쳐 왔습니다. 유엔과 대한민국은 가치와 철학을 함께합니다.

지난 9월 대한민국 정부는 '사람 중심'의 국정철학을 토대로 '포용국가'를 선언했습니다. 우리 국민은 공정하고 정의로운 나라, 단 한명의 국민도 차별받지 않고 더불어 사는 사회를 향해 나아가고 있습니다. '포용성'은 국제개발협력의 철학이기도 합니다. 누구도 소외받지 않는 국제환경을 만들기 위해 개발협력 규모를 꾸준히 확대해 나갈 것입니다. 인권침해와 차별로 고통 받고 있는 세계인들, 특히 아동, 청소년, 여성, 장애인과 같은 취약계층에 대한 지원도 늘려나가고 있습니다.

최근 5년간 난민에 대한 재정적 지원을 5배 확대했습니다. 올해부터는 매년 5만 톤의 쌀을 극심한 식량위기를 겪고 있는 개발도상국에 지원하고 있습니다.

나는 인도적 위기를 근본적으로 해결하기 위해서는 평화, 개발, 인권을 아우르는 총체적 접근이 필요하다고 봅니다. 대한민국 정부는 "모두에게 의미 있는 유엔"을 만들기 위해 함께 고민하고, 힘을 보탤 것입니다.

올해는 '세계인권선언' 70주년입니다. 인권을 위해 부당한 권력에 맞서본 사람이라면 누구나 '모든 사람은 자유롭고 평등하다'는 세계인권선언의 첫 조항을 가슴에 새기고 있습니다.

나는 특히 '실질적 성평등 실현'을 주요 국정과제로 추진하고 있습니다. 여성에 대한 모든 차별과 폭력에 더욱 단호하게 대응하고 있습니다.

우리나라는 '일본군 위안부' 피해를 직접 경험했습니다. 국제사회의 '여성, 평화, 안보' 논의에 적극 참여하고, 분쟁 지역의 성폭력을 철폐하기 위한 국제사회의 노력에도 함께할 것입니다.

기후변화 대응과 저탄소 경제로의 전환은 우리 세대에게 주어진 도전이자 과제입니다. 대한민국 정부는 2030년까지 재생에너지 발전량을 20%까지 높일 것입니다. 파리협정에 따라 2030년까지 온실가스 감축목표를 성실히 이행하고, 개발도상국들의 기후변화 대응을 지원해 지속가능한 발전을 돕겠습니다.

의장, 사무총장, 각국 대표 여러분,

남·북한에게 유엔은 국제기구를 넘어선 의미가 있습니다. 1991년 9월 17일 제46차 유엔총회에서 남·북한의 유엔 동시 가입안이 159개전 회원국의 만장일치로 채택되었습니다. 그날은 '세계 평화의 날'이기도 했습니다.

남북의 수석대표들은 각각 연설을 통해 "비록 남·북한이 별개의 회원국으로 시작하였지만, 언젠가는 화해와 협력, 평화를 통해 하나가 될 것"이라고 다짐했습니다.

27년이 흐른 지금, 남과 북은 그날의 다짐을 실현하고 있습니다. 분단의 장벽을 넘어서며 마음의 벽을 허물고 있습니다. 우리는 함께하면 얼마든지 평화에 이를 수 있다는 사실을 국제사회에 증명하고 있습니다.

여러분, 우리 모두는 평화를 바랍니다. 사랑하는 가족, 이웃, 그리운 고향이 평화입니다. 가진 것을 함께 나누는 일이 평화입니다. 모두 함께 이룬 평화가 모든 이를 위한 평화입니다.

한반도의 항구적 평화와 비핵화를 향한 길, 평화로운 세계를 향한 여정에 여러분 모두, 언제나 함께해 주실 것으로 믿습니다.

감사합니다.

10월

제70주년 국군의 날 기념사

| 2018-10-01 |

존경하는 국민 여러분, 국군장병 여러분,

우리 군은 지난 70년, 우리 영토와 주권을 단 한 치의 빈틈도 없이 지켜냈습니다. 국군장병 여러분의 노고를 치하하며 모든 국민과 함께 국군의 날 70주년을 축하합니다.

우리는 지금, 전쟁기념관 '평화의 광장'에 서있습니다. "평화를 원하거든 전쟁을 기억하라"는 경구가 이 광장에 새겨져 있습니다.

우리는 여전히 전쟁의 참혹함을 기억합니다. 그렇기 때문에 우리에게는 평화가 더욱 절실합니다. 우리 국군의 희생과 헌신이 없었다면 우리는 평화를 향해 단 한발자국도 전진하지 못했을 것입니다.

조국 수호에 목숨을 바친 호국영령들이 있었기에 오늘의 대한민국이 있습니다. 이 자리에 계신 퇴역장병과 군 원로, UN참전용사들이 전쟁을 기억하며 평화의 시대를 열어낸 주역들입니다. 깊은 경의를 표합니다. 지금 이 순간, 자신의 소임을 다하고 있는 국군장병들과 해외파병 용사들이 참으로 든든합니다. 국민의 이름으로 장병들을 치하하며 가족들에게 감사드립니다.

존경하는 국민 여러분,

저는 오늘, 한반도에서 전쟁의 위협을 끝내고 평화의 시대를 이야기할 수 있어 아주 가슴이 벅찹니다.

지난 9월 19일 평양공동선언에서 나와 김정은 위원장은 남과 북의 전쟁종식과 한반도 평화를 천명했습니다. 15만 평양 시민들 앞에서 핵무기도, 핵위협도 없는 한반도, 평화의 한반도를 약속했습니다. 그러나 단번에 평화가 오지는 않습니다. 평화는 우리의 힘이 바탕이 될 때 지속될 수 있다는 사실을 잊어서는 안 될 것입니다.

이제 우리 군이 한반도 평화의 맨 앞자리에 서야 할 때입니다. 힘을 통한 평화는 군의 사명이며, 평화시대의 진정한 주인공은 바로 강한 군대입니다.

우리는 불과 반세기만에 전투기와 전차를 만들고 3천 톤급 전략 잠수함까지 갖췄습니다. 국방력에서 눈부신 발전을 이뤘습니다. 지금은 강력한 국방개혁을 통해 국민의 군대로 거듭나고 있습니다.

나는 우리 군의 저력을 믿습니다. 우리 군은 어떤 위협으로부터도 국민의 생명과 안전을 지켜낼 것이며, 우리의 땅, 하늘, 바다에서 우리의 주도하에 작전, 통제할 수 있는 역량을 갖춰낼 것입니다. 믿음직한 군대로 반드시 평화를 만들어 나갈 것입니다.

국군장병 여러분,

국민과 함께하는 군대가 가장 강한 군대이며 강한 군을 만드는 핵심은 장병들입니다. 장병들이 차별 없이 존중받고 진정으로 국가와 군을 자랑스러워할 때 용기와 헌신을 갖춘 군인이 될 것입니다.

이제 우리 군은 국민의 딸과 아들을 귀하게 여기는 군대가 되어야 합니다. 전력에서도 최고가 되어야 하며 민주주의에서도 최고가 되어야 합니다.

공정한 군대, 소통하는 군대로 복무환경을 개선하고, 군 생활이 사회 단절로 이어지지 않도록 군 복무 기간에 따른 맞춤형 취업을 지원하겠습니다. 경찰관, 해경, 소방관 등에 제대군인 채용도 확대하겠습니다.

군 의료지원체계를 획기적으로 개선하고 군의 육아 여건을 보장하기 위한 공동육아나눔터, 군 어린이집도 늘려나갈 것입니다. 남녀 군인들 간의 차별 해소에도 각별한 관심을 기울일 것입니다.

군 복무 기간에는 자신의 역량을 기르고 제대 후에는 민주사회의 시민으로 공헌할 수 있을 때 우리 군의 애국심은 더욱 고양될 것입니다.

존경하는 국민 여러분, 국군장병 여러분,

함께해야 이깁니다. 국민과 함께해야 하며, 지휘관과 장병이 함께 해야 합니다. 육·해·공군이 함께해야 하고, 동맹 우방국과 함께해야 합니다.

미래를 선도해야 이깁니다. 이순신 장군은 거북선이라는 신무기와 학익진이라는 새로운 전략으로 승리했습니다. 우리 국방도 4차산업혁명에 접목하여 스마트 국방과 디지털 강군으로 도약해야 합니다.

우리는 지금 평화의 시대로 가고 있습니다. 명예로운 군인의 길이 한반도의 새 역사를 쓸 것입니다. 우리 군은 지금까지 조국수호의 임무를 훌륭히 수행했고, 앞으로도 변함없이 국민을 지켜낼 것입니다. 나는 우리 장병들에게 무한한 신뢰를 가지고 있으며, 언제나 여러분과 함께할 것입니다.

감사합니다.

한·태국수교 60주년 축하 메시지

| 2018-10-01 |

총리님,

한국과 태국이 수교한지 60주년이 되는 뜻깊은 해를 맞이하여 총리님과 태국 국민들에게 진심어린 축하와 우정의 말씀을 전합니다.

태국은 한국전에 참전하여 대한민국의 자유와 민주주의를 수호하기 위해 생사를 함께 했으며, 이러한 토대 위에서 양국 관계는 1958년 수교 이래 지난 60년간 정치, 경제, 문화, 인적교류 등 제반 분야에서 지속적으로 발전해 왔습니다. 특히, 상호 방문객이 연간 220만명에 이르는 등 활발한 인적 교류는 양국 관계 발전의 든든한 기반이 되고 있습니다.

지난 60년간 발전시켜 온 우정을 토대로, 양국이 앞으로 교역·투

자를 더욱 증진시키고, 인프라, 과학기술, ICT, 방산 등 분야에서의 실질
협력을 확대시켜 나감으로써 우리 양국의 국민들이 이러한 협력의 성과
와 혜택을 더 잘 체감할 수 있게 되길 바랍니다. 이러한 노력을 통해 양
국간 '전략적 동반자 관계'를 내실화하고, 양국 우호협력 관계를 더욱 호
혜적이며 미래지향적으로 발전시켜 나가기를 진심으로 희망합니다.

아울러, 한·아세안 대화관계 수립 30주년을 기념하여 우리 정부가
개최를 추진 중인 '2019 한·아세안 특별정상회의'가 내년 한국에서 성
공적으로 개최될 수 있도록 내년도 아세안의 의장국인 태국 정부와 총
리님의 적극적인 관심과 지원을 당부드립니다.

올해 하반기에 예정된 다자회의 등 계기에 총리님을 만나 뵙고 양
국 관계 발전 방안에 대해 심도있는 논의를 할 수 있기를 기대하며, 총리
님의 건안과 태국의 무궁한 번영, 그리고 양국 우호협력 관계의 지속적
인 발전을 기원합니다.

제8차 일자리위원회 회의 모두발언

| 2018-10-04 |

일자리위원회 위원님들, 반갑습니다. 오늘은 제조업 현장에서 회의를 하게 되었습니다. 회의 전에 SK하이닉스 공장 준공식에 참석했습니다만 좋은 일자리를 만드는 것은 결국 기업입니다.

오늘은 기업의 신산업 투자와 일자리 창출을 위한 지원 방안에 대해서 논의하고자 합니다. 일자리는 우리 국민들이 가장 걱정하는 문제입니다. 우리 정부는 고용절벽이라고 말하는 그런 어려운 상황에서 출범해서 일자리 정책에 최우선 순위를 둬서 추진해 왔습니다. 그 결과, 장기간의 저출산으로 인한 생산가능인구 감소와 고령화 속에서도 고용을 유지하고 있고, 또 고용의 질이 좋아지고 있으며 노동자의 임금수준이 높아지고, 고용보험 가입이 증가하는 등의 성과가 있었습니다.

그러나 아직까지 일자리의 양을 늘리는 데는 성공하지 못하고 있습니다. 특히 민간 부분의 투자와 일자리 창출에서 부진을 벗어나지 못하고 있습니다. 반도체 등 첨단제품이 주력이 돼서 전체 수출은 계속 늘고 있지만 고용효과가 큰 전통 주력 제조업 분야는 여전히 어려움을 겪고 있습니다.

결과적으로 말하자면 산업구조의 변화, 자동화, 무인화, 또 고용 없는 성장, 주력 산업의 구조조정, 자영업의 어려운 경영 여건 등 우리 경제가 겪고 있는 구조적 어려움에 대해 아직 해법을 찾지 못했다라는 비판을 감수하지 않을 수 없습니다.

이러한 상황을 타개하기 위해서는 결국 기업의 투자 촉진과 활력 회복을 통해 좋은 일자리를 더 많이 만들어낼 수 있도록 하는 데 집중하지 않을 수 없습니다. 기존 주력 산업은 신기술·신제품 개발로 새로운 시장을 개척하고, 미래 신산업을 육성해 새로운 성장 동력을 발굴해야 합니다.

오늘 일자리위원회에서 논의할 신산업 프로젝트를 통한 민간 부분의 일자리 창출 방안은 고용위기를 극복하는 돌파구로서 특별히 중요합니다. 정부와 일자리위원회는 민간 기업들과 많은 협의를 거쳐서 미래차, 반도체 디스플레이, 스마트 가전, 에너지 신산업, 또 바이오 헬스, 이렇게 5개 분야에서 대해 민간이 미래 성장 동력을 위해 중점 추진하고자

하는 140여개 프로젝트를 정리했습니다. 이 프로젝트들이 계획대로 추진되면 총 125조 원의 투자를 통해 9만 2,000여개의 좋은 민간 일자리가 생길 것으로 기대가 됩니다.

우리 경제의 도약과 또 청년들의 좋은 일자리를 위해 정부의 적극적인 지원을 주문하면서 몇 가지 당부하고자 합니다.

첫째, 정부는 맞춤형 지원을 하는 서포터 타워 역할을 해야 합니다.

이번 대책은 정부가 주도하는 정책이 아니라 민간의 프로젝트를 정부가 측면에서 지원하는 것입니다. 정부는 기업의 활동을 촉진하고, 애로를 해결해 주는 도우미가 되어야 합니다. 인허가 등 행정절차를 신속하게 하고, 관련 인프라를 적극 지원해야 할 것입니다. 사업별 전담자를 지정해 부처 간 칸막이가 없이 원스톱으로 지원하는 방안도 검토해 주기 바랍니다.

아울러 각 사업이 조속히 투자와 고용창출로 이어질 수 있도록 규제혁신과 입지, 세제 등을 종합적으로 지원하는 체계를 갖춰 주시기 바랍니다.

둘째, 규제혁신을 가속화해야 합니다.

신산업 육성을 위한 규제혁신의 중요성을 다시 강조합니다. 최근 지역특구법 개정안이 국회를 통과해 한국형 규제샌드박스 도입이 가능해졌습니다. 민간이 사업 추진 과정에서 자유특구에서, 또 시범사업, 임시허가 등을 통해 사업을 원활하게 추진할 수 있도록 정부가 적극 지원해 주기 바랍니다.

셋째, 혁신역량을 높이고 상생의 산업생태계를 조성해야 합니다. 해당 신산업의 혁신 역량을 키워주는 것이 중요합니다. 정부는 공공기관을 통한 대규모 공공 구매 등을 통해서 전기차, 수소차 등 신산업·신제품의 초기시장 창출을 지원하고, 연구개발과 전문인력 양성까지 적극 지원을 당부합니다.

특히 강조하고 싶은 것은 대기업·중소기업이 함께 발전하는 생태계를 만드는 것입니다. 대기업의 특허나 사물인터넷 플랫폼 등을 개방하여 중소·중견기업이 활용하도록 하고, 스타트업 기업을 보육하거나 공동 연구 개발을 지원하는 등 다양한 방법이 있을 것입니다. 대기업은 품질 향상을, 중소기업은 경쟁력을 확보하는 상생의 협력을 기대합니다.

직장을 찾는 청년들이 신산업과 새로운 기업에서 열정과 패기를 가지고 도전하고, 회사의 성장과 함께 일하는 보람과 보상을 함께 얻을 수 있도록 희망을 만들어 주기 바랍니다.

오늘 좋은 논의 부탁드립니다. 감사합니다. 그리고 오늘 희의 진행은 우리 부위원장께 부탁드립니다. 감사합니다.

제43회 국무회의 모두발언

| 2018-10-08 |

어제 평양을 다녀온 미국 폼페이오 국무장관으로부터 방북 결과에 대한 설명을 들었습니다. 폼페이오 장관이 방북 후 곧바로 한국으로 와서 결과를 우리에게 먼저 알려주도록 마음을 써준 트럼프 대통령과 미 측에 다시 한 번 감사를 표합니다. 이번 폼페이오 장관의 방북으로 2차 북미정상회담이 조기에 열릴 수 있는 분위기와 여건이 조성되었습니다. 2차 북미정상회담이 가급적 조기에 개최되고 한반도 비핵화와 평화 프로세스에 큰 진전을 이룰 수 있도록 한미 간의 긴밀한 협력과 공조에 최선을 다해주시기 바랍니다.

2차 북미정상회담과 별도로 조만간 김정은 위원장의 러시아 방문과 시진핑 주석의 북한 방문이 이루어질 전망입니다. 또한 북·일 정상 회담의 가능성도 열려 있습니다. 바야흐로 한반도에 새로운 질서가 만들어지고 있는 것입니다. 한반도의 새로운 질서는 동북아의 새로운 질서로 이어질 것입니다. 저는 그 모든 과정이 한반도의 완전한 비핵화와 항구적 평화 체제 구축에 반드시 필요한 과정이며 또 도움이 되는 과정이라 보고 있습니다. 지구상에 남은 마지막 냉전 체제를 해체할 수 있도록 미국 외의 다른 관련국들과 협력해나가는 데에도 적극적인 노력을 기울여야 할 것입니다. 이 과정이 잘 진행되고 또 우리가 주도적인 역할을 할 수 있도록 정치권과 국민들께서도 정부에 힘을 모아주시기를 당부 드립니다.

규제혁신법안 중 국회 본회의를 통과한 지역특구법, 산업융합촉진법, 정보통신융합법의 공포가 오늘 국무회의에서 의결됩니다. 그동안 경직된 규제로 어려움을 겪던 신기술과 신산업에 길을 열어주는 계기가 될 것입니다. 법안을 통과시킨 여야 간의 합의에 감사드립니다. 이로써 한국형 규제 샌드박스가 도입되었습니다. 기업은 새 제품이나 서비스를 출시할 때 기존의 규제에 얽매이지 않고 실증 테스트를 할 수 있게 됩니다. 기업의 기술 혁신과 혁신 창업을 촉진하여 혁신 성장에 크게 기여할 것으로 기대합니다. 소비자에게는 새 제품과 서비스 선택권이 넓어지고 정부는 실증 테스트 결과를 바탕으로 정교하고 안전한 규제 설계를 할 수 있습니다. 한편으로 국민의 생명과 안전, 환경 등 공익적 가치가 훼손

되지 않도록 다양한 안전장치들을 마련하였습니다. 규제 혁신은 우리 경제에 활력을 불어넣고 새로운 성장 동력을 찾기 위해 꼭 필요한 과제입니다. 물론 우리가 반드시 지켜야 할 가치들을 위한 좋은 규제도 있습니다. 서로 충돌하는 가치 사이에서 일방적인 규제 고수나 규제 철폐가 아닌 합리적이고 조화로운 선택이 필요합니다.

규제에 발목이 잡혀 신기술과 신산업이 싹도 트지 못하고 사라지는 일이 없도록 관계 부처는 규제혁신법들의 시행 준비에 만전을 기해 주길 바랍니다. 법 시행 즉시 조기에 성과가 날 수 있도록 하위 법령들을 빠르게 정비하고 기업과 창업자들이 어떻게 활용할 수 있는지 제도 안내와 홍보에도 각별히 신경 써주시기 바랍니다.

인터넷전문은행특례법의 경우 대주주 자격 요건을 시행령으로 정하도록 위임되었으므로 은산분리의 기본 원칙이 훼손되지 않도록 시행령을 법 취지에 맞게 잘 준비해 줄 것을 당부합니다.

오늘 의안 심의는 총리님께 부탁드릴 텐데요. 유은혜 사회부총리께서 국무회의에 처음 참석하셨으니 한 말씀 듣겠습니다.

장진호 전투영웅 추도사

| 2018-10-10 |

존경하는 장진호 전투영웅과 참전용사 여러분, 유가족 여러분,

우리는 오늘 장진호 전투의 영웅들을 기리고자 한자리에 모였습니다. 장진호 용사들은 68년 전, '만난 적도 없는 사람들'을 위해 희생했습니다. 숭고한 희생을 통해 살아남은 사람들은 용사들이 남긴 자유와 평화의 가치를 한순간도 잊지 않고 있습니다.

저는 오늘, 영웅들의 영전에 "이제 한반도의 항구적 평화가 다가오고 있다"는 말씀을 드리며 다시 한 번 깊이 추모합니다. 또한 이 자리에 함께해 주신 장진호 전투영웅 제임스 우드(James Wood), 로버트 펠로우(Robert Pellow) 두 분 노병께 경의를 표하며, 참전 용사 김재생, 이종연,

유영봉, 이용택 님께도 존경과 감사의 인사를 드립니다.

장진호 전투는 위대한 승리였고 수많은 피난민을 살려낸 인류애의 현장이었습니다. 고립된 가운데 열 배에 달하는 적군과 치열한 전투를 치르면서, 10만 여 피난민을 버리지 않고 끝까지 함께했던 용기 있는 행군, 그것이 위대한 크리스마스의 기적을 만들었습니다. 그리고 오늘 한반도 평화의 첫걸음이 되었습니다.

작년 6월 저는 대한민국 대통령으로서 처음으로 워싱턴 장진호 전투 기념비를 찾아 헌화했습니다. 옴스테드 장군님을 비롯한 참전용사, 가족들과 함께 장진호 전투의 의미를 되새겼고, 한미동맹의 뿌리가 얼마나 깊은지 확인했습니다. 마땅히 해야 할 감사였음에도 미국 국민과 미 해병 전우들이 보여준 뜨거운 호응을 잊을 수 없습니다.

피로 맺어진 양국 국민들 간의 깊은 인연과 우정이 평화를 향한 동행으로 이어졌습니다. 남북정상회담과 역사적인 북미정상회담이 성공적으로 치러졌고, 지난 9월 평양공동선언을 통해 전쟁 없는 한반도의 시작을 알리게 되었습니다. 이제 조만간 열리게 될 2차 북미정상회담을 통해 핵무기도 핵위협도 없는 한반도를 실현하고 영원한 평화를 선언하게 된다면 장진호 전투의 희생이 얼마나 가치 있는 희생이었는지 전세계에 보여주게 될 것입니다.

대한민국은 장진호 전투와 참전용사들의 헌신을 영원히 잊지 않을 것입니다. 워싱턴의 한국전쟁기념공원 안에 추모의 벽을 건립하여 전몰

장병 한 분 한 분의 업적을 기리고자 합니다. 극한의 추위 속에서 수많은 전투를 이겨낸 용사들의 투혼을 미국과 한국의 전후 세대들에게 자부심으로 남길 것입니다. 아직도 장진호 주변에 쓸쓸히 묻혀 있을 용사들도 마지막 한 분까지 찾아내 가족의 품으로 돌아갈 수 있도록 하겠습니다.

평화를 위한 한미동맹의 여정은 계속될 것입니다. 누구보다 평화의 소중함을 잘 알고 계신 전투영웅, 참전용사, 유가족들께서 함께해 주시길 기대합니다. 여러분의 건강을 기원하며, 평화로운 한반도에 다시 모실 것을 약속합니다.

감사합니다.

在프랑스 동포 간담회 발언

| 2018-10-13 |

동포 여러분, 반갑습니다. 유럽 순방 첫 일정으로 동포 여러분을 뵙습니다. 저는 개인적으로 한 10년 전에 파리를 방문한 일이 있는데 대통령으로서는 첫 프랑스 방문입니다. 여러모로 뜻깊고 그런 기회에 여러분을 만나니 더 더욱 반갑고 든든합니다. 여러분도 반가우시죠?

프랑스에 올 때마다 세계인들이 프랑스를 사랑하는 이유를 알 것 같습니다. 파리를 유유히 흐르는 세느강과 과거와 현재가 어우러진 도시의 풍경이 아주 매력적입니다. 우리로서는 아주 부럽기도 합니다.

지난 달, 파리 국제대학촌에 한국관을 개관했다는 소식을 들었습니다. 40여 년 만에 추가 건립된 국가관이 바로 우리 한국관입니다. 너무 반갑고 기뻤습니다. 우리 학생들에게 따뜻한 보금자리가 생겼습니다. 부지를 제공해 준 프랑스 당국에도 감사드립니다.

이 자리에 한국관 건립을 위해 애쓰신 많은 분들이 참석해 주셨습니다. 혹시 어디 계신지 알 수 있을까요? 예, 감사드립니다. 여러분들 박수로 감사드립니다. 각별한 감사의 인사를 드립니다.

동포 여러분, 한국과 프랑스는 혁명으로 민주주의를 발전시켜온 빛나는 역사를 가지고 있습니다. 18세기 프랑스 대혁명은 인류의 마음속에 자유, 평등, 박애의 정신을 새겨 넣었습니다. 21세기 우리의 촛불혁명은 가장 아름답고 평화로운 방법으로 한국의 민주주의를 지켜냈고, 위기에 빠진 세계의 민주주의에 희망이 되었습니다.

여러분도 프랑스에서 촛불 많이 드셨죠? 그 고마움을 잊지 않을 것입니다.

서로 문화예술을 사랑하는 마음도 비슷합니다. 우리는 고흐와 모네와 르누아르의 그림, 드뷔시의 음악을 좋아합니다. 생텍쥐페리의 '어린 왕자'는 우리 마음속에 소중한 추억을 담아주었습니다.

파리에서는 2006년부터 매년 '파리한국영화제'가 열리고, 한글에 대한 관심이 높아져 파리7대학, 이날코 대학 등 한국어학과에 많은 학생들이 응시하고 있습니다.

내년에는 파리 중심부에 한국의 문화와 관광지를 체험할 수 있는 '파리코리아센터'가 개원한다고 하니 앞으로 깊어질 양국의 관계가 더욱 기대됩니다.

그리고 또 내일 한불 우정 콘서트 열리는 것 아시죠. 방탄소년단도 참석한다고 합니다. 한국과 프랑스 양국 국민들이 함께 즐길 수 있는 좋은 시간이 되지 않을까 생각합니다. 여러분도 많이 참석해 주시기 바랍니다.

동포여러분, 프랑스는 유럽에서 가장 활발했던 우리 독립운동의 근거지였습니다. 99년 전, 30여명의 우리 노동자들이 유럽 지역 최초의 한인단체 재불한국민회, 그때는 프랑스를 한자로 '법국(法國)' 자, 법국이라고 표시했기 때문에 정확하게는 재법한국민회를 결성했습니다. 그 분들은 3·1운동 1주년 경축식을 열고, 대한민국 임시정부 파리위원부에 거액의 독립자금을 댔습니다. 그때 파리위원부 대표가 바로 김규식 박사님이었습니다.

내년은 3·1운동 100주년, 임시정부 수립 100주년이며 재불한국민회가 결성된 100주년이기도 합니다. 참으로 그 의미가 깊습니다.

정부는 프랑스 각지에 흩어진 우리 선조들의 발자취를 발굴, 수집하기 위해 필요한 지원을 아끼지 않겠습니다.

동포 여러분의 안전을 위한 노력도 계속해 나갈 것입니다. 파리와 니스에서 발생했던 두 차례의 테러는 세계인의 가슴을 아프게 했습니다. 정부는 지난달, 프랑스 대한민국대사관에 사건사고 영사를 증원했습니다. 지난 5월에는 해외안전지킴센터를 설립했습니다. 정부가 언제나 여러분 곁에 함께할 것을 약속드립니다.

동포 여러분, 저는 모레 마크롱 대통령과 정상회담을 갖습니다. 미래를 이끌어 갈 성장 방안에서부터 기후변화와 환경, 테러, 인권 등 국제 사회가 당면한 주요 문제들에 대해 깊은 대화를 나눌 것입니다. 무엇보다 UN 안보리 상임이사국이자 EU의 주도국인 프랑스가 한반도의 비핵화와 항구적 평화를 위해 함께 노력해 줄 것을 당부할 것입니다.

여러분, 평화의 한반도가 곧 우리 앞에 올 것이라고 저는 자신합니다. 여러분께서 높은 자긍심을 가질 수 있는 대한민국을 만들어내겠습니다. 자유와 평등, 박애의 나라 프랑스의 동포 여러분께서 각별한 지지와 성원을 보내 주신다면 제가 더 힘이 날 것 같습니다.

여러분, 그렇게 해 주시겠습니까? 감사합니다. 함께 좋은 나라, 나라다운 나라 만들어 가십시다. 늘 건강하고 행복하시기 바랍니다. 감사합니다.

마크롱 대통령 주최 국빈만찬 만찬사

| 2018-10-15 |

존경하는 마크롱 대통령 내외분, 내외 귀빈 여러분,

우리 부부와 대표단을 따뜻하게 환대해 주셔서 감사합니다. 아름다운 도시 파리에서 프랑스를 대표하는 각계각층 인사들과 만나게 되어 매우 기쁩니다.

마크롱 대통령님과는 두 번째 만납니다. 우리는 같은 시기에, 닮은 모습으로 대통령에 당선됐고 지향하는 가치도 비슷합니다. 대통령님 말씀대로 닮은 점이 많아 '쌍둥이' 같기도 합니다. 연장자인 제가 득을 많이 보는 듯합니다.

오늘 마크롱 대통령님과 나는 깊고 진솔한 대화를 나누었습니다.

우리의 대화는 양국관계는 물론 포용적 사회정책과 성장전략, 기후변화와 같은 글로벌 이슈까지 다양하게 이어졌습니다.

특히, 최근 마크롱 대통령이 직접 발표한 빈곤퇴치와 의료정책에 많은 영감을 얻었습니다. 어린이에 대한 교육과 복지를 강화하고, 세대로 이어지는 불평등의 악순환을 끊겠다는 대통령님의 의지는 반드시 좋은 결실을 맺을 것입니다. 낡은 이념의 틀을 깨고, 오직 국민을 위해 전진(En Marche)하는 대통령님의 지도력에 경의를 표합니다.

내외 귀빈 여러분,

프랑스와 대한민국은 오랜 친구이자 동지입니다.

20세기 초, 나라를 잃은 한국의 독립운동가들에게 보금자리를 마련해 준 곳이 여기 파리였습니다. 또한 중국의 프랑스 조계지에서 시작된 상해임시정부는 대한민국 정부의 뿌리입니다. 한국전에서 3천 명이 넘는 프랑스의 젊은이들이 함께 피 흘리며 자유와 생명을 지켰습니다.

자유와 평등, 박애의 정신을 실천으로 보여준 프랑스 정부와 국민들께 진심으로 감사드립니다.

한국 국민들은 프랑스에 대한 고마움을 잊지 않고, 지금도 많은 한국인들이 프랑스를 좋아합니다. 프랑스의 문화와 예술, 지성을 배우고 싶어 합니다. 몽테스키외를 읽으며 진정한 법의 의미를 되새기고, 빅토르 위고의 '레미제라블'을 통해 시대의 변화를 이끈 시민의 힘을 생생하게 실감합니다.

무엇보다 나는 프랑스의 위대함을 포용과 화합에서 느낍니다. 2차 세계대전이 끝나고 외무장관 로베르 슈망은 적대국 독일과 함께하는 '경제공동체'를 제안했습니다. 분열된 유럽을 통합하기 위해 프랑스는 대담한 상상력을 발휘했습니다. 이듬 해, 유럽 6개국이 참여한 '유럽석탄철강공동체'가 탄생하며 상상력은 현실이 되었습니다. 그로부터 68년이 지난 지금 유럽은 하나의 공동체로 평화와 번영을 이뤄가고 있습니다.

지난 1년 한반도 또한 프랑스와 같은 포용과 화합의 정신으로 기적을 일으키고 있습니다. 남과 북은 군사적 대결을 끝내고 완전한 비핵화와 항구적 평화를 위한 여정을 시작했습니다. 역사적인 북미정상회담도 두 번째 만남을 기다리고 있습니다.

나는 지난 8월 동북아시아 6개국과 미국을 포함한 동아시아 철도공동체를 제안했습니다. 동북아시아에서도 철도공동체가 성공해 경제협력과 다자안보협력을 이뤄낼 수 있기를 기대합니다. 결코 쉽지 않은 길이지만, 유럽통합을 이끈 프랑스의 성원과 지지가 함께한다면 한반도는 평화를 이루고 동북아시아의 통합과 번영에 기여하게 될 것입니다.

마크롱 대통령과 프랑스 국민들께서 평화를 향한 한반도의 노력에 변함없는 지지를 보내준 것에 다시 한 번 감사드립니다. 자유, 평등, 박애의 정신을 되새기며 프랑스와 한국의 영원한 우정, 또 양국이 함께 만들어 갈 평화와 번영의 미래를 위하여 건배를 제의합니다.

건배!

한·불 비즈니스 리더스 서밋 기조연설

| 2018-10-16 |

브루노 르메흐 경제재정부 장관님, 프레데릭 상체스 프랑스산업연맹 회장님, 김영주 무역협회 회장님, 양국 경제인 여러분, 반갑습니다.

양국 기업인들의 교류 현장에 초청해 주서서 감사합니다. 이번 유럽 순방의 첫 번째 국가로 프랑스를 국빈 방문하게 되어 아주 뜻 깊습니다.

자유, 평등, 박애의 프랑스 혁명정신은 시간과 공간을 뛰어넘어 광화문 촛불혁명에 깃들어 있습니다.

파리는 세계인들이 가장 사랑하는 도시입니다. 세느강과 어우러진 고풍스런 건물들이 하나의 예술작품 같습니다. 세련된 파리 시민들의 발걸음에 자유로움과 풍요가 느껴집니다.

루쏘의 사회계약론은 현대 민주주의의 기초가 되었고 프랑스가 처음 만든 증기선, 헬리콥터, 건전지, 타이어는 산업의 발전을 이끌었습니다. 인류의 제전 올림픽과 월드컵을 만든 것도 프랑스인이었습니다.

관용과 포용의 마음으로 인류 발전에 크게 기여한 프랑스 국민들에게 존경의 마음을 보냅니다.

존경하는 양국의 경제인 여러분,

양국 수교 이후 130여 년 동안 프랑스는 어려울 때 힘이 되는 좋은 친구였습니다. 일제강점기, 파리 한국친우회는 한국 독립 100만명 서명운동을 펼쳤습니다. 상해 임시정부의 활동근거지도 프랑스의 조계지였습니다. 한국전쟁 때는 3,400명의 군인을 파병해 주었습니다. 그들의 숭고한 희생을 결코 잊을 수 없습니다.

프랑스는 한국의 경제발전에도 함께했습니다. 1970년대 아시아 최초의 프랑스 항공기 에어버스의 도입으로 항공산업의 기반을 닦았습니다. 1980년대에는 프랑스 기술로 원자력발전소를 건설했고, 1990년대에는 테제베(TGV)를 고속전철의 첫 모델로 삼았습니다. 이제 항공우주 분야 협력이 인공위성의 공동개발로 이어지고 있습니다. 아직도 한국은 프랑스로부터 배울 점이 많습니다.

양국은 자율주행차, ICT 등 첨단 분야에서 서로의 강점을 살려 공동 기술개발을 진행하고 있습니다. 한국 국민들은 르노 자동차, 로레알 화장품을 쓰고, 프랑스 국민들은 현대차 수소택시와 설화수 화장품을 만납니다.

양국 국민 간 왕래도 작년에 51만 명에 이르렀습니다. 7천 명의 유학생을 포함한 1만6천 명의 한국인이 프랑스에서 살고, 프랑스 젊은이들은 K-POP과 한식을 즐깁니다. 경제협력의 확대와 인적교류는 프랑스와 한국 사이를 더 가깝게 만들어 주고 있습니다.

양국의 경제인 여러분,

어제 마크롱 대통령과 나는 '21세기 포괄적 동반자 관계'를 미래 지향적으로 심화, 발전시켜 나가기로 했습니다.

나는 오늘 양국이 나가야 할 경제협력 방향 세 가지를 말씀드리고자 합니다.

첫째, 양국 간 교역과 투자를 대폭 확대하는 것입니다.

올해 상반기 들어, 그동안 주춤했던 양국의 교역규모가 크게 늘었습니다. 교역품목이 친환경차, 항공기부품, 화장품 등으로 다양해졌고, 특히, 양국 간의 수출입이 함께 늘어난 의미가 큽니다.

교역·투자를 늘릴 수 있는 분야는 더 많습니다.

최근 한국의 네이버가 프랑스 스타트업 투자를 위한 펀드를 조성했습니다. 삼성전자는 파리에 인공지능 연구센터를 설립했습니다. 오늘 현대자동차와 프랑스 에어리퀴드사는 수소 분야 협력과 수소차 공급을 위한 양해각서를 체결합니다.

한국무역협회와 프랑스산업연맹은 양국 진출기업 지원을 위해 서로 손을 잡기로 했습니다. 서로 간 기업진출과 사업 확대에 새로운 전기가 될 것입니다. 정부는 정례적인 한·불 경제장관 대화 채널을 통해 교역, 투자의 확대를 돕고 여러분을 적극 지원할 것입니다.

둘째, 4차산업혁명에 대비한 미래 신산업 분야 협력입니다.

프랑스와 한국은 모두 범정부적으로 4차 산업혁명에 대응하고 있습니다. 프랑스는 2013년부터 '라 프렌치 테크' 프로그램을 시작했습니다. 한국은 신산업 육성을 위해 대통령 직속으로 4차 산업혁명위원회를 신설했습니다. 양국 간 신산업 분야의 협력은 2014년에 시작한 '한·불 신산업 기술협력 포럼'을 통해 결실을 맺고 있습니다.

르노자동차와 한국의 연구팀은 저속 정체구간 자율주행기술을 공동 개발하고 있습니다. 2020년부터 전기차에 탑재할 계획입니다. 양국 기업이 공동 개발한 병원 - 재택 연계 치료를 위한 빅데이터 플랫폼은 벌써 상용화에 성공했습니다. LG전자와 프랑스 레비시스사는 베트남의 해수 담수화설비 인증사업에 공동 진출할 예정입니다. 이제 곧 정부 간에 과학기술협력 로드맵과 핀테크 양해각서가 체결됩니다. 기술협력의 자산이 되고, 금융진출의 교두보가 될 것입니다.

셋째, 양국 간 스타트업 협력을 강화하겠습니다.

혁신적 창업은 경제의 활력을 살리고, 청년들에게 좋은 일자리를 제공하기 위한 최선의 방법입니다. 작년에 개소한 프랑스 스타트업 캠퍼스 '스테이션 F'에 페이스북, MS 등 1만여 개의 기업이 입주했습니다.

한국도 중소벤처기업부를 신설해 창업 생태계 조성에 최선을 다하고 있습니다. 양국이 힘을 합치면 더 큰 성과를 낼 것입니다.

어제, 양국의 스타트업 60여개 기업이 참여한 한·불 스타트업 서밋이 개최되었습니다. 한국의 중소기업진흥공단과 '스페이스 F' 간에 양국 스타트업 지원을 위한 협약도 체결했습니다. 스타트업 프로그램의 연계 운영, 기업 간 교류를 통해 양국의 창업과 상호간 진출이 더욱 확대되길 기대합니다.

존경하는 양국의 경제인 여러분,

프랑스는 유럽 정치·경제·문화의 중심지고, 한국은 동북아의 거점 국가입니다. 서로에게 매력적인 시장임에 분명합니다. 한반도에 평화가 정착된다면 한국은 더 좋은 투자처가 될 것입니다.

나는 지금이 한·불간 경제협력을 발전시킬 최적의 시기라고 자신 있게 말씀드립니다. 양국은 민주주의를 사랑하며, 인간을 존중하고 변화를 두려워하지 않습니다. 양국이 함께 하면 포용적이며 더 풍요로운 4차 산업혁명 시대가 될 것으로 확신합니다.

양국의 경제지도자 여러분이 앞장서 주시기 바랍니다. 한국정부도 여러분의 교류와 협력을 힘껏 돕겠습니다.

감사합니다.

한반도 평화를 위한 특별미사 기념사

| 2018-10-17 |

찬미 예수님!

존경하는 파롤린 국무원장님, 내외 귀빈 여러분,

가톨릭의 고향, 성베드로 대성당에서 여러분을 만나고 미사를 올리게 되어 참으로 기쁩니다.

한반도 평화기원 특별미사를 직접 집전해 주신 국무원장님, 그리고 따뜻하게 환대해 주시고 뜻깊은 자리를 마련해 주신 교황청 관계자들께 한국 국민들의 마음을 담아 깊이 감사드립니다.

반세기 전인 1968년 10월 6일, 이곳 성베드로 대성당에서 한국의 순교자 24위가 복자품에 올랐습니다. 한국말로 된 기도와 성가가 대성당에 최초로 울려 퍼졌습니다. 500여명의 한국 신자들은 뜨거운 감격의 눈물을 흘렸습니다. 한국은 지금 103위의 순교성인을 배출한 국가로서 한국의 순교성인 수는 이탈리아, 스페인, 프랑스에 이어 세계 4위입니다.

교황 바오로 6세는 그날 강론에서 "한국교회의 훌륭한 표양을 본받으라"고 말씀하셨습니다. 한국은 선교사들에 의하지 않고, 세계 교회사에서 유일하게 하느님 말씀과 직접 만나 교회가 시작되었다고 하셨습니다. 한국 가톨릭교회에 부여된 큰 영광이었습니다.

한국 가톨릭교회는 낮은 곳으로 임해 예수님의 삶을 사회적 소명으로 실천했습니다. 식민지와 분단, 전쟁과 독재의 어둠 속에서 인간의 존엄과 정의, 평화와 사랑의 길을 비추는 등대가 되어주었습니다.

한국의 사제들과 평신도들은 사회적 약자와 핍박받는 사람들의 곁을 지켰습니다. 민주주의와 인권을 위해 때로는 거리에 서기도 했습니다. 저 자신도 천주교 정의평화위원회와 천주교 인권위원회 위원으로 오랫동안 활동했습니다. 저는 그 사실을 매우 자랑스럽게 생각합니다.

한국 국민들은 민주주의와 인권, 복지를 위한 가톨릭교회의 헌신을 보면서 가톨릭을 모범적인 종교로 존중하게 되었습니다. 가톨릭교회에 영광이 있기를 빕니다.

내외 귀빈 여러분,

지금 한반도에서는 역사적이며 감격스러운 변화들이 일어나고 있습니다.

지난 9월, 나와 북한의 김정은 위원장은 '평양공동선언'을 채택했습니다. 남북 간의 군사적 대결을 끝내기로 했으며, 핵무기도 핵위협도 없는 한반도, 평화의 한반도를 전세계에 천명했습니다.

지금까지 남북한은 약속을 하나씩 이행하고 있습니다. 비무장지대에서 무기와 감시초소를 철수하고 있습니다. 지뢰도 제거하고 있습니다. 무력충돌이 있어왔던 서해 바다는 평화와 협력의 수역이 되었습니다.

미국과 북한도 70년의 적대를 끝내기 위해 마주 앉았습니다. 교황성하께서 북미정상회담을 앞두고 하신 기도처럼, "한반도와 전세계의, 평화의 미래를 보장하는 바람직한 길을 개척"해 나가고 있습니다.

한국의 국민들은 2017년 초의 추운 겨울, 가장 아름답고 평화로운 방법으로 촛불을 들어 민주주의를 지키고 새로운 길을 밝혔습니다. 촛불혁명으로 시작된 평화의 길이 기적 같은 변화의 원동력이 되었습니다.

교황청은 평창 동계올림픽 개회식에 대표단을 파견하여 한반도의 평화를 강력하게 지지해 주었습니다. 교황성하께서는 평화를 향한 우리의 여정을 축복해 주셨고, "기도로써 동행"해 주셨습니다.

"평화를 갈망하며 형제애를 회복"하고 있는 남과 북, 우리 겨레 모두에게 커다란 용기와 희망을 주신 교황성하와 교황청에 다시 한 번 깊이 감사드립니다.

존경하는 파롤린 국무원장님, 내외 귀빈 여러분,

기독교와 유럽문명이 꽃피운 인류애가 시간과 공간을 뛰어넘어 한반도에 용기를 주었습니다. EU가 구현해온 포용과 연대의 정신이 한반도의 항구적 평화를 향한 여정에 영감을 주고 있습니다.

인류는 그동안 전쟁이라는 부끄러운 역사를 써왔습니다. 한반도에서의 '종전선언'과 '평화협정 체결'은 지구상 마지막 냉전체제를 해체하는 일이 될 것입니다. 시편의 말씀처럼, 이제 한반도에서, "자애와 진실이 서로 만나고, 정의와 평화가 입을 맞출 것"입니다.

오늘 성베드로 대성당에서 올린 한반도 평화를 위한 기도는 평화를 염원하는 세계인 모두의 가슴에 희망의 메아리로 울려 퍼질 것입니다.

평화를 염원하는 우리 국민에게 큰 힘이 될 것입니다. 오늘 우리의 기도는 현실 속에서 반드시 실현될 것입니다. 우리는 기필코 평화를 이루고 분단을 극복해낼 것입니다.

여러분 모두의 평화를 빕니다.

감사합니다.

제12차 브뤼셀 ASEM 정상회의 리트리트 연설문

| 2018-10-19 |

존경하는 의장, 정상 및 대표 여러분,

ASEM 정상회의가 범세계적 현안 해결에 도움이 되는 회의가 되길 바랍니다.

오늘날 인류는 많은 도전에 직면하고 있습니다. 세계 경제 번영의 기반이 되어왔던 다자무역질서는 심각한 도전을 받고 있습니다. 경제 사회적 양극화의 간극은 더욱 커졌습니다. 지구는 기후변화로 신음하고 있고, 테러와 극단주의가 국제 평화와 안전을 위협하고 있습니다.

이러한 도전들은 개별국가의 역량만으로는 해결할 수 없습니다. 우리 모두의 지혜와 힘을 모아야 합니다. 더 나은 미래를 위한 '새로운 사고'도 필요합니다.

나는 ASEM의 가능성에 주목합니다. 모든 참가국들이 동등하게 참여해, 자유롭게 의견을 개진하고 토론하는 장이 되어 왔습니다.

아시아와 유럽의 연대를 통해 국제 평화와 안정, 지속가능한 경제·사회 개발이라는 공동의 목표를 함께 추진해 왔습니다. 그러나 아직 해야 할 일이 많습니다. 나는 우리가 세 가지 분야에 역량을 집중해야 한다고 생각합니다.

첫째, 포용성을 모든 경제와 사회 분야로 확대해야 합니다.

대한민국은 포용국가를 지향합니다. 경제적 소득 재분배를 넘어 전 사회 분야에서 '포용'의 가치를 우선으로 삼는 것이 제1의 목표입니다.

나는 ASEM이 지속가능하고 포용적인 성장을 위해 모든 회원국들의 의지를 결집하길 기대합니다. ASEM 회원국들은 출범 당시와 비교해 괄목할 만한 경제성장을 이루었습니다. 교역량은 세 배로 증가했고, 전 세계 교역량의 65%에 해당합니다. 보다 많은 사람들과 혜택을 공유해야 합니다. 또한, 개방적이며 예측가능한 무역 질서를 확립해 자유무역 체제의 기반이 흔들리지 않도록 해야 할 것입니다.

둘째, 4차 산업혁명은 도전이자 기회입니다.

대한민국은 혁신성장을 추진하고 있습니다. 정부는 인공지능, 사물 인터넷, 빅데이터 등 신기술과 신산업 분야의 규제를 혁신하고, 공정경제 기반을 강화하는 등 제도적 인프라를 튼튼히 하고 있습니다.

유럽과 아시아 국가들은 디지털 분야의 글로벌 리더입니다. 나는 ASEM 회원국들과 함께 디지털 경제 등 새롭게 성장하는 시장을 함께 개척하길 기대합니다. 이 과정에서 일자리의 양극화, 디지털 격차 등 또 다른 불평등이 일어나서는 안 될 것입니다. ASEM이 사람 중심의 4차 산업혁명 논의를 이끌어 나가길 바랍니다.

셋째, 아시아와 유럽 모든 회원국 간 연계를 강화해야 합니다.

지난 12년간 중단되었던 ASEM 경제장관회의가 작년 서울에서 개최되었습니다. 한국의 강점인 ICT 기술로 연구용 초고속 정보통신망을 구축해 아시아와 유럽 간 첨단 분야 공동연구를 촉진하고 있습니다.

ASEM 연계성 강화를 위한 한국 정부의 기여는 경제 분야에 그치지 않습니다. 장학사업으로 미래 세대들 간 유대를 강화하는 한편, 양 지역이 모두 직면하고 있는 고령사회에 대응하기 위해 ASEM 노인인권정책센터를 설립했습니다.

한국은 바다를 통해 아세안과 인도까지 잇는 신남방정책과 대륙을 통해 유럽까지 잇는 신북방정책도 적극 추진하고 있습니다. 아시아와 유럽 간 연계성은 한반도의 평화를 통해 완성되리라 믿습니다.

존경하는 의장,

나는 북한의 김정은 위원장과 세 차례 만나 비핵화와 한반도 평화에 대한 의지를 확인했습니다. 북한과 미국도 70년 적대관계를 청산하고 서로 마주앉아 평화를 위한 대화를 하고 있습니다.

한반도의 평화는 궁극적으로 아시아와 유럽의 공동번영으로 이어
질 것입니다.

ASEM 회원국 여러분의 많은 관심과 성원을 부탁드립니다.

감사합니다.

제12차 브뤼셀 ASEM 정상회의 연설문

| 2018-10-19 |

존경하는 의장, 각국 정상과 대표 여러분,

한반도 평화와 번영을 위한 비전을 여러분과 공유하게 되어 매우 뜻깊게 생각합니다.

ASEM은 한반도 평화의 여정에 늘 함께해왔습니다. 첫 남북정상회담이 개최된 2000년, 서울에서 제3차 ASEM 정상회의가 개최되었습니다. 회원국들은 한 목소리로 남북정상회담 결과를 환영하며, '한반도 평화에 관한 서울 선언'을 채택했습니다.

2002년 제4차 ASEM 정상회의에서 김대중 대통령은 유라시아와 한반도 철도를 잇는 '철의 실크로드' 구상을 제안했습니다. 아시아와 유럽 국가들의 큰 주목을 받았습니다.

한반도에 긴장이 최고로 고조되었던 작년에도 아시아와 유럽 국가들은 평화적이고 외교적인 방법만이 유일한 해결책이라는 데 한결같은 지지를 보내주었습니다.

올해 2월, 평창 동계올림픽을 계기로 한반도에 기적 같은 변화가 시작되었습니다. '판문점 선언'과 '평양공동선언', '센토사 합의'를 통해 남과 북, 미국의 정상은 서로 간의 신뢰를 확인하며 한반도의 완전한 비핵화와 항구적인 평화정착을 약속했습니다. 이제 2차 북미정상회담과 4차 남북정상회담을 앞두고 있습니다. 한반도 비핵화와 평화는 전면적인 실천과 이행의 단계에 들어갔습니다.

ASEM 회원국들은 뜨거운 성원과 지지를 보내왔고, 한반도 비핵화에 기여하겠다는 의사도 전달해왔습니다. 이 자리를 빌려, 한반도 평화의 동반자가 되어 주신 ASEM 회원국 모두에게 깊이 감사드립니다.

존경하는 의장,

유럽은 인류 역사에 큰 이정표를 세웠습니다.

정치적으로는, 이념과 군비경쟁으로 치달았던 냉전 구도를 극복했습니다. 경제적으로는, 석탄철강공동체로 시작하여 유럽연합을 이뤄냈습니다.

나는 한반도와 동북아시아도 통합과 화합을 이룰 수 있다고 믿습니다. 한반도에 마지막으로 남은 냉전 구도를 해체하는 과정은 유럽에서와 같은 평화와 번영의 질서를 만드는 과정입니다.

여건이 조성되면 남과 북은 본격적으로 경제협력을 추진할 것입니다. 이는 자연스럽게 동북아시아의 경제협력을 넘어, 다자 안보협력으로 이어질 것입니다.

나는 올해 8월, 이러한 비전을 담아 동아시아 6개국과 미국을 포함하는 '동아시아철도공동체'를 제안했습니다.

이미 남과 북은 끊어진 철도와 도로를 연결하기 위한 공동연구에 착수했습니다. 관련국과의 협의도 긴밀히 진행되고 있습니다.

지금까지처럼, ASEM 회원국 정상과 대표 여러분의 많은 관심과 지지를 부탁드립니다.

한반도 평화를 통해 아시아와 유럽은 더욱 풍요로워 질 것입니다. 우리의 젊은 세대들은 ASEM 회원국 곳곳을 누비며 꿈을 실현시켜 나갈 것입니다.

감사합니다.

P4G 정상회의 기조연설

| 2018-10-20 |

라스무센 총리님, 각국 정상과 대표 및 귀빈 여러분,

행복한 나라 덴마크에서 여러분을 뵙게 되어서 마음이 편안해집니다. 지속가능한 발전과 기후변화 대응이라는 우리 목표의 중대성을 깜박 잊어버릴 것 같습니다.

오늘 제1회 P4G 정상회의에 참석하게 된 것을 매우 기쁘게 생각하며, 회의를 준비해 주신 우리 라스무센 총리와 코펜하겐 시민 여러분께 경의를 표합니다.

덴마크는 많은 분야에서 앞서가는 나라이지만 특히 기후환경 위기에 대해 세계 어느 나라보다 앞장서서 대응해왔습니다. 1970년대부터 재생에너지로의 전환 정책을 모색했고, 2050년 이후 화석연료를 사용하지 않겠다는 국가 비전을 제시했습니다. 이러한 덴마크의 의지가 오늘 P4G로 이어졌습니다.

덴마크는 대한민국이 위기에 놓여 있을 때도 어려움에 동참했고, 행복을 나누어 주었습니다. 덴마크 병원선 유틀란디아호는 한국전쟁 당시 999일 동안 한국에 정박하며 5천여 명의 군인과 6천여 명의 민간인을 치료했습니다. 휴전이 된 뒤에도 의약품 지원, 의료봉사와 의료기술 연수를 통해 우리 국민들의 상처와 아픔을 치료해 주었습니다. 대한민국은 덴마크와 세계의 지원으로 전쟁을 극복할 수 있었습니다. 덕분에 오늘, 지구촌 위기 대응에 세계와 함께할 수 있게 되었습니다.

국교도 맺지않은 먼 나라, 얼굴도 보지 못한 사람들을 위해 희생한 인류애가 기적 같은 일을 만들어냈습니다. 나는 지속가능한 발전을 이루고 기후변화의 위기에 대응하는 우리의 힘 또한 인류애에 있다고 생각합니다. 세계가 대한민국을 도왔듯, 대한민국도 인류애를 가지고 세계를 돕기 위해 항상 함께할 것입니다.

내외 귀빈 여러분,

인류애는 차별 없이 포용하는 마음입니다. 촛불혁명으로 탄생한 대한민국 정부는 누구보다 더 포용의 힘을 잘 알고 있습니다.

국민의 삶을 전 생애에 걸쳐 책임지고, 경제성장의 혜택이 골고루 돌아가는 포용국가, 포용성장이 대한민국이 지향하는 가치입니다.

나는 오늘 국가 간에도 포용정신을 중심에 놓자고 제안하며, 지속 가능한 발전과 기후환경변화 대응을 위한 세 가지를 포용정신을 말씀드리고자 합니다.

첫째, 국경과 분야를 넘는 포용입니다.

지난 6일, '기후변화에 관한 정부 간 협의체(IPCC)'는 '지구온난화 1.5℃ 보고서'를 채택했습니다. 기후 전문가들은 산업화 이전에 비해 지구 온도 상승이 1.5도에 그치면 2도 올랐을 때보다 1천만 명의 목숨을 구할 수 있다고 예견합니다.

이에 앞서 파리기후협정은 빈곤퇴치와 불평등 감소를 통해 지구온난화 1.5℃ 적응을 이룰 수 있다고 발표했습니다. 개발도상국가와 취약지역 등 국제적 지원과 협력으로 기후변화에 모든 나라가 공동 대응해야 한다는 것입니다.

특정 국가나 공공 부문의 노력만으로 기후변화 같은 지구 전체의 의제를 해결하기는 불가능합니다. 따라서 각 대륙의 다양한 회원국과 시민사회, 산업계가 참여한 P4G 파트너십 프로젝트의 역할이 기대됩니다. 현실적으로 가능한 실천적 비전이 있어야만 만들어질 수 있을 것입니다.

지난 7월 한국은 P4G 민간 협력 촉진을 위한 플랫폼을 출범시켰습니다. 관계 부처와 기관, 기업, 시민사회가 함께 물, 에너지, 순환경제, 도시, 농업 등 P4G의 5대 주요 분야의 실현을 위해 협력할 것입니다.

민관 협력 프로젝트들은 단순히 환경적 성과에만 머무르지 않을 것입니다. 일자리 창출, 불평등 해소, 녹색기술의 확산 같은 우리 사회의 포용성을 높이는 방향으로 진전시켜 나갈 것입니다.

둘째, 아시아의 포용입니다.

기원전 2000년부터 아시아 국가들은 '치산치수(治山治水)'를 성공적인 국가운영의 첫 번째 덕목으로 삼았습니다. '산과 물을 다스린다'는 뜻이지만, 그 정신은 '자연을 존중한다'는 것입니다. 나무를 가꿔 산사태를 방지했으며 물을 가두기보다 자연스럽게 흐르게 하여 홍수와 가뭄의 피해를 줄이고자 했습니다. 우리가 배워야 할 고대인의 지혜입니다.

그러나 현재, 많은 아시아 국가들은 제조업 중심으로 급속한 경제성장을 추구하며 환경생태 보호에 본격적으로 나서지 못하고 있습니다. 중국과 인도의 인구만 해도 인구는 27억을 넘어서 세계 인구의 3분의 1 이상이 되었습니다.

나는 아시아의 적극적인 참여와 국제협력이 이뤄져야만 기후변화 대응과 지속가능 발전의 꿈이 현실이 될 수 있을 것이라고 생각합니다. 선진국이나 국제기구들의 포용적인 도움이 절실합니다.

특히 북한과 같이 제조업 중심의 성장을 거치지 않은 나라들은 처음부터 경제성장과 지속가능한 발전을 동시에 도모하는 성장 모델을 적용할 수 있도록 도울 수 있을 것입니다. 탄소 배출을 늘리지 않으면서 인류의 공동 번영에 동참할 수 있는 방법이 모색되길 기대합니다.

셋째, 성공사례의 공유와 포용입니다. 대한민국은 개발도상국에서 중견국가로 성장하는 동안 환경정책에서도 성공을 거둔 경험을 가지고 있습니다. 전후 폐허가 된 땅을 울창한 숲으로 가꾼 녹화사업부터 지난 10년간 녹색성장정책을 통해 성장을 유지하면서도 온실가스 배출강도를 줄이는 성과까지 다양한 성공을 거뒀습니다.

현재도 '깨끗하고 안전한 에너지 시스템'으로의 전환을 강력하게 추진하고 있습니다. 동북아 에너지 슈퍼 그리드 구상도 관련국과 협의하고 있습니다. 우리는 이 경험들을 기꺼이 다른 나라들과 공유할 수 있습니다. 대한민국은 이러한 경험을 글로벌녹색성장연구소(GGGI)와 녹색기후기금(GCF)을 통해 개도국과 나누고 지원하는 데에도 앞장서고 있습니다.

더 많은 국가의 사례가 세계인들을 위해서 공유되고 포용된다면 인류는 더욱 위대하게 전진할 수 있을 것이라고 믿습니다.

라스무센 총리님, 내외 귀빈 여러분,

인류가 사랑하는 안데르센의 동화는 이런 문장으로 끝납니다. "그래서 오래오래 행복하게 살았습니다."

우리는 그런 결말을 원합니다. 지속가능한 성장을 위해서도, 기후변화 대응을 위해서도, 대한민국은 P4G의 정신과 실천을 지지하며 항상 함께하겠습니다.

감사합니다.

제17차 세계한상대회 개회식 축사

| 2018-10-23 |

존경하는 동포 경제인 여러분,

세계 각 나라에서 오신 여러분을 환영합니다. 낯선 땅에서 한민족 특유의 창의성과 성실함으로 기업의 성공을 일군 여러분이 참으로 자랑스럽습니다.

저는 고국에 대한 여러분의 애정을 잘 알고 있습니다. 2002년, 28개국 968명으로 출발했던 세계한상대회가 어느덧 60개국 5,000여명이 참석하는 한민족 최대 비즈니스의 장으로 성장했습니다. 고국을 위해 기여하고자 하는 여러분의 노력도 더 뜨거워지고 있습니다. 고국의 국민들을 대표해 깊이 감사드립니다.

이번 대회는 한반도의 관문, 인천광역시에서 열리게 되었습니다. 인천시의 목표는 "대한민국의 길을 열어 세계로 잇는 것"입니다. 대한민국의 경제지도를 세계로 넓혀가는 한상대회의 목표와 아주 잘 어울립니다.

갈수록 발전하는 '세계한상대회'를 통해 동포 경제인들의 활약이 세계 속에서 더욱 빛나기를 기대합니다.

한상 여러분, 내외 귀빈 여러분,

저는 세계 각지를 순방하면서 대한민국을 빛내는 많은 동포 경제인들을 만날 수 있었습니다. 열정과 도전정신으로 척박한 해외시장을 개척하며 모두 하나같이 성공신화를 쓰고 있었습니다. 자랑스럽고 감동적이었습니다.

동포 경제인들의 성공은 해외진출을 꿈꾸는 많은 국내 기업인들과 청년들에게 큰 영감과 용기를 주고 있습니다. 한국기업과 청년들의 해외진출은 세계 속에서 우리의 역량을 발휘하는 길이면서, 우리 경제에 활력을 불어넣을 수 있는 새로운 돌파구입니다.

지금까지 많은 동포 경제인들이 국내 중소기업과 젊은 창업가들의 해외 진출을 돕고, 우리 청년들이 글로벌 인재로 성장할 수 있도록 든든한 동반자가 되어 주셨습니다. 장학재단을 만들어 고국의 소외계층과 다문화가정, 탈북청소년들에 대한 지원도 아끼지 않고 있습니다.

특히 한상 기업인 여러분은 작년 저의 베트남 방문 때 '1사 1청년 일자리' 운동을 제안하고 세계 곳곳에서 실천하고 계십니다. 제가 정말

업어드리고 싶은 마음입니다.

올해에도 전세계 32개국, 107개 한상 기업이 300여명의 우리 청년들에게 다양한 인턴십 기회와 양질의 일자리를 제공했습니다. 오늘 이 자리에도 젊은 차세대 한상 여러분들이 함께하고 있습니다. 정말 고맙습니다.

존경하는 동포 경제인 여러분,

지금 우리는 세계적인 무한경쟁 시대를 살고 있습니다. 국가 간·지역 간 경쟁과 보호무역주의가 확산되고 있으며, '4차 산업혁명'이라는 유례없는 기술혁신과 변화를 경험하고 있습니다.

이처럼 커다란 시대적 도전 앞에서 우리 한민족 경제 네트워크는 연대와 결속을 더욱 굳건하게 다져야 합니다. 함께라면 넘지 못할 산이 없습니다.

정부는 지역특구법과 산업융합 촉진법, 정보통신 융합법을 의결하고 규제 샌드박스 도입으로 신산업 투자의 환경을 넓히고 있습니다. 또한 신북방정책과 신남방정책을 추진하여 남쪽으로는 아세안과 인도, 북쪽으로는 러시아와 유럽까지 경제교류와 협력을 대폭 확대해 나가고 있습니다. 국내기업은 물론이며 한상 여러분께도 좋은 기회가 될 것입니다.

작년 한상대회를 마치고 회장단과 각 지역 대표자들을 청와대에서 만났을 때만 해도, 남북관계는 전쟁을 걱정할 정도로 악화되어 있었습니다. 평창올림픽도 성공적 개최를 장담하지 못할 만큼 어려운 여건이었습니다.

그 자리에서 평창올림픽이 평화올림픽이 되도록 힘을 모아달라고 말씀드렸던 기억이 납니다. 동포 경제인들께서 물심양면으로 함께해 주신 덕분으로 평창올림픽을 세계가 감동하는 평화올림픽으로 만들 수 있었고, 짧은 기간에 남북관계를 크게 진전시킬 수 있었습니다.

1년 전에는 상상하기조차 어려웠던 일이 기적 같은 변화로 현실이 되고 있습니다. 다시없을 소중한 기회가 우리 한민족과 기업인들에게 주어졌습니다.

저는 지난 판문점선언과 평양공동선언에서 밝힌 것처럼 한반도에서 전쟁의 그림자를 걷어내고 평화와 번영의 새로운 시대를 열어나갈 것입니다. 완전한 비핵화와 한반도 평화정착의 토대 위에서 남북이 자유롭게 오가며 하나의 경제공동체를 실현할 때 우리 민족과 경제는 새롭게 도약할 수 있습니다. 투자와 일자리가 창출되고 경제에 새로운 활력이 넘치게 될 것입니다.

평화와 번영의 한반도를 향한 우리 겨레의 쉼 없는 여정에 동포 경제인 여러분들이 함께해 주실 것이라 믿습니다.

한상 여러분, 내외 귀빈 여러분,

유대상인과 중국의 '화상(華商)', 인도 출신 '인상(印商)'을 세계 3대 상인으로 꼽습니다. 저는 우리 '한상'이야말로 이들을 뛰어넘어 세계 경제에서 큰 역할을 할 수 있는 저력이 있다고 생각합니다.

정부가 재외동포정책을 발전시키고 한인기업의 결속을 위해 더 노력한다면 한민족이라는 강한 유대감을 가진 우리 '한상'들이 우리 경제에도, 또 세계 경제에도 더 큰 기여를 하게 될 것입니다.

한상 여러분이 활동하기 좋도록 정부가 정책으로 뒷받침하겠습니다.

다시 한 번 제17차 세계한상대회를 축하드리며, '하나된 한상'으로 동포 경제인 네트워크가 한층 더 견고해지길 바랍니다.

우리 모두 조국에 대한 더 큰 자부심과 긍지를 가질 수 있도록 평화와 번영의 대한민국을 함께 만들어 나갑시다.

감사합니다.

제73주년 경찰의 날 기념식 축사

| 2018-10-25 |

존경하는 국민 여러분, 전국 15만 경찰관 여러분,

제73주년 경찰의 날 기념식을 이곳 '백범 김구 기념관'에서 치르게 되어 참으로 뜻깊습니다.

99년 전인 1919년 8월 12일, 김구 선생은 대한민국 임시정부 초대 경무국장에 취임했습니다. "임시정부의 문지기"가 되겠다는 각오로 대한민국 경찰의 출범을 알렸습니다.

'매사에 자주독립의 정신과 애국안민의 척도로 임하라'는, '민주경찰' 창간호에 기고한 선생의 당부는 오늘날까지 이어지는 경찰 정신의 뿌리가 되었습니다. 지금 이 시각에도 그의 후예들이 전국의 치안현장에서 국민을 위해 헌신하고 있습니다.

자신의 안위보다 국민의 안전을 우선하는 '현장의 영웅'들을 보며, 김구 선생도 자랑스러워하실 것이라 믿습니다.

오늘은 또한 '독도의 날'이기도 합니다.

우리 영토의 최동단을 수호하고 있는 경북지방경찰청 독도경비대 여러분에게 각별한 격려의 인사를 보냅니다. 명예로운 경찰관의 길을 뒷바라지해 오신 경찰 가족 여러분께도 깊이 감사드립니다. 순직·전몰 경찰관들의 희생에 경의를 표하며, 유가족 여러분께 추모와 위로의 말씀을 전합니다.

경찰관 여러분, 지난 1년, 경찰은 한반도의 안전과 평화를 지켜 주었습니다.

올해 2월 평창 동계올림픽은 '평화올림픽'이자 '역대 가장 안전한 올림픽'이라는 세계의 찬사를 받았습니다. 연인원 29만 명의 경찰관이 살을 에는 혹한 속에서 자신의 역할을 다해 준 덕분입니다. 4월 판문점에서 열린 역사적인 남북정상회담도 치밀하고 빈틈없는 경비로 성공을 뒷받침해 주었습니다. 드러나지 않게 국민의 염원을 든든하게 뒷받침해 온 경찰의 노고를 치하합니다. 지난 1년은 우리 경찰이 국민의 경찰로 거듭 나기 위해 전력을 다해온 시간이기도 합니다. 경찰은 정부 출범 후 가장 먼저 개혁위원회를 발족해 330개의 세부개혁과세를 마련했습니다.

실천에 있어서도 모범이 되고 있습니다. "제복 입은 시민"이라는 새로운 경찰상을 정립하는 데도 힘을 쏟았습니다. 지난해 촛불혁명에서 경찰은 '모든 권력은 국민으로부터 나온다'는 헌법의 정신과 함께했습니다. 국민의 앞을 막아서는 대신, 국민의 곁을 지켰습니다. 국민과 함께 민주주의의 길을 열었습니다.

이제 경찰은 집회시위 대응 방식을 완전히 바꿨습니다. 시민의 기본권과 인권을 최대한 보장하고 있습니다. 집회·시위 참가자들의 목소리와 요구를 현장에서 경청하는 '한국형 대화경찰관' 제도를 전국으로 확대하고 있습니다.

저는 대통령으로서 분명히 약속합니다. 더 이상 공권력의 무리한 집행으로 국민과 경찰이 함께 피해자가 되는 일은 없을 것입니다.

경찰관 한 명 한 명이 국민이 내민 손을 굳게 잡을 때 민주주의와 평화는 더 굳건해질 것입니다. 국민의 경찰로 완전히 거듭나려는 경찰의 노력에 아낌없는 격려의 박수를 보냅니다.

경찰관 여러분, 경찰에 거는 국민의 기대는 더욱 높습니다. 사회적 약자의 고통과 목소리에 더욱 귀를 기울여 주기 바랍니다. 지난 8월 경찰은 '여성대상 범죄근절 추진단'을 설치하고, '사이버 성폭력 특별단속'을 실시해왔습니다. 불법촬영자와 유포자 1천여 명을 검거하고, 해외 서버 음란사이트 50여 곳을 단속하는 성과도 거뒀습니다.

그러나 아직 여성들이 일상에서 체감하는 불안과 공포가 완전히 해소되지 못했습니다. 여성의 삶과 인격을 파괴하는 범죄들을 철저하게 예방하고, 발생한 범죄는 끝까지 추적해 반드시 법의 심판대에 세워 주길 바랍니다.

경찰은 국민 곁에 가장 가까이 있는 정의로운 이웃입니다. 지역의 어린이들, 장애인과 어르신들이 더욱 안전하고 편안할 수 있도록 한걸음 더 뛰어 주길 당부합니다.

4차 산업혁명시대에 대응한 '스마트 치안'에도 더욱 노력을 기울여야 합니다. 첨단 장비와 과학수사의 활용도를 높이는 것은 물론이고, 빅데이터와 인공지능 등 4차 산업혁명 기술을 범죄 예방과 해결에 폭넓게 활용할 수 있어야 할 것입니다.

그에 따라 경찰의 조직 문화도 보다 합리적이고 유연하게 발전시켜 나가야 합니다. 경찰이 가진 집단지성의 힘을 발휘할 수 있도록 경찰 내부의 민주적인 소통도 강화해 줄 것을 당부합니다.

국가 안보에 있어서 경찰이 해야 할 몫도 매우 큽니다. 안보가 튼튼해야 한반도 평화와 번영을 향해 내딛는 국민의 발걸음이 더욱 굳건할 수 있습니다.

지난 1월 정부는, 국정원의 대공수사권을 경찰로 이관하는 방안을 발표했습니다. 국정원의 대공정보능력과 긴밀히 협력하면서 정보에서 수사로 이어지는 공조체계를 튼튼히 구축해 주기 바랍니다.

특별히, 안보수사의 전 과정에서 인권 보호 장치를 마련할 것을 당부합니다. 안보사건의 피의자·피해자·참고인 등 수사와 관련된 모든 사람들의 인권이 보호돼야 합니다. 안보수사를 통해 평화를 지키는 일과 국민의 기본권을 수호하는 일은 하나라는 것을 끊임없이 되새겨 주길 바랍니다.

경찰관 여러분, 지금까지 여러분이 이뤄온 개혁의 성과만큼 국민의 믿음도 커졌습니다.

지난 6월 정부가 발표한 '검경수사권 조정안'은 경찰에 대한 국민의 신뢰를 바탕으로 한 것입니다. 경찰과 검찰이 한편으로 긴밀히 협력하면서 한편으로 서로를 견제하면 국민의 인권과 권익은 더욱 두텁게 보호될 것입니다.

그러기 위해 경찰은 수사의 공정성과 전문성을 획기적으로 높여야 합니다. 국민들이 수사 과정과 결과의 정당성을 체감할 수 있도록 엄정하고 책임 있는 수사 체계를 갖추기 바랍니다.

지난 9월에는 '자치경찰제'의 구체적 실현 방안이 담긴 '자치분권 종합계획'을 발표했습니다. 중앙에 집중된 경찰권을 지방으로 분권하고, 지역의 특성과 지역주민의 요구에 맞는 생활안전과 치안 서비스를 제공할 수 있도록 경찰이 앞장서 주기 바랍니다.

15만 경찰은 국민의 생명과 안전을 지키는 일을 자신의 사명이자 천직으로 여겨왔습니다. 경찰관의 노고에 합당할 수 있도록 처우 개선과 치안 인프라 확충에 적극 노력하겠습니다.

경찰의 일상이 된 '격무'도 해소해 나갈 것입니다. '경찰관 2만 명

충원' 목표에 따라 경찰인력을 꾸준히 증원할 것입니다. 경찰조직에 역동성을 불어넣을 수 있도록 하위직에 편중된 직급구조도 개선해 나가겠습니다.

해마다 평균 16명의 경찰관이 순직하고, 1천800여명이 부상을 당하고 있습니다. 국민을 위한 경찰의 희생과 헌신에 반드시 보답하는 국가가 될 것입니다. 경찰관의 부상을 막을 수 있는 안전장비 확충에도 더욱 노력을 기울여 주기 바랍니다.

경찰관의 정당한 법집행이 위축되거나 경찰관 개인에게 부당한 책임이 주어지는 일이 없어야 국민의 안전이 더욱 철저히 지켜질 수 있습니다. 경찰이 당당하고 공정하게 법집행을 할 수 있도록 제도 개선에도 관심과 지원을 아끼지 않겠습니다. 경찰관 여러분이 쉼 없이 뛴 시간만큼 국민이 안전해졌습니다. 국민은 사랑과 신뢰로 화답해 줄 것입니다.

존경하는 국민 여러분, 경찰관 여러분,

경찰관의 제복에는 '애국안민의 정신'이 배어 있습니다. 민주, 인권, 민생 경찰의 길은 대한민국 임시정부에서부터 시작된 자랑스러운 경찰의 길입니다.

제주4·3 당시 상부의 민간인 총살 명령을 거부하고 수많은 목숨을 구해낸 문형순 성산포서장, 도산 안창호 선생의 조카딸로 독립투사였다가 해방 후 경찰에 투신한 안맥결 총경, 80년 5월 광주, 신군부의 시민 발포명령을 거부한 고 안병하 치안감이 명예로운 경찰의 길을 비춰 주고 있습니다. 국민과 함께하는 민주경찰, 따뜻한 인권경찰, 믿음직한 민생경찰의 길을 흔들림 없이 걸어가길 바랍니다.

다시 한 번 경찰의 날을 축하하며, 경찰 가족 모두의 건승과 행복을 기원합니다.

감사합니다.

새만금 재생에너지 비전 선포식 축사

| 2018-10-30 |

존경하는 국민 여러분, 전북도민, 군산시민 여러분,

오늘 전라도 정도 천년, 이곳 새만금에서 대한민국 새천년 에너지 역사가 새롭게 시작됩니다.

오늘 새만금 재생에너지 비전선포식은 전라북도 새만금을 명실공히 대한민국 재생에너지 중심지로 선포하는 날입니다.

이제 27년 간 긴 어려움을 딛고 새만금에 세계 최대 규모의 태양광 단지와 대규모 해상풍력 단지가 건설됩니다. 일부 용도제한지역과 유휴지, 방수제와 저류지, 바다 등을 활용한 야심찬 계획입니다.

새만금의 태양이 대한민국 발전의 원동력이 되고, 새만금의 바람이 미래를 여는 자원이 될 것입니다.

앞서 발표하신 송하진 지사님과 이철우 새만금개발청장님의 원대한 포부와 비전을 들으면서 가슴 벅찬 감동을 느꼈습니다.

전북도민의 숙원이 지금 현실이 되고 있습니다. 새만금이 갈등을 딛고 화해와 번영의 상징으로 변화하고 있습니다. 지역균형발전의 새로운 거점이 되고 있습니다. 오랜 시간 인내하고 기다려주신 도민 여러분께 진심으로 감사드리며 축하의 말씀을 전합니다.

지금까지 새만금 사업개발을 이끌어 오고 재생에너지 비전을 기획하고 준비한 전라북도와 새만금개발청의 헌신과 노력에도 감사드립니다.

전북도민 여러분, 군산시민 여러분.

저는 지난해 '바다의 날' 기념식에서 새만금 개발사업의 속도를 대폭 올리겠다고 약속했습니다. 주요 용지매립을 민간주도에서 공공주도로 전환하고, 신항만과 도로 등 핵심 기간시설을 빠른 시일 내에 확충하여 새만금을 환황해 경제권의 거점으로 만들겠다고 말씀드렸습니다.

그 약속을 지키기 위해 정부는 지난 9월 새만금개발공사를 설립했습니다. 새만금개발공사는 도민의 뜻에 부응하여 공공주도 새만금 개발에 박차를 가해 주기 바랍니다. 지속가능한 미래신산업 발굴로 새만금 개발을 앞당기는 견인차가 되어 주기 바랍니다.

정부와 도의 의지가 하나로 뭉쳐지면 새만금의 기회와 가능성이 현실 속의 번영으로 이어져 천년 전라북도의 새천년 미래를 열어 갈 것입니다.

존경하는 국민 여러분, 전북도민, 군산시민 여러분,

재생에너지는 국민의 안전을 지키는 건강에너지이며, 미래 시대를 여는 신성장 산업입니다.

세계는 이미 재생에너지 시대로 진입했습니다. 작년 기준으로 OECD 국가 전체의 재생에너지 발전 비중은 25%에 달하고, 중국만 해도 25%가 넘습니다. 거기에 더해 OECD 국가들은 작년 신규 발전설비의 73%를 재생에너지가 차지할 정도로 재생에너지 확대에 박차를 가하고 있습니다. 그에 비해 우리는 까마득히 뒤쳐져 부끄러운 수준입니다. 작년 우리의 재생에너지 비중은 8%에 지나지 않고, 그나마 절반 이상이 폐기물 발전입니다.

이에 정부는 친환경 에너지 발굴 및 육성을 국정 100대 과제에 포함시키고, 2030년까지 재생에너지 발전 비중을 20%로 확대하겠다는 '재생에너지 3020' 이행 계획을 발표했습니다. 고용 면에서 보더라도, 지금 전세계에서 재생에너지 분야에서만 천만 명이 넘는 일자리가 만들어집니다.

저는 2주 전, 풍력발전의 선도국 덴마크에 다녀왔습니다. 덴마크는 풍력산업이 총 수출 비중의 8.5%로 81억불을 차지하고 고용효과도 3만 3천 명이나 됩니다. 그 곳에서 새만금과 전북의 미래를 확인할 수 있었습니다. 전북도 덴마크처럼 재생에너지 산업으로 성장할 좋은 여건과 환경을 갖추고 있습니다.

풍력산업 발전단지 조성의 기반이라고 할 수 있는 조선기자재업과 항만시설, 제조업까지 단단한 기간산업이 마련되어 있습니다.

이곳 비응도에는 이미 국내 최대, 세계 2위 규모의 수상태양광 발전설비가 준공되어 상업운전 중에 있습니다. 인근에 상당한 규모의 풍력발전도 상업운전 중에 있고, 부안에 신재생에너지 단지가 조성되어 있기도 합니다.

새만금 재생에너지 사업의 개막은 우리나라 재생에너지 산업의 경쟁력을 세계적으로 높이는 획기적 전환점이 될 것입니다. 새만금에 새롭게 조성되는 태양광과 풍력 발전단지에 관련 제조업체, 연구시설, 실증센터를 설치하여 재생에너지 기술력을 한 차원 더 끌어 올리겠습니다.

내수 부족으로 어려움을 겪고 있는 국내 태양광·풍력 등 재생에너지 기업에게 대규모 내수시장을 제공하는 기회가 될 것입니다. 조선기자재 산업과 해양플랜트 산업의 수요도 창출할 수 있습니다.

우리 전북이 역점을 두어서 추진하고 있는 탄소산업을 진행할 수 있는 좋은 기회도 될 겁니다. 정부는 재생에너지 사업을 통한 좋은 일자리 창출에도 지원을 아끼지 않을 것이며, 지방자치단체와도 긴밀히 협력해 나갈 것입니다.

새만금 재생에너지 사업에는 전북도민의 뜨거운 여망이 담겨있습니다. 대한민국 에너지 전환정책을 가늠하는 시금석이기도 합니다. 세계 최고의 재생에너지 클러스터를 만들어 주기 바랍니다.

정부의 적극적인 지원에 더해 지자체의 추진력과 기획력이 함께 어우러져야 성공할 수 있습니다. 이 과정에서 가장 중요한 것은 도민의 적극적 참여입니다.

개발 사업 진행에서 각 지역마다 이해관계가 다르고, 생각의 차이가 있을 수 있습니다. 지역 별 주민들의 의견을 잘 듣고 조율하여 소외되는 지역이 없도록 해야 할 것입니다. 지자체들과 새만금개발청이 지역주민과 열린 마음으로 소통해주실 것을 특별히 당부 드립니다.

발전 사업의 일자리와 수익이 지역주민의 소득창출에 기여해야 합니다. 주민과 함께 개발하고, 함께 번영하는 지역상생의 모범을 만들어내기 바랍니다.

존경하는 국민 여러분, 전북도민, 군산시민 여러분,

우리는 자연과 어울려 살 때 행복합니다. 재생에너지는 우리의 삶을 안전하게 하고 자연을 지키며 더불어 살아가는 환경을 만들어 낼 것입니다. 새로운 대한민국을 만드는 원동력이 될 것입니다.

오늘 새로운 에너지 전환, 새천년의 역사를 이 곳 새만금에서 선포합니다. 전라북도가, 군산이, 새만금이, 대한민국 재생에너지의 중심입니다.

감사합니다.

제6회 지방자치의 날 기념식 축사

| 2018-10-30 |

존경하는 국민 여러분, 경북도민, 경주시민 여러분, 지방자치단체장
과 지방의회 의원 여러분, 반갑습니다. 제6회 지방자치의 날과 지방자치
박람회 개최를 진심으로 축하합니다.

얼마 전 태풍 '콩레이'로 입은 피해 복구 때문에 고생들이 많으셨는
데도, 그 가운데 기념식과 박람회를 훌륭히 준비해 주신 경북도민과 경
주시민의 노고에 특별히 감사드립니다.

영덕군과 경주시 주민 여러분이 하루 빨리 태풍의 상처를 씻고 평
온한 일상으로 돌아가실 수 있도록 정부도 최선을 다해 지원하겠습니다.

오늘 오전에 저는 전북 새만금에 다녀왔습니다. 1991년 첫 삽을 뜬

지 27년 만에 새만금개발공사가 설립되었고, 그 첫 사업으로 태양광·풍력 발전사업을 추진하고 있습니다. 태양광을 비롯해 앞으로 새만금에서 생산될 재생에너지는 원자력 발전소 4기의 전력을 대체할 양입니다.

새만금의 안전하고 건강한 에너지는 전북과 인근 시·도의 전력 수요에 충당될 것입니다. 그에 못지않게 중요한 가치는 국가균형발전의 훌륭한 모델이 될 수 있다는 사실입니다.

존경하는 국민 여러분, 경북도민, 경주시민 여러분,

작년 '지방자치의 날'에 지방 4대 협의체는 "지방분권국가 실현의 염원"이 담긴 '자치분권 여수선언'을 발표했습니다. 정부는 그 열망을 담아 '지방분권 개헌'을 추진했지만 안타깝게 무산됐습니다. 그러나 정부의 의지는 변함이 없습니다. 개헌 없이도 할 수 있는, 국가균형발전과 지방분권을 향한 실천을 최대한 계속하고자 합니다.

지난 9월, 정부는 지자체의 실질적 자치권과 주민자치를 확대하는 '자치분권 종합계획'을 발표했습니다. 그리고 그 실행을 위해 '지방자치법 전부개정안'을 마련했습니다.

주민 스스로 자신과 공동체의 삶을 바꿔나갈 수 있도록 주민참여 제도를 대폭 확대했습니다. 주민이 의회에 직접 조례를 발의할 수 있는 '주민조례발안제'를 도입하고, 주민소환과 주민투표의 요건과 절차를 과감히 개선하여 진정한 주민주권이 실현되도록 했습니다.

지방자치단체의 자율성 등 실질적인 자치권을 보장했습니다. 지난

10월 23일, '지방이양일괄법'을 국무회의에서 통과시켰습니다. 중앙이 맡고 있던 66개 법률, 571개의 사무가 일괄적으로 지방으로 이양되면 지역주민을 위한 정책들이 보다 촘촘하고 신속하게 펼쳐질 것입니다.

지방의회는 '풀뿌리 민주주의'의 산실입니다. 의회가 주민의 당당한 대표기관으로서 자신의 역할을 다 할 수 있도록 돕겠습니다. 단체장에게 속해있던 지방의회 소속직원 인사권을 시·도부터 단계적으로 독립시키겠습니다. 자치입법과 감사활동을 제대로 할 수 있도록 '정책지원 전문인력 제도'의 도입도 추진하겠습니다.

자치분권의 핵심은 재정분권입니다. 지방이 주도적으로 지역 문제를 해결할 수 있도록 지방재정제도의 큰 틀을 바꾸어 나가겠습니다.

내년부터 단계적으로 지방소비세율을 인상하여 지방재정 부담을 줄일 수 있도록 하겠습니다. 임기 내 국세와 지방세 비율을 7대 3으로 만들고, 장차 6대 4까지 갈 수 있는 토대를 만들겠습니다. 주민의 요구와 지역특성에 맞는 정책을 펼치는데 지방으로 이양된 재원이 소중한 밑거름이 될 것입니다.

앞으로도 정부는 민선7기 지방자치가 주민 중심의 정책을 펼칠 수 있도록 적극적으로 지원할 것입니다. 제2차, 3차 지방이양일괄법도 계속 준비할 것입니다.

'지방이양일괄법'과 '지방자치법 전부개정안'이 국가균형발전과 지방분권의 새로운 지평을 열 수 있도록 국회와 긴밀하게 협력해 나가겠습니다.

　존경하는 국민 여러분, 경북도민 여러분,

　대한민국의 성장은 지역에서 시작합니다. 243개 지방자치단체 하나하나의 성장판이 열려야 대한민국 전체가 성장할 수 있습니다.

　10월 25일, 지역성장의 거점인 혁신도시를 내실화하는 '혁신도시 종합발전계획'을 확정했습니다. 2022년까지 5년간 총 4조3천억 원을 투자해 10개 혁신도시별 맞춤형 특화발전과 정주여건 개선, 주변지역과의 상생발전을 지원하겠습니다.

　그 동안 수도권 집중으로 지역 성장에 어려움이 없지 않았지만 지역주민과 혁신활동가, 기업과 지자체가 힘을 모아 내 고장, 내 이웃의 삶을 향상시키기 위해 전력을 다했습니다. 그 노력의 결과 중 하나가 14개 시·도가 수립한 '혁신클러스터 육성계획'입니다.

　정부도 힘이 되어드리겠습니다. 오는 11월, 국가혁신클러스터를 지정·고시하고, 본격적인 지원을 시작할 것입니다. 혁신프로젝트 등에 대한 재정 지원액을 올해 524억 원에서 내년에는 두 배인 1천93억 원으로 늘렸습니다. 지역이 주도해 산업을 육성할 수 있도록 지자체에 예산 사용 권한을 부여하고, 평가는 사후에 실시할 것입니다.

　국가혁신클러스터에는 규제 샌드박스를 적용하고, 혁신도시와 산업단지의 접근성과 연계성을 높이기 위해 꼭 필요한 교통물류망 건설을 속도감 있게 추진하겠습니다.

좋은 일자리 창출은 정부와 지자체가 함께 해결해야 하는 최대 현안과제입니다. 지역이 주도하는 주력 산업의 혁신과 신산업 육성의 중심에 '좋은 일자리'가 있습니다. 정부는 지역 일자리 창출의 강력한 조력자가 되겠습니다. 지역의 현실을 가장 잘 아는 지자체가 춤형 일자리 정책을 세우고 추진하는 데 제도적, 재정적 뒷받침을 아끼지 않을 것입니다.

혁신도시와 국가혁신클러스터에 인재, 투자, 일자리가 선순환 할 수 있도록 하겠습니다. 지역 학교와 대학을 지원하여 지역의 인재들을 키우겠습니다. 지역에 이전된 공공기관의 지역인재 채용비율을 2022년까지 30% 수준으로 올리고, 역의 중소기업과 중견기업을 지원해 지역의 인재들이 내 고장 발전의 주역이 될 수 있도록 하겠습니다.

경북의 젊은 인재들이 김천혁신도시와 구미국가산업단지에서 전기차 부품을 개발하고, 충남의 수소에너지 분야 인재들과 머리를 맞대며 논의하는 풍경은 우리 모두의 희망이 될 것입니다.

존경하는 국민 여러분, 경북도민, 경주시민 여러분,

지방자치의 역사가 민주주의의 역사입니다. 지역과 지역이 포용하고 서로 기대며 발전하는 국가균형발전은 대한민국의 미래입니다. 1948년 대한민국 제헌헌법은 지방자치를 규정했습니다. 1년 후 지방자치법이 제정되었고, 3년 후에는 최초의 지방의회가 구성되었습니다.

그러나 5·16 군사쿠데타는 지방자치를 폐지했습니다. 지방자치제도를 부활시킨 것은 87년 6월 민주항쟁입니다. 1990년 10월 김대중 대통령은 목숨을 건 단식으로 지방자치의 길을 다시 열었고, 노무현 대통령은 강력한 국가균형발전 정책을 추진했습니다.

오늘 경주에서 열리는 제6회 지방자치의 날이 국가균형발전과 지방분권을 향한 새로운 도약의 계기가 될 것입니다.

지금 이곳 경주가 2년 전의 지진 피해를 함께 힘을 모아 극복한 것처럼 대한민국 지방자치도 우리가 반드시, 함께 성장시켜낼 것이라고 확신합니다.

감사합니다.

11월

2019 예산안 관련 국회시정 연설

| 2018-11-01 |

존경하는 국민 여러분, 국회의장님과 의원 여러분,

2019년도 예산안을 국민과 국회에 직접 설명 드리고, 협조를 요청하고자 합니다. 국민의 삶을 함께 돌아보는 자리가 되었으면 합니다.

예산은, 성실하게 일한 국민과 기업이 빚어낸 결실입니다. 정직하게 세금을 납부해 주신 국민과 기업에 감사드립니다. 아울러 그 결실이 어떻게 쓰이고 있는지, 어떻게 쓰여야 하는지, 깊은 관심을 가져 주시길 바랍니다.

먼저 내년도 예산안의 방향과 목표를 말씀드리고 싶습니다. 이는 우리 사회가 가야할 방향과 목표를 말씀드리는 것이기도 합니다.

우리는 함께 잘 살아야 합니다. 국민 모두가 각자의 자리에서 잘 살아야 개인도, 공동체도 행복할 수 있습니다. 함께 잘 살자는 꿈이 민주주의와 경제발전의 동력이 되었습니다. 함께 잘 살 수 있다는 믿음 속에서 우리는 일상에서 힘을 내며 우리의 공동체를 발전시켜올 수 있었습니다. 국민의 노력으로 우리는, '잘 살자'는 꿈을 어느 정도 이뤘습니다. 그러나 '함께'라는 꿈은 아직 멀기만 합니다.

사실 우리가 이룬 경제발전의 성과는 놀랍습니다.

올해 우리는 수출 6,000억불을 돌파할 전망입니다. 사상 최초, 최대입니다. 수출 규모로만 보면, 세계 6위의 수출대국입니다. 경제성장률도 우리와 경제 수준이 비슷하거나 앞선 나라들과 비교하면 여전히 가장 높은 편입니다. 세계가 우리의 경제성장에 찬탄을 보냅니다. 우리 스스로도 자부심을 가질만합니다.

그러나 우리 경제가 이룩한 외형적인 성과와 규모에도 불구하고, 다수 서민의 삶은 여전히 힘겹기만 한 것이 현실입니다. 성장에 치중하는 동안 양극화가 극심해진 탓입니다. 발전된 나라들 가운데 경제적 불평등의 정도가 가장 심한 나라가 되었습니다.

이제 우리 사회는 공정하지도 않습니다. 불평등이 그대로 불공정으로 이어졌습니다. 불평등과 불공정이 우리 사회의 통합을 해치고, 지속 가능한 발전을 가로막기에 이르렀습니다.

역대 정부도 그 사실을 인식하면서 복지를 늘리는 등의 노력을 꾸준히 기울여왔다고 저는 생각합니다. 그러나 커져가는 양극화의 속도를 따라잡지 못했습니다. 기존의 성장방식을 답습한 경제기조를 바꾸지 않았기 때문입니다. 우리는 이 점을 직시해야 합니다.

이제 우리는 경제적 불평등의 격차를 줄이고, 더 공정하고 통합적인 사회로 나아가야 합니다. 그것이 지속가능한 성장의 길이라고 저는 믿습니다. 지난 1년 6개월은, '함께 잘 살기' 위해 우리 경제와 사회구조를 근본적으로 바꾸고자 했던 시간이었습니다. 평범한 국민의 삶에 힘이 되도록 사람중심으로 경제기조를 세웠습니다. '함께 잘 살기' 위한 성장 전략으로 소득주도성장, 혁신성장, 공정경제를 추진했습니다.

구조적 전환은 시작했지만 아직 가야할 길이 멉니다. 전통 주력산업인 제조업의 침체가 계속되고 있고, 고용의 어려움도 해소되지 않고 있습니다. 미국의 금리인상, 미·중 무역분쟁 등 대외여건의 불확실성으로 금융시장의 변동성도 커지고 있어서 더욱 엄밀하게 살펴보아야 합니다. 새롭게 경제기조를 바꿔가는 과정에서 소상공인, 자영업자, 고령층 등 힘겨운 분들도 생겼습니다.

그러나 '함께 잘 살자'는 우리의 노력과 정책기조는 계속되어야 합니다. 거시 경제상황을 안정적으로 관리하는 한편, 정책기조 전환 과정에서 생기는 어려움을 해소하기 위해 보완적인 노력을 더 강화하겠습니다.

저성장과 고용 없는 성장, 양극화와 소득불평등, 저출산·고령화, 산업구조의 변화 같은 구조적인 문제는 단기간에 해결하기 어려운 과제입니다. 우리 경제 체질과 사회 구조가 근본적으로 바뀌고 성과가 나타날 때까지 시간이 걸릴 수밖에 없습니다.

경제 불평등을 키우는, 과거의 방식으로 되돌아 갈 수는 없습니다. 물은 웅덩이를 채우고 나서야 바다로 흘러가는 법입니다.

전환과정에서 발생하는 고통을 함께 이겨내겠습니다. 분담하고 협력하는 가운데 우리는 누구나 인간다운 삶을 보장받고, 함께 공존할 수 있게 될 것입니다. 국가가 국민의 삶을 전 생애에 걸쳐 책임지고, 기업이 사회적 책임을 다하며, 개인이 일 속에서 행복을 찾을 때 우리는 함께 잘 살 수 있습니다.

그러기 위해 우리는, 우리 사회의 모습을 바꿔야 합니다. 사회안전망과 복지 안에서 국민이 안심할 수 있는 나라가 되어야 합니다. 공정한 기회와 정의로운 결과가 보장되는 나라가 되어야 합니다. 국민 단 한 명도 차별받지 않는 나라가 되어야 합니다.

그것이 함께 잘 사는 포용국가입니다. 우리가 가야할 길이며, 우리 정부에게 주어진 시대적 사명입니다. 이미 세계은행, IMF, OECD 등 많은 국제기구와 나라들이 포용을 말합니다. 성장의 열매가 모두에게 골고루 돌아가는 '포용적 성장'과 중·하위 소득자들의 소득증가, 복지, 공정경제를 주장합니다.

우리 정부가 추구하는 포용도 같은 취지입니다. 포용적 사회, 포용적 성장, 포용적 번영, 포용적 민주주의에 이르기까지, '배제하지 않는 포용'

이 우리 사회의 가치와 철학이 될 때 우리는 함께 잘 살게 될 것입니다.

국회에서 함께 힘과 지혜를 모아 주시기 바랍니다. 2019년도 예산안은 함께 잘 사는 나라를 만드는 예산입니다. 포용국가를 향한, 중요한 첫걸음이 될 것입니다.

존경하는 국민 여러분,

의원 여러분,

포용국가가 지금 내 삶과 어떻게 관련되는지, 실감나지 않을 수 있습니다. 몇 천 억, 몇 십 조 하는 예산상의 숫자만으로 와 닿지 않을 것입니다.

저는 오늘, 2019년도 예산안이 시행될 때 우리의 삶이 어떻게 달라지는지 어느 4인 가족을 가정하여 말씀드리고 싶습니다.

열심히 일하는 30대 여성과 남성이 만나 가정을 꾸렸습니다. 어머니를 모시며, 출산을 앞둔 부부는 준비해야 할 것도, 걱정할 것도 많습니다.

포용국가에서 출산과 육아는 가족과 국가, 모두의 기쁨입니다. 따라서 부담도 정부가 함께 나누어야 합니다.

출산급여는 그동안 고용보험 가입자에게만 지원되었지만, 내년부터는 고용보험에 가입되지 않은 비정규직, 자영업자, 특수고용직 등의 산모에게도 매달 50만 원씩 최대 90일간 정부가 출산급여를 지급합니다. 산모는 건강관리사에게 산후조리 도움을 받을 수 있습니다.

아빠는 기존 3일에서 10일 간 유급 출산휴가를 쓸 수 있게 되고 중소기업의 경우 정부가 5일치 급여를 부담합니다.

엄마와 아빠가 번갈아 육아휴직을 할 때 두 번째 휴직 부모의 혜택을 더 늘렸습니다. 두 번째 휴직하는 부모는 첫 3개월 간 상한액을 250만원까지 올린 육아휴직 급여를 받습니다. 이후 9개월의 급여도 통상임금의 50%를 받게 됩니다.

올해 9월부터 한 아이당 월 10만 원, 아동수당이 지급되고 있습니다. 아기 분유와 기저귀 값 걱정을 덜 수 있습니다.

내년에 도입하는 신혼부부 임대주택과 신혼희망타운은 부부의 내 집 마련 꿈을 앞당겨 줄 것입니다. 정부가 금리 차이를 지원해, 최저 1.2%의 저금리로 사용하고 30년 동안 나누어서 상환할 수 있게 함으로써 대출부담도 덜어드리겠습니다.

부부 중 한 명이 올해 중소기업에 새로 취업한다면 청년내일채움공제에 가입할 수 있습니다. 3년이 되면 3천만 원의 목돈이 만들어집니다. 더 좋은 직장을 희망한다면 근로자 내일배움카드로 연간 200만 원까지 교육훈련비를 지원받을 수 있습니다.

65세가 넘으신 어머니는 매달 기초연금 25만 원을 받습니다. 내년에 시작하는 사회서비스형 어르신일자리 사업은 어머니의 삶에 활력을 드릴 것입니다. 기존 어르신일자리보다 월급도 2배나 됩니다.

이 가정에 부부와 어머니의 월급 외에 최고 100만 원이 넘는 추가 수입이 생겼습니다. 공공임대주택은 10년 후 분양 전환으로 완전한 내

집이 될 수 있습니다.

포용국가에 중점을 두어 편성한 정부 예산이 적지 않은 역할을 했습니다. 결혼에서 출산까지, 평범한 신혼부부 가족의 어깨가 많이 가벼워졌습니다.

존경하는 국민 여러분,

의원 여러분,

이제, 2019년 예산안의 특징과 주요내용을 말씀 드리겠습니다.

총지출은 470조5천억 원 규모로 올해보다 9.7% 늘렸습니다. 2009년도 예산 이후 가장 큰 폭으로 증가한 예산안입니다.

우리는 작년에 3%대의 경제성장을 달성했지만 올해 다시 2% 대로 되돌아갔습니다. 여러해 전부터 시작된 2%대 저성장이 고착화될 가능성이 높습니다.

대외 여건도 좋지 않습니다. 보호무역주의 확산과 무역분쟁, 미국의 금리인상 등으로 인해 세계 경기가 내리막으로 꺾이고 있습니다. 대외의존도가 큰 우리 경제에 더 큰 부담이 될 수 있습니다. 따라서 재정이 보다 적극적인 역할을 할 때입니다.

작년과 올해 2년 연속 초과 세수가 20조 원이 넘었는데, 늘어난 국세 수입을 경기 회복을 위해 충분히 활용하지 못했다는 아쉬움이 있습니다. 재정 여력이 있다면 적극적인 재정운용을 통해 경기 둔화의 위험에 선제적으로 대비하고, 일자리, 양극화, 저출산, 고령화 같은 구조적인 문제에 본격적으로 대응해야 합니다. IMF, OECD 등 국제기구들도 재정여력이 있는 국가들은 재정을 확장적으로 운영할 것을 권고하고 있습니다.

내년 예산안은 세수를 안정적이면서 현실적으로 예측하고, 늘어나는 세수에 맞춰 지출규모를 늘렸습니다. 우리나라는 국가채무비율이 세계적으로 낮은 편이지만, 재정건전성을 위해 국가채무비율을 높이지 않으면서 재정이 꼭 해야 할 일을 하는 예산으로 편성했다는 말씀을 드립니다.

포용국가로 나아가기 위한 예산입니다.

일자리를 통해 누구나 꿈을 이룰 수 있도록 돕고 혁신성장을 본격적으로 추진할 것입니다.

포용적인 사회를 위해 취약계층을 지원하고 사회안전망을 확충하는데도 중점을 두었습니다. 소득 3만 불 시대에 걸맞게 국민의 안전과 삶의 질을 높이는 노력에도 큰 비중을 두었습니다.

첫째, 일자리 예산을 올해보다 22% 증가한 23조5천억 원 배정했습니다.

일자리는 국민 한 사람 한 사람이 인간다운 삶을 살기위한 출발점입니다. 청년, 여성, 어르신, 신중년, 장애인 등 취약계층의 일자리를 만드는데 역점을 두었습니다.

청년추가고용장려금을 7천억 원으로 대폭 늘렸습니다. 올해 9만 명을 포함하여 대상자가 18만8천명으로 확대됩니다. 청년을 한 명 더 추가 고용할 때마다 3년 동안, 연간 최대 900만 원을 지원 받을 수 있습니다. 청년내일채움공제 대상도 11만 명에서 23만 명으로 2배 이상 늘었습니다. 중소·중견기업에 취직하면 3년 안에 최대 3천만 원의 목돈을 만들 수 있습니다. 이직이나 재취업을 희망하는 신중년에게는 맞춤형 훈련을 지원할 것입니다. 어르신들 일자리는 61만개, 아이·어르신·장애인 돌봄 일자리는 13만6천 개로 늘렸습니다. 장애인 일자리는 2천500개를 신설해 2만 개로 확대했습니다. 중증장애인 현장훈련과 취업을 연계해 주는 지원고용사업을 2천500명에서 5천명으로 확대했습니다.

둘째, 혁신성장 예산을 크게 늘렸습니다. 경쟁력 있는 중소·벤처기업을 육성해 성장과 일자리에 함께 도움을 줄 것입니다.

연구개발 예산을 사상 처음으로 20조 원을 돌파한 총 20조4천억 원으로 배정했습니다. 기초연구, 미래 원천기술 선도투자와 국민생활과 밀접한 연구개발을 대폭 확대했습니다. 혁신성장을 위해 데이터, 인공지능, 수소경제의 3대 전략 분야와 스마트 공장, 자율주행차, 드론, 핀테크 등 8대 선도 사업에 총 5조1천억 원의 예산을 투입합니다.

혁신적 창업은 혁신성장의 기본토대입니다. 지난 8월까지 7만 개의 법인이 새로 생기고, 2조2천억 원의 신규 벤처투자가 이뤄졌습니다. 경제 여건이 어려운 가운데에서도 모두 사상 최고를 기록했습니다. 특히 신규 벤처투자가 대폭 늘어났습니다. 단지 혁신성장뿐 아니라 우리 경제에 희망을 주는 지표들입니다.

청년 창업의 꿈을 더 키우겠습니다. 시제품 제작, 마케팅 등에 필요한 자금을 바우처 형식으로 최대 1억 원까지 받을 수 있습니다.

창업부터 성장과 재창업에 이르기까지 기업 단계별로 맞춤형 지원을 강화하겠습니다. 일자리창출촉진자금을 신설하고, 창업성공패키지 지원을 확대해 창업생태계가 활성화되도록 지원하겠습니다.

혁신성장을 위한 규제혁신도 속도감 있게 추진하고자 합니다. 그동안 의료기기, 인터넷은행, 데이터경제 분야에서 규제혁신이 이뤄졌습니다. 한국형 '규제 샌드박스'는 기업의 신기술과 신제품의 빠른 출시를 지원하게 될 것입니다.

셋째, 가계소득을 높이고 사회안전망을 강화하는 예산을 대폭 늘렸습니다.

일하는 저소득가구에게 지원하는 근로장려금(EITC)은 소득주도 성장에 기여하고, 포용국가로 나아가기 위한 핵심정책입니다. 근로장려금 예산을 올해 1조2천억 원에서 3조8천억 원으로 대폭 확대했습니다.

연령 기준을 없애고, 소득과 재산 기준을 완화해 지원 대상이 166만 가구에서 334만 가구로 크게 늘었습니다. 이 중, 자영업을 하는 115만 가구도 똑같은 혜택을 받습니다. 최대 지원액도 단독가구는 85만 원에서 150만 원으로, 홀벌이 가구는 200만 원에서 260만 원으로, 맞벌이 가구는 250만 원에서 300만 원으로 늘어납니다.

생계·의료·주거·교육 등 기초생활을 보장하기 위한 예산을 올해 11조 원에서 12조7천억 원으로 늘렸습니다. 기초연금과 장애인연금은 당초 인상 계획을 앞당겨 소득 하위 20% 어르신 150만 명과 생계·의료 급여 수급대상 장애인 16만 명에게는 바로 내년 4월부터 월 30만 원을 지급할 계획입니다.

그동안 정부의 손길이 부족했던 분야도 많습니다.

한부모가족의 아동양육비를 월 13만 원에서 20만 원으로 인상했습니다. 지원대상을 만 14세에서 만 18세 미만으로 늘렸습니다. 만 24세 이하 청소년인 한부모에게 지원되는 아동양육비는 특별히 18만 원에서 35만 원으로 늘렸습니다. 보육원을 퇴소하는 보호종료 아동 4명 중 한 명은 빈곤층이 되고 있습니다. 지자체의 지원과 별도로 월 30만 원의 자립수당을 추가 지원해 국가의 책임을 다하겠습니다.

올해 발달장애인에 대한 생애주기별 종합대책을 마련했습니다. 이에 따른 예산도 반영했습니다. 영세 소상공인과 자영업은 우리 경제의 중요한 구성원입니다. 최저임금 인상에 따른 어려움을 함께 극복하기 위해 일자리 안정자금을 내년에도 2조8천억 원 반영했습니다.

카드수수료 부담을 줄이기 위해 소상공인 간편 결제시스템을 구축해 우선 내년에 100만 점포를 지원하고, 저금리 특별대출 2조 원, 신용보증 2조 원 확대도 추진합니다. 1인 영세 자영업자에 대한 고용보험료 지원 대상을 대폭 확대하고 지원기간을 2년에서 3년으로 늘렸습니다.

넷째, 국민의 안전과 삶의 질을 높이기 위한 예산도 꼼꼼하게 챙겼습니다.

'국민생명지키기 3대 프로젝트'에 2조2천억 원을 배정했습니다. 자살예방, 산업재해 방지, 교통안전 강화로 국민의 안전을 지키겠습니다.

생활SOC로 생활환경과 삶의 질을 더 높이겠습니다. 국민체육센터 160개가 새로 들어서고 모든 시군구에 작은 도서관이 1개씩 생깁니다. 전통시장 450개의 시설을 현대화하고 주차장도 확충할 것입니다.

'어촌뉴딜300'을 통해 우선 내년에 70개 어촌·어항의 현대화를 지원합니다. 도시재생과 농어촌 생활기반 지원은 구도심과 농촌지역의 활력을 높일 것입니다. 이를 위해 내년에는 올해보다 50% 증가한 8조7천억 원을 생활SOC에 지원할 것입니다.

아이돌봄서비스 지원 대상을 두 배로 늘리고, 사용시간도 연 600시간에서 720시간으로 확대했습니다. 국공립 어린이집과 유치원이 여전히 많이 부족합니다. 내년에 국공립 어린이집 450개를 더 만들겠습니다. 국공립 유치원 천 개 학급 확충도 내년으로 앞당겨 추진하겠습니다.

아울러 아동의 학습권을 보장하고, 교사의 처우개선으로 더 좋은 교육이 이뤄지도록 하겠습니다. 초등학교 입학 후 온종일 돌봄도 대폭 확대하겠습니다.

존경하는 국민 여러분,

의원 여러분,

포용국가와 더불어 지속가능한 대한민국을 이끄는 또 하나의 축은 평화의 한반도입니다.

지난 1년 사이, 세 차례 남북정상회담과 역사적인 북미정상회담이 개최되었습니다. 남북은 군사 분야 합의서를 통해 한반도에서 남북 간의 군사적 충돌 위험을 완전히 제거했습니다.

서해 5도의 주민들은 더 넓은 해역에서 안전하게 꽃게잡이를 할 수 있을 것입니다. 파주와 연천, 철원과 고성 등 접경지역은 위험지대에서 교류협력의 지대로 탈바꿈할 것입니다. 이제 남과 북, 미국이 확고한 신뢰 속에서 한반도의 완전한 비핵화와 항구적 평화를 이뤄낼 것입니다.

두 번째 북미정상회담이 눈앞에 와 있습니다. 조만간 김정은 위원장의 러시아 방문과 시진핑 주석의 방북도 이루어질 것으로 보입니다. 북·일 정상회담 가능성도 열려 있습니다. 김정은 위원장의 서울 답방도 조만간 이뤄질 것입니다.

한반도와 동북아 공동 번영을 향한 역사적인 출발선이 바로 눈앞에 와 있습니다. 우리는 기차로 유라시아 대륙을 넘고 동아시아 철도공동체를 통해 다자평화안보체제로 나아갈 것입니다.

기적같이 찾아온 기회입니다. 결코 놓쳐서는 안 될 기회입니다.

튼튼한 안보, 강한 국방으로 평화를 만들어가겠습니다. 평화야말로 우리 경제의 새로운 성장동력이 될 것입니다. 이를 위해, 국방예산을 올해보다 8.2% 증액했습니다. 한국형 3축 체계 등 핵심전력에 대한 투자를 확대하고, 국방 연구개발예산을 늘려 자주국방 능력을 높여나가고자 합니다. 험한 지역에서 근무하는 장병의 복지를 확대하고 군 의료체계를 정비하는 등 복무여건도 개선할 것입니다.

남북 간 철도와 도로 연결, 산림협력, 이산가족상봉 등 남북 간에 합의한 협력 사업들도 여건이 되는대로 남북협력기금을 통해 차질 없이 지원하겠습니다.

존경하는 의장님과 국회의원 여러분,

나라다운 나라, 정의로운 대한민국은 우리 정부의 확고한 국정지표입니다. 국민은 일상에서의 작은 불공정도, 조그마한 부조리도 결코 용납하지 않는 사회를 원하고 있습니다.

정부는 국민의 요구에 응답하여 권력적폐를 넘어 생활적폐를 청산해 나갈 것입니다. 사회 전반에 반칙과 특권이 없는 공정한 사회를 만드는 데 국회가 함께해 주시길 바랍니다.

권력기관 정상화를 위한 법과 제도의 정비도 더 이상 늦출 수 없습니다. 정부는 역사상 최초로 검·경 수사권 조정 합의안을 도출해냈습니다. 국회에서 매듭을 지어 주시기 바랍니다. 고위공직자 범죄수사처 법안도 하루속히 처리해 주시길 바랍니다.

국정원은 국내 정보를 폐지하는 등 스스로의 노력으로 개혁을 추진해 왔습니다. 국회가 국정원법 개정을 마무리해 국민의 정보기관으로 다시 태어날 수 있도록 해 주십시오.

이번 정기국회에 거는 국민들의 기대가 매우 큽니다. 어려움을 겪고 있는 서민과 소상공인, 자영업자의 아픔을 덜어 주십시오. 민생법안에 대해 초당적인 협력을 기대합니다.

법에 따라 5년 만에 쌀직불금의 목표가격을 다시 정해야 합니다. 정부는 우선 현행 기준으로 목표가격안을 제출할 수밖에 없습니다. 농업인들의 소득 안정을 위해 목표가격에 물가상승률이 반영되기를 바랍니다.

정부는 그와 함께 공익형으로 직불제를 개편해 나가겠습니다. 적정한 수준의 목표가격이 설정되도록 협력해 주실 것을 요청합니다.

경제민주화 관련 법안이 성과를 내면 공정경제의 제도적 틀을 마련할 수 있습니다. 규제혁신 관련 법안은 혁신성장에 속도를 내기 위해 반드시 필요합니다.

국가균형발전과 자치분권의 확대를 위해 중앙 사무를 지방에 일괄 이양하고, 지자체의 실질적 자치권과 주민자치를 확대해야 합니다. 관련 법안들이 국회에서 신속히 심의 처리되길 바랍니다.

아울러 전세계가 한반도를 주목하고 있는 이때, 우리 스스로 우리를 더 존중하자는 간곡한 요청 말씀을 드립니다.

우리 정부와 미국 정부가 북한과 함께 노력하고 있는 한반도 비핵화와 평화 프로세스에 국회가 꼭 함께해 주시길 부탁드립니다.

우리에게 기적같이 찾아온 이 기회를 반드시 살릴 수 있도록 힘을 모아 주시기 바랍니다.

우리가 이 기회를 놓친다면 한반도의 위기는 더욱 증폭될 수밖에 없습니다. 절대로 그런 일이 일어나지 않도록 우리가 할 수 있는 모든 노력을 다해야 한다는 노심초사에 마음을 함께해 주십시오.

남북 국회회담도 성공적으로 진행되길 기대합니다. 정부로서도 모든 지원을 다할 것입니다.

국민의 삶을 더 나아지게 하고 한반도에 평화를 정착시키는 일에 정부와 국회, 여와 야가 따로 있을 수 없습니다. 11월부터 시작하기로 국민들께 약속한 여야정 국정 상설협의체가 협력정치의 좋은 틀이 되길 바랍니다.

우리는 함께 잘 살아야 합니다.

우리는 함께 잘 살 수 있습니다.

평화와 번영의 한반도, 포용국가를 향한 국민의 희망이 이곳 국회에서부터 피어오르길 바라마지 않습니다.

감사합니다.

제1회 한·러 지방협력포럼 축사

| 2018-11-08 |

　오늘 회의에 메시지를 보내 주시고 코즐로프 장관님에게 대독하게 해 주신 푸틴 대통령께 감사 말씀 드립니다.

　코즐로프 극동개발부 장관님, 러시아 극동지역 주지사 여러분,

　대한민국 경상북도 포항에 오신 것을 진심으로 환영합니다.

　경상북도는 대한민국 산업화의 본산입니다. 1970년대 포항의 용광로와 대구, 구미의 수출 공단에서 우리도 잘 살 수 있다는 희망이 싹 텄습니다. 그 희망은 우리나라 경제발전의 원동력이 되었고, 국민 모두의 자긍심이 되었습니다.

　포항은, 세계 최고 수준의 연구역량을 갖춘 이곳 포스텍이 상징하

듯 철강 산업의 중심지에서 산·학·연이 결합된 혁신산업 도시로 발전을 거듭해 왔습니다. 또한 한반도와 극동, 일본을 연결하는 환동해 물류, 관광도시로 발돋움하고 있습니다. 희망과 혁신이 함께하는 경북 포항에서 제1회 한·러 지방협력 포럼이 개최되어 매우 뜻깊습니다.

내외 귀빈 여러분, 러시아와 한국의 관계는 1990년 수교 이후 꾸준히 발전해 왔습니다.

작년 양국 간 인적교류는 51만 명으로 사상 최대를 기록했고, 교역액도 2016년 보다 41% 증가한 190억불을 기록했습니다. 올해 상반기에도 교역액이 작년 동기 대비 11.8% 증가했습니다.

특히 러시아 극동지역은 양국 간 교류와 협력의 중심지역입니다. 오랫동안 역사를 공유했고, 지리적으로 가까우며, 정서적으로도 통하는 곳입니다. 러시아 정부의 신동방정책과 우리의 신북방정책이 만나는 곳도 극동지역입니다.

극동에 진출한 39개의 한국기업이 농업, 수산업, 주택, 교통 등의 사업을 전개하고 있습니다. 양국 간 교역액 3분의 1 이상인 71억불이 극동지역에서 이뤄지고 있으며, 작년에만 10만 명의 우리 국민이 연해주를 방문했습니다.

푸틴 대통령과 저는 지난해 9월 블라디보스톡과 올해 6월 모스크바에서 만나 양국의 우호협력 방안을 깊이 논의했습니다.

양국이 러시아 극동개발의 최적의 파트너임을 확인하고 양국의 협력이 극동지역을 동북아 번영과 평화의 터전으로 만들 수 있다는 데 뜻을 같이 했습니다.

또한 극동지역을 중심으로 실질협력을 확대하기 위해 양국의 지자체와 지역 기업, 주민이 참여하는 지방협력포럼을 개최하기로 합의했습니다.

오늘이 그 첫 걸음을 내딛는 역사적인 자리입니다. 포럼을 준비해 주신 경북도민과 포항시민, 그리고 관계자 여러분께 깊이 감사드립니다. 포럼에 참석해 주신 양국의 지자체 대표들과 경제인들께도 고마움을 전합니다. 한·러 지방협력포럼은 양국의 중앙정부와 지자체가 함께 전면적 교류협력의 길을 걸어가는 전기가 될 것입니다.

내외 귀빈 여러분, 2020년이면, 양국 수교 30년을 맞이합니다. 우리는 30년간 우정과 신뢰를 쌓았고 교류 협력을 통해 많은 성과를 이뤘습니다.

이제 우리는 이러한 우정과 성과를 기반으로 협력의 새 지평을 열어야 합니다. 협력의 영역을 중앙에서 지역으로 더욱 넓히고, 지역이 함께 골고루 번영할 수 있도록 해야 합니다.

지역이 국가 발전의 뿌리입니다. 지자체가 자신의 특성에 맞게 지역 발전을 주도하고 중앙정부는 튼튼하게 뒷받침해야 합니다. 국가 간 교류 협력 역시, 지방 간 협력이 병행되어야 합니다. 지역 주민과 기업이 협력의 주역이 될 때 양국의 지역 발전에 가속도가 붙고 양국의 국가발전으로 이어질 것입니다.

러시아와 한국 사이에 추진 중인 가스, 철도, 전력, 조선, 일자리, 농업, 수산, 항만과 북극항로 등 '9개의 다리 협력'도 중앙 정부의 협력만으로는 실현될 수 없습니다. 양국 지자체가 지역의 산업별 특성에 맞는 방안을 마련하여 협력할 때 '9개의 다리' 하나하나는 더욱 견실해질 것이며, 지역 발전의 새로운 성장 동력이 될 것입니다.

우리 정부는 러시아 극동지역과의 협력 강화를 위해 작년 8월 대통령 직속으로 '북방경제협력위원회'를 출범시켰습니다. 러시아의 '극동개발부'와 힘을 모아 양국 지자체가 서로 손을 맞잡을 수 있도록 뒷받침하겠습니다.

지역에서부터 양국 국민들이 내실 있는 협력을 이룰 때, 새로운 한·러 관계 30년을 열어갈 수 있을 것입니다.

내외 귀빈 여러분, 지난 6월 러시아 국빈방문 때, 저는 "한반도에 평화가 정착되면 한·러 경제협력에도 새로운 장이 펼쳐질 것"이라고 말씀드렸습니다.

미국과 북한은 새로운 정상회담을 준비하고 있습니다. 김정은 위원장의 서울 답방도 앞두고 있습니다. 푸틴 대통령은 한반도의 항구적 평화를 향한 우리의 여정을 변함없이 강력하게 지지해 주고 있습니다.

정부는 한반도의 평화를 통해 남·북·러 3각 협력의 기반을 확고하게 다질 것입니다. 극동지역은 한반도와 유라시아의 물류와 에너지가 연결되는 핵심지역이 될 것입니다.

경상북도와 포항시의 역할이 중요합니다. 포항시는 남·북·러 3각 경제협력의 시범사업이었던 '나진-하산 프로젝트'를 성공적으로 추진한 경험이 있습니다. 현재는 포항 영일만항과 블라디보스톡항을 잇는 컨테이너 선박이 정기적으로 오가고 있습니다.

지금 영일만항은 2020년 국제여객부두 완공을 앞두고 있습니다. 러시아와 일본을 잇는 환동해권, 해양관광산업 중심항으로의 도약을 준비하고 있습니다.

한반도에 평화의 시대가 열리면 포항 영일만항은 북한 고성항과 나진항 러시아 블라디보스톡항과 자루비노항을 바닷길로 연결하는 물류와 관광의 거점이 될 것입니다.

또한, 동해선 철도가 다시 이어지면 철길을 통해 북한과 시베리아를 거쳐 유럽까지 연결되는 북방교역의 핵심적 역할을 하게 될 것입니다. 평화의 한반도에서 경북은, 북방교역의 핵심지역이자 환동해권 물류 중심으로 발전하게 될 것입니다.

코즐로프 극동개발부 장관님, 러시아 극동지역 주지사 여러분, 내외 귀빈 여러분,

역사를 움직이는 거대한 물결은 언제나 지역에서 시작됐습니다.

이곳 경북은 나라가 어려울 때 의병운동과 국채보상운동, 독립운동에 앞장 선 지역입니다. 광복 후에는 대한민국 경제발전과 번영을 이끌

었습니다.

오늘 포항에서 출범한 한·러 지방협력포럼은 시대를 앞서갔던 경북의 정신으로 새로운 협력의 물결이 될 것입니다. 러시아 극동지역 11개의 주와 대한민국 17개 지자체가 상생과 번영의 길을 함께 걷는 계기가 될 것입니다.

내년 연해주에서 개최될 2차 포럼에는 양국의 더 많은 지자체가 참여하게 되길 바랍니다. 유라시아 대륙의 평화와 번영을 실현하는 위대한 여정에도 양국 국민이 함께 하길 희망합니다.

감사합니다.

공정경제 전략회의 모두발언

| 2018-11-09 |

여러분, 반갑습니다. 오늘 매우 중요한 주제를 가지고 모였습니다.

'공정경제'는 경제에서 민주주의를 이루는 일입니다. 우리는 누구나 잘살기를 원합니다. 열심히 일한만큼 결과가 따라주기를 바랍니다. '공정경제'는 이렇듯, 너무나 당연한 소망을 이루는 일입니다.

우리 국민들은 지난날 "우리도 한번 잘살아 보자"는 목표를 갖고 밤낮없이 일에 매달렸습니다. 반세기만에 세계 10위권의 경제대국이 되었습니다.

그러나 경제성장 과정에서 공정을 잃었습니다. 함께 이룬 결과물들이 대기업 집단에 집중되었습니다.

중소기업은 함께 성장하지 못했습니다. 반칙과 특권, 부정부패로 서민경제가 무너졌습니다. 성장할수록 부의 불평등이 심화되었고, 기업은 기업대로 스스로의 국제경쟁력을 약화시켰습니다.

'공정경제'는 과정에서 공정한 경쟁을 보장하고, 결과로써 성장의 과실을 정당하게 나누는 것입니다. '공정경제'로 민주주의를 이루는 일은 서민과 골목상권, 중소기업과 대기업이 함께 잘살고자 하는 일입니다.

국민이 잘 살아야 기업이 지속적으로 성장할 수 있습니다. 공정한 경쟁이 보장되고, 일한만큼 보상을 받아야 혁신의지가 생깁니다. 실패해도 다시 도전할 수 있습니다. 기업은 투명성 제고와 공정한 경쟁을 통해 국제경쟁력을 높일 수 있습니다.

'공정경제'를 통해 국민들의 자율적이고 창의적인 경제활동이 이뤄질 때 기업들도 새로운 성장 동력을 갖게 될 것입니다.

우리는 이제 함께 잘살아야 합니다. '공정경제'가 그 기반이 될 것입니다.

정부는 그동안 공정한 경제환경을 만들기 위해 제도와 관행을 개선해왔습니다. 무엇보다 갑을관계의 개선을 위해 역량을 집중했습니다. '징벌적 손해배상제'를 도입하여, 유통회사의 불공정거래에 대해 손해액의 3배를 배상하도록 했습니다. 인건비, 재료비 인상으로 제조원가가 올라가면 하청업체가 대금조정을 요구할 수 있도록 했습니다.

기술탈취로 고발된 경우 공공입찰 참여를 즉시 제한하고, 기술탈취

조사시효를 3년에서 7년으로 늘려 기술탈취에 대한 조사권도 강화했습니다.

골목상권 등 서민의 생존권을 지키기 위해 대기업의 소유지배구조를 개선하고자 노력했습니다. 그동안 일감몰아주기, 부당내부거래를 일삼았던 대기업을 적발하여, 사익편취에 대해 엄정하게 법을 집행했습니다. 계열사에 서로 투자하면서 지배를 독점하던 순환출자 고리도 90%가 해소되었습니다.

동시에 대기업과 중소기업의 상생협력을 지원했습니다. 중소기업의 스마트 공장에 대기업이 자금과 인력을 지원해 주는 상생형 스마트 공장을 확산하고, 공공기관의 상생결제시스템을 2차, 3차 협력업체까지 확대했습니다.

상가 임차인의 계약갱신 요구 기간을 5년에서 10년으로 늘리고, 임차인의 권리금 보호 조치 등 임차인의 권리를 강화한 것도 중요한 성과입니다.

아직 '공정경제'가 제도화 되고 경제 민주주의가 정착되기까지 갈 길이 멀지만, 새로운 경제질서를 만들기 위해 정부는 최선을 다하고 있습니다.

중요한 것은 이러한 노력들이 결실을 맺기 위해 국민과 기업이 주역이 돼 주셔야 한다는 것입니다. 정부는 국민들이 경제적 권리를 적극적으로 행사할 수 있는 환경을 만들 것입니다. 경제주체들은 자율적인 경제활동을 통해 '공정경제'를 당연한 경제질서로 인식하고 문화와 관행으로 정착시켜야 할 것입니다.

대·중소기업 상생협력을 대기업의 시혜적인 조치로 생각하는 인식부터 바꿔야 합니다. 상생협력은 협력업체의 혁신성을 높여 대기업 자신의 경쟁력을 높이고 중소기업과 대기업이 함께 성장하는 길입니다.

'공정경제' 추진으로 최근 긍정적인 변화들도 있었습니다. 하도급거래 현금결제가 늘어나고, 부당한 단가인하가 줄었습니다. 가맹거래와 납품유통 관행도 개선되고 있었습니다. 노조가 임금 일부를 각출해 협력업체를 지원하는 사례도 생겼습니다.

이러한 변화가 법의 제재 때문이 아니라, 자발적인 기업문화로 정착될 수 있도록 노력해 주시기 바랍니다. 관계기관에서는 경제적 약자들의 협상력을 높이는데 더욱 힘을 기울여 주기 바랍니다.

이번 정기국회에는 공정거래법, 상법 등 공정경제 관련 법안 13개가 계류되어 있습니다. 주주 이익 보호와 경영진 감시 시스템 마련(상법), 가맹점과 대리점의 단체구성과 교섭력 강화(가맹사업법, 대리점법), 협력이익공유제와 생계형 적합업종 지정제도(상생협력법), 소비자의 권익강화 등 중요하지 않은 것이 없습니다.

지난 월요일에 처음으로 열린 여야정 국정 상설협의체에서 상법 등 공정경제 관련 법안 개정에 여야정이 함께 노력하기로 합의한 바 있습니다. 정기국회에서 법안들이 반드시 통과될 수 있도록 국회와 정부가 함께 힘을 모아 주시기 바랍니다.

우리 경제는 이제 '빨리'가 아니라, '함께' 가야하고, '지속적으로 더 멀리' 가야 합니다.

경제 민주주의는 모두의 자발적 참여로 이뤄집니다. '공정경제'가 우리 경제의 뿌리가 되도록 함께 노력합시다. 정부는 경제인들이 마음껏 뛸 수 있도록 응원하고 지원하겠습니다.

감사합니다.

제20차 한·아세안 정상회의 모두발언

| 2018-11-14 |

회의를 훌륭하게 준비해 주신 '리센룽' 싱가포르 총리님과 한국의 대화조정국인 '하싸날 볼키아' 브루나이 국왕님께 감사드립니다.

강대국 간 경쟁이 격화되고 보호무역의 파고가 높아지고 있습니다. 어려운 상황인데도 아세안은 서로 도우며 평균 경제성장률 5%의 놀라운 발전을 보이고 있습니다. 아세안의 연대와 협력에 경의를 표합니다.

나는 아세안의 무한한 잠재력과 하나 된 힘을 믿습니다. 또한 '사람 중심의 평화와 번영의 공동체'를 아세안과 함께 만들겠다는 확고한 비전을 가지고 있습니다. 지난 19차 회의에서 천명한 '신남방정책'은 아세안과 함께 번영하겠다는 한국의 강력한 의지표명입니다.

지난 1년, 아세안 정상들과 직접 만나 비전을 공유하며, 협력의 기반을 다지기 위해 노력했습니다. 내년까지 나는 아세안의 모든 정상들과 만나 더욱 깊은 신뢰를 쌓고자 합니다.

나는 우리의 비전을 현실화하기 위해 대통령 직속으로 '신남방정책 특별위원회'를 설치했습니다. 전략과 과제를 포괄적으로 담은 청사진을 마련했습니다. 아세안 주재 한국 공관의 인력도 대폭 확충했습니다.

최근, 노력의 결실들이 나타나고 있습니다. 올해 9월까지 한·아세안 교역 규모는 작년 동기 대비 6% 증가한 1천2백억 불에 달합니다. 상호 방문자도 17% 증가해 8백만 명을 넘었습니다. 아주 기쁘고 반가운 소식입니다.

더욱 속도를 내겠습니다. 호혜적이고 미래지향적인 교류와 협력을 확대할 것입니다. 2020년 상호교역액 2천억 불, 상호방문객 1천5백만 명의 목표를 향해 아세안과 더욱 가깝게 협력할 것입니다.

의장님, 정상 여러분,

아세안과 한국은 유사한 역사적 경험을 갖고 있습니다. 식민지 시대와 권위주의 체제를 극복하고 눈부신 성장을 이뤘습니다. 아주 각별한 동지애를 느낍니다.

2019년은 아주 뜻깊은 해입니다. 한·아세안 관계 수립 30주년입니다. 한국에게도 아주 중요한 해입니다. '3·1독립운동'과 대한민국 임시정부 수립 100주년이 되는 해입니다.

나는 아세안 정상들과 함께 한·아세안의 새로운 30년, 대한민국의 새로운 100년을 시작하고 싶습니다. 내년, 아세안 정상들을 대한민국에 초대합니다. '2019년 한·아세안 특별정상회의'와 '제1차 한·메콩 정상회의'를 개최하고자 합니다. 한·아세안의 관계가 한 차원 더 높아질 것입니다.

아세안의 하나 된 힘으로 아시아의 평화와 번영이 앞당겨지길 희망합니다.

감사합니다.

동아시아정상회의 (EAS) 본회의 발언 전문

| 2018-11-15 |

감사합니다, 의장님.

국왕님, 정상 여러분,

동아시아는 지금 엄중한 도전에 직면해 있습니다. 테러와 폭력적 극단주의, 자연 재해 등 국경을 넘는 위협과 함께, 보호무역주의에 대한 우려의 목소리도 높아지고 있습니다.

지금이야말로 EAS 차원의 협력이 필요한 때입니다.

한국 또한, 한반도의 평화가 동아시아의 평화와 공동번영의 시작이라는 믿음으로 한반도 문제 해결을 위해 적극 노력하고 있습니다.

작년 이 자리에서 우리는 한반도의 비핵화와 평화정착이라는 대원칙을 확인했습니다. 각국 정상들은 북핵문제를 평화적으로 해결하려는 우리 정부의 노력을 적극 지지해 주었습니다.

작년 정상회의 이후, 한반도에서는 기적 같은 변화가 일어났습니다. 북한의 평창 동계올림픽 참가와 세 번의 남북정상회담, 그리고 이곳 싱가포르에서 열린 사상 최초의 북미정상회담을 통해 평화의 시대가 열리고 있습니다.

이산가족이 만났고, 미군 전사자의 유해가 송환되었습니다. 비무장지대의 무기와 초소가 철수되고 있으며, '바다의 화약고'였던 한국의 서해 바다는 협력과 평화의 바다로 달라지고 있습니다.

북한의 비핵화 조치도 계속되고 있습니다. 북한은 국제사회가 지켜보는 가운데 핵실험장을 폐기한데 이어, 미사일 시험장과 발사대의 폐기와 참관을 약속했습니다. 미국의 상응 조치를 전제했지만 영변 핵시설의 영구적인 폐기를 언급한 것도 큰 진전입니다.

김정은 위원장의 서울 답방과 미국과 북한의 2차 정상회담이 머지 않아 이루어질 전망입니다. 우리 정부는 EAS 회원국들과 긴밀히 협력하며 한반도와 동아시아의 평화를 위해 계속적으로 노력해 나갈 것입니다.

북한이 완전한 비핵화를 진정성 있게 실천하고 아세안의 여러 회의에 참가하게 되기를 기대합니다. EAS와 국제사회의 지속적인 지지를 당부 드립니다.

의장님, 정상 여러분,

동아시아 국가들에게 바다는 교류와 협력의 통로이며, 번영의 길입니다. 특히 남중국해는 많은 나라의 배가 항해하고 한국도 무역의 40%가 이곳을 지나갑니다.

지난 8월, 중국과 아세안이 초안에 합의한 '남중국해 행동규칙(COC)'이 UN 해양법협약 등 국제법과 모든 국가들의 권익을 존중하는 방향으로 체결되어, 자유로운 항행과 상공비행이 이뤄지길 바랍니다.

올해 동아시아에 많은 재난이 있었습니다. 지난 9월, 술라웨시 지진과 쓰나미로 피해를 입은 인도네시아 국민께 진심어린 애도와 위로를 표합니다. 한국도 태풍과 지진의 피해를 겪고 있는 나라이기 때문에, 동병상련의 마음으로 인도적 지원과 재건복구 지원에 각별한 관심을 기울이고 있습니다. '아시아 재난 복원력 강화 사업' 등을 통해 재난 예방과 피해 복구에 함께해 나가겠습니다.

또한 아세안 – 싱가포르 사이버안보센터(ASCCE) 설립 추진을 환영합니다. 한국도 역내 사이버 안보를 위한 국가 간 협력에 적극 동참할 것입니다.

의장님, 정상 여러분,

이번에 한국이 공동제안국으로 참여한 스마트시티 성명이 채택되었습니다. 지지해 주신 회원국 정상들께 감사드립니다. 스마트시티 신기술 협력의 좋은 계기가 될 것으로 믿습니다.

한국은 사람 중심의 포용적이고 지속가능한 스마트시티 건설을 추진하고 있습니다. 세계 최고 수준의 정보통신 기술력과 스마트시티 건설 경험을 통해 아세안 스마트시티 건설에 적극 동참하겠습니다.

마지막으로 미얀마 라카인주에서 발생한 폭력사태와 대규모 난민 발생에 대해 우려를 표합니다. 아울러, 난민에 대한 인도적 지원을 아끼지 않은 국제사회의 활동을 지지합니다.

한국은 미얀마 정부가 지난 7월 설립한 '독립적 사실조사위원회'의 활동을 기대하며, 난민들의 안전하고 조속한 귀환을 희망합니다.

한국은 올해 방글라데시와 미얀마에 있는 국제기구의 인도적 활동에 700만 불을 지원했습니다. 라카인 지역 재건에도 지속적으로 기여하면서 미얀마 정부를 비롯해 국제사회와 적극 협력해 나가겠습니다.

우리에게 당면한 도전을 넘어서면, 평화와 번영의 동아시아가 우리 앞에 있을 것입니다. 우리가 협력하면, 모든 나라가 함께 잘살 수 있을 것입니다.

사람 중심의 동아시아를 위해 한국도 항상 노력하겠습니다.

감사합니다.

APEC 기업인자문위원회(ABAC)와의 대화

| 2018-11-17 |

여러분, 반갑습니다. 그 질문에 대한 답은 당연히 '예스'입니다. 무역·투자 장벽 완화를 위한 APEC의 노력으로 APEC 회원국 전체의 GDP가 출범당시에 비해 4배 가까이 성장했습니다.

1994년 '보고르 목표'를 세우고 개방적 경제공동체를 향해 쉼 없이 전진해온 결과입니다. 그러나 최근 보호무역의 파고가 높아지면서, WTO 중심의 다자무역체제에 대한 신뢰가 흔들리고 있습니다. 세계 경제에 커다란 불안요소로 작용하고 있습니다.

이러한 글로벌 교역 환경의 불확실성은 우리 한국과 같은 대외의존도가 큰 개방통상경제 국가에 아주 큰 위협요인이 되고 있습니다. 개별

기업들도 경영 활동에 어려움을 겪습니다.

보다 근본적이고 적극적인 접근이 필요합니다. 다자적인 해결을 통해 장기적인 예측 가능성을 확보해야 합니다. 경제위기를 함께 극복하면서, 협력의 경험을 쌓아온 APEC과 같은 다자협력체의 역할이 보다 중요한 때입니다.

우리가 함께 약속한 '보고르 목표'의 정신을 되새겨야 합니다. 역내 무역·투자 자유화를 완전히 실현해서 함께 잘사는 아시아·태평양 공동체를 만들어야 합니다. 각 회원국이 공동의 책임감을 가지고, WTO 중심의 건강한 다자무역체계를 회복하기 위해 더욱 노력하자고 촉구합니다.

한국은 무역으로 경제성장을 이룬 국가입니다. 지금 누리고 있는 대한민국의 번영과 풍요의 바탕에는 자유무역을 지지하고 안정적으로 뒷받침 해온 APEC과 같은 다자협의체와 회원국들이 있었습니다.

그런 만큼 대한민국은 자유무역의 소중함을 너무나 잘 알고 있습니다. APEC이 지속적으로 노력해 왔듯 규범에 기반한 개방되고 투명한 다자무역체계를 위해 함께 노력할 것입니다.

여러 회원국에 대한 고마움도 잊지 않을 것입니다. 국가 간 격차 해소를 위해 적극 협력하며 함께 번영할 수 있도록 하겠습니다.

WTO의 완전성을 유지하기 위한 APEC 차원의 더 적극적인 참여를 촉구하며, 한국도 그 노력에 함께할 것을 약속합니다.

감사합니다.

APEC 정상회의 발언문

| 2018-11-18 |

의장님, 정상 여러분, 반갑습니다.

역사상 최초로 태평양의 아름다운 섬나라 파푸아뉴기니에 APEC 정상들이 모였습니다. 각 회원국들은 행사 준비 과정에서 연대와 협력의 힘을 보여 주었습니다. 회의를 성공적으로 준비해 주신 피터 오닐 총리께 감사드립니다.

글로벌 금융위기 이후 양극화와 경제적 불평등은 전세계적인 문제가 되고 있습니다. 디지털화의 진전이 사회적 격차를 더 심화시킨다는 우려도 제기되고 있습니다. 이런 시점에, APEC에서 "디지털 미래와 포용적 성장"을 논의하게 되어 뜻깊습니다.

한국은 빠른 경제성장과 민주화를 함께 이뤘지만, 그 과정에서 양극화와 경제적 불평등이 심화되었습니다. 우리 정부는 그 문제의 근원적 해결을 위해 "다함께 잘사는 혁신적 포용국가"를 새로운 국가비전으로 채택했습니다. 한국정부가 추구하는 포용은 포용적 성장, 포용적 사회, 포용적 민주주의에 이르기까지 '배제하지 않는 포용'입니다. 국민 모두가 함께 잘 살고, 공정한 기회와 정의로운 결과가 보장되며 성별, 지역, 계층, 연령에 상관없이 국민 단 한 사람도 차별받지 않는 포용입니다.

이러한 포용성은 국가 간의 관계에서도 중요합니다. APEC 회원국 간 격차를 줄이고, 공정한 기회와 호혜적 협력을 보장할 때 우리는 함께 잘살고, 함께 발전해 나갈 수 있습니다.

작년에 우리 정상들은 'APEC 포용성 증진 행동의제'에 합의했습니다. 경제, 금융, 사회 분야별 포용성 증진 목표를 정해, '2030년까지 포용적 APEC 공동체'를 달성하기로 했습니다.

포용성의 증진은 APEC 회원국들의 공통 과제입니다.

나는 앞서서 노력한 국가들의 포용정책과 모범사례가 회원국들 간에 공유되기를 바라며, '포용적 APEC 공동체' 달성을 위한 '포용성 정책 사례집' 제작을 제안합니다. 회원국들이 포용성 증진 정책을 수립하거나, APEC의 협력 프로젝트 발굴에 도움이 될 것입니다.

우리는 또한 'APEC 미래비전(APEC Post-2020 Vision)' 논의를 시작했습니다. 여기에서도 '회원국 모두가 함께 잘사는 공동체'라는 포용의 개념이 핵심적인 가치로 반영되기를 기대합니다.

정상 여러분,

디지털 시대에 '배제하지 않는 포용'은 더욱 중요합니다. 디지털 격차가 경제적 격차와 양극화로 이어질 수 있습니다. 나는 특별히 중소기업, 교육, 소비자 보호의 중요성을 강조하고 싶습니다.

먼저, 중소기업의 디지털 혁신 역량을 키워야 합니다.

아태지역 기업의 97%를 차지하는 중소기업의 디지털 역량 강화는 지역 내 포용적 성장의 원동력이 될 것입니다. 올해 한국은 'APEC 청년기업가 네트워킹' 프로그램을 개최했습니다. 내년에는 '중소기업 빅데이터, 인공지능 역량 강화를 위한 APEC 포럼'을 개최할 계획입니다. 역내 중소기업 간 교류와 협력에 크게 기여하길 바랍니다.

둘째, 취약계층에 대한 디지털 교육을 강화해야 합니다.

한국은 개도국 취약계층의 디지털 역량 강화를 위해 2006년부터 APEC 이러닝 사업을 지속 추진해오고 있습니다. 디지털 시대에 맞는 맞춤형 교육이 필요합니다. 이달 말에는 필리핀과 공동으로 'APEC 미래교육 포럼'을 개최할 계획입니다. 디지털 시대의 새로운 교육비전이 논의되길 기대합니다.

셋째, 디지털 시대에 소비자 보호는 중요한 과제입니다.

국경을 넘는 전자적 거래가 일상화된 시대에 소비자 보호도 국가 간 협력이 필수입니다. 한국은 내년에 '디지털 경제 소비자보호 증진

APEC 워크샵'을 개최합니다. 소비자 보호를 위한 안전한 디지털 환경 조성에 대해 활발히 논의할 것입니다.

존경하는 정상 여러분,

우리는 작년에 "APEC 인터넷, 디지털 경제 로드맵"에 합의했습니다. 이제는 로드맵의 이행을 위해 지혜를 모아야 할 때입니다.

한국은 의장국이 제안한 '로드맵 이행 메커니즘'을 지지합니다. 아울러, 로드맵 이행을 촉진하기 위해 'APEC 디지털 혁신 기금' 창설을 제안합니다.

각 국 경제주체들의 참여를 이끌어내고, 개도국의 역량 강화를 지원하는 마중물이 될 것입니다. 한국은 기금 창설과 운영에 건설적으로 기여할 것을 약속합니다. 많은 회원국들의 지지와 참여를 기대합니다.

우리의 협력과 노력이 디지털의 미래를 포용적 성장으로 이끌 것입니다. 국가 간 디지털 격차를 줄여 공동번영으로 이어지길 희망합니다.

감사합니다.

반부패정책협의회 모두발언

| 2018-11-20 |

여러분, 반갑습니다. 우리 정부 출범 후 새롭게 시작한 반부패정책협의회가 세 번째를 맞게 되었습니다. 우리 사회에 널리 퍼진 반칙과 특권을 일소하고, 정의로운 대한민국을 만들기 위해 노력해 주신 위원 여러분께 감사드립니다.

최근 사립유치원 비리 파동, 학사비리, 채용비리, 그리고 갑질문화에 대한 국민의 분노가 매우 큽니다. 국민의 눈높이에 제도와 정책이 미치지 못한 탓이라고 생각합니다. 또한 국민의 눈높이는 높아졌는데도 불구하고 과거의 관행이었다는 이유로 눈감고 있었던 것이 아닌지도 반성해 보아야 합니다.

제3차 반부패정책협의회는 이런 반성에서부터 시작해야 할 것입니다. 오늘 회의에서는 생활적폐를 논의합니다. 국민들의 일상에서 부딪히는 다양한 부패 문제들입니다. 공공부문과 공적영역, 그리고 재정보조금이 지원되는 분야의 부정부패부터 먼저 없애야 한다는 의지를 강하게 다져야 할 것입니다.

문재인 정부 5년 동안 강력한 반부패 정책을 시행하고, 반부패 국가, 청렴한 대한민국을 유산으로 남기자는 각오가 필요합니다. 부패 없는 사회를 위해서는 끊임없는 노력이 필요합니다. 잠시 방심하면 부패는 다시 살아납니다. 반부패 대책을 세우면 그것을 회피하는 부패 수법이 발전하고 또 새로운 부패들이 생겨납니다. 한두 번, 한두 회 노력해서 끝나는 문제가 아닙니다. 밑 빠진 독에 물 붓는 것처럼 지칠 수도 있습니다. 그래서 반부패 정책은 인내심을 갖고 강력하게 그리고 꾸준히 시행해야 합니다. 또한 반드시 효과를 거두어야 합니다. 그렇지 않으면 국민이 볼 때 그 정부가 그 정부라는 비판을 받기가 십상입니다.

과거에 우리는 부패방지위원회를 신설하고, 범정부적인 반부패 대책 협의회를 운영하여 부패인식지수와 국제순위를 높였던 경험을 가지고 있습니다. 우리 정부의 목표는 그 이상입니다. 절대 부패에서 벗어나 우리 사회가 전반적으로 투명해지고 공정해져야 합니다. 문제는 방법입니다.

공직자의 청렴을 강조한 다산 정약용 선생은 '타이르고 감싸주면

바로 잡아줄 수 있다. 그러나 타일러도 깨우치지 않고 또 가르쳐도 고치지 않으면 형벌로 다스려야 한다'고 했습니다. 그때나 지금이나 반부패 정책의 핵심은 동일합니다. 먼저 부패를 사전에 예방할 수 있는 인프라와 감시체계를 구축해야 합니다.

둘째, 피해자가 주저 없이 신고하고 피해를 구제받을 수 있는 법과 제도를 마련해야 합니다.

셋째, 모든 국민이 부패를 감시할 수 있도록 부패 신고에 대한 보상 제도를 확대해야 합니다.

넷째, 부패로 얻는 것보다 잃는 것이 더 많도록 작은 부패라도 강력하게 처벌해야 합니다.

이러한 반부패 정책을 통해 우리가 도달해야 할 곳은 청렴한 사람이 존중받고, 청렴이 우리의 자연스러운 문화가 되는 사회입니다. 청렴을 바탕으로 한 신뢰가 사회적 자본이 되는 사회입니다. 국민은 권력형 적폐 청산 수사를 믿고 지지해 주셨습니다. 그만큼 공정한 사회를 바라는 국민의 기대가 큽니다. 반부패를 위한 과감한 개혁을 두려워해서는 안 됩니다. 입법 여건의 핑계를 댈 수도 없습니다. 법령 개정 없이도 개선할 수 있는 부분부터 속도감 있게 추진해야 합니다. 그와 함께 순차적으로 제도적 기반을 마련해 나가야 할 것입니다.

부패는 크고 작음이 없습니다. 작은 부패라도 피해자의 인생을 바꾸고, 대한민국의 운명을 바꾸는 결과를 가져올 수 있습니다. 부패와 맞서기 위해서는 정부부터 깨끗해져야 합니다. 대부분의 공무원들이 성실하고 청렴하게 자신의 소명을 다하고 있음을 잘 알고 있습니다. 그러나 윗물부터 맑아야 한다는 다짐으로 늘 자신부터 돌아보는 자세를 가져야 할 것입니다. 각 과제별로 소관 부처 장관님들이 발표해 주시겠지만 우리 사회의 부패일소야말로 문재인 정부가 국민에게 한 엄중한 약속임을 거듭거듭 명심해 주시기 바랍니다.

G20 정상회의 세션 I 발언문

| 2018-11-30 |

의장님, 감사합니다.

'사람이 먼저다'는 나의 정치 슬로건이고, 오래된 정치철학입니다. G20 회의에서 '사람을 우선하기'가 주제로 채택된 것이 매우 기쁩니다.

한국은 세계가 놀랄 정도로 빠르게 성장을 이루었지만 세계와 같은 고민을 공유하고 있습니다. 성장과정에서 경제 불평등과 양극화가 심화되었고, 고용 없는 성장으로 일자리 문제가 심각해졌습니다.

우리 정부가 채택한 대책은 '사람 중심 경제'입니다. 공정한 기회와 경쟁을 보장하는 공정경제를 기반으로 경제의 역동성을 살리는 혁신성장, 가계의 소득을 높여 내수를 이끌어내는 소득주도성장을 추진하고 있습니다.

무엇보다 일자리 정책에 중점을 두고 있습니다. 혁신 창업을 활성화하고, 신산업을 육성하여 일자리를 만드는 한편, 최저임금 인상, 비정규직의 정규직 전환, 노동시간 단축 등 일자리의 질을 높이는 노력을 하고 있습니다.

사람 중심 경제가 뿌리 내리면, 성장의 혜택을 골고루 나누는 포용적 성장이 가능해집니다. G20이 2009년 정상공동성명에서 발표한 '강하고 지속가능하며 균형 잡힌 성장'에 가까워질 것입니다.

4차 산업혁명시대를 앞두고 세계는 지금, '일의 미래'를 걱정하고 있습니다. 디지털화, 자동화가 일자리를 줄일 것이라는 우려도 큽니다. 사람중심의 4차 산업혁명으로 혁신과 포용을 병행하는 것만이 해법이라고 믿습니다.

이러한 점에서, '일의 미래를 위한 정책옵션메뉴'가 채택된 것을 높이 평가합니다. 기술혁신으로 성장세를 이어가는 동시에 포용적 복지 등 격차를 해소하기 위한 노력들이 담겨있습니다. 각국의 모범사례가 널리 공유되고 활용되길 바랍니다.

일의 미래, 특히 일자리 격차와 관련하여 나는 '여성의 역량강화'를 강조하고 싶습니다. 4년 전 우리는 'G20 브리즈번 공약'을 결의한 바 있습니다. 작년 G20 회의에서는 '여성기업가 기금'을 창설하는 등 중대한 진전이 있었습니다.

지속가능한 성장을 위해 여성의 경제·사회적 역할 확대는 필수적입니다. 한국은 여성의 경제참여율을 높이고, 고용에서 성평등을 실현하려는 노력을 기울이고 있습니다.

공공부문 여성 고위직 비율 목표를 부문별, 연도별로 설정하여 이행해가고 있습니다. 민간부문 역시 '적극적 고용개선 조치'를 통해 여성 관리자 비율을 높이고 있습니다. 경력단절을 막고 재취업을 지원하는 노력도 병행하고 있습니다.

여성 기업가에 대해서는 창업과 성장, 도약기 등으로 나누어 맞춤형 지원을 하도록 정책을 설계했습니다. 특히 여성이 디지털 역량을 최대한 발휘할 수 있도록 지원할 것입니다.

의장님, 정상 여러분,

나는 한국을 비롯한 G20 국가들의 성공의 경험과 시행착오의 경험이 공유되길 희망합니다. 디지털화가 국가 안에서나 국가 간에서 격차를 키우지 않도록 국제적인 협력이 확대되길 바랍니다.

대한민국은 앞으로도 G20과 긴밀히 소통하며, 인류의 '공정하고 지속가능한 미래'를 위해 적극 협력할 것입니다.

감사합니다.

12월

G20 정상회의 세션 II 발언문

| 2018-12-01 |

감사합니다. 의장님.

전세계적으로 이상 기후와 자연재해가 일상화되고 있습니다. 세계 경제의 성장 이면에 지구 온난화와 환경 훼손이라는 짙은 그늘이 생겼고, 그것이 인류에게 재난으로 다가오고 있습니다.

기후변화 대응과 지속가능한 개발은 내가 아닌 우리, 한 국가가 아닌 지구촌의 존속과 지속성을 위한 것입니다. 함께 잘사는 세계를 만들고, 미래 우리 아이들을 위한 투자이기도 합니다. 따라서 다른 어떤 의제보다 절실한 과제이고 모든 국가가 힘을 모아 함께 추진해야 할 과제입니다.

국제사회는 2015년 기후변화에 공동으로 대응하기 위해 파리협정에 합의했습니다. 이제, 협정을 이행하는데 힘을 모아야 할 때입니다. 12월에 열릴 제24차 유엔 기후변화협약 당사국 총회에서 파리협정 세부 이행지침이 마련되기를 기대합니다.

한국은 온실가스를 2030년까지 배출전망치 대비 37%를 감축하겠다는 의욕적인 목표를 제시했습니다. 이미 에너지 전환 정책을 실행하고 있으며, 재생에너지 발전 비중을 2030년까지 20%로 확대할 계획입니다. 그에 따라 노후 석탄화력발전소를 감축하고 있고, 한국 서해안의 간척지 새만금에 대규모 태양광 단지와 해상풍력단지 건설을 시작했습니다. 청정에너지 기술에 기반 한 에너지신산업을 육성하고, 수소경제로의 전환도 적극 추진하고 있습니다.

G20 국가들이 각국의 목표 달성에 앞장서며 리더십을 발휘해 국제사회의 능동적인 변화를 이끌어낼 것을 기대합니다.

나는 지난 10월, 덴마크에서 열린 'P4G 정상회의'에서 환경위기 극복을 위한 국가 간 연대와 포용을 강조했습니다. G20 국가들은 전세계 GDP의 86%를 차지하고, 온실가스의 약 80%를 배출하고 있습니다. 더 무거운 책임감을 가지고, 기후변화 대응에 적극 기여해야 할 것입니다.

그와 함께 개도국의 역량 강화를 지원해 참여를 높이는 게 성공을 위해 매우 중요합니다. 한국은 녹색기후기금(GCF)과 글로벌녹색성장연구소(GGGI)를 통해 개도국을 지원하는데 앞장서고 있습니다. 약속한 재원조달과 사업 수행이 순조롭게 이루어질 수 있도록 G20 회원국이 적극적으로 함께해 주시길 부탁드립니다.

글로벌 금융위기를 계기로 탄생한 G20은 2010년 서울 정상회의에서부터 개발의제를 논의하기 시작했습니다.

우리는 2016년 항저우에서 '2030 지속가능 개발목표 이행을 위한 G20 행동계획'(SDGs)을 채택했습니다. 이번 정상회의에서는 '부에노스아이레스 업데이트'를 채택해 계획을 보완했습니다. 개발작업반(Development Working Group)의 기능을 강화하고, 유관기관, 이해관계자와의 교류를 확대하기로 했습니다.

회원국들의 목표이행에 큰 도움이 될 것으로 기대합니다. 한국은 업데이트 채택을 환영하고, 지속가능개발 목표 이행에 더욱 노력할 것입니다.

국제사회가 2030년까지 지속가능개발 목표를 달성하는데도 G20의 역할이 매우 중요합니다. 무엇보다 개도국을 지원하기 위한 재원 확보가 시급한 문제입니다. 특히, 민간의 참여를 확대하고, 민간부문 재원을 확보하는 방안을 특별히 강구해야 할 것입니다. G20 회원국들이 보다 적극적으로 기여할 것을 제안합니다.

개도국의 목표 달성을 지원하기 위해 경험과 노하우를 전수하는 노력도 필요합니다. 나는 이 과정에서 상호 간에 도움이 되는 포용적 협력의 중요성을 특별히 강조하고 싶습니다.

한국은 공적개발원조와 경제협력에 정부, 민간기업, 현지 중소기업의 공동참여를 유도하고 있습니다. 이를 통해, 개발사업의 지속가능성을 높이고 원조를 받는 나라들의 산업기반과 자생력을 키워주는데 중점을 두고 있습니다.

한국은 앞으로도 다양한 방식으로 개도국의 지속가능한 개발을 적극 지원하겠습니다.

감사합니다.

뉴질랜드 동포간담회 인사말

| 2018-12-03 |

키오라!

한국 대통령으로서 9년만의 국빈방문 길에 동포 여러분을 뵙게 되어 정말 반갑습니다.

개인적으로는 2014년에 우리 부부가 함께 열흘 정도 방문한 일이 있었는데, 그때 받은 느낌은 정말 복 받은 나라라는 것이었습니다. 그래서 동포들이 행복하게 살고 계시리라고 생각합니다. 그렇다 해도 한편으로는 고국이 그리울 텐데, 오늘 즐거운 시간이 되었으면 합니다.

이번 방문을 준비하면서 우리 국민들에게 사랑을 받았던 '연가'라는 노래가 뉴질랜드 마오리족의 민요 '포카레카레 아나(Pokarekare

Ana)'의 번안곡이란 사실을 알게 되었습니다.

머나 먼 남반구의 민요가 한국까지 전해진 것은 한국전쟁에 참전한 군인들을 통해서였습니다. 당시 뉴질랜드 전체 병력이 만 명 정도였는데 그 중 6천명이 한국전에 참전하여 우리를 도왔습니다.

이분들은 지금도 가장 치열하게 전투를 치렀던 가평지역 청소년들에게 장학금을 전달하고 있습니다. 그리고 그 노래의 제목으로 지금 양국의 공동제작 영화가 준비되고 있다고 하니, 참으로 고맙고도 끈끈한 인연이 아닐 수 없습니다.

우리가 어려울 때 우리에게 각별한 인류애와 우정을 보여주신 뉴질랜드 국민들을 위해 큰 박수 부탁드립니다.

동포 여러분,

뉴질랜드와 대한민국이 긴 시간 깊은 우정을 나눌 수 있었던 것은 양국이 추구하는 모습이 닮았기 때문입니다.

사람을 사랑하고 사람이 먼저인 나라, 아이가 걱정 없이 자랄 수 있는 나라, 다름이 틀림으로 배척당하지 않고 포용되는 나라, 우리가 추구하는 나라다운 나라이며 우리 국민이 사랑하는 뉴질랜드의 모습입니다.

양국의 교역액은 2015년 FTA를 체결한 후, 꾸준히 증가하고 있고 농업, 과학기술, 서비스업 등 협력의 폭이 더욱 깊어지고 있습니다. 양국의 인적교류도 활발해져서 뉴질랜드를 방문하는 우리 국민 수가 연간 10만 명에 가깝습니다.

최근에는 뉴질랜드에서도 한국 사랑이 커지고 있습니다. 뉴질랜드 국민들은 김치버거와 양념치킨을 좋아하고, BTS, 세븐틴의 노래를 함께 부릅니다. 약 3,000명의 초중등 학생들이 한국어를 배우고, 오클랜드 대학교에서는 약 500명 이상의 학생들이 한국학을 배우고 있다니 놀라운 일입니다.

지역 사회와 교류하고 협력해온 여러분의 노력으로 짧은 이민 역사에도 불구하고, 우리 동포들은 뉴질랜드에 깊이 뿌리를 내렸습니다.

'무지개 시니어 중창단'의 어르신들은 음악으로 지역 사회와 사랑의 에너지를 나누고 있습니다. 한인회는 세미나, 법률 상담 등을 제공하면서 도움이 필요한 분들을 돕고 있습니다.

오늘 함께하고 있는 4선 국회의원 멜리사 리 의원을 비롯하여 세계적인 골프선수 리디아 고 선수 등 정치, 경제, 문화, 체육 같은 다양한 분야에서 인정받는 여러분 한 분 한 분이 참으로 자랑스럽습니다.

여러분 한 분 한 분이 양국의 관계를 더욱 가깝게 이어주고 계신 주역입니다.

정부도 여러분의 발걸음에 함께하겠습니다. 양국 간의 우호협력 관계를 더욱 발전시켜 여러분이 더욱 보람을 느낄 수 있도록 하겠습니다.

뉴질랜드는 이번 국빈방문을 계기로 우리 국민들의 자동여권심사 시행을 결정했습니다. 매우 반가운 일입니다. 양국 간 관광과 인적교류가 더 활발해질 것입니다.

뉴질랜드와의 워킹홀리데이 프로그램에 대한 우리 청년들의 관심이 아주 높습니다. 현재 3천 명 수준인 쿼터가 확대되어 우리 청년들이 국제무대의 주인공이 되길 기대합니다.

그동안 양국 간 FTA에 따라 전문직 비자제도가 시행되고 있었는데, 충분히 활성화되지 못해 아쉽게 생각하고 있었습니다. 이 제도를 통해 비자를 연장하거나 영주권을 취득하는데 도움이 되도록 뉴질랜드 정부의 관심을 당부할 예정입니다. 농축산업 훈련 비자연장을 협의하여 농림수산업 분야에서의 교류협력도 지속되도록 할 것입니다.

지난 4월 우리와 뉴질랜드 사이에 사회보장협정 최종 문안이 합의되었습니다. 조만간 뉴질랜드 내 절차가 끝나면, 양국에서의 연금가입 기간을 서로 인정하게 됩니다. 동포들에게 도움이 되길 기대합니다.

동포 여러분,

최근 평화를 향한 한반도의 극적인 변화가 성공한다면 우리 국민들뿐 아니라 동포들에게도 큰 보람이 될 것입니다. 조국이 평화롭게 번영할 때 동포들의 삶도 더 나아질 것입니다.

세계 최초로 에베레스트를 등정한 뉴질랜드의 에드몬드 힐러리 경은 이렇게 말했습니다. "간단하다. 그냥 한 발 두 발 걸어서 올라갔다"

한반도 평화를 향한 여정도 에베레스트에 오른 힐러리 경의 마음과 똑같습니다. 우리도 한 발 두 발 전진하다 보면 불가능해 보였던 한반도 평화의 길에 반드시 도달할 수 있으리라 믿습니다.

동포 여러분의 지지와 성원이 큰 힘이 될 것입니다. 뉴질랜드 정부와 국민 역시 진정한 우정으로 우리와 함께 해줄 것이라 믿습니다.

여러분, 고국의 평화, 평화의 한반도를 위해 지지하고 성원해 주시겠습니까. 감사합니다.

뉴질랜드는 참 아름다운 나라입니다. 아름다운만큼 더 건강하고 행복하시길 바랍니다. 여러분이 항상 고국을 자랑하실 수 있도록 평화의 한반도, 정의롭고 공정한 대한민국을 꼭 만들어내겠습니다.

감사합니다.

제55회 무역의 날 축사

| 2018-12-07 |

존경하는 국민 여러분, 무역인 여러분,

제55회 무역의 날을 진심으로 축하합니다.

70년 전, 대한민국 최초의 수출선 앵도환(櫻桃丸)호가 오징어와 한천을 싣고 홍콩으로 출발했습니다. 그때부터 우리는 수출을 통해 경제발전의 길을 열었고 수출입국을 위해 온 국민이 함께 달렸습니다.

마침내 1964년, 꿈처럼 여겼던 수출 1억 불을 달성했습니다. 이 날을 기념해 지정한 '수출의 날'이 더욱 발전하여 오늘 우리가 기념하는 '무역의 날'이 되었습니다.

올해 우리는 사상 최초로 수출 6천억 불을 달성할 전망입니다. 수출

1억불에서 54년 만에 6천배를 늘렸습니다.

인구 27위, 국토면적 107위에 불과한 대한민국이 세계 6위의 수출 강국으로 우뚝 섰다는 것은 참으로 놀라운 성과가 아닐 수 없습니다.

우리보다 상위 수출국들은 과거 식민지를 경영하며 일찍부터 무역을 키운 나라들입니다. 수출규모 세계 10위 권 안에 2차 세계대전 이후 독립한 국가로서는 우리가 유일합니다. 우리는 오로지 우리 자신의 힘으로 수출 강국이 되었습니다. 우리 스스로 얼마든지 자부심을 가져도 될, 자랑스러운 성장의 결과입니다.

전체 무역액도 역대 최단 기간에 1조 불을 달성했습니다. 연말까지는 사상 최대 규모인 1조1천억 불을 넘어설 것으로 보입니다.

수출 품목과 시장이 다양해진 것도 중요한 성과입니다. 반도체, 일반기계, 석유화학 수출이 역대 최고치를 기록하는 한편, 바이오헬스, 전기차, 로봇, 신소재 등 8대 신산업의 수출도 전체 수출증가율의 2배인 12%나 크게 증가했습니다. 유망소비재인 화장품은 33%, 의약품은 23%로 대폭 늘었습니다. 이에 따라 13대 수출 주력품목의 비중은 계속 낮아지고 있습니다.

지역별로도 중동을 제외한 모든 지역에서 수출이 고르게 늘어났습니다. 특히, 신북방·신남방 정책의 성과가 빠르게 나타나고 있습니다. 러시아를 비롯한 신북방국가에 대한 수출이 올해 10%이상 늘었습니다. 아세안은 우리의 제2위 교역대상이고 그 가운데 베트남은 우리에게 제3

위 수출국이자 제2위의 해외건설 시장이 되었습니다.

올해 우리는 경제 분야에서 또 하나의 역사적 업적을 이루게 됩니다. 사상 최초로 국민소득 3만 불 시대를 여는 것입니다. IMF는 올해 우리의 1인당 국민소득이 3만2천 불이 될 것이라 예상하고 있습니다. 경제강국을 의미하는 소득 3만 불, 인구 5천만 명의 '30-50클럽'에 세계에서 7번째로 가입하게 되었습니다. 참으로 기쁘고 자랑스러운 일입니다.

이 모든 것이 생산 공장에서, 항만부두에서, 해외시장에서 밤낮없이 흘린 국민 여러분의 땀과 눈물의 결실입니다. 기적 같은 일을 이룬 대한민국의 모든 기업인들, 모든 노동자들, 모든 무역인들, 모든 국민들께 존경의 마음을 담아 치하의 말씀을 드립니다.

자랑스러운 무역인 여러분,

우리는 개방과 통상으로 발전해왔습니다. 앞으로도 자유무역에 기반 한 무역과 수출의 확대는 우리 경제의 지속적인 발전을 위해 매우 중요합니다.

그러나 우리 앞에 놓인 상황이 녹록치 않습니다. 주요국의 보호무역과 통상 분쟁으로 세계 자유무역 기조가 위협받고 있습니다. 내년 세계경제 전망도 국제무역에 우호적이지 않습니다. 우리의 수출이 여전히 반도체 등 일부 품목에 대한 의존도가 크고, 중소·중견기업의 참여가 부족하다는 평가도 있습니다.

지금까지의 성과에 안주할 수 없습니다. 기업의 노사와 정부가 함께 손잡고 어려운 여건을 이겨내고 더욱 발전해 나가야 합니다.

특정 품목의 시장변화나 특정 지역의 경제상황에 흔들리지 않아야 합니다. 국가 간에 서로 도움이 되는 수출·투자분야를 개척하여 포용적 무역 강국으로 거듭나야 합니다. 수출 1조 불 시대를 위해 다시 뛰어야 합니다. 이를 위해 산업별 수출역량을 강화하고, 수출 품목, 지역, 기업을 더욱 다변화하는 노력이 필요합니다. 특히 수출 품목 다양화는 많은 중소·중견기업의 참여로 시작됩니다. 중소·중견기업이 수출에 더 많이 나설 수 있도록 정부가 적극 지원할 것입니다. 중소·중견기업이 성장하는 과정에서 단계별로 필요한 금융, 인력, 컨설팅서비스를 더욱 확대하겠습니다. 수출바우처를 통해 수출 지원기관과 서비스를 직접 선택해 지원받을 수 있도록 하겠습니다. 소상공인과 자영업자에게는 무료 단체보험을 지원해 수출에 따른 위험을 줄여드릴 것입니다.

중소·중견기업의 수출 확대로 우리 수출 체력이 더욱 튼튼해지기를 기대합니다. 무역의 안정성과 지속성을 높이기 위해 우리는 새로운 시장을 개척해야 합니다.

정부는 역내 포괄적 경제동반자 협정(RCEP)이 내년까지 타결되도록 최선을 다하겠습니다. 신남방국가가 모두 포함되고, 세계 인구의 절반, GDP의 1/3을 차지하는 시장에서 자유무역이 더욱 확대될 것입니다. 한·인도 경제동반자 협정 개선과 남미공동시장 메르코수르와의 무역협정 협상도 속도를 내겠습니다. 신흥국가들과 전략적 경제협력에 크게 도움이 될 것입니다.

내년에 우리나라에서 열릴 '한·아세안 특별정상회의'는 새로운 협력과 도약의 기회를 제공할 것입니다.

주력산업의 수출 경쟁력을 높이기 위해 우리 제조업이 다시 활력을 찾는 일도 중요합니다. 지난 달, '조선업 활력 제고방안'을 발표했고, '중소기업 제조혁신 전략', '자동차 부품산업 지원대책'도 곧 마련할 것입니다. 전기, 수소차량을 더욱 활성화하기 위한 인프라 구축에도 힘쓸 것입니다. 제조업 강국을 만들어 온 불굴의 '기업가 정신'을 다시 한 번 발휘해 주실 것을 당부 드립니다.

존경하는 국민 여러분, 무역인 여러분,

이제 우리는 자랑스러운 수출의 성과를 함께 잘 사는 포용적 성장으로 이어가야 합니다. 수출 확대가 좋은 일자리의 확대로 이어져야 하며 국민들의 삶이 더 나아지는 방향으로 가야 합니다.

낙수효과는 더 이상 작동하지 않고 있습니다. 수출이 늘고, 기업의 수익이 늘어도 고용이 늘지 않고 있습니다. 고용 없는 성장이 일반화되고, 경제 불평등과 양극화가 심화되어 오히려 성장을 저해하는 상황에 이르렀습니다. 과거의 경제정책 기조로는 경제의 활력을 되찾기 어렵게 되었습니다. 세계 모든 나라가 공통적으로 직면하고 있는 문제이기도 합니다.

포용적 성장과 포용국가의 비전은 세계가 함께 모색하고 있는 새로운 해법입니다. 우리가 함께 잘 살아야 성장을 지속할 수 있습니다. 공정한 경제를 기반으로 소득주도 성장과 혁신성장을 이루어야 수출과 성장의 혜택이 모든 국민에게 골고루 돌아갈 수 있습니다.

고용안정대책과 같은 사회안전망도 특별히 필요합니다. 격차를 줄이고, 누구도 배제하지 않는 사회로 나아갈 때 지속가능한 성장을 이뤄낼 수 있습니다.

정부는 올 한해 근로자 가구의 소득과 삶을 향상시켰지만, 고용문제를 해결하지 못했고 자영업자의 어려움이 가중되었다는 문제들을 직시하고 있습니다. 그에 대한 보완책을 마련했고, 내년도 예산안에 반영했습니다. 최저임금의 인상과 노동시간 단축으로 인한 기업의 어려움을 해소하는 데도 최선을 다할 것입니다.

하지만 정부의 노력만으로는 포용적 성장과 포용국가에 이르기 어렵습니다. 우리는 오랜 경험을 통해 성급하게 자기 것만을 요구하는 것보다 조금씩 양보하면서 함께 가는 것이 좋다는 것을 너무나 잘 알고 있습니다.

시민사회와 노동자, 기업, 정부가 함께 협력해야 합니다. 우리가 '함께 잘 사는 포용국가'를 만들어낸다면 우리 경제가 새롭게 도약하고, 전세계에 새로운 희망을 보여줄 수 있을 것이라 확신합니다.

존경하는 국민 여러분, 무역인 여러분,

2005년에 우리는 10년 이내 수출 5천억 불, 무역 1조 불 비전을 제시했습니다. 그 목표를 4년 앞당겨 2011년에 달성했습니다.

'수출 1조 불, 무역 2조 불 시대'도 결코 꿈만은 아닙니다. 무역인 여러분의 성공 DNA와 국민의 성원이 함께한다면 반드시 이루어낼 수 있을 것입니다.

글로벌 통상국가, 대한민국이 눈앞에 있습니다. 무역이 그동안 한국경제를 이끌어 온 것처럼 '함께 잘 사는 포용국가'도 무역이 이뤄낼 것이라 믿습니다. 수출의 증가와 국민소득의 증가가 국민의 삶의 향상으로 체감될 수 있도록 함께 노력해 주시기 바랍니다.

무역인 여러분, 항상 지금까지 그랬던 것처럼 한 발 앞서 뛰어주십시오. 정부도 무역인 여러분과 함께 하겠습니다.

감사합니다.

2018 인권의 날 기념식 축사

| 2018-12-10 |

내외 귀빈 여러분,

오늘은 세계인권선언 70주년입니다. 인권을 보호하고 증진하기 위한 모든 숭고한 노력에 깊은 존경의 마음을 보냅니다.

세계인권선언은 2차 세계대전에 대한 반성에서 시작되었습니다. 인류역사상 가장 참혹했던 전쟁과 야만의 역사를 다시는 반복하지 않겠다는 결연한 의지가 전문과 각 조항에 담겨있습니다.

세계인권선언 1조는, 모든 사람은 태어날 때부터 자유롭고 존엄하며, 평등하다고 천명했습니다. 이어지는 30개의 조항은 국가를 비롯한 그 어떤 권력도 침해할 수 없는 인간의 기본권을 상세히 기록하고 있습니다.

대한민국 인권의 역사도 자유와 평등을 향한 치열한 투쟁의 여정이었습니다. 인간답게 살 권리를 갖기 위해 평범한 국민 한 사람 한 사람의 열망이 모였습니다. 종교계, 법조계, 시민사회도 힘을 보탰습니다.

우리가 모인 대한성공회 서울대성당 곳곳에는 영광스런 투쟁의 흔적이 남아있습니다.

한국 전쟁 당시 종교의 자유를 지키기 위한 사제들과 수녀들의 순교가 이어졌습니다. 성당 안쪽 뜰에 순교자를 위한 기념비가 세워져 있습니다.

군사정권의 불법적인 구금과 고문에 항거했던 민주항쟁의 진원지도 바로 이곳이었습니다. 1987년 6월 10일 오후 6시, 민주주의를 알리는 종소리가 나지막이 성당을 채웠고 그렇게 시작된 민주 항쟁은 전국으로 들불처럼 퍼져나갔습니다. 마침내 군사독재의 시대를 끝냈습니다.

2년 전 민주주의가 위기에 처했을 때 다시 회복시킨 촛불의 물결도 예외 없이 이곳에서 타올랐습니다.

오직 국민의 힘으로 대한민국 인권의 역사는 시작되었습니다. 지금 그 역사는 대한민국 헌법과 법률에 아로새겨졌고 독립기구인 국가인권위원회의 탄생으로 이어졌습니다.

내외 귀빈 여러분,

인간으로서 누릴 수 있는 권리는 무궁무진합니다. 어린이는 충분히 쉬고 놀 권리를 가지며, 노동자는 공정하고 유리한 조건으로 일할 권리가 있습니다. 가족의 건강과 행복을 위해 적절한 생활수준을 누릴 권리도 우리에게 있습니다.

최근 많은 국민들이 아동폭력 문제를 염려하고 계십니다. 국가인권위원회는 문제가 된 아동양육시설에 아동인권에 대한 직무교육을 권고하고, 관할 관청에 특별 지도점검을 실시하는 의견을 표명했습니다. 아이들이 학대와 폭력에 장기간 노출될 때 건강한 발육과 정서적 안정에 해가 될 수 있다는 판단이었습니다.

정신병원 환자에 대한 사물함 검사에 대해서는 사생활 비밀과 자유를 침해할 소지가 있다는 입장을 밝혔습니다. 열악한 환경에 있는 구금시설 수용자에 대해서는 적절하고 전문적인 의료 처우를 제공할 것을 법무부와 보건복지부에 권고 했습니다.

최근 차별과 혐오가 우리 사회를 갈라놓고 있습니다. 최영애 위원장님과 국가인권위원회가 앞장 서이 문제를 풀어내기 위해 준비하고 있다고 들었습니다. 우리 자신이 소중한 만큼 타인의 권리도 존중하는 문화가 정착되기를 기대합니다.

인권은 일상에서 실현될 때 그 가치를 발합니다. 국가인권위원회의 노력은 우리의 삶 속에 인권을 뿌리내리게 할 것입니다.

한때, 국가인권위원회가 사회의 중요한 인권현안에 눈과 귀를 닫고 관료화되어간다는 뼈아픈 지적이 있었지만 다시, 약자들 편에 섰던 출범 당시의 모습으로 돌아가는 것 같아 반갑습니다.

국제사회에서 모범적인 국가인권기구로 인정받았던 활약을 되살려 주길 바랍니다. 대통령으로서 약속합니다. 국가인권위원회는 앞으로도 독립적인 활동을 철저히 보장받을 것입니다.

아울러 정부도 사회적 약자를 포함해 모든 사람이 동등한 권리를 누리는 사회를 만들어 가는 데 최선을 다하겠습니다. 누구도 차별받지 않는 포용적인 사회를 만들겠습니다.

지난 8월 발표한 '제3차 국가인권정책기본계획'은 이러한 노력의 일환입니다. 이번 기본계획에는 국민의 눈높이에 맞추어 국민의 생명과 안전에 대한 권리, 기업의 사회적 책임과 인권존중에 관한 내용을 새롭게 추가했습니다. 우리나라의 인권수준이 나날이 향상되고 인권에 대한 이해의 폭이 넓어지기를 바랍니다.

내외 귀빈 여러분,

식민지배와 독재, 전쟁을 겪은 국가 중에 대한민국 정도의 인권 수준을 가진 국가는 거의 없습니다. 여기 계신 인권활동가 한 분 한 분의 진정어린 노력의 결실이라고 생각합니다.

하지만 가야할 길이 아직 멉니다. 한반도의 전쟁이 완전히 끝나지 않았고 평화가 정착되지 않았기 때문입니다.

세계인권선언의 첫 초안을 작성한 존 험프리는 "전쟁의 위협이 없어지지 않는 한 인간의 자유와 존엄을 지킬 수 없다"고 했습니다. 지금의 세계인권선언 서문도 "인류의 존엄성과 권리를 인정하는 것이 세계의 자유, 정의, 평화의 기초"라고 천명하고 있습니다. 평화를 통해 인권이 보장되고, 인권을 통해 평화가 확보되는 것입니다.

한반도에서 냉전의 잔재를 해체하고 항구적 평화를 정착시키는 것은 우리 민족 모두의 인권과 사람다운 삶을 위한 것입니다. 이는 곧 한반도와 동북아, 더 나아가 전 세계의 자유와 정의, 평화의 기초가 될 것입니다.

한반도에서 인권과 민주주의, 평화와 번영이 함께 실현되길 기대합니다. 우리의 노력은 전 세계에 희망이 될 것입니다.

내외 귀빈 여러분,

대성당을 둘러보니, 건축양식이 참으로 아름답습니다. 서양식과 전통 한국식이 조화롭게 어우러져 있습니다. 서로의 본질을 잃지 않고, 존중하며 평화가 가득한 공간을 만들어 냈습니다.

건축과정도 경이롭습니다. 모금활동을 통해 부족한 재원을 조금씩 모으며 87년 동안 성당을 완성했다고 합니다.

인권도 이런 것이라 생각합니다. 다름을 차별이 아니라 존중으로 받아들이고 함께 어우러져 조화와 균형을 이루는 것입니다. 어떠한 고난에도 포기하지 않고, 묵묵히 변화를 완성시켜 가는 것입니다.

또한 인권을 무시할 때 야만의 역사가 되풀이 될 수 있다는 역사의 교훈도 결코 잊지 말아야 할 것입니다.

오늘 세계인권선언의 역사와 의미를 담아 행사를 잘 준비해 주신 인권위원회 관계자 여러분께 격려와 감사의 마음을 전합니다.

인권의 가치를 최우선에 두면서, 결코 포기하지 않고 한 발 한 발 앞으로 나아가겠습니다. 인권과 평화를 향한 이 길에 국민 여러분께서 함께해 주시길 희망합니다.

감사합니다.

2018년도 재외공관장 격려 만찬 모두발언

| 2018-12-10 |

재외공관장 여러분, 반갑습니다. 올해 우리 외교에 많은 일들이 있었습니다. 평창 동계올림픽부터 3차례 남북정상회담, 총 16개국, 18만*km*에 이르는 순방, 유엔총회, ASEM(아셈), ASEAN(아세안), APEC(에이펙), G20을 비롯한 다양한 다자 정상회의까지 재외공관장 여러분의 땀이 배이지 않은 날이 없었습니다.

해외에 체류하고 있는 우리 국민의 안전을 위해서도 많은 노력을 기울였습니다. 특히, 가나해역에 청해부대 문무대왕함을 급파해 우리 선원을 구출한 일과 인도네시아 지진과 쓰나미 당시 가족과 함께 실종자를 찾은 일, 사이판에 고립된 우리 국민의 무사귀환을 위해 군 수송기를 파견한 일이 기억이 남습니다.

모두 애 많이 쓰셨습니다. 깊이 감사드립니다.

재외공관장 여러분,

내년 2019년은 '3·1독립운동'과 임시정부 수립 100년을 맞는 매우 경사스러운 해입니다.

우리 외교의 역사도 임시정부와 함께 시작되었습니다. 1919년 3월, 파리 강화 회의에 신한청년단 대표로 파견되어 독립청원서를 제출하신 분이 바로 우사(尤史) 김규식 선생이시고, 선생은 돌아와 상해 임시정부 초대 외무총장이 되셨습니다.

당시 외교는 민족의 운명을 개척하는 길이었고 곧 독립운동이었습니다. 우리는 우리의 외교가 자주적인 독립정신에 뿌리내리고 있다는 것을 자랑스럽게 여겨야 합니다.

이러한 정신은 100년이 흐른 지금 우리나라를 세계 속의 중견국가로 당당히 세우고 있습니다. 대한민국은 강대국이 아니지만 세계 외교무대에서 존중받고 인정받는 나라가 되었습니다. 외교관 한 분 한 분의 사명감으로 이뤄낸 일입니다.

2018년 재외공관장회의 주제는 '국민과 함께 만들어 가는 평화와 번영의 한반도'입니다.

김규식 선생은 1948년 최초의 남북협상에 참여한 이후, "이제는 남의 장단에 춤 출 것이 아니라 우리 장단에 춤을 추는 것이 제일이다" 하셨습니다. 저는 이 말에 '평화와 번영의 한반도'로 가는 원칙과 방향이 담겨있다고 생각합니다.

한반도 평화와 번영의 시대를 여는 것은 국민과 함께할 때만 가능합니다. 또한 한반도 문제는 우리가 주인이라는 인식이 매우 중요합니다. 세계와 함께 걸어가되, 우리가 중심을 잃지 말아야 합니다.

올해 4월, 역사상 처음으로 북한의 지도자가 군사분계선을 넘어 판문점에 왔습니다. 저는 9월, 대한민국 대통령으로서는 최초로 15만 평양 시민 앞에서 연설했습니다. 남북은 한반도에서 전쟁의 공포와 무력 충돌의 위험을 완전히 제거하기로 합의했고, 구체적인 조치들을 실천하고 있습니다.

풍계리 핵실험장이 폐기되었고, 공동경비구역의 비무장이 이행되었습니다. 비무장지대 화살머리고지 지역의 지뢰가 제거되고 전사자 유해가 발굴되고 있습니다. 남북의 철도를 연결하기 위한 공동조사도 진행되고 있습니다.

변화는 이미 시작되었습니다. 누가 시켜서, 남의 힘에 떠밀려서 이뤄진 변화가 아닙니다. 우리 스스로 만들어낸 결과입니다.

우리 정부는 국민과 함께, 그리고 세계와 함께, 한반도 평화와 번영의 여정을 계속 걸어가야 합니다. 재외공관장회의에서도 지혜를 모아주시길 바랍니다.

재외공관장 여러분,

모든 국가는 자국의 이익을 최우선에 두고 외교를 펼칩니다. 무역 갈등과 4차 산업혁명 시대를 맞아 세계는 그야말로 총성 없는 전쟁터가 되었습니다. 우리의 국가 경영에서 지금처럼 외교가 중요해진 때가 없었습니다. 창의적이고 능동적인 외교가 어느 때보다 중요합니다.

재외공관장 여러분과 관계부처 장관들께 당부합니다.

2019년, 대한민국은 새로운 100년을 시작합니다. 우리도 새로운 마음가짐이 필요합니다. 국민중심의 국익외교로 평화와 번영의 한반도를 어떻게 실현할 수 있을지, 과거의 외교를 답습하는 데서 벗어나 새롭게 생각해 주시기 바랍니다. 외교다변화도 중요한 문제입니다. 특히, 신남방정책과 신북방정책은 외교다변화의 핵심입니다. 신남방정책은 올해 대통령 직속 특별위원회를 설치하여 포괄적인 청사진을 마련했습니다. 신북방정책은 19년만의 러시아 국빈방문을 통해 구체적인 협력 방안을 모색했습니다.

내년은 한·아세안 관계 수립 30주년을 맞아 '제3차 한·아세안 특별정상회의'가 우리나라에서 개최될 예정입니다. 평화와 함께하는 혁신적 포용국가의 활로를 외교가 앞장서서 열 수 있도록 힘을 모아주시기를 바랍니다. 국회와 정치권에서도 초당적 자세로 우리 외교가 나아갈 길을 함께 고민해 주시길 당부드립니다.

지난 11월 싱가포르 순방 당시 김은영 국장이 과로로 쓰러졌습니다. 가족과 동료 여러분의 마음이 가장 아프실 것입니다. 김은영 국장의 쾌유를 빌며, 깊은 위로의 말씀을 드립니다.

외교관의 건강은 우리 국민과 국가의 큰 자산이기도 합니다. 부디 임지에서도 본인과 가족의 건강에 각별히 유의하실 것을 당부 드립니다.

여러분이 건강하고 안전하게 일하실 수 있도록 내년도 예산에서 재외공관의 시설, 복지, 근무여건 개선, 안전강화 예산을 크게 늘렸습니다.

공관장 한 분 한 분 모두가 국익과 국민을 위해 항상 최선의 노력을 기울이고 있다는 것을 잘 알고 있습니다.

여러분의 노력이, '내 삶이 외교로 나아졌다'는 국민의 체감으로 열매 맺기를 기대합니다. 국민과 함께 응원하겠습니다.

감사합니다.

확대경제장관회의 모두발언

| 2018-12-17 |

새로 차관으로 임명되신 분들 계시죠, 축하드립니다.

오늘은 내년도 경제정책방향을 논의하기 위해 모였습니다. 올해 우리 경제와 민생을 되돌아보고, 내년도 경제정책방향과 목표를 공유하는 자리가 되길 바랍니다.

올해는 우리 정부가 '사람중심 경제'를 본격적으로 추진한 첫 해였습니다. 각 분야에서 의미 있는 변화가 시작되고 있습니다.

임금과 가계소득이 전반적으로 높아지는 가운데, 의료, 보육, 통신 등 가계 생계비는 줄이면서 기초연금 등 사회안전망을 확충해 '소득주도 성장'의 기반을 닦았습니다.

창업이 꾸준히 늘고, 벤처투자가 크게 증가하는 등 '혁신성장'을 위한 민간부문의 움직임도 시작되었습니다. 전기차·수소차와 재생에너지의 보급도 크게 증가해 미래 성장동력에 대한 희망도 커졌습니다.

'공정경제'의 추진으로 불공정거래 관행이 많이 개선되고, 대기업집단의 순환출자 문제도 거의 해소되었습니다. 우리 경제의 구조적 문제를 극복하기 위한 첫 걸음을 내디뎠습니다.

거시 경제에서도 수출규모와 국민소득, 재정건전성 등 여러 지표에서 좋은 성과가 있었습니다.

그러나, 이러한 성과들을 체감하지 못하는 국민이 많습니다. 국민의 삶이 고르게 나아지지 않고 있기 때문입니다.

국민의 삶이 고르게 나아지려면, 좋은 일자리를 더 많이 만들고, 서민, 소상공인, 자영업의 어려움을 해결하지 않으면 안 됩니다. 산업측면에서는 자동차, 조선 등 전통 주력산업의 경쟁력을 높이는 한편 신산업과 신성장 동력을 발굴하는 산업정책이 필요합니다.

'혁신적 포용국가'를 이루기 위해 규제혁신과 투자 활성화를 통해 경제 활력을 높이고, 동시에 국가균형발전과 지역경제 활성화에도 정책의 중점을 두어야 할 것입니다.

2019년도 예산이 확정되었습니다. 역대 최대 규모인 470조 원 수준입니다. 우리 정부의 의지가 온전히 실린 첫 번째 예산으로 함께 잘사는 포용국가라는 국정철학이 담겨있습니다.

산업예산을 가장 크게 늘려 경제 활력 제고에 중점을 두고, 민생, 복지, 삶의 질 향상과 같은 포용적 예산을 확대했습니다.

내년에는 우리 정부의 경제성과를 국민들께 보여드려야 합니다. 경제를 5년의 임기동안 획기적으로 바꿀 수는 없을 것입니다. 그러나 적어도 경제정책이 옳은 방향으로 가고 있고, 성과가 나타나고 있다는 믿음과 희망을 국민들께 드릴 수 있어야 할 것입니다.

경제 활력을 되살리기 위해서는 공공과 민간이 함께 투자를 확대하고, 새로운 사업기회가 많아져 창업 붐이 일어나야 합니다. 소비 확대를 통해 자영업자와 소상공인의 경영여건도 개선시켜야 합니다.

정부는 기다리지 말고, 먼저 찾아 나서서 기업 투자의 걸림돌을 해소해 주어야 할 것입니다.

포괄적인 규제혁신 뿐만 아니라 투자 건별, 제품별 투자 애로에도 관심을 기울여야 합니다. 혁신창업 펀드를 통해 신산업과 신시장 개척을 위한 창업을 적극 지원하고, 역대 최고 수준인 20조 원의 R&D예산을 미래 성장동력을 확충하는데 중점 투자해야 합니다. 또한 정부와 공공부문이 신산업·신제품을 우선 구매해 초기 시장을 만들어주는 역할을 해야 할 것입니다.

국민생활 안정과 안전, 특히 사회적 취약계층에 대해 포용성을 높이는 것도 중요한 과제입니다. 카드수수료 인하와 임차권 보호 등 자영업자와 소상공인 지원 대책이 차질 없이 시행되어야 합니다. 구직에 어려움을 겪는 청년, 어르신, 장애인, 여성에 대해 맞춤형 일자리 지원이 필요합니다. 일자리에서 소외된 계층에 대해서는 사회안전망을 튼튼하게 해야 할 것입니다.

최근의 KTX 사고와 열송수관 사고, 특히 하청업체 노동자의 안타까운 죽음을 일으킨 태안 화력발전소의 사고는 공기업의 운영이 효율보다 공공성과 안전에 우선순위를 두어야 한다는 경각심을 다시 우리에게 주었습니다. 공공부문 비정규직의 정규직 전환, 특히 위험, 안전 분야의 외주화 방지를 위해 더욱 노력해 주기 바랍니다.

주거·의료 투자 확대, 생활 SOC 확충, 핵심 생계비 완화는 삶의 질을 높이기 위한 핵심 사업입니다. 어려움을 호소하는 현장의 목소리에 더욱 감수성 있게 대응해 주기 바랍니다.

최저임금 인상, 노동시간 단축과 같은 새로운 경제정책은 경제·사회의 수용성과 이해관계자의 입장을 조화롭게 고려해 국민의 공감 속에서 추진하는 것이 무엇보다 중요합니다.

필요한 경우 보완조치도 함께 강구해야 할 것입니다. 경제사회노동위원회를 중심으로 사회적 대화와 타협을 적극적으로 도모해 주기 바랍니다.

이번 경제정책방향에서 대규모 프로젝트, 사회적 타협, 산업혁신, 포용정책의 4대 부문, 16대 중점과제를 선정한 것은 의미가 있습니다. 최소한 16대 중점과제는 반드시 결실을 맺겠다는 각오로 경제팀이 하나가 되어 최선을 다해 주기 바랍니다.

우리는 지금 경제정책 기조를 바꿔가고 있습니다. 추진 과정에서 의구심과 논란이 있을 수 있습니다. 인내심을 가지고 결실을 맺는다는 자세가 필요합니다.

정부가 바뀌어도 포용의 가치는 바꿀 수 없는 핵심 목표입니다. '함께 잘사는 포용국가'에 대한 확신을 가져 주길 바랍니다. 반드시 성공할 수 있고, 성공해야만 할 일입니다. 우리가 신념을 갖고 추진해야 국민들의 걱정도 줄어들 것입니다.

오늘 2019년 경제정책방향이 국민들께 희망이 되길 기대합니다.

국민경제 자문회의 모두발언

| 2018-12-26 |

김광두 부의장님을 비롯해서 우리 국민경제자문회의 위원 여러분, 아주 반갑습니다. 한해를 이렇게 마무리하는 시기입니다. 우리 경제의 올 한해를 되돌아보고 또 내년을 전망해야 하는 이 시기에 국민경제자문회의 전체회의를 개최하게 돼서 아주 기쁘게 생각합니다.

먼저 우리 위원님들의 아주 적극적인 활동과 노고에 대해서 감사 말씀 드리고 싶습니다. 국민경제자문회의는 지난 1년 동안 우리 경제가 나아가야 될 방향, 그리고 또 거기에 필요한 경제정책 과제들에 대해서 활발한 논의를 거쳐서 많은 조언, 그런 제안들을 해 주셨습니다. 많은 좋은 의견들을 이렇게 보내주셨습니다.

특히 우리 정부가 추진하고 있는 사람중심경제라는 경제패러다임의 어떤 대전환에 대해서도 그 방향이 좀 잘 설정되고 안착될 수 있도록 현장의 목소리도 가감 없이 전달해 주셨고, 여러 가지 보완대책도 제안들을 해 주셨습니다. 정부가 정책을 수립하고 집행하는 데 아주 큰 도움이 됐습니다.

오늘은 대한민국의 산업혁신이 의제입니다. 아주 시의적절한 그런 의제라고 생각합니다. 특히 대한민국의 경제에 활력을 불어넣기 위한 그런 방안으로서도 대단히 절실한 과제입니다. 우리의 전통 주력 제조산업을 혁신해서 고도화하고 그것을 통해서 경쟁력을 높여나가는 것도 대단히 절실하고, 또 앞으로 우리 미래의 성장동력을 마련하기 위해서 우리 경제를 혁신해 나가는 것도 대단히 절실한 그런 과제입니다.

오늘 우리 대한민국의 경제, 요즘 침체·부진 이런 이야기들을 많이 듣고 심지어는 미래가 잘 보이지 않는다 이런 우려들도 있는데, 오늘 대한민국 경제가 다시 활기를 되찾고 미래를 향해서 열심히 달려갈 수 있는 그런 좋은 논의들이 이뤄지기 바랍니다.

저는 산업혁신에 대해서 제가 구체적으로 따로 말씀 드리지 않겠습니다. 경제나 산업 뭐 정책부분에서는 다들 전문가들이시기 때문에 제가 또 고수 앞에 먼저 말씀 드리다가(좌중에 가벼운 웃음)아, 낭패를 볼 것 같기도 하고, 게다가 제가 또 먼저 말씀을 드리면 혹시 또 제 이야기에 제약을 받아서 자유롭게 논의가 안 될 수도 있기 때문에 오늘은 제가 우리 위원님들 이야기를 그냥 듣는 그런 자리로 생각하겠습니다. 가급적 많은 분들이 정말 자유롭게, 편하게 무슨 이야기든지 그렇게 해 주시면 정부의 정책, 이것을 마련해 나가는 데 참고로 삼겠습니다. 오늘 바쁜 시기에 이렇게 함께해 주셔서 감사드립니다. 고맙습니다.

농업인 초청 간담회 모두발언

| 2018-12-27 |

우리 농업인과 농업 관계자 여러분 정말 반갑습니다.

나흘 후면 2019년 기해년이 됩니다. 우리 선조들은 한 해를 마감하면서 마음에 진 빚을 서로 갚는 그런 풍속이 있었습니다. 서로 흉금을 터놓고 새로운 마음으로 새해를 새롭게 시작하자는 그런 뜻이었습니다. 오늘 그런 마음으로 한 해를 마무리하고 새해를 준비하자는 뜻으로 각 분야에서 고생하시는 농업인 여러분을 초청했습니다.

올 한해 봄 이상고온과 여름 폭염, 그리고 또 가을 태풍까지 참 고생들 많으셨습니다. 어려운 여건 속에서도 우리 국민 식탁에 건강하고 안전한 농식품 먹거리가 올 수 있도록 애써주신 농업인 여러분께 진심으로 감사드립니다.

우리는 뿌리 깊은 농경민족이라 늘 풍년을 바랍니다. 새해에도 풍년을 이루고 건강하시길 바랍니다.

농업은 다들 말씀하시는 바와 같이 우리 생명이며 안보입니다. 농업과 함께 우리 민족의 역사와 문화가 만들어져왔고, 또 오늘 우리가 누리는 대한민국 발전의 근원이 되었습니다. 농민의 땀이 대한민국의 아들과 딸을 키웠습니다. 농민이 벼를 돌보듯 정성스레 키운 자식들이 사회 곳곳에서 대한민국을 일으켰습니다. 6천억 불의 수출을 달성해서 세계 수출 6위의 금자탑을 쌓고, 마침내 국민소득 3만 불 시대로 오기까지 농촌의 헌신이 무척 컸습니다.

하지만 우리 농민과 농업의 현실은 그만큼의 보답을 받지 못하고 있는 것이 현실입니다. 농가 소득은 2017년 연소득 3,824만 원으로 2010년부터 7년 동안 612만 원밖에 오르지 않았습니다. 축산인은 가축 질병으로 고통 받고, 또 농촌 주민들은 축산 분뇨처리로 고통 받는 이중고에 시달리고 있습니다. 화학비료와 농약 때문에 논과 밭이 황폐화되어 농업의 지속가능성마저 위협받고 있는 실정입니다. 더 이상 농촌과 농업을 이대로 방치해서는 안 된다고 믿습니다.

이제 농민과 농촌의 희생과 헌신은 마땅히 보상 받아야 합니다. 농촌이 살기 좋은 곳으로 발전하고 농민이 자긍심을 가질 수 있는 나라, 그것이 정부가 실현하고자 하는 혁신적 포용국가의 가치이자 농정 개혁의 목표입니다.

농촌으로 다시 사람이 돌아오고 있다는 소식이 매우 반갑습니다. 올해 농림·어업 분야에서 고용이 작년에 비해 5만9,000명 늘었습니다. 그 속에는 적지 않은 청년들도 포함되어 있습니다. 우리 농민들의 협조로 농축산물 안전도 강화되었습니다. 올 한해 계란 안전성 부적합 농가는 전년에 비해서 88%나 감소했습니다. 유해물질 포함 등 농수산물 부적합률도 2017년 1월 달 9%에서 올 11월에는 1.4%로 대폭 줄었습니다. 조류독감 발생도 작년에는 383건에서 올해 22건으로 94%나 감소했습니다. 하지만 다시 추운 계절이 되었으니 더 세심한 예방과 철저한 방역으로 대비를 해야겠습니다.

한편 농촌 경제의 근간인 쌀값이 작년 수확기에 비해 올해 80kg 한 가마 당 193,300원으로 역대 최고 수준인 26.2% 인상이 되었습니다. 농민 입장에서 볼 때는 그래도 여전히 아쉽고 부족할 것입니다. 그러나 이제는 도시소비자 수용도 함께 생각해야 하는 상황이 된 만큼 그동안 쌀값이 상당 부분 오른 것은 틀림없는 사실입니다. 앞으로도 도시소비자들의 부담을 함께 생각해가면서 꾸준하게 쌀값이 올라가야 할 것으로 믿습니다.

정부는 농가 소득을 높이기 위해서 내년에 직불제 개편 추진에 역점을 두고 있습니다. 중소농에 대한 배려와 농업의 공익적 가치를 실현하는 사람중심 농정개혁을 목표로 하고 있습니다. 직불제 개편에 대해서는 걱정도 많이 있기 때문에 농민 여러분의 여론을 충분히 수렴하겠습니다.

한편 연례적 수급불안에 따른 농축산물 물가상승은 그 변동성이 커질 경우에 농업인과 또 소비자인 국민 모두에게 부담이 될 수 있으므로 철저한 관리가 필요합니다. 그를 위해서는 과학적 데이터 분석에 입각한 스마트 농정으로 나아가야 합니다.

세계는 이미 4차 산업혁명의 시대에 진입했습니다. 아무리 힘이 센 소라도 경운기를 대신할 수 없는 것처럼 이제 시대의 흐름을 우리가 이끌고 나가야 합니다.

스마트농정에 대해서 걱정하는 의견도 있는 것으로 잘 알고 있습니다. 농식품부를 비롯한 관계부처에 특별히 당부를 드립니다. 스마트농정의 시작과 끝은 철저하게 농민중심으로 시행되어야 한다는 말씀을 드립니다. 스마트 정책의 기획단계부터 농민과 소통하고 그 의견이 충실히 반영되도록 해 주시기 바랍니다.

지금까지 농식품부는 농민과 잘 소통해 왔습니다. 우리 국무총리도 농민의 마음을 잘 아는 그런 분입니다. 정부는 농민들과 더 적극적으로 소통하겠습니다. 농업계의 숙원이었던 농어업·농어촌특별위원회 설치를 위한 법률이 제정되었습니다. 내년 상반기 중에 농어업·농어촌특별위원회가 발족되면 정부와 농민간의 소통이 제도화되고 더 활발해질 것입니다.

살기 좋은 농촌, 잘 사는 농민들을 위해서 항상 정부가 앞장서서 노력하겠습니다.

감사합니다.

수석보좌관회의 모두발언

| 2018-12-31 |

오늘 영상회의여서 장소가 여기로 됐네요. 자, 시작할까요.

한 해를 마감하면서 먼저 국민께 감사말씀부터 드리고 싶습니다. 2018년은 남북 관계를 분단과 대결의 시대에서 평화와 협력의 시대로 대전환시킨 역사적인 한해로 기록될 것입니다. 한반도에 다시 전쟁이 일어나서는 안 된다, 비핵화와 평화를 함께 이루어야한다는 국민의 간절한 염원이 남북과 북미 사이의 대화 테이블을 만들어주었습니다. 평창 동계올림픽의 북한 참가를 시작으로 세 차례의 남북정상회담, 사상 최초의 북미정상회담, 비무장지대의 공동 유해발굴, 지뢰제거, GP 철수, JSA의 평화지대화, 남북 철도연결 착공식 등 작년 이맘때만 해도 꿈처럼 여겼던 구상들이 하나하나 우리 눈앞에서 실현되었습니다. 국민들께서 한 마음으로 평화를 위한 정부의 노력을 지지해 주셨기에 가능한 일이었습니다. 올해는 사람중심경제로 경제 패러다임이 전환된 원년이기도합니다. 최저임금 인상으로 가계 실질소득이 높아졌고, 보육비, 의료비 등 필수생계비는 낮아졌습니다. 기초연금, 장애인연금, 아동수당 등을 올리는 등 사회안전망도 확충했습니다. 소득주도성장뿐만 아니라 갑을관계 개선, 일감 몰아주기 근절 같은 공정경제 분야, 규제혁신과 사상 최고치의 벤처 투자, 전기·수소차의 보급 확대 등 혁신성장에서도 성과가 있었습니다. 보호무역주의와 통상마찰의 어려움 속에서 우리는 수출 6,000억 불, 세계 6위 수출 대국이라는 역사를 새로 썼습니다. 국민소득 3만 불과 인구 5천만 명을 넘는 경제 강국 '3050클럽'에 세계에서 7번째로 가입하게 되었습니다. 모두 국민이 흘린 굵은 땀방울로 이룬 것들입니다. 다시 한 번 국민 여러분께 진심으로 존경의 마음을 바칩니다.

그러나 올해 우리가 이룬 전환은 아직 미완성이라고 할 수 있습니다. 더 완성된 상태로 발전시키는 것이 새해에 우리 정부가 해내야 할 과제입니다. 한반도의 비핵화와 평화를 되돌릴 수 없는 단계로까지 진도를 내야 합니다. 사람중심경제가 옳은 방향이고 국민들의 삶을 좋아지게 했다고 더 많은 국민들이 공감할 수 있도록 해야 합니다. 그러려면 경제의 활력을 높이면서 국민들이 피부로 느끼는 고용과 분배 등 민생의 어려움을 개선해야 합니다. 혁신적 포용국가라는 국정목표가 산업현장과 국민의 삶속에 뿌리내릴 수 있도록 가용한 정책과 역량을 모두 집중해야 할 것입니다.

오늘 수석보좌관회의는 청와대 직원들에게 생중계 되고 있습니다. 촛불민심을 받들어야 한다는 열정과 늘어난 외교와 남북 관계 업무로 밤낮없이 뛰느라 수고한 청와대 직원들에게 아낌없는 치하를 보냅니다. 서로서로에게 고생했다, 더 잘 하자라는 의미로 격려의 박수를 쳐줍시다. 그러면서도 당부하고 싶은 게 몇 가지 있습니다. 청와대는 국정을 총괄하는 곳입니다. 국민들께서는 청와대에 근무한다는 이유만으로 권력을 갖고 있다고 생각합니다. 청와대 직원들이 어떤 부처나 기관보다 높은 기준을 요구받는 이유가 여기에 있습니다. 더 엄격한 윤리적, 도덕적 기준에 따라 행동하고 처신은 물론 언행조차 조심해야 합니다. 스스로를 거울에 비춰보듯 또 살얼음판을 걷듯 자중자애 해야 합니다. 그것을 요구하는 국민의 눈높이에 맞출 수 없다면 청와대에 있을 수 없습니다. 일이 손에 익게 되면 요령이 생기고 긴장이 풀어질 수 있습니다. 일을 관성적으로 하게 됩니다. 다시 기본으로 돌아가주길 바랍니다. 처음 업무를 맡았을 때 열정과 조심스러움이 교차하는 그 날선 느낌처럼 초심을 지켜나가야 합니다.

또한 강조하고 싶은 것은 지치지 말자는 것입니다. 지금까지 권력기관 개혁, 공정경제, 직장 내 갑질 문제, 적폐청산 등 정부 차원의 개혁이 지속적으로 이뤄졌습니다. 청와대 뿐 아니라 검찰, 경찰, 국정원, 국세청 등 모든 권력기관들이 과거와 다른 모습으로 거듭났습니다. 그러나 정권의 선의로 권력기관의 운용을 개혁하는 것만으로는 한계가 있습니다. 법제도적 개혁으로 이어져야 개혁이 영속성을 가지고 정착될 수 있습니다. 그런데 개혁은 더 많은 개혁의 요구로 이어지기 때문에 마치 밑 빠진 독에 물 붓기처럼 느껴질 때도 있습니다. 힘들게 이룬 개혁은 당연시되고 더 많은 개혁의 요구가 불만과 비판으로 이어지는 개혁의 역설이 있을 수 있습니다. 그렇다고 지치거나 낙담해서는 안 될 일입니다. 그 요구에 응답해 또박또박 할 일을 해 나가면 됩니다.

정부와 청와대는 국민에게 무한대의 의무를 가지고 있습니다. 우리가 새해 새로운 자세로 다짐해야 할 일입니다. 오직 국민만 바라보고 국민의 눈높이에 서서 다시 한 번 신발끈을 동여매어줄 것을 당부합니다. 모두들 한 해 동안 수고 많으셨습니다. 감사합니다.

1월

중소·벤처기업인과의 대화 모두발언

| 2019-01-07 |

중소기업인들과 벤처기업인 여러분, 반갑습니다. 신년인사회를 중소기업중앙회에서 했습니다. 그때 제가 방명록에 썼던 글이 정면에 적혀 있습니다.

또 지난주에는 혁신창업의 산실이라고 할 수 있는 메이커 스페이스를 방문했습니다. 그리고 오늘 새해 들어서 맨 먼저 중소기업인들과 벤처기업인들을 청와대로 이렇게 모셨습니다. 이어서 대기업, 중견기업, 소상공인, 노동계, 이런 다양한 경제주체들을 차례로 만날 예정입니다.

올해는 중소기업, 벤처기업, 또 소상공인, 자영업자들이 희망을 가지고 우리 경제에 활력을 주는 한 해가 되었으면 좋겠다는 그런 바람입니다. 중소·벤처기업이 우리 정부가 추구하는 새경제, 사람중심 경제의 주역입니다. 가장 시급한 현안인 일자리도 전체 고용의 80% 이상을 차지하는 중소기업의 고용이 늘어야 해결될 수 있습니다. 가치를 창조하는 선도형 경제로 도약하기 위해서는 신기술, 신산업을 육성해야 하는데, 혁신적 창업과 혁신적 중소기업이 그 주역입니다. 함께 잘사는 포용적 성장 역시 중소기업, 벤처기업이 튼튼하게 성장하고, 중소기업과 대기업의 상생이 이루어져야 가능하다고 생각합니다.

정부는 새로운 성장동력과 일자리 창출을 위해 중소기업, 벤처기업이 성장할 수 있는 생태계 조성에 힘써 왔습니다. 부당 납품단가 인하 등 불공정 거래 관행을 개선하고, 혁신 모험펀드 조성, 성장 단계별 맞춤형 지원을 강화했습니다. 정책금융기관 연대보증을 폐지해서 실패하더라도 재기할 수 있는 그런 여건을 만들었습니다.

그 결과 지난해 신설 법인수가 역대 최대로 10만개를 돌파했고, 벤처 투자액도 사상 최대인 3조4천억 원에 이르렀습니다. 벤처 투자 회수액도 전년대비 60%나 증가했습니다. 매출 1천억 원 넘는 벤처기업수가 600개를 넘어섰습니다. 기업가치 1조 원 이상의 유니콘 기업도 5개로 늘어났고, 곧 3개가 추가될 것으로 보입니다.

수출에 있어서도 중소기업의 수출액과 또 수출에 참여하는 중소기업 수 모두 역대 최고를 기록했습니다.

작년 말 경남의 스마트공장 한 곳을 방문했었는데, 이곳에서 생산하는 부품이 전세계 세탁기 10개 중 1대에 사용되고 있었습니다. 지난 주 방문했던 메이커 스페이스에서는 병원의 행정직원이 화재 등 재난에 대비한 환자대피용 에어캡슐을 개발해서 제품화했습니다. 신기술이 국민들의 안전을 지켜내는 그런 역할까지 하게 된 모습을 보고 아주 기뻤습니다.

이런 혁신 창업과 강한 중소기업이 하나 둘 이렇게 늘어나면 우리 경제가 활력을 찾고 경제 체력도 더 튼튼해질 것이라고 믿습니다.

정책 고객층에서는 우리나라의 창업 환경이 많이 개선됐다고 평가하고 있습니다. 올해는 여러분이 더욱 크게 체감하실 수 있을 정도로 정부의 전폭적인 지원이 있을 것입니다. 4조 원 이상의 벤처펀드가 본격적으로 중소기업 투자에 나섭니다. 역대 최고 수준인 20조 원의 연구개발 예산의 상당 부분을 중소기업 기술 개발에 지원할 것입니다. 중소기업 전용 연구개발 자금 1조1천억 원도 별도로 배정했습니다.

올해부터 시행되는 규제자유특구에서는 신기술을 활용한 제품과 서비스의 테스트와 출시가 가능합니다. 올해 스마트 공장 4천개를 늘리고, 스마트 산단 2곳을 조성하겠습니다. 2022년까지 스마트 공장 3만개 보급하고, 스마트 산단 10곳을 조성해서 중소제조업의 50%를 스마트화할 그런 계획입니다. 제조업을 혁신하여 고도화하고, 투자와 신제품 개발에 본격적으로 나설 좋은 기회입니다. 올해 더 많은 투자와 사업 기회를 발굴해 주시길 바랍니다.

그러나 여전히 많은 중소기업, 벤처기업들이 경영에 어려움을 겪고 있고, 미래에 대해 불안해하고 있습니다. 정부로서는 여러 가지 정책 수단을 총동원해서 창업 자금, 연구 개발, 인력 지원, 마케팅 등을 지원하고 있지만 현장에서 느끼는 어려움은 또 다를 수 있습니다. 오늘은 정부 정책의 중소기업 정책과 또 벤처·창업 정책에 관해서 직접 중소기업을 경영하고 창업한 여러분들의 생생한 의견을 듣는 자리입니다. 발언자를 정하지 않았고 순서도 없습니다. 누구나 자유롭게 발언해 주시고, 또 발언해 주시면 관련 부처 장관들께서 답변할 수 있는 부분을 답변하도록 그렇게 하겠습니다. 정부 정책에 대한 비판도 좋습니다. 또 중소기업과 벤처·창업의 활력을 높일 수 있는 그런 또 건설적인 제안도 기대하겠습니다.

내가 사전에 발언자로 준비되어 있지 않았다는 이런 생각 전혀 갖지 마시고, 누구나 자유롭게 편하게 허심탄회하게 말씀해 주시기 바랍니다. 아마 정부 정책에 큰 참고가 될 것이라고 생각합니다. 감사합니다.

2019 신년기자회견 연설

| 2019-01-10 |

존경하는 국민 여러분,

작년 이맘때, 진천 선수촌을 찾아 평창 동계올림픽의 성공을 기원했습니다.

평창 동계올림픽의 개막식부터 폐막식까지 정부를 가슴 졸이게 한 것은 강원도의 매서운 추위였습니다. 그러나 그 추위 덕분에 전세계와 남·북이 함께 어울렸고 평화올림픽을 성공시킬 수 있었습니다.

"겨울은 추워야 제 맛"이라고 합니다. 제대로 겨울이 추워야 병충해를 막고, 보리농사가 풍년을 이룹니다. 인류학자들은 빙하기에 인간성이 싹텄다고 합니다. 온기를 나누며 서로가 더 절실해졌습니다.

지난 한 해, 국민들의 힘으로 많은 변화를 이뤘고 새해를 맞이했습니다. 국민 여러분께 깊이 감사드리며 다시 한 번 새해 인사를 드립니다.

국민 여러분,

지난 해 우리는 사상 최초로 수출 6천억 불을 달성했습니다. 국민소득 3만불 시대를 열었습니다. 세계 6위 수출국이 되었고, 세계에서 일곱 번째로 경제강국 '30-50클럽'에 가입했습니다. 경제성장률도 경제발전 국가 중 가장 높은 수준을 유지하고 있습니다. 적어도 국가 경제에서 우리는 식민지와 전쟁, 가난과 독재를 극복하고 굉장한 발전을 이루었습니다.

그러나 세계가 기적처럼 여기는 놀라운 국가 경제의 성장에도 불구하고, 삶이 고단한 국민들이 여전히 많습니다. 우리가 함께 이룬 경제 성장의 혜택이 소수의 상위계층과 대기업에 집중되었고, 모든 국민에게 고루 돌아가지 않았기 때문입니다.

장기간에 걸쳐, GDP 대비 기업소득의 비중은 경제성장률보다 계속해서 높아졌지만, 가계소득의 비중은 계속해서 낮아졌습니다. 이미 오래 전에 낙수효과는 끝났습니다. 수출의 증가가 고용의 증가로 이어지지 않은 지도 오래됐습니다. 어느덧 우리는 부의 양극화와 경제적 불평등이 세계에서 가장 극심한 나라가 됐습니다.

1대 99 사회 또는 승자독식 경제라고 불리는 경제적 불평등은 비단 우리만의 문제는 아닙니다. 전세계가 직면한 공통의 과제입니다. 그리고 세계는 드디어 그 문제를 해결하지 않고서는 성장의 지속이 불가능하다는 사실을 인식하게 되었습니다. 그래서 OECD, IMF 같은 국제기구와 주요 국가들은 '포용적 성장'을 그 해법으로 제시하고 있습니다.

우리 정부가 추진하고 있는 '사람중심 경제'와 '혁신적 포용국가'가 바로 그것입니다. 공정하게 경쟁하는 공정경제를 기반으로 혁신성장과 소득주도성장을 통해 성장을 지속시키면서 '함께 잘사는 경제'를 만드는 것입니다. 미래의 희망을 만들면서, 개천에서 용이 나오는 사회를 만들자는 것입니다.

이러한 정책을 통해 지난해, 전반적인 가계 실질소득을 늘리고 의료, 보육, 통신 등의 필수 생계비를 줄일 수 있었습니다. 또한 혁신성장과 공정경제에서도 많은 성과가 있었습니다.

그러나 무엇보다 고용지표가 양적인 면에서 기대에 미치지 못했습니다. 자영업자들이 어려움을 호소하고 있습니다. 전통 주력 제조업의 부진도 계속되고 있습니다. 분배의 개선도 체감되고 있지 않습니다. 자동화와 무인화, 온라인 소비 등 달라진 산업구조와 소비행태가 가져온 일자리의 변화에 제대로 대응하지 못했습니다. 미래에 대한 두려움이 커지고, 정부의 경제정책에 대한 신뢰도 낮아졌습니다.

정부는 이러한 경제상황을 매우 엄중하게 보고 있습니다. 그러나 우리가 지금 겪고 있는 이 어려움이야말로 '사람중심 경제'의 필요성을 더욱 강하게 말해 주고 있다는 것을 강조하고 싶습니다.

경제정책의 변화는 분명 두려운 일입니다. 시간이 걸리고 논란이 있을 수 있습니다. 그러나 반드시 가야할 길입니다. 부족한 부분을 충분히 보완하면서 반드시 '혁신적 포용국가'를 이루어내겠습니다.

국민 여러분,

올해는 국민의 삶 속에서 정부의 경제정책이 옳은 방향이라는 것을 확실히 체감되도록 하는 것이 목표입니다. 그러려면 성과를 보여야 합니다.

중소기업, 대기업이 함께 성장하고, 소상공, 자영업이 국민과 함께 성장하고, 지역이 특성에 맞게 성장하는 한 해가 될 것입니다.

성장을 지속시키기 위해 필요한 것이 '혁신'입니다. 추격형 경제를 선도형 경제로 바꾸고 새로운 가치를 창조하여 새로운 시장을 이끄는 경제는 바로 '혁신'에서 나옵니다. '혁신'으로 기존 산업을 부흥시키고, 새로운 성장 동력이 될 신산업을 육성할 것입니다.

정부는 그동안 '혁신 성장'을 위한 전략 분야를 선정하고, 혁신창업을 위한 생태계를 조성했습니다. 작년, 사상 최대인 3조4천억 원의 벤처투자가 이루어졌고, 신설 법인 수도 역대 최고인 10만 개를 넘어섰습니다.

전기차·수소차 보급을 늘리며 미래 성장동력을 위한 기반도 다졌습니다. 전기차는 2017년까지 누적 2만5천 대였지만 지난해에만 3만2천 대가 새로 보급되었습니다. 수소차는 177대에서 889대로 크게 증가했습니다. 정부는 2022년까지 전기차 43만 대, 수소차 6만7천 대를 보급할 계획입니다. 수소버스도 2천 대 보급됩니다. 경유차 감축과 미세먼지 개선에도 큰 도움이 될 것입니다.

올해부터 전략적 혁신산업에 대한 투자도 본격화 됩니다. 데이터, 인공지능, 수소경제의 3대 기반경제에 총 1조5천억 원의 예산을 지원할 것입니다. 스마트공장, 스마트시티, 자율차, 드론 등 혁신성장을 위한 8대 선도사업에도 총 3조6천억 원의 예산이 투입됩니다. 정부의 연구개발 예산도 사상 최초로 20조 원을 넘어섰습니다. 원천기술에서부터 상용기술에 이르기까지 과학기술이 혁신과 접목되어 새로운 가치를 만들 것입니다.

자동차, 조선, 석유화학 같은 전통 주력 제조업에도 혁신의 옷을 입히겠습니다. 작년에 발표한 제조업 혁신전략도 본격 추진합니다. 스마트공장은 2014년까지 300여개에 불과했지만, 올해 4천개를 포함해 2022년까지 3만개로 대폭 확대할 것입니다. 스마트산단도 올해 두 곳부터 시작해서 22년까지 총 열 곳으로 확대해 나가겠습니다.

규제혁신은 기업의 투자를 늘리고, 새로운 산업과 서비스의 발굴을 위해 반드시 필요합니다. 이미 인터넷 전문은행특례법 개정으로 정보통신기업 등의 인터넷 전문은행 진출이 용이해졌습니다. 금융혁신지원특별법 제정은 다양한 혁신적 금융서비스를 만드는 기반이 될 것입니다.

'한국형 규제샌드박스'의 시행은 신기술·신제품의 빠른 시장성 점검과 출시를 도울 것입니다. 기업의 대규모 투자 사업이 조기에 추진될 수 있도록 범정부 차원에서 지원하겠습니다. 특히 신성장 산업의 투자를 적극 지원하겠습니다.

지역의 성장판이 열려야 국가경제의 활력이 돌아옵니다. 지역 주력 산업의 구조조정 등으로 경제에 어려움을 겪고 있는 지역에 14개의 지역활력 프로젝트를 추진하겠습니다. 국가균형발전을 위해 꼭 필요한 공공인프라 사업은 엄격한 선정 기준을 세우고 지자체와 협의하여 예비타당성 조사를 면제하고 조기 착공하도록 하겠습니다.

동네에 들어서는 도서관, 체육관 등 생활밀착형 SOC는 8조6천억 원의 예산을 투입하여 지역의 삶을 빠르게 개선하겠습니다. 전국 170여 곳의 구도심 지역은 도시재생 뉴딜사업을 통해 새롭게 태어날 것입니다. 농촌의 스마트팜, 어촌의 뉴딜사업으로 농촌과 어촌의 생활환경도 대폭 개선될 것입니다.

국민 여러분,

1997년의 외환위기는 우리 사회에 깊은 상처를 남겼습니다. 사회 안전망 없이 갑자기 어느 날 맞은 경제위기는 공동체의 불안으로 덮쳐 왔습니다.

우리는 온 국민이 합심하여 위기를 극복하고 다시 경제를 성장시켰지만, 고용불안과 양극화가 커져가는 것을 막지 못했습니다.

함께 잘 살아야 지속가능한 성장이 가능하다는 것은 단순한 수사가 아닙니다. 지난 20년 동안 매 정부마다 경제성장률이 갈수록 낮아지면서 충분히 경험한 일들입니다.

수출과 내수의 두 바퀴 성장을 위해서는 성장의 혜택을 함께 나누는 포용적 성장이 반드시 필요합니다. 우리 국민은 국민소득 3만 불 시대에 걸맞은 행복을 누릴 권리가 있습니다. 그것이 '포용국가'입니다.

첫째, 사회안전망과 고용안전망을 더욱 촘촘하게 짜겠습니다.

고용의 양과 질을 함께 높이는데 주력하겠습니다. 일자리야말로 국민 삶의 출발입니다. 고용안전망과 사회안전망이 함께 작동되도록 하겠습니다.

올해 근로빈곤층을 위한 근로장려금을 3배 이상 늘리고, 대상자도 두 배 이상 늘렸습니다. 올해 총 4조9천억 원이 334만 가구에게 돌아갑니다. '한국형 실업부조' 제도도 마련해 구직 기간 중 생계 및 재취업 프로그램을 지원할 것입니다.

지난해 상용직의 증가로 고용보험 가입자가 47만 명 늘어났습니다. 사회안전망 속으로 들어온 노동자가 그만큼 늘어난 것이어서 매우 반가운 소식입니다. 앞으로 고용보험 사각지대에 있던 특수고용직, 예술인도 보험 적용을 받을 수 있도록 확대됩니다.

취약계층의 어려움을 덜어드리기 위해 지난해, 기초연금과 장애인연금을 인상하고, 아동수당을 도입했습니다. 올해는 기초연금과 장애인연금을 저소득층부터 30만 원으로 확대할 것입니다.

지난해 건강보험 보장성을 획기적으로 확대하여 이미 많은 분들이 의료비 절감 혜택을 실감하고 계십니다. 올해는 신장초음파, 머리·복부 MRI 등에도 건강보험이 적용됩니다. 한방과 치과의 건강보험도 확대됩니다. 건강보험 하나만 있어도 큰 걱정 없이 치료받을 수 있도록 하겠습니다.

지난해 치매 환자 가족의 부담도 절반으로 줄었습니다. 올해 요양시설을 늘려 더 잘 모시도록 하겠습니다. 3년 후인 2022년이면, 어르신 네 분 중 한 분은 방문건강관리 서비스를 받으실 수 있도록 할 계획입니다.

둘째, 아이들에게 보다 과감히 투자하겠습니다.

새해부터 아동이 있는 모든 가정에 아동수당이 지급됩니다. 대상도 6세 미만에서 7세 미만으로 확대됩니다. 국공립 유치원은 계획보다 빠르게 확충되고 있습니다. 작년에는 목표치 500개를 넘는 학급이 신설되었습니다. 올해는 두 배 수준인 1,080학급이 신설될 것입니다.

국공립 어린이집은 2017년 393개소가 설치되었고, 작년에는 목표치인 450개소를 훌쩍 뛰어넘은 574개소가 확충되었습니다. 올해는 직장 어린이집을 포함해 685개소가 새로 늘어나고 올 9월부터 500세대 이상 아파트 단지에는 의무적으로 설치될 것입니다.

당초 2022년까지 10명중 4명의 아이들이 국공립 어린이집과 유치원에 다닐 수 있게 하겠다고 약속드렸는데 이 계획을 한 해 앞당긴 2021년까지 달성하겠습니다. 사립유치원의 투명성도 강화해야 합니다.

유치원 3법의 조속한 통과를 국회에 요청합니다.

온종일 돌봄 서비스를 받는 아이들도 지난해 36만 명에서 2022년 53만 명으로 대폭 늘려나갈 것입니다. 맞벌이 가정 초등학생 10명 중 8명은 국가가 지원하는 돌봄 시설을 이용할 수 있게 될 것입니다.

셋째, 안전 문제는 무엇보다 우선한 국가적 과제로 삼겠습니다.

산재 사망을 예방하기 위해 책임과 의지를 갖고 관련 대책을 시행해 나가겠습니다. 타워크레인 사고 예방 노력으로 작년에 사망사고가 단 한 건도 발생하지 않았습니다. 2022년까지 산재 사망자수를 절반으로 줄이겠습니다. 국회에서 통과된 위험의 외주화 방지법이 제대로 실행될 수 있도록 최선을 다하겠습니다.

작년에는 메르스와 가축 전염병에서도 획기적인 성과가 있었습니다. 타워크레인 사고 예방과 함께 우리가 관심을 가지고 노력하면 그만큼 성과가 생긴다는 것을 보여줍니다.

그러나 지난 연말, KTX 탈선, KT 통신구 화재, 열수송관 파열, 강릉 펜션 사고 등 일상과 밀접한 사고들이 국민을 불안하게 했습니다. 정부가 챙겨야 할 안전영역이 더욱 많다는 경각심을 갖겠습니다.

넷째, 혁신적인 인재를 얼마만큼 키워내느냐가 국가 경쟁력을 좌우하게 될 것입니다.

임기 내에 혁신성장 선도 분야 석박사급 인재 4만5천 명, 과학기술·ICT 인재 4만 명을 양성하겠습니다. 인공지능 전문학과를 신설하고,

이노베이션 아카데미를 통해 최고의 소프트웨어 인재들이 성장하는 것을 돕겠습니다.

신기술 분야 직업훈련 비중을 대폭 늘려 일자리가 필요한 이들의 취업을 돕고, 기업과 시장이 커가도록 하겠습니다. 재학, 구직, 재직, 재취업 등 각 단계에서 가장 필요로 하는 직업훈련을 제공할 수 있도록 하겠습니다. 돌봄, 배움, 일과 쉼, 노후 등 기본생활을 보장하는 포용국가 사회정책 추진 계획에 대해서는 이른 시일 내에 따로 보고 드리겠습니다.

다섯째, 소상공인과 자영업, 농업이 국민 경제의 근간이라는 것을 분명히 하겠습니다.

전통시장과 골목상권을 보호하고, 장사가 잘되도록 돕겠습니다. 최저임금 인상으로 어려움을 겪는 소상공인 자영업자 대책을 강화하겠습니다.

작년 수확기 산지 쌀값이 80kg 한 가마당 19만3천 원으로 여러 해 만에 크게 올랐습니다. 농가소득에 도움이 되었을 것입니다. 올해는 공익형 직불제 개편 추진에 역점을 두고 스마트 농정도 농민 중심으로 시행하겠습니다.

수산직불금도 올해는 어가당 5만 원 인상된 65만 원을 받으실 수 있습니다. 도서민의 여객선 차량 운임 지원이 대폭 확대되고, 생활필수품 운송비도 6월부터 국비로 지원할 계획입니다.

여섯째, 우리 문화의 자부심을 가지고 그 성취를 국민 누구나 누릴 수 있도록 하겠습니다. 우리의 문화가 미래산업으로 이어지도록 하겠습니다.

방탄소년단(BTS)을 비롯한 K-POP, 드라마 등 한류 문화에 세계인들이 열광하고 있습니다. 우리 문화의 저력입니다. 제2의 방탄소년단, 제3의 한류가 가능하도록 공정하게 경쟁하고, 창작자가 대우받는 환경을 조성하겠습니다.

올해는 1조 원을 투자하여 문화 분야 생활 SOC를 조성합니다. 저소득층 통합문화이용권 지원금도 인상됩니다. 장애인체육시설 30개소를 건립하고, 저소득층 장애인 5천 명에게 스포츠강좌 이용권을 지급할 것입니다. 정책의 크고 작음, 예산의 많고 적음을 가리지 않고 '포용국가'의 기반을 닦고 실행해 나가겠습니다.

국민 여러분,

공정하고 정의로운 사회는 촛불로 탄생한 정부로서 한시도 잊을 수 없는 소명입니다.

정부는 출범과 함께 강력하게 권력적폐를 청산해 나갔습니다. 검찰, 경찰, 국정원, 국세청 등 각 부처도 자율적으로 과거의 잘못을 찾아내고 바로잡아 나가는 자체 개혁에 나섰습니다. 이들 권력기관에서 과거처럼 국민을 크게 실망시키는 일이 지금까지 단 한 건도 발생하지 않았습니다. 우리 정부는 지난 정부의 일을 타산지석으로 삼아 잘못된 과거로 회귀하는 일을 결코 용납하지 않을 것입니다.

이제 정부는 평범한 국민의 일상이 불공정의 벽에 가로막혀 좌절하지 않도록 생활 속의 적폐를 중단 없이 청산해 나가겠습니다.

유치원비리, 채용비리, 갑질문화와 탈세 등 반칙과 부정을 근절하는 개혁을 속도감 있게 추진하겠습니다. 국민이 우리 사회의 변화를 체감할 때까지 불공정과 타협 없이 싸우겠습니다.

권력기관 개혁도 이제 제도화로 마무리 짓고자 합니다. 정권의 선의에만 맡기지 않도록 공수처법, 국정원법, 검경수사권 조정 등 입법을 위한 국회의 협조를 당부 드립니다.

지난 여야정 국정상설협의체에서 '불공정을 시정하고 공정경제의 제도적 틀을 마련'하기로 하고 '상법 등 관련 법안의 개정을 위해 노력'하기로 약속한 바가 있습니다. 공정경제 법안의 조속한 입법을 위해 여야정 국정상설협의체를 더욱 활성화하도록 노력하겠습니다.

존경하는 국민 여러분,

지난 일 년, 국민들께서 평화의 길을 열었습니다. 우리는 한반도 문제의 주역이 되었습니다. 힘의 논리를 이겨내고 우리 스스로 우리의 운명을 주도했습니다. 우리가 노력하면 평화를 가져올 수 있다는 것을 눈앞에서 경험하고 확인했습니다.

한반도 평화의 길은 지금 이 순간에도 진행되고 있고, 올해 더욱 속도를 낼 것입니다.

화살머리고지의 지뢰 제거작업 중 열세 분 전사자의 유해가 발견된 것이 매우 반갑습니다. 우리는 유해와 함께 전쟁터에 묻혔던 화해의 마음도 발굴해냈습니다. 4월부터 유해 발굴 작업에 들어가면 훨씬 많은 유해를 발굴하여 국가의 도리를 할 수 있게 될 것입니다.

머지않은 시기에 개최될 2차 북미정상회담과 김정은 위원장의 서울 답방은 한반도 평화를 확고히 다질 수 있는 또 하나의 전환점이 될 것입니다. 한반도 비핵화에 대한 약속이 지켜지고 평화가 완전히 제도화될 때까지 긴장을 늦추지 않겠습니다. 평화가 곧 경제입니다. 잘살고자 하는 마음은 우리나 북한이나 똑같습니다. 남북 철도, 도로 연결은 우리 경제의 새로운 활로가 될 것입니다.

개성공단과 금강산관광은 남북 모두에게 이익이 되었습니다. 북한의 조건 없고 대가 없는 재개 의지를 매우 환영합니다. 이로써 개성공단과 금강산관광의 재개를 위해 북한과 사이에 풀어야 할 과제는 해결된 셈입니다. 남은 과제인 국제 제재 문제의 조속한 해결을 위해 미국을 비롯한 국제사회와 협력해 나가겠습니다.

한반도 평화가 북방으로 남방으로 확장되고 있습니다. 신북방정책을 통해 동북아 경제, 안보 공동체를 향해 나아가겠습니다. 신남방정책을 통해 무역의 다변화를 이루고 역내 국가들과 '사람 중심의 평화와 번영의 공동체'를 만들어 가겠습니다.

올해는 3·1독립운동, 임시정부수립 100년이 되는 해입니다. 지난 100년, 우리는 식민지와 독재에서 벗어나 국민주권의 독립된 민주공화국을 이루었고, 이제 평화롭고 부강한 나라와 분단의 극복을 꿈꾸고 있습니다. 우리는 지금 그 실현의 마지막 고비를 넘고 있습니다.

이제 머지않아 한반도의 항구적 평화와 '함께 잘사는 혁신적 포용국가'가 우리 앞에 도달할 것입니다.

김구 선생은 1947년 '나의 소원'에서 이렇게 말했습니다. "오직 한없이 가지고 싶은 것은 높은 문화의 힘이다. 문화의 힘은 우리 자신을 행복하게 하고 나아가서 남에게 행복을 주겠기 때문이다."

대한민국 새로운 100년은 우리에게 새로운 마음, 새로운 문화를 요구합니다. 우리가 촛불을 통해 가장 평화로운 방법으로 민주주의를 지켜내고, 가장 성숙한 모습으로 서로에게 행복을 주었듯 양보하고 타협하고 합의하며 함께 잘살아야 한다는 문화가 꽃피기를 희망합니다.

공동의 목표를 잃지 않고 우리는 여기까지 왔습니다. 우리는 추위속에서 많은 것을 이뤘습니다. 평화도, 혁신 성장도, 포용국가도 우리는 이뤄낼 것입니다.

감사합니다.

2019년 기업인과의 대화 모두발언

| 2019-01-15 |

　전국에서 오신 상공회의소 회장단과 우리 경제를 이끌어가는 경제계 대표 여러분, 반갑습니다. 새해를 맞아 여러분의 노고에 감사드리고, 정부에 바라는 말씀을 듣고자 이렇게 모셨습니다. 올해에도 모든 기업이 발전하면서 우리 경제의 활력을 정부와 함께 만들어 가길 바랍니다.

　지난해 우리는 사상 최초로 수출 6,000억 불을 달성해 세계 6위 수출국이 되었습니다. 대기업 수출과 중견기업 수출, 그리고 중소기업 수출이 모두 함께 증가했습니다. 반도체는 단일 부품으로는 세계 최초로 1,000억 불을 초과했고, 기계와 석유화학도 사상 최초로 각각 500억 불이 넘는 수출을 달성했습니다. 전기차, 첨단신소재, 바이오헬스, 차세대 반도체, 로봇, 항공우주, 에너지신산업, OLED 등 8대 신산업 수출이 6.9% 늘어나 품목 다변화에도 성과가 있었습니다. 중견기업이 주로 생산하는 화장품과 의약품의 수출도 27%와 17%나 증가하면서 앞으로도 매우 기대가 됩니다. 대기업과 중견기업이 전체 수출의 80%를 담당하며 최고의 성과를 이끌어 주신 데 대해서 치하 말씀을 드립니다.

중소기업과의 상생 협력을 대폭 확대해 주신 것에 대해서도 각별한 감사의 말씀을 드립니다. 글로벌 경쟁력을 확보하기 위해서는 대기업뿐만 아니라 협력업체들까지 전체 생태계가 함께 발전돼야 합니다. 협력업체들에 대한 개발이익 조기 지급과 상생결제의 확대, 자금지원, 원천기술과 인력지원, 환경문제에 함께 책임지는 모습은 대기업에 대해 국민들과 중소기업이 신뢰를 가질 수 있는 좋은 계기가 될 것이라고 생각합니다.

지난해 상생결제가 최초로 100조 원을 돌파한 것은 공정한 성과 배분의 희망적인 사례가 될 것이며, 사내벤처 육성과 스마트공장 구축 지원은 제조업 혁신과 신기술, 신제품 개발 등 혁신성장을 위해 큰 도움이 될 것입니다.

상생협력이 시혜적 조치가 아니라 기업의 생존과 발전전략이라는 관점에서 적극 추진해 주실 것을 당부 드립니다.

정부도 공정한 경쟁 환경을 조성하고 대－중소기업 간 상생협력을 제도적으로 지원하겠습니다.

고용과 투자는 기업의 성장과 미래동력 확보를 위한 기반이며 동시에 국가경제와 민생에 기여하는 길입니다. 300인 이상 기업은 청년들이 가장 선호하는 좋은 일자리입니다. 30대 대기업 그룹은 지난 5년간 고용을 꾸준히 늘려왔고, 300인 이상 기업은 작년에 고용을 5만여 명 늘려서 전체 고용 증가의 절반을 차지했습니다. 좋은 일자리 만들기는 우리 경제의 최대 당면 현안입니다. 지금까지 잘해오셨지만 앞으로도 일자리문제에 특별히 관심을 갖고 고용 창출에 앞장서 주실 것을 다시 한 번 당부 드립니다.

300인 이상 대기업이 우리나라 설비투자의 약 85%를 차지하고 있습니다. 주요 기업들이 주력산업 고도화와 신산업을 위해 꾸준히 투자를 해 주셨지만 작년 2분기부터 전체 설비투자가 감소세로 전환한 아쉬움이 큽니다. 기업이 힘차게 도약할 수 있는 환경을 만드는 것이 올해 우리 정부의 목표입니다. 여러 기업들이 올해부터 대규모 투자를 계획 중인 것으로 알고 있습니다. 정부 내 전담 지원반을 가동해 신속히 실행될 수 있도록 돕겠습니다.

기업의 경쟁력도, 좋은 일자리도 모두, 결국은 투자의 성공입니다. 앞으로도 적극적인 사업 발굴과 투자에 더욱 힘써 주기 바랍니다.

특히 미래 성장동력을 위해 신산업과 신기술, 신제품에 더 많은 투자를 바라마지 않습니다.

혁신은 기업의 도약을 위한 발판이며 우리 경제를 추격형에서 선도형으로 바꾸기 위해서도 반드시 필요합니다. 새로운 가치를 창출하고 선도하는 경제로 나아가는 데 대기업과 중견기업이 주역이 되어주길 기대합니다.

정부도 여러분의 혁신 노력을 적극 뒷받침할 것입니다. 20조 원이 넘는 올해 연구·개발 예산을 통해 기술개발, 인력양성, 첨단기술의 사업화를 적극 돕겠습니다. 이러한 노력으로 수소경제, 미래자동차, 바이오산업, 에너지신산업, 비메모리반도체, 5G 기반 산업, 핵심 부품과 소재 장비 등이 새로운 성장동력으로 커갈 수 있도록 지원하겠습니다.

한국형 규제박스가 곧 시행되면 신산업 육성을 위한 규제혁신도 신속히 이뤄질 것입니다. 이미 십여 건의 융복합 신사업이 신청·준비 중에 있고, 정부는 또 신기술·신사업의 시장 출시와 사업화를 적극 지원할 것입니다. 올해 세계경기의 둔화와 함께 우리 경제도 어려워질 것이라는 전망이 많습니다. 그러나 정부와 기업, 노사가 함께 힘을 모은다면 얼마든지 어려움을 극복하고 우리 경제의 활력 높일 수 있다고 생각합니다.

대기업과 중견기업이 한국경제의 큰 흐름과 전환을 이끌어 왔습니다. 새로운 산업과 시장 개척에도 여러분이 앞장서 주실 것이라고 믿습니다. 정부는 올해 여러분의 목소리에 더욱 귀 기울이고, 현장의 어려움을 신속하게 해소하는 데 힘쓰겠습니다.

오늘 간담회에서도 현장의 생생한 목소리, 많이 들려주시기 바랍니다. 감사합니다.

수소경제는 우리에게
기회의 문을 열어줄 것입니다

| 2019-01-17 |

존경하는 국민 여러분, 울산시민 여러분,

'365일 불이 꺼지지 않는 도시', '대한민국 산업수도', 울산광역시의 다른 이름입니다.

1962년 울산·미포 국가산업단지의 첫 삽을 뜨면서 대한민국 산업화의 역사가 시작되었습니다. 울산의 자동차와 조선·석유화학 공장이 쉴 새 없이 돌아갈 때, 우리 경제도 힘차게 뛰었습니다.

우리 국민들은 경제 성장을 선도해 온 울산에 많은 기대를 갖고 있습니다. 그런 울산에서 2019년 새해 첫 전국경제투어를 시작하게 되어 매우 뜻깊게 생각합니다.

오늘은 대한민국 경제의 새로운 도전이자 울산경제의 새로운 희망인 수소경제를 말씀드리고자 합니다.

수소경제는 에너지원을 석탄과 석유에서 수소로 바꾸는 산업구조의 혁명적 변화입니다. 수소의 생산, 저장, 운송, 활용 전 분야에 걸쳐 새로운 산업과 일자리를 창출해낼 것입니다.

우리로서는 국가 에너지 시스템을 근본적으로 바꾸면서 신성장동력을 마련할 수 있는 절호의 기회이기도 합니다.

수소경제가 태동하기 시작한 지금, 세계 시장 선점이 중요합니다. 벌써 많은 국가들이 선두를 차지하기 위해 경쟁하고 있습니다.

다행히 우리의 강점과 가능성이 무궁무진합니다. 전통 주력 산업인 자동차·조선·석유화학과 연계해서 수소경제를 선도해 나갈 수 있습니다. 오늘 이 자리는 그런 비전과 자신감을 바탕으로 마련되었습니다.

국민 여러분,

우리는 수소 활용 분야에서 이미 세계적인 기술을 확보하고 있습니다. 세계 최초로 수소차 양산에 성공했고, 핵심부품 99%의 국산화를 이루고 있습니다. 한 번 충전으로 $600km$, 현재 세계에서 가장 먼 거리를 달립니다. 세계적으로 수소경제가 시작되는 지금, 우리 수소차의 세계시장 점유율이 50%에 달합니다. 수소경제의 또 다른 축인 연료전지 분야에서도 앞서가고 있습니다.

우리는 울산을 비롯한 대규모 석유화학 단지에서, 수소차 확산에 필요한 부생수소를 충분히 생산할 수 있는 능력을 이미 갖추고 있습니다.

전국적인 천연가스 배관도 우리가 가진 강점입니다. 총연장 5천여 km 의 천연가스 공급망을 활용한다면 천연가스에서 경제적으로 수소를 추출하여 각지에 공급할 수도 있습니다.

수소경제 로드맵은 이러한 강점을 바탕으로 세계 선도국가로 도약하고자 하는 청사진입니다. 2030년 수소차와 연료전지에서 모두 세계 시장 점유율 1위를 하는 것이 우리의 목표입니다. 그 중심에 울산이 있습니다.

아직은 시작입니다. 우리는 지난해까지 수소차 1,824대를 생산하여 그 중 절반이 넘는 935대를 수출했습니다. 올해는 4천대까지 보급을 늘리고 2022년 8만1천대, 2030년 180만대를 거쳐 이후 수백만 대 시대로 빠르게 확대해 나갈 것입니다.

승용차의 경우 현재 약 3,500만 원 보조금을 받아 중형차 가격으로 구입이 가능한데 양산이 이뤄질수록 생산원가가 낮아지고, 수출도 늘어날 것입니다.

지금까지 누적 1조 원 수준인 수소경제 효과는 2022년 16조 원, 2030년 25조 원으로 규모가 커지고, 고용유발인원은 지금까지 1만 명 수준에서 2022년 10만 명, 2030년 20만 명으로 늘어날 것입니다.

완성차 업체는 물론 연관 기업, 연구개발 인재들에게도 새로운 먹거리 분야가 될 것입니다. 벌써 300여개의 국내 부품업체가 개발과 생산에 참여하고 있으며, 수소 생산과 저장·운송 분야에도 다수의 중소·중견 기업이 참여하고 있습니다.

탄소경제시대에 우리는 원유와 천연가스를 전량 수입해야 했기 때문에 국제 가격 변동에 영향을 많이 받았고, 어려움을 겪을 때가 많았습니다.

수소경제 시대는 다릅니다. 수소는 어디에서나 구할 수 있는, 마르지 않는 자원입니다. 현재는 화석 연료에서 추출하는 방식이 일반적이지만 앞으로는 태양, 풍력, 바이오 등 재생에너지를 사용해 생산하는 것이 일반화될 것입니다.

현재 우리나라는 에너지의 95%를 수입에 의존하는 에너지 빈국입니다. 수소경제를 통해 에너지를 일정 부분 자급할 수 있게 되면, 경제성장을 더 안정적으로 이끌고 에너지 안보도 더욱 단단하게 지킬 수 있습니다.

수소라고 하면 수소폭탄을 연상하여 위험하게 여기는 분이 많은데, 알고 보면 그렇지 않습니다.

지난해 10월 제가 프랑스를 방문했을 당시, 파리에는 우리가 수출한 넥소입니다. 수소택시 61대가 운행 중이었고 파리 도심 한가운데 수소 충전소가 있었습니다. 파리 시민들은 그곳에서 셀프 충전을 할 만큼 수소택시와 충전소를 안전하게 여기고 있었습니다. 지금 청와대도 업무용 차량으로 수소차를 구입해서 사용 중입니다.

온실가스와 미세먼지를 배출하는 탄소와 달리 수소는 부산물이 물뿐인 깨끗한 에너지이기도 합니다. 특히 수소차는 주행하면서 대기 중의 미세먼지를 정화하는 효과까지 있습니다.

2030년까지 정부의 목표대로 수소차가 보급되면, 연간 3만 톤, 현재 발생량의 10%에 해당하는 미세먼지를 줄이는 효과가 있을 것으로 전망합니다.

수소경제를 위한 우리 정부의 의지는 확고합니다.

공급 측면에서는 산업 생태계 조성을 위해 제도를 정비하면서, 핵심기술과 원천기술을 국산화하고 상용화 하도록 돕겠습니다.

수소 생산, 저장, 운송 방식을 다양화하고 비용을 낮추겠습니다.

수요 측면에서는 정부가 시장 창출의 마중물이 되겠습니다.

현재 수소 승용차와 버스에 지급되는 보조금을 택시와 트럭까지 확대하겠습니다. 특히 지자체와 협력하여 미세먼지 저감에 효과가 큰 수소버스의 보급을 2022년까지 2000대로 늘리고, 경찰버스 820대도 2021년부터 수소버스로 교체해 나갈 계획입니다.

수소충전소 규제 개선과 설치 지원도 강화하겠습니다. 규제 샌드박스 1호가 '도심 수소차 충전소 설치'입니다. 수소 충전소를 올해 86개, 2022년까지 310개로 늘려 수소차 이용의 편의를 높이겠습니다.

또한 발전용 연료전지 보급 확대, 연료전지의 공공기관 도입 확대로 신산업을 확대하고 시장의 규모를 키우겠습니다.

존경하는 국민 여러분, 울산 시민 여러분

앞으로 빠르게 확산될 수소경제 시대는 바로 이곳 울산의 기회이기도 합니다.

울산은 석유화학 산업과 관련하여, 1억4천만 배럴의 액체화물 저장시설과 12만m^3 압축가스 저장시설을 보유하고 있어 수소의 생산과 저장에 특화되어 있습니다. 세계 최초 수소상용차 공장이 가동되고 있고 수소차 보급대수도 전국 1위입니다.

수소경제를 위한 탄탄한 기반과 함께 천여 개의 에너지기업과 연관기업이 있고 실력 있는 학계, 연구계도 조성되어 있습니다.

울산은 세계적인 수소경제 선도 도시가 될 수 있는 여건을 갖추고 있습니다. 울산이 성공하면, 대한민국도 성공합니다. 산업수도 울산, 성공 DNA를 보유한 울산이 다시 경제 성장판을 열어 주시기 바랍니다.

우리 국민은 위기 앞에서 더욱 강했습니다. 전쟁의 폐허에서 산업화를 이뤘고, 오일쇼크를 오일달러를 벌어들이는 기회로 바꿨습니다. 외환위기는 ICT산업으로, 국제 금융위기는 주력 수출산업 확대로 이겨냈습니다.

수소경제는 또 다시 우리에게 기회의 문을 열어줄 것입니다.

감사합니다.

제3회 국무회의 모두발언

| 2019-01-22 |

제3회 국무회의를 시작하겠습니다.

지난주 유례없이 미세먼지 농도가 높은 날이 많아 국민들이 큰 고통을 겪었습니다. 그 답답함을 속 시원하게 해결하지 못하고 있어 참으로 송구스러운 마음입니다. 우리 정부는 종합대책 수립, 미세먼지 기준 강화, 특별법 제정 등 과거보다 강력하게 미세먼지에 대응해 왔습니다. 그 결과 연평균 미세먼지 농도는 개선됐지만, 미세먼지 고농도 현상이 잦아지고, 기상 상황에 따라 초미세먼지 농도가 기록적으로 높아지면서 국민들의 체감은 오히려 더 심각해지고 있습니다. 정부가 손 놓고 있는 것 아니냐라는 지적까지 나옵니다.

미세먼지 해결은 국민의 건강권을 지키기 위해 우리 정부가 채택한 국정과제입니다. 그 약속을 지키려면 미세먼지 문제를 혹한이나 폭염처럼 재난에 준하는 상황으로 인식하고 대처해야 합니다.

지금 국민들이 바라는 것은 최선을 다하는 정부입니다. 할 수 있는 특단의 대책을 시도하고, 창의력과 상상력을 발휘해야 할 때입니다. 경유차 감축 및 친환경차 확대 로드맵 마련, 석탄화력발전 가동 중단의 확대, 노후 건설기계 저공해화, 가정용 노후 보일러의 친환경 보일러 교체 등 추가적인 미세먼지 감축 대책을 마련해 주기 바랍니다.

어린이와 노약자 이용시설의 미세먼지 저감 방안도 동시에 강구돼야 합니다. 인공강우, 고압분사, 물청소, 공기필터 정화, 또는 집진기 설치 등 새로운 방안들도 연구·개발하고 시행해서 경험을 축적하고 기술을 발전시켜 나갈 필요가 있습니다.

중국발 미세먼지에 국민 우려가 크다는 점도 잘 알고 있습니다. 중국도 고통 받고 있는 문제이기 때문에 서로 미세먼지를 획기적으로 줄이는 협력을 강화할 필요가 있습니다. 미세먼지 조기경보체계 공동 구축 방안에 대해서도 외교적인 노력을 기울여 주기 바랍니다.

2월15일 미세먼지 특별법이 시행되고, 민관 공동의 미세먼지 특별대책위원회가 출범합니다. 실효성 있는 범정부 컨트롤타워가 될 수 있도록 잘 준비해 주고, 또 국민소통을 강화해 주기 바랍니다. 미세먼지를 재난 수준으로 관리하기 위한 재난 및 안전관리기본법 개정과 수도권에만 적용되는 미세먼지 총량제를 확대하는 수도권 대기환경개선에 따른 특별법 개정을 위해 국회에서도 협조해 주시기 바랍니다.

오늘 이미 발표된 신용카드 수수료 개편 내용을 담은 여신전문금융법 시행령을 의결합니다. 신용카드 수수료 개편은 그동안 경영에 어려움을 겪어왔던 영세·중소 자영업자의 비용 부담을 줄인다는 측면에서 큰 의미가 있습니다. 이번 시행령으로 신용카드 우대 수수료를 적용받는 곳이 전체 가맹점의 84%에서 96%로 늘어납니다. 지금까지 연매출 5억 원 이하 가맹점만 혜택을 받았지만 앞으로 30억 이하 가맹점까지 혜택을 누리게 됩니다. 5억 원에서 10억 원까지는 수수료율이 2.05%에서 1.4%로, 또 10억 원에서 30억 원까지는 2.21%에서 1.6%로 내립니다. 금액으로 보면 5억 원에서 10억 원의 연매출 가맹점 부담은 연평균 147만 원 줄어들고, 10억 원에서 30억 원 매출 가맹점은 505만 원 줄어듭니다. 어려운 상황을 헤쳐 나가고 있는 자영업자, 또 소상공인들께 숨통이 트이는 소식이었으면 합니다.

정부는 카드 수수료 개편으로 혜택을 받게 되는 분들이 정책 내용을 잘 알 수 있도록 적극 알리고 홍보해 주기 바랍니다. 또 중산층과 서민의 부담을 덜어주는 이런 정책들을 더 많이 발굴해 줄 것을 당부합니다.

공정경제 추진전략 회의 모두발언

| 2019-01-23 |

지난해 11월 공정경제 전략회의에 이어 두 번째 회의입니다. 두 달 만에 당정청이 다시 함께 모인 이유는 지금 우리에게 공정경제가 그만큼 중요하기 때문입니다. 신년 기자회견 때 혁신성장과 포용국가를 강조해서 말씀드렸는데, 혁신도 포용도 모두 공정경제가 뒷받침되어야 이룰 수 있습니다.

혁신적 아이디어와 제품이 보호받지 못하면 혁신은 파묻히고 말 것입니다. 올해 초 메이커 스페이스를 방문했을 때 아이디어가 넘치는 청년 창업가들과 혁신제품들을 보면서 우리의 혁신 능력을 다시 한 번 확인할 수 있었습니다. 그러나 좋은 아이디어들이 넘친다 하더라도 혁신적 아이디어를 성공으로 이끌어 주기 위해서는 사회적 안전판이 뒷받침되어야 합니다. 수많은 청년 창업가와 개척자들의 아이디어와 도전정신을 지켜주고, 또 쓰러져도 다시 일으켜 세워 주는 것이 바로 공정경제입니다. 공정경제가 만든 상생의 기반 위에서 정당한 보상이 주어질 때 혁신은 더욱 활발해질 것이며, 혁신성장의 열매가 공정하고 고르게 나누어질 때 포용국가도 가능해질 것입니다.

지난해 우리는 공정경제의 기반을 닦았습니다. 을을 보호하면서 갑과 함께 상생하고자 노력했습니다. 그 결과 의미 있는 성과들이 있었습니다. 영세 소상공인의 생존권 보호를 위해 생계형 적합 업종을 법제화했습니다. 가맹점의 불공정 신고에 대한 가맹본부의 보복행위를 금지하고, 보복행위에 대해 손해액의 3배를 배상하도록 하여 가맹점 보호를 강화했습니다.

대기업이 하도급 업체에 원가 등 경영 자료를 요구하거나 전속 거래를 강요하는 행위를 금지하여 중소기업의 차별을 막았습니다.

상생결제 액수가 사상 최초로 100조 원을 돌파하여 중소협력사들의 경영에 큰 도움이 되었습니다. 올해는 하도급 대금 직불을 확대하여 원청자가 부도나더라도 하도급 업체가 발주자로부터 직접 대금을 받을 수 있도록 할 것입니다.

정부의 이러한 노력이 몇 가지 지표로 확인되고 있습니다. 공정위의 하도급 서면 실태 조사에서 대기업의 부당한 대금을 경험했다는 하도급 업체 비율이 2017년 4.2%에서 2018년 3.5%로 줄었습니다. 하도급 관행이 개선되었다고 응답한 비율도 2017년 86.9%에서 2018년 94%로 상승했습니다.

중소기업중앙회의 조사에 의하면 범정부 종합 대책이 대기업의 기술탈취 근절에 도움이 된다는 응답 비율이 훨씬 높았습니다.

우리 사회에 공정경제의 뿌리가 내려지고 있음을 보여주는 지표들이어서 매우 반갑습니다. 공정위와 또 관계 부처들의 노고를 치하합니다. 우리 사회의 갑과 을이라는 말이 아예 사라지도록 더욱 노력해 주길 바랍니다.

공정경제를 위해서는 대기업의 책임 있는 자세가 중요합니다. 상생경제는 대기업 자신의 혁신과 성장을 위해서도 반드시 이뤄져야 할 일입니다. 정부는 대기업 경영의 투명성을 높이고, 책임성을 강화하기 위해 지속적으로 소유 지배구조를 개선해왔습니다. 그 결과 자산 10조 이상의 상호출자 제한 기업 집단의 순환출자가 2017년 9월 93개에서 2018년 12월 5개로 대폭 감소했습니다.

법무부는 대기업 위법 사례에 대해 자산 2조 원 이상 대규모 기업을 상대로 한 3건의 소송을 포함해 입찰 담합 소송 25건을 제기를 해서 44억 원을 환수하는 실적을 올렸습니다. 사상 최초의 성과입니다.

이와 함께 내부거래 비중이 높은 대기업의 총수 일가 지분을 축소하여 일감 몰아주기와 같은 사익 편취를 해소했습니다. 앞으로도 정부는 대기업 대주주의 중대한 탈법과 위법에 대해서는 국민연금의 스튜어드십 코드를 적극 행사하여 국민이 맡긴 주주의 소임을 충실하게 이행하겠습니다. 틀린 것은 바로 잡고 반드시 그 책임을 물을 것입니다.

올해는 무엇보다 공정경제의 성과를 국민들이 직접 체감할 수 있도록 소비자 권익 보호를 위한 과제도 적극 발굴 추진해야 합니다. 금융, 통신, 전자상거래 등에서 불공정한 거래로 소비자가 피해 입지 않도록 영업 관행과 약관 등을 면밀히 살펴보고 개선 방안을 마련해 주기 바랍니다.

공정경제를 공공 분야에서부터 선도할 수 있도록 공공기관의 불공정 관행에 대해서도 철저한 관리 감독이 필요합니다.

공정경제를 위한 많은 법안들이 아직 국회에 계류 중에 있습니다. 기업 소유 지배구조 개선을 위한 상법, 공정거래법, 금융그룹감독법, 상생 협력을 위한 유통산업발전법과 상생협력법, 갑을 문제 해소를 위한 가맹사업법과 대리점법, 소비자 보호를 위한 집단소송법과 금융소비자보호법의 제정 또는 개정 법안들이 국회의 의결을 기다리고 있습니다. 모두 공정경제를 확립하기 위한 시급한 법안들입니다. 작년 여야정 국정 상설협의체에서 여야 5당 원내대표와 함께 불공정 시정과 공정경제의 제도적 틀을 마련하기 위해 상법 등 관련 법안의 개정을 위해 노력하기로 합의한 바 있습니다. 국민과 약속 지키기 위해서라도 국회에 다시 한번 간곡히 협조를 부탁드립니다.

공정은 혁신의 기반이며 개인이 능력을 발휘할 수 있는 토대입니다. 인정해 주고, 존중해 주고, 박수쳐 주고, 용기를 불러 일으켜 주는 문화가 우리 사회의 당연한 모습이 되어야 합니다. 일본의 한 중소기업 연구소에서 노벨상 수상 소식이 전해질 때 우리는 대기업에게 기술을 빼앗긴 중소기업의 사례를 계속해서 들어야만 했습니다. 우리도 골목에서 세계적인 요리사가 탄생하고, 골목에서 혁신적 발명품이 나올 수 있는 그런 사회를 만들 수 있습니다.

공정경제를 통해 혁신이 날개를 펴고, 함께 성장하는 포용국가를 만들어 가기를 희망합니다. 감사합니다.

대전의 꿈, 4차산업혁명 특별시

| 2019-01-24 |

존경하는 국민 여러분, 대전 시민과 과학기술인 여러분, 저는 오늘 대전과 함께, 그리고 과학기술인 여러분과 함께 우리의 새로운 꿈을 이야기하고자 이 자리에 섰습니다.

"우리는 달에 갈 것입니다" 1961년 미국 의회에서 케네디 대통령이 미지를 향한 미국의 꿈, 인류의 희망을 발표할 때, 우리가 국산 기술로 만들 수 있었던 것은 라디오뿐이었습니다. 우리는 과학기술 경쟁에서 같은 출발점에 서지 못했고, 운동화도 신지 못한 채 고군분투로 세계를 쫓아가고 있었습니다.

그로부터 60년, 우리는 올 3월 5세대 이동통신(5G) 서비스를 세계 최초로 시작합니다. 디지털시대의 선두주자가 되었습니다. 이곳 대덕의 45개 연구기관, KAIST와 충남대 등 7개 대학 연구실의 불은 꺼지지 않았습니다. 우리 과학기술의 혁신역량을 OECD 7위까지 올려놓았습니다. 우리는 결국 세계를 따라잡았습니다. 이제 우리 앞에는 4차산업혁명 시대가 기다리고 있습니다. 전세계, 모든 인류가 그 새로운 세계를 향해 뛰기 시작했습니다.

비로소 우리는 동등한 출발점에 섰습니다. 뒤따라갈 필요도 없고, 흉내 낼 이유도 없습니다. 우리가 생각하고 만들면 그것이 세계의 표준이 될 수 있습니다. 우리 선조들은 첨성대를 만들어 별을 관찰했습니다. 세계 최초로 금속활자를 만들었고, 한글을 만들었으며 철갑선인 거북선을 600년 전에 만든 민족입니다. 상상력, 창의력, 손기술에 이르기까지 어느 것 하나 뒤지지 않습니다.

4차산업혁명 시대는 우리에게 새로운 도전입니다. 그러나 추격형에서 선도형 경제로 나아갈 수 있는 절호의 기회를 주었습니다. 과학기술의 혁신이 그 출발점이 될 것입니다. 저는 대한민국 과학기술을 이끌어 온 대전이 그 사실을 증명할 수 있을 것이라고 굳게 믿습니다.

과학기술인 여러분의 땀과 열정을 치하하며, 우리 과학기술의 현재이며 미래인 대전에서 4차산업혁명 시대를 향해 출발하고자 합니다.

과학기술인 여러분, 과학기술 혁신을 응원합니다. 4차산업혁명 시대를 향한 여러분의 꿈에는 늘 정부가 함께 할 것입니다. 데이터(Data),

네트워크(Network), 인공지능(AI)을 일컫는 D·N·A는 4차산업혁명의 기반이 되는 기술입니다. 정부는 먼저 3대 핵심 기반 산업 육성을 지원하겠습니다. 올해부터 전략 혁신산업에 대한 투자가 본격화 됩니다. 2023년까지 국내 데이터시장을 30조 원 규모로 키워갈 것입니다. 데이터산업 규제혁신계획을 차질 없이 추진하고 인공지능 융합 클러스터를 조성하여 데이터와 인공지능 전문인력 1만 명을 양성하겠습니다. 인공지능 전문 대학원을 올해 3곳, 2022년까지 6곳으로 늘리겠습니다.

초연결지능화, 스마트공장, 스마트시티, 스마트팜, 핀테크, 에너지신산업, 드론, 미래자동차, 이 8대 선도 사업에도 올해 3조6천억 원의 예산이 투입됩니다.

R&D 제도를 연구자를 위한 방향으로 혁신할 것입니다. 연구자 중심으로 선도적 기술이 만들어질 수 있도록 할 것입니다. 연구자들이 연구 주제를 선택하는 기초·원천연구 투자에 올해 1조7천억 원을 지원합니다. 2022년까지 2조5천억 원으로 확대하겠습니다. 연구와 행정업무를 분리해 연구자들이 연구에 몰입할 수 있는 환경을 조성하겠습니다.

과학기술의 많은 위대한 발견들은 연구 전에 미리 예상하지 못했던 결과들입니다. 연구의 성공과 실패를 넘어 연구수행 과정과 성과를 함께 평가하겠습니다. 성실한 실패를 인정하고, 실패의 경험까지 축적해 나가겠습니다. 정부는 통제하고 관리하는 대신, 응원하고 지원하겠습니다. 과학기술인 여러분이 내딛는 한 걸음이 대한민국을 4차산업혁명으로 이끄는 새로운 지도가 된다는 사실을 기억해 주기 바랍니다.

대전 시민 여러분, 대전은 4차산업혁명 시대의 선도 도시입니다. 대덕연구개발특구의 새로운 도약은 대한민국 과학기술 성장으로 이어질 것입니다. 정부는 대덕특구의 연구개발이 대전의 일자리 창출과 혁신창업으로 이어지고, 대덕특구가 대전시 혁신성장의 거점이 될 수 있도록 필요한 지원을 아끼지 않겠습니다.

대덕특구에는 한국 최고의 역량과 열정을 가진 과학기관과 과학자들이 모여 있습니다. 대덕특구의 인프라에 정부의 지원을 더해서 첨단 신기술 상용화의 메카가 될 수 있도록 하겠습니다. 특구에 '신기술 규제 실증 테스트베드'를 구축하여 새로운 기술·제품·서비스에 대한 규제특례를 받을 수 있도록 하겠습니다. 시제품을 제작하는 데 필요한 예산도 지원하겠습니다.

지역 R&D 사업을 지방분권형 체계로 개편하여 지자체가 지역 R&D 사업을 기획·제안하고, R&D 수행의 주체를 직접 선정할 수 있도록 할 것입니다. 중앙정부는 우수성과를 사업화와 창업으로 연계할 수 있도록 뒷받침하겠습니다.

이와 함께, 대전의 숙원 사업인 도시철도 2호선 트램에 대한 예비타당성조사 면제를 국가 균형 발전 차원에서 적극적으로 검토하겠습니다.

존경하는 국민 여러분, 대전 시민과 과학기술인 여러분, 4차산업혁명 시대는 우리에게 주어진 새로운 기회입니다. 우리가 가는 길이 4차

산업혁명의 길이며, 우리 과학기술인들이 연구해낸 결과가 4차산업혁명 시대의 모습이 될 것입니다. 국가 R&D 혁신은 우리가 함께해내야 할 일입니다. 첨단으로, 새로운 것으로, 자신이 하고 싶은 것으로 미래를 개척해 주길 바랍니다. 새로운 산업 영역에서 세계를 매혹시키는 과학기술·ICT 기반의 창업이 더욱 활성화되길 바랍니다.

정부는 간섭하지 않을 것입니다. 규제하지 않을 것입니다. 새로움에 도전하는 과학기술 연구자를 응원하고 혁신하는 기업을 도울 것입니다.

4차산업혁명의 시대는 우리의 시대입니다. 대전의 시대입니다. 과학엑스포가 우리 아이들에게 과학의 꿈을 심어주었던 것처럼 '4차산업혁명 특별시' 대전에서 다시 우리 아이들이 미래 과학의 꿈을 키우길 희망합니다. 감사합니다.

ICT 혁신과 제조업의 미래 콘서트 인사말

| 2019-01-29 |

여러분, 반갑습니다. 전자·IT 기업인들뿐만 아니라 우리 학생들, 대학생, 고등학생들까지 오셨죠? 고맙습니다. 오늘은 제가 준비한 메시지를 말씀드리고 싶어서 온 것이 아니라 여러분들로부터, 또는 여러분과 함께 저도 직접 혁신을 보고 듣고 싶어서 이 자리에 왔습니다.

지난 1월 8일부터 11일까지 미국 라스베이거스에서 'CES 2019'라는 세계 최대 규모의 국제전자제품박람회가 열렸습니다. 전세계 165개국 4,600여개 기업들이 참가해서 전자·IT 또는 가전, 그런 혁신제품들을 출품을 했는데, 그 가운데서 우리 제품들이 전세계적으로 대단한 호평을 받았습니다. 그렇게 해서 무려 혁신상을 71개나 수상을 했습니다.

주최국인 미국에 이어서 가장 수상 제품이 많았습니다.

더욱 기쁜 것은 우리가 익히 실력을 알고 있는 그런 우리 전자·IT 분야의 대기업이나 중견기업들뿐만 아니라 중소·벤처기업들, 또는 나아가서는 스타트업 기업까지, 그리고 대학에서 출품한 제품까지 고르게 혁신상을 수상했습니다. 특히, 갓 창업한 스타트업 기업들의 제품에서 6개 제품이 혁신상을 이렇게 수상한 것은 대단히 고무적인 일이라고 생각합니다.

우리 전자, 그리고 또 IT 분야에서의 우리의 혁신 역량을 전세계에 보여준 아주 자랑스러운 일입니다. 앞으로 4차산업혁명 시대에서도 우리의 ICT 산업이 세계 시장을 선도할 수 있겠다는 그런 자신감을 보여준 일이었습니다. 혁신 한국의 저력, 또 우수성을 이렇게 증명해 준 우리 기업인 여러분들께 축하와 감사 인사를 드립니다.

뿐만 아니라 우리 국민들께서 라스베이거스까지 가지 않고도 그 혁신제품들을 보실 수 있도록 외국 전시에 이어서 국내에서 다시 한 번 전시를 열어 주신 것에 대해서도 깊이 감사를 드립니다.

정말 보시면 깜짝 놀랄만한, 상상을 뛰어넘는 그런 아주 대단한 아이디어 제품들이 많습니다. 국민들께서도 직접 그런 혁신 제품들을 보시고, 우리의 혁신이 어디까지 와있나 이렇게 또 세계 수준과 비교해보는 그런 기회로 삼았으면 좋겠습니다. 여러분, 오늘 함께 뜻깊은 시간되길 바랍니다. 감사합니다.

광주형 일자리 투자협약식 축사

| 2019-01-31 |

존경하는 광주 시민 여러분, 내외 귀빈 여러분, 반갑습니다.

현대자동차와 광주시가 완성차 사업 투자 협약서에 서명했습니다. 오랫동안 기다려온 소식입니다. 입춘과 설을 앞두고 국민들께 희망을 드리게 되어 매우 기쁩니다. 4년 반 동안의 끈질긴 노력이 결실을 맺었습니다. 드디어 '광주형 일자리'를 실현할 수 있게 되었습니다. 사회적 합의를 간절히 기다려 온 모든 국민과 함께 진심으로 축하합니다.

오늘 귀한 열매를 맺기까지 많은 수고가 있었습니다. 현대자동차는 불확실성이라는 도전에 맞서면서 일자리 만들기와 지역 균형 발전이라는 사회적 책임을 다하기 위해 힘든 결정을 해 주었습니다. 이용섭 시장님은 직접 협상단장을 맡아 다양한 이해관계를 조정하면서 사회적 대화를 성공적으로 이끌어 주셨습니다.

광주지역 노동계와 시민단체도 협상 과정에서 성숙한 역량을 보여 주셨습니다. 협상이 교착상태에 빠졌을 때 원탁협상으로 물꼬를 텄습니다. 광주의 학생들, 학부모, 시민단체들과 중소기업계도 범시민 결의대회와 서명을 통해 힘을 보탰습니다.

노사민정 모두 각자의 이해를 떠나 지역사회를 위해 양보와 나눔으로 사회적 대타협을 이뤘습니다. 대의를 위해 자기를 희생하는 '광주정신'이 이뤄낸 결과입니다. 기어코 광주형 일자리를 성사시킨 모두의 헌신에 경의를 표합니다.

존경하는 국민 여러분, 광주 시민 여러분, 기업의 성장은 고용으로 이어져야 합니다. 국민들은 좋은 일자리를 통해 삶의 희망을 갖고 사회안전망 속에서 미래를 꿈꿀 수 있어야 합니다. '혁신적 포용국가'는 우리 사회와 경제를 근본적으로 변화시키고자 하는 국가적 목표입니다. 공정경제를 기반으로 소득주도성장과 혁신성장을 성공시켜 함께 잘사는 경제를 만들자는 것입니다. '광주형 일자리'는 '혁신적 포용국가'로 가는 매우 중요한 역사적 전환점이 될 것입니다. 사회적 대타협을 통해 적정임금을 유지하면서 더 많은 일자리를 만들 수 있다는 것을 증명하게 될 것입니다.

최근 광주는 자동차 산업의 생산 감소로 지역경제가 침체되고, 매년 5천여 명의 청년이 빠져나가는 어려움을 겪었습니다. 그러나 빛그린 산업단지에 10만대 규모의 완성차 생산 공장이 들어서기만 해도 1만 2,000여 개의 새로운 일자리가 생깁니다. 일자리를 찾아 고향을 떠나야 했던 지역 청년들이 희망을 안고 다시 돌아올 수 있게 될 것입니다.

자동차 산업도 혁신의 계기가 될 것입니다. 무려 23년 만에 완성차 공장이 국내에 새로 지어집니다. '광주형 일자리'가 성공하면 국내 공장도 국제 경쟁력을 갖추게 되고, 미래차 경쟁에도 대비할 수 있게 될 것입니다. 비용 절감을 위해 해외로 나갔던 다른 제조업 공장들이 국내로 되돌아오게 하는 계기가 될 수도 있을 것입니다.

'광주형 일자리'는 일자리를 만들어내는 것 이상의 의미가 있습니다. 보다 성숙해진 우리 사회의 모습을 반영합니다. 산업구조의 빠른 변화 속에서 노사와 지역이 어떻게 상생할 수 있을지 보여주는 모범 사례가 될 것이라 확신합니다.

지금부터가 중요하고, 앞으로 해야 할 일도 많습니다. 많은 국민과 지자체가 기대와 희망을 가지고 광주를 주목하고 있습니다. 노사와 지역이 한마음이 되어 완성차 공장의 경쟁력을 높이고, 생산대수를 늘려가야 할 것입니다. 광주시가 빛그린 산단 진입도로 개설 등 많은 지원을 준비하고 있는 것으로 알고 있습니다. 광주 시민의 관심과 협조 또한 큰 힘이 될 것입니다.

정부도 '광주형 일자리'의 성공과 전국적인 확산을 위해 노력을 아끼지 않겠습니다.

정부는 반드시 타결될 것이라는 믿음을 갖고 예산과 정책을 미리 준비하고 추진해 왔습니다. '상생형 지역일자리'를 늘리는 것은 지역경제의 회복과 국가 균형 발전을 위해 꼭 필요한 일입니다. 정부는 어느 지역이든 지역 노사민정의 합의로 '광주형 일자리' 모델을 받아들인다면 그 성공을 위해 적극 지원할 것입니다. 특히 주력 산업의 구조조정으로 지역경제와 일자리에 어려움을 겪고 있는 지역일수록 적극적인 활용을 바라마지 않습니다.

존경하는 국민 여러분, 광주 시민 여러분, 시대의 변화를 이끌어온 광주입니다. 5월의 광주가 민주주의의 촛불이 되었듯 이제 '광주형 일자리'는 경제 민주주의의 불씨가 될 것입니다. 우리 청년들에게 희망이 되고 포용국가의 노둣돌이 될 것입니다.

우리는 오랜 경험을 통해 조금 느리게 보여도 사회적 합의를 이루면서 함께 전진하는 것이 우리 모두에게 좋다는 것을 알고 있습니다. 성급하게 자기 것만을 요구하는 것보다 조금씩 양보하면서 함께 가는 것이 결국은 빠른 길이라는 것을 잘 알고 있습니다.

저는 오늘 '광주형 일자리'가 사회적 대타협의 가능성을 보여준 것이 무척 반갑습니다. 노사 간 양보와 협력으로 좋은 일자리를 만들어낼 수 있다는 것을 확인시켜 주어서 정말 고맙습니다. 4년 반이라는 긴 시간 동안 인내하며 기다려 주신 국민 여러분께도 감사 인사를 전합니다.

공론을 모아가는 과정에 다양한 국민들이 관심을 가지고 참여했기에 합의 결과에 대한 수용성을 높일 수 있었습니다. "좀 어렵더라도 우리가 감당하자"는 국민의 공감과 의지가 더해져 '광주형 일자리'는 반드시 성공할 것입니다.

오늘 이 자리에는 새로운 공장에서 일하게 될 청년들도 함께하고 있습니다. 우리가 함께 만들어낸 '광주형 일자리'는 청년들의 미래를 밝혀 줄 것입니다. '광주형 일자리'는 반드시 '광주의 힘'으로 성공할 것입니다. 정부도 항상 응원하고 적극 지원하겠습니다. 감사합니다.

2월

혁신 벤처기업인 간담회 모두발언

| 2019-02-07 |

　여러분, 반갑습니다. 설 연휴 마치고 아주 한창 바쁜 시기일 텐데 함께해 주셔서 감사합니다. 제가 요즘 시간 나는 대로 다양한 경제 주체들을 만나 경청하는 그런 자리를 마련하고 있는데, 오늘은 1세대 벤처기업인들, 그리고 1세대 혁신창업을 해서 그 기업들을 대기업의 반열로 올려주신 그런 분들과 그다음에 또 최근 몇 년 사이에 새롭게 혁신창업을 해서 이른바 유니콘 기업으로 성장한 기업인들과 함께 대화를 나누는 시간을 갖게 됐습니다.

　다들 아시는 바와 같이 우리 정부는 혁신적 포용국가를 약속하면서 성장의 주된 동력을 혁신성장에서 찾고 있습니다. 그렇게 하려면 여러

가지 혁신과 함께, 특히 혁신창업이 활발해져야 되고, 그렇게 창업된 기업들이 중견기업, 유니콘 기업, 또 대기업으로 이렇게 성장할 수 있도록 그런 창업의 생태계가 활발해질 필요가 있습니다. 그렇게 하기 위해서 정부는 많은 정책적 노력을 기울이고 있고, 그 정책적 노력들에 대한 성과도 나타나고 있다고 생각을 합니다. 자료를 보면 작년 한 해 동안 신설 법인 수가 10만개를 돌파했는데, 이게 사상 최다입니다. 그리고 벤처 투자액도 3조4천억 원, 전년보다 44% 늘어서 역시 사상 최고치를 기록했고요. 매출액이 1천억이 넘는 그런 벤처기업 수도 600개 이상으로 그렇게 늘어났습니다. 수출액에서도 중소기업의 수출액, 연간 수출액도, 참여한 중소기업 수 모두 사상 최고입니다.

지난 1월에 있었던 CES, 미국에서 열렸던 국제전자제품박람회에도 우리나라 기업들이 많이 참가해서 혁신상을 많이 수상했는데, 대기업 제품뿐만 아니라 중견기업과 중소기업 제품들도 다수 혁신상을 받았고, 특히 그 가운데 창업한지 얼마 되지 않은 그런 창업 벤처기업 제품도 6개 혁신상을 수여받는 그런 성과를 올렸습니다. 그리고 유니콘 기업들도 올해 1월 현재 6개인데, 5개 정도는 유니콘 기업으로 올라설 수 있는 잠재적 유니콘 기업으로 그렇게 보고 있습니다.

이렇게 정부가 노력하고 있고, 성과가 지표상으로는 나타나고 있지만 그래도 기업 현장에서 느끼거나 실제로 창업해보고 기업을 성장시켜보고 요즘 새롭게 창업하는 창업가들에게 멘토 역할을 해 줄 수 있는 여러분들 입장에서 볼 때는 아직도 여러모로 부족하고 아쉬운 부분들이 많지 않을까 생각합니다.

오늘 그런 점들을 생생하게 들려주신다면 우리가 혁신성장을 추구해 나가는데 큰 도움이 될 것으로 생각합니다. 오늘 좋은 대화 기대합니다. 감사합니다.

2·8독립선언을 기리며

| 2019-02-08 |

100년 전 오늘, 600여 명의 조선유학생들이 함박눈이 내리는 도쿄 조선YMCA회관에 모였습니다. 일본의 심장 한가운데에서 독립만세를 외쳤습니다. 이날 유학생들이 낭독한 '조선청년독립선언서'는 우리 독립운동의 화톳불을 밝히는 '불쏘시개'가 되었습니다.

'2·8독립선언서'는 학생들에 의해 작성되었고 3·1독립운동에 직접적인 영향을 주었다는 데 큰 의미가 있습니다. 젊은 유학생들은 민족의 의사를 무시한 일제의 군국주의를 규탄했고 동양평화와 세계평화를 위해 독립이 이뤄져야 한다고 주장했습니다. 그리고 정당한 방법으로 독립이 이뤄지지 못한다면 최후의 일인까지 열혈을 흘릴 것, 영원한 혈전을 불사할 것이라는 의기를 보여주었습니다.

오늘 '2·8독립선언' 100주년 기념행사가 도쿄 재일한국 YMCA와 서울 YMCA에서 동시에 열립니다. 한완상 '3·1운동 및 대한민국임시정부 수립 100주년 기념사업추진위원회' 위원장님과 피우진 보훈처장이 유학생 대표들과 도쿄 행사에 함께 합니다.

'2·8독립선언'의 의미를 되새기며 3·1독립운동과 임시정부수립으로 이어지는 우리 독립운동의 역사를 기리는 하루가 되었으면 합니다. 저도 독립선언을 실행한 최팔용, 윤창석, 김도연, 이종근, 이광수, 송계백, 김철수, 최근우, 백관수, 김상덕, 서춘 등 도쿄 조선청년독립단 열한 분의 이름 하나 하나를 기억하겠습니다.

전국 시장·군수·구청장 초청 오찬 간담회

| 2019-02-08 |

　기초단체장 여러분, 반갑습니다. 민선 7기 기초단체장님들을 처음으로 모두 뵙습니다. 설 연휴를 마친 아주 바쁜 시기에 함께해 주셔서 감사합니다.

　설을 앞두고 구제역 때문에 걱정이 많았는데, 연휴 기간 동안 확산을 막아내 다행입니다. 안성시는 간부공무원들이 구제역 초소 근무를 했고, 천 명이 넘는 민간과 지자체 방역기관 소속 수의사들이 전국의 소, 돼지 1400여만 두 모두 연휴기간 동안 접종을 완료했습니다. 축산 농가가 있는 지역의 기초단체장님들 수고가 특히 많았습니다. 앞으로 일주일이 고비라고 하니, 마지막까지 철저한 방역을 당부 드립니다.

전국 226개 기초지방단체가 바로 대한민국입니다. 국민들을 가장 가까이 만나는 우리 단체장님들이야말로 지방분권과 국가균형발전의 처음이자 끝이며 한 분 한 분 모두 국정운영의 동반자입니다.

얼마 전 부산 북구청장님이 편지를 보내주셔서 기초자치단체의 재정 상황을 다시 한 번 생각하는 계기가 되었습니다. 오늘도 지역발전을 위해 서로 생생한 이야기들 나누었으면 합니다.

지역주민의 보다 나은 삶을 위해 혼신의 힘을 다하고 계신 단체장들께 정말 진심으로 감사드리며, 정부도 도움이 되도록 최선을 다하겠다는 약속을 드립니다.

정부는 지난해 3월, '국가균형발전특별법'을 개정해 국가균형발전위원회의 위상과 역할을 강화했습니다. 그리고 17개 시도에 지역혁신협의회를 구성해서 지역에서부터 혁신의 역량을 다질 수 있도록 했습니다. 9월에는 '자치분권 종합계획'과 재정분권 방안을 발표했습니다. 정부가 목표로 하는 '혁신적 포용국가'가 성공하기 위해서는 무엇보다 지역이 잘살아야 합니다. 정부는 지역경제에 활력을 되찾는 일에 역점을 두고 있습니다. 지역발전을 위한 정부의 노력이 우리 기초단체장님들께 힘이 되길 기대합니다.

그런 차원에서 지난 1월 29일, '국가균형발전 프로젝트'를 발표했습니다. R&D 투자, 지역 전략산업 육성, 도로·철도 인프라 확충 등에 24조1천억 원이 투입됩니다. 국가균형발전과 지역 혁신성장을 위한 산업기반이 전국 곳곳에 단단하게 구축될 것입니다.

대규모 예타 면제에 대한 우려가 없지 않습니다. 그래서 정부도 그런 우려를 특별히 유념하면서 예타 면제 대상 사업을 지자체와 협의해서 엄격한 기준으로 선정하는 한편 지역 간 균형을 유지하는 데 특별한 노력을 기울였습니다. 예타제도는 유지되어야 하지만, 국가균형발전을 위해 개선할 필요가 있다고 생각합니다.

앞으로도 정부는 지자체와 협력하여 지역 전략사업을 발굴하고, 적극 지원할 것입니다. 지역경제를 한단계 더 도약시켜 국가균형발전의 원동력을 만들겠습니다.

작년 8월에 발표한 '지역밀착형 생활SOC'는 올해 8조6천억 원이 예산에 반영됐고 이 중 5조5천억 원을 회계연도 개시 전에 배정할 수 있게 되었습니다. 모든 시·군·구에 작은 도서관이 1개씩 들어서고, 장애인 체육시설 30곳을 포함해 160개의 국민체육센터를 설치할 것입니다. 지역주민들의 삶의 질을 높이면서 지역 내의 균형발전에 도움이 되도록 잘 활용해 주시기 바랍니다.

기초단체장 여러분, 지자체가 스스로 일자리를 만들고, 규제를 혁신할 때 지역경제가 살아날 수 있습니다. 정부는 지자체의 자율성을 최대한 보장할 것입니다. 지역주도형 청년 일자리 사업과 지역맞춤형 일자리 사업이 지역발전과 국가발전으로 선순환되길 기대합니다. 지역 맞춤형 사업들을 적극적으로 발굴해서 제안해 주길 바랍다.

지역주도형 규제개혁도 추진하겠습니다. '찾아가는 지방규제신고센터'를 활성화해 현장의 어려움이 조속히 해결되도록 지원하겠습니다.

지난 1월 31일 '광주형 일자리'가 결실을 맺었습니다. 지역의 노사민정이 양보와 나눔으로 맺은 사회적 대타협이며 지역경제의 회복과 좋은 일자리 창출을 향한 의미 있는 출발입니다. 정부는 어느 지역이든 노사민정의 합의 하에 '광주형 일자리' 같은 사업을 추진한다면 그 성공을 위해 적극 지원할 것입니다.

특히 주력 산업의 구조조정으로 지역 경제와 일자리에 어려움을 겪고 있는 지역일수록 적극적인 활용을 바라마지 않습니다.

정부와 지자체는 한팀입니다. 지역의 어르신과 아이들을 돌보는 사업은 지자체와 정부가 함께 힘을 모아야 성공할 수 있습니다. 전국의 지자체가 인력 확충과 시설 마련에 팔을 걷어붙이고 나서주신 덕분에 작년 말 166개의 치매안심센터를 개소했습니다. 깊이 감사드립니다.

'온종일 돌봄체계'를 위해서도 지자체의 역할이 중요합니다. 학교돌봄과 마을돌봄이 유기적으로 이루어지도록 지자체의 모든 역량을 동원해 주시길 당부 드립니다.

지난해 지방분권형 개헌안이 무산되었지만 자치분권의 확대는 멈출 수 없는 과제입니다. 중앙이 맡고 있는 571개의 사무를 지방으로 이양하기 위한 '지방이양일괄법' 제정안이 지금 국회에 계류 중에 있습니다. 지자체의 자치권과 주민자치를 확대하기 위한 '지방자치법 전부 개정안'도 2월 중에 국회에 제출될 것입니다. 이번 개정안에는 지자체의 자율권 확대와 함께 주민투표·주민소환·주민발안 등 획기적인 주민참여 방안을 담고 있습니다.

'지방분권법안'은 지난해 여야정 국정상설협의체의 합의 사항인 만큼 조속히 통과될 수 있도록 국회와 협조해 나가겠습니다.

재정분권에 대한 정부의 방안도 작년에 발표되었습니다. 이 방안들을 차질 없이 이행하여 국세와 지방세의 구조를 임기 내 7대 3으로 개선하고, 6대 4로 가기 위한 토대를 만들 것입니다. 자치분권과 재정분권 추진 과정에 기초자치단체의 입장과 의견이 충분히 반영될 수 있도록 하겠습니다.

기초연금법 시행령과 보조금 관리에 관한 법률 시행령에 관한 제도 개선도 검토를 지시했습니다. 정부의 복지정책이 지역의 과도한 부담이 되지 않도록 살피겠습니다.

존경하는 기초단체장 여러분, 올해 한걸음 더 다가올 한반도 평화는 지역에도 커다란 영향을 줄 것입니다. 지자체에서도 다가올 한반도 평화시대에 대비하여 지자체 차원의 남북교류 사업과 평화경제를 미리 준비해 주시기 바랍니다.

모두 새해 복 많이 받으시고, 올해 추진하는 모든 사업들이 성공리에 이뤄지길 바랍니다. 지자체가 하는 일에 정부가 항상 함께하겠습니다. 감사합니다.

제6회 국무회의 모두발언

| 2019-02-12 |

제6회 국무회의를 시작하겠습니다.

경제활력을 위한 정부의 노력이 속도를 내는 가운데 어제 산업부가 규제 샌드박스 최초 승인을 발표했습니다. 모레는 과기부의 승인이 뒤따를 예정입니다. 이로써 지난달 도입된 규제 샌드박스가 최초로 신산업 현장에서 적용되게 되었습니다.

제도 시행 첫날에만 19건의 승인 신청이 있었고, 채 한 달이 안 되어 첫 승인 사례가 나온 것은 규제혁신에 대한 기업들의 높은 기대와 정부의 지원 의지가 손뼉을 마주친 결과라고 하겠습니다. 빠르게 심의 절차를 진행해 준 두 부처 장관들께 감사드립니다.

규제 샌드박스는 규제체계의 대전환을 위해 우리 정부가 새롭게 도입한 제도입니다. 그간 정부는 신기술과 신산업의 변화 속도를 따라잡지 못하는 기존 규제혁신의 한계를 극복하고, 경제활력과 민간의 혁신역량을 지원하기 위해 다각도의 노력을 기울여왔습니다. 그중에서도 규제 샌드박스는 정부가 역점을 두고 추진한 규제혁신 대표정책입니다.

규제 샌드박스는 '혁신경제의 실험장'입니다. 새로운 기술과 서비스가 국민의 생명과 안전·건강에 위해가 되지 않는 한, '선 허용, 후 규제'의 원칙에 따라 마음껏 도전하고 새로운 시도를 해볼 수 있도록 기회를 열어주자는 것이 핵심입니다.

일정 기간 규제를 면제해 실전 테스트를 가능하게 해 주거나 임시 허가를 내줘서 시장 출시를 돕는 것입니다. 개별 사례에 대해서는 우려가 있을 수 있습니다. 규제혁신에는 이해관계나 가치의 충돌이 따릅니다. 충분한 안전장치로 갈등과 우려를 해소하는 것도 정부가 해야 할 중요한 일입니다.

그러나 논란만 반복해서는 한 걸음도 나갈 수 없습니다. 규제 샌드박스는 안전성과 효과성, 시장성을 확인하고 시험하는 절차를 거쳐서 규제의 필요성 여부를 검증해보자는 것입니다. 그런 기회조차 주어지지 않는다면 아무리 획기적인 아이디어로 신기술을 개발한들 새로운 가치를 창출할 수도 없고, 새로운 제품이나 산업을 만들어 낼 수 없습니다.

새로운 가치를 창출하는 혁신 없이 추격형 경제에서 선도형 경제로의 전환은 불가능합니다. 규제 샌드박스가 우리 경제의 성장과 질적 전환을 위한 계기가 될 것으로 기대합니다.

우리 기업들이 세계에서 가장 앞선 규제 샌드박스 제도를 활용하여 마음껏 혁신을 시도하려면 정부가 지원자 역할을 단단히 해야 합니다. 규제 샌드박스 제도의 성공적인 안착을 위해 적극적이고 진취적으로 제도를 운용해 주기 바랍니다.

이를 위해 관계부처에 몇 가지 당부드리겠습니다.

첫째, 규제 샌드박스 심의 절차가 신청 기업들 입장에서 또 다른 장벽이 되지 않도록 신청에서 시작하여 심의를 마칠 때까지 관계 부처가 친절한 안내자 역할을 해 주기 바랍니다.

둘째, 기업의 신청만 기다릴 것이 아니라 정부가 먼저 규제 샌드박스 사업을 적극적으로 발굴하는 노력도 필요합니다. 그동안 경제 현장과의 다양한 소통을 통해 신기술·신산업의 애로사항을 경청했던 사례 가운데 규제 샌드박스를 통해 해결할 수 있는 과제는 적극적으로 기업의 신청을 권유하여 활용할 수 있도록 해 주기 바랍니다.

셋째, 규제 샌드박스가 새롭게 시행된 제도인 만큼 기업과 국민들께서 잘 이해하고 충분히 활용할 수 있도록 잘 홍보해 주시기 바랍니다. 산업부와 과기부의 승인 사례에 대해서도 승인의 의미와 효과를 충분히 홍보해 주기 바랍니다.

아울러 한 가지 더 강조하고 싶은 것은, 적극 행정이 정부 업무의 새로운 문화로 확고하게 뿌리내려야 한다는 점입니다. 나는 솔직히 이번 규제 샌드박스 승인 사례들을 보면서 지금까지 우리나라에서 이런 정도의 사업이나 제품조차 허용되지 않아서 규제 샌드박스라는 특별한 제도가 필요했던 것인지 안타깝게 여겨졌습니다.

심지어 우리 기업이 수년 전에 시제품을 만들었는데 규제에 묶여 있는 사이에 외국 기업이 먼저 제품을 출시한 사례도 있다고 들었습니다. 정부는 국민과 기업이 삶과 경제 현장에서 겪는 어려움을 적극적인 발상으로 해소하는 문제 해결자가 되어야 합니다.

감사원이 기존의 적극 행정 면책제도에서 한발 더 나아가 사전 컨설팅 제도를 도입한 것은 매우 바람직한 일입니다. 적극 행정 면책제도가 감사 후의 사후적인 조치라면 사전 컨설팅 제도는 행정 현장에서 느끼는 불확실성과 감사 불안을 사전에 해소해줌으로써 규제에 관한 적극 행정을 유도하는 효과가 있습니다.

정부 부처에서는 한 걸음 더 나아가 주기 바랍니다. 부처 차원에서 선제조치가 있어야 적극 행정이 더욱 확산되고 정착될 수 있습니다. 각 부처 장관들께서 장관 책임 하에 적극 행정은 문책하지 않고 장려한다는 기준을 세우고, 적극적으로 독려해 주기 바랍니다. 적극 행정의 면책과 장려는 물론 소극 행정이나 부작위 행정을 문책한다는 점까지 분명히 해 주시기 바랍니다.

또한 16,000여 개에 달하는 각 부처의 훈령, 예규, 고시, 지침 등 행정규칙에 대해서도 규제의 측면에서 정비할 부분이 없는지 전반적인 검토를 당부 드립니다.

'혁신의 플랫폼, 함께 만드는 스마트시티' 혁신전략 보고회 모두발언

| 2019-02-13 |

존경하는 국민 여러분, 부산시민 여러분, 정부가 역점을 두어 건설 중인 스마트시티 혁신전략 보고회를 오늘 부산에서 열게 되어서 매우 기쁩니다. 스마트시티는 4차 산업혁명의 요람입니다. 우리가 새롭게 만들어가야 할 미래 도시의 모습이며 우리의 삶을 더 안전하고 풍요롭게 꾸려줄 터전입니다.

부산은 새로움의 통로입니다. 해외의 새로운 문물이 부산을 통해 한국으로 들어왔고, 한국의 문화와 상품이 부산을 통해 세계로 나갔습니다. 오늘 부산은 스마트시티라는 또 하나의 새로운 역사를 시작합니다. 상상 속의 미래도시가 우리의 눈앞으로 다가오고 있다고 생각하니 벌써

부터 가슴이 뜁니다.

우리는 스마트시티를 가장 먼저 도입하고 세계 최초로 관련 법률을 제정한 나라입니다. 인터넷과 스마트폰이 없는 삶을 상상할 수 없게 되었듯 스마트시티는 곧 우리의 삶을 바꿔놓을 것입니다.

조금 전 우리는 위치기반 안전서비스를 제공하는 스마트 가로등, 태양열로 스마트폰 충전서비스를 제공하는 스마트 벤치 등 새로운 기술을 체험했습니다. 안전하고 편리한 미래도시를 맛보았습니다. 스마트시티는 사람을 위해 기술이 살아 움직이는 도시입니다. 눈에 보이는 시설 뒤편으로 신경망처럼 구석구석까지 연결된 4차 산업혁명의 주요 기술들이 우리의 삶을 더욱 안전하고 편리하게 만듭니다. 지금까지 제각각으로 움직였던 교통, 치안, 재난 방지, 행정, 의료, 돌봄 서비스 등이 서로 유기적이며 효율적으로 연결됩니다.

2022년 여러분이 부산의 스마트시티에서 생활하신다면 출퇴근 등 도로에서 소비하는 시간 60시간, 행정처리 20시간, 병원 대기 5시간 등 1년에 124시간을 절약할 수 있습니다. 4차 산업기술을 활용한 통합안전관리시스템으로 지진과 화재 같은 재난정보를 즉각 알게 되고, 소방차의 출동시간이 5분 내로 단축됩니다. 도시의 범죄율은 25%, 교통사고는 50% 가량 줄일 수 있습니다.

평상시에는 실시간 건강 모니터링 시스템으로 맞춤형 건강관리를 받고, 가정용 인공지능 비서 로봇, 자율 배송로봇, 재활로봇 등이 도입되어 일상 곳곳에서 도움을 받을 수 있습니다.

'4차산업혁명위원회' 산하 '스마트시티 특별위원회'는 전국의 후보지 서른아홉 곳을 검토한 끝에 지난 해 1월 최종적으로 부산과 세종을 스마트시티 국가시범도시로 선정했습니다. 기존의 도시를 개조하거나 재개발하는 것이 아니라 완전히 백지상태에서 4차 산업혁명 기술과 도시가 완벽하게 결합하는 시범적인 스마트시티를 만들어보자는 야심찬 계획입니다. 부산 낙동강변의 벌판과 세종시의 야산이 4차 산업혁명 시대를 앞서가는 새로운 문명의 도시가 될 것입니다.

도시 조성 체계부터 다릅니다. 도시계획전문가와 사업시행자가 주도하던 기존의 신도시 방식이 아니라, 민간의 혁신총괄기획자(MP)를 중심으로 전문가들이 구상과 기획을 맡고, 민간기업이 비즈니스 모델을 검토하며 참여하고 있습니다. 시민들의 아이디어를 모으는 혁신적인 시도도 계속하고 있습니다.

정부도 '스마트시티형 규제 샌드박스' 도입을 추진하고 많은 예산을 투입하며 뒷받침하고 있습니다. 올해부터 2021년까지 정부와 민간을 합쳐 3조7천억 원을 투자할 계획입니다.

오늘 스마트시티 혁신전략을 보고해 주실 두 분은 도시계획전문가가 아닌 뇌 공학자와 IT·플랫폼 전문가입니다. 뇌공학자 정재승 박사는 세종시를, IT·플랫폼 전문가 황종성 연구위원은 부산을 각각 특색 있는 스마트시티로 그려나가고 있습니다. 국가적으로 처음 해보는 야심찬 구상을 잘 이끌어 주고 계신 두 분께 이 자리를 빌려 감사드립니다.

특히 부산의 스마트시티는 로봇 등 새로운 산업육성으로 혁신 생태계를 조성하고, 친환경 미래 수변도시로 만들어나갈 계획입니다. 올해 말 착공하여 2021년 말부터는 시민들이 입주를 시작해서 스마트시티를 직접 체감하게 될 것입니다. 기술은 새롭거나 신기해서가 아니라, '사람'을 위해 활용될 때 비로소 가치가 있습니다. 사람이 도시에 맞춰서 사는 것이 아니라 사람의 삶에 맞춰 움직이는 스마트시티를 기대해 주시기 바랍니다.

국민 여러분, 부산시민 여러분, 스마트시티는 안전하고 편리한 미래형 도시임과 동시에 대한민국 혁신성장의 플랫폼입니다. 자율주행자동차, 헬스케어, 신재생 에너지를 비롯한 4차 산업혁명 선도기술을 일상에서 체감할 수 있기 때문에 각 나라의 융·복합 신기술 경연장이 되고 있습니다. 세계시장 규모에서 가장 빠른 성장이 예상되는 분야이기도 합니다.

세계 각국이 4차 산업혁명 시대를 주도하기 위해 스마트시티 분야에서도 치열한 경쟁을 펼치고 있지만, 국가적 차원의 시범단지를 만든 것은 우리가 세계 최초입니다. 세계 스마트시티 시장에서 주도권을 확보하는 것이 중요합니다. 정부의 목표와 의지는 명확합니다. 부산시와 세종시를 세계에서 가장 앞서나가는 스마트시티로 조성하는 것입니다. 부산과 세종의 시범도시가 성공하면 도시구상 - 계획 - 설계 - 시공 - 운영의 전 과정을 포괄하는 선도모델로 해외 진출을 추진해 나갈 것입니다.

우리의 가능성과 역량은 충분합니다. 한국형 스마트시티는 사물인 터넷을 비롯한 우수한 정보통신기술과 많은 성공적인 신도시건설 경험으로 세계적으로 인정받고 있습니다. 지난해 11월 싱가포르에서 열린 '아세안 스마트시티 전시회'에서도 한국형 스마트시티는 단연 두각을 나타냈습니다. 중국, 페루, 오만 등에 이어 싱가포르, 네델란드 등 스마트시티 선도국들도 우리와의 협력을 희망하여 MOU를 체결해 나가고 있습니다.

또한 총 사업비 26조 원 규모의 쿠웨이트 압둘라 사업의 스마트시티 개발 프로젝트에 우리 기업이 참여하고 있습니다. 세계은행, UN·헤비타트를 비롯한 국제기구들과도 세계 각국에서 협력사업을 하고 있습니다.

존경하는 국민 여러분, 부산시민 여러분, 스마트시티의 성공은 '혁신적인 사람'에 달려있습니다. 도시는 살아있는 플랫폼으로 기능하고, 시민은 혁신성과 포용성을 마음껏 발휘할 때 스마트시티의 가치와 경쟁력이 생겨납니다. 스마트시티는 단순히 건물을 짓는 것이 아니라 기업과 기업, 시민과 시민이 협력하고 공유하며 함께 만들어가고 함께 운영해가야 합니다. 세계 스마트시티를 선도하는 힘이 포용과 개방의 도시 부산에서 시작될 것이라고 저는 확신합니다.

명실상부한 행정중심 도시로 성장하고 있는 세종시의 혁신성과 포용성도 스마트도시로서 최적의 입지조건을 가지고 있습니다. 부산과 세종이 세계 최고의 스마트시티로 성공하면, 대한민국 경제는 선도형 경제로 일어날 수 있습니다.

　우리는 반드시 해낼 것입니다. 스마트시티 시범도시 성공을 위해 우리 국민들께서, 부산 시민들께서, 세종 시민들께서 더 많은 관심과 힘을 모아 주시기 바랍니다. 감사합니다.

국정원·검찰·경찰 개혁 전략회의 모두발언

| 2019-02-15 |

여러분, 반갑습니다. 아주 고마운 분들이 모였습니다. 오늘 우리는 권력기관의 개혁 성과를 점검하고, 남은 과제를 논의하기 위해 모였습니다. 모든 공권력은 오직 국민을 위해 사용되어야 합니다. 이것은 우리 정부가 한시도 잊어서는 안 될 국민이 부여한 준엄한 명령입니다.

국민의 명령은 분명합니다. 반칙과 특권이 없는 나라, 일상에서 어떤 불공정이나 조그마한 부조리도 결코 용납하지 않는 사회를 원하고 있습니다. 정부 출범 이후 국정원, 검찰, 경찰 모두 자체 개혁위원회를 설치·운영하면서 상당한 성과를 거뒀습니다.

국정원은 국내정보 부서를 전면 폐지하여 국정원의 정치 개입을 완전히 차단했고, 준법지원관·인권보호관을 통해 인권보호의 수준을 크게 높였습니다.

법무부는 검사인사제도를 정비하고, 법무부 탈검찰화와 검사 파견 최소화 조치를 시행했습니다.

검찰은 검사 직접수사 기능을 줄이고, 인권보호를 위해 인권부를 설치했습니다. 아울러, 검찰권 행사의 투명성과 객관성을 높였습니다.

경찰은 집회시위 자유를 대폭 보장하고, 수사 과정에서 피의자의 인권 보장을 확대하는 등 국민의 경찰로 거듭나기 위해 적극 노력했습니다.

그 결과 우리 정부 들어 국정원, 검찰, 경찰에서 과거처럼 크게 비난받는, 권력형 비리나 정권유착 비리 단 한 건도 발생하지 않았습니다. 나아가서 국정원의 경우, 정치 관여를 근절하고 해외·대북정보에 전념하자 국제사회로부터 실력을 인정받게 되었고, 평화를 위한 정부의 노력을 가장 앞장서서 뒷받침하게 되었습니다. 검찰과 경찰도 개혁하는 만큼 정당한 평가를 받게 될 것입니다.

또한 각 위원회가 초석을 닦고, 국정원, 법무부와 검찰, 행안부와 경찰이 함께 힘을 모아 개혁의 법제화에도 상당한 성과를 거두었습니다. 국정원 개혁입법, '공수처' 신설입법, '검·경수사권 조정' 입법, 자치경찰제 법안 마련 등이 그것입니다.

관계자 여러분 모두의 노고를 치하하며 진심으로 감사드립니다.

하지만, 우리 국민의 눈높이는 아주 높습니다. 국민이 만족할 만큼 개혁은 아직 이루어지지 않았습니다. 공권력은 선한 의지를 가져야 합니다. 공공의 안전과 인권을 지키기 위한 공권력이라면 국민 모두 공권력의 강화를 반길 것입니다.

국정원, 검찰, 경찰은 오직 국민을 위한 기관으로 새로 태어난다는 각오를 다져야 합니다. 자유롭고 정의로우며 공정하고 안전한 사회를 위해 국민이 부여한 권한을 사용하고, 소임을 다하기 위해 전력을 다해야만 합니다.

올해는 우리 국민에게 매우 특별한 해입니다. 100년 전 3·1독립운동과 대한민국 임시정부 수립을 통해 선조들은 나라다운 나라, 정의로운 대한민국에 대한 원칙과 토양을 만들었습니다. 국민이 되찾고 바로 세운 대한민국의 자랑스러운 역사입니다.

1919년 4월 11일 선포된 '대한민국임시헌장' 제1조는 "대한민국은 민주공화제로 함"입니다. 세계적으로 헌법에 '민주공화제'를 담은 것은 '대한민국임시헌장'이 최초입니다.

국민 위에 군림하고 정권의 이익을 위해 봉사하는 권력기관이야말로 100년 전 선조들이 온몸을 던져 타파하고자 했던 것이었습니다. 일제 강점기 검사와 경찰은 일제의 강압적 식민통치를 뒷받침하는 기관이었습니다. 조선총독에 의해 임명된 검사는 상관의 명령에 복종하도록 규정돼 있었고, 최고의 명령권도 총독이 가지고 있었습니다. 경찰은 의병과 독립군을 토벌하고, 독립운동가를 탄압하고, 국민의 생각과 사상까지 감시하고 통제했습니다. '칼 찬 순사'라는 말처럼 국민의 생사여탈권을 쥐고 있던 공포의 대상이었습니다.

경찰은 광복 후에도 일제 경찰을 그대로 편입시킴으로써 제도와 인적 쇄신에 실패했습니다. 일제가 강압적인 식민통치를 위해 행정, 입법, 사법의 모든 권력을 조선총독에게 집중시킨 것과 다르게 1920년, 대한민국임시정부의 주역인 안창호 선생은 "대통령이나, 국무총리나, 모두 국민의 노복이다"라고 말했습니다. 대한민국의 유일한 주권자는 국민이며, 청와대를 비롯한 정부와 공공기관, 모든 공직자는 오직 국민을 위해 존재한다는 사실을 항상 되새겨야 할 것입니다.

올해 우리는 일제시대를 거치며 비뚤어진 권력기관의 그림자를 완전히 벗어버리는 원년으로 만들어야 할 것입니다. 국정원·검찰·경찰 개혁은 정권의 이익이나 정략적 차원의 문제가 아닙니다. 민주공화국의 가치를 바로 세우는 시대적 과제입니다.

오늘 무엇보다 강조하고 싶은 것은 개혁의 법제화와 제도화입니다. 입법을 통해 권력기관 간 견제와 균형의 원리가 항구적으로 작동되도록 해야 합니다. 대통령과 청와대, 정부 또한 이들 기관의 감시·견제 대상이 될 것입니다.

국회도 국민의 여망에 응답해 주시길 기대합니다. 국정원 개혁법안, '공수처 신설' 법안과 '수사권 조정' 법안, 자치경찰법안이 연내에 국회를 통과할 수 있도록 대승적으로 임해 주실 것을 간곡하게 당부 드립니다. 정권이 바뀌더라도 국정원, 검찰, 경찰의 위상과 소임이 오로지 국가와 국민을 지키는 데 있다는 사실이 달라지지 않도록 입법에 힘을 모아 주시길 부탁드립니다.

사법개혁도 더 이상 미룰 수 없는 과제입니다. 국민을 지켜주는 최후의 울타리로서 국민들의 관심이 매우 높습니다. 진지하게 논의를 진행해 주시기 바랍니다. 입법 과정만 기다릴 수는 없습니다. 행정부 스스로 실현할 수 있는 과제들은 앞으로도 지속적이고 일관되게 이행해 주실 것을 당부합니다.

권력기관 개혁의 원동력도 국민이고, 평가자도 국민입니다. 국민과 함께, 국민의 힘으로, 국민의 눈높이까지 쉼 없이 개혁을 해 나가야 합니다. '나라다운 나라, 정의로운 대한민국'으로 가는 길에 권력기관이 국민의 가장 든든한 동반자가 될 때까지 모두 함께 지치지 말고 추진해 나갑시다. 감사합니다.

종교지도자 초청 오찬 간담회 모두발언

| 2019-02-18 |

제가 먼저 인사 말씀을 드리겠습니다. 제가 일일이 찾아뵈어야 될 분들인데, 이렇게 청와대까지 와 주셔서 감사드립니다.

한국종교인평화회의를 이끌고 계신 김희중 대주교님, 광주에서 올라오셨을 텐데 불편은 없으셨는지 모르겠습니다.

원행 총무원장 스님, 또 이홍정 총무님, 오도철 교정원장님, 이정희 교령님, 김영근 성균관장님, 박우균 민족종교협의회 회장님, 우리 국민들을 위해서 항상 건강하시길 기원합니다.

지난번 뵈었을 때는 취임한지 얼마 안 된 때여서 안팎으로 나라의 기틀을 다시 세우는 시간이었습니다. 또 한반도 상황도 살얼음판을 딛

듣이 아주 조심스러웠습니다. 눈앞에 다가온 평창 동계올림픽을 반드시 성공시켜서 평화와 화합의 계기로 만들어야 한다는 그런 절박함이 아주 컸습니다. 가장 필요할 때 우리 종교계가 국민의 마음을 하나로 모아 주셨고, 또 평화의 여정에서도 격려와 조언을 아끼지 않았습니다.

종교 지도자 여러분께 진심으로 감사드립니다.

그렇게 함께 염려하고 힘을 모아 주신 덕분에 한반도의 평화에 큰 발전이 있었습니다. 다음 주에 열릴 제2차 북미정상회담에서도 비핵화와 북미관계 정상화에서 큰 진전이 있을 것으로 전망을 합니다. 싱가포르 공동성명의 구체적이고 가시적인 이행이 빠르게 진행될 수 있을 것이라고 기대하고 있습니다.

지난주에는 또 금강산에서 개최된 새해 첫 남북 간 민간 교류 행사에 다녀오셨다고 들었습니다. 남과 북의 국민들이 함께 해금강 일출을 볼 수 있게 된다면 얼마나 좋겠습니까. 우리 종교지도자님들께서도 그런 마음으로 다녀오셨으리라고 생각합니다. 한반도의 평화가 함께 잘사는 번영으로 이어지도록 계속해서 힘을 모아 주시기 바랍니다.

3·1 독립운동과 대한민국 임시정부 수립 100주년을 맞는 올해 종교의 역할과 의미가 더욱 특별하게 와 닿습니다. 100년 전 3·1 독립운동에 앞장선 민족대표 33인은 모두 종교인이었습니다. 따로 시위를 준비하던 학생들도 민족대표들의 독립선언식 준비 소식을 듣고 더욱 더 적극적으로, 또 더 많은 사람들이 참여하게 되었습니다.

최초로 3·1 만세 시위를 벌인 서울, 평양, 진남포, 안주, 의주, 선천, 원산, 이 각지에서 종교가 먼저 하나가 되었습니다. 그러자 국민들이 함께 힘을 모았고 남녀노소, 빈부귀천과 상관없이 함께 독립선언서를 인쇄하고 또 태극기를 제작했습니다.

범어사 등 전국 사찰에서 독립자금을 모았고, 원불교도 모금활동을 전개해서 성직자들이 옥고를 치르기도 했습니다. 천도교는 300만 명에 이르는 전국 교인들이 논과 밭, 또 황소를 팔아서 헌금을 모금했습니다.

이렇게 종교계의 헌신으로 세계적으로 찾아보기 어려운 연대와 협력의 역사가 만들어졌습니다. 우리 모두 자부심을 가질만한 일입니다.

이번 주 일주일간 전세계 종교인과 함께하는 세계종교인평화기도회를 개최한다고 들었습니다. 또한 3·1절 정오에는 전국 종교시설에서 시간에 맞춰서 일제히 타종이 거행될 예정이라고 그렇게 들었습니다. 3·1 독립선언에 대한 큰 기념이 될 것 같습니다. 종교인들의 적극적인 참여로 국민 모두 100주년을 더욱 뜻깊게 기념할 수 있을 것입니다.

우리 선조들이 꿈꾸었던 나라는 진정한 민주공화국입니다. 국민 모두 골고루 잘살고 평화롭게 공존할 수 있는 나라입니다. 국민과 함께 이 꿈을 꼭 이루고 싶습니다. 여기 계신 종교지도자들께서 지혜를 나눠주시고, 또 국민 통합의 길을 열어 주시기를 부탁을 드립니다.

감사합니다.

포용국가 사회정책 대국민보고 모두발언

| 2019-02-19 |

우리 정부는 '혁신적 포용국가'를 목표로 하고 있습니다. 4차 산업혁명시대를 맞아 혁신성장을 이뤄가면서 동시에 국민 모두가 함께 잘 사는 포용적인 나라를 만들어 가자는 뜻입니다.

대한민국이 혁신적 포용국가가 된다는 것은 혁신으로 함께 성장하고, 포용을 통해 성장의 혜택을 모두 함께 누리는 나라가 된다는 의미입니다. 혁신성장이 없으면 포용국가도 어렵지만, 포용이 없으면 혁신성장도 없습니다. 혁신성장도, 포용국가도 사람이 중심입니다. 포용국가에서는 국민 한 사람 한 사람의 역량이 중요합니다. 마음껏 교육받고, 가족과 함께 충분히 휴식하고, 기본적인 생활을 유지해야 개인의 역량을 발전시킬 수 있습니다. 이 역량이 4차 산업혁명시대에 지속가능한 혁신성장의 원동력이 될 것입니다.

포용국가는 국가가 국민에게, 또는, 잘 사는 사람이 그보다 못한 사람에게 시혜를 베푸는 나라가 아닙니다. 서로가 서로에게 힘이 되어주면서 국민 한 사람 한 사람과 국가 전체가 더 많이 이루고 더 많이 누리게 되는 나라입니다.

국가가 국민의 일상을 지켜주어야 한다는 개념이 정책에 반영되고, 그 정책이 국민에게 체감되기 시작된 것은 얼마 되지 않았습니다.

김대중 정부에서 처음 국민기초생활보장제도를 도입했습니다. 빈곤층 국민이 최소한의 삶을 영위할 수 있도록 했습니다. 지금으로부터 정확히 20년 전의 일입니다.

20년 사이 우리 국민의 의식은 더욱 높아졌고, 국가는 발전했습니다. 최소한의 삶을 보장하는 것만으로는 인간으로서의 존엄을 지키지 못한다는 것을 알게 됐습니다. 대한민국의 국력과 재정도 더 많은 국민이 더 높은 삶의 질을 누릴 수 있도록 뒷받침하는데 충분할 정도로 성장했습니다.

우리 정부가 추진하는 포용국가의 목표는 바로 이 지점, 기초생활을 넘어 국민의 기본생활을 보장해야 한다는 점에서 시작합니다.

오늘 발표한 포용국가 추진계획은 돌봄·배움·일·노후까지 '모든 국민'의 생애 전 주기를 뒷받침하는 것을 목표로 합니다. 건강과 안전,

소득과 환경, 주거에 이르기까지 삶의 '모든 영역'을 대상으로 합니다.

모든 국민이, 전 생애에 걸쳐, 기본생활을 영위하는 나라, 포용국가 대한민국의 청사진입니다. 이미 최저임금 인상, 건강보험 보장성 강화, 치매국가책임제, 기초연금 인상, 아동수당 도입을 비롯한 정책들로 많은 국민께서 거대한 변화의 시작을 느끼고 계십니다.

오늘 발표된 계획이 차질없이 추진되면 2022년이면 유아부터 어르신까지, 노동자부터 자영업과 소상공인까지, 장애가 있어도 불편하지 않게 우리 국민이라면 누구나 남녀노소 없이 기본생활을 누릴 수 있게 됩니다.

포용국가 4대 사회정책 목표를 통해 국민들의 삶이 어떻게 달라질 수 있을지 말씀드리겠습니다.

첫째, 국민 누구나 기본생활이 가능한 튼튼한 사회안전망을 만들고 질 높은 사회서비스를 제공하겠습니다. 사회서비스 분야의 일자리가 늘어나고, 일자리의 질도 높아질 것입니다. 그 결과는 국민의 안전과 삶의 질이 높아지는 돌봄경제 선순환으로 돌아올 것입니다.

둘째, 사람에 대한 투자를 아끼지 않겠습니다. 기술이 발전하고, 산업이 발달하는 모든 원천은 사람에게 있습니다.

누구나 돈 걱정 없이 원하는 만큼 공부하고, 실패에 대한 두려움 없이 꿈을 위해 달려가고, 노후에는 안락한 삶을 누릴 수 있게 됩니다. 이런 토대 위에서 이뤄지는 도전과 혁신이 우리 경제를 혁신성장으로 이끌 것입니다.

셋째, 일자리를 더 많이, 더 좋게 만들겠습니다.

누구도 배제되지 않고, 차별과 편견 없이 일할 수 있는 나라, 실직할지 모른다는 두려움 없이 일할 수 있는 나라가 될 것입니다. 새로운 시대, 새로운 직업에 적응하기 위해 교육을 보장하고, 스스로의 역량을 키울 수 있는 나라로 만들어 가겠습니다.

넷째, 충분한 휴식이 일을 즐겁게 하고 효율을 높입니다. 더 높은 삶의 질을 누릴 수 있도록 여가가 우리의 일상이 되도록 하겠습니다.

아이가 커가는 시간에 더 많이, 더 자주 함께하면서도 소득이 줄지 않게 하겠습니다. 과도한 노동시간을 줄이고, 일터도 삶도 즐거울 수 있게 하겠습니다. 멀리 가지 않고도 바로 집 근처에서 문화를 즐기실 수 있게 할 것입니다.

세계는 지금 지나친 양극화와 경제불평등으로 인한 갈등, 차별과 배제의 극복, 나라 간의 격차와 환경문제 등 각 나라가 직면한 현실과 전 지구적인 문제 해결을 위해 혁신적 포용국가에 주목하고 있습니다. 세계은행, UN, IMF, OECD를 비롯한 많은 국제기구도 각 나라에 포용국가의 길을 권고하면서 우리나라의 도전을 지켜보고 있습니다.

변화는 늘 두렵습니다. 그러나 우리는 식민지와 전쟁을 겪으면서 아무것도 없는 빈손으로 불과 70여 년 만에 세계 11위 경제 대국이 되었습니다. 이런 성과를 우리는 변화에 빠르게 대처하면서 이뤄냈습니다.

농업에서 경공업, 중화학공업, 첨단 ICT에 이르기까지 그 어느 나라도 해내지 못한 엄청난 변화를 스스로 이뤄내며 2차 세계대전 후의 신생 독립 국가 중 유일하게 선진국으로 도약했습니다.

우리는 맨손에서 성공을 이룬 저력이 있습니다. 우리는 변화를 두려워하지 않고, 오히려 능동적으로 이용하는 국민입니다. 우리 국민의 저력과 장점이 한데 모인다면 포용국가로의 변화를 우리가 선도할 수 있고, 우리가 이뤄낸 포용국가가 세계 포용국가의 모델이 될 수 있다고 자신합니다.

그러기 위해서 남은 과제들을 잘 해결해야 합니다. 무엇보다 국회의 입법과 예산지원이 필요합니다. 정부는 상반기에 중기재정계획을 마련하고, 당·정·청이 긴밀히 협의하여 관련 법안과 예산을 준비할 것입니다. 행복한 삶은 국민이 누려야 할 당연한 권리입니다. 함께 잘 사는 길로 가는 일이니만큼, 국회의 초당적인 협력을 반드시 이끌어내겠습니다.

포용국가는 모두 함께 만들어 가는 나라입니다. 정부와 국민 간에, 서로가 서로에게 힘이 되기를 희망합니다.

감사합니다.

한·인도 공동언론발표

| 2019-02-22 |

나렌드라 모디 총리님, 인도 대표단 여러분,

무고한 인도인들이 희생된 데 대해 깊은 위로와 애도의 뜻을 전합니다. 테러리즘을 근절하기 위한 인도의 노력에 대한민국은 언제나 함께할 것입니다.

모디 총리님은 대한민국이 올해 처음으로 맞이하는 국빈입니다. 총리님도 올해 첫 해외 순방지로 한국을 찾아주셨습니다. 양국이 서로를 특별하게 생각하는 마음이 통한 것 같습니다. 대한민국 국민의 우정을 담아 따뜻한 환영 인사를 전합니다.

나는 작년 7월 인도 국빈방문 때, 총리님과 많은 시간을 함께 보내며 양국의 역사와 문화, 그리고 미래에 대해 진솔한 대화를 나눴습니다. 양국 관계에 대한 총리님의 열정과 비전을 잘 알 수 있었습니다.

나 역시 양국이 열어갈 미래에 대한 큰 꿈이 있습니다. 양국의 우호 협력 관계를 한 차원 더 높게 발전시키고, 더 나아가, 양국이 함께 아시아를 '사람 중심의 평화와 번영의 공동체'로 만들어 나가는 것입니다.

우리가 공유하고 있는 비전은 인도의 신동방정책과 한국의 신남방 정책을 통해 구체적으로 실현되고 있습니다. 오늘 우리 두 정상은 그간의 성과를 점검하는 한편, 협력을 확대하기 위한 다양한 방안들을 협의했습니다.

첫째, 양국의 인적·문화적 교류를 더욱 확대하기로 했습니다.

이번에 우리 국민들의 인도 체류허가 기간이 3년으로 연장되었다는 기쁜 소식을 들었습니다. 한국인들이 인도에서 보다 안정적으로 거주하며, 인도사회에 대한 기여를 높여 나가리라고 기대합니다. 우리 정부도 인도 국민에 대해 단체관광비자 발급을 개시하기로 했습니다. 더 많은 인도인들이 우리나라를 방문해 주길 바랍니다.

올해는 평화를 사랑하는 양국 국민에게 아주 뜻깊은 해입니다. 인도는 위대한 영혼 마하트마 간디 탄생 150주년이고, 한국은 3·1독립운동과 대한민국 임시정부 수립 100주년입니다. 어제는 총리님과 함께 간디 기념 동상 제막식에 참석했습니다. 오랫동안 평화를 염원해 온 우리 국민에게 특별한 선물을 전해 주신 총리님께 깊이 감사드립니다.

오늘 나는 한국전 당시 의료지원부대를 파견해 준 인도의 각별한 우정에 감사의 뜻을 표했으며, 우리는 인도의 숭고한 희생을 기리는 한국전 참전 기념비가 뉴델리에 조속히 세워지도록 함께 노력하기로 했습니다.

둘째, 양국의 미래지향적 실질협력을 더욱 확대하여 양국 국민의 삶을 더 풍요롭게 만들 것입니다.

작년 양국 간 교역액이 215억 불로 사상 최대치를 기록했습니다. 우리는 2030년까지 교역액 500억 불을 달성하기 위해 더욱 긴밀히 협력하기로 했습니다. 이를 위해 한·인도 포괄적경제동반자협정(CEPA) 개선 협상을 이른 시일 내에 마무리하고, 수입규제 완화, 원산지증명 전자교환 등을 통해 무역환경을 개선하기로 했습니다.

모디 총리님은 한국 기업들의 투자가 인도 제조업육성(Make in India)에 더 큰 기여를 할 수 있도록 한국 기업들이 보다 자유롭게 활동할 수 있게 여건을 개선해 나갈 것을 약속하셨습니다. 우리는 철도, 항만 등 인프라 개발사업과 농수산 분야까지 협력을 확대하기로 했습니다. 아울러, 양국 정부는 경제 활력을 주도하는 양국 스타트업 간 교류·협력을 적극 지원하기로 했습니다. 창의적 아이디어와 기술력을 갖춘 한국 스타트업이 인도에 더 많이 진출하게 될 것입니다. 우리는 올해 안에 설치되어 양국 미래협력을 이끌 '한·인도 연구혁신협력센터'와 '한·인도 미래비전전략그룹'에 대한 높은 기대를 공유했습니다. 앞으로 인공지능, 로보틱스, ICT 연구와 상용화, 헬스케어, 전기차 공동 연구개발이 더욱 활발해질 것입니다. 양국의 우주 분야 협력도 인도와 한국이 공동으로 달을 탐사하는 날까지 계속 될 것입니다.

나는 '국제태양광동맹(ISA)'을 이끌며 기후변화에 능동적으로 대응하고 있는 인도의 지도력을 평가하고, 미래 에너지원인 태양광 보급을 위해 인도와 계속 협력해 나가기로 했습니다.

셋째, 우리는 양국의 평화와 안정뿐만 아니라 한반도와 역내 평화를 위해서도 함께 노력할 것입니다.

우리 두 정상은 국방·방산 분야에서의 전략적인 교류와 협력을 강화하기로 했습니다. 평화를 만들어 가는 과정에 양국이 서로에게 실질적인 도움과 힘이 되길 희망합니다.

모디 총리님은 다음 주 제2차 북미정상회담을 통해 한반도의 완전한 비핵화와 항구적 평화 정착이 앞당겨질 것이라고 전망하고, 한반도 평화에 대한 변함없는 지지를 보여 주셨습니다. 언제나 큰 힘이 되어 주시는 총리님과 인도 국민들의 성원에 이 자리를 빌려 감사 인사를 드립니다. 인도에는 "1 더하기 1은 11이 된다"라는 격언이 있다고 합니다. 인도와 한국이 계속해서 서로 힘과 지혜를 모으며, 서로에게 가장 든든한 동반자가 되어 산술할 수 없는, 큰 성과를 이루길 기대합니다. 양국 국민은 함께 행복하고, 양국은 함께 번영할 것입니다. 다시 한 번 한국을 국빈방문해 주신 모디 총리님과 인도 대표단 여러분께 감사드립니다.

단냐와드! 감사합니다.

국무회의 모두발언

| 2019-02-26 |

　오늘 국무회의는 3·1운동 100주년을 맞이하는 국가적 의미를 담아 백범기념관에서 열게 됐습니다. 기록에 따르면 전쟁 시기를 제외하고 공공청사가 아닌 곳에서 국무회의를 하는 것은 처음이라고 합니다. 정부 최고 심의·의결 기관인 국무회의를 백범 김구 선생과 독립투사, 임시정부요인들의 높은 위상과 불굴의 의지가 서린 뜻깊은 장소에서 하게 되니 마음이 절로 숙연해집니다.

　조금 전 국무위원들과 함께 백범 김구 선생을 비롯한 이봉창, 윤봉길, 백정기, 삼의사와 임시정부요인 묘역에 참배했습니다. 안중근 의사 가묘에서는 반드시 유해를 발굴하겠다는 의지를 다시 새겼습니다. 참여정부 시절 한때 중국 정부의 협조를 얻어 남북 공동으로 안중근 의사 유해 발굴 사업을 한 적이 있었는데 찾지 못했습니다. 앞으로 남북, 혹은 남북중이 함께 공동 유해 발굴 사업을 본격적으로 추진하면 그 의미가 클 뿐 아니라 성공 가능성도 높아질 것이라고 생각합니다.

우리 정부는 그동안 독립운동 역사를 기억하고 독립운동가를 예우하는 국가의 자세를 새롭게 하기 위해 노력해 왔습니다. 우리의 자랑스러운 역사이고, 오늘의 대한민국이 있게 된 뿌리가 되었기 때문입니다. 친일을 청산하고, 독립운동을 제대로 예우하는 것이 민족정기를 바로 세우고 정의로운 나라로 나아가는 출발이기도 합니다.

그간 채 알려지지 않았거나 가려졌던 독립운동 역사를 발굴하고 복원하는 노력이 계속되고 있습니다. 지금까지 독립운동사에서 소외되었던 여성과 의병 독립운동가들을 대대적으로 발굴했고, 국내외 독립운동 사적지 복원이 이루어지고 있습니다. 이곳 백범기념관과 함께 후손들에게 독립운동 정신과 민주공화국 역사를 전승할 대한민국 임시정부 기념관도 건립되고 있습니다. 이 모두가 우리를 당당하게 세우고 새로운 미래 100년을 준비하는 일입니다.

오늘 유관순 열사에게 국가유공자 서훈 1등급 건국훈장 대한민국장 추서를 의결하는 정신도 같습니다. 유관순 열사는 3·1독립운동의 상징입니다. 우리는 열여섯 나이의 여학생으로 만세시위를 주도하고 옥중에서도 꺾이지 않는 의지로 나라의 독립에 자신을 바친 유관순 열사를 배우며 자주독립의 소중함과 나라를 위한 희생의 고귀함을 깨우치게 됩니다. 유관순 열사가 3·1독립운동의 표상으로 국민들 속에 각인되어 있다는 사실만으로도 1등급 서훈의 자격이 충분하다고 생각합니다.

더 나아가 세계적으로도 유관순 열사의 의로운 기개를 기억하고 기념하려는 움직임이 이어지고 있습니다. 얼마 전 미국 뉴욕주 의회 상·하원은 3·1독립운동 100주년과 유관순 열사를 기리는 결의안을 채택했습니다. 유관순 열사 서훈 추서가 3·1독립운동 100주년의 의미를 한층 더 높이는 계기가 되기를 바랍니다.

대한민국은 오늘날 많은 것을 이루었습니다. 100년 전 우리는 강대국들의 각축 속에서 우리 운명을 우리 스스로 결정하지 못하고 식민지로 전락했습니다. 그러나 지금 국제사회에서 우리의 위상은 완전히 달라졌습니다. 충분히 자부심을 가질 만합니다.

우선 우리는 식민지 시절과 전쟁을 이겨내고 놀라운 경제성장으로 GDP 규모 세계 11위의 경제 강국이 되었습니다. 인구 5,000만이 넘으면서 1인당 국민소득이 3만 달러가 넘는 일곱 번째 나라입니다. 국민의 땀으로 이룬 성취에 전세계가 찬탄을 보내면서 우리와의 경제 협력을 요청하고 있습니다.

또한 전세계가 민주주의의 위기를 말할 때 우리는 촛불혁명으로 민주주의를 되살려냄으로써 세계 민주주의의 희망을 보여 주었습니다. 온전히 국민의 힘으로 가장 평화롭고 아름다운 방법으로 민주주의를 일으켜 세운 우리에게 세계가 경의를 보내고 있습니다.

한반도를 둘러싼 국제질서도 달라지고 있습니다. 무엇보다 중요한 것은 우리가 스스로 그 변화를 주도할 수 있게 되었다는 사실입니다. 한반도 정세의 변화에 있어서 국제사회가 우리의 역할을 높이 평가하고 있습니다. 우리는 더 이상 역사의 변방이 아닙니다. 이제 3·1독립운동과 임시정부 100주년을 넘어 새로운 100년이 시작됩니다. 새로운 100년을 다짐하고 열어갈 역량이 우리 안에 있다는 자긍심과 자신감으로 새로운 시대를 함께 열어가기를 희망합니다.

제8기 국민추천포상 수여식 모두발언

| 2019-02-26 |

여러분, 정말 반갑습니다. 오늘 아주 귀한 분들을 모셨습니다. 제8기 국민추천포상을 수상하신 모든 분께 진심으로 감사와 축하 인사를 드립니다. 수상자 가족, 또 친지 여러분도 함께해 주셨습니다. 여러분의 이해와 격려가 수상자 분들에게 가장 큰 힘이 되었을 것입니다. 늘 곁에서 든든하게 도움을 주신 여러분들께도 감사드립니다.

오늘 상은 국민이 직접 추천하고, 또 국민이 직접 심사에 참여해서 선정한 그런 상이여서 더 더욱 특별합니다. 올해는 정말 많은 후보자가 추천이 돼서 경쟁이 아주 치열했다고 합니다. 묵묵히 이웃을 위해서 헌신하며 우리 사회를 따뜻하게 만드는 분들이 갈수록 늘어나고 있는 것 같아서 매우 기쁩니다.

수상자 한 분 한 분의 사연을 읽으면서 아주 깊은 감동을 느꼈습니다. 여러분은 어려운 이웃에 대한 사랑과 연민, 또 사람을 구하는 용기를 실천으로 보여주셨습니다. 우리 이국종 교수님은 잘 몰랐던 골든타임의 중요성을 전 국민에게 알려 주셨습니다. 중증외상 응급진료 체계를 세우는 데 바친 교수님의 열정은 모르는 국민이 없을 정도가 되었습니다.

백낙삼 님은 52년 동안 형편이 어려운 부부를 위해 무료 예식을 진행해 오셨습니다. 무려 1만3,000여 쌍이 행복하게 가정을 꾸렸다고 합니다.

임성택 님은 직접 운영하는 해장국집 옆에 무료 급식소를 열었습니다. 주말이나 공휴일에도 쉬지 않고 매일 어르신 180여 분에게 식판을 나누고 계십니다. 메르스로 급식을 할 수 없을 때는 도시락을 직접 만들어서 나눠주셨다는 말을 듣고 아주 감동을 받았습니다.

김하종 님은 이탈리아 출신이신데, 한국에서 29년간 약 150만 명의 노숙인들에게 따뜻한 밥을 무료 급식으로 제공을 했습니다.

안타깝습니다만 故 이용안 님은 물에 빠진 지체장애 친구를 구하고 대신 목숨을 잃었습니다.

여기 계신 다른 분들도 모두 못지않게 훌륭한 사연을 가지고 있습니다. 한 분 한 분의 인생 그 자체가 우리가 함께 배우고 새겨야 할 메시지라고 생각합니다.

특히 인상적이었던 것은 대부분 수상자가 한 번에 그치지 않고 아주 오랫동안 꾸준하게 이웃사랑을 실천해 오셨다는 점입니다. 평생에 걸쳐 따뜻한 밥상과 또 직접 만든 옷을 나누고, 나이가 많거나 아픔을 겪은 아이들을 입양해서 아이의 인생을 바꾸고, 또 어려운 일들이 아프지 않도록 돌봐주고, 소외계층에게 배움의 기회를 나눠주셨습니다. 그 덕분에 많은 이들의 절망은 희망으로 바뀌었고, 우리 사회는 그만큼 살만한 곳이 되었습니다.

자신이 위험에 처할 수 있는 일촉즉발의 순간에 용기를 내어서 이웃을 구한 그런 분들도 많았습니다. 경사로에서 미끄러지는 차를 온몸으로 막아 자신은 큰 부상을 입으면서 초등학생들을 구하고, 또 사고가 난 채 질주하는 차량을 본인의 차로 막아서 운전자를 구조한 그런 슈퍼맨 같은 분들도 이 자리에 함께 계십니다. 정말 영화에서나 있을 법한 그런 이야기들입니다. 아까 수상식장에서 우리가 이야기했듯이 여러분들이야말로 우리의 영웅입니다.

이제 며칠 후면 3·1절입니다. 올해는 100주년을 맞게 되어서 의미가 더 크게 다가옵니다. 그때 100년 전 3·1절 거리마다 태극기를 들고 나와 "대한독립만세"를 부른 이들은 대부분 평범한 사람들이었습니다. 나라를 잃고 자유와 권리를 박탈당한 채 고통 받는 이웃과 민족에 대한 분노와 정의감이 애국심으로 이어진 것입니다. 나라를 지키고자 했던 선조들의 희생과 헌신은 대한민국 역사의 뿌리가 되었습니다.

이제 대한민국은 함께 잘사는 나라, 서로가 서로에게 힘이 되는 나라를 꿈꿉니다. 여러분의 이웃을 향한 따뜻한 마음과 실천은 국민을 하나로 이어주는 힘입니다. 절망을 희망으로 바꾸고, 좌절 대신 용기와 도전 정신을 심어 주신 여러분께 다시 한 번 존경과 감사의 인사를 드립니다.

정부가 미처 살피지 못하는 부분에 힘을 보태주시는 여러분을 생각하며, 우리 정부도 더욱 노력하겠습니다. 여러분의 헌신과 희생이 우리 사회의 기부와 봉사의 문화로 활짝 꽃 피도록 뒷받침을 하겠습니다. 여러분과 함께라면 누구도 소외시키지 않는, 다함께 잘사는 나라를 만들수 있다고 믿습니다. 감사합니다.

3월

해외 독립유공자 후손 초청 오찬 모두발언

| 2019-03-04 |

　여러분, 반갑습니다. 지금 대한민국의 3월은 3·1독립운동 100주년을 기념하는 열기로 뜨겁습니다. 독립유공자들의 희생과 헌신이 대한민국의 뿌리라는 것을 되새기며 커다란 자긍심을 느끼고 있습니다. 오늘 이 자리에 함께하고 계신 독립유공자 후손, 여러분의 이야기가 곧 대한민국의 역사입니다. 단지 한 가족의 이야기가 아니라, 대한민국의 오늘 속에 살아 숨 쉬고 있는 자유와 독립, 정의와 평화의 역사입니다.

　미국, 중국, 러시아, 브라질, 호주, 카자흐스탄, 영국, 캐나다에서 선조들의 정신과 뜻을 지키고 전해오신 후손들께 깊은 존경과 감사의 인사를 드립니다.

1919년 3월부터 5월까지 한반도 전역에 '대한독립만세'의 함성이 가득했습니다. 13도 연합 의병부대를 이끌고 서울로 진격했던 왕산 허위 선생의 꿈이 봉화와 횃불로 타올랐습니다. 러시아에서 국권회복을 도모하다 순국하신 이범진 공사의 염원이 자유와 독립의 외침으로 되살아났습니다.

100년 전 3·1독립운동이 시작된 바로 그날, 각각 다른 곳에 있던 네 분이 같은 시간에 만세를 불렀습니다. 경성고보 4학년생 상훈 선생이 서울 탑골공원에서, 숭실학교 학생 노원찬 선생이 평양에서, 남본정 교회 오현경 목사가 황해도 해주에서, 무역상을 하던 전성걸 선생이 평안남도 안주에서 외친 '대한독립만세'가 삼천리 방방곡곡 울려 퍼졌습니다.

만세시위는 전국으로 퍼져 나갔습니다. 3월17일 김화영 선생은 경상북도 예안면 만세시위를 주도했습니다. 3월21일 경상남도 단성면에서 시위대 맨 앞에 섰던 정문용 선생이 헌병의 총에 맞아 쓰러졌습니다. 강원도 철원군 강기준 선생은 천도교인들과 함께 4월8일 시위를 이끌었습니다.

3·1독립운동으로 우리는 식민지의 백성에서 민주공화국의 국민으로 태어났습니다. 독립과 자유, 정의와 평화를 향한 열망을 행동으로 실천해갔습니다. 일본 육사를 졸업한 김경천 선생은 1919년 6월 만주로 망명하여 독립군 지도자의 길을 걸었습니다. 이경재 선생은 독립군에 가담해 청산리 전투에 참전했습니다.

청년들은 만세의 함성을 품고 항일무장투쟁의 길에 뛰어들었습니다. 이원수 님은 간도에서 3·1독립운동 1주년 시위를 준비했습니다. 심용준 님은 평안북도 천마산에서 무장항일결사단체를 조직했고, 함경북도 온성 출신 황운정 님은 연해주에서 항일무장부대를 창설했습니다. 황해도 송화에서 만세시위를 주도한 한철수 님은 광복군사령부 제2진영 대장으로 군자금 모금을 담당했습니다. 강인수 님은 의열단원이 되었고, 김산해 님은 중국 동진청년회 부회장으로 항일운동에 뛰어들었습니다.

청년들은 한반도와 만주, 연해주를 넘나들었습니다. 안홍 님은 만주의 광복군총영 모험대장으로, 김연군 님은 만주 의민단 부단장으로, 김정규 님은 훈춘의 독립단원으로 일제와 맞서 싸웠습니다. 간도 15만 원 사건의 주역인 최이봉 님은 연해주와 만주를 무대로 군사활동을 펼쳤습니다. 구철성 님은 레닌그라드 국제군사학교를 졸업한 후 항일전쟁에 참전했습니다.

청년들의 뒤를 후배들이 따랐습니다. 3·1독립운동의 정신은 대를 이어 독립운동가들을 키워냈습니다. 3·1독립운동 당시 9살이었던 임평 님은 조선의용대원이 되었습니다. 10살 배경진 님은 신의주 위화청년단 단장으로, 15살 유남수 님은 참의부 특파공작원으로 활약했습니다.

3·1독립운동은 우리 안에 있던 나이와 성별, 신분과 계층, 지역과 종교의 벽도 허물었습니다. 양반이나 지식인들이 아니라 평범한 민초들이 일제의 억압과 차별에 맞서 함께 독립을 열망했고, '민주공화국'을 염

원했습니다.

그해 4월11일 수립된 대한민국 임시정부는 임시헌장 제1조에 국민의 뜻을 담아 '대한민국은 민주공화제로 함'을 선언했습니다. 박계천 선생과 전일 선생은 임시정부에 참여해 독립운동의 구심점을 만들었습니다. 미국에 있던 권도인 선생과 장병훈 선생도 임시정부에 독립운동자금을 지원했습니다.

목숨을 걸고 3·1독립운동과 일제의 제암리 학살사건을 세계에 알린 스코필드 박사를 비롯한 외국인 독립유공자들의 헌신도 민주공화국의 역사를 여는 데 큰 힘이 되었습니다. 연희전문학교 교장이었던 애비슨 선생은 임시정부가 국제적으로 승인받을 수 있도록 노력해 주었고, 루이스 쇼 선생은 독립운동가의 망명과 무기반입, 군자금전달을 도왔습니다. 대한매일신보의 발행인으로 일제의 침략과 만행을 세계에 알렸던 베델 선생의 유품을 손녀 수잔 님이 기증해 주셨습니다. "나는 죽을지라도 신보는 영생케 하여 한국 동포를 구하라"라는 유언을 남기고 서거하신 뜻을 대한민국의 이름으로 기릴 것입니다.

1919년 4월 필라델피아에서 재미한인들과 함께 한국의 독립을 외쳤던 톰킨스 목사에게는 2015년 건국훈장 애국장이 추서되었습니다. 그동안 후손을 찾지 못해 전해지지 못했던 훈장을 마침내 증손자에게 드릴 수 있게 되어 매우 기쁩니다.

대한민국 임시정부기념관이 올해 4월11일 임시정부 수립 기념일에 건립 선포됩니다. 임시정부기념관에는 오늘 참석한 후손들의 자랑스러운 선조 서른네 분의 삶이 민주공화국 100년의 자랑스러운 역사로 기록될 것입니다.

100년 전, 선조들의 만세운동은 민족의 독립과 함께 자유와 인권, 민주주의를 향한 거대한 항쟁이었습니다. 그 항쟁을 이끈 독립유공자를 발굴하고 후손을 찾아 제대로 예우하는 일은 국가의 책무입니다. 국민의 자긍심을 높이는 일이기도 합니다.

우리 정부는 작년 4월 독립운동가의 포상기준을 획기적으로 개선했습니다. 투옥 사실 등이 공식기록으로 확인되지 않더라도, 일기나 회고록 같은 자료를 반영하고, 학생의 경우 독립운동으로 퇴학당한 분들도 포상하고 있습니다. 지금까지 여성과 의병독립운동가 2,000여 명을 발굴했습니다. 이번 3·1절 기념식에서 역대 최다인 333분을 포상했습니다. 분단이나 해외 거주 등의 이유로 발굴하지 못한 독립유공자가 많습니다. 독립기념관의 독립운동사연구소의 기능을 더욱 확대하여 독립운동 사료수집과 함께 국내외에서 마지막 한 분의 독립유공자까지 찾아내겠습니다.

중국과 러시아, 미국 등 국외의 독립운동 사적지 복원과 보존·관리에도 더욱 힘쓰겠습니다. 러시아 연해주 최재형 선생 전시관이 3월 안에 개관할 예정입니다. 현지 고려인민족문화자치회가 관리할 수 있도록 계속 지원하겠습니다. 하얼빈역 안중근 의사 기념관도 단장을 마치고 3월

개관을 앞두고 있습니다. 중국 정부의 적극적인 지원으로 충칭의 임시 정부 광복군 총사령부 건물의 복원 준공도 3월 안에 계획하고 있습니다. 필라델피아 서재필 기념관을 새롭게 단장하는 데도 국비 7억 원이 투입될 것입니다.

존경하는 해외 독립유공자 후손 여러분, 오늘 대한민국의 독립을 위해 헌신하신 해외 독립유공자들께 존경과 감사의 마음을 드리고자 이 자리를 마련했습니다. 정부는 국내외를 막론하고 독립유공자들의 뜻과 정신이 한반도의 완전한 평화, 함께 잘사는 나라로 열매 맺도록 노력할 것입니다. 여러분 선조의 희생과 헌신은 영원히 빛날 것입니다.

여러분을 존경하고 사랑하는 대한민국의 마음을 기억해 주십시오. 가족 모두 항상 건강하고 행복하길 기원합니다. 오늘 즐거운 시간 되십시오. 감사합니다.

국가안전보장회의(NSC) 모두발언

| 2019-03-04 |

지금부터 국가안전보장 회의 개최하겠습니다.

제2차 북미정상회담은 결과에서는 매우 아쉽지만, 그동안 북미 양국이 대화를 통해 이룬 매우 중요한 성과들을 확인할 수 있었습니다.

첫째, 영변 핵시설의 완전한 폐기가 논의되었습니다. 북한 핵시설의 근간인 영변 핵시설이 미국의 참관과 검증 하에 영구히 폐기되는 것이 가시권 안으로 들어왔습니다. 플루토늄 재처리 시설과 우라늄 농축 시설을 포함한 영변 핵시설이 전면적으로 완전히 폐기된다면 북한 비핵화는 진행 과정에 있어서 되돌릴 수 없는 단계로 접어든다고 평가할 수 있을 것입니다.

둘째, 부분적인 경제 제재의 해제가 논의되었습니다. 북미 간의 비핵화 대화가 싱가포르 합의의 정신에 따라 북한의 실질적 비핵화 조치와 그에 대한 미국의 상응조치를 함께 논의하는, 포괄적이고 쌍무적인 논의 단계로 들어섰다는 것을 보여줍니다. 이 역시 대화의 큰 진전이라 볼 수 있습니다.

셋째, 북한 내 미국 연락사무소의 설치가 논의되었습니다. 이는 영변 등 핵시설이나 핵무기 등 핵물질이 폐기될 때 미국의 전문가와 검증단이 활동할 수 있는 공간이 될 수 있다는 실용적인 의미와 함께 양국 간에 관계 정상화로 가는 중요한 과정으로서 큰 의미를 가집니다.

또 하나, 과거와 다른 특별한 양상은 합의의 불발에도 불구하고 양국이 서로를 비난하지 않고 긴장을 높이지 않았다는 점입니다. 양 정상은 서로에 대한 변함없는 신뢰를 표명하고, 회담 재개와 지속적인 대화를 통한 타결 의지를 분명히 하였습니다.

특히 트럼프 대통령이 회담 후 직접 기자회견을 통해 합의에 이르지 못한 이유를 설명하고, 김정은 위원장에 대한 변함없는 신뢰와 대화 지속 의지와 함께 대화에 대한 낙관적인 전망을 밝힌 점, 또 제재나 군사훈련 강화 등에 의한 대북 압박의 의사가 없음을 분명히 한 점을 높이 평가합니다. 이는 시간이 좀 더 걸릴지라도 이번 회담이 더 큰 합의로 가는 과정이라는 기대를 가질 수 있게 해 주었습니다.

우리는 양국이 대화를 계속해 나가기를 바라고, 양 정상이 빠른 시일 내에 다시 만나 이번에 미뤄진 타결을 이뤄내기를 기대합니다. 그 과정에서 우리의 역할도 다시 중요해졌습니다. 각 부처가 세 가지 방향에서 노력을 해 주셨으면 합니다.

첫째, 이번 북미정상회담에서 양측이 합의에 이르지 못한 그 입장의 차이를 정확하게 확인하고, 그 입장의 차이를 좁힐 수 있는 방안을 모색해 주기 바랍니다. 북미 대화가 종국적으로 타결될 것으로 믿지만 대화의 공백이나 교착이 오래 계속되는 것은 결코 바람직하지 않으므로 북미 실무 대화의 조속한 재개를 위해서도 함께 노력해 주기 바랍니다.

둘째, 제재의 틀 내에서 남북관계의 발전을 통해 북미 대화에 도움을 줄 수 있는 방안들을 최대한 찾아 주기 바랍니다. 특히 판문점 선언과 평양 공동선언에서 합의한 남북 협력 사업들을 속도감 있게 추진해 주기 바랍니다.

셋째, 3·1절 기념사에서 제시한 신한반도 체제의 개념을 분명하게 정립하고, 실천가능한 단기적·중장기적 비전을 마련해 주기 바랍니다.

해군사관학교 제73기 졸업 및 임관식 축사

| 2019-03-05 |

존경하는 국민 여러분,

오늘 147명의 해군, 청년 장교들이 임관합니다. 충무공 이순신 장군의 후예들을 기쁜 마음으로 함께 축하해 주시기 바랍니다.

'이 나라 해양과 국토를 지키는 길'을 기꺼이 선택하여 영광된 자리에 선 해군사관학교 제73기 생도들의 졸업과 임관을 진심으로 축하합니다. 아들·딸들을 자랑스럽게 잘 키워 주신 가족 여러분께도 깊이 감사드립니다. 호국간성(護國干城)의 양성을 위해 노력해 주신 교직원, 훈육관 여러분도 수고 많으셨습니다.

오늘 이 자리에는 우리 해군을 창설한 손원일 제독과 민영구 제독의 가족분들이 함께해 주셨고, 백두산함 생존 승무원을 비롯한 해군창설 유공자 여러분께서도 자리를 빛내 주고 계십니다. 후배들이 "나라를 위해 몸을 잊는", 호국망신(護國忘身)의 역사와 전통을 늠름하게 이어가고 있는 모습을 보며 매우 뿌듯하시리라 생각합니다.

해군의 역사가 대한민국 국군의 역사입니다. 해군의 발자취가 국민 군대의 발자취입니다.

광복 후 불과 6일밖에 되지 않은 1945년 8월 21일, '이 나라 해양과 국토를 지킬 동지를 구함'이란 벽보가 거리에 붙었습니다.

독립운동가와 민간 상선사관들이 애국애족의 마음 하나로 자발적으로 모였습니다. 일본군 출신이 아닌, 온전히 우리 힘으로 3군 중 최초로 창군했습니다. 해군사관학교도 1946년 1월 해군병학교로 시작하여 1949년 최초의 사관학교인 해군사관학교로 태어났습니다. 대한민국 해군의 역사적인 첫걸음이었습니다.

가난한 신생 독립국의 해군은 창군 후에도 가시밭길을 걸어야 했습니다. 우리의 첫 함정 충무공함은 일본 해군이 건조하다 버리고 간 경비정이었습니다. 최초의 전함 백두산함도 군인의 부인들이 삯바느질에 세탁까지 해가며 돈을 보태고 국민 성금을 모아 마련했습니다.

'바다를 지켜야만 강토가 있고, 강토가 있는 곳에 조국이 있다'는 해군가처럼 바다를 지키고자 고군분투한 해군의 노고가 오늘의 대한민국을 있게 했음을 결코 잊지 않을 것입니다.

창군의 어려운 와중에도 해군은 국민 군대로서의 역할을 훌륭하게 수행했습니다. 해방 후 일본에서 우리 동포들은 고향으로 돌아올 수 없어 발을 동동 굴렀습니다. 우리 해군의 첫 임무는 이분들을 조국으로 모셔오는 것이었습니다.

한국전쟁 상이군인들을 위해 가장 먼저 나선 것도 해군이었습니다. 해병대 군목사로 재직 중이던 박창번 소령은 군인들의 경제적 자립을 위해 기술교육에 나섰습니다. 여기에 사령부의 결단과 부인회의 모금이 더해져 최초의 군 전직지원 교육기관이 해병대에 설립되었습니다.

전쟁 발발 직후인 1950년의 일입니다. 국난의 시기에도 전쟁 이후 조국의 미래를 고민한 선구자들이 있었기에 가능한 일이었습니다. '진정한 국민의 군대'라는 표현이 아깝지 않습니다.

국민의 한 사람으로서, 또 대통령으로서 우리 해군의 역사가 참으로 자랑스럽습니다. 여러분도 큰 자부심을 가슴에 품고, 선배들의 길을 따르길 바랍니다.

존경하는 국민 여러분, 청년 장교 여러분,

바다는 변화무쌍합니다. 고요했다가 갑자기 큰 파도를 만나기도 하며, 순풍이 부는 날만큼 폭풍을 만나는 날도 많습니다.

안보 환경도 마찬가지입니다. 우리의 주변국을 둘러보면, 지금은 남북 간의 군사적 긴장 완화가 최우선 과제이지만, 동시에 세계 4대 군사 강국이 한반도를 둘러싸고 있습니다. 또한 세계 최강의 해양강국들입니다. 이들 나라 사이에 해양력의 우위를 차지하려는 경쟁이 치열합니다. 바다를 둘러싼 다양한 갈등이 표면화되기도 합니다. 해양관할권, 통행의 자유 확보 등 자국의 해양전략을 힘으로 뒷받침하기 위해 해군력을 주도면밀하게 확충하고 있습니다. 테러·재해재난 같은 비군사적 위협도 증가하고 있습니다.

우리 해군도 이에 대응해 가야 합니다. 모든 면에서 대전환이 필요한 시점입니다. 평화를 단지 지켜내는 것을 넘어 평화를 만들어 가기 위해서는 더 강한 국방력이 필요합니다. 국경을 초월하는 다양한 위협에 대응할 수 있어야 하고, 4차 산업혁명 시대에 등장할 새로운 형태의 전력에도 대비해야 합니다. 최대한 전쟁을 억제하되, 싸우면 반드시 이기는 군대가 되어야 합니다.

'국방개혁 2.0', '스마트 해군' 전략을 중심으로 우리 해군이 하나로 뭉쳐 포괄안보 역량을 갖춰 나가야 합니다. 군 스스로의 혁신을 통해 평화를 만드는 군대, 어떤 위협에도 국민을 지킬 수 있는 군대가 되리라 믿습니다.

정부는 해군의 역량이 강화될 수 있도록 적극 지원할 것입니다. 해군과 함께 우리의 바다를 끝까지 수호할 것입니다.

오늘 헬기로 독도함에 내렸습니다. 역대 대통령 중 처음으로 바다를 통해 이순신 장군이 최초로 대첩을 거둔 이곳 옥포만에 왔습니다. 지난해 국제관함식에 이어 우리 해군의 위용을 다시 한 번 볼 수 있었습니다. 지금 우리 앞에는 불과 20년 전만 해도 상상하지 못했던 이지스함과 잠수함이 우리나라 해군의 달라진 위상을 과시하고 있습니다.

2045년, 해군창설 100주년에는 온전히 우리 과학과 기술로 만든 한국형 이지스함과 구축함, 잠수함, 항공기가 우리 앞에 있을 것입니다. 더욱 강력한 위용으로 해양강국의 모습을 구현하게 될 것입니다.

병영문화와 장병의 복무여건도 개선되고 있습니다. 새로운 세대의 장병들이 발전하는 기술 속에서 인격을 존중받으며 자기 능력을 최대한 발휘할 수 있는 군대문화를 확립할 것입니다. 조국에 대한 헌신은 언제나 자랑스러운 일입니다. 정부는 오늘 이 늠름한 청년 장교들과 함께 이 나라의 아들·딸들이 무사히 복무를 마치고 건강하게 가정으로 돌아갈 수 있도록 최선을 다할 것입니다.

존경하는 국민 여러분, 사랑하는 청년 장교와 생도 여러분,

올해는 3·1독립운동과 대한민국 임시정부 100년의 뜻깊은 해입니다. 새로운 100년은 진정한 국민의 국가, 평화로운 한반도를 완성하는 100년입니다.

우리는 국군의 강한 힘을 바탕으로 한반도의 운명을 우리 스스로 결정하는 길에 나섰습니다. 우리의 용기 있는 도전으로 한반도는 평화의 시대를 맞이하고 있습니다. 남북 간의 만남으로 한반도의 바다와 땅, 하늘에서 총성이 사라졌습니다.

우리가 의지를 갖고 한결같이 평화를 추구한다면 한반도 비핵화와

항구적 평화는 반드시 올 것입니다. '평화경제'의 시대가 이어질 것입니다. 특히, 해군에게 많은 역할이 주어질 것입니다.

우리의 고대, 중세 왕조들은 발달한 조선기술을 바탕으로 산동과 요동, 일본, 나아가 이슬람권까지 오가며 해양력을 떨쳤습니다. 우리는 해양력의 쇠퇴가 국력의 쇠퇴로, 나아가 아픈 역사로 이어졌던 지난날을 성찰하며 절치부심하지 않으면 안 됩니다.

100여 년 전이나 지금이나 달라진 것은 없습니다. 우리가 강한 해양력을 바탕으로 우리의 바다를 지키고 대양으로 나아갈 수 있을 때 비로소 강한 국가가 될 것입니다. 그렇지 못하면 우리 국익을 빼앗기고 홀대받을 수밖에 없습니다.

우리 앞에 펼쳐질 새로운 시대의 해군은 선배들이 가보지 못한 바다, 북극항로를 개척하게 될 것입니다. 더 많은 무역이 이뤄질 남쪽 바다의 평화를 지켜낼 것입니다.

해군에서 배운 결속과 단합, 기술력과 전문성, 세계시민의식은 항상 여러분을 빛나게 해 줄 것입니다.

여러분 앞에는 무궁무진한 기회가 열려있습니다. 가끔은 지도를 뒤집어 한반도의 눈앞에 열린 광활한 해양을 보기 바랍니다. 새로운 시대, 새로운 기회 앞에서 거침없이 오대양 육대주를 누비며 마음껏 꿈꾸고, 막강 해군의 기개를 떨쳐 주길 바랍니다. 청년 장교들의 꿈이 국민의 꿈과 만나 해양강국, 평화로운 한반도로 꽃피기를 희망합니다.

청년 장교 여러분,

오늘 해군사관학교 제73기 신임 해군 장교들에게 국군 통수권자로서 첫 명령을 내립니다.

첫째, 함께 고된 훈련을 하며 쌓은 전우애, 세계의 바다를 누비며 경험한 동기들과의 추억을 잊지 말기 바랍니다.

둘째, 사랑하기에 부끄러움 없는 조국, 헌신하기에 아깝지 않은 조국을 만드는 데 앞장서 주십시오.

2년 전 여름, 진해만에서 전투수영을 하던 여러분의 싱그러운 모습이 눈에 선합니다. 그때의 꿈을 항상 가슴에 품고 키워야 합니다. 언제나 국민을 먼저 생각해야 합니다. 우리 국민은 여러분이 선택한 군인의 길에 언제나 함께할 것입니다.

여러분의 무운과 영광을 빕니다.

감사합니다.

제2벤처 붐 확산 전략 보고회 모두발언

| 2019-03-06 |

　벤처기업인 여러분, 반갑습니다. 우리 정부는 '혁신을 응원하는 창업 국가'를 국정과제로 삼고 벤처생태계를 활성화하기 위해 정책역량을 집중해왔습니다. 새해 들어 벤처기업인과 만남이 오늘로 다섯 번째입니다.

　오늘 발표하는 '제2벤처붐 확산전략'은 벤처기업계의 의견을 수렴한 결과입니다. 4차 산업혁명시대는 융합과 속도, 혁신과 도전정신이 중요합니다. 벤처기업이 산업발전과 경제성장을 좌우하게 될 것입니다. 벤처·창업 역량이 국가경쟁력의 핵심요인이 되었습니다.

　이미 세계 각국은 혁신 창업 경쟁이 치열합니다. 벤처기업들이 세계 경제의 판도를 바꾸고 있습니다. 새로운 벤처기업이 글로벌 대기업으로 성장했고, 애플과 아마존은 미국 10대 그룹에 진입했습니다. 한때, 우리의 벤처생태계를 배우러 왔던 중국은 바이두, 알리바바, 텐센트 등을 핵심기업으로 키웠고 어느새 미국에 버금가는 혁신국가로 성장했습니다.

우리 벤처기업들은 아직 국내 10대 기업에 이름을 올리지 못하고 있지만, 우리의 저력도 만만치 않습니다. 우리는 1997년에서 2000년대 사이, 최단 기간에 벤처 강국으로 도약했던 경험이 있습니다.

당시 벤처투자가 2조 원을 넘고, 벤처기업수도 1만개를 돌파했습니다. 젊은이들은 대기업보다 벤처기업에 취업하길 원할 정도였습니다. 그때의 벤처붐이 대한민국을 세계적인 IT 강국으로 만들었습니다.

이러한 경험을 바탕으로 우리 정부는 새로운 도약을 준비했습니다. 혁신모험펀드 10조 원, 또 대규모 추경을 통한 모태펀드 출자 등 투자자금을 적극적으로 공급하고, 벤처기업을 민간에서 선별하도록 개편했습니다. 엔젤투자도 소득공제율 확대 정책에 힘입어 1차 벤처붐 수준에 근접하고 있습니다.

코스닥, 코넥스, 벤처지주회사 제도를 개선하여 벤처 투자액의 회수에서도 역대 최고치를 기록했습니다. 스톡옵션 비과세를 재도입하고, 정책금융기관의 연대보증을 전면 폐지하는 등 창업에 도전할 수 있는 환경도 한층 강화했습니다. 출범 직후부터 혁신창업 활성화 방안을 포함해 14번에 걸쳐 정책을 발전시켜 왔습니다.

이러한 노력에 힘입어 신규 벤처투자는 지난해 사상 최초로 3조4천억 원에 이르렀고, 신설법인 수 10만개 돌파를 비롯해 벤처기업 수도 역대 최고입니다. 비상장이면서 기업가치가 10억 불이 넘는 유니콘 기업도 2016년 2개, 2017년 3개에서 두 배가 넘는 6개로 늘면서 세계 6위 수준이 되었습니다. 우리 혁신·벤처산업은 2017년 기준 벤처 천억 기업수가 572개로 늘어났고, 총 매출액 225조 원으로 재계 매출순위 2위, 또 종사자수 76만 명으로 5대 그룹 종사자수를 넘어서며 새로운 성장 동력과 일자리 창출 분야에서 저력을 입증하고 있습니다.

혁신·벤처기업인 여러분, 그동안 함께 노력해왔지만 우리 벤처기업이 글로벌 기업으로 성장하는데 한계도 있었습니다. 스타트업이 스케일업하여 유니콘 기업으로 성장하는데 어려움이 있었습니다.

이제 우리 정부는 창업국가를 넘어 '벤처가 성장하고 도약하는 나라'를 만들고자 합니다. 세계시장에서 활약하는 '제2벤처 붐'을 일으키고자 합니다. 아이디어를 상품과 산업으로 연결하는 과정은 오랜 연구와 노력이 필요한 일입니다. 찍찍이로 유명한 벨크로의 경우 제품이 되기까지 8년이 걸렸고, 제품에서 하나의 산업으로 스케일업 하는데 20년이 걸렸다고 합니다. 이제 막 창업한 개인이나 기업이 혼자의 힘으로 스케일업하기란 쉬운 일이 아닙니다.

정부는 대형 전용펀드를 조성해 향후 4년간 12조 원 규모의 투자를 창출해 스케일업을 지원할 것입니다. 스타트업이 유니콘 기업으로 성장하는 발판을 마련하겠습니다. 2020년까지 유니콘 기업을 20개로 늘리겠습니다.

벤처기업을 키우고 투자액을 회수하는데 M&A 시장의 확대도 중요합니다. 이미 글로벌 기업들은 M&A를 통해 혁신하고 있습니다. 아마존은 100여개가 넘는 스타트업을 인수했고, 인텔은 M&A를 통해 반도체 제조시장에서 자율주행자동차 시장으로 사업영역을 확대하고 있습니다.

정부는 M&A를 통해 창업자와 투자자가 돈을 벌고, 재투자할 수 있는 여건을 마련할 것입니다. M&A를 통한 벤처투자 회수비중을 2018년 2.5%에서 2022년까지 10% 이상으로 확대하겠습니다. M&A에 투자하는 펀드를 지속적으로 확대하는 한편, 대기업이 사내벤처나 분사기업을 적극적으로 육성하도록 인센티브도 마련하겠습니다. 대기업이 스타트업을 적극적으로 M&A할 수 있도록 벤처지주회사도 지속적으로 개선해 나가겠습니다.

창업한지 얼마 안 된 기업일수록 규모가 작고, 시대변화에 빠른 적용이 필요하기 때문에, 인재 한 명 한 명이 더욱 소중합니다. 연구 인력이 벤처기업에 부담 없이 뛰어들 수 있는 환경을 구축하고, 규제 샌드박스도 적극 활용하여 벤처창업기업의 활력이 살아날 수 있도록 하겠습니다.

벤처기업인 여러분, 우리는 위기 앞에서 오히려 혁신성을 발휘하여 보란 듯이 위기를 극복하고, 발전을 이어나가는 국민성이 있습니다. 정부의 역할은 우리 국민이 혁신성을 마음껏 발휘하고, 기업이 얼마든지 혁신을 실험하고 산업화할 수 있도록 환경을 조성하는 것입니다. 이 자리에는 벤처1세대, 2세대를 비롯해 천억벤처, 유니콘 기업, 스타트업과 예비창업자에 이르기까지 제2벤처 붐을 대표할만한 분들이 함께해 주셨습니다.

이 자리에서 확실하게 약속드리는 것은 정부는 동반자, 후원자가 되어 여러분을 돕겠다는 것입니다. 더욱 크게 체감하실 수 있도록 전폭적으로 지원하겠습니다. 여러분도 앞장서서 더 많은 청년, 혁신가들을 이끌어 주시기 바랍니다.

여러분이 세계를 매혹시킬 때, 여러분의 뒤를 잇는 혁신창업가들이 많아질 것입니다. 대한민국 경제도 새롭게 도약할 수 있을 것입니다.

감사합니다.

템부롱 교량 건설 현장 방문 축사

| 2019-03-11 |

반갑습니다. 템부롱 건설 현장에서 땀 흘리는 여러분 뵙게 되니 감회 새롭습니다. 작년에는 UAE 바라카 원전 현장과 싱가포르 차량기지 건설 현장에서 구슬땀을 흘리는 우리 건설 역군들을 만났습니다. 세계 도처에서 그 지역의 랜드마크가 되어 있는 우리 기업의 업적을 만납니다. 가는 곳마다 우리 기업의 기술력과 건설 역량을 높이 평가하고 있었습니다.

이곳 템부롱 대교 건설 현장에서도 론칭 갠트리(launching gantry)이라는 특수 기중기를 활용한 새로운 공사기법으로 공기를 단축하고 비용을 절감했다는 설명을 들었습니다. 우리 건설 기술이 세계 최고라는 것을 또 한번 보게 되니 매우 자랑스럽습니다. 대통령으로서 여러분의 노고에 깊이 감사드립니다.

여러분은 브루나이의 동과 서, 현재와 미래를 연결하고 있습니다. 브루나이는 탈석유시대에 대비하여 산업구조 다변화를 추진하고 있습니다. 상대적으로 낙후된 동쪽 템부롱 지역 개발에 경제를 발전시키려는 야심찬 계획의 시작이 이곳 템부롱 대교 건설입니다. 템부롱 지역이 무아라 지역과 균형 있게 발전하는 계기가 될 것입니다. 우리가 브루나이의 미래와 함께하고 있는 것입니다.

여러분이 놓고 있는 이 다리는 한국과 브루나이 양국을 연결하는 다리이기도 합니다. 우리 기업은 끊임없는 기술 개발과 열정을 통해 브루나이와 오랜 인연을 맺고 신뢰를 쌓아왔습니다.

특히 대림산업은 1970년 브루나이에서 액화천연가스 플랜트 개소 공사의 첫 삽을 뜬 이래 최근 브루나이의 랜드마크가 된 리파스 대교를 완공했고, 그간의 신뢰가 템부롱 대교의 수주 건설로 이어졌습니다.

브루나이와 한국은 1984년 외교 관계를 수립한 이후 35년 동안 끈끈한 우정을 쌓아왔습니다. 특히 인프라 건설, 에너지 자원 분야에서 긴밀히 협력해 왔습니다. 양국의 협력은 현재 브루나이 '비전 2035'와 한국 '신남방정책'으로 만나고 있습니다. 앞으로 ICT와 스마트시티, 친환경 에너지 등 첨단산업은 물론 지적재산권, 국방, 방산 분야까지 협력이 확대될 것입니다. 이곳 템부롱 대교 건설을 계기로 양국 국민들의 관계도 더욱 돈독해질 것으로 기대합니다.

여러분은 기술자이면서 동시에 인프라 외교를 실현하는 민간 외교관입니다. 정부는 여러분이 노력한 만큼 성과를 이룰 수 있도록 지원 아끼지 않을 것입니다.

지난 2월 해외 수주 활력 제고 방안을 통해 글로벌 플랜트, 건설, 스마트시티 펀드 3조 원과 한·아세안 인프라 펀드 1천억 원 등 6조2천억 원 규모의 대규모 금융 지원 방안을 발표했습니다. 외교를 통해서도 우리 기업이 수주를 위해 열심히 뛰고 있습니다.

여러분이 브루나이 국민과 함께 흘리고 있는 땀은 양국의 우정과 번영의 역사에 커다란 성취로 기록될 것입니다. 여러분의 안전이 가족의 안전이고 대한민국의 안전입니다. 교량의 마지막 판이 연결될 때까지 안전에 각별한 주의를 기울여 주기 바랍니다.

우리가 책임진 구간을 잘 완공하여 이후 나머지 구간의 발주가 재개될 때 추가 수주할 수 있는 여건과 신뢰도 만들어 가시기 바랍니다. 한국에 돌아오는 날까지 건강하십시오. 감사합니다.

한·말레이시아 한류·할랄 전시회 축사

| 2019-03-12 |

슬라맛 말람(Selamat Malam)! 말레이시아와 한국을 더욱 가깝게 이어주는 한류·할랄 축제에 오신 여러분을 환영합니다.

말레이시아 상공회의소의 탄스리 다툭 떼 레옹 얍(Ter Leong YAP) 회장님과 말레이시아 기업인 여러분, 매우 반갑습니다. 이 자리에 한국에서 사랑받는 한류 스타 배우 하지원 님과 이성경 님, 그리고 K-POP 스타 NCT 드림도 (함성) 함께하고 있습니다. 팬 여러분께 손 한번 흔들어 주시겠습니까? (한류팬들 떠나갈듯한 함성)

오늘 이 자리에 오신 분들이 저를 보러 오신 분들이 아니라 한류스타들을 보러 오신 것 같습니다. (웃음) 정말 자랑스럽습니다.

말레이시아 속담에 '알지 못하면 사랑할 수 없다'고 합니다. 말레이시아 국민에게 한국을 알게 하고 양국 국민들을 더 가깝게 하는 원동력이 바로 한류 같습니다. K - 드라마, 노래에서 시작된 한류 열풍은 K - 푸드, K - 뷰티로 이어져 말레이시아의 문화와 이어지고 있습니다.

한국과 한국 문화를 사랑해 주시는 말레이시아 국민께 대한민국을 대표해 감사의 마음을 전합니다.

저는 오늘 한류·할랄 전시회에서 말레이시아와 한국 두 나라 경제협력의 무한한 가능성을 확인합니다. 말레이시아는 명실상부한 글로벌 할랄 리더 국가이고, 한국은 세계가 부러워하는 한류의 본산지입니다. 할랄산업의 허브, 말레이시아와 세계적 경쟁력을 갖춘 한국의 한류가 만나서 협력하면 세계 할랄시장 석권도 가능할 것입니다.

세계 할랄시장의 규모는 이미 2조불이 넘어섰고, 2022년에는 3조불로 성장할 것으로 전망하고 있습니다. 이 거대한 할랄시장에 한국과 말레이시아가 협력하여 공동진출한다면 서로가 윈윈 하는 경제협력의 새로운 모델이 될 수 있을 것입니다. 오늘 이 전시회가 새로운 기회를 열어가는 첫 번째 단추가 되었으면 합니다.

전시회에 참여한 기업 중에 한국 기업 최초로 말레이시아 할랄 인증을 받은 기업이 있습니다. 지금 세계시장에 스킨케어, 메이크업 등 150여 종의 할랄 제품을 공급하고 있습니다. 양국 간 공동 투자로 할랄 라면을 개발해 말레이시아 시장에서의 성공을 넘어 한국에 역 수출하는 기업도 있습니다. 제3국 공동 진출의 꿈도 실현할 수 있을 것입니다. 이런 성공 사례들을 더욱 확산시킨다면 할랄시장은 양국 공동의 새로운 성장엔진이 될 것이라 확신합니다.

올해 7월 이곳 원우타마 쇼핑센터에 한류타운(K-Town)이 완공될 예정입니다. 말레이시아 글로벌 할랄지원센터도 자리 잡고 있습니다. 새롭게 들어서는 한류타운은 한류와 할랄을 이어주는 광장입니다. 한류·할랄을 위한 두 나라 기업들의 협력을 실현하고, 글로벌 할랄시장 창출을 이끌어 가는 플랫폼이 되길 기대합니다. 우리 정부도 적극 지원하겠습니다.

여러분, 내년이면 말레이시아와 한국이 수교한 지 60년이 됩니다. 이제 두 나라는 지금까지의 협력을 바탕으로 문화와 경제가 함께 어우러지는 새로운 상생 발전의 시대로 나갈 것입니다. 오늘 이 자리가 그 시작이 되길 바랍니다.

뜨리마 까시(Terima Kasih)! 감사합니다.

말레이시아 국왕 주최 국빈만찬 답사

| 2019-03-13 |

존경하는 압둘라 국왕님 내외분, 마하티르 총리님, 내외 귀빈 여러분, 슬라맛 뻐땅 (안녕하십니까)!

올해 첫 해외 순방으로 말레이시아를 국빈방문해 매우 기쁩니다. 우리 내외와 대표단을 따뜻하게 맞아 주셔서 진심으로 감사드립니다.

말레이시아의 날씨는 따뜻하고 국민들은 다정하고 친절합니다. 국왕님과 총리님께서도 국민을 늘 우선에 두고 선정을 펼치고 계십니다. 참으로 부러운 나라입니다.

말레이시아 국민의 우정에 깊이 감사드리며, 말레이시아의 역동적인 발전과 함께 동남아의 평화와 번영을 주도하고 계신 압둘라 국왕님과 마하티르 총리께 경의를 표합니다.

세계인은 말레이시아에서 '진정한 아시아'를 발견합니다.

말레이시아에서는 다양한 인종과 종교, 문화가 조화를 이루고, 다채로운 색채, 맛, 소리, 향기를 모두 경험할 수 있습니다. 무엇보다 다양성을 존중하고 배려하며 무한한 가능성을 창출하고 있습니다.

말레이시아의 포용력이 세계에 널리 확산되었으면 좋겠습니다. 한국에게도 말레이시아의 지혜를 나누어 주시기 바랍니다.

말레이시아와 한국은 오래전부터 도움을 주고받으며 돈독한 우정을 쌓아 왔습니다. 양국은 풍부한 자원과 우수한 인력이라는 강점을 살려 서로의 경제 발전에 크게 기여해 왔습니다.

여기 쿠알라룸푸르의 페트로나스 트윈타워와 페낭대교는 양국 협력의 상징이자 희망입니다. 양국이 함께할 때 우리는 놀라운 결과를 만들 수 있습니다.

양국의 협력은 이미 미래로 향하고 있습니다.

말레이시아의 동방정책과 한국의 신남방정책이 만나 교역과 투자, 인프라에서 IT, 스마트시티, 방산, 문화에 이르기까지 양국의 협력이 더욱 넓어지고 있습니다.

특히, 이번에 양국이 코타키나발루 스마트시티 시범사업을 추진하게 되어 아주 기쁘게 생각합니다. 한국은 스마트시티 국가 시범도시를 가장 먼저 도입하고 세계 최초로 특별법을 제정한 나라입니다. 양국의 긴밀한 협력은 상상 속 미래도시를 가까운 현실로 만들 것입니다.

글로벌 할랄산업을 선도하는 말레이시아의 노하우에 한국의 문화와 기술을 접목하는 새로운 동반성장의 길도 개척하고 있습니다. 또 한 번의 놀라운 성과가 기대됩니다.

국왕님, 총리님, 내외 귀빈 여러분,

내년은 양국이 수교한 지 60년이 되는 뜻깊은 해입니다. 이를 기념하는 다양한 행사들이 양국에서 개최될 것입니다. 한류를 좋아해 주시는 말레이시아 국민들께 감사드리며 더 많은 국민들이 마음과 마음이 통하는 친구가 되길 바랍니다.

다시 한 번 따뜻한 환대에 감사드립니다. 압둘라 국왕님 내외분의 건강과 행복, 양국의 영원한 우정을 위해 건배를 제의합니다.

건배! 뜨리마 까시(감사합니다).

한·말레이시아 비즈니스포럼 기조연설

| 2019-03-14 |

얍 다툭 이그나티우스 다렐 레이킹(Y.B. Datuk Ignatius Darell Leiking) 국제통상산업부 장관님, 탄스리 다툭 떼 레옹 얍(Tan Sri Datuk Ter Leong Yap) 말레이시아 상공회의소 회장님, 다토 아즈만 마흐무드 (Dato' Azman Mahmud) 말레이시아 투자개발청장님, 박용만 대한상공회의소 회장님, 양국 경제인 여러분, 슬라맛 빠기(안녕하십니까)!

올해 저의 첫 해외순방 일정으로 아세안 창립국이자 선도국인 말레이시아를 찾았습니다. 말레이시아의 발전상을 피부로 느낄 수 있었습니다. 곳곳에서 오가는 모노레일과 스카이라인이 불야성을 이루고 있었습니다. 연평균 5%가 넘는 고속성장을 이루고 무역규모 4천3백억 달러를 달성했습니다. 인구 천만 이상 아세안 국가 중 유일하게 1인당 GDP 가 1만 달러를 넘는, 아시아의 경제심장, 말레이시아의 역동성을 볼 수 있었습니다. 최근 조사에서 말레이시아는 세계에서 가장 투자하기 좋은, 최고의 투자국으로 선정된 바 있습니다. '말레이시아, 볼레(할 수 있다)'라는 말이 실감납니다. 여기 계신 경제인 여러분이 그 주역입니다. 여러분의 노력에 존경과 찬사를 보냅니다.

양국 경제인 여러분, 내년이면 양국이 수교한 지 60주년이 됩니다. 양국은 어느새 60년의 기간을 교류하며 마음이 통하는 친구가 되었습니다. 말레이시아 국부, 툰쿠 압둘 라만 초대 총리는 1957년 독립광장에서 "독립!"을 일곱 번 외쳤습니다. 그때 말레이시아 국민들이 느꼈을 벅찬 감동을 한국은 마음 깊이 공감합니다. 한국 역시 1945년, 같은 기쁨을 느꼈기 때문입니다. 60년대에는 말레이시아가 보내준 원조금으로 한국의 파주에 '말레이시아교'라는 다리를 지었습니다. 20여 년 후에는 반대로 한국기업이 말레이시아에 '페낭대교'를 세우기도 했습니다. 양국의 인적 교류도 활발해져 지난해 무려 100만 명의 국민들이 양국을 오갔습니다.

말레이시아와 한국은 오랜 교류의 역사 속에서 어려울 때 서로 도운 친구입니다. 서로에게 없어서는 안 될 중요한 경제파트너이기도 합니다. 말레이시아는 아세안 국가 중 한국의 중요한 교역국이자, 투자대상국입니다. 많은 한국기업이 말레이시아에 진출해 있습니다. 양국 간 교역액도 꾸준히 늘어 지난해 200억 달러에 근접했습니다. 특히, 쿠알라룸 푸르에 우뚝 솟은 페트로나스 트윈타워는 양국 경제협력의 상징이라고 할 수 있습니다. 한국인들에게도 말레이시아를 더 가깝게 느끼는 상징이 되고 있습니다. 저는 이제 지금까지의 협력에서 한 걸음 더 나가 함께 미래를 열어가자고 제안합니다.

존경하는 경제인 여러분, 저는 대통령 취임 직후 '한·아세안 미래 공동체 구상'을 발표했습니다. '함께 잘사는, 사람 중심의 평화공동체'를 함께 만들어 가자고 말씀드렸습니다. 저는 말레이시아와를 비롯한 아세안과의 관계를 한반도 주변 4대강국 수준으로 끌어올리려고 합니다.

그 의지를 담은 것이 '신남방정책'입니다. '신남방정책'은 마하티르 총리님이 일찍부터 추진한 '동방정책'과 맞닿아 있습니다. 손바닥도 마주쳐야 소리가 나는 법입니다. 사람 중심의 상생번영 공동체를 아세안의 창립국이자 선도국인 말레이시아와 함께 이뤄내길 기대합니다. 말레이시아의 '동방정책'과 한국의 '신남방정책'이 '강이 합류하는 곳', 이곳 쿠알라룸푸르에서 한 줄기 더 큰 강물로 만나, 힘찬 물길을 이루게 될 것입니다. 양국 간의 경제협력은 양국 국민에게 모두 도움이 되고 함께 번영할 수 있는 방향이 되어야 합니다.

저는 말레이시아 방문 첫 일정으로 '한류 – 할랄 전시회'에 다녀왔습니다. 한류가 녹아있는 할랄인증 식품, 화장품 등 양국 간 협력의 무한한 잠재력을 느낄 수 있었습니다. 말레이시아는 명실상부한 글로벌 할랄 리

더 국가입니다. 세계 유일의 국가 할랄 인증제인 '자킴(JAKIM)'을 시행하고 있고, 정부가 할랄 산업을 적극 육성하고 있습니다. 그 결과, 세계 최고의 할랄 환경을 갖춘 국가가 되었습니다. 최근 한국이 말레이시아 현지기업과 합작 투자하여 할랄인증 식품인 '대박라면'을 출시했습니다. 말레이시아에서 선풍적인 인기를 얻었을 뿐 아니라 한국으로 역수출하는 성공신화를 쓰고 있습니다. 양국은 할랄산업 확산을 위한 양해각서를 체결하여 글로벌 할랄시장에 공동 진출하기 위해 협력하기로 했습니다. 전세계 인구 25%가 무슬림이고, 글로벌 할랄시장 규모도 2조 달러가 넘습니다. 말레이시아는 아세안 국가 중 가장 열정적으로 한류를 받아들이고 있습니다. 한국의 한류와 말레이시아의 할랄이 접목된다면, 더욱 큰 경쟁력으로 거대한 세계 할랄시장에 함께 진출할 수 있을 것입니다. 원우타마 쇼핑센터 안에 올해 7월 '한류타운(K-town)'이 완공될 예정입니다. 한류와 할랄의 성공적으로 결합하는 플랫폼이 되길 기대합니다.

경제인 여러분, 아세안은 지난해 '아세안 스마트시티 네트워크'를 발족하여 스마트시티 조성에 박차를 가하고 있습니다. 한국은 세계에서 가장 먼저 스마트시티 국가 시범단지로 두 곳을 선정하여 추진할 만큼 앞서가고 있습니다. 올해 말레이시아와 함께 '코타키나발루'를 협력 도시로 하여 아세안 국가 중 첫 스마트시티 시범사업을 추진할 것입니다. 스마트시티를 계획 중인 다른 아세안 국가들에게도 양국의 역량과 모범사례를 보여줄 좋은 기회입니다.

말레이시아는 아세안 유일의 자국산 자동차 생산국입니다. 마하티르 총리께서 예전부터 자동차 산업에 큰 관심을 가진 결과입니다. 최근에는 '국가자동차정책'을 통해 전기차, 자율주행차와 같은 미래형 자동차산업 육성에 역점을 두고 있다고 들었습니다. 양국 간 전기차 공동연구도 성과를 내길 기대합니다. 말레이시아의 국가 자동차정책과 한국의 우수한 전기차 및 배터리 기술력이 결합된다면, 큰 시너지 효과를 볼 수 있을 것입니다.

양국은 에너지전환 정책에도 공통된 의지를 갖고 있습니다. 말레이시아는 2025년까지 재생에너지 비중을 25%로, 한국은 2030년까지 20%로 높이기 위해 노력하고 있습니다. 이를 위해, 양국은 가상전력발전소와 마이크로그리드 실증사업을 추진 중입니다. 한국의 에너지저장 기술 위에 말레이시아의 수력, 태양광 에너지를 결합한다면 낙후지역에 전기를 공급하는 좋은 실증사업이 될 것입니다.

또한, 한국은 말레이시아에 IT 협력센터를 설립하여 우수한 IT 분야 인재 양성에도 힘을 모을 것입니다. VR 센터와 2차전지 핵심소재 생산공장 설립 등 양국 기업들의 동참도 경제협력의 큰 힘이 되고 있습니다. 이번 방문을 계기로 양국은 '한·말레이시아 양자 FTA'를 위한 절차에 착수키로 했습니다. 양자 FTA가 빠르게 체결된다면 양국 간 통상협력이 더욱 크게 발전하는 계기가 될 것입니다.

양국 경제인 여러분, 마하티르 총리님은 지난해 '동아시아 정상회의(EAS)'에서, "과거와 같은 한반도의 군사적 긴장이 사라질 것"이라며 한반도의 비핵화와 평화를 강력하게 지지해 주셨습니다. 다시 한 번 감사의 말씀을 드립니다. 한반도의 비핵화와 항구적 평화가 이뤄진다면 양국 간 경제협력의 폭은 더욱 넓어질 것입니다. 경제인 여러분에게도 더 많은 기회가 열릴 것입니다.

'가벼우면 같이 들고, 무거우면 같이 짊어진다.'는 말레이시아 속담이 있습니다. 한국과 말레이시아가 함께한다면 어떤 어려움도 가벼워질 것입니다. 양국의 상생번영은 물론, 아시아 전체의 평화와 번영도 이룰 수 있을 것입니다. 양국이 앞으로도 서로 돕고 배우며 미래를 향해 함께 갑시다.

뜨리마 까시! 감사합니다.

한국·캄보디아 우호증진을 위한
동포간담회 인사말

| 2019-03-14 |

동포 여러분, 반갑습니다. 여러분도 반가우시죠? 한국 대통령으로서 10년 만의 국빈방문입니다. 그 첫 일정으로 우리 동포들을 만나게 되어 매우 기쁩니다. 우리는 뜨거운 것으로 속이 풀어질 때 '시원하다'라고 말합니다. 여러분의 뜨거운 환영에 가슴이 시원합니다. 어딜 가나 동포들이 큰 격려가 됩니다. 고맙습니다.

이 자리에는 한국과 캄보디아가 함께 사랑하는 특별한 분들이 계십니다. 9년 전 한국인 남편과 행복한 가정을 꾸린 후 처음 시작한 당구로 세계적인 당구선수가 된 캄보디아의 '스롱 피아비' 선수가 참석해 주셨습니다. 앞에 계시죠? 큰 박수 부탁드립니다.

캄보디아와 한국인 부부 여덟 쌍도 오셨습니다. 큰 박수로 환영해 주시기 바랍니다. 행복하게 사시기 바랍니다.

이번 순방에서 가는 곳마다 한류 열풍이 우리 대표단을 반겨 주었습니다. 우리 문화에 대한 자긍심과 함께 아세안과 한국을 이어주는 한류의 힘을 느낄 수 있었습니다. 이곳 캄보디아 청년들도 한국 드라마와 K-POP을 즐기고, 한국 음료와 패션, 화장품을 좋아한다고 들었는데, 여러분 맞습니까?

대한민국의 국기 태권도도 캄보디아 국민에게 큰 사랑을 받고 있다는데, 맞습니까? 몸을 단련하고 기술을 익히는 것을 넘어 상대에 대한 존중과 예의와 절제를 중시하는 태권도가 캄보디아 국민에게 큰 매력을 주고 있다고 들었습니다. 캄보디아 최초의 아시안게임 금메달리스트 '손시브메이' 선수를 발굴하고 지도한 최용석 캄보디아 태권도 국가대표 감독님이 이 자리에 참석해 주셨습니다. 어디 계시죠?

한류를 즐기고, 태권도를 사랑하는 캄보디아는 인구의 70% 이상이 35세 이하인 젊고 역동적인 나라입니다. 크메르 제국을 건설한 저력이 연평균 7%의 경제성장으로 이어지고 있습니다. 한국과 캄보디아 양국의 관계도 1997년 재수교 이후, 놀라운 속도로 발전해왔습니다. 지난해 양국 간 교역량은 10억 불에 가까웠고, 인적교류도 연간 40만 명을 넘어섰습니다. 양국은 경제협력을 넘어 마음과 마음이 통하는 친구입니다. 양국 국민은 시련에 굴하지 않는 강인한 정신으로 현대사의 아픈 경험을 딛고 일어나 번영을 이뤄가는 공통점을 가지고 있습니다.

캄보디아는 2050년 고소득국에 진입한다는 목표를 가지고 있습니다. 양 국민의 협력으로 '한강의 기적'이 '메콩강의 기적'으로 이어질 것이라고 믿습니다. 미래를 향해 성큼성큼 나아가는 양국관계의 중심에 바로 우리 동포들이 있습니다.

캄보디아 동포사회는 양국이 재수교하기 이전인 1996년, 프놈펜과 시엠립을 중심으로 뿌리내리기 시작했습니다. 100여명 규모였던 한인사회가 불과 20여 년 만에 1만5천 명에 이르는 규모 있는 공동체가 되었습니다.

옷을 만들고 식당을 운영한 한인 동포 1세대가 초기 동포사회를 이끌었고, 지금 2세대들은 금융, 건설, IT, 법률, 또 회계 분야까지 활동영역을 넓히고 있습니다.

특히, 농업과 금융 분야에서 동포들의 활약이 두드러집니다. 아세안에 진출한 농업기업 85개 중 30개가 캄보디아와의 농업협력을 이끌고 있습니다. 금융 분야에서는 핀테크 등 모바일뱅킹 서비스를 선도하고 있습니다. 200여 개에 달하는 한국 NGO도 캄보디아의 교육과 개발협력 분야에서 다른 나라의 모범이 되고 있습니다.

초기의 동포사회를 되돌아보면 감회가 깊은 분들이 많을 것입니다. 여러분이 캄보디아 국민과 함께 흘린 땀이 양국의 우정을 더욱 두텁게 만들어 주고 있습니다. 공동번영의 미래를 여는 힘이 되고 있습니다. 대통령으로서 각별한 감사의 인사를 드립니다.

사랑하는 동포여러분, 지난주에 기쁜 소식이 있었습니다. 프놈펜 한국국제학교가 정식으로 개교해 우리 아이들의 교육을 책임지게 됐습니다. 한국어는 물론 역사 교육 등을 통해 한국인으로서의 정체성과 긍지를 가질 수 있도록 정부도 지속적으로 지원하겠습니다. 영어와 크메르어도 함께 배울 수 있어 국제적 인재를 키울 수 있으리라 기대합니다. 해외에 체류하는 우리 국민을 보호하는 것은 정부의 최우선 과제 중 하나입니다.

지난 1월 15일, '재외국민보호를 위한 영사조력법'이 공포되었습니다. 동포 여러분이 해외 어느 곳에 계시든지 해외공관의 도움을 받을 수 있게 되었습니다. 작년 5월부터 해외 사건사고와 재난에 대응하는 '해외안전지킴센터'를 24시간 365일 가동하고 있습니다. 여러분이 뜻하지 않은 사건과 사고를 만나도 예상치 못한 재난에 처해도 가장 먼저 달려가는 대한민국이 되겠습니다.

내일 훈센 총리와의 정상회담에서 양국에 거주하는 자국 국민들과 기업의 안전과 권익증진 방안을 중점 논의할 것입니다. 특히, 우리 동포들의 안전을 더욱 강화하기 위해 양국 간 '형사사법공조조약' 체결을 추진하겠습니다. 또한, 금융과 농업, 인프라 분야에서 협력을 더 구체화해 양국 국민의 삶이 실질적으로 나아질 수 있도록 협의해나갈 계획입니다.

10년 만의 국빈방문을 통해 양국의 협력관계가 한 단계 더 격상되고, 우리 기업의 진출과 동포 여러분의 삶이 더 좋아질 수 있도록 모든 노력을 다할 것입니다.

동포 여러분, 올해는 '한·아세안 대화관계 수립 30주년'을 맞는 뜻깊은 해입니다. 올해 말, 이를 기념하는 '한·아세안 특별정상회의'를 한국에서 개최합니다. 아울러 캄보디아를 비롯한 메콩 국가들과의 협력을 강화하기 위해 사상 최초로 한·메콩 정상회의를 열 계획입니다. 양국의 교류협력이 강화되면 우리 기업과 동포 여러분에게도 더 많은 기회의 문이 열릴 것입니다.

대한민국과 동포사회의 미래세대들이 아세안과 함께 여는 상생과 공동번영의 역사 속에서 마음껏 자신의 꿈을 펼칠 수 있도록 함께 힘을 모아주시길 바랍니다.

여러분, 감사합니다.

한국·캄보디아 비즈니스 포럼 기조연설

| 2019-03-15 |

끗 맹 캄보디아 상공회의소 회장님, 김영주 한국무역협회 회장님, 양국 경제인 여러분, 줌 리읍 쑤어(안녕하십니까)!

앙코르의 미소처럼 따뜻하게 맞아 주셔서 감사합니다. 훈센 총리님 께서 직접 참석해 주셔서 더욱 뜻깊은 행사가 되었습니다.

어제 오후 프놈펜에 도착한 이후, 찬란한 크메르 문화를 꽃피워온 캄보디아의 저력을 새삼 느낄 수 있었습니다. 전통의 바탕 위에 고층빌 딩이 올라가고 도로는 차와 사람들로 가득 찼습니다. 과거와 미래, 전통 과 다양성이 공존하고 있습니다. 연평균 7%대의 높은 경제성장을 유지 하고, 35세 이하 젊은 세대가 인구의 70%를 넘는 캄보디아의 역동성을 볼 수 있었습니다. 여기 계신 경제인 여러분이 그 주역입니다. 여러분의 노력에 존경과 찬사를 보냅니다.

양국 경제인 여러분,

한국에 피겨챔피언 김연아가 있다면 캄보디아에는 세계적인 당구 선수 스롱 피아비가 있습니다.

9년 전 한국인 남편과 행복한 가정을 꾸리고 남편에게 배운 당구 실력으로 한국과 아시아선수권 대회를 석권하고, 지난해 첫 출전한 세계 대회에서도 3위를 하는 쾌거를 이뤘습니다. 포상금을 고국 캄보디아 아이들의 교육을 위해 기부하겠다고 하여 더욱 큰 감동을 주었습니다.

손 시브메이 선수는 한국의 최용석 감독을 만나 2014년 인천 아시안게임 태권도 종목에서 캄보디아 역사상 최초로 아시안게임 금메달을 따냈습니다. 작년 11월에는 캄보디아 전통가면극인 '르카온 카올'과 한국의 씨름이 유네스코 무형문화유산으로 등재되었습니다. 함께 축하할 일입니다.

캄보디아와 한국이 함께하면 이렇듯 좋은 일이 많습니다.

20여 년 전 비행기사고로 희생된 한국인을 위해 추모비를 세우고 아픔을 함께해 주신 마음을 한국인들은 잊지 않고 있습니다. 7천여 한·캄보디아 다문화 가정과 한국에서 땀 흘려 일하는 4만여 캄보디아 노동자들, 또 캄보디아에 계신 1만5천여 명의 한국 교민 여러분 모두가 양국의 마음과 마음을 이어주고 계신 분들입니다. 양국 관계 발전의 원동력이 '사람'에 있음을 다시금 실감하게 됩니다.

캄보디아와 한국은 현대사의 아픈 경험을 딛고 일어나 안정과 번영을 일군 역사적 공통점을 가지고 있습니다. 그 역사적 공통점이 '한강의 기적'에서 '메콩강의 기적'으로 이어지고 있습니다. 이제 새로운 미래가 양국 사이에 펼쳐져 있습니다.

양국 경제인 여러분,

캄보디아와 한국과의 관계는 1997년 재수교 이래 눈부시게 발전해왔습니다. 한국 국민은 앙코르와트에 경외감을 느낍니다. 캄보디아의 역사와 문화를 직접 보고 싶어 합니다. 매년 40만 명에 가까운 한국인이 캄보디아를 찾고 있습니다.

캄보디아와 한국은 서로에게 없어서는 안 될 중요한 경제파트너가 되고 있습니다. 지난해 양국 간 교역액은 거의 10억 불로 사상 최대를 기록했습니다. 한국은 캄보디아의 2위 투자국입니다. 300여개 한국기업이 캄보디아에 진출해 10만 명이 넘는 캄보디아 노동자들에게 일자리를 제공하고 있고, 한국기업들은 성실한 캄보디아 노동자를 만나 빠르게 성장하고 있습니다.

최근에는 양국 기업이 공동 투자하여 '농산물 유통센터'를 완공했습니다. 망고 같은 캄보디아 열대과일을 더 많이 수출할 수 있는 길을 함께 열게 되어 캄보디아 농민들의 소득증대에 도움을 줄 것입니다.

'앙두언 안과병원'과 프놈펜 왕립대학 내 '한·캄보디아 협력센터'는 양국 간 의료협력과 교육협력의 대표적 사례입니다.

이러한 양국 간 협력 관계는 양국 국민들의 삶을 더욱 풍요롭게 하고, 서로 간의 우정을 더 돈독하게 하고 있습니다.

존경하는 경제인 여러분,

캄보디아는 '사람'에 우선순위를 두고 인적자원 개발, 경제 다각화, 고용 촉진, 지속가능한 발전 등 '4각 전략'을 경제정책으로 추진하고 있습니다. '사람중심의 평화·번영 공동체'를 비전으로 하는 한국의 '신남방정책'과 정신이 같습니다. 메콩강과 톤레사프강이 만나듯 캄보디아의 '4각 전략'과 한국의 '신남방정책'이 만나 하나의 힘찬 물길을 이루게 될 것입니다.

오늘 저는 양국의 미래지향적 협력 방향 세 가지를 강조하고 싶습니다.

첫째, 국민 생활과 밀접한 산업인프라를 구축하는데 협력을 강화해 나가고자 합니다. 전력·에너지는 양국 간 협력 필요성이 큰 분야입니다. 양국 모두 빠른 시일 내 재생에너지 비중을 크게 높이려는 공통의 목표를 가지고 있으므로 양국이 함께 노력해 나간다면 시너지 효과를 거둘 수 있을 것입니다. 오늘 체결한 마이크로그리드 협력 양해각서를 통해 전력공급이 원활하지 못한 농촌지역, 수상가옥 등에 신재생에너지와 에너지저장장치를 활용한 전력 공급 기반이 구축되길 기대합니다. '국립의대 부속병원' 건립과 같은 의료·보건 분야 인프라 확충에도 함께 협력하고 있습니다. 이는 캄보디아 국민의 의료복지 향상에 기여하게 될 것입니다. 아울러, 한국은 '프레아 피투 사원 복원사업'에 참여하여 세계문화유산을 지키는 노력에도 동참하고 있습니다.

둘째, 지속가능한 발전을 위해 양국 간 기술협력을 강화하고자 합니다. 지속적인 발전을 위해서는 중소기업의 탄탄한 기술력 확보가 중요합니다. 농업과 식품가공 분야 협력을 통해 중소기업 협력을 강화하겠습니다. 양국이 추진하고 있는 표준 분야 협력사업은 농산품과 공산품의 생산성을 향상시키게 될 것입니다. 양국은 프놈펜에 설치된 '한·메콩 산림협력센터'를 중심으로 산림 분야 공동연구와 협력도 진행 중입니다.

마지막으로, 자유롭고 공정한 교류·협력의 여건을 강화해 나가야 합니다. 캄보디아는 외국인 투자 유치에 적극적인 나라입니다. 향후 10년 간 아시아 인프라 시장에서 가장 주목해야 할 나라로 꼽히기도 합니다. 한국기업들도 투자를 확대하고 있습니다. 오늘 체결한 투자협력 양해각서가 양국 간 투자를 더욱 촉진하는 마중물이 되길 기대합니다.

또한, 국가지급결제시스템 구축 협력사업은 양국 기업 간 자금 거래의 편의성을 높여줄 것입니다. 이중과세방지협약의 체결은 상호 간 투자 활성화에 큰 도움이 될 것입니다. 조속한 협상 타결을 기대합니다.

이번에 문안이 타결된 '한·캄보디아 형사사법공조조약'이 공식 체결되면 양국 모두 재외국민을 보호하면서 인적 교류를 크게 확대하는 계기가 될 것입니다.

양국 경제인 여러분,

훈센 총리님께서는 한반도의 평화에 큰 기여를 해 주셨습니다. 캄보디아와 한국의 외교관계를 정상화시켰을 뿐만 아니라 북한이 아세안 지역 안보 포럼에 가입하도록 적극 주선하여 역내 긴장 완화에 큰 역할을 했습니다. 그 공로를 인정받아 한국에서 명예 정치학박사 학위를 받기도 하셨습니다. 지금도 한반도 평화 프로세스를 적극 지지해 주고 계신 데 대해 다시 한 번 감사의 말씀을 드립니다.

한반도의 비핵화와 항구적 평화가 이뤄진다면 양국 간 경제협력의 폭이 넓어져 경제인 여러분에게 더 많은 기회가 열릴 것입니다. 저는 아세안과의 관계를 주변 4대국 이상으로 발전시키려는 신남방정책을 중점 추진하고 있습니다. 캄보디아는 한국의 신남방정책의 추진에서 핵심적인 협력 파트너입니다. 올해 11월 한국에서 개최될 '한·아세안 특별정상회의'와 '한·메콩 특별정상회의'가 한국과 캄보디아의 양국 관계를 더욱 발전시키는 계기가 되기를 기대합니다.

캄보디아 속담 중에 '젓가락 하나는 부러뜨리기 쉬워도 모이면 쉽게 부러지지 않는다'는 말이 있습니다. 캄보디아와 한국이 함께한다면 양국의 상생번영은 물론 아세안 전체의 평화와 번영도 이룰 수 있을 것입니다. 양국이 앞으로도 서로 돕고 배우며 미래를 향해 함께 갑시다.

어꾼 찌라은! 감사합니다.

캄보디아 국왕 주최 국빈만찬 답사

| 2019-03-15 |

존경하는 시하모니 국왕님, 훈센 총리님, 그리고 내외 귀빈 여러분,
쯤 리읍 쑤어(안녕하십니까)?

올해 첫 순방으로 캄보디아를 국빈방문해 매우 기쁩니다. 우리 부
부와 대표단을 따뜻하게 환대해 주신 시하모니 국왕님과 캄보디아 국민
께 깊은 감사의 말씀을 드립니다.

어제 도착해 프놈펜을 둘러보며, 캄보디아의 매력에 푹 빠졌습니다.
아름다운 자연과 관대하고 여유로운 사람들, 활력이 넘치는 역동적인 도
시의 모습 속에 전통과 현대, 문명과 미래가 공존하고 있었습니다.

특히, 도시를 가로지르며 유유히 흐르는 메콩강이 아주 인상 깊었

습니다. '어머니의 강'이라는 이름처럼 메콩의 물줄기에는 찬란한 크메르 문명과 미래의 풍요가 모두 담겨 있습니다. 서울을 가로지르는 한강을 보는 것 같아 더 친근하게 느껴졌습니다.

잠재력이 큰 메콩유역 개발을 포함해 캄보디아는 경제성장에 박차를 가하고 있습니다. 최근에는 농업 발전, 인프라 개발, 외국인 투자 등에 집중하며 연 7%의 고속성장을 이루고 있습니다.

시하모니 국왕님과 훈센 총리께서는 내전의 아픔을 극복하고 국민 통합을 이루셨습니다. 야심차게 '국가발전전략'의 비전을 추진하고 계신 두 분의 지도력에 경의를 표합니다. 또한 '한강의 기적'에 이은 '메콩강의 기적'을 기원하며, 한국도 캄보디아의 노력에 언제나 함께할 것을 약속드립니다.

오늘 나는 국왕님, 총리님과 양국 관계의 미래 발전 방향에 대해 허심탄회한 대화를 나누었습니다.

양국은 일상 속에 스며든 불교문화와 공동체와 예의를 중시하는 전통 등 닮은 점이 많습니다. 캄보디아 국민들은 케이팝, 드라마, 음료 등 한류를 좋아하고, 한국의 국기인 태권도를 국민 스포츠로 즐깁니다. 한국 국민들은 앙코르와트 사원 등 캄보디아의 문화와 자연을 사랑하며 해마다 40여만 명이 캄보디아를 방문합니다. 양국 국민들 간의 서로 통하는 마음이 경제협력의 기반이 되고 있습니다. 우리의 우정은 더욱 깊어질 것입니다.

양국의 협력은 농업, 금융, 인프라, 재생에너지, ICT, 보건의료와 교육 분야까지 더욱 확대되어 번영의 미래를 함께 열게 될 것입니다.

국왕님, 총리님, 내외 귀빈 여러분, 올해는 한·아세안 대화관계 수립 30주년을 맞는 뜻깊은 해입니다. 이를 기념하는 '한·아세안 특별정상회의'와 '한·메콩 정상회의'가 올해 말 한국에서 개최됩니다.

특히, 한·메콩 정상회의는 처음으로 열리는 회의라서 더욱 의미가 큽니다. 정상급 회의 격상을 위한 훈센 총리님의 각별한 관심과 노력에 감사드립니다. 메콩 국가들과의 협력이 한층 더 도약할 것으로 기대합니다.

"젓가락이 얇아도 모이면 쉽게 부러지지 않는다"는 캄보디아의 속담을 들었습니다. 그 속담처럼 저의 이번 국빈방문이 양국의 결속을 더 단단하게 만드는 계기가 되길 바랍니다. 캄보디아가 내전을 극복하고 통합과 평화를 이뤄낸 지혜도 나눠 주시기 바랍니다.

다시 한 번 시하모니 국왕님의 환대에 감사드리며, 양국의 영원한 우정과 캄보디아의 무궁한 발전을 기원합니다.

감사합니다.

제11회 국무회의 모두발언

| 2019-03-19 |

제11회 국무회의를 시작하겠습니다.

올해 첫 순방으로 아세안의 세 나라를 다녀왔습니다. 브루나이, 말레이시아, 캄보디아 모두 신남방정책의 중요한 협력 파트너들입니다. 신남방정책은 대한민국 국가발전 전략의 핵심입니다. 국가의 발전에 따라 외교와 경제의 다변화는 선택이 아니라 필수입니다. 아세안은 세계 어느 지역보다 성장이 빠르고, 앞으로의 성장 잠재력도 매우 큽니다. 그런 면에서 아세안은 우리의 미래라고 할 수 있습니다. 우리는 아세안과 함께 아시아의 평화와 공동번영의 미래를 열어가야 합니다.

아세안 국가들도 우리의 신남방정책을 적극 지지하면서 협력 확대를 희망하고 있습니다. 이번에 방문한 3개국들 모두 우리의 신남방정책과 각국의 국가발전 전략을 접목시키는데 매우 적극적이었습니다. 브루나이와는 인프라 수주 기반과 에너지 협력을 강화했고, 말레이시아와는 우리와 말레이시아가 각각 강점을 가진 한류와 할랄의 결합으로 2조 달러 규모의 글로벌 할랄 시장에 공동진출하기로 했습니다. 또 말레이시아와는 한·아세안 FTA와 별도로 한·말레이시아 양자 FTA를 체결하여 교역과 투자를 확대하기로 했습니다. 우리가 2위 투자국인 캄보디아는 양자관계 뿐만 아니라 한·아세안과 한·메콩 국가들 간의 협력을 확대하는 데 중심 고리 역할을 하게 될 것입니다.

이번 순방이 우리 기업들의 활동무대를 넓히고, 교역시장을 다변화하는 계기가 될 것으로 기대합니다.

한편으로 한반도 평화 프로세스에 대한 아세안의 확고한 지지와 협력 의지도 재확인했습니다. 아세안 국가들은 북한과 오랜 기간 외교관계를 유지하고 있으므로 한반도 평화를 위한 우리의 노력에 도움이 될 수 있을 것입니다.

평화 번영의 한반도와 신경제지도는 신남방정책, 신북방정책과 함께 완성됩니다. 관계 부처는 이번 순방 성과를 바탕으로 내실 있는 구체 사업을 발굴하고, 실질 성과를 만드는데 최선을 다해 주기 바랍니다. 특히 올해 11월 한국에서 열리는 '한·아세안 특별정상회의'와 또 처음 정상회의로 승격된 '한·메콩 정상회의'가 신남방정책을 강화하고, 아세안 및 메콩 국가들과의 관계를 획기적으로 발전시키는 계기가 될 수 있도록 빈틈없이 준비해 주기 바랍니다.

올해 세계 경제 전망이 어두운 가운데 대외의존도가 높은 우리 경제도 크게 영향을 받고 있습니다. 그런 가운데서도 우리 경제가 올해 들어 여러 측면에서 개선된 모습을 보이는 것은 다행스러운 일입니다. 산업 활동 측면에서는 생산, 소비, 투자가 모두 증가했고, 경제심리 지표들도 나아졌습니다. 벤처투자와 신설 법인수도 꾸준하게 증가하고 있고, 2월 취업자 수는 전년 동월 대비 26만3천 명이 증가해서 작년 1월 이후 가장 많이 늘었습니다. 물가도 안정적으로 관리되고 있고 국가부도 위험을 나타내는 CDS 프리미엄 지수도 11년3개월만에 최저치를 기록하는 등 국가경제는 견실한 흐름을 유지하고 있습니다.

그러나 국가경제의 근간인 제조업은 여전히 어려운 상황입니다. 정부가 그간 여러 차례에 걸쳐 제조업 대책을 마련했고, 스마트 공장과 규제샌드박스를 비롯한 다양한 정책 수단을 동원해 제조업 혁신을 지원하고 있지만 아직 현장의 체감도는 낮습니다. 특히 전통 주력 제조 분야의 고용 부진이 계속되고 있는 점이 우리 경제의 가장 어려운 점이라고 할 수 있습니다.

세계 경제의 둔화로 세계 제조업 경기 전반이 어려워지고 있으나 그렇다고 외부 탓으로만 돌릴 일이 아닙니다. 우리 제조업의 경쟁력이 낮아지고 있는 것이 문제입니다. 제조업의 활력을 살리는 것이 우리 경제를 살리는 길입니다. 제조업의 활력을 위해 정부가 전력을 기울이겠습니다.

주력 제조업의 경우 지난해 내놓은 분야별 대책이 제대로 잘 돌아가고 있는지 점검하기 바랍니다. 조선업은 작년에 세계시장 점유율 1위를 되찾았고, 올 2월에는 전세계 선박발주의 81%를 수주하는 등 회복세를 나타내고 있습니다. 선박 수주의 회복이 고용의 빠른 회복으로 연결되도록 지원하고, 여전히 수주의 어려움을 겪고 있는 중소 조선 업체에 대한 지원도 더욱 적극적으로 강구하기 바랍니다. 특히 현대중공업의 대우조선해양 인수로 고용의 불안을 야기하는 일이 없도록 확실한 대책을 마련해 주기 바랍니다.

올 1월, 2월 자동차 산업의 수출에도 불구하고 부품업체들의 어려움이 계속되고 있습니다. 전기차, 수소전기차 등 친환경차의 보급을 더욱 속도 있게 추진하고 지난 연말 발표한 자동차 부품 산업 대책도 신속하게 시행해 주기 바랍니다. 메모리 반도체에 비해 상대적으로 경쟁력이 취약한 비메모리 반도체 분야의 경쟁력을 높여 메모리 반도체 편중 현상을 완화하는 방안도 신속히 마련해 주기 바랍니다.

주력 제조업의 혁신과 함께 신산업의 육성도 속도를 내야 합니다. 로봇, 바이오·헬스, 소재·부품·장비, 5G 기반 산업 등 미래 제조업 발전 전략을 조속히 노력하여 전통 주력 제조업의 혁신과 신산업의 발전이 균형 있게 이뤄지도록 정책적 노력을 기울여 주기 바랍니다.

혁신금융 비전선포식 모두발언

| 2019-03-21 |

금융인, 기업인 여러분, 반갑습니다.

1879년 12월 31일 밤, 미국 뉴저지에 290개의 전등불이 켜졌습니다. 에디슨이 백열전구를 세상에 공개한 역사적인 순간이었습니다. 환호는 잠시, 에디슨은 금방 다른 난관에 부딪혔습니다. 제품 양산에 필요한 자금이 부족했습니다. 이때 에디슨에게 길을 열어 준 것은 '아이디어와 기술' 그 자체였습니다. 백열전구 기술 특허를 담보로 대출과 투자를 받아 제너럴일렉트릭(GE)의 모태가 된 전기회사를 설립할 수 있었습니다. '혁신금융'의 최초 수혜자인 셈입니다. '혁신금융'이 없었다면 인간의 삶을 획기적으로 바꾼 백열전구를 보기 어려웠을지도 모릅니다.

4차 산업혁명 시대는 아이디어가 경쟁력입니다. 아이디어만으로 도전할 수 있어야 합니다. 아이디어를 제품화할 수 있는 환경조성이 이뤄져야 4차 산업혁명 시대를 선도할 수 있습니다. '금융'이 아이디어의 가치를 인정해 주어야 합니다. '금융'이 '혁신'을 든든히 받쳐주고 이끌어야 합니다. '제2벤처 붐 확산'을 위해서는 기업과 정부의 노력에 더해 도전을 응원하는 금융, 혁신을 장려하는 금융이 있어야 합니다.

오늘은 지난 '제2벤처 붐 확산 전략'에 이어 '혁신금융의 비전'을 말씀드리고자 합니다. 오늘날 금융은 국민 삶과 매우 가까워졌습니다. 과거에는 은행에 직접 가야 가능했던 일들이 스마트폰 속 '내 손안의 은행'으로 해결됩니다. 그만큼 물리적 거리는 가까워졌지만 마음의 거리는 여전히 멀리 있습니다.

꿈과 아이디어, 기술에 대한 자신감으로 가득 찬 창업기업들에게 은행의 문턱은 아직도 높습니다. 이미 세계 각국은 혁신금융에 박차를 가해 혁신·벤처산업을 활성화하고 있습니다. 유수의 글로벌 금융회사들은 담보 없이 기업가치를 평가하거나 미래 성장성을 중시하여 혁신기업에 자금을 공급하고 있습니다. 벤처기업으로 출발한 애플과 아마존은 혁신금융의 도움으로 아이디어를 사업화하고, 오늘날 글로벌 기업으로 성장했습니다.

그러나 우리는 여전히 부동산 담보와 과거 실적 위주의 여신 관행이 혁신 창업기업의 발목을 붙잡고 있습니다. 담보가 충분한 대기업에 비해 혁신 창업기업과 중소기업에게 금융의 문은 매우 좁습니다. '금융의 양극화'라고 해도 과언이 아닐 것입니다. 이러한 양극화를 해소할 때 혁신도 빠르게 이뤄질 것입니다.

금융인, 기업인 여러분, 혁신금융이 창업기업과 중소기업의 동맥입니다. 금융이라는 동맥이 잘 뚫려 있어야 혁신의 심장이 쉬지 않고 고동칠 수 있습니다. 우리 정부는 과거의 금융관행을 벗어나 미래 기술혁신을 선도하는 '혁신금융'을 강력하게 추진하고자 합니다. 새 시대에 맞는 '금융'으로 변화하고자 합니다.

첫째, '은행여신시스템'을 전면 혁신할 것입니다. 아마존, 페이스북, 구글 등 대표적인 혁신기업을 보면 기업이 보유한 순자산 가치보다 시장이 평가한 기업가치가 훨씬 큽니다. 기술력과 미래성장 가능성을 평가하기 때문입니다. 이제 우리도 부동산 담보와 과거 실적이 아닌 아이디어와 기술력 같은 기업의 미래성장 가능성을 평가해야 합니다.

올해부터 '일괄담보제도'가 전면 시행됩니다. 기계, 재고, 매출채권과 같은 동산과 채권, 지적재산권에 이르기까지 다양한 자산을 포괄적으로 활용해 자금을 조달할 수 있습니다. '통합여신심사모형'도 구축할 것입니다. 기술평가와 신용평가를 통합하여 기술력이 있으면 신용등급이 높아지도록 하겠습니다. 기술력 있는 창업기업의 자금조달에 물꼬가 트일 것으로 기대합니다. 정책금융기관부터 도입하여 민간금융기관으로 점차 확대해 나가겠습니다. 향후 3년간 혁신·중소기업에 100조 원의 신규자금이 공급되도록 할 것입니다.

우리는 특허출원 건수가 세계 4위일 정도로 혁신성이 강한 나라입니다. 혁신 제품에 대한 소비자의 반응도 매우 빠르고 민감합니다. 혁신적 아이디어가 은행에서 제대로 평가받아 사업화된다면 그만큼 성공 가능성이 매우 높습니다. '은행여신시스템' 개혁이 혁신을 가속화해 줄 것입니다.

둘째, 혁신기업에 충분한 모험자본이 공급될 수 있도록 할 것입니다. 바이오산업 등 혁신업종에 수익성과 원천기술, 미래 자금조달 가능성 등을 반영한 차별화된 상장기준을 마련하여 코스닥 상장의 문을 획기적으로 넓히겠습니다. 과거 전통 제조업 기준으로 마련된 심사기준 때문에 거래소 상장의 문턱을 넘지 못했던 혁신기업들이 코스닥 시장에 대거 진입하여 자금을 조달할 수 있게 될 것입니다.

지난 3년간 코스닥에 신규 상장된 바이오와 4차산업 기업 수가 38개였는데, 앞으로 3년간 80개가 더해질 것으로 예상합니다.

'신속이전 상장제도' 대상도 확대됩니다. 코넥스 기업이 코스닥으로 신속하게 도약할 수 있도록 상장 심사기준을 완화할 것입니다. 작년에 1개에 불과했던 신속이전 상장기업이 2022년에는 30개로 크게 늘어날 것입니다.

앞으로 5년간 12조 원으로 규모가 늘어날 '성장지원펀드'의 운영방식도 개편하여 혁신기업에 충분한 자금지원이 이루어지도록 하겠습니다. 혁신위험을 인수할 수 있는 사모펀드의 투자 자율성을 높이고, 초대형 투자은행(IB)의 혁신·벤처투자 인센티브를 강화하는 등 민간 모험자본의 공급도 확대되도록 할 것입니다.

아울러 증권거래세를 단계적으로 인하하고, 중장기적으로 거래세와 자본이득세 간 역할조정 방안도 마련하겠습니다. 자본시장 세제도 모험자본 투자에 도움이 되도록 개편할 것입니다.

'규제입증책임 전환제도'를 통해 모험자본 투자에 걸림돌이 되는 금융규제도 과감히 걷어내겠습니다.

셋째, 제조업과 서비스산업 혁신을 위해 필요한 자금을 충분히 공급하겠습니다. 제조업과 서비스산업에 대한 선제적 지원은 중소·중견기업을 고도화하고, R&D를 강화할 수 있는 기회를 제공할 것입니다. 향후 3년간 주력산업 중소·중견기업에 대해 12조5천억 원 규모의 정책자금을 지원하겠습니다. 최대 15년 만기의 초장기자금을 공급하여 기업들이 장기적으로 구조개혁을 추진할 수 있게 할 것입니다. 신규 일자리 4만 개가 만들어질 것으로 기대합니다.

자본시장을 통한 기업구조조정 활성화를 위해 현재 1조 원 규모의 '기업구조혁신펀드'도 5조 원까지 단계적으로 확대할 것입니다. 관광, 보건의료, 콘텐츠, 물류 등 유망서비스산업에 대해서도 향후 5년간 60조 원 규모의 정책자금을 지원하여 서비스산업 혁신을 위한 마중물이 되도록 하겠습니다. 서비스산업 분야에서 향후 5년간 13만 개 일자리 창출을 기대합니다.

혁신을 추진하는 과정에서 실패가 있을 수 있고, 금융기관의 손해
도 발생할 수 있습니다. 정부는 금융감독 방식을 혁신 친화적으로 개선
할 것입니다. 금융회사가 혁신산업을 적극 지원하면서 발생한 손해에 대
해서는 해당 임직원의 고의, 중과실에 의한 것이 아니면 적극적으로 면
책하겠습니다.

금융인, 기업인 여러분, 그간 금융에 대해 "햇볕 날 때 우산을 빌려
주고 비올 때 우산을 걷어간다"는 뼈아픈 비판이 있었습니다. 이제는 달
라져야 합니다. "비올 때 우산이 되어 주는 따뜻한 금융"이 되고, 한 걸음
더 나가 "비구름 너머에 있는 미래의 햇살까지도 볼 수 있는 혁신금융"
이 되길 기대합니다.

여기 계신 금융인 여러분께서 혁신을 위한 노력에 적극 동참해 주
실 것을 요청합니다. 이미 금융인 여러분은 은행권의 결제시스템을 개방
하고, 포용적 금융을 확대하고 있습니다. 더 나아가 주시기 바랍니다. 벤
처·중소기업인 여러분도 금융업계의 노력에 화답하여 혁신에 더욱 앞
장서 주시길 당부 드립니다.

정부도 시스템을 개선하고, 정책금융을 통한 마중물 역할을 강화
하는 등 금융과 기업인의 혁신을 적극 지원하겠습니다. 특히, 혁신금융
이 지속적인 동력을 가질 수 있도록 정부와 금융기관이 함께 참여하는
'민－관 합동 TF'를 신설하여 함께 노력하겠습니다.

지금 이 자리에는 여당 원내대표, 정책위의장, 기재위원장, 정무위 위원장과 위원님이 함께하고 계십니다. 입법이 필요한 사항에 대해서는 국회에서 잘 협의하여 뒷받침해 주시길 부탁드립니다.

금융인, 기업인, 국회와 정부가 한마음으로 '혁신금융'이 '혁신성장'으로 이어지도록 노력해 나갑시다. 국민들께서도 함께 응원해 주시길 바랍니다.

감사합니다.

로봇산업 육성 전략보고회 모두발언

| 2019-03-22 |

대구 시민 여러분, 지역경제인 여러분, 반갑습니다.

대구는 뜨겁습니다. 인정이 많고 의리가 넘칩니다. 옛 것을 잘 지키면서도 새로운 것을 빨리 받아들입니다. 사람을 향한 의리는 고향을 사랑하는 자부심으로, 나라를 먼저 생각하는 애국심으로, 나아가 전통과 혁신을 아우르는, 조화로운 정신으로 이어졌습니다.

대구는 국채보상운동으로 항일운동의 효시가 되었고 시민의 자발적인 힘을 보여주었습니다. '2·28 민주운동'은 우리나라 민주화의 초석이 되었습니다. 농업국가 대한민국을 산업국가로 혁신한 도시도 대구입니다. 섬유산업을 시작으로 대한민국 경제발전을 이끌었습니다.

오늘 대구가 로봇산업을 대구의 미래산업으로 채택한 것도 바로 이러한 자산과 저력에서 비롯된 것입니다. 4차 산업혁명 시대는 전통을 바탕으로 한 혁신을 요구합니다. 바로 대구의 모습입니다. 근대화를 일으켜 온 힘으로 로봇산업을 일으키고 미래 신산업의 중심도시가 될 것입니다.

로봇산업은 대구의 기회이고 대한민국의 기회입니다. 국내 유일의 로봇산업진흥기관 '한국로봇산업진흥원'이 이곳 대구에 있습니다. 로봇산업클러스터가 조성되어 있고, 국내 1위의 로봇기업, 세계 3위의 글로벌 로봇기업을 포함해 수도권을 벗어나 로봇기업이 가장 많은 도시이기도 합니다.

대구는 로봇산업 중심지로 발전할 역량이 충분합니다. 그 역량을 모아 오늘 대구 로봇산업 육성전략 보고회를 마련한 대구시민들과 권영진 시장님을 비롯한 공직자 여러분께 진심으로 감사와 격려의 인사를 드립니다. 대구경제가 활짝 피어날 것이라 확신합니다.

국민 여러분, 대구 시민 여러분,

로봇은 4차 산업혁명의 핵심기술입니다. 미래에 고부가가치를 창출할 것으로 기대되는 대표적인 신산업입니다.

세계 로봇 시장은 2017년 기준 335억 불로, 연평균 25% 이상 성장하여 2023년에는 1,300억 불에 이를 것으로 전망됩니다.

이미 많은 국가들이 치열한 경쟁에 나섰습니다. 독일 아디다스는 100% 로봇 자동화 공정을 도입하여 23년 만에 다시 자국에서 생산을 시작했습니다. '로봇으로 로봇을 만드는 회사' 일본 화낙은 연 매출액 8조 원의 성공신화를 쓰고 있습니다.

우리 역시 세계 최초로 로봇 관련 법률을 마련하고 특히 자동차와 전기·전자 업종에서 로봇을 많이 활용하고 있습니다. 우리나라는 제조업 종사자 1만 명당, 로봇 활용 대수가 710대로 로봇밀도 세계 1위, 다시 말해 제조업에서는 로봇을 가장 많이 사용하는 나라입니다. 제조로봇의 산업 규모도 2017년 약 3조 원으로 세계 5위권입니다.

최근 인공지능, 사물인터넷, 5G를 비롯한 4차 산업혁명 핵심기술과 융합되어 로봇의 기능과 활용도는 더욱 커지고 있는 만큼, 이 분야에서 높은 역량을 가지고 있는 우리가 로봇산업 역시 선도해 나갈 수 있다고 자신합니다. 세계시장 선점도 가능하다고 생각합니다.

4차 산업혁명과 마찬가지로 로봇산업은 미개척의 영역입니다. 그런 만큼 처음부터 그 방향을 잘 설계해야 하며 우리의 삶에 도움이 되도록 효용성을 높여야 합니다.

첫째, 로봇이 발전할수록 사람의 역할이 커져야 합니다.

과거의 로봇은 노동을 대체하는 수단으로 사용되었습니다. 그러나 최근에는 사람과 협업하는 로봇이 개발·보급되고 있습니다. 사람이 하기 위험한 일을 로봇이 도와주면서 생산성을 높이고 더불어 일자리도 창출하고 있습니다.

정부는 기존 제조업과 서비스업과의 연계를 통해 산업 혁신과 함께 일자리 창출의 두 마리 토끼를 잡겠습니다.

이미 우리의 산업현장에서 제조로봇은 공정의 자동화를 통한 생산성 향상에 기여하고 있습니다. 생산성 향상은 기업의 매출 상승으로 연결돼, R&D 전문인력과 청년 일자리 창출의 선순환으로 이어지고 있습니다.

실제 이곳 대구에서 로봇을 도입한 후 기업 매출이 늘고 일자리가 만들어진 경우가 많습니다. 약 80여 대의 로봇을 도입해 프레스, 용접공정을 자동화했지만 오히려 생산기술과 개발, 연구 인력을 신규 채용한 기업도 있습니다.

대구테크노파크, 제조혁신과 부품경쟁력 강화사업에 참여한 8개 기업은 연간 3.6%였던 매출 증가율을 31%로 높였습니다.

정부는 고위험·고강도·유해 작업환경에 로봇이 널리 활용되도록 할 것입니다. 낮은 가격의 협동 로봇을 집중적으로 지원해 나갈 계획입니다. 영세 중소기업의 생산성을 향상시키고, 노동자가 좀 더 안전한 환경에서 일하며 삶의 질을 높일 수 있도록 하겠습니다.

둘째, 로봇이 인간의 삶을 돕도록 하겠습니다.

물류·의료·가사 로봇 같은 서비스 로봇은 사람과 교감하며, 우리의 삶이 편리해지도록 돕고 있습니다. 대구시와 한국생산기술연구원이 만든 휴모노이드 로봇 '에버 5(Five)'는 대구오페라하우스에서 '로봇디바'의 역할을 했습니다. 계명대 동산의료원에서는 암을 비롯한 여러 분야의 수술에 로봇이 활용되고 있습니다. 단일공 로봇을 이용한 부인암 수술은 '2017년 대구지역 의료기술 육성지원사업'에 선정돼 대구를 대표하는 의료기술로 자리 잡았습니다.

서비스 로봇이 상용화되어 의료와 재활, 돌봄과 재난대응을 비롯한 다양한 기능을 수행하게 되면 사회적 약자를 비롯한 누구나 안전하고 편리한 삶을 누리게 될 것입니다.

국민 여러분, 대구 시민 여러분,

정부는 '사람을 위한 로봇 산업'이라는 원칙 아래 2023년 로봇산업 글로벌 4대 강국을 목표로 삼았습니다. 작지만 강한, 세계적인 스타 기업 20개를 만들어낼 것입니다. 정부부터 로봇 보급과 확산의 마중물이 될 것입니다.

제조로봇 분야는 업종별·공정별로 표준 모델을 개발하여 근로환경 개선과 인력 부족 해소가 시급한 분야에 선도적으로 보급하겠습니다. 로봇 활용 교육을 지원하고, 향후 제조사가 주도적으로 판매·보급할 수 있도록 협력체계를 구축해 나가겠습니다. 로봇과 스마트공장을 접목하여 전통 제조업을 되살리는 동력으로 활용해 나갈 계획입니다.

아울러 인공지능, 5G 등 신기술과의 융합, 부품과 소프트웨어 국산화를 통해 국내 로봇산업을 미래 먹거리 산업으로 집중 육성하겠습니다.

서비스 로봇 분야는 시장성과 성장성을 고려해 돌봄, 웨어러블, 의료, 물류 4대 유망 분야를 선정하고 맞춤형 개발과 수출을 지원하겠습니다.

특히, 사회적 약자를 지원하는 서비스 로봇을 개발·보급하여 포용국가 실현을 앞당겨 나가겠습니다. 지자체 복지시설 등을 통해 정부가 선도적으로 서비스로봇을 보급하고, 병원·유통기업과의 협업을 촉진하겠습니다. 신기술·신제품의 출시를 앞당기고 돕기 위해 규제샌드박스도 적극 활용하겠습니다.

세계가 대구의 로봇산업에 주목하고 있습니다.

최근에는 베트남 최대 기업인 "빈 그룹"이 달서구에 소재한 로봇 모션 제어기 생산 기업에 투자했습니다. 오늘 발표한 로봇산업 육성 전략을 착실히 추진해 나간다면 대구의 로봇클러스터는 견고하게 자리잡을 것입니다. "로봇산업 선도도시, 대구"의 비전은 머지않아 우리 앞의 현실이 될 것입니다.

대구시가 미래 신성장산업으로 선정한 물, 의료, 에너지, 미래형자동차, 스마트시티 산업은 로봇 산업과 접목될 때 시너지가 더 커질 수 있습니다. 전통 제조업도 로봇을 활용하면 미래 산업으로 탈바꿈 할 수 있습니다. 아디다스 신발공장이 다시 자국으로 돌아온 것처럼 대구도 로봇산업을 통해 제조업의 중심지로 부활할 것입니다.

대구의 꿈을 정부가 적극 지원하겠습니다. 대한민국이 꿈꾸는 로봇산업의 미래가 바로 이곳 대구에서 제일 먼저 펼쳐지도록 대구 시민들께서 힘을 모아 주시기 바랍니다.

대구가 대한민국 로봇산업의 심장으로 힘차게 뛸 때, 대한민국 대구 경제가 살아나고 대한민국 로봇산업도 한 차원 성장해 나갈 것입니다. 정부도 언제나 대구 시민과 함께하겠습니다.

감사합니다.

2019년 세계 물의 날 인사말

| 2019-03-22 |

존경하는 국민 여러분, 대구 시민 여러분, 내외 귀빈 여러분,

유엔 세계 물의 날을 맞아, 물 보전과 관리를 위해 헌신해 오신 모든 분께 깊은 감사의 말씀을 전합니다. 오늘 명예로운 상을 받으신 수상자 여러분도 진심으로 축하드립니다.

물은 모든 생명의 근원입니다. 사람의 발길이 닿는 곳에 물이 있고, 물을 중심으로 우리의 공동체가 형성되었습니다. 물을 이야기하지 않고, 우리의 삶과 문명을 이야기할 수 없을 것입니다.

물은 인권입니다. 예로부터 치수야말로 민생이었습니다. 물은 부족해도 안 되고 넘쳐서도 안 됩니다. 깨끗한 물을 안정적으로 확보하는 것은 우리 국민이 누려야 할 기본적인 권리를 보장하는 일입니다.

물은 또한 경제입니다. 물이 있어야 농사를 짓고, 공장을 돌릴 수 있습니다. 발전소를 세워 에너지를 얻기도 합니다. 나아가 기후변화와 4차 산업혁명 시대에는 물 산업 분야가 새로운 성장산업으로 떠오르고 있습니다.

국민 여러분, 대구 시민 여러분,

역대 정부는 물을 안정적으로 공급하는 한편, 재해를 예방하기 위해 노력해 왔습니다.

그러나 이제 새로운 계획이 필요합니다. 기후변화로 인한 기상이변과 자연재해는 더 자주, 더 크게 나타날 것입니다. 자연재해는 홍수, 태풍, 가뭄, 폭설 등 대부분 물 재해입니다. 물 문제에 대한 근본적인 대책, 환경과 생태를 고려한 지속가능한 물 관리 체계의 변화가 필요합니다.

수량 중심의 정책, 재해 발생 후 사후 복구 위주의 정책으로는 한계가 있었습니다. 물을 보호하거나 규제하는 대상으로 보는, 과거의 관점을 뛰어넘어 4차 산업혁명 시대의 신성장동력이자, 환경과 신산업의 공존이라는 적극적 관점의 변화가 필요합니다.

지난해 정부는 역대 최초로 '물관리기본법'을 제정했습니다. 모든 생명에게 꼭 필요한 물, 국민의 안전한 생활을 보장하는 물, 새로운 성장 동력으로서 물의 통합적 관리를 시작했습니다.

오늘 2019년 세계 물의 날을 맞아 정부가 마련한 통합 물 관리 정책을 말씀드리고자 합니다.

첫째, 언제, 어디서나, 누구나 깨끗한 물을 누릴 수 있어야 합니다.

섬과 농어촌 지역까지 안전한 물을 공급하겠습니다. 당장 올해 노후 상수도 정비에 2,252억 원, 섬 지역 식수원 개발에 1,499억 원의 예산을 지원합니다.

둘째, 물 재난으로부터 안전한 환경을 조성하겠습니다.

댐의 물 공급 능력을 정확히 분석하고 효과적으로 재분배하여 가뭄에도 물을 안정적으로 사용할 수 있게 하겠습니다.

홍수 예방은 정확한 예측에서 시작합니다. 비가 얼마나 오는지, 댐 수위는 얼마나 찼는지 실시간으로 정보를 공유하고, 종합관제센터를 설치해 산간지역과 접경지역의 홍수까지 즉각 대처하겠습니다.

댐과 상하수도 시설의 안정성도 강화하겠습니다. 20년 이상 노후화된 중대형 수도관을 조기에 정비하고, 단수 사고 발생에 대비하기 위한 수도시설 안정화 사업도 추진해 나갈 예정입니다.

정부의 통합 물 관리는 안전한 물의 공급뿐 아니라, 혁신적 물 산업 강국의 비전을 담고 있습니다.

기후변화와 4차 산업혁명에 따른 기술발달로 세계 물 산업은 점점 영역을 확대하고 있습니다. 기존 물 산업은 댐과 하천, 상하수도에서 수도꼭지에 닿는 물 순환 분야에 한정되었으나, 최근 스마트 물 관리부터 에너지 분야까지 확대되면서 시장 규모도 나날이 성장하고 있습니다.

현재 물 산업 세계 시장 규모는 7,000억 불이 넘고, 2022년까지 연평균 4% 이상의 성장을 보일 것으로 전망됩니다. 정부는 기술경쟁력을 갖춘 물 기업의 세계시장 진출을 전략적으로 지원할 것입니다.

이제 올 6월이면 대구에 국가 물 산업 클러스터가 완공됩니다. 물 산업 클러스터는 물과 관련한 연구개발과 실증화를 포함한 100여 개의 관련 시설과 기업 입주 공간으로 구성됩니다.

정부는 물 산업 클러스터를 통해 물 산업 혁신기술을 개발·보급하고, 국내 물 산업을 진흥할 것입니다. 연구개발, 기술 성능 확인과 인증, 사업화, 해외시장 진출까지 물 산업의 전 분야에 걸쳐 지원하겠습니다. 물 정보 관련 빅데이터 융합플랫폼 구축을 포함하여 벤처 창업 지원 인프라도 확충하겠습니다.

국민 여러분, 대구 시민 여러분,

과거 몇 차례의 수질오염 사고로 1,300만 동남권 주민이 이용하는 낙동강 유역은 먹는 물의 안전조차 위협받았던 적이 있습니다. 대구의 젖줄 금호강과 낙동강 유역 주민들께서 종합적인 물 관리의 필요성을 가장 절실하게 느낄 것입니다.

낙동강은 강원도부터 부산에 이르기까지 수계가 길고, 유역에 많은 지자체와 인구 밀집지, 공업단지들이 있습니다. 또한 유속이 느리고, 갈수기에는 수량도 줄어듭니다. 자연히 수질 관리가 어렵고, 식수원으로 사용하는 상·하류 지자체 간 갈등도 적지 않았습니다.

그래서 역대 정부는 항상 낙동강 물 문제 해결을 중요 목표로 세웠고, 고도정수처리를 통해 가정의 수돗물이 깨끗하게 공급되도록 노력을 기울였습니다. 그러나 그것만으로는 부족합니다. 상수원인 낙동강의 수질 자체를 깨끗하게 만들지 않으면 안 됩니다.

대구 시민과 지자체, 정부와 관련 기업들이 함께 문제를 해결해 가면서 대구가 물 산업의 중심지가 되었습니다. 나아가 국가 물 산업 클러스터를 조성하면서 대구는 대한민국 물 산업의 발전을 이끌어갈 심장으로 성장하고 있습니다.

향후 세계 물 산업 시장을 선도하고자 하는 우리의 꿈이 이곳 대구의 국가 물 산업 클러스터에서 실현될 것입니다. 뿐만 아니라 낙동강의 수질 개선에도 큰 역할을 하게 되리라 기대합니다.

'세계 물시장 선도 도시 대구'로 나아가는 길에 정부도 대구 시민과 함께 발을 맞추겠습니다.

감사합니다.

수석보좌관회의 모두발언

| 2019-03-25 |

　여야 모두가 3월 국회를 민생국회로 만들겠다고 약속했습니다. 입법기관으로서 본분을 다하는 것이 국민과 약속을 지키는 일입니다. 국민생활과 국가 경제에 시급히 필요한 법안부터 신속히 처리해 주시기 바랍니다.

　탄력근로제 확대 적용을 위한 법안이 대표적입니다. 탄력근로제 단위기간 확대는 노사정이 긴 산고 끝에 양보와 타협으로 합의한 매우 뜻깊은 사례입니다. 그 성과를 살리는 것이 국회의 몫입니다. 경사노위의 합의가 존중되는 입법이 신속히 이뤄지기를 바랍니다.

　아울러 최저임금 결정체계 개편 법안도 시급히 마무리되어야 합니다. 시장의 불확실성 해소를 위해 협조해 주시기 바랍니다.

지난주 대정부질문에서 많은 여야 의원들이 우리 경제를 염려해 주셨습니다. 국회도 입법으로 경제 활력에 힘을 보태 주었으면 합니다. 혁신성장을 촉진하며 신산업을 육성하고, 자영업과 소상공인을 지원하는 등 경제와 민생 법안 처리에 보다 속도를 내 주시기 바랍니다.

국민 안전은 백 번 강조해도 지나치지 않습니다. 이미 국민적 공감이 모아진 의료진의 안전을 강화하는 법안이나 체육계의 폭력과 성폭력을 근절하는 법안을 지체 없이 처리해 주시기 바랍니다.

예산에 반영하고도 아직 입법이 안 돼서 시행하지 못하는 세출법안도 있습니다. 병역법 개정이 미뤄지고 있기 때문에 급여가 오른 장병들의 목돈 마련을 위한 '내일준비적금'의 혜택 확대를 집행하지 못하고 있습니다. 실업급여 인상, 육아기 배우자 출산 휴가 지원 예산도 적기에 처리되어야 차질 없이 집행될 수 있습니다.

권력기관 개혁에 대해서도 다시 한 번 강조합니다. 최근 특권층의 불법적 행위와 외압에 의한 부실 수사, 권력의 비호, 은폐 의혹 사건들에 대한 국민의 분노가 매우 높습니다. 고위공직자 범죄수사처 설치의 시급성이 다시 확인되었습니다.

5·18 진상규명위원회 위원 추천도 조속히 마무리해 주시기 바랍니다. 정의로운 사회를 바라는 국민의 요구를 수용해 정치권도 사회개혁에 동참하는 모습을 기대합니다.

벨기에 국왕 내외를 위한 국빈만찬 만찬사

| 2019-03-26 |

존경하는 필립 국왕님, 마틸드 왕비님, 그리고 벨기에 대표단 여러분, 한국의 따뜻한 봄기운을 담아 환영의 인사를 드립니다.

국왕님은 제가 취임 후 처음으로 맞는 유럽 왕실 국빈입니다. 벨기에 국왕으로서도 27년만의 방한이라고 들었습니다. 다시 만나 뵙게 되어 매우 반갑습니다. 국왕님의 방한으로 양국의 우정이 더욱 깊어질 것입니다.

유럽의 가장 아름다운 도시 브뤼셀에서 지난해 나는 모든 사람이 자유롭고, 모든 문화가 존중받는 벨기에의 모습을 봤습니다. 브뤼셀이 인류의 중심지가 된 것도, 12차 ASEM 정상회의를 통해 세계가 글로벌 동반자임을 확인한 것도 벨기에가 가진 통합의 힘이라고 생각합니다.

언어적, 문화적, 사회적 차이를 넘어 통합과 화합의 길을 이뤄낸 국왕님과 벨기에 국민들에게 경의를 표합니다.

이번에 국왕님이 매우 귀한 선물을 가지고 오셨습니다. 양국의 오랜 우정을 보여주는 외교 문서들입니다. 그 중에서도 1919년의 문서가 눈길을 끕니다. '한국에서 3·1독립운동이 일어났을 당시 한국인들은 자유를 원했으며 침착하고 당당하게 행동했다'고 주일본벨기에 대사관이 본국에 전했습니다. 암울한 시기에 벨기에가 보여준 객관적이고 진실한 태도는 한국인들에게 큰 용기와 희망이 되었습니다. 올해가 3·1운동 100주년이어서 더욱 뜻깊습니다.

벨기에는 한국전쟁에 참전하여 함께 피 흘린 우리의 혈맹입니다. 당시 참전부대 중 제3 공수대대는 후일 국왕님이 근무하신 부대라고 들었습니다. 한국의 평화와 자유를 함께 지켜준 벨기에 국민들에게 깊은 우정과 감사 인사를 전합니다. '어려울 때 친구가 진정한 친구'라는 말처럼 한국민들은 그 고마움을 결코 잊지 않을 것입니다.

1901년의 수교 때부터 긴 시간 지속된 양국의 인연은 해를 거듭할수록 더욱 깊어지고 있습니다. 양국의 교역량도 계속 늘어 지난해에 사상 최고치인 47억불을 기록했습니다. 솔베이, 유미코아 등 벨기에 기업들의 한국 투자가 늘고 있으며 우리 기업들의 벨기에 투자도 꾸준히 확대되고 있습니다. 앞으로 더욱 발전할 양국의 관계가 기대됩니다.

'인생의 어려움은 우정이 해결 한다'는 벨기에의 속담이 멋집니다. 우리의 우정으로 어떤 어려움도 극복할 것이라 확신합니다.

국왕님과 왕비님의 건강, 그리고 두 나라의 영원한 우정을 위하여 건배를 제의합니다. 건배!

4월

시민사회단체 초청 간담회 모두발언

| 2019-04-01 |

시민사회단체 대표자 여러분, 반갑습니다.

오늘 이 자리에는 우리나라를 대표하는 각계 시민사회단체 여러분 께서 참석해 주셨습니다. 저도 지역에서 꽤 오랫동안 여러 시민단체에 참여해서 활동한 경험이 있기 때문에 동지 의식을 가지고 있습니다. 여러분께서도 편한 마음으로 오늘 자리에 임해 주시면 좋겠습니다.

정부와 시민사회와의 관계가 한결같지는 않습니다. 좋을 때도 있고, 긴장 관계일 때도 있고, 나쁠 때도 있습니다. 저는 지금 정부와 시민사회의 관계가 아주 좋다고 믿고 싶은데 그렇게 믿어도 되겠습니까?

우리가 어떻게 인식하고 있든, 정부와 시민사회와의 거버넌스, 또는 협치관계, 그리고 국정을 함께 동반해 가는 관계는 갈수록 강화되고, 또 발전하고 있다고 생각합니다.

법·제도를 만들고 국가 자원을 배분하는 일은 정부와 정치권의 몫이지만, 시민사회는 법·제도의 개선과 국가 자원의 적절한 배분을 요구하고, 이끌고, 동력을 만들어 주는 역할을 합니다.

우리 시민사회는 그동안 국가에 대한 견제와 비판, 대안 제시라는 중요한 역할을 누구보다 잘해왔고, 우리 사회의 발전을 이끌어왔습니다.

시대가 변하면서 우리 사회가 해결해야 할 문제들도 더욱 복잡해지고 다양해졌습니다. 경제정의, 양극화와 인권, 성평등, 환경·생태, 소비자 보호, 남북관계, 글로벌한 기후변화 대응까지 우리 사회 모두가 지혜를 모아야 하고 전 지구적으로 함께 풀어가야 할 문제들이 우리 앞에 있습니다. 정부의 힘만으로는 당연히 한계가 있습니다. 시민사회의 역할이 그만큼 막중해졌습니다.

특히 우리 정부는 촛불의 염원을 안고 탄생했습니다. 촛불혁명의 주역이었던 시민사회는 '국정의 동반자이자 참여자'입니다. 여러분의 목소리가 곧 국민들의 목소리라고 생각합니다.

지금처럼 매서운 감시하면서도 동시에 우리 사회를 함께 이끌어가는 동료가 되어 주시길 바랍니다.

정부도 최선을 다하고 있지만, 정부의 손이 닿지 않는 곳에서의 역할도 매우 중요합니다.

한반도 평화는 정치, 외교적으로 해결해야 할 부분이 크지만, 적대와 대결 구도가 오랫동안 지속되어 왔기 때문에 국민들이 평화를 가장 소중한 가치로 받아들이고 일상 속에서 실천되도록 하는 일도 매우 중요한 일입니다. 일상에서의 평화가 한반도 평화로 이어지도록 함께 힘을 모아 주시길 바랍니다.

미세먼지는 전 국민의 생명과 건강에 직결되는 문제입니다. 발전소의 경영과 에너지 수급, 일자리, 서민들의 생계까지 연계되기 때문에 단기간에 해결할 수 없는 문제여서 안타깝습니다. 국민께 약속드린 대로, 전문가와 시민, 공공기관이 함께 참여하는 '범국가기구'를 조속히 설립하여 대응해 가겠습니다.

공정경제와 여성, 청년, 소비자 보호 문제 어느 하나 소홀히 할 수 있는 것이 없습니다. 국민들은 일상에서 조그만 불공정도 용납하지 않습니다. 공정경제와 소비자 보호를 위한 외부 감시자가 되어 주시고, 또 여성과 청년 문제에 대해서도 함께 지혜를 모아 주시길 바랍니다.

특히 중요한 것은 갈등의 소지가 매우 큰 중대한 현안 과제들에 대해 사회적 합의를 이뤄내는 일입니다.

지금 주52시간 근로시간제 안착을 위한 제도개선과 최저임금 결정체계, ILO 협약 비준 문제, 노후 소득 보장제도 개선 등에 관해 경사노위를 중심으로 사회적 합의가 도모되고 있습니다. 뿐만 아니라 우리 사회가 피할 수 없는, 어떤 근본적인 변화하고 할 수 있는 저출산 고령사회에 대한 대책, 4차산업혁명 시대의 일자리 변화와 국민의 삶의 문제 등에 대해서도 사회적 합의 없이는 문제해결이 불가능합니다. 정부와 시민사회가 함께 지혜를 모아야 할 아주 중요한 과제들입니다.

우리 정부는 '시민사회 성장기반 마련'을 중요한 국정과제 중 하나로 선정했습니다. '시민사회발전기본법' 제정을 추진 중이고, '시민사회발전위원회'를 통해 시민사회의 활성화를 촉진하고 있습니다.

대통령 비서실에도 시민사회수석실을 두어서 시민사회와 소통을 강화하고 있습니다. 이미 청와대와 정부, 국회, 그리고 정부의 각종 위원회에 많은 시민사회 인사들이 진출하여 활동 중이기도 합니다. 시민사회와의 거버넌스 협치를 더욱 발전시켜 나가겠습니다.

곧 대한민국 임시정부 수립 100주년을 맞습니다. 새로운 대한민국 100년은 시민의 성장이 곧 국가의 성장이 될 것입니다. 안으로는 이념의 대립을 넘어 국민 통합을 이루고, 밖으로는 평화와 번영을 이뤄야 합니다. 그 길에서 여러분은 단순한 비판자가 아니라 이끌어가는 주역이고, 변화하는 사회의 주류입니다.

오늘 경청하는 자리로 생각하고 있습니다. 생생한 의견들을 말씀해 주시기 바랍니다.

감사합니다.

확대 국가관광전략회의 모두발언

| 2019-04-02 |

여러분, 반갑습니다. 대한민국 경제자유구역 1호, 인천 송도국제도시에서 확대관광전략회의를 갖게 된 것을 매우 뜻깊게 생각합니다.

대한민국은 매력적인 나라입니다. 역사·문화·경제·환경을 비롯한 모든 분야에서 다양성과 역동성을 갖고 있습니다. 공룡화석부터 최신 ICT에 이르는 수십만 년의 역사와 다양한 문화가 있습니다. 또한 4계절이 뚜렷한 아름다운 자연이 있습니다.

우리 국민은 개방적이고, 손님을 환대하는 친절한 국민성을 가지고 있습니다. 관광은 사람의 마음을 얻어야 하는 영역입니다. 우리에 대한 정서적 호감과 공감이 있어야만, 세계인이 시간과 비용을 들여 우리나라를 찾게 됩니다. 그런 면에서도 우리는 아주 좋은 조건을 갖추고 있습니다. 실제로 외국 사람들을 만나보면 근래 우리나라에 대한 호감이 매우 커졌다는 것을 느낍니다.

특히 촛불혁명 이후 평화롭게 민주주의를 살려낸 우리 국민의 수준 높은 시민의식에 대한 호감이 큽니다. 지난해에는 평창 동계올림픽을 평화올림픽으로, 성공적으로 치러내면서 인지도와 호감도를 더욱 높였습니다. 한류가 만드는 대한민국에 대한 호감은 더욱 폭발적입니다. 어느 나라에 가도 K - POP 과 K - 드라마를 말합니다.

열광적인 한류 팬들에게 한국은 가고 싶은 여행지입니다. 방탄소년단 멤버들의 고향인 부산, 대구, 광주, 일산, 가수 싸이가 노래한 서울 강남, 배우 원빈이 결혼식을 한 강원도 밀밭 같은 곳이 한류 팬들에게 인기 있는 관광지가 되었습니다. 한류 관광객의 비중이 어느덧 전체 외국 관광객의 10%를 넘었습니다.

E - 스포츠 덕분에 우리를 찾기도 합니다. 2018년 이곳 인천에서 열린 E - 스포츠 대회는 2만 6,000여 전 석이 매진되었고, 그중 34%는 외국 관광객이었습니다.

문화예술의 소프트파워와 경제력, 기술력의 하드파워가 따로 있지 않습니다. 며칠 전 방한한 벨기에 마틸드 왕비가 바로 이곳 인천경제자유구역청을 찾은 것처럼 우리의 앞선 ICT 기술을 체험하기 위해 세계 각국 관계자들의 방문이 이어지고 있습니다.

우리나라는 2차 세계대전 이후 해방된 가난한 나라에서 짧은 시간에 선진국으로 도약하는 압축된 경제성장 과정을 겪었습니다. 그래서 많은 나라들이 우리의 경제성장 경험을 공유하고 배우길 원합니다. 이것도 매우 큰 힘입니다.

음식, 의류, 화장품, 의료부터 최신 기술이 접목된 가전제품과 휴대폰 등 한국은 쇼핑 관광지로서도 큰 인기가 있습니다. 이 모두가 우리 관광산업의 기반입니다.

관광산업은 경제발전의 핵심 동력입니다. 세계 3대 수출산업 중 하나이고, 취업 유발계수가 제조업의 2배가 넘을 뿐만 아니라, 외국인 관광객들이 우리 제품들을 구매하게 만드는 기회입니다.

우리 자연과 인심, 문화와 상품을 접하면서 호감이 높아지고, 재방문과 자발적 홍보로 이어지는 선순환구조가 만들어지고 있습니다.

국가 관광전략은 바로 이 지점에서 시작해야 합니다. '우리가 세계인에게 어떤 점에서 매력적일 수 있는지' 우리의 가치를 제대로 알아야 국가 관광전략을 바로 세울 수 있습니다. '관광을 통해 얻을 수 있는 경제적·사회적 효과는 무엇인지' 목표를 분명히 해야 이에 대응하는 전략도 마련할 수 있습니다.

우리 앞에 놓인 도전과제도 많습니다.

세계 관광 시장, 특히 아시아태평양 지역 시장이 커지면서 미국, 호주, 중국 등 주요국들이 관광 활성화를 위해 총력을 기울이고 있습니다.

반면, 한반도정세 문제로 중국인 단체관광이 급감하고, 전체 관광산업에 타격을 받은 것은 우리로선 뼈아픈 일이었습니다.

이제 관광도 교역이나 해외수주처럼 국제적인 총력 경쟁의 시대에 돌입했습니다. 그 경쟁을 이겨내야 관광수지 흑자 국가로 발전할 수 있습니다.

우리와 아시아 국가들은 서로 간에 관광에 있어서 가장 큰 수요자입니다. 완전히 회복되진 않았지만, 중국 관광객이 다시 늘어나는 추세이며, 한중 항공회담이 성공적으로 마무리가 돼, 양국 간 관광이 한 단계 도약할 기획가 마련됐습니다.

13억 7천만 명으로 세계 2위의 인구를 가진 인도는 여권을 갖고 있는 사람만 해도 6,800만여 명에 이릅니다. 2020년 해외여행 시장이 5,000만 명으로 예상될 정도로 관광 시장으로서 성장잠재력이 무궁무진합니다. 우리의 신남방정책과 이달 예정된 한국 문화관광대전 등을 잘 활용해 인도를 우리 관광의 새로운 주력시장으로 끌어올려야 할 것입니다.

아세안 국가와의 교류 확대도 관광산업 도약의 큰 기회입니다. 올해 '한·필리핀 상호 문화교류의 해'와 한·아세안 특별정상회의, 그리고 한·메콩 정상회의 등 다양한 기회를 살려 나간다면 아세안 관광객의 수요가 더욱 확대될 것입니다.

우리에게는 문화와 기술의 힘이 있습니다. 변화하는 관광 흐름에 맞춰 모바일, ICT 기술을 접목해 관광 서비스의 수준을 높여나가야 합니다. 스마트폰 하나면 교통·언어·예약·결제까지 모두 해결할 수 있는 스마트 관광 인프라 구축을 서둘러야 할 것입니다.

외국 관광객들이 찾는 지역이 주로 서울과 수도권, 제주와 부산 정도로 한정되어 있습니다. 의료관광, 해양관광, 체험관광, 크루즈관광, 음악관광 등 지역에 특화된 콘텐츠를 중심으로 지자체가 관광산업의 주체가 되어 주시기 바랍니다.

정부는 우선 광역지자체 한 곳을 서울과 제주에 이은 세계 관광도시로 키우고, 기초 지자체 4곳을 지역 관광 허브로 육성하겠습니다. 관광벤처, 관광두레, 또 청년창업을 지원해 지역의 관광 역량을 높이겠습니다. 우리 국민이 가장 선호하는 여가 활동이 관광인 만큼, 국내 여행에 대한 근로자 휴가비 지원을 확대하고 저소득층 문화누리카드 지원금 확대를 통해 관광이 국민의 쉼표로서 제 역할을 하도록 하겠습니다.

세계 유일의 분단국가, 지구 최후의 냉전지 한반도는 역설적으로 평화관광, 환경생태관광으로 도약할 수 있습니다.

이미 DMZ 안보관광에서 연간 최대 317만 명의 관광객을 기록한 바 있습니다. 여기에 평화, 생태관광이 더해진다면 한반도 평화가 무르익을수록 관광 수요가 늘어날 것입니다. 우리 세대가 겪었던 분쟁의 시대, 자연 파괴의 시대를 벗어나 미래 세대가 평화와 안보를 함께 생각하고 깨끗하고 아름다운 환경을 누릴 수 있도록 평화관광, 환경생태관광도 적극적으로 지원하겠습니다.

관광산업은 다른 산업에 비해 여러 부처와 기관, 기업의 이해관계가 많이 얽혀 있고, 가치가 충돌하기도 합니다. 그런 면에서 오늘 회의가 열린 이곳 인천이야말로 국가관광전략회의를 하기에 아주 적합한 곳입니다.

인천은 관광산업의 성과와 도전과제를 한눈에 볼 수 있는 도시입니다. 세계 최고의 국제공항, 인천공항을 통해 관광객들이 대한민국으로 들어오지만, 인천에 체류하기보다 다른 도시로 향하는 경우가 많았습니다. 이에 인천시는 내항과 개항장 일대 원도심 지역과 오래된 폐산업시설을 재생시켜 관광 콘텐츠를 발전시켰습니다. 복합리조트 집적화, MICE 산업, 크루즈관광을 새로 개발하고, 접경지역의 약점을 평화관광으로 승화시키기도 했습니다. 인천시민과 민간, 지자체가 함께 노력한 결과입니다.

오늘의 회의가 국민의 삶의 질을 높이고, 지속가능성장과 대한민국 관광산업 흑자라는 목표를 향해 부처 차원의 이해관계를 뛰어넘어 한마음으로 의논하는 자리가 되기를 바랍니다.

감사합니다.

4·3의 완전한 해결이 이념을 극복하고
국민통합으로 가는 길입니다

| 2019-04-03 |

　제주 4·3은 여전히 봄햇살 아래 서있기 부끄럽게 합니다. 오늘 추념식에는 이낙연 총리께서 참석하셨습니다. 제주의 마음을 위로하고 우리 정부의 마음을 잘 전해주실 것입니다.

　4·3의 완전한 해결이 이념을 극복하고 국민통합으로 가는 길입니다. 더딘 발걸음에 마음이 무겁습니다. 진상을 완전히 규명하고 배·보상 문제와 트라우마 치유센터 설립 등 제주도민들의 아픈 상처를 치유하기 위한 일에 더욱 힘을 기울이겠습니다. 대통령으로서 끝까지 챙기겠습니다. 진혼을 넘어 평화로 나아가는 제주도민의 강인함에 깊은 존경의 마음을 보탭니다.

제63회 신문의 날 기념 축하연 축사

| 2019-04-04 |

존경하는 신문인 여러분, 내외 귀빈 여러분,

제63회 신문의 날을 축하드립니다. 저는 '신문'을 생각하면 '처음'이라는 단어가 떠오릅니다. 이른 아침, 아직 잉크 냄새가 나는 신문을 집어드는 것은 그날그날의 세상 소식을 '처음' 만나는 일입니다.

신문은 또한 민주주의의 '처음'입니다. 영국 명예혁명에서 인류는처음으로 언론의 자유를 쟁취했습니다. 언론의 자유를 통해 민주주의,인권, 정의, 평화가 커갈 수 있었습니다.

우리 역사에서 신문은 새로운 시대를 만나는 일이었습니다. 서재필선생이 발간한 최초의 민간신문 「독립신문」은 120여 년 전 '처음'으로 민주주의와 인권, 여성의 권리를 내세웠고, 더 많은 국민이 읽을 수 있도록 한글로 발행했습니다.

3·1독립운동 당일 발행된 「조선독립신문」 1호는 독립선언 발표 소식을 국민께 '처음' 전했으며, 3월 3일 제2호에서는 '국민대회'를 열어 임시정부를 수립하고, 대통령을 선출할 것이라고 알렸습니다.

대한민국 임시정부 역시, 1919년 8월 21일 기관지 「독립신문」을 내고 임시정부와 독립운동 소식을 국민께 알렸습니다.

신문인 여러분, 기자 여러분,

한 장의 사진, 한 줄의 기사에 담긴 신문인의 양심은 역사의 흐름을 바꾸기도 했습니다. 1936년 동아일보는 손기정 선수와 남승룡 선수 가슴에 달린 일장기를 지우고 사진을 보도했습니다. 식민지 치하에서 고통받던 우리 국민에게 '할 수 있다'는 자신감과 독립 의지를 북돋는 역할을 했습니다. 1960년 부산일보 허종 기자가 찍어 특종으로 보도한 김주열 열사의 사진은 4·19혁명의 도화선이 되었습니다.

1980년 5월 20일, 전남매일신문 기자들의 양심이 담긴 공동사표가 2만 장의 호외로 뿌려졌습니다. "우리는 보았다. 사람이 개 끌리듯 끌려가 죽어가는 것을 두 눈으로 똑똑히 보았다. 그러나 신문에는 단 한 줄도 싣지 못했다. 이에 우리는 부끄러워 붓을 놓는다."고 적혀 있었습니다. 독재와 검열의 시대에 보여준 신문인의 용기 있는 행동은 고립된 광주시민에게 뜨거운 위로와 격려가 되었습니다.

촛불혁명 역시 우리 신문들의 보도를 통해 가장 평화롭고 민주적인 혁명으로 전세계에 알려졌습니다. 모두 신문과 보도의 힘입니다.

언론 자유는 결코 쉽게 오지 않았습니다. 신문과 신문인은 참으로 어려운 길을 걸었습니다. 신문을 압수하거나 정간, 폐간시키는 일제와 싸웠습니다. 보도지침이라는 이름으로 기사에 빨간 줄을 죽죽 그었던 독재와 싸웠습니다. 백지광고로 저항하고, 수백 명의 기자들이 한꺼번에 해직당하기도 했습니다. 그들은 권력으로 국민의 눈을 막고 진실을 가렸지만 우리 신문인은 결코 붓을 꺾지 않았습니다.

국민들도 우리 신문을 사랑하고 신뢰했습니다. 권력의 검열로 신문이 제대로 진실을 전하지 못했던 시기에도 국민들은 1면 톱기사가 아닌 구석의 1단짜리 작은 기사에서 더 큰 진실을 읽어냈고, 심지어 미처 말하지 못하는 기사의 행간에서 진실을 찾기도 했습니다.

우리 신문의 자랑스러운 역사를 이어가고, 진실과 정의의 편에서 신문인의 양심을 지켜온 여러분의 노고에 감사의 말씀을 드립니다.

신문인 여러분, 기자 여러분,

이제 언론의 자유를 억압하는 정치권력은 없습니다. 정권을 두려워하는 언론도 없습니다. 많은 해직 기자들이 일터로 돌아갔습니다. 그럼에도 불구하고 언론에 대한 국민의 신뢰가 다시 높아지는 것 같지 않습니다. 진실한 보도, 공정한 보도, 균형 있는 보도를 위해 신문이 극복해야 할 대내외적 도전도 여전합니다.

첫째, 언론 자유에 대한 도전입니다. 가장 공신력 있는 지표로 인정받는 '국경 없는 기자회'의 언론자유지수(PFI)에서 한국은 2006년 31위를 기록했지만, 2009년 69위, 2016년 70위로 추락했습니다.

우리 정부 출범 이후, 2017년 63위, 2018년 43위로 다시 회복하고 있지만, 정치권력 외에도 언론자본과 광고자본, 사회적 편견, 국민을 나누는 진영논리, 속보 경쟁 등 기자의 양심과 언론의 자유를 제약하는 요인들이 아직도 많습니다.

둘째, 신뢰에 대한 도전입니다. 스마트폰을 들고 있는 것만으로 신문이 되고 방송이 되는 시대입니다. 언론이 보도하고 독자가 읽던 시대가 지나고 있습니다. 나날이 발전하는 정보통신 환경은 정보의 유통속도를 과거와 비교할 수 없을 정도로 높여주었지만, 동시에 허위정보와 가짜뉴스를 빠르게 확산시키는 수단이 되기도 합니다. 이는 신문과 신문인에 대한 신뢰는 물론이고, 사회 구성원 간의 신뢰를 떨어트리는 심각한 도전입니다.

셋째, 공정에 대한 도전입니다. 우리 국민 10명 중 8명은 모바일로 뉴스를 접할 정도로 뉴스를 보기 위해 신문을 펴는 것보다 스마트폰을 켜는 것이 익숙한 세상입니다. 신문사 입장에서는 누가 먼저 보도했는지, 어느 신문사의 클릭 수가 많은지가 중요해졌습니다. 이 때문에 자극적인 기사, 깊이 없는 보도가 많아지고, 완성되지 않은 기사가 생산되고 있다는 지적이 있습니다.

종이신문 구독률과 열독률이 떨어지는 것은 어쩔 수 없는 언론환경일지 모르지만, 전통적인 신문의 역할에 대한 국민의 기대는 줄지 않았습니다. 뉴스를 이용하는 공간은 인터넷이지만, 인터넷을 통해 신문사들이 제공하는 뉴스를 읽고 있습니다.

많은 사람들이 신문의 위기를 얘기하지만, 저는 신문만이 할 수 있는 고유한 역할이 있다고 생각합니다. 양심의 자유는 언론 자유의 토대입니다. 신문인 한 사람 한 사람이 언론인으로서 양심의 자유를 누릴 때, 신문도 본연의 사명을 다해낼 수 있을 것입니다.

국민의 목소리를 대변할 때 신문은 존경받습니다. 공정하고 다양한 시각을 기초로 한 비판, 국민의 입장에서 제기하는 의제설정은 정부가 긴장을 늦추지 않고 국민만을 바라보게 하는 힘입니다. 그럴 때 국민의 이익이 커지고, 대한민국이 강해집니다.

신문과 신문인이 언론의 사명을 잊지않고 스스로 혁신해 나간다면, 국민의 신뢰와 사랑 역시 변치않고 지속될 것입니다.

신문인 여러분, 내외 귀빈 여러분,

신문은 우리 사회의 거울입니다. 국민과 국가의 힘을 알 수 있는 바로미터입니다. 그래서 국민과 정부의 목표, 신문의 목표가 따로 있지 않습니다.

신문인의 양심이 자유롭게 발현되고, 신문이 힘없는 사람, 소외된 사람들을 대변할 때, 우리 사회가 더 나은 공동체로 발전할 것입니다. 정부도 함께 노력해야 할 일입니다.

우리 신문이 국민과 함께 역사의 질곡을 헤쳐 온 것처럼, 앞으로도 더 공정하고, 자유롭고, 민주적이며 평화로운 혁신적 포용국가 대한민국을 함께 만들어가는 동반자가 되어 주기를 기대합니다.

감사합니다.

강원도 고성군·인제군 산불 관련 발언

| 2019-04-05 |

밤새 수고들이 많았습니다. 특히 소방관, 산림청, 경찰, 강원도를 비롯한 관계기관 공무원 여러분 수고가 많으십니다. 군에서도 지원을 많이 해 주셨고, 민간에서도 참여를 많이 해 주셨습니다. 감사드립니다.

새벽부터 가용 가능한 헬기와 장비, 인력이 총동원되어 다행히 산불 확산을 차단하고 주불을 잡아가고 있다는 보고를 받았습니다.

잔불까지 완전히 정리될 때까지 경각심을 가지고 마지막까지 최선을 다해주시기 바랍니다. 지자체와 군병력 등 동원 가능한 인력을 모두 투입하여 진화된 곳, 꺼진 불도 다시 확인해 주시기 바랍니다.

혹시라도 있을지 모를 산간 외딴지역의 피해자 확인, 수색 작업도 소홀함이 없도록 해 주시기 바랍니다.

　한순간에 집을 잃고 놀란 가슴을 쓸어내리고 있을 이재민들을 각별하게 보살펴 주시기 바랍니다. 이재민들을 체육관 등 대형 실내공간에 한꺼번에 수용하는 것을 가급적 지양하고 거주지에서 가까운 공공기관 연수시설 활용 등을 적극 검토해 주시기 바랍니다. 더불어 생필품에 대한 충분한 공급, 의료와 심리 치료 지원 등의 보호 대책도 적극적으로 해 주시기 바랍니다.

　강원도 外 다른 지역 산불 발생 소식도 보고되고 있습니다.

　강원도 지역에 소방력이 집중되어있는 상황에서, 다른 지역에서 소방 공백이 발생하지 않도록 지자체와 잘 협조하여 대책을 마련해 주시기 바랍니다.

　정부는 오늘 오전 9시 기준으로 '국가재난사태'를 선포하였습니다. 현장에 가신 총리와 행안부 장관께서 상황을 점검하셔서, '특별재난지역' 지정을 검토하는 것도 서둘러 주실 것을 당부 드립니다.

　산불 등 자연 재난을 막을 수는 없지만, 피해를 최소화할 수 있습니다. 산불이 자주 발생하는 지역의 주민 대피요령 홍보를 강화하고 재난방송 시스템이 잘 작동하는지에 대해서도 점검해 주시기 바랍니다.

세계 최초 5G 상용화, 대한민국이 시작합니다

| 2019-04-08 |

존경하는 국민 여러분,

이동통신 3사가 상용화 서비스를 시작함으로써 우리는 세계 최초로 5G 상용화에 성공했습니다. 5세대 이동통신입니다. 세계 최초 초고속인터넷 상용화에 이은 또 하나의 쾌거입니다. 오늘은 함께 축하하면서, 5G 전략의 새로운 비전을 세우는 날이 되기를 바랍니다.

개인 사용자들은 휴대폰으로 이동통신서비스를 접하기 때문에, '지금 스마트폰으로 충분한데, 5G가 왜 필요하지?'라고 생각하실 수 있습니다. 결론부터 말씀드리자면, 4세대 이동통신은 '아직까지는' 빠르지만, '가까운 미래에는' 결코 빠르지 않습니다.

냉장고, 세탁기, 오디오, 텔레비전, 스위치, 침대까지 가정에서 사용하는 사물인터넷은 우리의 일상을 크게 바꾸고 있습니다. 사물인터넷을 이용하는 제품이 늘어나는 것은 사용하는 데이터 통신량이 그만큼 많아진다는 뜻입니다.

자율주행자동차, 스마트공장을 비롯해 데이터 통신을 이용하는 분야는 앞으로 급속도로 늘어날 것입니다. 기존 통신망으로는 과부하가 걸리게 됩니다.

자동차가 많아질수록 더 넓은 길이 필요한 것처럼 사물과 사물을 연결하고, 데이터를 주고받는 이동통신망도 더 넓고 빠른 길이 필요합니다. 기존 4G보다 속도는 20배, 연결할 수 있는 기기는 10배 늘어나고 지연 속도는 10분의 1로 줄어든 넓고, 체증 없는 '통신 고속도로'가 바로 5G입니다.

경제에서도 5G는 고속도로로 비견될 수 있습니다. 산업화 시대, 고속도로가 우리 경제의 대동맥이 되어 주었듯, 4차산업혁명 시대에는 방대한 데이터를 아주 빠르게 전송하고 실시간으로 모든 것을 연결하는 5G 이동통신이 우리 산업과 경제에 새로운 기회를 만들어 줄 것입니다.

무엇보다 5G는 대한민국 혁신성장의 인프라입니다. 5G가 분야에 융합되면, 정보통신 산업을 넘어 자동차, 드론, 로봇, 지능형 CCTV를 비롯한 제조업과 벤처에 이르기까지 우리 산업 전체의 혁신을 통한 동반성장이 가능합니다.

2026년이면 세계 5G 시장 규모는 1,161조 원으로 예상됩니다. 작년 반도체 시장 규모가 529조 원이었던 점을 감안하면, 2배 이상 큰 대규모 미래시장이 창출되는 것입니다.

모든 산업의 디지털 혁신도 가속화될 것입니다. 지금까지 불가능했던 혁신적인 융합서비스로 자율주행차, 스마트공장, 스마트시티 등 4차 산업혁명 시대의 대표 산업들이 본격적으로 발전하게 될 것입니다. 또한, 인공지능, 클라우드와의 결합을 통해 주력 제조업의 생산성을 획기적으로 높이는 산업구조 혁신으로 이어질 것입니다.

국민 여러분,

5G는 열려 있는 세계입니다. 기존 이동통신기술이 사람과 사람을 연결했다면, 5G는 사람 간 연결은 물론 모든 사물까지도 연결합니다. 5G에 기반한 신산업 생태계는 우리 청년들에게는 새로운 도전의 기회, 국가적으로는 제2벤처붐을 일으키는 기회가 될 것입니다.

5G와 결합한 첨단 과학기술은 우리의 삶을 더욱 풍요롭고, 안전하게 만드는 데에도 기여할 것입니다. 특히 의료, 교육, 교통, 재난 관리 분야는 5G 기술과 서비스가 가장 먼저 보급될 곳으로 꼽힙니다.

이동 중인 구급차 안의 환자를 의사가 실시간으로 확인하여 골든타임을 확보할 수 있습니다. 자율주행차 운행 중 생기는 돌발상황이나 장애물에 즉각적으로 대처하여 더욱 빠르고 안전한 이동, 교통 혼잡 감소, 에너지 절감이 가능해집니다.

지역의 제약을 넘어, 배우고자 하는 누구나, 어디에서나 실감나고 몰입도 높은 원격 교육을 받을 수 있습니다. 화재를 비롯한 재난현장에서 사람의 위치를 정밀히 파악하고, 고화질로 상황 정보를 전달하여 인명 피해를 줄일 수 있습니다.

국민 여러분,

'세계 최초'의 의미는 대한민국 표준이 세계 표준이 될 수 있다는 의미입니다. 1996년 세계 최초 CDMA 상용화, 1998년 세계 최초 초고속인터넷 상용화에 이어 대한민국 표준이 세계 표준이 될 세 번째 문을 열었습니다.

세계는 이미 5G 조기 상용화를 위한 치열한 경쟁을 시작했습니다. 우리가 한걸음 앞섰을 뿐입니다. 이제는 '세계 최고'를 향한 도전을 시작해야 할 때입니다.

무엇보다 통신 시장을 바라보는 관점이 달라져야 합니다. 단말기와 장비, 서비스와 콘텐츠 분야의 스타 기업이 각각의 분야에서 경쟁하는 시대는 지났습니다. 하드웨어와 소프트웨어, 정부와 민간이 하나의 생태계를 이루며 융합하고 협력해야 합니다. 이번에 우리가 세계 최초로 5G 상용화를 할 수 있었던 것도 과기부와 통신3사, 단말기 제조사 간의 원활한 협력이 있었기에 가능한 일이었습니다. 5G시대의 선도를 위해 힘을 모아 주신 관련 업계에 감사드립니다.

우리 정부는 국가 차원의 '5G 전략'을 추진하여 세계 최고의 5G 생태계를 조성하려 합니다. 2026년 세계시장의 15%를 점유하고 양질의 일자리 60만개 창출, 730억불 수출을 달성하겠다는 목표를 세웠습니다. '민관합동 5G 플러스 전략위원회'를 구성하고, 모든 부처가 한 팀이 되어 5G 조기 활성화를 추진할 것입니다.

정부와 민간이 함께 30조 원 이상을 투자하여 5G 전국망을 2022년까지 조기에 구축하고, 네트워크 장비, 차세대 스마트폰, 로봇, 드론, 지능형 CCTV, 자율주행차, 스마트공장, 스마트시티 등 5G 기반의 새로운 산업과 서비스를 육성하겠습니다.

처음 걷는 길인만큼 예측하기 어려운 부분도 있고 시행착오도 있을 수 있습니다. 정부와 공공 분야에서 먼저 5G를 도입·활용하고, 과감하게 실증사업과 시범사업을 실시하여 시장이 빠르게 활성화될 수 있도록 돕겠습니다.

민간의 투자를 활성화하기 위해 망구축에 세제 혜택을 주고, 세계적 수준의 테스트베드를 조성하겠습니다. 중소기업 제조혁신을 위해 5G - 팩토리 1,000개 구축을 지원하고, 주력 제조산업의 생산성을 혁신하는 한편, 5G 시대를 이끌어갈 인재를 양성하고 창업을 적극 지원하겠습니다.

전세계적으로 우려가 큰 보안 문제를 해결하기 위해 정보보호와 보안 관련 연구개발에도 힘을 쏟겠습니다. 규제가 신산업의 발목을 잡는 일이 없도록 규제혁신에도 더욱 속도를 내겠습니다.

평창 동계올림픽 360도 중계, 작년 4·27 남북정상회담 때 프레스센터에서 사용된 스마트월처럼 언제나 기회가 생기면 대통령부터 나서서 우리의 앞선 기술을 홍보하겠습니다.

디지털 격차를 줄이는 일도 중요합니다. 5G 시대의 혜택을 모든 국민이 고루 누릴 수 있도록 하는데 정책의 중점을 두겠습니다.

필요에 따라 선택할 수 있는 다양한 중저가 요금제가 나오도록 사업자와 협력해 나가는 한편, 통신복지 사업을 차질 없이 추진하겠습니다. 취약계층에 대한 요금 감면을 지속적으로 추진하고 병사 전용 요금제를 비롯한 특화요금제 도입과 저소득층 학생이 무료로 교육콘텐츠를 누릴 수 있도록 하겠습니다.

또한 장애인과 어르신이 새로운 통신기기에 쉽게 접근할 수 있도록 취약계층의 생활 편의기술(Able Tech) 개발을 지원하고 공공서비스를 확산하겠습니다.

존경하는 국민 여러분,

대한민국의 대전환이 이제 막 시작되었습니다. 세계 누구도 가보지 못한 길을 향한 우리의 한걸음 한걸음에 세계의 많은 국가와 기업들이 주목하고 있습니다.

우리는 늘 변화에 능동적으로 대처해왔습니다. 이제는 세계적인 혁신을 이끌려고 합니다. 5G 시대는 우리가 생각하고 만들면 그것이 세계의 표준이 되는 시대입니다. 세계 최고를 향한 도전을 결코 멈추지 맙시다.

국무회의 모두발언

| 2019-04-09 |

임시정부수립 100주년 기념식에 참석할 수 없게 되어 매우 아쉽습니다만, 4월 11일 대한민국 임시정부 수립 100주년을 온 국민과 함께 벅찬 가슴으로 기념하며 국무위원 여러분과 함께 그 의미를 되새기고 새로운 각오를 다지고자 합니다.

자주독립과 새로운 나라를 향한 열정으로 오늘의 대한민국을 있게한 임시정부요인을 비롯하여 독립에 헌신한 모든 분들께 머리 숙여 깊은 존경과 감사를 드립니다.

대한민국 임시정부는 대한민국의 뿌리이며 지금의 대한민국을 만든 원동력입니다. 3·1독립운동으로 탄생한 임시정부는 해방을 맞을 때까지 일제에 맞서 자주독립운동의 구심점으로써 사명을 다했습니다.

임시정부는 해방과 독립을 넘어 새로운 나라의 건설을 목표로 삼았습니다. 대한제국에서 대한민국으로 임시정부와 함께 민주공화국의 역사가 시작되었습니다. 안으로는 국민주권과 국민기본권을 선포하고, 밖으로는 인류문화와 평화에 공헌할 것을 선언했습니다. 위대한 이상이 우리의 이름 '대한민국'이라는 국호에 담겼습니다.

해방 이후 수립된 대한민국 정부는 임시정부의 국호와 국기, 연호와 함께 국민주권과 민주공화국의 원리를 그대로 이어받았습니다. 대한민국 헌법은 대한민국의 법통이 임시정부에 있음을 분명히 하고, 민주와 평화를 향한 선대들의 염원을 계승하고 실현해 나갈 것을 다짐하고 있습니다.

지난 100년 대한민국은 눈부신 성취를 이뤘습니다. 세계적으로 찾아보기 힘든 기적 같은 성취입니다. 지독한 가난을 극복하고, 세계에서 열한 번째로 경제 규모가 큰 나라로 성장했습니다. 인구 5천만 명이 넘으면서 1인당 국민소득 3만 달러가 넘는 이른바 '30－50클럽'에 가입한 일곱 번째 나라가 되었습니다. 다른 여섯 나라는 모두 과거 식민지를 경영하면서 그때부터 경제력을 발전시켜온 나라들입니다. 2차 대전 후 신생 독립국으로는 우리가 유일합니다.

정작 우리 자신은 우리의 가치를 모를 때가 많습니다. '메이드 인 코리아'는 과거에는 가격에 비해 질이 좋은 중저가 제품을 뜻했지만 이제는 우수한 제품과 세계를 놀라게 하는 뛰어난 한류문화를 뜻하는 말이 되었습니다.

국민주권을 실현하며 민주주의를 발전시킨 역사 또한 놀랍습니다. 4·19혁명으로부터 부마항쟁, 5·18민주화운동, 6·10민주항쟁을 지나 촛불혁명에 이르기까지 국민이 주역이 되어 민주주의를 발전시켜 왔습니다. 세계 민주주의의 역사를 새로 쓴 우리 국민의 민주 역량에 전세계인들이 감탄하고 있습니다.

경제발전과 민주화에 모두 성공한 나라 대한민국, 이것이 세계가 우리를 부르는 이름입니다. 많은 나라들이 우리의 성장과 발전 경험을 배우고 싶어 합니다. 우리 스스로 충분히 자부심을 가질만 합니다. 우리는 지금껏 그 토대 위에서 새로운 도전에 맞서며 미래로 나아가고 있습니다. 일부에서 우리의 역사를 역사 그대로 보지 않고 국민이 이룩한 100년의 성취를 깎아내리는 경향이 있는 것은 매우 안타까운 일입니다. 대한민국의 국가적 성취를 폄훼하는 것은 우리의 자부심을 스스로 버리는 일입니다. 우리가 이룬 역사적 성과를 바탕으로 긍정적 사고를 가질 때 더 나은 미래로 나아갈 수 있을 것입니다.

우리 정부는 100년 전 임시정부가 세운 이상과 염원을 이어 받아 새로운 100년을 시작하는 첫 번째 정부입니다. 그 의미가 각별한 만큼 우리의 다짐도 각별해야겠습니다.

지난 100년 대한민국이라는 이름으로 이룬 국가적 성취는 이제 국민의 삶으로 완성되어야 합니다. 국민의 피와 땀으로 이룬 국가적 성취의 과실이 국민 모두에게 돌아가야 합니다. 이것이 국민이 주인이고, 국민이 성장하는 시대입니다. 더 이상 국민의 희생을 강요하는 사회여서는 안 됩니다. 경제적 불평등과 양극화의 그늘을 걷어내고 국민 모두 함께 잘사는 사회로 나아가야 합니다. 혁신으로 성장하고 포용으로 함께 누리는 혁신적 포용국가로 새로운 100년의 기틀을 세우고자 하는 이유입니다.

국민 모두에게 공정한 기회가 보장되어야 합니다. 특권층끼리 결탁하고 담합하고, 공생하여 국민의 평범한 삶에 좌절과 상처를 주는 특권과 반칙의 시대를 반드시 끝내야 합니다. 정의롭고 공정한 사회가 새로운 100년의 굳건한 토대입니다.

앞으로 100년은 과거와는 질적으로 다른 새로운 100년으로 나아가야 합니다. 역사의 변방이 아닌 중심에 서서 평화와 번영의 시대를 열어 나가야 합니다. 그것이 새로운 한반도 시대입니다. 지금 우리는 한반도 평화프로세스의 진전을 위해 전력을 다하고 있습니다. 저는 내일 한미 정상회담을 위해 미국을 방문합니다. 북미 대화의 조속한 재개와 성과를 위해 최선을 다하겠습니다.

새로운 100년, 선대들의 뜻을 이어 받고, 새로운 시대가 요구하는 소명을 받들겠습니다. 국민과 함께 혁신적 포용국가와 정의로운 대한민국, 평화 번영의 한반도를 향해 담대하게 나아가겠습니다.

국가 재난 사태에까지 이른 강원도 산불이 조기에 진화되어 다행입니다. 안타깝게도 한 분의 사망자가 있었습니다. 고인의 명복을 빌며 유가족께 깊은 위로의 말씀을 드립니다. 하루아침에 삶의 터전을 잃고 고통 받고 계신 피해 지역 주민 여러분께도 위로의 말씀을 드립니다. 임시 주거시설에 머무는 동안 불편을 최소화하고, 하루라도 빨리 정상 생활로 복귀할 수 있도록 정부가 최선을 다하겠습니다.

이번 산불 조기 진화는 모두가 함께 헌신적으로 노력한 결과입니다. 중앙대책본부부터 산림청과 소방청, 군, 경찰, 지자체까지 모두 하나가 되어 피해를 최소화하기 위해 최선을 다했고, 자율방재단과 의용소방대원을 비롯한 지역 주민들도 불길을 막고 이웃의 안전한 대피를 위해 힘을 보탰습니다. 거듭 깊이 감사드립니다.

큰일을 겪을 때마다 매번 느끼는 일이지만 우리 국민들은 정말 대단합니다. 국민의 수준을 따라가는 국가가 될 수 있도록 정부가 더욱 노력해야겠습니다.

세계적으로 산불의 발생이 잦아지고 위력이 갈수록 커지고 있습니다. 산불의 발생 원인을 찾아 산불을 예방하는 데 더욱 노력을 기울여 주기 바랍니다. 만약 전력공급설비가 강원도 산불의 원인이 많이 되고 있다면 필요의 완급을 따져 다양한 근본적인 안전대책을 강구할 필요가 있을 것입니다.

재난 현장의 대응력을 강화하기 위한 과제들도 전반적 점검해 주길 바랍니다. 소방공무원의 국가직 전환은 소방공무원의 처우 개선뿐만 아니라 소방인력과 장비 등에 대한 지역 간 격차를 해소하여 재난에 효과적으로 대응하기 위한 것입니다. 정치적 쟁점이 크게 있는 법안이 아닌 만큼 소방공무원 국가직 전환 관련 법안이 신속하게 처리되어 올해 7월부터 차질 없이 시행될 수 있도록 국회의 협조를 요청 드립니다.

산불 진화에 꼭 필요한 장비 확충도 시급합니다. 특히 야간이나 강풍의 조건에서도 현장에 즉시 투입될 수 있는 헬기를 확보하는 것은 예산 부족을 이유로 뒤로 미룰 수 없는 일입니다. 적극 검토하여 주기 바랍니다. 산림청의 산불특수진화대는 산불이 발생할 때마다 최전선에서 사투를 벌이고 있지만 고용이 불안하고, 열악한 환경에 놓여 있습니다. 처우 개선과 안전장비 지원 등 개선 방안을 검토해 주기 바랍니다.

아울러 대형재난 시 현장에 출동한 인력에 대한 지원 방안도 점검하기 바랍니다. 목숨을 걸고 밤잠을 자지 못하며 국민의 생명과 재산을 보호하는 분들이 쉴 때 제대로 쉬고 식사라도 제대로 할 수 있도록 임시 쉼터 마련이나 급식차량 지원 등 방안을 찾아주기 바랍니다.

재난 발생 후에 복구 과정에서도 피해 주민들의 상황과 처지를 잘 살펴 꼭 필요한 지원이 누락되지 않도록 해야 합니다. 총리께서 강조하신 것처럼 복구 과정 중에도 영농 등 생업을 계속할 수 있도록 피해 농업인 긴급 자금 지원을 비롯해 볍씨 공급, 농기자재 보급과 농기계 수리 지원, 피해 가축 진료와 축사 복구 등에 만전을 기해 주기 바랍니다.

이번 산불을 계기로 재난방송 시스템에 대한 전반적인 재검토 필요성이 확인되었습니다. 방송사, 특히 재난방송 주관 방송사가 국민의 안전을 최우선에 두는 정보 제공자의 역할을 할 수 있어야 합니다. 국민들에게 재난 상황에 대해 실시간으로 정확하게 알려주면서 국민과 재난지역 주민이 취해야 할 행동요령을 상세하게 알려줄 필요가 있습니다. 장애인을 비롯한 취약계층이나 외국인까지도 누구나 재난방송을 통해 행동요령을 전달받을 수 있도록 재난방송 메뉴를 비롯해 시스템 전반에 대한 개선 방안을 마련해 주기 바랍니다.

국민안전과 국가재난 시스템 강화에는 예산이 수반됩니다. 긴급 재난구호와 피해 보상은 우선 예비비를 활용해 집행하고, 국민의 안전시스템을 강화하기 위한 추가로 꼭 필요한 예산은 추경에 포함시켜서라도 반영해 주기 바랍니다.

이번 산불 재난 대응 과정에서 특히 빛난 것은 이웃의 어려움을 내일처럼 여기고 함께 나선 국민들의 마음이었습니다. 많은 분들이 계속해서 피해 복구 자원봉사, 구호물품과 성금모금에 참여하고 계십니다. 피해 주민들께 큰 위안과 도움이 될 것입니다.

한 가지 더 당부 드리고 싶은 것이 있습니다. 이번 산불로 강원도 관광산업과 지역 경제에 큰 어려움이 예상됩니다. 이럴 때일수록 강원도를 더 찾아 주신다면 강원도민들께 큰 힘이 될 것입니다.

한·미정상회담을 마치고

| 2019-04-11 |

"국민들의 성원에 힘입어 한미 정상회담을 잘 마쳤습니다."

정상회담의 결과는 따로 보도될 것이지만, 이번 정상회담 자체가 북미간의 대화 동력 유지에 큰 도움이 될 것이라 믿습니다.

시차를 두고 있지만, 오늘은 대한민국 임시정부 수립 100년을 맞는 뜻깊은 날입니다. 미 연방의회에서는 때마침 임시정부를 대한민국 건국의 시초로 공식 인정하는 초당적 결의안을 제출했습니다. 미국과 협력했던 우리 독립운동사의 한 장면을 뒤돌아보는 일도 매우 의미있으리라 생각합니다.

임시정부는 1940년 9월 광복군을 창설했고, 1941년 12월10일 대일 선전성명서를 통해 일제와의 전면전을 선포했습니다. 이후 광복군은 영국군과 함께 인도-버마전선에서 일본군과 싸웠고, 1945년 4월 미국 전략정보국(OSS)과 국내 진공을 위한 합동작전을 시작했습니다.

한미 양국은 국내 진공작전을 위해 50명의 제1기 대원을 선발했으며, 대원들은 중국 시안에서 미 육군특전단의 훈련을 받고 정예요원으로 단련되었습니다. 대원 중에는 일본군에서 탈영해 7개월을 걸어 충칭 임시정부 청사에 도착한 청년 김준엽과 장준하도 있었습니다.

연합군과의 공동작전을 통해 승전국의 지위에 서려했던 임시정부와 광복군의 목표는 일본의 항복으로 아쉽게도 달성하지 못했지만, 임정 요인들과 광복군 대원들의 불굴의 항쟁의지, 연합군과 함께 기른 군사적 역량은 광복후 대한민국 국군 창설의 뿌리가 되고, 한미동맹의 토대가 되었습니다.

미 연방의회의 결의안에는 한국 민주주의의 시작을 임시정부로 규정하며 외교와 경제, 안보에서 한미동맹이 더 강화되어야한다고 강조했습니다. 한국과 미국은 흔들림없이 함께 할 것입니다. 선대의 아쉬움은 한반도 비핵화와 항구적 평화를 통한 완전한 광복으로 풀어드릴 것입니다.

세월호를 가슴에 간직한 평범한 사람들이
세상을 바꾸고 있습니다

| 2019-04-16 |

"세월호를 가슴에 간직한 평범한 사람들이 세상을 바꾸고 있습니다."

세월호 5주기입니다. 늘 기억하고 있습니다. 다시는 같은 비극이 되풀이되지 않도록 하겠다는 각오를 되새깁니다. 진상규명과 책임자 처벌은 철저히 이뤄질 것입니다. 세월호의 아픔을 추모하는 것을 넘어 생명과 안전을 최고의 가치로 선언하는 공간인 '4·16 생명안전공원'도 빠르게 조성하기 위해 노력하겠습니다.

지난 3월 17일, 광화문에 모셨던 세월호 희생자 영정의 자리를 옮기는 이안식이 있었습니다. 5년 동안 국민과 함께 울고 껴안으며 위로를 나누던 광화문을 떠나는 유가족들의 마음이 어떠셨을지 다 가늠되지 않습니다. 아이들이 머물렀던 자리는 세월호를 기억하고, 안전사고를 대비하는 공간이 되었다는 것이 유가족께 작은 위로가 되기를 진심으로 바랍니다.

5년 동안 변화도 많았습니다. 안전에 대한 자세가, 이웃을 걱정하고 함께 공감하는 마음가짐이 달라졌습니다. 얼마 전, 강원도 지역 산불 때는 누가 먼저랄 것도 없이 거동이 불편한 이웃들을 먼저 챙겼습니다. 나만이 아니라 우리를 위한 행동이 모두를 위대하게 만들고 있습니다. 세월호의 아이들을 기억하는 평범한 사람들의 행동이 이 나라를 바꾸고 있다고 믿습니다.

긴 수학여행을 떠난 아이들도 오늘만큼은 우리 곁으로 돌아와 가족과 친구, 사랑하는 모든 이들을 안아줄 것 같습니다. 아이들을 기억하며, 국민의 생명과 안전이 최우선이라는 정부의 다짐은 반드시 지키겠다고 약속드립니다. 유가족께도 깊은 위로를 전합니다.

투르크메니스탄 국빈만찬 답사

| 2019-04-17 |

존경하는 베르디무하메도프 대통령님, 내외 귀빈 여러분, 우리 부부와 대표단을 따뜻하게 맞아주셔서 감사합니다. 취임 후 첫 중앙아시아 국빈방문입니다. 찬란한 고대문명을 간직한 투르크메니스탄에서 순방을 시작해 아주 뜻깊게 생각합니다.

오는 비행기 안에서, 카라쿰 사막과 코페트다그 산맥의 위용에 경탄했습니다. 그 위에 오아시스처럼 빛나는 도시가 바로 '사랑의 도시' 아시가바트였습니다. 위대한 도시 아시가바트는 고대문명의 중심지로 투르크메니스탄의 유구한 전통과 문화를 지켜왔습니다. 백색 대리석의 도시 아시가바트의 구석구석에서 투르크메니스탄의 밝은 미래와 국민들의 정성을 느낄 수 있었습니다.

위대한 사상가이자 민족 시인인 '막톰굴리'는 민족의 통합과 부족의 단합을 노래했습니다. 투르크메니스탄의 통합과 단합을 실현해낸 베르디무하메도프 대통령님과 국민들의 노력에 경의를 표합니다.

내외 귀빈 여러분,

고대로부터 우리 선조들은 실크로드를 오가며 교류를 이어왔습니다. 양국은 인종과 언어, 문화, 어른을 공경하는 풍습과 높은 교육열 등 비슷한 점이 많습니다. 대통령님의 두 번에 걸친 한국 방문으로 양국은 더욱 가까운 친구가 되었습니다. 이제는 서로의 경험을 공유하며 도움을 주고받는 호혜적 동반자 관계로 발전하고 있습니다.

투르크메니스탄은 석유가스 화학공업의 산실이자 유라시아 대륙의 수송 허브로 거듭나고 있습니다. 양국은 유라시아 대륙의 연계성 증진을 공동 목표로 삼고 다양한 분야에서 협력을 강화하고 있습니다. 양국 기업들도 함께 뛰고 있습니다. 저는 내일 투르크멘바시 키얀리를 방문해 기업인을 격려할 예정입니다. 투르크메니스탄의 명마 '아할테케'가 빠르면서 먼 길을 가는 것처럼 양국 협력이 먼 훗날까지 계속적으로 확대되길 기대합니다.

투르크메니스탄의 '오래된 것을 갖지 않고는 새로운 것을 가질 수 없다'는 속담이 우리의 나침반이 되어줄 것입니다. 양국의 오랜 인연이 우리의 협력을 성공으로 이끌어 줄 것입니다. 다시 한 번, 위대한 오아시스에 초청해 주시고 따뜻하게 환대해 주신 대통령님께 감사드리며, 대통령님의 건강과 양국의 우정, 그리고 공동 번영을 위하여 건배를 제의합니다.

도스틀룩 우친! (우정을 위하여!)

키얀리 가스화학 플랜트 현장방문 인사말

| 2019-04-18 |

여러분, 반갑습니다.

어제의 환대에 이어, 오늘 이곳까지 동행해 주신 베르디무하메도프 대통령님께 특별한 감사를 드립니다. 양국 간 경제협력의 역사를 새로 쓴 '키얀리 가스화학 플랜트'에 방문하게 된 것을 매우 기쁘게 생각합니다.

사막의 더위와 모래폭풍과 싸우며 47개월간 기적을 만들어내신 여러분의 노고에 경의를 표합니다. 사막 한복판에 웅장하게 지어진 축구장 70개 규모의 초대형 '은빛 공장'을 보니, 양국 간 경제협력의 성과에 큰 자부심을 느낍니다.

'키얀리 가스화학 플랜트'는 양국 수교 이래 가장 최대 규모의 에너지 플랜트 협력사업입니다. 투르크메니스탄 최초의 가스화학단지로서, 약 30억 달러가 투자되고, 하루 평균 5,000여 명의 인력이 투입된 대규모 사업이었습니다. 또한 한국의 기업들과 정책금융기관, 양국 정부 등 양국의 민관이 함께 힘을 모아 이루어낸 성공적인 협력모델입니다.

현대엔지니어링과 LG상사 컨소시엄은 그간 투르크메니스탄에서 여러 사업을 완벽하게 시공함으로써 현지의 신뢰를 쌓아왔습니다. 이번 키얀리 플랜트 공사에서도, 자신이 맡은 구간뿐 아니라, 다른 구간을 맡은 현지 기업의 어려움까지도 발 벗고 도와줘 전체 사업의 공기를 맞출 수 있었다고 들었습니다. 한국의 대통령으로서 매우 자랑스럽게 생각합니다.

베르디무하메도프 대통령께서도 지난해 10월 준공식에 직접 참석하여, 우리 기업에게 큰 신뢰와 격려를 보내주셨고, 오늘도 각별한 관심으로 함께해 주셨습니다. 건설 과정에서 양국 기업과 근로자 모두 완벽한 '안전'과 '상생'을 실천한 점도 크게 칭찬하고 싶습니다. 모래폭풍이 불어닥치는 혹독한 환경 속에서도, 단 한 건의 안전사고도 없었다는 점이 놀랍습니다. 무재해 7,000만 인시(人時)를 달성했다고 합니다. 이는 근로자 5,000명이 매일 10시간씩 일한다고 가정할 때, 1,400일 동안 단 한 건의 사고도 없었다는 뜻입니다. 대규모 공사현장에서 세계적으로 보기 드문 기록입니다. 안전관리에 만전을 기해 준 데 특별히 감사드립니다.

이번 사업에는 대기업뿐 아니라, 124개에 달하는 협력 중소기업이 함께 참여했습니다. 또한, 우리 기업은 현지에서 '용접기술·전기 교육센터'를 개소해 230여 명의 투르크메니스탄 수료생을 배출했습니다. 우리 기업에도 도움이 되고 현지 일자리에도 도움이 되는 양국 간 상생의 모범사례가 되었습니다.

여러분, 저는 키얀리 플랜트 사업이 양국 경제협력의 시작에 불과하다고 생각합니다. 앞으로의 잠재력이 더 크고 무궁무진합니다. 투르크메니스탄의 잠재력은 자원에만 그치지 않습니다. 이제는 가스화학 산업의 고부가가치화와 산업 다각화를 적극적으로 추진하고 있습니다. 더 나가, 유라시아 대륙의 '수송 허브'로 거듭나고 있습니다. 이는 중앙아시아 국가들과의 협력을 강화하여 유라시아 대륙과의 연계성을 증진하는 한국의 '신북방정책'과도 맥이 닿아 있습니다.

어제 저는 베르디무하메도프 대통령님과 사이에 양국이 유라시아 대륙의 연계를 통해 함께 번영하고 양국 관계를 더욱 발전시켜 가자는 데 뜻을 같이했습니다. 에너지 플랜트 협력을 지속하는 한편, 향후 국토관리, 보건의료, ICT, 환경 등 미래지향적인 협력사업도 함께 발굴해 가기로 했습니다. 우리 정부도 여러분이 노력한 만큼 성과를 이룰 수 있도록 적극적인 지원을 아끼지 않을 것입니다.

지난 2월 정부는 '해외수주 활력 제고 방안'을 통해, 약 6조 원 규모의 금융지원 방안을 발표한 바 있습니다. 대통령부터 나서서 해외에서 일하는 우리 기업을 위해 적극적으로 뛸 것입니다. 여러분이 투르크메니스탄 국민과 함께 흘린 땀은 양국의 우정과 번영의 역사에 커다란 성취로 기록될 것입니다.

투르크메니스탄과 한국에는 "많은 사람이 밟고 지나가면 길이 된다"는 공통된 속담이 있습니다. 사막 한가운데서 여러분이 4년여간 밟고 지나간 이곳은 이제 양국 관계 발전이라는 새로운 길이 되었습니다. 사막의 혹독한 환경에서 진화해, 천리길을 달리는 투르크메니스탄의 명마 '아할테케'처럼, 양국이 공동 번영의 미래를 향해 함께 전진하기를 기대합니다.

다시 한 번, 여러분의 노고와 베르디무하메도프 대통령님의 우정에 감사드립니다.

감사합니다.

우즈베키스탄 의회 연설

| 2019-04-19 |

존경하는 우즈베키스탄 국민 여러분, 니그마틸라 율다셰프 상원의 장님, 누르딘존 이스마일로프 하원의장님과 의원 여러분,

앗쌀롬 알레이쿰! 우즈베키스탄 하원에서 대한민국 대통령 최초로 연설할 기회를 갖게 되었습니다. 감사합니다.

미르지요예프 대통령께서는 2016년 12월, 이곳 하원에서 열린 취임식에서 "국민이 정부에 봉사하는 것이 아니라 정부가 국민에 봉사해야 한다"고 강조하셨습니다. 국민의 의견을 직접 수렴하기 위해 '가상 민원실'을 개설했고, 2017년에는 외환자유화 조치를 단행했습니다. 최근에는 모든 각료를 의회의 승인으로 임명하고 있습니다. 국민의 뜻을 존중하며 국정을 운영하고 계신 미르지요예프 대통령과 의원 여러분의 노력에 경의를 표합니다.

우즈베키스탄 국민 여러분,

나는 우즈베키스탄으로 오는 길에 1500년 전, 어느 날을 상상했습니다. 한국의 고대국가 사신들이 사마르칸트에 도착한 날입니다. 말을 타거나 발 빠른 낙타를 타고 부지런히 쉬지 않고 왔다면 두 달쯤 걸렸을까요? 높은 산맥과 고원, 사막을 건너며 눈비를 만나고, 때로는 더위나 추위와 싸우느라 더 오랜 시간이 걸렸을지도 모릅니다.

오늘 여러분들처럼, 1500년 전의 우즈베키스탄인들도 멀리서 찾아온 손님들을 환대했을 것입니다. 그리고 깊은 우정과 신뢰를 나눈 그들을 가장 중요한 서쪽 벽에 '아프로시압 벽화'로 남겼습니다. 그와 같이 한국과 우즈베키스탄은 멀리 떨어져 있지만 이미 고대국가 시기부터 사신들이 오고 간 친구 국가였습니다.

나의 상상은 한국의 서울에서 철도를 통해 유라시아 대륙을 지나 멋진 타슈켄트 기차역에 내리는 꿈으로 이어졌습니다. 양국의 고대국가들이 실크로드를 통해 교류했던 것처럼 21세기 '철의 실크로드', 철도를 통해 양국이 이어져 상생 번영하는 꿈을 꾸었습니다. 한국인은 이곳에서 중앙아시아의 무궁무진한 발전가능성과 함께할 수 있을 것이며, 이중내륙국인 우즈베키스탄 국민들은 지구에서 가장 넓은 바다 태평양을 만나고, 고려인들의 고향 한국과 미래를 함께할 수 있을 것입니다.

철도를 통해 양국이 만나는 일은 중앙아시아와 태평양이 만나는 새로운 번영의 꿈입니다. 우리 고대인들이 벽화 속에서 나와 다시 손잡는 일입니다. 여러분, 상상만으로도 가슴이 뛰지 않습니까?

우즈베키스탄 국민 여러분,

'손님이 다녀간 집은 윤택해진다'는 속담이 있습니다. 인류는 교류와 소통을 통해 발전하고 번영해왔습니다. 이러한 인류의 역사를 통찰한 우즈베키스탄인들의 지혜가 담긴 속담이라고 생각합니다. 우즈베키스탄에는 동서 교류가 낳은 위대한 산물들이 가득합니다. ICT · 의료 · 우주 등 현대의 첨단 과학기술도 긴 역사를 거슬러 가면 여기 우즈베키스탄에 닿습니다. 수학자 '알 호레즈미'가 집대성한 연산 기술은 그의 이름을 딴 '알고리즘(Algorithm)'으로 발전하였고 ICT 기술을 낳았습니다. 부하라 태생, 이븐 시나의 '의학정전'은 수많은 생명을 살리며 근대의학으로 발전했습니다. 위대한 티무르 왕의 손자 울루그벡 왕은 정교한 관측과 계산으로 천문학을 발전시켰습니다. 울르그벡의 천문표는 한국 조선왕조시대의 역법을 만드는 기초가 되었습니다.

교류가 혁신이며, 곧 번영입니다. 우즈베키스탄의 역사가 가장 강력한 증거입니다. 나는 한국의 오랜 친구 나라인 우즈베키스탄과의 교류가 21세기의 혁신으로 이어져 양국의 공동 번영을 이룰 것이라 확신합니다.

양국은 지난해 21억 불로, 사상 최대의 교역액을 기록했습니다.

600여 개의 한국 기업이 우즈베키스탄에 자리 잡았을 만큼 양국의 교역과 투자는 지속적으로 확대되고 있습니다. 에너지·인프라 분야에서 한국 기업이 성공적으로 완료하거나 진행 중인 사업은 91개 기업, 125건, 총 107억 불에 이릅니다. 양국은 글로벌녹색성장기구(GGGI)에 함께하며 세계적인 기후환경 문제의 협력도 본격화하고 있습니다.

오늘 나는 친구이자 형제인 미르지요예프 대통령과 함께 양국 관계를 더욱 깊게 발전시키기로 했습니다. 양국의 관계를 '특별 전략적 동반자 관계'로 격상하고, 교류를 활성화하기 위한 제도적 기반도 강화하기로 했습니다. 5G, 빅데이터, 인공지능 등 ICT 신산업 분야 협력을 통해 4차산업혁명 시대를 함께 대비하기로 했습니다. 첨단 우주 분야의 정책을 교류하고, 함께 인재를 키우며, 위성 직·수신국 설치를 위해 협력하기로 했습니다.

보건 분야에서는 이번에 개소되는 '한-우즈벡 보건의료 협력센터'를 중심으로 우즈베키스탄의 보건의료 개혁에 한국이 동참하기로 했습니다. 5G 기술을 응용한 E-Health 분야의 협력은 의료체계를 획기적으로 개선해 국민 건강을 지킬 뿐만 아니라 혁신산업으로 발전시킬 수 있을 것입니다.

우즈베키스탄은 2017년 '국민 대화 및 인간 권익의 해', 2018년에는 '기업활동 및 혁신의 해'에 이어 올해를 '투자 및 사회발전의 해'로 선포했습니다. 소통과 개방, 혁신을 통해 국민의 삶을 향상시키고자 하는 우즈베키스탄의 꿈이 한국과의 협력을 통해 더 크게 이뤄지기를 기원합니다.

존경하는 우즈베키스탄 국민 여러분,

우즈베키스탄은 한국에게 특별히 고마운 나라입니다. 한국인들은 우즈베키스탄을 뜨거운 형제애, 인류애의 국가로 생각하고 있습니다. 1937년 극동지역의 많은 고려인들이 우즈베키스탄으로 이주 당했을 때, 우즈베키스탄 국민들은 갑작스런 이주로 정착의 준비가 되어 있지 않았던 고려인들을 따뜻하게 품어 주었습니다. 참으로 살길이 막막했던 고려인들에게 전쟁의 어려움 속에서도 도움의 손길을 내밀어 준 우즈베키스탄의 국민들 덕분에 고려인들은 무사히 겨울을 넘기고, 이 땅에서 새로운 삶을 시작할 수 있었습니다. 이웃이 어려울 때 서로 돕는 우즈베키스탄의 '하샤르(hashar)' 정신에 힘입어 고려인들도 우즈베키스탄 사회에 공헌할 수 있게 되었습니다. 양국 국민 모두에게 자랑스러운 역사입니다. 한국은 그 고마움을 잊지 않고 있습니다.

우즈베키스탄이 독립한 바로 이듬해인 1992년 한국과 우즈베키스탄은 외교 관계를 수립했습니다. 같은 해 카리모프 초대 대통령님은 CIS 11개국 지도자 중 최초로 한국을 방문했습니다. 이후 급속히 친밀해진 양국은 수교 4년 만에 양국 합작 자동차조립공장을 타슈켄트에 설립하고, 우즈베키스탄 산 원면을 100% 사용하는 섬유공장도 설립했습니다.

이렇게 시작된 양국의 교류 규모는 지금은 에너지, 자동차, 섬유, 물류, IT, 금융 등 다양한 분야에서 600개가 넘는 한국 기업이 활동할 정도로 커졌습니다. 카리모프 대통령의 방한을 시작으로 이번 나의 방문까지 양국 정상은 무려 16차례 만났고, 정치, 경제, 사회, 문화, 과학기술, 국제 문제 등 모든 분야에서 긴밀하게 협력하는 관계로 발전했습니다. 양국 국민도 서로의 문화를 존중하고 이해하면서 더욱 가까워졌습니다.

우즈베키스탄의 봄을 맞는 가장 큰 명절 '나브루즈(Navruz)'와 한국이 새해를 맞는 가장 큰 명절 설날은 비슷한 점이 많습니다. 집안을 정돈하고, 음식을 장만하며, 새 옷을 입고 친척집을 방문하고, 아이들은 어른들에게 인사를 드리며 덕담을 듣습니다. 매년 타슈켄트에서 고려인들이 개최하는 '설날' 행사는 우즈베키스탄 국민이 함께 한국의 음식을 먹으며 양국의 문화를 즐기는 자리가 되었습니다. 한국에서도 우즈베키스탄 인들이 정착한 곳곳에서 '나브루즈'를 함께 축하하며, 새로운 봄을 맞습니다. 양국이 이렇게 비슷한 전통문화를 가지고 있다는 것이 참으로 놀랍습니다.

한국은 한국에 거주하는 7만 명의 우즈베키스탄인들을 통해 우즈베키스탄 문화를 사랑하게 되었고, 중앙아시아에 대한 관심을 키워가고 있습니다. 우즈베키스탄 국민은 한국어와 태권도를 배우며, K-드라마와 K-POP을 즐깁니다. 서로에 대한 깊은 이해와 깊은 호감으로 양국의 수교 역사는 채 30년도 되지 않았지만, "모두가 부러워하는 형제 같은 관계"가 되었습니다. 양국 국민들 사이가 가까워질수록 공동 번영의 꿈은 더 빨리 현실이 될 것입니다.

우즈베키스탄 국민 여러분, 율다셰프 상원의장님, 이스마일로프 하원의장님과 의원 여러분,

'아몬드를 보호해 주는 것은 껍질이고, 사람을 보호해 주는 것은 친구다'라는 속담처럼 우즈베키스탄은 한국의 형제로서 한반도 비핵화와 항구적 평화를 적극적으로 지원해 주었습니다. 2000년 초 한반도에너지개발기구(KEDO) 사업에 총 7차례에 걸쳐 인력을 파견했고, 2017년 11월에는 평창 동계올림픽의 성공을 기원하기 위해 '유엔총회 올림픽 휴전 결의안'에 공동 제안국으로 참여해 주었습니다. 이 자리를 빌려, 한국 국민들을 대표해 깊이 감사드립니다. 한반도의 항구적 평화는 우리의 공동 번영과 이어져 있습니다.

우즈베키스탄은 1993년 유엔총회에서 중앙아시아 비핵지대 창설 방안을 제안했고, 주변 국가들과의 끊임없는 대화와 노력으로 마침내 2009년 중앙아시아 비핵지대 조약이 발효됐습니다. 중앙아시아 비핵화 선례는 한반도의 완전한 비핵화와 평화 정착을 이루고자 하는 우리 정부에게도 교훈과 영감을 주고 있습니다.

미르지요예프 대통령께서는 또한 중앙아시아 역내 화합과 협력을 주도하고 있습니다. 작년에는 9년 만에 중앙아시아 정상회의가 개최되었습니다. 평화를 위한 우즈베키스탄의 노력에 경의를 표합니다. 작년 12월, 한반도 남북의 철도는 국제사회로부터 지지와 축하를 받으며 연

결 착공식을 가졌습니다. 우리는 반드시 대륙을 통해 만나게 될 것입니다.

우즈베키스탄과 한국은 어느 국가도 경험하지 못한 특별한 관계를 맺어 왔습니다. 오랜 시간 서로에게 특별한 호감을 갖고, 깊은 이해와 우정을 바탕으로 교류해왔습니다. 우즈베키스탄의 발전이 한국의 발전입니다. 한국은 경제성장의 경험을 기꺼이 우즈베키스탄과 공유할 것입니다. 다시 한 번, 이 특별한 자리를 마련해 주신 우즈베키스탄 국민들과 의원님들께 감사드립니다.

이제 양국의 교류는 혁신과 번영으로 이어질 것입니다. 우리는 서로의 벽화에 새로운 교류의 역사를 새길 것이며, 우리의 후손들에게 양국의 형제애를 영원히 남길 것입니다.

라흐맛! 감사합니다.

한·우즈베키스탄 비즈니스 포럼 모두발언

| 2019-04-19 |

존경하는 샤브카트 미르지요예프 대통령님, 아드함 이크라모프 우즈베키스탄 상공회의소 회장님, 박용만 대한상공회의소 회장님, 양국 경제인 여러분,

앗쌀롬 알레이쿰! 타슈켄트에 오니, 피가 뜨거워집니다. 가슴 어딘가에 잠들어있던 모험정신과 용기가 깨어납니다. 새로운 세계를 발견하고 싶은 열정이 솟습니다.

타슈켄트 곳곳에서 동서양을 오가던 교역상인들, 낙타몰이꾼, 호기심에 가득한 아이들의 목소리가 들리는 것 같습니다. 2,500여 년 전부터 피어난 깊은 역사가 도심 곳곳에 살아 숨 쉬고 있었습니다. 가슴 뛰게 하는 우즈베키스탄의 저력과 매력, 가능성을 이곳 타슈켄트에서 볼 수 있었습니다.

14세기 후반 티무르 제국 시절 우즈베키스탄은 동·서양을 잇는 세계의 중심지였습니다. 그 역동성과 다양성이 되살아나, 지금 우즈베키스탄은 연평균 5%가 넘는 높은 경제성장을 유지하고 있습니다. 35세 미만 젊은 층이 인구의 64%에 달합니다. 특히, 미르지요예프 대통령님의 과감한 경제개혁 조치로, 최근 세계은행에서 실시한 기업환경 평가에서 가장 큰 진전을 보인 상위 10개국에 선정되었습니다. 여기 계신 경제인 여러분이 함께 노력한 결과입니다. 특히 오늘 '자랑스러운 고려인 경제인 상'을 수상하게 된 두 분께도 축하의 인사를 드립니다. 600여 년 전 동서양을 오간 상인들처럼, 오늘 이 자리가 양국 기업인들 간 활발한 교류의 장, '신실크로드'를 여는 계기가 되길 바랍니다.

양국 경제인 여러분,

양국은 유구한 역사와 문화를 함께해온 오랜 친구입니다. 한국의 고대문명은 중앙아시아 지역에서 유래된 것이 많습니다. 사마르칸트의 '아프로시압 궁전벽화'에는 고대 한국인 사절의 모습이 그려져 있습니다. 이미 1,500년 전부터 양국 간 교류가 있었다는 발자취입니다. 울루그벡 왕의 천문학은 조선 세종대왕이 편찬한 역법의 기반이 되었습니다.

1937년 우즈베키스탄 국민들은 극동에서 이주해 온 고려인들을 따뜻하게 품어주었고, 서로의 문화를 깊이 공감하는 이웃이 되었습니다.

고려인들의 '설날' 행사는 우즈베키스탄 전 국민의 축제가 되었습니다. 한국에 거주하는 우즈베키스탄인들의 '나브루즈' 축제에도 매년 한국인들이 함께하며 봄을 맞습니다.

세계적으로 유명한 종이, '사마르칸트지(紙)'에는 양국 간의 오랜 인연과 함께 문명의 전파가 만들어내는 역동적인 역사가 담겨있습니다. 한국의 고대국가 고구려 출신인, 당나라 고선지 장군의 병사들이 '탈라스 전투'에서 포로가 되었고 이들에 의해 제지술이 중앙아시아에 전파되었습니다. 이후 사마르칸트는 제지업의 중심지가 되었고 사마르칸트지는 유럽으로 수출되는 효자 상품이 되어 유럽 르네상스의 기폭제가 되었습니다.

여기 타슈켄트 시내에는 90년대 초부터 활발히 협력해온 양국 합작 자동차의 흔적이 아직 남아있습니다. 수교 이후 새로 시작된 양국의 깊은 협력 관계를 상징적으로 보여줍니다. 지난해 양국 간 교역액은 21억 불을 넘어 사상 최대를 기록했습니다. 한국의 우즈베키스탄에 대한 투자액도 작년 말 70억 불에 이르렀습니다.

진출 분야도 다양해지고 있습니다. 플랜트, 자동차, 섬유, 물류 등 다양한 분야에서 600개가 넘는 한국 기업이 활동하고 있습니다. 이러한 양국 간 교류와 협력 관계는 양국 국민의 삶을 더욱 풍요롭게 하고, 서로 간의 우정을 더 돈독하게 하고 있습니다.

존경하는 경제인 여러분,

우즈베키스탄 정부는 산업 다각화, 외환 자유화, 외국인투자 유치 등 국가발전 전략을 추진하면서, 주변 유라시아 국가들과의 협력을 강화하고 있습니다. 이는 유라시아 평화와 공동번영을 비전으로 중앙아시아 국가들과의 협력을 강화하는 우리 한국의 '신북방정책'과 맥이 닿아 있습니다. 특히, '국민들의 평화롭고 만족스러운 삶'을 최고의 가치로 추구하며 개혁을 추진하는 미르지요예프 대통령님의 철학은, '사람중심의 경제'라는 우리 정부의 정책방향과 지향하는 바가 같습니다.

이러한 공감대를 바탕으로, 저는 오늘 미르지요예프 대통령님과의 정상회담에서 양국관계를 '특별 전략적 동반자 관계'로 격상하기로 했습니다. 저는 오늘 양국 경제인들이 모인 이 자리에서, 양국의 협력 관계를 도약시키는 세 가지 방향을 제시하고자 합니다.

첫째, 국민 생활과 밀접한 산업인프라를 구축하는데 협력을 강화해 나갈 것입니다.

오늘 '한·우즈베키스탄 농기계 R&D 센터' 개소식이 있었습니다. 4년에 걸쳐 준비한 협력사업이 드디어 결실을 맺었습니다. 머지않아 양국 농기계 제작 기업들이 트랙터를 합작 생산해 제3국 공동진출까지 이어질 것입니다. 우즈베키스탄은 농업 선진화를, 한국은 기계부품 수출을 확대하는 좋은 상생 모델이 될 것으로 기대합니다.

우즈베키스탄에는 '하얀 황금'이라 불리는 목화밭이 끝없이 펼쳐져 있습니다. 풍부한 목화를 다양한 고부가가치 제품으로 가공한다면, 향후 우즈베키스탄의 수출을 이끌 엔진이 될 것입니다. 여기에 한국도 함께 참여하여 '한·우즈베키스탄 섬유테크노파크'를 조속히 문을 열고자 합니다. 양국 모두에게 도움이 되는 상생협력의 좋은 사례들입니다.

양국은 4차 산업혁명에도 공동 대응해 나갈 것입니다. ICT 같은 신산업 분야에서 미래 성장동력을 함께 만들고, 첨단 우주 분야의 정책을 교류하며, 위성 직수신국 설치를 위해 협력할 것입니다. 아울러, '한·우즈베키스탄 희소금속센터'도 이번에 새로 문을 열게 됩니다. 우즈베키스탄이 보유한 텅스텐 등 희소금속이 한국의 기술과 장비를 통해 4차 산업혁명의 신소재로 재탄생할 것입니다.

플랜트 산업도 여전히 중요한 협력 분야입니다. 한국은 플랜트 건설 분야에서 세계 최고 수준의 기술력과 노하우를 갖고 있습니다. 수르길 프로젝트 등 그간의 경험을 바탕으로 플랜트 산업 협력도 계속 확대하겠습니다. 우즈베키스탄의 엔지니어 교육훈련과 기술지원에도 노력을 아끼지 않겠습니다.

둘째, 양국 간 교역과 투자를 촉진하기 위한 기반을 더욱 강화할 것입니다. 이번 방문을 계기로 양국은 FTA 체결을 위한 공동연구를 시작하기로 합의했습니다. 외국인투자기업의 투자를 촉진할 수 있도록 투자보장협정도 개정했습니다. 양국 간 교역과 투자가 확대되어 '신실크로드'를 열어가는 계기가 될 것으로 기대합니다.

또한 한국은 우즈베키스탄의 WTO 가입이 조속히 이뤄지도록 지원을 아끼지 않겠습니다. 우즈베키스탄이 다자무역체제에 진입한다면 세계 시장으로 빠르게 뻗어갈 수 있을 것입니다. '전자무역 플랫폼 구축 지원사업'도 차질 없이 추진하여 우즈베키스탄의 교역이 더욱 활성화되도록 함께 노력하겠습니다. 오늘과 같은 양국 간의 비즈니스 포럼과 투자 상담회, 경제자유구역 간 협력도 더욱 확대되길 바랍니다.

셋째, 보건·의료와 문화 등 양국 간 협력의 지평을 넓힐 것입니다.

보건·의료는 국민의 삶과 직결되는 분야입니다. 미르지요예프 대통령께서도 보건·의료 분야에 각별한 관심을 가지고 있습니다. 이번 방문을 계기로 양국은 '한·우즈베키스탄 보건의료 협력센터' 설치에 합의했습니다. 5G 기술을 응용한 E-헬스 분야의 협력도 양국 국민의 건강을 지킬 뿐 아니라 혁신성장산업이 되어, 사마르칸트 종이처럼 양국이 함께 중앙아시아, 유럽으로 공동 진출할 수 있을 것입니다. 우즈베키스탄 정부에서 일하고 있는 한국의 보건전문 공무원도 양국의 보건의료 협력에 큰 기여를 해 줄 것입니다.

현재 이곳 타슈켄트에는 '서울의 공원'이 조성되어 있습니다. 마침, 내일 '한국문화예술의 집' 개소식도 있습니다. 한국에서도 샤슬릭, 플로프 같은 중앙아시아의 음식을 즐깁니다. 문화에 대한 이해는 모든 교류와 협력의 근간입니다. 특히, 우즈베키스탄에 거주하는 18만 명의 고려인은 양국 문화를 이어주는 가교역할을 잘해 주고 계십니다. 다시 한 번 감사의 말씀을 드리며, 고려인 사회에 대해 더 많은 애정을 갖겠습니다.

양국 경제인 여러분,

한국은 한반도 평화를 통해 유라시아 대륙, 중앙아시아와 유럽까지 교류와 협력을 확대하고자 합니다. 미르지요예프 대통령께서도 한반도 평화를 위한 노력을 적극 지지해 주고 계십니다. 저는 유라시아 공동번영을 위해 '신북방정책'을 추진 중이며 취임 직후 '북방경제협력위원회'를 설치하여 각 나라와 협력방안을 만들고, 실행하고 있습니다.

우즈베키스탄 역시 세계로 뻗어가려고 합니다. 올해를 '투자 및 사회발전의 해'로 선포하고 개방과 혁신으로 국민의 삶을 향상시키고자 합니다. 저는 이러한 양국의 꿈이 서로를 최고의 파트너로 만드는 강한 힘이라고 믿습니다. 한반도의 비핵화와 항구적 평화가 이뤄진다면, 양국 간 경제협력도 더욱 풍부해질 것입니다. 여기 계신 경제인 여러분께도 많은 기회가 열릴 것입니다.

우즈베키스탄 속담 중에 '혼자서는 바위를 옮길 수 없으나, 함께하면 도시도 옮길 수 있다'는 말이 있습니다. 우즈베키스탄과 한국이 함께한다면, 양국의 상생번영은 물론, 유라시아 전체의 평화와 공동번영도 이룰 수 있을 것입니다.

'신실크로드'라는 말만으로도 가슴이 뜁니다. 함께 새로운 동서교류, 번영의 길을 개척합시다.

라흐맛! 감사합니다.

우즈베키스탄 동포들을 만났습니다

| 2019-04-20 |

한인회장님 따뜻한 말씀 감사합니다. 고려인 동포 여러분, 재외국민 여러분, 반갑습니다. 정말 많이 뵙고 싶었습니다. 이렇게 함께해 주신 동포 여러분께 진심으로 감사드립니다.

우즈베키스탄은 처음이지만, 낯설지 않고 가족 같은 나라, 형제 같은 나라라는 느낌을 갖고 있습니다. 우리 고려인 동포 여러분이 계시기 때문입니다. 여러분, 정말 여러분 모두가 자랑스럽습니다.

160년 전, 우리는 나라가 약했기 때문에 고향을 등지고 새로운 삶을 개척해야만 했습니다. 가난한 어머니가 자식을 등에 업고, 의병이었던 아버지가 아이들 손을 잡고 연해주로 향했습니다. 마지막으로 돌아본

두만강은 '꼭 다시 돌아오라'고 말했습니다.

　1860년대 13가구로 시작한 연해주 고려인들은 피땀으로 벼농사의 북방한계선을 끌어올렸고, 고려인 공동체의 기반을 다졌습니다. 어디에 서든 살아남는 것, 그것이 애국이었습니다.

　연해주 동포사회는 항일독립운동의 요람이었습니다. 수많은 의병과 지사들이 연해주로 모였습니다. 평안남도에서 의병으로 활약했던 이인섭 선생은 연해주에서 권업신문을 발간하고, 학교를 세웠으며, 한인유격대 정치위원으로 활동했습니다. 대한민국 정부는 선생께 건국훈장 애국장을 추서했습니다. 1920년부터 항일독립운동단체인 한인사회당 선전부장으로 활약하신 전일 선생은 세 차례에 걸쳐 13년 가까이 옥고를 치렀고 정부는 선생께 건국훈장 독립장을 추서했습니다. 김경천 장군과 함께 항일독립군 부대를 이끌었던 한창걸, 한성걸 형제분께 정부는 각각 건국훈장 애족장과 건국포장을 추서했습니다. 방금 소개해드린 네 분 선생의 후손들이 이 자리에 함께하셨습니다. 모두 큰 박수로 환영해 주시기 바랍니다.

　이인섭 선생의 아들 '이 아나톨리' 님은 존경받는 파일럿이 되어 우즈베키스탄의 은성훈장을 받았습니다. 전일 선생의 외손녀인 '신 이스크라' 화백은 아시아의 피카소 고(故) '신순남' 화백의 며느리로 우즈베키스탄의 공훈예술인입니다. 한성걸 선생의 손자 '한 블라디슬라브' 님은 인터넷 사이트를 운영하며 고려인들의 소식을 전하고 있습니다. 그리고 외손자인 정 알렉산드르 님은 IT 전문가로 우즈베키스탄의 정보통신 발전에 기여하고 있습니다.

훈·포장을 받지 않았더라도 고려인 1세대는 모두 애국자이고 독립유공자입니다. 3·1독립운동과 대한민국임시정부 수립 100주년인 올해, 자랑스러운 독립유공자의 후손들을 만나게 되어 매우 뜻깊습니다. 온갖 어려움을 이겨내고 우즈베키스탄의 자랑스러운 국민으로 자리 잡은 여러분이 너무나 대단하고, 너무나 고맙습니다.

82년 전인 1937년 겨울, 7만6천여 고려인들이 이곳 우즈베키스탄에서 새로운 삶을 시작했습니다. 겨우 몇 자루의 삽과 곡괭이로 황무지를 개간했습니다. 천산산맥에서 흘려 내려오는 치르치크 강을 젖줄 삼아 농사를 짓기 시작했습니다. 황무지를 비옥한 농토로 바꾸었고, 그 어려운 와중에도 자식들 교육에 힘을 쏟았습니다. 그 분들의 근면과 성실이 자손들에게 이어져 우즈베키스탄 정계와 재계, 문화예술계 등 곳곳에서 많은 고려인 후손들이 활약하고 있습니다. 우즈베키스탄 국민으로 존경받고 있는 18만 고려인 동포 여러분은 대한민국에게도 큰 자랑입니다.

존경하는 동포 여러분,

1992년 6월, 한국을 최초로 방문한 故 카리모프 대통령은 공식환영식에서 "우즈베키스탄에 사는 고려인들을 통해 한민족의 우수성을 알았다. 부지런하고 의무감이 투철하며, 솔직하고 성실한 그들을 좋아하게 되었다."고 말했습니다. 미르지요예프 대통령도 고려인의 근면성과 우수성을 높이 평가했습니다.

수교를 맺은 지 30년도 되지 않은 한국과 우즈베키스탄 양국이, 세계가 부러워하는 형제국이 된 것은 고려인 동포 여러분이 계시기 때문입니다. 우즈베키스탄은 중앙아시아에서 우리 정부 신북방정책의 핵심 협력국입니다. 양국은 가스전 개발, 발전소 건설 등 다양한 협력 프로젝트를 진행해왔습니다. 작년에는 교역액이 21억 불을 넘어 사상 최대를 기록했습니다. 한국 기업의 우즈베키스탄에 대한 투자와 지원액도 지난해 말 70억 불에 이르렀습니다. 국제무대에서는 서로의 입장과 정책을 서로 지지해 주는 아주 든든한 친구이기도 합니다. 양국 국민 사이에 문화적 동질감과 서로 통하는 마음이 있었기에 가능한 일이라고 생각합니다.

우즈베키스탄 타슈켄트 국립동방대학교에는 작년 9월 중앙아시아 최초로 한국학 단과대학이 개설되었습니다. 영어 다음으로 한국어 국정교과서가 발간되었고, 37개 초·중·고등학교에서 정규과목으로 한국어를 배웁니다. 한국어능력시험 응시생 수도, 또 한국으로 유학 온 우즈베키스탄 학생 수도 최근 부쩍 늘었습니다.

작년 2월, 우즈베키스탄 정부가 시행한 무비자제도와 올해 2월부터 주 14회로 늘어난 양국 간 직항편으로 앞으로 우즈베키스탄을 방문하는 한국인 수도 빠르게 늘어날 것입니다. 고려인 동포 여러분이 일군 한국에 대한 호감을 바탕으로 우리 3천여 명의 재외국민도 안정적으로 이곳에 진출했습니다. 600여 한국기업이 플랜트, 자동차, 섬유, 물류 등 다양한 분야에 진출해 활동하고 있고, 그 수가 빠르게 늘고 있습니다.

고려인 동포들과 재외국민 모두 양국관계를 끈끈하게 이어주는 아주 소중한 분들입니다. 고려인 동포 사회와 재외국민 간의 유대감과 협력도 참으로 자랑스럽습니다. 지난해 9월, 중앙아시아 최초로 지상사협의회와 우즈베키스탄 고려인 비즈니스클럽 간 비즈니스 협의체가 창설됐습니다. 서로 의지하고 단합하면서 다양한 분야에서 활약하고 계신 여러분들이야말로 우리 대한민국의 큰 자랑이고, 큰 힘입니다. 정부도 양측 기업인 간 다양한 협력사업 발굴에 지원을 아끼지 않을 것입니다.

이번 저의 국빈 방문을 계기로 양국 관계는 "특별 전략적 동반자 관계"로 격상되었습니다. 앞으로 양국 간 협력은 차원이 다르게 발전해 갈 것입니다. 우즈베키스탄 측의 발표에 의하면 이번 방문을 계기로 이미 양국 사이에 무려 120억 불의 협력 사업이 약속되었습니다. 양국협력의 법적·제도적 기반도 대폭 강화했습니다. 특히 양국 대통령들이 협력 사업의 진척을 정기적으로 직접 챙기기로 했습니다. 미르지요예프 대통령은 한국 기업의 진출과 투자 확대에 최우선적인 기회를 부여하겠다고 약속했고, 국적이 없는 고려인 동포들의 국적문제 해결도 약속했습니다. 동포 여러분께서 서로 돕고, 단합해온 소중한 전통은 우즈베키스탄과 대한민국 양국 공통의 저력이 되었습니다. 앞으로도 양국이 공동번영으로 나아가는 과정에서 지금처럼 계속 힘을 모아 주시기를 바랍니다.

재외국민 여러분,

정부는 여러분의 더 안전하고 더 행복한 삶을 위해 최선을 다하겠습니다. 작년에 해외안전지킴센터를 신설하여 365일 24시간 가동하고 있습니다. '재외국민보호를 위한 영사조력법'도 새로이 제정했습니다. 예기치 못한 사고를 당할 때, 가장 먼저 달려가는 대한민국이 되겠습니다.

정부는 미래를 이끌어 나갈 차세대를 위한 지원도 소홀히 하지 않을 것입니다. 교육 프로그램 개발을 포함한 다양한 사업을 통해 동포사회가 더욱 성장해 나갈 수 있도록 적극 지원하겠습니다. 오늘 '한국문화예술의 집'을 개관하게 되어 매우 기쁩니다. 미르지요예프 대통령께서 착공식에 이어 개관식에까지 함께해 주시면서 고려인들과 한국에 대한 깊은 애정을 보여주셨습니다. '한국문화예술의 집'은 앞으로 형제의 나라, 우즈베키스탄과 한국을 상징하게 될 것입니다.

뜻깊은 장소에서 여러분을 뵙고 싶은 마음에서 이곳에서 동포간담회를 열게 되었습니다. 장소 여건 때문에 좋은 식사를 준비하지 못하고 도시락을 준비하게 된 것을 양해해 주시기 바랍니다. 그래도 저로서는 2017년 고려인 정주 80주년 기념식에 직접 참석하지 못하고 축하영상을 보낸 것이 늘 아쉬웠는데, 이번에 한국문화예술의 집 개관식에 집적 참석하여 고려인 여러분을 뵙게 되니 너무 좋습니다. 여러분도 같은 생각이시지요?

동포 여러분,

이곳 타슈켄트에 있는 '나보이 문학박물관' 3층에는 항일독립운동 문학인, 조명희 선생의 기념실이 있습니다. 기념실 중앙에는 선생의 소설 "낙동강"의 한 구절이 액자에 담겨 걸려 있습니다.

"그러나 필경에는 그도 멀지 않아서 잊지 못할 이 땅으로 돌아올 날이 있겠지"

선생은 태어난 한국의 고향으로 돌아오지 못했습니다. 그러나 고향은, 태어난 곳만을 의미하는 것이 아니라 사랑하는 이들이 사는 곳이라고 생각합니다. 고려인 1세대들에게는 사랑하는 이들과 함께한 이곳이 제2의 고향이 되었을 것입니다. 후손들에게는 우즈베키스탄이 그야말로 나고 자란 고향입니다. 그러나 여러분의 선조들이 사랑했던 땅, 대한민국도 늘 가슴 한 켠에 품어 주실 것이라고 믿습니다. 정부는 지난 3월 1일 조명희 선생께 건국훈장 애국장을 추서했습니다. 고려인 동포 여러분 한 분 한 분 모두를 자랑스러워하는 대한민국의 마음을 늘 기억해 주십시오.

동포 여러분, 다시 만날 때까지 건강하시길 기원합니다.

감사합니다.

카자흐스탄 동포 오찬 간담회 모두발언

| 2019-04-21 |

고려인 동포 여러분, 재외국민 여러분, 반갑습니다.

국빈방문의 첫 일정을 동포 여러분과의 만남으로 시작하게 되어 매우 기쁩니다. 대한민국 대통령 최초로 천산산맥의 만년설이 빚어낸 아름다운 도시 알마티를 방문하게 되었습니다. 넓으면서도 아늑한 숲 속 도시에 들어온 듯합니다. 한국에도 많이 있는 참나무, 백일홍, 미루나무가 정겹습니다. 고려인 동포 여러분이 많이 사시는 곳이어서 더욱 가깝게 느껴집니다.

이곳 알마티를 비롯해 크질오르다, 카라간다, 쿠스타나이, 심켄트, 타라즈 등 카자흐스탄 곳곳에서 달려 와주신 동포 여러분, 오랫동안 뵙고 싶었습니다. 저희 부부와 대표단을 반갑게 맞아 주셔서 정말 고맙습니다.

카자흐스탄의 광활한 초원 위에는 독립운동의 별들이 높이 떠 있습니다. '백마 탄 장군'으로 불린 항일명장 김경천 장군, 봉오동 전투와 청산리 전투의 영웅 홍범도 장군, 한글학자이자 임시정부에 참여했던 계봉우 지사, 연해주 독립군부대에서 활약한 황운정 지사는 우리 역사의 지평에 저물지 않는 별이 되었습니다.

올해, 3·1독립운동과 임시정부 수립 100주년을 맞아 동포 여러분을 만나게 되어 더욱 뜻깊습니다. 우리 정부는 계봉우·황운정 지사 내외분의 유해를 봉환하기 위해 카자흐스탄 정부와 지속적으로 협의해 왔습니다. 마침내 이번 방문을 계기로 애국지사들을 고국에 모실 수 있게 되었습니다. 카자흐스탄 정부에 깊은 감사의 말씀을 드립니다.

오늘 이 자리에는 어려운 결단을 내려 주신 계봉우, 황운정 지사의 후손들이 계십니다. 계봉우 지사의 후손 '계 이리나' 님은 카자흐스탄에서 한국어를 가르치며, 독립유공자협회 부회장직을 맡아 독립의 정신을 후손들에게 전하고 있습니다.

황운정 지사의 손녀 '황 라리사' 님은 카자흐스탄 독립유공자 후손 협회 고문을 맡아 선대의 독립정신을 계승하는 활동을 하고 있습니다. 두 분, 어디 계십니까? 여러분 계봉우, 황운정 지사의 후손들께 따뜻한 박수 보내 주시기 바랍니다.

우리가 독립운동가들을 기억하고 기리는 것은 미래세대에게 자신의 뿌리를 알려주는 일입니다. 카자흐스탄과 한국 사이에 마음과 마음이 통하는 교류의 길을 넓히는 일이기도 합니다. 우리 정부는 머나먼 이국 땅에서 생을 마감하신 독립운동가들의 정신과 뜻을 영원히 기억하고, 최고의 예우로 보답해 나가겠습니다.

고려인 동포 여러분, 재외국민 여러분,

1937년 9월, 고려인들을 실은 열차가 처음 도착한 곳은 카자흐스탄의 우슈토베였습니다. 대기근을 겪은 지 얼마 안 된 상황에서도 우슈토베 주민들과 카자흐스탄 국민들은 기꺼이 도움의 손길을 내밀었습니다. 우리 민족 특유의 강인한 정신을 지닌 고려인 1세대들은 정착 초기의 어려움과 고난을 극복하고 새로운 삶의 터전을 일궈냈습니다. 고려인 정주 80주년을 맞은 2017년 대한민국 국민들은 그런 고려인의 삶을 영상으로 볼 수 있었습니다. 카자흐스탄 영상기록보존소에서 기증받은 1946년 영상에는 '선봉 중학교'라는 한글 간판이 걸린 학교에서 칠판에 한글을 꼭꼭 눌러 쓰는 어린 학생이 있었습니다. 나란히 서서 디딜방아를 찧는 소녀들과 씨름을 즐기는 어른들, 젓가락을 사용하며 함께 밥을 먹는 우리민족 고유의 일상이 아리랑의 선율과 함께 전달되었습니다. 국민들은 긴 세월과 국경을 뛰어넘어 동질감을 느꼈고, 저는 오늘 우리가 하나의 뿌리를 가지고 있음을 다시 한 번 깊이 실감하고 있습니다.

카자흐스탄에서 고려인을 의미하는 것은 "성실하고 정직함"이라고 들었습니다. 김만삼 님, 채정학 님과 같은 수많은 '노동영웅'이 고려인의 자랑스러운 역사를 증명하고 있습니다. 1세대의 개척정신, 근면과 성실을 지켜온 후손들은 '고려인'이라는 이름을 더욱 강하고 자랑스러운 이름으로 만든 주역들입니다. 카자흐스탄 사회로부터 인정받고 존경받고 있는 동포 여러분 모두가 영웅입니다.

이제 카자흐스탄 국민들은 한국어와 한식, K-POP과 드라마를 즐기며 한국과 한국인을 더욱 가깝게 느끼고 있었습니다. '고려극장'과 '고려일보'는 카자흐스탄의 한류가 하루아침에 만들어진 게 아니라는 사실을 말해 줍니다. '고려극장'은 연해주에서 탄생했을 때부터 지금까지 고려인의 애환과 함께해 왔습니다. 홍범도 장군의 일대기를 그린 '의병들', 민족의 고전 '춘향전' 등을 통해 우리의 문화를 지켜왔습니다.

역시 연해주에서 1923년 창간된 독립운동가들의 신문 '선봉'이 지금까지 '고려일보'로 이어지고 있습니다. 1937년 식자공들은 이주를 당하는 황급한 순간에도 농부들이 볍씨를 챙기듯 '한글 활자'를 소중히 챙겼습니다. 언론인들의 소명의식이 중앙아시아 고려인을 대표하는 신문 '고려일보'를 길러냈습니다. 많은 어려움 속에서도 우리 민족의 정체성을 지키는 구심점 역할을 해 온 '고려극장'과 '고려일보' 관계자들을 비롯한 고려인 동포 여러분 모두에게 깊은 감사와 존경의 인사를 드립니다. 정말 수고 많으셨습니다.

고려인 동포 여러분, 재외국민 여러분,

우리 민족은 어디로 이주하든 학교부터 지었습니다. 아무리 가난해도 자식 교육을 최우선으로 여겼습니다. 지금 카자흐스탄 고려인 동포들은 정·재계는 물론 학계, 언론계, 문화계 등 여러 분야에서 뛰어난 활약을 펼치고 있습니다. 오늘 자리를 함께해 주신 '김 게오르기' 상원의원님과 '김 로만' 하원의원님, '최 알렉세이' 대통령병원 병원장님을 비롯한 많은 동포분들이 카자흐스탄 고려인 사회의 자부심이 되고 한국과 카자흐스탄을 연결하는 '황금 다리'의 역할을 해 주시고 계십니다.

재외국민 여러분도 다양한 분야에서 양국 관계 발전과 카자흐스탄의 발전에 큰 역할을 해왔습니다. 300여 개 한국기업이 에너지, 플랜트, 금융, 가전, 건설 분야에서 활약하고 있고, 물류, 요식업, 서비스업 등 자영업을 통해서도 카자흐스탄 국민들의 생활을 더욱 풍요롭게 만들고 있습니다.

교육계에서도 활약이 눈에 띕니다. 나자르바예프 대학 등 유수의 카자흐스탄 대학교에서 한국인 교수들이 학생들과 머리를 맞대며 미래를 열어가고 있습니다. 작년에 카자흐스탄을 찾은 우리 국민은 사상 최초로 5만 명을 넘었고, 양국의 인적 교류는 9만 명에 가깝습니다. 재외국민 여러분의 열정과 노력으로 양국 간 교류협력의 토대가 더욱 탄탄해지고 있습니다.

정부가 재외국민 여러분의 노고에 보답하겠습니다. 지난해 '해외안전지킴센터'를 설치했고, 올해는 '재외국민보호를 위한 영사조력법'을 공포했습니다. 1년 365일, 24시간 정부가 재외국민들과 함께하겠습니다. 예기치 못한 사고를 당할 때, 대한민국이 가장 앞장서서 달려가겠습니다.

정부는 또한 미래를 이끌어갈 차세대들이 우리의 정체성을 지키면서 글로벌 인재로 성장하도록 도울 것입니다. 한국문화와 한국어 교육도 체계적으로 지원하겠습니다. '재외동포 차세대 네트워크' 구축을 지원하고, 직업연수와 우수 인재에 대한 장학금 지원 사업도 확대해 동포사회의 역량을 강화하겠습니다.

저는 내일 토카예프 대통령님과 정상회담을 갖습니다. 양국은 1992년 수교 이래 우호 협력관계를 꾸준히 발전시켜 왔습니다. 특히 올해는 양국이 전략적 동반자 관계를 수립한 지 10년을 맞는 해입니다. 양국의 교역액은 작년 22억 불로 사상 최대치를 기록하였습니다. 중앙아시아 국가 중 가장 큰 규모입니다.

모범적인 비핵화 국가이기도 한 카자흐스탄은 한반도의 항구적 평화를 위한 우리 정부의 노력을 적극적으로 지지해주고 있습니다. 한국과 카자흐스탄 간에는 무궁무진한 협력의 가능성이 있습니다. 양국 정부는 전략적 동반자 관계를 더욱 굳건히 다져갈 것입니다. 양국은 물론, 유라시아 전체의 번영을 위한 노력을 지속해 나갈 것입니다.

그것이 동포 여러분의 노력에 보답하는 길이기에 최선을 다하겠습니다.

사랑하는 동포 여러분,

오늘 고려인 여성합창단이 '아리랑'과 '씨를 활활 뿌려라'를 불러 주신다고 합니다. 감회가 깊습니다. 우리는 기쁨도 슬픔도 함께 나눠온 민족입니다. 불모지에 볍씨를 뿌려 논을 만들고, 학교를 세워 보란 듯이 아이들을 길러낸 민족입니다. 민족의 역사는 아리랑 선율처럼 흘러 마침내 오늘에 이르렀습니다. 미래를 기약하며 심은 희망의 씨앗이 오늘 꽃으로 피어났고, 내일 큰 나무로 자랄 것입니다.

동포 여러분의 건강과 행복을 기원합니다. 동포 여러분들에게 힘이 되는 대한민국이 되겠습니다.

감사합니다.

한·카자흐스탄 공동언론발표

| 2019-04-22 |

먼저 국빈으로 초청해 주시고 나와 우리 대표단을 따뜻하게 환대해 주신 토카예프 대통령님과 카자흐스탄 국민 여러분께 진심으로 감사드립니다.

올해는 카자흐스탄과 한국이 '전략적 동반자 관계'를 수립한 지 10주년이 되는 뜻깊은 해입니다. 이러한 중요한 해에 대통령님과 양국 협력의 미래에 대해 허심탄회한 대화를 나누게 되어 아주 기쁩니다.

카자흐스탄은 1991년 독립 이후 중앙아시아 국가 가운데 가장 눈부신 경제발전을 이뤘습니다. 나자르바예프 초대대통령님과 토카예프 대통령님의 위대한 지도자의 비전과 카자흐스탄 국민의 노력이 일궈낸 결실입니다.

이제 카자흐스탄은 '카자흐스탄-2050' 국가발전 전략을 세우고 2050년까지 세계 30대 선진국이 되기 위한 노력에 박차를 가하고 있습니다. 한국 역시 유라시아의 평화와 공동 번영을 목표로 '신북방정책'을 역점 추진하고 있습니다. 오늘 우리 두 정상은 양국의 정책을 조화롭게 연계해 양국 관계를 심화 발전시킬 방안에 대해 폭넓게 논의했습니다.

첫째, 미래지향적 협력을 확대해 나가기로 했습니다.

4차 산업혁명 시대에 공동 대응하기 위해, ICT, 5G, 빅데이터, 사물인터넷 등 첨단 산업 분야에서 실질 협력을 적극 모색하기로 했습니다. 누르술탄에 설립 예정인 '한·카자흐스탄 국제 IT 협력센터'는 양국 미래 협력의 중심이 될 것입니다. 첨단기술과 혁신산업 분야의 교류를 확대하고, 카자흐스탄 전문 인력 양성에도 기여하길 기대합니다. 건설 인프라 분야에서도 협력사업을 적극 발굴하고, 이번 방문 계기에 '알마티 순환도로'를 착공하기로 했습니다. 알마티 순환도로는 한국 기업이 참여한 중앙아시아 최초의 민관합작투자사업(PPP)이라는 점에서 의미가 큽니다. 또한, 한국 자동차 생산공장 설립이 결정되었고, 어제 양국 기업과 정부가 만나 관련 행사를 진행했습니다. 양국의 대표적 협력 사례로 성공을 거두길 기대합니다.

보건의료 분야에서는 E-헬스 분야와 기술·전문가 교류 등 다양한 협력사업을 추진하기로 했습니다. 국민의 삶의 질과 직결된 보건의료 협력을 통해 양국 국민들의 건강과 행복이 향상될 것입니다. 우리 두 정상은 이러한 신규 협력사업을 망라한 '프레쉬 윈드(Fresh Wind)' 프로그램을 채택했습니다. 양국 실질 협력을 보다 체계적으로 추진하게 되어 아주 기쁘게 생각합니다. 협력 분야가 우주와 방산 등 새로운 영역까지 확대되길 기대합니다.

둘째, 양국 국민들 간 교류를 더욱 활성화하기로 했습니다. 우리는 양국 수교 30주년이 되는 2022년을 '상호 문화 교류의 해'로 지정하고, 다양한 문화교류 행사를 추진하기로 했습니다. 얼마 전 한국 국립중앙박물관에서 '황금인간의 땅, 카자흐스탄'이라는 전시회가 열려, 많은 사람들의 관심과 호응을 얻었습니다. 올해 카자흐스탄 내에서 전략적 동반자 관계 10주년을 축하하는 다양한 문화 공연이 개최된다니 더욱 반갑습니다. 한복과 전통 음악, 한국 영화를 함께 감상하면서, 국민들 간 유대감이 더 높아지길 바랍니다. 양국은 사법 분야 협력도 강화하기로 했습니다. 이번에 체결한 수형자 이송조약은 양 국민의 안전과 편익을 높이게 될 것입니다.

셋째, 우리 두 정상은 한반도와 중앙아시아 지역의 평화와 번영을 위해서도 계속 긴밀히 협력하기로 했습니다. 오늘 토카예프 대통령님은 한반도 평화를 위한 우리 정부의 노력을 환영하고, 앞으로도 적극 지지할 것이라고 말씀해 주셨습니다. 정말 큰 힘이 되었습니다. 감사드립니다.

카자흐스탄의 비핵화 경험은 한반도 비핵화에 영감을 주고 있습니다. 우리는 이와 관련한 대화와 협력을 지속해 나가기로 했습니다. 또한, 우리는 한국과 중앙아시아 5개국 간 다자협력의 틀로 발전한 '한·중앙 아시아 협력포럼'을 높이 평가했습니다. 올해 10월 '제12차 한·중앙아 시아 협력포럼'이 장관급으로 격상되어 이곳 누르술탄에서 개최됩니다. 이를 환영하며, 성공적인 개최를 위해 긴밀히 협력하기로 했습니다.

한국과 중앙아시아 간 상설 소통 채널로서 2017년 서울에 개소한 포럼 사무국의 역할 제고를 위해서도 함께 노력하기로 했습니다. 오늘 토카예프 대통령님과 마음을 터놓고 나눈 대화를 잊지 않겠습니다. 양국 국민들과 정상 간의 우정과 신뢰는 양국 관계의 든든한 기반입니다. 양 국의 '전략적 동반자 관계'를 보다 내실 있고 미래지향적으로 발전시키 기 위해 더욱 긴밀히 소통하고 협력해 나가기를 기대합니다. 다시 한 번 따뜻한 환대에 감사드립니다.

라흐멧! 감사합니다!

평화경제 강원 비전 전략보고회 모두발언

| 2019-04-26 |

존경하는 국민 여러분, 강원도민 여러분, 반갑습니다.

강원도는 사람과 자연이 어울린 곳입니다. 소박한 마음으로 이웃을 생각하고 자연을 돌보는 곳입니다. 산들도 굽이굽이 서로 어울려 태산준령을 이룹니다. 금강산, 설악산, 오대산, 태백산, 치악산처럼 강원도에 오면 우리도 서로 어울려 산맥을 이룹니다.

지난 4월 4일, 강원도를 덮친 화마 앞에서 '우리'의 힘이 발휘되었습니다. 강원도민들은 위험한 순간에도 이웃의 안전을 먼저 챙겼습니다. 스스로 돕는 도민들의 모습을 보며 전 국민이 호응했습니다. 내 일처럼 서로 돕는 마음이 있다면 불가항력의 재해도 반드시 이겨낼 수 있다는 것을 보여주었습니다. 강원도민 여러분께 위로와 함께 깊은 존경과 감사의 인사를 드립니다.

대한민국은 강원도의 희생 위에 서 있다고 해도 과언이 아닙니다. 휴전선 중 5분의 3이 강원도에 속해있고 대한민국의 안보를 위해 도민들이 희생해왔습니다. 2천5백만 수도권 주민들이 마시는 물도 강원도에서 흘러가고, 강원도의 82%를 차지하는 산은 대한민국의 허파가 돼주었습니다. 그 동안 강원도민은 우리의 안보와 깨끗한 물, 공기를 위해 많은 규제를 견뎌오셨고, 어려움 속에서도 '평화의 시대'를 묵묵히 준비해왔습니다.

1998년 전국 최초로 남북교류협력 전담조직을 만든 곳이 바로 강원도입니다. 2014년부터 시작한 국제유소년 축구대회는 남북관계가 단절된 시기에도 중단되지 않고 지금까지 이어오는 대표적인 평화교류 사업입니다. 2018년 9월에는 남북교류협력 조례를 제정했고, 남북교류협력기금을 조성해 평화의 한반도 시대를 준비하고 있습니다.

그리고, 지난 2018년 겨울 마침내 강원도가 대한민국에 평화의 봄을 불러왔습니다. 평창 동계올림픽은 역사상 가장 성공적인 '평화올림픽'이었습니다. 남과 북은 마음속 분단의 철책을 거두고, 서로 손을 맞잡았습니다. 공동으로 입장하고, 단일팀을 구성해 함께 땀 흘렸습니다. 20년에 걸쳐 축적된 남북교류 협력의 경험과 평화를 향한 강원도민의 염원이 오늘 발표하는 '평화경제, 강원 비전'에 고스란히 담겨 있습니다.

이제 정부가 강원도를 위해 팔을 걷어붙이겠습니다. 정부는 평화경제를 향한 강원도의 도전을 힘껏 도울 것입니다.

강원도민 여러분, 지역경제인 여러분, 강원도가 꿈꾸는 평화경제의 핵심축은 평화관광입니다. 비무장지대 최북단인 이곳 고성은 남과 북이 만나는 평화지역으로 탈바꿈되고 있습니다. 철원 '화살머리 고지'에는 한반도 중앙을 관통하는 도로가 연결됐습니다. 강릉의 '바다부채길'과 속초의 '바다향기로'는 국민들이 즐겨 찾는 관광지가 되었습니다. 정부는 지난 4월 2일 '확대 관광전략회의'를 열어 평화관광, 환경생태관광 전략을 발표했습니다. 감시초소가 철수된 비무장지대는 안보와 평화를 함께 체험하는 '평화의 길'을 열어갈 것입니다. DMZ 국제평화음악제와 다큐영화제를 개최하고, 역사·생태·문화가 함께하는 평화관광의 중심지로 만들어 나갈 것입니다. 세계인들이 '한반도 평화'를 떠올리면 함께 생각나는 지역, 누구나 찾아오고 싶은 곳으로 만들겠습니다. 금강산 관광의 조속한 재개를 위해서도 계속 노력하겠습니다.

강원도의 땅과 하늘, 바다는 한반도를 넘어 국제적으로도 '평화의 길'을 열 수 있는 여건이 충분합니다. 지난주 저는 우즈베키스탄 의회에서 21세기 '철의 실크로드'를 향한 꿈을 말씀드렸습니다. 중앙아시아와 태평양이 만나는, 가슴 설레는 희망을 얘기했습니다. 우리는 동해북부선을 타고 유라시아 대륙을 횡단할 수 있습니다. 대륙 반대편의 사람들이 강릉 바다를 찾아오는 날이 올 것입니다. 동해북부선 남측 구간인 강릉

~제진 간 철도를 조속히 연결하겠습니다. 동해북부선은 강원도 발전의 대동맥이 되고, 한반도는 '철의 실크로드'를 통해 동북아 물류 중심국가로 부상할 수 있을 것입니다. 수도권과 강원도를 잇는 제2경춘국도는 지난 1월 예비타당성 조사가 면제되었습니다. 양양공항을 거점으로 하는 민간 항공사 '플라이강원'도 지난 3월 국제항공운송 면허를 받았습니다. 또한 강원도는 크루즈를 타고 대륙과 연결할 꿈도 갖고 있습니다. 강원도의 땅길과 하늘길, 바닷길을 통해 평화경제 시대가 활짝 열릴 것입니다.

오늘 발표될 '평화경제, 강원비전'에는 강원도의 꿈을 실현할 구체적인 방안이 담겨 있습니다. 지금까지 보여준 강원도민의 역량이라면, 반드시 이룰 수 있다고 확신합니다. 평화가 경제라는 말을 강원도만큼 실감하는 곳이 없을 것입니다. 이미 강원도는 금강산 관광으로 평화가 경제임을 체험했습니다. 정부가 든든하게 지원하겠습니다. 이미 지난 2월, '접경지역 발전종합계획'을 확정했습니다. 2030년까지 5조9천억 원 가까이 강원도에 투자될 예정입니다. 춘천, 철원, 화천, 양구, 인제, 고성의 문화·체육·복지시설 등 생활 SOC를 대폭 확충하여 접경지역 주민의 삶의 질을 향상시키겠습니다.

이제 우리 장병들이 평일에도 외출할 수 있게 되었습니다. 외출한 장병들이 휴식과 문화 활동을 즐길 수 있는 공간을 조성하는 데에도 지속적인 관심을 기울여 나가겠습니다. 강원도의 지역경제를 살리는 힘이 될 것입니다. 강원도 구석구석까지 경제활력을 불어넣겠습니다. 혁신도시와 첨단의료기기 테크노밸리를 중심으로 한 원주권을 중부권 거점지역 중 하나로 육성하겠습니다. 이모빌리티 산업을 기반으로 하는 횡성의 강원형 상생일자리 사업에 힘을 보태고, 춘천 수열에너지 데이터 센터, 삼척 수소시티 사업에도 관심과 지원을 아끼지 않겠습니다.

존경하는 국민 여러분, 강원도민과 지역경제인 여러분,

내일은 '한반도의 평화와 번영, 통일을 위한 판문점 선언' 1주년이 되는 날입니다. 1년 전 남과 북은 전세계 앞에서 새로운 평화의 시대가 열렸음을 천명했습니다. 오늘 강원도가 발표하는 '평화경제, 강원 비전'은 한반도의 평화와 번영을 향한 새로운 이정표가 될 것입니다. 정부는 한반도 비핵화와 평화체제 구축을 향한 담대한 여정 속에서 강원도와 함께, 한반도 평화경제의 시대를 준비하겠습니다.

'강원도의 힘'을 보여줍시다. 서로를 돕는 힘, 참고 견디며 멀리 내다보는 힘, 자연을 아끼고 평화를 사랑하는 힘, '강원도의 힘'이 새로운 한반도의 시작이 될 것입니다.

여러분, 감사합니다.

'판문점 선언' 1주년 메시지

| 2019-04-27 |

감격의 그날, '판문점 선언' 1년이 되었습니다. 1주년을 축하하는 자리에 함께해 주셔서 감사합니다.

우리는 평화롭게 살 자격이 있습니다. 우리는 한반도를 넘어 대륙을 꿈꿀 능력이 있습니다. 우리는 이념에 휘둘리지 않을 만큼 지혜로워졌으며, 공감하고 함께해야 새로운 미래를 열 수 있다는 것을 너무나 잘 알고 있습니다.

판문점 선언은 하나하나 이행되고 있습니다. 남북이 같이 비무장지대 GP를 철수했고 전사자 유해발굴을 하고 있습니다. 서해 어장이 넓어지고 안전해졌습니다. 개성의 공동연락사무소에서 남북이 항상 만나고,

철도와 도로를 연결하기 위한 준비도 마쳤습니다.

새로운 길이기에, 또 다 함께 가야 하기에 때로는 천천히 오는 분들을 기다려야 합니다. 때로는 만나게 되는 난관 앞에서 잠시 숨을 고르며 함께 길을 찾아야 합니다. 우리 모두, 또 남과 북이 함께 출발한 평화의 길입니다. 큰 강은 구불구불 흐르지만, 끝내 바다에 이릅니다. 판문점 선언이 햇수를 거듭할수록 우리는, 되돌릴 수 없는 평화, 함께 잘 사는 한반도를 만날 것입니다.

보이지 않는 곳에서 사명을 다하신 분들을 기억하며, 도보다리의 산새들에게도 안부를 물어봅니다. 이 역사적 선언의 장을 열어주신 국민들께 감사드립니다. 김정은 위원장과 북한 주민들께도 인사를 전합니다. 감사합니다.

대통령 문재인의 2년 : 공정한 사회와 일자리를 만드는 대통령 문재인

초판 1쇄 펴낸 날 2019년 5월 31일

엮 은 이   편집부
펴 낸 이   장영재
펴 낸 곳   (주)미르북컴퍼니
자 회 사   더휴먼
전   화   02)3141-4421
팩   스   02)3141-4428
등   록   2012년 3월 16일(제313-2012-81호)
주   소   서울시 마포구 성미산로32길 12, 2층 (우 03983)
E-mail   sanhonjinju@naver.com
카   페   cafe.naver.com/mirbookcompany

(주)미르북컴퍼니는 독자 여러분의 의견에
항상 귀 기울입니다.

파본은 책을 구입하신 서점에서 교환해 드립니다.
책값은 뒤표지에 있습니다.

| 일러두기 |

이 책에 실린 사진은 연합뉴스를 통해 저작권 계약을 맺은 것으로,
저작권법에 의해 한국 내에서 보호를 받는 저작물이며 무단 전재와 복제를 금합니다.

기해년 새해가 밝았습니다

이 겨울, 집집마다 눈길을 걸어 찾아가 손을 꼭 잡고 인사드리고 싶은 마음입니다.

국민들이 열어놓은 평화의 길을 아주 벅찬 마음으로 걸었습니다.
평화가 한분 한분의 삶에 도움이 되도록, 돌이킬 수 없는 평화로 만들겠습니다.

우리 땅 곳곳을 비추는 해처럼 국민들은 함께 잘살기를 열망하십니다.
미처 살피지 못한 일들을 돌아보며 한분 한분의 삶이 나아지도록 노력하겠습니다.

이 겨울, 더 따뜻하게 세상을 밝히라는 촛불의 마음 결코 잊지 않겠습니다.
새해 모든 가정이 평안하길 바랍니다.

대한민국 대통령 문재인 드림

2019년 1월 1일
대한민국 대통령 문 재 인

개헌이 무산되었습니다

촛불 민심을 헌법에 담기 위한 개헌이 끝내 무산됐습니다.
국민과의 약속을 지키지 못해 매우 송구스럽고 안타깝습니다.

국회는 대통령이 발의한 개헌안의 가부를 헌법이 정한 기간 안에 의결하지 않고 투표
불성립으로 무산시켰습니다. 국회는 헌법을 위반했고, 국민은 찬반을 선택할 기회조
차 갖지 못하게 됐습니다. 국회가 개헌안을 따로 발의하지도 않았습니다.

많은 정치인이 개헌을 말하고 약속했지만, 진심으로 의지를 가지고 노력한 분은 적었
습니다. 이번 국회에서 개헌이 가능하리라고 믿었던 기대를 내려놓습니다. 언젠가 국
민들께서 개헌의 동력을 다시 모아주시기를 바랍니다.

진심이 없는 정치의 모습에 실망하셨을 국민들께 다시 한 번 송구스럽다는 말씀을 드
립니다.

2018년 5월 25일
대통령 문 재 인

"우리는 함께해야 힘이 나는 민족입니다"

국민 여러분, 한가위입니다. 모처럼 편안하고 행복한 시간 갖고 계신지 모르겠습니다. 한 어머니의 아들로서 또 대통령으로서 가족과 이웃들, 국민들과 함께 감사의 인사를 나누고 싶습니다.

그동안 한반도에 뜬 보름달은 완전히 채워지지 못했습니다. 그리워도 만날 수 없는 가족들이 있었고, 주변에 도움의 손길을 기다리는 분들도 많았습니다.

올해 추석에는 적어도 우리가 더 행복해질 수 있다는 희망을 가지시길 바랍니다. 평양회담을 통해 전쟁의 걱정을 덜었고, 남과 북이 더 자주 만날 수 있는 길을 열었습니다. 국민 한 사람 한 사람이 잘살도록 하겠다는 정부의 목표도 일관되게 추진할 것입니다.

한가위처럼 풍요롭고 서로 아낌없이 나눌 수 있는 날이 계속되었으면 좋겠습니다. 나의 삶이 다른 이들의 삶과 깊이 연결되었다는 것을 느껴보면 좋겠습니다. 국민들께서는 저에게 서로 포용하고 함께 성장하는 나라를 만들라고 명령하셨습니다. 반드시 실현하겠습니다.

저는 이번 추석기간에 유엔총회에 참석합니다. 전쟁 없는 한반도의 시작을 세계에 알리고, 우리의 평화가 튼튼하게 자리 잡을 수 있도록 트럼프 대통령과 의논하겠습니다. 추석을 국민들과 함께 보내지 못하지만 우리 겨레의 평화와 번영을 키우는 시간이 되리라고 믿습니다.

국민 여러분, 유난히 무덥고 피해가 많았던 여름 내 고생하셨습니다. 우리는 함께해야 힘이 나는 민족입니다. 서로에게 용기를 북돋으며 다시 힘을 내는 명절이 되길 기원합니다.

2018년 9월 23일
대통령 문 재 인

"노래를 사랑하는 일곱 소년과
소년들의 날개 '아미'에게 축하의 인사를 전합니다"

세계의 젊은이들이 방탄소년단의 노래와 춤, 꿈과 열정에 위안을 받고 용기를 얻었습니다. 'LOVE YOURSELF 轉 TEAR' 앨범이 미국 '빌보드 200' 1위에 오른 것을 축하합니다. 영어가 아닌 언어로 12년만이고, 한국 가수 최초입니다.

방탄소년단의 뛰어난 춤과 노래에는 진심이 담겨 있습니다. 슬픔을 희망으로, 다름을 같음으로 변화시키는 마법 같은 힘이 있습니다. 일곱 멤버 각자가 자신이 누구인지, 어떻게 살고 싶은지를 노래에 담아 지역과 언어, 문화와 제도를 뛰어넘었습니다.

방탄소년단에 의해 한국 대중음악은 세계무대를 향해 한 단계 더 도약했습니다. 우리 젊은이들은 K-POP이라는 음악의 언어로 세계의 젊은이들과 함께 삶과 사랑, 꿈과 아픔을 공감할 수 있게 되었습니다.

빌보드 핫 100 차트 1위도 하고, 그래미상도 타고, 스타디움 투어도 하고, 세계에서 가장 영향력 있는 가수가 되고 싶다는 방탄소년단의 꿈을 응원합니다. BTS와 함께 세상을 향해 자신의 목소리를 내고 있는 팬클럽 '아미'도 응원합니다.

'10대들에게 가해지는 편견과 억압을 막아내겠다'는 뜻의 방탄. 지금부터 진, 슈가, 제이홉, RM, 지민, 뷔, 정국, 일곱 소년의 이름 하나하나를 기억해야겠습니다. 여전히 새로운 시작입니다. 멋진 모습으로 우리 국민들, 세계인들에게 감동을 나눠주어 고맙습니다.

2018년 5월 28일
대통령 문 재 인

코피 아난 전 UN 사무총장 별세 애도문

우리는 평화를 위해 고단한 길을 걸었던 친구를 잃었습니다. 분쟁이 있는 곳에 코피 아난이 있었고 그가 있는 곳에서 대화가 시작되었다는 것을 기억합니다.

세계인과 함께 고인의 명복을 빌며 대한민국 국민들의 슬픈 마음을 함께 전합니다.

그는 인류의 더 나은 미래를 위해 헌신했고 항상 앞으로 나갔습니다. 우리는 한반도 평화를 위한 그의 응원도 특별히 가슴에 새겨넣을 것입니다.

뵙지 못하고 이별하게 된 것이 너무 아쉽습니다. 오직 평화를 추구하는 것이 코피 아난을 추억하는 방법일 것입니다.

아프리카의 푸른 초원과 뜨거운 열정 곁에서 깊이 영면하시길 바랍니다.

2018년 8월 19일
대한민국 대통령 문 재 인

인도네시아 공화국 조코 위도도 대통령님,

9월 28일 술라웨시 지역에서 발생한 강진과 쓰나미로 인해 많은 인명과 재산 피해가 발생했다는 소식을 접하고 안타까움을 금할 길이 없습니다.

이번 재해로 유명을 달리한 분들의 명복을 빌며 사랑하는 이들을 잃고 큰 충격과 비통함에 빠져있을 유가족 분들에게 대한민국 정부와 국민을 대표하여 진심어린 애도의 뜻을 표합니다.

아울러, 피해를 입은 지역 주민들을 비롯한 인도네시아 국민들에게도 심심한 위로의 말씀을 전합니다. 특히, 실종자들에 대한 수색 및 구조 작업이 원활하게 이루어지기를 기원합니다.

대통령님의 지도력 아래 피해가 조속히 복구되고, 해당 지역 주민들과 인도네시아 국민들이 이 상황을 잘 극복할 수 있기를 기원합니다.

2018년 9월 30일
대한민국 대통령 문 재 인

주한미군사령부의 평택 시대 개막을 진심으로 축하합니다

'Fight Tonight' 정신으로 굳건한 연합방위태세를 유지하고 있는 브룩스 연합사령관에게 깊은 신뢰와 찬사를 보냅니다.

주한미군사령부의 새로운 보금자리가 된 '평택 기지'는 한국과 미국이 힘을 모아 세계 최고 수준의 해외 미군기지로 건설한 곳입니다. 주한미군사령부의 평택 기지 이전으로 주한미군의 주둔여건이 더욱 안정적으로 보장될 것이라 믿습니다. 지금까지 주한미군사령부가 '평택 기지'로 이전할 수 있도록 애써준 모든 관계자 여러분, 수고 많으셨습니다.

1957년에 창설된 주한미군사령부는 한미동맹의 초석인 동시에 한미동맹의 미래입니다. 한미동맹은 한반도의 평화와 안정을 유지하는 기반이자, 대한민국의 민주화와 경제성장의 기틀이 되어주었습니다. 남북정상회담과 북미정상회담의 성공, 한반도의 완전한 비핵화와 항구적 평화를 향한 발걸음도 한미동맹이 강력한 억제와 대응태세로 뒷받침했기에 가능했다고 생각합니다.

오늘 주한미군사령부 '평택 시대' 개막을 통해, 한미동맹이 '군사적 동맹'과 '포괄적 동맹'을 뛰어넘어 '위대한 동맹'으로 발전하게 되길 기대합니다. 아울러, 오늘도 굳건한 한미동맹을 위해 구슬땀을 흘리고 있을 주한미군 장병과 사랑하는 가족을 멀리 떠나보낸 가족 여러분의 희생과 헌신에 대한민국 대통령으로서 깊은 감사의 말씀을 드립니다.

주한미군사령부 장병들에게 무한한 신뢰를 보내며, 흔들림 없는 연합방위태세 유지에 기여해 줄 것을 당부합니다. 감사합니다.

2018년 6월 29일

대통령 **문 재 인**

국민들께서 정부에 큰 힘을 주셨습니다

지방선거로는 23년 만에 최고 투표율이라니 보내 주신 지지가 한층 무겁게 와 닿습니다.
 감사드립니다.

국정 전반을 다 잘했다고 평가하고 보내 준 성원이 아님을 잘 알고 있습니다. 모자라고 아쉬운 부분이 많을 텐데도 믿음을 보내셨습니다. 그래서 더 고맙고 더 미안합니다. 다시 한 번 마음을 새롭게 가다듬겠습니다. 더 노력하겠습니다. 선거 결과에 결코 자만하거나 안일해지지 않도록 각별히 경계하겠습니다.

지켜야 할 약속들과 풀어가야 할 과제들이 머릿속에 가득합니다.
쉽지만은 않은 일들입니다. 그러나 국정의 중심에 늘 국민을 놓고 생각하겠습니다.
국민만을 바라보며 나가겠습니다.

2018년 6월 14일
대통령 문 재 인

짓밟힌 여성들의 삶을 보듬는 것이
왜곡된 역사를 밝히는 첫걸음입니다 ❶

5·18 광주민주화운동 38주년입니다. 한 세대를 넘는 긴 시간입니다. 피를 흘리며 민주주의를 이뤄낸 고통의 시간이었습니다. 오늘 저는 광주영령들을 숙연한 마음으로 추모하며, 민주주의의 가치를 지키기 위해 스스로를 돌보지 않았던 많은 시민들의 눈물을 돌아봅니다.

그날 오후, 집으로 돌아오던 여고생이 군용차량에 강제로 태워졌습니다. 새벽기도를 마치고 귀가하던 회사원이 총을 든 군인들에게 끌려갔습니다. 평범한 광주의 딸과 누이들의 삶이 짓밟혔습니다. 가족들의 삶까지 함께 무너졌습니다.

한 사람의 삶, 한 여성의 모든 것을 너무나 쉽게 유린한 지난날의 국가폭력이 참으로 부끄럽습니다.

오늘 우리가 더욱 부끄러운 것은 광주가 겪은 상처의 깊이를 38년이 지난 지금까지도 다 알지 못하고, 어루만져주지도 못했다는 사실입니다. 역사와 진실의 온전한 복원을 위한 우리의 결의가 더욱 절실합니다.

성폭행의 진상을 철저히 조사해 반드시 밝혀내겠습니다. 국방부와 여성가족부, 국가인권위가 함께 공동조사단을 꾸릴 것입니다. 피해자 한 분 한 분이 인간의 존엄을 회복할 수 있도록 최선을 다하겠습니다.

2018년 5월 18일
대통령 문 재 인

짓밟힌 여성들의 삶을 보듬는 것이
왜곡된 역사를 밝히는 첫걸음입니다 ❷

오월 광주는 가장 절망적인 순간에 가장 인간다운 모습을 보여주었습니다. 광주는 고립된 가운데서도 어떤 약탈도 일어나지 않았습니다. 주먹밥을 나누고 헌혈의 대열에 동참했습니다. 총격을 무릅쓰고 부상자를 돌봤습니다. 서로 돕고 용기를 북돋우며 가진 것을 나누는 일이 불의한 국가폭력에 대항해 이기는 방법이라는 사실을 역사에 남겨주었습니다.

오월 광주로 인해 평범한 우리들은 정의를 잊지 않을 수 있었습니다. 광주와 함께 하고 있다는 믿음으로 용기를 가질 수 있었습니다. 촛불광장은 오월의 부활이었고, 그 힘으로 문재인 정부가 탄생할 수 있었습니다.

짓밟힌 여성들의 삶을 보듬는 것에서 진실의 역사를 다시 시작하겠습니다. 민주주의의 가치만큼 소중한, 한 사람의 삶을 치유하는 데 무심하지 않았는지 돌아보겠습니다. 광주라는 이름으로 통칭되었던 한 사람 한 사람의 삶을 존중하는 것이 국가의 존재 이유임을 잊지 않겠습니다.

함께 돌보고 서로 나누며 광주의 정신을 이뤘습니다. 그 정신이 더 많은 민주주의로 확장되어야 합니다. 한 사람이 온전히 누려야 할 삶의 권리, 인권과 평화, 존엄성이 일상적 가치가 될 수 있도록 국민들께서 함께해 주시기 바랍니다.

오늘 기념식에 이낙연 국무총리가 참석한 것은 매우 큰 의미가 있었습니다. 뜻깊은 기념사였습니다. 저도 마음을 다해 "임을 위한 행진곡"을 함께 불렀습니다.

2018년 5월 18일

대통령 문 재 인

역사적인 북미회담의 성공을
뜨거운 마음으로 축하하며 환영합니다 ❶

5월 26일 통일각에서 김정은 위원장을 다시 만났을 때, 그리고 바로 어제 트럼프 대통령과 통화를 하면서 조심스레 회담의 성공을 예감할 수 있었습니다.

그러나 70년에 이르는 분단과 적대의 시간은 눈앞에서 벌어지는 사실조차 믿기 어렵게 하는 짙은 그림자였습니다.

낡고 익숙한 현실에 안주하지 않고 과감하게 새로운 변화를 선택해 준 트럼프 대통령과 김정은 위원장, 두 지도자의 용기와 결단에 높은 찬사를 보냅니다.

6월 12일 센토사 합의는 지구상의 마지막 냉전을 해체한 세계사적 사건으로 기록될 것입니다.

미국과 남·북한이 함께 거둔 위대한 승리이고, 평화를 염원하는 세계인들의 진보입니다.

누구도 해내지 못한 위업을 마침내 이뤄낸 트럼프 대통령에게 다시 한 번 경의를 표합니다.

2018년 6월 12일
대통령 문 재 인

역사적인 북미회담의 성공을
뜨거운 마음으로 축하하며 환영합니다 ❷

김정은 위원장도 세계를 향해 과감하게 첫발을 내디딘 역사적인 순간의 주역으로 기억될 것입니다.

회담 성공을 위해 노력해 준 리셴룽 총리와 국제사회의 모든 지도자들께도 깊은 감사의 마음을 전합니다.

이번 합의를 바탕으로, 우리는 새로운 길을 갈 것입니다. 전쟁과 갈등의 어두운 시간을 뒤로하고, 평화와 협력의 새 역사를 써갈 것입니다. 그 길에 북한과 동행할 것입니다.

이제 시작이고 앞으로도 숱한 어려움이 있겠지만 다시는 뒤돌아가지 않을 것이며 이 담대한 여정을 결코 포기하지 않을 것입니다.

역사는 행동하고 도전하는 사람들의 기록입니다.

우리 정부는 이번 합의가 온전히 이행되도록 미국과 북한, 그리고 국제사회와 아낌없이 협력할 것입니다.

한반도에 항구적인 평화가 정착되고, 공존과 번영의 새 시대가 열릴 수 있도록 대한민국의 대통령으로서 혼신의 노력을 다할 것을 약속드립니다.

2018년 6월 12일
대통령 문 재 인

"노동의 가치와 존엄은
바로 우리 자신의 가치와 존엄입니다" ❶

노동은 숭고합니다. 아버지의 손톱에 낀 기름때는 삶을 지탱합니다. 어머니의 손톱 밑 흙에서는 희망처럼 곡식이 자랍니다. 일하는 사람들에 의해 대한민국은 여기까지 왔습니다.

모든 성장은 노동자를 위한 성장이어야 합니다. 작년 오늘 저는 "노동 존중"을 새 정부의 핵심 국정기조로 삼겠다고 약속했습니다. 노동의 가치와 존엄성보다 더 큰 성장은 없습니다.

노동절은 노동의 진정한 가치를 찾아가는 역사였습니다. 지금은 당연하게 생각하는 초과근무수당, 최저임금, 주 40시간 노동제도 많은 노동자들의 자기 존엄을 위한 투쟁을 통해 얻어진 것입니다.

새 정부 출범 후 노동계의 숙원이었던 양대지침 폐지부터 시작했습니다. 최저임금 인상과 공공부문 비정규직 정규직화 등을 통해 노동의 질을 높이고, 격차를 줄이는 조치를 취하고 있습니다. 노동시간 주 52시간 상한제는 노동자에게 휴식이 있는 삶을 가져다 줄 것입니다.

저는 노동존중 사회를 제도화하기 위해 노동기본권 강화를 포함한 개헌안을 발의했습니다. '근로'를 '노동'으로 대체하고 공무원의 노동3권 보장, 동일가치노동 동일임금, 단체행동권 강화 등 어느 것 하나 중요하지 않은 것이 없습니다. 지방선거 동시 개헌 국민투표가 무산된 것이 무척 아쉽습니다.

2018년 5월 1일

대통령 문 재 인

"노동의 가치와 존엄은
바로 우리 자신의 가치와 존엄입니다" ❷

그러나 개헌의 취지를 구체적인 정책과 제도로 최대한 뒷받침하겠습니다. 노동존중 사회를 위한 정부의 노력은 지속될 것입니다.

우리가 극복해야 할 저출산·고령화, 청년실업, 양극화도 결국 노동문제가 그 핵심입니다. 정부 의지만으로 해결할 수 있는 일이 아닙니다. 사회 구성원들이 서로 양보하고 타협하는 사회적 대화만이 근본적인 변화를 이끌어낼 수 있습니다.

오랜 공백 끝에 노사정 사회적 대화가 시작되었고, 최근 노사정위원회를 경제사회노동위원회로 개편하는데 합의했습니다. 구성원을 청년, 여성, 비정규직, 중소기업, 소상공인 등으로 다양화하여 사회적 대화기구의 대표성을 높인 것을 환영합니다.

이제, 노사정 책임 있는 당사자들이 국가의 백년대계 주춧돌을 놓는다는 심정으로 중요한 성과들을 만들어 나가야 합니다. 노사가 뜻을 맞추면, 정부는 적극 힘을 보탤 것입니다. 노동이 활기차고 제대로 대우받아야 경제도 지속적으로 성장해갈 수 있습니다.

노동의 가치와 존엄은 이념의 문제가 아닙니다. 우리들 자신이, 우리의 부모들이, 우리의 아들딸들이 바로 노동자들이기 때문입니다. 노동의 가치와 존엄은 바로 우리 자신의 가치와 존엄입니다.

'근로자의 날'을 맞아 노동이 제도에 의해, 또는 힘있는 사람들에 의해 홀대받고 모욕받지 않는 세상을 생각합니다.

2018년 5월 1일

대통령 문 재 인

책을 읽는 분들도, 쓰고 만드는 분들도, 모두 소중합니다 ❶

문화체육관광부가 올해를 '책의 해'로 선정했습니다. 국민 모두가 '함께 읽고'라는 목표로 출판의 활성화를 바라고 있습니다. 오늘은 24회째를 맞는 '2018 서울국제도서전'이 열리는 날입니다. 우리나라 최대의 책 잔치입니다.

책을 생각하면 아버지가 먼저 떠오릅니다. 한 번 장사를 나가시면 한 달 정도 만에 돌아오시곤 했는데, 그때 마다 꼭 제가 읽을 만한 아동문학, 위인전을 사오셨습니다. 제가 책 읽기를 좋아하게 된 것은 아버지 덕이었습니다. 독서를 통해 세상을 알게 되었고 인생을 생각하게 되었습니다.

지금도 제게 보내주시는 책은 꼭 시간을 내어 읽습니다. 발로 뛰고 자료를 뒤지며 보낸 작가의 노력과 생각을 만나는 시간입니다. 또한 한 권의 책이 나오기까지 정성을 다한 편집출판인들에게 예의를 다하는 시간입니다. 그러나 늘 그렇듯이 제가 책을 통해 얻는 게 훨씬 많습니다.

2018년 6월 20일
대통령 문 재 인

책을 읽는 분들도, 쓰고 만드는 분들도, 모두 소중합니다 ❷

정신이 강한 나라는 그 누구도 함부로 할 수 없고, 그 정신은 선대의 지혜와 책을 통해 강해집니다. 어떻게든 짬을 내 책을 읽다 보면 어느새 부쩍 커진 자신을 발견할 때가 있습니다. 책 속에서 얻은 지혜를 나누는 일도 즐겁고, 자연스럽게 엄마 아빠의 책읽기를 닮아가는 아이들을 보면 행복합니다.

더 많은 분들이 책을 읽기 위해서는 책에 접근하기 어려운 분들을 위한 노력도 계속되어야 합니다. 특히 시각장애인 중 점자를 할 수 있는 분은 5% 밖에 되지 않고, 점자도서나 녹음도서는 전체 출판도서의 2%도 되지 않습니다. 이분들을 위해 저도 작년 2월 시각장애인용 녹음도서 제작에 힘을 보탰습니다.

올해 '서울국제도서전'의 주제는 '확장'입니다. 다양한 분야와 형태의 책을 모두 담아내지는 취지입니다. 많은 분들이 흥미를 갖고 쉽게 책을 접할 수 있는 기회를 많이 만들어주시면 좋겠습니다. 정부도 장애인들을 위한 출판지원뿐 아니라 취약계층과 소외계층의 독서기회를 '확장'하겠습니다.

"지금 무슨 책을 읽고 계신가요?" 올 한해, 책으로 안부를 묻다보면 우리 모두 지혜의 나무를 한 그루씩 키워낼 수 있을 것입니다.

2018년 6월 20일

대통령 문 재 인

"평화야말로 진정한 보훈이고, 추모입니다" ❶
― 부산 유엔기념공원에 잠든 유엔참전용사를 추모합니다 ―

68년 전, 21개국 수많은 젊은이들이 세계지도를 펼쳤습니다. 전쟁의 먹구름이 덮친 '코리아'를 찾았습니다. 반드시 돌아오겠다는 약속을 가족에게 남기고 군화끈을 조였습니다.

이 용감한 젊은이들이 가슴 깊이 품었던 것은 자유와 평화를 지키려는 책임감과 인류애였습니다. 그 고귀한 마음으로 낯선 땅, 만난 적도 없는 사람들을 위해 자신의 모든 것을 걸었습니다. 유엔의 깃발 아래 연인원 195만 명이 참전했고, 4만여 명이 소중한 목숨을 잃었습니다.

참전용사 한분 한분의 희생과 헌신은 제 삶에도 남아있습니다. 1950년 유난히도 추웠던 그해 겨울, 장진호 용사들의 영웅적인 전투로 흥남철수 작전이 성공할 수 있었습니다. 그때 메러디스 빅토리호에 오른 피난민 중에는 저의 부모님도 계셨습니다. 저는 피난지 거제도에서 태어나, 부산에서 성장했습니다.

부산 유엔기념공원은 유엔에서 지정한 세계유일의 유엔군 묘지입니다. 한국전쟁에서 전사하거나 실종된 40,895명의 유엔군 전몰장병을 기리는 성스러운 곳입니다. 전세계에 유엔참전용사들의 희생과 헌신을 알리고, 후대들에게 참된 용기만이 자유와 평화를 지켜낼 수 있다는 것을 일깨워주는 곳입니다.

2018년 6월 26일
대통령 문 재 인

"평화야말로 진정한 보훈이고, 추모입니다" ❷

― 부산 유엔기념공원에 잠든 유엔참전용사를 추모합니다 ―

저는 오늘, 유엔참전용사들께 당신들이 흘린 피와 땀이 결코 헛되지 않았다는 사실을 말씀드릴 수 있어 매우 기쁩니다.

대한민국은 전쟁의 폐허 위에서 다시 일어나 높은 경제성장과 민주주의 발전을 이루었습니다. 한국은 두 번째의 조국이며, 한국인은 내 가족이라는 참전용사들의 마음을 잊지 않았습니다. 전쟁의 어둠이 남아 있던 나라에서 평화의 빛을 발하는 나라로 거듭 날 수 있었습니다.

또한 평화를 필요로 하는 곳이면 지구촌 어디든 UN 평화유지활동(PKO)과 함께 하고 있습니다. 여러분이 우리에게 보내준 우정을 잊지 않고 인류 평화를 위해 보답하고 있습니다.

소말리아, 앙골라, 동티모르, 아이티의 복구 재건과 서부 사하라의 의료지원 임무를 완수했고, 지금은 레바논의 동명부대와 남수단의 한빛부대가 유엔 평화유지군으로 임무를 수행중입니다.

독일의료지원 단원으로 활동했던 간호사 한 분은 그때가 밤이었다면, 지금은 낮이라고 말씀하셨습니다.

오늘 대한민국이 이룬 성취가 기적이라면, 유엔참전용사 여러분이 바로 그 기적의 주인공입니다.

2018년 6월 26일

대통령 문 재 인

"평화야말로 진정한 보훈이고, 추모입니다" ❸
— 부산 유엔기념공원에 잠든 유엔참전용사를 추모합니다 —

우리는 유엔참전용사 한 분 한 분을 대한민국의 이름으로 기억할 것입니다. 나아가 참전용사들이 대한민국의 오늘을 자랑스러워하고, 가족과 후손들이 그 자부심을 함께 느낄 수 있도록 노력할 것입니다.

참전용사의 대다수가 80세를 훌쩍 넘은 고령입니다. 시간이 더 지나기 전에 보다 많은 분들을 한국에 방문하실 수 있도록 하겠습니다. 방한이 어려운 참전용사께는 현지 행사를 통해 감사의 마음을 전하겠습니다.

참전용사의 희생과 헌신은 후손들에게 가치 있는 유산이 되어야 합니다. 그 분들의 후손과 한국의 청년들이 우정을 나누고 용사들의 삶을 이야기할 수 있도록 '유엔참전국 청소년 평화캠프'를 열겠습니다. 형편이 어려운 유엔참전용사의 후손들에게는 장학금을 지급하고 국내 유학 지원도 확대해 나갈 것입니다.

한국전쟁은 '잊힌 전쟁'이 아닙니다. 참전에 대한 자부심을 높이겠습니다. 워싱턴 D.C 한국전 참전기념 공원 안에 '추모의 벽' 건립을 추진할 것입니다. 전몰장병 한 분 한 분의 숭고한 희생과 업적을 세계인과 함께 기억하고 기리겠습니다.

대한민국을 위한 희생과 헌신에 보답하는 보훈에는 국경이 없습니다.

2018년 6월 26일
대통령 문 재 인

"평화야말로 진정한 보훈이고, 추모입니다" ❹

─ 부산 유엔기념공원에 잠든 유엔참전용사를 추모합니다 ─

전쟁의 고통에 맞선 용기에 온전히 보답하는 길은, 두 번 다시 전쟁 없는 한반도, 평화의 한반도를 만드는 것입니다. 평화야말로 진정한 보훈이고, 진정한 추모입니다.

지난 4월, 저와 북한의 김정은 국무위원장은 분단의 상징인 판문점에서 만났습니다. 우리는 한반도의 완전한 비핵화와 함께 더 이상 한반도에 전쟁은 없다고 약속했습니다. 북미 정상회담도 성공적으로 이뤄졌습니다. 미국과 북한은 한반도의 완전한 비핵화와 북미 간 적대관계 종식을 선언했습니다. 또한 전쟁포로, 전쟁실종자의 유해 수습을 약속했습니다.

미군 전사자의 유해 200여 구가 곧 가족과 조국의 품에 안기게 됩니다. 아직 찾지 못한 실종자들의 유해 발굴도 시작될 것입니다. 대한민국 정부도 미군을 비롯한 유엔군 전사자와 실종자들의 유해 발굴과 송환이 신속하고 온전하게 이뤄질 수 있도록 책임을 다할 것입니다.

유엔참전용사들의 희생과 헌신을 바탕으로 대한민국은 자유와 평화를 지켜낼 수 있었고, 오늘의 발전을 이뤄냈습니다. 한반도 평화와 번영의 길에 대한민국은 변함없이 유엔참전용사들과 함께할 것입니다.

몸은 비록 떨어져 있더라도, 참전용사를 생각하는 대한민국의 마음은 변함이 없을 것입니다. 참전용사 모두에게 존경을 바치며, 삼가 돌아가신 분들의 영원한 안식을 빕니다.

2018년 6월 26일

대통령 문 재 인

"플라스틱 없는 하루!" ❶

6월 5일, 세계 환경의 날입니다. UN이 선정한 이번 환경의 날 공식 주제는 '플라스틱 오염으로부터의 탈출'이고 우리나라에서는 '플라스틱 없는 하루!' 로 정했습니다.

플라스틱과 일회용품은 참 편리하지만, 편리함 뒤에 폐기물이 되었을 때는 우리 후손들과 환경에 긴 고통을 남깁니다. 책상 위를 둘러보니 플라스틱이 참 많습니다. 다 치우면 업무를 볼 수 없을 것 같습니다. 어떻게 플라스틱 없는 하루를 보낼 수 있을까 걱정됩니다.

그러나 환경보호는 나의 작은 실천에서부터 시작됩니다. 비닐봉지 사용만 줄여도 원유사용이 줄고, 온실가스와 미세먼지도 줄어듭니다. '지구환경보호'라 하면 '북극곰 살리기'같이 전 지구적인 일이 떠오르지만, 결국 우리의 생활습관에 달렸습니다.

오늘 하루, 플라스틱 사용을 줄이고 하루를 보냈는데 참 좋더라! 하는 경험이 우리에게 남았으면 좋겠습니다. 진달래꽃이나 바다 고동으로 점심을 때우던 어린시절의 청정자연이 떠오릅니다. 좋은 경험과 작은 습관이 우리에게 익숙해지고, 아이들에게도 남겨진다면, 그게 지구를 살리는 길이 될 것입니다.

2018년 6월 5일
대통령 문 재 인

"플라스틱 없는 하루!" ❷

우리 국민들의 환경의식은 세계 최고입니다. 음식물쓰레기 종량제 같이, 국민 참여 없이는 결코 성공할 수 없는 일도 우리나라에서는 가능했습니다. 일회용품을 덜 쓰고 장바구니도 열심히 들고 다녔습니다.

그런데 국민들이 노력한 만큼 환경은 썩 좋아지지 않고 있습니다. 상수원 녹조, 미세먼지가 계속되고 있습니다. 대통령으로서 참 미안한 일입니다. 국민 건강과 안전을 위해 환경정책에 더 힘을 싣겠습니다. 국민들께서도 작은 실천으로 함께 해주시길 바랍니다.

플라스틱을 다 치우면 책상이 텅 빌 것 같습니다. 우리가 예전으로 돌아갈 수는 없겠지만, 그래도 나의 '조금 불편함'이 우리 모두의 편리함이 되지 않을까 생각해봅니다.

2018년 6월 5일
대통령 문 재 인

성탄절 아침,
우리 마음에 담긴 예수님의 따뜻함을 생각합니다

"문풍지 우는 겨울밤이면
할머니는 이불 속에서
혼잣말로 중얼거리시네

오늘 밤 장터의 거지들은 괜찮을랑가
뒷산에 노루 토끼들은 굶어 죽지 않을랑가

아 나는 지상에서 가장 아름다운
시낭송을 들으며 잠이 들곤 했었네"

- 박노해 '그 겨울의 시' 중 -

애틋한 할머니의 마음이 예수님의 마음입니다.
나의 행복이 모두의 행복이 되길 바랍니다.

2018년 12월 25일
대통령 문 재 인